რედაქტორი
ნანული ცხვედიანი

ილუსტრაციები
ილო ბენდელიანისა

საზედაო ასო-ნიშნები
გრიგოლ ტატიშვილის

შმუცტიტულის ავტორები
ლადო გრიგოლია,
ოთარ ქანდარია,
ილო ბენდელიანი

ISBN: 978-9941-9128-1-8
90000
9 789941 912818

მანუჩარ
კაჭახიძე

მეორე
გადამუშავებული
გამოცემა

მამული
გამომცემლობა
2012

რომანზე მუშაობა რუსეთ-საქართველოს აგვისტოს ომის შემდეგ დავიწყე. იგი ნათლად გვიჩვენებს იმ პრობლემატიკასა და კატაკლიზმებს ისტორიული და მითოლოგიურ ჭრილში, რაც მუდამ აწუხებდა ქართველ ერს.

რუსები ჩვენი ერის ცხოვრებაში არახალი ხილია, ისინი ახალი დროის არგონავტები არიან, რომლებსაც სურთ წაჰგვარონ ქართული მიწას თავისი „ოქროს საწმისი", ხურდაში კი ოქროს ჩანგლები მიაქვთ.

წინამდებარე რომანი ახალი მითოლოგია არაა, შევეცადე მხოლოდ ევრიპიდესაგან განსხვავებით, ევრიპიდესეული ალოგიკურობანი წამომეწია წინა პლანზე, და მათი შესაძლო რეალობა მეჩვენებინა. ამით მსურს წარმოვაჩინო, თუ როგორი ტენდენციურები იყვნენ ჩვენი ერის მიმართ ისტორიული და პრეისტორიული ხანაშიც ჩვენი მტრები, თუნდაც დიდი მწერლები ყოფილიყვნენ ისინი.

რუსეთზე აღარაფერს ვამბობ, გადახედეთ პუშკინიდან დაწყებული – სოლჟენიცინით დამთავრებული რამდენი ევრიპიდესმაგვარი ცრუპენტელა მწერალი ჰყავთ რუსებს.

ამდენად, წინამდებარე რომანში ახალი ფაქტები არაფერია, არც აღმოჩენის პრეტენზია მაქვს. ერთია მხოლოდ, რომ შევეხმიანე წარსულით – აწმყოს; ბერძნების მიერ დაწერილი მითოსით – რუსეთის ლორული დინგით აჩიჩქნილი დღევანდელ რეალობას და ქართულ სიძლიერესა და დათმენას გავუსვი ხაზი, რომელსაც ჩვენი ერის გარდაუვალი გამარჯვება ელის სამომავლოდ.

მ. კაჭახიძე

Μα σε μένα και σένα τα ίδια λόγια δεν ταιριάζουν. Εσύ εδώ `χεις πατρίδα, και γονικό σπίτι, κι όλα του βίου τα καλα, και των φίλων την παρέα.

Κ᾽ εγώ, παντέρμη και πρόσφυγα ως είμαι, την καταφρόνεση του αντρός σηκώνω πού από βάρβαρη χώρα μ᾽ έχει κούρσος, δίχως μάνά ούτε αδέρφι ή συγγενάδι, που ν᾽ αραξω, μακριά απ᾽ τη συφορα μου.

Εύριπίδη - „Μήδεια“

განა მე და თქვენ ერთნი ვართ? აქაა თქვენი სამშობლო, თქვენი სახლ-კარი, ჭირშიც და ლხინშიც მეგობრები გიდგანან მხარში! მე კი მარტო ვარ, უთვისტომო, მიუსაფარი, ქმრისგან მოძულებული. უცხო ქვეყნიდან გადმოხვეწილს არავინა მყავს მწედ და მეოხად, – არც დედა, არც ძმა, არც ნათესავი...

ევრიპიდე - „მედეა“

I

ქვეყნიერებაზე ყველაზე გრძელი ღამის ისტორია

დილიდან ჟინჟღლავდა და ნელ-ნელა მატულობდა დღის განმავლობაში წვიმა. შავმა ღრუბელმა ციური სილაჟვარდე გადაფარა და ნაცრისფრად განათებულმა სინათლემ ტალახისფერი ელფერი შესძინა გარემოს. სუნთქვის შემკვრელი ნისლი იდუმალების განცდებს შლიდა და მისტიურ ლაბირინთებში ხვევდა წარმოსახვებს, რათა ის დღე ყველაზე მეტად შეუცნობადი გამხდარიყო. საღამოსკენ ელვა-ჭექამ გააცივა სული. ქალში შიში სუფევდა ჭექაქუხილის, შიში ხმაურის, რადგან არ უნდოდა ვინმეს ყურადღება მიექცია და ის ვინმე გონს მოგებულიყო ხმაურზე და ჩამცხრალი ღვარძლი გაღვიძებულიყო გაასმაგებული ძალით. ეს იყო ილუზია თავის მოსატყუებლად, ჩქარობდა ქალი, და მიტომ. ჩქარობდა დროულად გაცლოდა ქალაქს.

შიშმა თვალები აამეტყველა. ელვის წამიერ გაშუქებაში ჩანდა უსაზღვრო განგაშში ჩაძირვა და მეტყველებდა სახის ყოველი ნაკვთი შიშში და შიშით. სუსხიანი ქარი შავ თმებში გაიბლანდა. აღამებდა ქალის სურათის მომხიბლავ შუქს შუბლზე ჩამოყრილი თმები, მეტადრე სევდიანს რომ აჩენდა მის მიმზიდველობას. ტანზე ალაგ-ალაგ შემოხეოდა სამოსი და ნახევებს მიღმა ჩანდა მზით სხივაკრული ფერი ხორცისა, ასე-რიგად რომ აჩლუნგებდა ნებისმიერი ჟინმორეული მამაკაცის ვნებებს. გრძელი გაშლილი თმები წვიმაში დასველებოდა და ელვისმიერი განათებისას გეგონებოდა, თითქოს ისინი სირმებით მოწინწკლულიყო. ცისფერი და ზღვისფერი თვალები, ისეთი, როგორი ფერიცაა ცისა და ზღვის გასაყარი შორეული ჰორიზონტის უსასრულო ზოლზე, მომაჯადოვებლად ზემოქმედებდა მტერსა და

მოყვარეზე. სახის ნაკვთები ყველა ლამაზმანს ჩრდილავდა თავისი საუცხოო მომხიბლაობით. უსაზღვრო შიში დაბუდებულიყო მის არსებაში და შიშისგან გაქცევას ლამობდა,

სულ ერთი იყო, სად:

ყველგან,

ოღონდ აქ არა,

ყველასთან,

ოღონდ ამათთან არა.

ამას ფიქრობდა იგი, მეტი საფიქრალი იმ წუთში არ ჰქონდა, გაუცნობიერებლობა ეუფლებოდა მის არსებას, და გაუცნობიერებლობითვე მოქმედებდა ყველაფერს.

ჩქარობდა,

ო, როგორ ჩქარობდა!..

როგორც განწირული შველი მტაცებლის დადევნებისას. მახსოვრობასაც შემორჩა შთაბეჭდილება ამ შიშის და შიშისაგან გამოწვეული არაამქვეყნიური სიჩქარის და სიჩქარისთვის გამწარებით მოკრებილი ძალის. ასეთი რამ მას ნადირობისას ენახა თავის მამულში, თუ როგორ გაურბოდნენ მონადირეებს დამფრთხალი ირმები. მაშინ არ შესცოდებია მას ირმები იმიტომ, რომ იგი იყო ერთი მონადირეთაგანი, ახლა იგი ნადირი იყო და ამჯერად დაუსხლტა ხელიდან მონადირეებს. მაშინ მას არ შესცოდებია ნუკრი და მისმა ნასროლმა ისრებმა ხალისით მისდია კვალდაკვალ მსხვერპლს, თვით სიკვდილამდე, რადგან იგი მდევარი იყო და ვერ შეიგრძნობდა ირმების შიშს. ახლა მას ეცოდებოდა არათუ საკუთარი თავი, არამედ ის ირმები, რომელთაგანიც თვითონ იყო ახლა.

ხელები უთრთოდა.

გრძელი თითები პატარა და კოხტა ხელის მტევნებზე როკვისათვის გამზადებული მუზების შესადარი იყო თავისი ხატოვანებით და არა შიშისაგან უკანმოუხედავად გამქცევი ქალისი. მიიჩქაროდა და სად, თვითონაც არ იცოდა;

არსად ელოდნენ,

არც არავისთან ეჩქარებოდა,

მაგრამ ჩქარობდა,

რადგან იგი საუცხოო იყო უცხოთა შორის და ისეთად მიიღეს, როგორიც იყო;

მიიღეს და

არ გაიზიარეს.

აღარ უნდოდა იმ დღის გახსენება. იმ დღის სისასტიკემ ჩაიარა,

და ჯერ არ იყო ის დღე

დამთავრებული და

არც დასრულებული

სისასტიკე, რასაც გაურბოდა.

იგი ახლა ჩქარობდა. მისი თვალები ბნელ დარბაზებში ფოსფორული სიცივითა და შემაძრწუნებლობით ანათებდნენ. იგი არ ტიროდა, შიშს შეეჭამა ქალის ცრემლები, და მიტომ. არც დრო იყო განგაშისთვის და მოთქმისთვის. განგაში თვითონვე იყო და განგაში ათრთოლებდა მის სხეულს და არა სიცივე. სიცივე მხოლოდ ქარისაგან გამოწვეული გარეგნული სურათის შემავსებელი მგრძნობელობა იყო, თორემ სიცივე მთლად მის არსებაში მეფობდა. ზეცა აფრქვევდა ცივ ცრემლებს მის თვალებზე, როდესაც გარბოდა გარეთ და ქვეშეცნეულად ამზადებდა ყველაფერს გასაქცევად. არ დაედგომებოდა თავის სამყოფელში. სიჩქარეში რომ ხელი არ შეეშალა, წელზე გაჩრილი დაშნით ფეხებს შორის გაჭრა ქვედა სამოსი ბოლომდე და მეტი მოქნილობა მიეცა. ყოველ წუთში შეიძლებოდა შემოვარდნილიყვნენ მდევრები და გზა გადაეღობათ მისთვის.

იქნებ ამინდმაც დაიფარა, მაგრამ როგორი ამინდიც არ უნდა ყოფილიყო, რა შეაკავებდა მხეცებად ქცეულ მონადირეებს. სხეულზე ეტმასნებოდა დასველებული კაბა და სხეულის ცეცხლის ალივით მხურვალე, მოქნილ და თვალისმომჭრელ კონტურს სრულად წარმოაჩენდა ბუნებისმიერი სტიქიონი. ტალახში ამოსვროდა ქანდაკივით ჩამოქნილი

და ხორცით შეგსილი ფეხები, ქალური სინაზით რომ ასხმუ-
ლოყო ჭინის აღმმგრელად. მაგრამ ჭინისა და სილამაზისთვის
არავის ეცალა იმ დღეს, და მითუმეტეს იმ წუთებში.

საჯინიბო ში შერბინა. თეთრი ცხენი გამოიყვანა საღგო-
მიდან, ჩლოქებზე ნაბდის ნაჭრები შემოახვია და დააჭედა.
მერე იქვე გააჭარ-გამოაჭარა, ხმა ხომ არ ექნება გაჭე-
ნებისას. როცა ცხენი მოამზადა, გარეთ გაიყვანა. თავდაპირ-
ველად არ დაემორჩილა ბედაური პატრონს, მაგრამ ქალი
მტკიცე იყო და თავისი სიმტკიცე ცხოველსაც გადასცა
თავზე ხელის გადასმით. ცხენიც დაემორჩილა მას და თვი-
თონაც უძლევეელის ჯაღ-ღონე შეითვისა. ეზოში კართან
დააყენა ცხენი, ისიც თვინიერად დაემორჩილა და შესდგა
გაუნძრევლად. ქალი კი სწრაფად შევიდა გადახურულში.

იქვე კართან ბავშვები იწვნენ იატაკზე, სისხლში ამოს-
ვრილები. სულმოუთქმელად ელოღნენ დედის გამოჩენას.
ორივე ბავშვის სახეზე სიცოცხლის ნიშანწყალი იმლებოდა,
სიკვდილის ფერი დასდებოდათ მათ. დედას არ ჰქონდა ლო-
დინის დრო. განზეც შემოიხია სამოსი, უთროსი ვაჟი ზურ-
გზე მიიკრა, თან შეეკითხა:

– ხომ არაფერი გტკივა?

– ტკივილმა გადამიარა, ისეთი ძლიერი ტკივილები
მქონდაო, – ძლივს ამოილუღლუღა ბავშმა.

– შენ რაღად მოგელოყბოა სახეო?

– მე ისევ მტკივა და მიმატებს ტკივილიით, – ხმის კანკა-
ლით უპასუხა ბავშმა და თავი გვერდზე გადაიქნია.

დედად სიმწრის ოფლი მოწმინდა შუბლიდან. უმცროსი
ბავშვი ხელში აიყვანა და საჩქაროდ წამოდგა, სიმძიმისაგან
ოდნავ შეაცყოვნა წამოდგომა. ქალე საჩქაროდ დატოვა შე-
ნობა. ცხენმა პატრონს შეხედა და მიუახლოვდა, ყოყმელ-
მხრივ შეუწყო, რათა შეეჯდაროყო მასზე. ცხენიც გრძნობდა
განგაშს. ჩუმად გავიდა უკანა ეზოდან.

ქალს ცალი ხელი ცხენისთვის ფათარში მოეჭკიდა, ცალი
ხელით კი პატარა ბავში მკერდთან მიეკრა. ბავშმა იგრძნო

10

დედის სითბო და ტკივილთა ბურუსში გახვეული თვალები შეავლო მას. ასეთი მტკიცე, ასეთი გაკერპებული სახის დედა არასოდეს ენახა.

– მშიაო, დედა!.. – წაიკვნესა ბავშვმა.

დედამ შვილს შეხედა უმწეო მზერით. მიუალერსა და ცივ შუბლზე ეამბორა. ძუძუ ჩაუდო პირში, – ამით მოიტყუე თავიო, – გაიფიქრა. ზურგზე მოკიდებულმა უფროსმა შვილმა კი ყურთან ჩასჩურჩულა:

– დედა, ჩვენ მალე მოვკვდებითო?

სიმწრის ნაოჭებმა გაუბზარა დედას სახის ერთიანი წყობა. არ უნდოდა, ბავშვს რაიმე ეგრძნო, მისგან სახის დამალვა უნდოდა, მაგრამ მაინც ახედა დედამ შვილს, არაფერი უპასუხა, ისე, და სიმწრისაგან ცხენს ისე ჩაარტყა წიხლი ფერდებში, რომ, ალბათ ეს სიმწარე ცხენმაც იგრძნო და ქარიშხალთან შესაგებებლად გაეშურა განთიადისა, და დაღამების შესაყართან. ქალი ცხენს კისერში მოეჭიდა, ბავშვსაც საიმედოდ მოეჭიდა თვითონვე უბელო ცხენზე მიკრული. ზურგის სიმძიმეც შეიმოწმა.

– თმებში მომკიდე ხელიო, – გააფრთხილა დედამ შვილი.

– თქვენი უმანკო სახეები, მგონი, ძრწოლას აუტანიაო, – ფიქრობდა, ვერა გრძნობდა, რომ ამ ფიქრს ხმამაღლა წარმოსთქვამდა. ჭექა-ქუხილი და წვიმის შხაპუნი ახშობდა მის ნათქვამს, – თქვენს კრიალა თვალებში შიში ჩაბუდებულა და შიში გტანჯავთ, შიში ტკივილის, ერთს გრძნობა რომ დაგიკარგა, მეორეს აუტანელმა სიმწარემ რომ შიმშილი მოგგვარა და ღეჭავ მშრალ ძუძუს და ჩემში შემოდის თქვენი ტკივილები. ამოწოვე, შვილო, ჩემი სისხლი და გამიცივე გრძნობები, რათა ველარ ვიგრძნო თქვენი სიკვდილი. იქნებ მეჩვენება და მე დამებინდა ეს ოხერი გონება, იქნებ მე ვერ გხედავთ, იქნებ მე დამიჩრდილა უხილავმა ძალებმა თვალთა ფერიების ფერთა თამაში. რატომა ხართ ასე ფერმკრთალები, თითქოს თქვენი ვარდისფერი ტუჩები გაქრაო, – დედის ხმაში თვალნათლივ იკითხებოდა უსაზღვრო შიში შვი-

ლებზე.

ცხენი გარბოდა და ქვაფენილზე მისი ფლოქვების ხმა არ ისმოდა. შუკიდან ვიღაც კაცი გამოვიდა და გაუკვირდა, როგორ გარბის ცხენი ისე, რომ ხმას არ გამოსცემსო. მხედარსაც მოჰკრა თვალი და მის „ტვირთსაც“. აღარ გაკვირვებია, რადგან გაიფიქრა, იგი ხომ ჯადოქარი და მისანიაო და მას არ გაუჭირდებოდა, ცხენის ხმა დაეხშოო. ეს ბავშვები კი დასისხლიანებულები რატომ არიანო, იქნებ თვითონ არის დასისხლიანებულიო. მაინც ვერაფერი გავიგე ხეირიანადო. თუმცაღა, ამ ქალისას რას გაიგებო. წამიერ გაელვებაში თვალნათლივ დავინახე თეთრი ცხენი, სისხლი, ჯადოქარი და ბავშვები. გავიქცე, რაღაც არ შემამთხვიოსო და არ გამომედევნოსო. და ბნელ ქუჩაში გაუჩინარდა.

ცხენი კი გარბოდა მთელი სისწრაფით და ძნელი იყო მისთვის თვალის მოკვრა. მხედველობაც თანდათანობით დაახშო სიბნელემ და თქეშმა. ქალისათვის წამი საუკუნედ გადაიქცა, დროის შეგრძნება დაკარგოდა, და მიტომ. ელვის მიმართულებით გარბოდა ცხენი და ჩანდა წამიერ გასხივებაში დედის სახე, რომელსაც სიმწრისაგან ძარღვიც აღარ უტოკავდა სახეზე, თითქოს ნიღაბი ჩამოეცვათ მისთვის და ეს ნიღაბი ძნელი სატარებელი იყო სახეზე უსაზღვრო სიმძიმისა და მოუხეშაობის გამო. დროის ათვლადაკარგული საკუთარი ბედისწერის გარდუვალობაზე ფიქრობდა. ფიქრობდა იმას, თუ როგორ დაუნდობლად ჭამდა ქრონოსი[1] თავის შვილებს – დროის წამიერებას, და ეს მაშინ, როცა თვით ქრონოსი მარადისობის სატანჯველად გადაქცეულიყო. და ებრძოდა უმწეო დედა შვილთა მჭამელ

1. **ქრონოსი** - ძველბერძნულ ღვთაებათა პანთეონის ერთ-ერთი უპირველესთაგანი ღვთაება, რომელიც იმის შიშით, რომ დაჰკარგავდა ღვთაებრივ ტახტს, საკუთარ შვილებს ჭამდა. ბერძნული ფონეტიკის მიხედვით მას კრონოსს უწოდებენ, ხოლო ქართულად იგი ქრონოსად მოიხსენიება. აქედანაა წარმოშობილი სიტყვები ქრონიკა, ქორონიკონი და მისგან წარმოებული სიტყვები, ანუ შეიძლება განვმარტოთ ეს შემდეგნაირად - დროის შემჭმელია ქრონოსი (ქრონიკა), ქორონიკონი, ანუ კალენდარი (ქართ. „კალანდა“ ალბათ ამ კონტექსტით საზრდოობს) თითოეული დღე, ჟამსაქცევარი, ანუ დროის რაღაც პერიოდი, თუ მონაკვეთი მუდმივი მატერიის შვილები არიან, ანუ მარადი დროის - ქრონოსისა.

ქრონოსს, რადგან არ უნდოდა, ამ დროებაში შეეჭამა სიცოცხლის წამიერება, ბავშვების სიცოცხლის წამიერება. ევედრა კიდეც გამზრდელ მამიდას:

– მამიდა! ჩემო გამზრდელო მამიდა! – შვიდგზის შესძახა ქალმა მამიდას, – ძალა მომეცი, გონება გამინათე ჩემი შვილებისათვის. როგორც ყოველთვის, ახლაც მოგიხმე შენი შემწეობის იმედად. შვილები განსაცდელში ჩამიცვივდნენ. ავსულები ცდილობენ შავეთში მათ ჩათრევას. ავ-ქარი უბერავს და ქაჯები ყოვლისმომწვდომ ხელებს იქნევენ, ბავშვებს აშინებენ. მაჯლაჯუნები[2] ბნელი ხორკლიანი ჩონჩხის ხელებით ეფერებიან ჩემს შვილებს. ებღაუჭებიან დაგეშილი გამოხედვით როკაპები[2] და კუდიანები სიკვდილისაგან დაოსებული ჩემი ბიჭების სხეულებს და ჩრდილავენ მათ ფერმკრთალ სახეებს. მაქციები[2] ქვესკნელიდან ამოზიდული შხამიანი მტვერით გვახრჩობენ. მაცილი[2] ცდილობს, სული მომიწამლოს, რათა სიცოცხლის მერე უდღეურობაში გადამისროლოს. შვილებს რომ წამართმევენ, ყველაფერი ეს დადგება, და მე კი ვერაფრით შევუშლი ხელს მათ განზრახვებს. ღრმა ჭრილობები აქვს ბავშვებს, ტკივილმა გონი წაართვა. მიშველე, მამიდა! შენ ხომ ყოვლისშემძლე ხარ... ნუ მიმატოვებ მარტო ჩემი ცხოვრების ყველაზე მძიმე განსაცდელის ჟამს... გესლიანად ქირქილებენ ტაჯალები[2]... ერთმანეთს ეჩურჩულებიან, გათენებამდე რომ ვერ მივაღწიოთ. უნდათ ქვესკნელისკენ მიმავალ გზას დავადგეთ!

ჯერ ბოლომდე არ იყვნენ სამშვიდობოს გაცილებულები, ზურგზე მოკიდებულმა ბავშვმა რომ უთხრა დედას:

– ალბათ, შეიტყვეს ჩვენი გაქცევაო...

– საიდან იცი, შვილო, – ჰკითხა დედამ, – ღამეა და როგორ ამჩნევო...

– ქალაქში ჩირაღდნები დაინთო. მატულობს და მატულობს ერთ ადგილზე ცეცხლიო.

---

2. **მაჯლაჯუნები, როკაპები, მაქციები, მაცილი** - წარმართულ ქართულ აზროვნებაში ავსულებს ნიშნავდნენ. აგრეთვე **ტაჯალა** მეგრულ დიალექტზე ნიშნავს ალქაჯს.

– ალბათ ჩვენი სადგომი დაწვეს, – ცოტა ხნის შემდეგ ჰკითხა, – შორს გავაღწიეთ ქალაქიდანო?

– ჯერ არაო, – უპასუხა შვილმა. მერე დაამატა, – ტკივილებმა ისევ მიმატა და თვალებში მიბნელდებაო, ტანშიც მაციებსო.

– მოითმინე, ყველაფერი კარგად იქნება, ოღონდ აქედან გავაღწიოთო... – დააიმედა დედამ.

– ჩემი ძმა როგორააო, – ჰკითხა შვილმა დედას, – ხომ არ მომკვდარაო?

– იმასაც ღრმა ჭრილობა აქვს, ტკივილმა გათიშა ალბათ. იგი ჯერ პატარააო. მშიერია და ჩემს ძუძუს ეტანება, იქნებ ამით მოიტყუოს თავიო.

ამის თქმაზე გაეღვიძა პატარას და დედას შეხედა.

– აღარ მივედითო? – ჰკითხა და პირიდან სისხლმა გადმოჟონა.

– ჯერ არაო, – უთხრა დედამ და სიმწრისაგან გულში ჩაიკრა და ბავშვმა განაგრძო დედისაგან სისხლის ამოწოვა.

რაც უფრო სცილდებოდნენ ქალაქს, დედის სიკერპე მით უფრო იმსხვრეოდა და დარდდამძლეულ დედად იქცეოდა, რომელსაც თანდათანობით ცრემლები უვსებდნენ თვალებს და ბოლოს ყელში ბურთად გაჩხეროდა, ჯერ კი უფლებას არ აძლევდა თავს, ასეთი სისუსტე გამოეჩინა, ბავშვები უნდა გადაერჩინა, და მიტომ. დროის ათვლა დაეკარგა, რადგან ღრუბლებში მიმალული მთვარე არ უნათებდა გზას, არც მიმართულება იცოდა, ცხენს იყო სრულად მინდობილი, უბელო ცხენს.

უკან სიბნელეში ჩაიმალა ჩირაღდნები და ქრონოსმა ის დროც შეჭამა თავისი ავი მოსაგონარით, იმ ქალაქთან დაკავშირებული, დამლად რომ გამოჰყვა. ბავშვების ჭრილობები ვერ გადაყლაპა ქრონოსმა, რადგან ისინი დედის გულში უკვე აღბეჭდილიყო.

თანდათანობით ცხენმა სირბილს უკლო, ალბათ დაიღალა დამაბული გაჭენებისგან, ან ისეთი ღამე გადაეფარა

თვალებს, რომ გზის გაკვლევა გაუჭირდა და გზის აღსაქმელად შეანელა სრბოლა. განუწყვეტლივ კი გრძნობდა პატრონის მტკიცე ხელს და ერთგულად მიჰყვებოდა მის ნებას. პატრონიც ერთგულადვე მინდობოდა თავის მეგობარს და მიანდო თავისი შვილების უსაფრთხოებაც. ამას გრძნობდა ცხენი და სურდა გაეჭრა ღამის ლაბირინთები, რათა ქარიშხლიანი ღამის დასალიერამდე დროულად მიეყვანა. ფეხდაფეხ მისდევდა გაქცეულებს ქრონოსის მოუპირავი სტომაქი,

რადგან დრო-ჟამი ქრონოსის შვილები იყვნენ და

ქრონოსს კი აუცილებლად უნდა შეეჭამა საკუთარი შვილები,

ვისი დროც არ უნდა ყოფილიყო ის.

ბნელი ქუჩის მგზავრი კი მისულა ქალაქის მესვეურებთან და უთქვამს, რომ გრძნეული ქალი ქალაქიდან გარბოდა დასისხლიანებული და ცხენზე ამხედრებულიო.

სასწაული კი ის იყო, რომ ცხენის ფლოქვების ხმა არ ისმოდაო.

ელვა-ჭექამ გაანათა ქალის სახეო.

ბავშვებიც მიჰყავდაო და კიდევ ის იყო საოცარი, რომ ტანს ზემოთ შიშველი იყოო და სისხლში ათქვეფილიყვნენ ისიცა და ბავშვებიცო.

ალბათ საკუთარი შვილები დახოცაო იმ ავსულმა და იმიტომ გაიქცა ქალაქიდან, რომ ბოლოს შეეჭამა ისინიო.

სულს ძლივს ითქვამდა ბნელი ქუჩის მგზავრი შიშისგან და სირბილისგან.

– ამდენ რამეს თვალი როგორ მოჰკარიო? – ჩაეკითხნენ დიდებულები.

– ცხენი კუდამოძუებული გარბოდაო, – აუხსნა კაცმა, – ეს იყო, რომ ელვის განათებაში მოვკარი თვალი და ისეთი შემაძრწუნებელი სურათი დავინახე, რომ მთელი ცხოვრება გამყვება ეს, როგორც დაწყევლილი ხილვა და მოჩვენებაო.

– ესე იგი, შენ ამბობ, რომ შვილები მოკლაო?! – ჩაეკით-

ხენ უფრო დაწვრილებით, – იქნებ თვითონ იყო დაჭრილი?

– არა, ჩემმა მზემო, მას ისე მტკიცედ ეჭირა თავი ცხენზე, რომ წარმოუდგენელი იყო, დაჭრილი თვითონ ყოფილიყო. აი, სისხლმა მაფიქრებინა ბავშვების განსაცდელში ყოფნა. სხვას ვის, თუ არა თანატოსის[3] ამ ქურუმს შეეძლო ბავშვების მოკვდინება ჰადესის[4] საკურთხეველზეო.

გაეღიმათ ქალაქის მესვეურებს და თავისთვის ჩაილაპარაკეს:

– კარგი აზრიაო.

ამან კი უფრო შეზარა ბნელი ქუჩის მგზავრი და ბნელ ქუჩაში მიიკარგა.

გაქცეულები კი ისევ გარბოდნენ მოუსავლეთში. ჯერ ადრე იყო განთიადის პირი. წვიმამაც მოქანცა გონება, რადგან გამოდარებას არ აპირებდა. ტყის პირას შეაჩერა ცხენი ქალმა. ერთბაშად მოეშვა კუნთები და იგი ლასლასით ჩამოცოცდა ცხენიდან. დაღლილობისაგან ფეხებმა კანკალი დაუწყო, როგორც კი შეეხო მიწას. დედისთვის მთავარი იყო, ბავშვებს არ გაღრმავებოდათ ჭრილობები და ძილ-ბურანშივე ყოფილიყვნენ. ერთ ხის ძირში ჩაიმუხლა. მკერდზე შენასკვული სამოსის ნახევები შეიხსნა და ზურგზე მოკიდებული ბავშვი მიწაზე დააწვინა. თვითონაც იქვე მიუჯდა, თავზე გადაუსვა ხელი. ცივმა ოფლმა დაასხა ბავშვს, ეს არ იყო წვიმის წვეთები, რადგან წვიმა იმ ოფლზე უფრო თბილი იყო. ბავშვი ბოდავდა, გაურკვეველ სიტყვებს იძახდა, ვიღაცას ეძახდა და დედამაც შეუძახა თავის შვილს, რათა გონს მოსულიყო. ბავშვმა თვალი გაახილა და იკითხა:

– უკვე მოვედითო?

– დაიძინეო, სამშვიდობოს ვართ გასულიო.

– სიცივემ ამიტანა, დედა, იქნებ გამათბოო.

---

3. **თანატოსი** - ბერძნულ მითოლოგიაში სიკვდილის ღმერთი. აქედან წარმოებული სიტყვა თანატოლოგია - მედიცინის ერთ-ერთი დარგი, რომელიც სწავლობს ორგანიზმში მიმდინარე სიკვდილისწინა და სიკვდილისშემდგომ პროცესებს, აგრეთვე სიკვდილის ნიშნებს.

4. **ჰადესი** - ბერძნულ მითოლოგიაში ქვესკნელისა და სულთა ღმერთი, ქრონოსის შვილი და ზევსისა და პოსეიდონის ძმა.

დედამ მკერდზე მიკრული მეორე შვილი უფროსთან დააწვინა და უთხრა:

– გამაგრდი, იქნებ წამლისთვის ბალახეულობა მოვიძიო და გადაგარჩინოთო.

– მეშინია, მარტო არ დამტოვოო.

– შენ ხომ არასოდეს არაფრის გეშინოდა, შენ ხომ ჩემი ჯიშის ხარო! – გაამხნევა დედამ მომაკვდავი შვილი.

– შენი ჯიშის რომ ვართ, ალბათ ამისთვის გაგვიმეტესო, – უპასუხა ძალადაკარგულმა ბავშვმა.

დედას ჩახედა ბავშვმა თვალებში, დედამაც შეხედა მომაკვდავს, მაგრამ არა წყრომით, არამედ სინანულით.

– შენც მოგწვდნენ და მოგიწამლეს სიცოცხლე?!

– სისხლისგან ვიცლებით მე და ჩემი ძმაი, მეტს რაღას უნდა მოგვწდომოდნენ! – ამასობაში უმცროს შვილს უცებ გაეღვიძა და სასომიხდილმა წამოიყვირა:

– გვიშველე, დედა! მხეცები მოგვდევენ შესაჭმელად!...

– ახლავე მოვძებნი ბალახეულს და ჭრილობებს დაგიამებთო. დედამ ორივე შვილს მოეფერა. შუბლზე ეამბორა და საჩქაროდ ტყეში შევიდა.

ქალმა არ იცოდა,
სად იმყოფებოდა,
არც ის,
თუ რამდენ ხანში გათენდებოდა,
არც ის,
მალე გადაიღებდა წვიმა, თუ არა.

სრულ გაურკვევლობაში იყო ქალი. ცხენი ბავშვებთან იყო და დროდადრო ფრუტუნებდა. დედა კი იქვე ახლომახლო ბალახეულს ეძებდა სახელდახელო საკურნებლისთვის. დროდადრო ელვა უნათებდა გზას, ტყის სიღრმეში რომ შესულიყო და რაღაც საკვებისმაგვარი ფოთლები ეპოვნა. ტყეში ღრმად შესვლას ვერ ბედავდა, რადგან გზა აებნეოდა და შვილებთან ველარ მივიდოდა. მალევე მობრუნდა უკან, ბიჭები კვნესოდნენ. გულისცემა შეუმოწმა,

მკერდი შეუხსნა და ფრთხილად, რომ არა სტკენოდათ, ისე, ჭრილობებში რაღაც ფოთლები ჩაუფინა. მერე ჭრილობებზევე ეამბორა და რაღაც შეულოცა. იქვე, სახელდახელოდ, პირში ჩაუდო ნაძვების გამონაჟური თვალ-კორძები, უთხრა, ეს დაღეჭეთ და შიმშილს მოგიკლავთო, გემო რომ გადაუვაო და დაფრჩხვნას დააპირებს, შეჭამეთო. ბავშვებმაც დაუჯერეს. მერე კი უთხრა:

– მოითმინეთო. რაღაც გვეშველებაო.

უფროსმა შვილმა დედას შეახსენა თავისი წინანდელი ნათქვამი და დასძინა:

– დედა, არასოდეს იფიქრო, თითქოს საყვედურს გეუბნებოდე შენი ჯიშის რომ ვარ.

დედა აღარ უყურებდა შვილს, იგი რაღაც გაურკვეველ უსაგნო სივრცეში იყურებოდა და მძიმე ფიქრებით დატვირთულმა უპასუხა ბავშვს:

– არ მიფიქრიაო...

– იცი, დედა, მე მეამაყება, შენი ჯიშის რომ ვარ, შენს მტრებთან თვალი არ დავახამხამეთ. არ ვათქმევინეთ შენს მტრებს მხდალი შვილები ჰყოლია მედეასო. როცა მკლავდნენ, ერთმა ასე თქვა, ეს გრძნეული ქალი გრძნეული შვილებისვე პატრონი ყოფილაო, ვკლავთ და არ ტირიანო. ვაწამებთ და ამ წამებაში შვებას გრძნობენო დედის სიყვარულისთვის. რა ყოფილა ეს ქალი ასეთიო. მეორემ შეეპასუხა, გველია და გველის წიწილები ჰყავსო და ჩემს ძმას გამეტებით ჩასცა დანა გულში. არც მან იტირა, დედა, არც მან შეგარცხვინა. შენგან ვისწავლეთ ტკივილების დათმენა. მკვლელებმა თვალი ვერ გაგვისწორეს, და ამასობაში შენც გამოგლიჯე მათ ჩვენი თავი. ხომ არ შემირცხვენიხარ, დედა...

– ნუ ფიქრობ ამ დღეზე. დაივიწყე ყველაფერი. ტვირთად მეც მეყოფა გასახსენებლად. შენ ჯერ ბავშვი ხარ, ცხოვრება დიდია, გრძელი და უსასრულო...

– თუ არ შეგვიმოკლეს...

19

– მეტისმეტად ბრძენი ყოფილხარ. ვინ დაგიკარგა ასერიგად ფერადი ბავშვობა. შენ ბავშვი აღარასოდეს იქნები. მე ბავშვები მომიკლეს და ბრძენი კაცები შემრჩნენ ხელში.

გაუღიმა ნაღვლიანად დედამ შვილს და ისევ უსაგნო სივრცეში მზერა განაგრძო. უკვირდა, როგორ გამოსტაცა გამხეცებულ ჯალათებს შვილები. რამ მისცა არაადამიანური ძალა, კაციჭამიების მთელ ხროვას რომ ერთმა ქალმა აჯობა. იმასაც ფიქრობდა, თუ რა შეიძლებოდა მომხდარიყო სხვა ნებისმიერ შემთხვევაში, ფიქრობდა და შიშმა დაზაფრა ქალი. ეს შიში განაგრძობდა თავის არსებობას მანამ, სანამ ბავშვების სიცოცხლე საფრთხეში იქნებოდა. ეს საფრთხე კი მეტად და მეტად არსებითად ხორციელდებოდა და უხორცო აბსტრაქცია თანდათან ხილვადი ხდებოდა.

II

„ლილევ-და დიდება შენდა!"

უკიდეგანო ცის დასალიერი წამიერი ნათებით გადასერა სინათლის ვიწრო ზოლმა, თითქოს გაბზარა ბნელეთი მნათის თვალისმომჭრელმა სხივებმა, ანაზდეულად რომ მიიზიდა თითოეული მოკვდავი ზესკნელის სფეროში გამოუცნობი ნეტარებისთვის. ისევ ჩამობნელებულ უკიდეგანობას გააყოლა თვალი, რადგან თვალის ჩინი უსასრულობის სპექტრში ჩაიძირა. ეძებდა თვალსაწიერშეზღუდული ცის კიდეს. მერე ბავშვებს დახედა და თავისთვის ჩაილაპარაკა,

ჩაილაპარაკა ისე,
თითქოს გალობსო:

– იძინეთ, პატარებო, ბავშვობაწართმეულო ჩემო შვილებო, სიცოცხლეშემოკლებულო ბიჭებო!...

ნიკაპი აუთრთოლდა დედას და რადგან ბავშვებს ეძი-

ნათ და მას კი არ უნდოდა, შვილებს დედის ცრემლი ოდესმე ეხილათ, მხოლოდ ახლა მისცა თავს უფლება ცრემლებისთვის თავისუფალი გზა მიეცა და ქალური გრძნობები გადმოეფრქვია თვალთაგან:

– აღარც ნაძვის თვალ-კორძებს ღეჭავთ, სხვა დროს რომ რძეში ამოვლებულს ტკბილად შეექცეოდით. ძილმა წაგართვათ თავი, მე კიდევ ძილის უფლება არა მაქვს თქვენი სიცოცხლის გამო. მალ-მალე გაღვიძებთ ჭრილობები, თავს არ განებებთ ტკივილები და თქვენი ტკივილები ჩემში იბუდებს, მაგრამ ვერასგზით გიფარავთ მისგან. ცაზე ვარსკვლავები არაა, რაიმე რომ ეთქვათ ჩემთვის. გამოუცნობ სამყოფელში ვართ მოხვედრილები – არ ვიცი სადა ვართ, არც ის – გადაიღებს თუ არა წვიმა, არც ის – გათენდება თუ არა მალე. ვის უნდა შევეკედლოთ, ოთხი ქარის შესაყართან გავჩერდით და ბოლო არ უჩანს ჩვენს მიუსაფარ ყოფას. იძინეთ, შვილებო, იქნებ სიზმარმა შვება მოგცეთ და სიზმარმა მაინც გადაგასახლოთ და დაგაბრუნოთ თქვენს წართმეულ ბავშვობაში. მე კიდევ თქვენი სიზმრების მცველი ვიქნები ამ ღამეში, ამ დაუსრულებელ ღამეში...

თვალს რომ რული არ მიკარებოდა, იმღერა –

„ლილევ-და, დიდება შენდაო..."

უმღერა სინათლის დედას,

თეთრი მზის დიდება იგალობა და

შეევედრა ლილეს[5] იმედის მიცემა.

ფიქალის კოშკში ლოცვად დავარდნა აღუთქვა ლილეს,

სამთას ფერხულში ჯიხვისა და არჩვის მსხვერპლად შეწირვა დაუთქვა ლილეს.

ოქროს სასახლეც ახსენა,

მამისეული ოქროს სასახლე,

ოქროს დარბაზი,

სადაც მისი მამის მამის – მზის სხივები იყო,

იმ მზის სხივებს უხმობდა შველად.

5. **ლილე** - წარმართულ ქართულ ღვთაებათა პანთეონში მზის ღმერთი.

მონატრებოდა აიას კუნძული ოქროს გალავნებით, მშობლიური, ზღაპრული სითბო, – ამას დასტიროდა ლილეს მოხმობით.

ოქროსრქიანი ხარების ოქროს გუთანში შებმულების ქედდადრეკილი სიამაყე ეტირებოდა და ტიროდა კიდეც ლილეს ღვთაების წინაშე.

თეთრი ქედების მშვენიერი სივრცის სილაღე სიზმრის მარწუხებში მოქცეულ თვალებს მარგალიტის ცრემლებად ჩამოსწყდა და ლილესთვის შეჭღაღადა ერთ ამოსუნთქვაში ჩატეული მთელი მონატრება.

მღეროდა საღვთო ვერძებზე,

საუფლო რქებიან ოქროს ვერძებზე, მთაგრეხილებს რომ ეკვეთებოდნენ რქებით და აფხიზლებდნენ ქვეყნიერებას.

სასოწარკვეთით მღეროდა ქალი, რომლისთვისაც უცხო იყო სასოწარკვეთა –

„ო, თეთრო მზეო! ჩვენდა იმედად რონინებ ცაზე,
ათასი წელი გადიდებთ ასე: დიდება შენდა! დიდება შენდა!
გვარიდე სუსხი, სენი და სევდა,
ნუ მიგვატოვებ პირმშოთა შენთა!..“[6]

მთელი თავისი წუხილი, ლოცვა და ბედისწერა ჩააქსოვა ამ გალობაში. მღეროდა თავისი მამულის შვილი და მომაკვდავი ბავშვების დედა, უმამულოდ დარჩენილი უცხოობაში,

დედა, მაგრამ უშვილ-ძიროდ გადაგებული საარყოფნოში.

მღეროდა უცხოეთში საუცხოოდ ყველაზე მწარედ და ყველაზე ტკბილად. ვერავინ ვერ ისმენდა ამ ნაგალობარს, ვერავინ გაიგებდა მის წუხილს, და მიტომ.

მღეროდა და დასტიროდა თავის გამწარებულ ყმაწვილქალობას, შებღალულ სახელს და გამრუდებულ მომავალს. იგი ტიროდა მომაკვდავი შვილების საკურთხეველ-

6. „ლილეს“ სვანური საგალობელი ტექსტის მონაკვეთი სალიტერატურო ქართულ ენაზე სიტყვა-სიტყვით ნათარგმნია პოეტ დავით წერედიანის მიერ და ციტატის სახით წარმოვადგინე რომანში.

თან და აღარ რცხვენოდა საკუთარი ცრემლების. იგი გულს იქარვებდა ამ მშობლიური ჰანგით, კუტაიური[7] ჯადო-გალობები რომ უწოდეს ელადელებმა.

ჰოდა, ისე დამდუღრული და გულისმომაკვდინებელი სიყვარულით უმღეროდა ლილეს, რომ ოცნებათა ტალღოვანმა სერაფიმებმა[8] კოლხეთის ნაპირებთან გაიტაცეს იგი... გონებიდან გადაიწმინდა ყველა ჯურის უბედურება. მისი სული მშობლიურ ველებს უმზერდა, ფაზისის[9] ჩქერალებში წყარიშ-მაფასთან[10] ონავარობდა, წყლიდან ამოსული ტყაშ-მაფასთან[11] თამაშობდა და მინდვრის ყვავილებით გვირგვინს იწნავდა, მესეფი[12] კი დილით დილამდე ქვეყნიერებას შემოატარებდა და უვნებლად იმავ ადგილას დასვამდა, ოჩოკოჩი[13] და ოჩოპინტრე[14] კი აიას გალავნამდე მიაცილებდნენ.

მზეც უფრო თბილი და მახლობელი იყო მამულში და

---

7. **კუტაია** - გაერთიანებული საქართველოს სამეფოს (XI-XII სს.) პირველი დედაქალაქისა და ახლანდელი საქართველოს ერთ-ერთი ადმინისტრაციული დანაყოფის, იმერეთის გუბერნიის მთავარი ქალაქის - ქუთაისის (ქუთათისის) პრეისტორიული სახელწოდება.

8. **სერაფიმები** - ქრისტიანულ რელიგიაში ანგელოზთა ერთ-ერთი მაღალი იერარქიის დასი ქერუბიმებთან ერთად. მათი ფენომენალური არსი წარმართულ ეპოქაშიც იარსებებდა და თავისთავად მოდერნიზებული სახით გადმოვიდოდა ქრისტიანობაშიც.

9. **ფაზისი** - მდინარე რიონის (სიგრძე - 327კმ; აუზის ფართობი - 13400 კვ.კმ) პრეისტორიული სახელწოდება, რომელიც მოედინება დასავლეთ საქართველოში, სათავეს იღებს კავკასიონის წყალგამყოფ ქედზე მდებარე ფასის (ფაზის) მთიდან (ზღვის დონიდან - 2960 მ.) გადმოცემის მიხედვით სწორედ ფაზისის მდინარით შემოვიდნენ არგონავტები კოლხეთის სიღრმეში და მოაღწიეს აია-ქალაქს.

10. **წყარიშ-მაფა** - მეგრულთა მითიური სახვით - ღელეების, ტბებისა და ჭაობების, ერთის სიტყვით, ჭონჭყო ადგილებში ბინადარი არსება, რომელსაც ნახევარი (ქვედა ნაწილი) თევზის ფორმისა აქვს, ნახევარი კი (ზედა ნაწილი) - ქალისა. იგი ერთგვარად იდენტურია ევროპული მითებისა და ზღაპრების რუსალკასი (ქალ-თევზასი), რომელიც წყარიშ-მაფასგან განსხვავებით ზღვებსა და ოკეანეებში ცხოვრობს.

11. **ტყაშ-მაფაც** წყარიშ-მაფას მსგავსად, მითიური არსებაა - ქათქათა ტანის მქონე ქალი, რომელსაც თხელი თმა აკრავს კოჭებამდე და ბინადრობს ტყეში. გადმოცემით, იგი ქალებს არ ერჩის, მარტო ლამაზ ბიჭებს დასდევს. ტყაშ-მაფას პასუხი არ უნდა გასცე, რამეს თუ გეტყვისო. თითებით გაჩვენებს, რამდენ წელს (თვეს) უნდა იყო მისი ბრძანების ქვეშ. რაღაცით მას ნადირობის ქალღმერთ დალის ნიშან-თვისება გააჩნია, მაგრამ ტყაშ-მაფა ქალღმერთი არაა.

12. **მესეფიც** მითიური არსებაა. იგი როგორც მამრობითი, ასევე მდედრობითი სქესისაა. იგი უხილავია და უმთავრესად შემოდგომისა და ზამთრის პირს გამოდის ზღვიდან, ან ტყიდან. მესეფი ღვთაებრივი ნადირის მწყემსია. თუ რომელიმე მონადირე თვალში მოუვა, მას აძლევს ამ ნადირის მონადირების უფლებასა და საშუალებას. მესეფობის დღეობათა მიხედვით ახლო მომავლის ამინდებსაც საზღვრავდნენ - ასე იციან თქმა: „მესეფობის დროს თუ კარგი ამინდია - საქონელი თეთრად გამოწყობილმა გოგოებმა (მესეფებმა) მოდენესო, და ზამთარიც კარგი იქნებაო. ცუდი დღეები თუ იქნა - საქონელი ნაბდიანმა ბიჭებმა მოდენესო და ზამთარიც ძლიერ თოვლიანი იქნებაო“.

მთვარეც, ხვატიც განსაკუთრებულად საამო იყო შინ და წვიმაც. სიმღერით კი იქ არ იმღერებდა, რადგან საკუთარ სახლში ყველაფერი სიმღერაა, მხოლოდ იქ არ იმღერებდა, იმდენად ყველაფერი სასიმღერო თვალსაწიერში ჰქონდა. და თუ იმღერებდა, მხოლოდ ამ ნეტარების წყურვილით.

ოცნებამ მამისეული სასახლე მოატარა, ძმასთან მოაალერსა, მამას და მამიდას პატივი მიაგო და, როგორც ყოველთვის, მამის განებივრებული ქალიშვილი მამასთან ერთად სანადიროდ წავიდა. დაჰკრეს ბუკსა და ნაღარას და ცხენებზე ამხედრებულები განავარდნენ. სუნთქვაც თავისუფალია მამულში, სისხლიც სხვანაირად დუღს და ჟინიც განსხვავებულად გადმოდის ლავად სამზეოზე, და ეს იმიტომ, რომ საკუთარ სახლში ხარ და არ გეშინია წვიმის და ქარტეხილის, რამეთუ ელია და ლაზარე[15] დაგიფარავენ - ელია

---

13. **ოჩოკოჩიც** მითიური არსებაა. მისი აღწერისას ამბობენ - „ოჩოკოჩს მაგარი ჯაგრისნაირი თმა ასხია და საშინელი შესახედავიაო. მესეფისა არ იყოს, არის ქალი ოჩოკოჩი და კაცი ოჩოკოჩი. ნატყვიარზე კარგად ხდება და თუ მას მრავალჯერადად არ ესროლე (ისარი თუ ტყვია), ისე მას თავიდან ვერ მოიცილებო. იგი კაცს არ კლავს, მხოლოდ წყევლისო. მკერდზე ოჩოკოჩს ნაჯახის მსგავსი რქა აქვსო". ის თითქოსდა უწყინარი არსებაა, დაუკითხავად მიდის კაცთა სადგომში და ჭამს საჭმელს და თბებაო. წყარიშ-მაფა, ტყაშ-მაფა, მესეფი და ოჩოკოჩი უფრო ზღაპრული არსებები არიან, ვიდრე მითიური. ესენი პანისა და ქალ-თევზას ერთგვარ ანალოგს წარმოადგენენ, თავისთავად სპეციფიკური განსხვავებებით.

14. **ოჩოპინტრე** - ნადირთა მწყემსი და მხეცთა პატრონი ქართულ მითოლოგიაში. იგი მწყემსის სახით ეცხადება მონადირეს. მისი ადგილსამყოფელი უღრანი ტყე და მიუვალი მთებია, ზოგჯერ მინდორიც. ოჩოპინტრე მხოლოდ მამრობითი სქესისაა. ოჩო-ფეხებზე დადის (ოჩო მეგრული დიალექტით ვაცს ნიშნავს). ამ შემთხვევაში სახეზე გვაქვს ბერძნული მითოლოგიის პანის პერსონიფიცირება ქართულ ნიადაგზე, ან პირიქით. ოჩოპინტრე ღვთაებრივი პანთეონის ბინადარია და გვხვდება მასზე შელოცვები: „ოჩოპინტრე ბედნიერო! ნადირთ წმინდა ანგელოზო, ხელცარიელს ნუ დამაბრუნებ, მსუქანი ჯიხვი მომეციო!" შესთხოვდნენ მონადირენი, ერთის შეხედვით, ტყაშ-მაფა და ოჩოკოჩი ამ მითიური სახის განშტოებანი უნდა იყოს, მაგრამ მხოლოდ ოჩოპინტრე გახდა ღვთაება და არ დარჩა ზღაპრულ-მითიურ განუსაზღვრელ სახედ.

15. **ელია და ლაზარე** - მზისა და მთვარის შვილები არიან ქართულ მითოლოგიაში (ელია წვიმა-სეტყვის და ჭექა-ქუხილის, ხოლო ლაზარე - დარისა და ავდრის ღვთაებები არიან). ისინი არ არიან ბიბლიური პერსონაჟები ერთის მხრივ ელია წინასწარმეტყველი ძველი აღთქმიდან, მეორეს მხრივ კი ლაზარე - ქრისტეს მეგობარი, მაცხოვარმა რომ მკვდრეთით გააცოცხლა „ოთხისა დღისა მკუდარი" იერუსალიმში თავის ბრწყინვალედ შესვლის წინ. ამ ღვთაებებისათვის შესაძლოა სახელები ქრისტიანულ ეპოქაში გადაერქვათ, ან იქნებ სულაც ეს სახელები ერქვათ მათ წინარე ისტორიულ ხანაში და იქედან მოყოლებული ქართველურმა მოდგმამ გაავრცელა მაშინდელ მსოფლიოში. ელია და ლაზარე ძმები არიან. ელია ზარმაცი და ამასთანავე ჯიუტია, ლაზარე კი მშვიდი და მეოცნებე. ელია ნახევრად ბრმაა, რადგან მზეს ერთი სხივთაგანი მოსტაცა. იგი სეტყვასა და ელვა-ჭექას გაუაზრებლად ხან სად მოისვრის და ხან სად. ლაზარე კი ელიას აბეზარობისაგან იცავს მიწას და წაჰგვრის ხოლმე ზეციური ეტლის აღვირებს და ხალხს მოუვლენს ჟუჟუნა წვიმას.

თავისი ღვთაებრივი სიბრძავით, რომელიც ვერ ზომავს წვიმას და სეტყვას, ელვას და ჭექას ხან აქ გაელავს და ხან იქ ისეტყვებს და მისთვის ზარებს რეკავენ, ლაზარე კი თავისი კეთილგანწყობით, რომელიც ელიას ღვთაებრივ სიბრძავეს თვალხილულობითა და ყურადღებით ავსებს, ელიას წაჰგვრის მათრახს და გადაჭარბებულ სეტყვას წვიმას მოაყოლებს, და პირიქით. მოკვდავთა მეგობრები არიან ეს ღვთაებები.

და როგორი ნეტარია ბუნიაობისას შხაპუნა წვიმა საკუთარ მამულში ვარსკვლავთცვენის დღეს, როცა გაზაფხულის თავსხმაში გარდასახული ხომლთა ჩანჩქერთა ჩქერალების თავსხმაა ქვეყნიერებაზე. ლამარიას[16] დღესასწაულზე პონტოის მოლივლივე ტალღებში დედიშობილა შესულიყო იგი

და ზეცად აღემართა ხელები

და ვარსკვლავთცვენის კოსმიურ ენერგიას იღებდა წვიმის მეშვეობით

და ქალწულური სხეული მზეფერილობით ივსებოდა

და ქალური ჟინი წვავდა ხორცის სინორჩეს

და მოედინებოდა ასტრალეთი მის ნაზ სხეულზე

და ხურვებას აგრილებდა თავისი შინაგანი მუხტით.

უდარდელი ქალწულის ნათელი გონება და შეუბღალავი სხეულის წყალზე ასხლეტილი მოქნილობა ჰაეროვანი სისადავით ერწყმოდა ზღვიურ უკიდეგანობას და ცასა და მიწას ჰორიზონტის მისტიურ გასაყართან აერთებდა სიშიშვლით, რომელიც ელოდა მამრს, ცხოველური მიმზიდველობით რომ დაიცხრობდა მოძალებულ ვნებას, ბუნიობით გამოწვეულს. ხელები მაღლა აეწია, სახე წვიმისთვის შეეშ-

16. **ლამარია** - ქართველი ერის ქრისტიანულ ცნობიერებაში გაიგივებულია ღვთისმშობელთან. უშგულში არსებობს ლამარიას სალოცავიც. მაგრამ ერის წარმართულ აზროვნებაშიც იგი დომინირებს როგორც ერთ-ერთი ღვთაებათაგანი. მას იმდენად სიღრმისეული ფესვები აქვს, რომ ამ სიტყვისა და მითუმეტეს ფენომენის ეტიმოლოგიაზე ძნელია საუბარი. შესაძლებელია ლამარია ყოფილიყო მარადქალწულობის ღვთაებრივი პერსონიფიცირებული სალოცავი, ან მსგავსი რამ. ამის შემდეგ ქრისტიანულ ეპოქაში გაიოლდა ლამარიას მისადაგება წმიდა მარიამთან. ლამარია სვანურ დიალექტში ლარტყ-ცისარტყელააო, - აღნიშნავდა აკ. შანიძე, - სიტყვა სიტყვით „მარიამის სარტყელიო".

ვირა და ფეხები განზე გაეწია თავისუფალი დგომით. წვიმად განსახიერებული კოსმიური ენერგია სათუთად ეფერებოდა ქალს და თავით ეგებებოდა იგი ამ წვიმას და ითხოვდა მზეს, თეთრ მზეს, სინათლის დედას. პონტოის ნაპირთან კი ქალ-ვაჟების თამაშის რიტუალი იმართებოდა და იყო განუწყვეტელი ხვნეშა-მოთქმა. პირველ-ცოდვის დღესასწაულს აჯობა მედეამ, რადგან იგი ელოდა თავის ბედისწერას.

იმავე წელიწადს მოვიდა კოლხეთში მისი ბედისწერა. ნათქვამია, საკუთარ სახლში სიკვდილისაც არ ეშინია ადამიანსო. არც მედეას შეეშინდა. თამამად და ბავშვური წინდაუხედაობით შეეგება თავის მომავალს, რადგან მას უმღეროდნენ კოლხური დვრინებიც[17] „ლილევ-და, დიდება შენდაო!“

ღვინოსაც სვამდნენ და

ლოცვას აღავლენდნენ ქურუმებიც და

მთვრალი თანამეინახეც ღიღინებდა მზის სადიდებელს.

ფერხულსაც უვლიდნენ ბახუსით გათამამებული და ქალწულებით გაგრილებული ბიჭები და თავიანთი დახვეწილი მოძრაობების სრულყოფილებით, რომელიღაც ღვთაებისადმი თაყვანისცემის ნიშნად ვაჟკაცურ ბუნებას ავლენდნენ. სეფეწულს ეთაყვანებოდნენ უსაზღვრო გრძნობით.

უყვარდათ მედეა მამულში.

იგი მღეროდა და მის წარმოსახვაში თვალნათლივ იხატებოდა კოლხეთის მაღალმთიანეთი,

მახვშებისა[18] და დადეშ-ქველთა[19] ამაყი ტომის ზვიადი

---

17. **დვრინები** - ძველქართული მუსიკალური ტერმინია და ტენორის ხმის ტემბრს ნიშნავდა.

18. **მახვში** - დასავლეთ საქართველოს მთიანეთში, განსაკუთრებით სვანეთში, თემის უხუცესია. ის იგივეა, რაც აღმოსავლეთ საქართველოს მთიანეთში ხევისბერის ინსტიტუტი.

19. **დადეშ-ქველი** - წართულ წარმართულ ღვთაებრივ პანთეონში ჭექა-ქუხილის ღმერთია, ქველი საბას განმარტებით ნიშნავს „მოწყალეს, კაცსა ზედა კეთილს“. ამ სიტყვათშეთანხმებაში ნაგულისხმევია დადზე მლოცველთა ჯიში. ეს ქართული გვარის „დადეშქელიანის“ ერთგვარი ასოციაციაა, გვარისა, რომელიც სვანეთის მთავრები იყვნენ საშუალო საუკუნეებში. რომანში ეს მინიშნება იმისათვისაა საჭირო, რომ ერთგვარად ხაზი გაესვას ამ გვარის და გვარეულობის უძველესობას და ამგვარად წარმომედგინა გვარის ეტიმოლოგიის ჩემეული ვარაუდი.

ქედები,

მთათა ფერდობებზე აღმართული მაღალი კოშკები,

უშბისა და თეთნულდის დათოვლილი მწვერვალების გულგოროზი სიამაყე და

ხალხის

პირ-ქუშ-ცეცხლისალიანის[20] დარად,

სახემოღრუბლული მოუხეშაობა,

მაგრამ სულით ფაქიზ კოლხთა ამ მოდგმის მოკრძალება და რაინდული პატივისცემა ქალისადმი,

რაც ძნელი წარმოსადგენია მათი ბუნებითი თვისობრიობის გამო,

ყველაზე კარგად რომ იმღერება აქ „ლილეო".

მთები, როგორც ბუმბერაზი მომღერალები, ექოდ გამოსცემდნენ ლილეს სადიდებელს.

ცისკრის ნისლში შებუდრული ფერდები ზემიწიური ზღაპრების ეფემერებში ეხვეოდნენ. განმეორება ყოველივესი შეუძლებელი იყო, რადგან თავისუფლების სიხარული და სილაღე მხოლოდ ერთხელ შეიგრძნობა და ის მოგონებათა ხავერდოვნებით მეორდება მეტი და მეტი სიმძაფრითა და ტკივილით, მხოლოდ მოგონებებში. განმეორება სხვა არაფერია, თუ არა პირვანდელის გაუფასურება. პირვანდელი რომ არ გაუფასურდეს, ამიტომ იგი არასოდეს არავის მიერ არ უნდა განმეორდეს, მხოლოდ განმეორდეს მოგონება პირვანდელის. ამით საწყისიც დაცულია თავის საკრალობაში და მისი მოგონების მარადი წყურვილიც.

ჰოდა, ლილეს იმ დიდებულებით ერთადერთხელ მღერიან მთაში, როცა ცა და დედამიწა მწვერვალთა სიმაღლეებით შერწყმულია არწივის სამზერალიდან, თვალის ჩინი რომ

20. **პირ-ქუშ ცეცხლისალიანი** - ზოგადქართული მითიური სახეა. იგი მოხსენიებულია როგორც ღვთისშვილი. პირ-ქუში ჭედვის ოსტატია, მორიგე ღმერთმა დედამიწაზე ოქროსფერი სხივით ჩამოუშვა. ქართულ საგმირო ეპოსში მას ერთ-ერთი გამორჩეული და საპატიო ადგილი უჭირავს. ებრძვის დევებს, ბოროტ სულებს. ბოროტ ძალებთან მებრძოლ ღვთისშვილთა გალერეაში პირ-ქუშს რაღაც განსაკუთრებული მისია უნდა ჰქონოდა. ამას ისიც მოწმობს, რომ სახელი თანამედროვე ლექსიკაში დამკვიდრდა როგორც ადამიანთა ხასიათობრივი თვისება - „მწყრალის მსგავსობა, რათა ადვილ სიტყვა ვერ შეჰკადროს კაცმან" (საბა).

უტყუარია ამ დროს. აღმაფრენილი ოცნება ლილე-ქალღმერთისადმი და მამაკაცური ლოცვა ექსტაზით ისეთივე მომნუსხველია, როგორც მედეა პონტოის ტალღებში ბუნიაობის თამაშობაზე გამარჯვებული –

არწივისებური მზერით, არწივის შესაფერისი,
არწივისეული მრისხანებით და სიხარულით,
აღფრთოვანებითა და სივრცის შეგრძნებით,
თვალთა ჭრილის არწივისმიერი წყობითა და ოდნავი კეხით,

მიმზიდველი და მომხიბლავი რომაა, და არა ლამაზი – თავისი ეშხითა და წარმტაცებით მამრთა მომაჯადოვებელი. ყველას სურდა მისი სარეცელი გაეზიარებინა. ამადაც მღეროდნენ მზე-უჭვრეტასთვის მზის სადიდებელს

„ლილევ-და, დიდება შენდაო!“

ვერ მოინადირეს კოლხმა ჭაბუკებმა მედეა,
ვერც რომ გრძნობიერად,
ვერც რომ ხორციელად.

ასეთად მიუწვდომელი, ლილეს-დარი მიუწვდომლობით მოუხელთებელი იყო მათთვის კოლხი ასული. თავიანთ გულის ხვაშიადს ომის ღვთაება ვაშას ჭალებში[21] იქარვებდნენ. ძლიერი ბიჭები იყვნენ კოლხები, ყველაზე ძლიერი ქალწულის დასაპყრობად კი თვით ვაშას წყალობამაც არა იკმარა. ვაშას ჭალაში კურული[22] გაემართნათ და მინოტავრებს ბოჭავდნენ ცარიელი ხელებით, რადგან უყვარდათ ბიჭებს მე-

---

21. **ვაშას ჭალა** - (ვაშა - ერთგვარი საომარი შეძახილია თანამებრძოლთა გასამხნევებლად) წარმართულ ეპოქაში ვაშა ომის ღმერთი უნდა ყოფილიყო, მსგავსად ბერძნული არესისა. „არესის ჭალაო“, - ნახსენებია არგონავტების მითების სხვადასხვა ვერსიაში და სხვადასხვა ავტორთან. ეს არესის ჭალა კოლხეთში იყო, აია-ქალაქის განაპირას, თუ თვით ქალაქში. კოლხებს ომის სხვა ღმერთი ჰყავდათ და ომის ჭალას ელადელთა ღმერთების სახელს არ დაარქმევდნენ. ეს შემდგომ ათასწლეულებში ასოციაციით ეწოდა მას არესის ჭალა, თორემ თავდაპირველად, აიეტის ეპოქაში, და ალბათ ადრეც, ამ ჭალას ვაშას სახელი ერქმეოდა. ომის წინ შეძახილებით „ვაშა!“ კოლხ-იბერიელთა მოდგმა ომის ღმერთს მოუწოდებდნენ შეწევნად.

22. **კურული** - წარმართული ხანის ქართული დღესასწაული კორიდას მსგავსი. კორიდასგან განსხვავებით კურულის დღესასწაულზე ხარებს არ კლავდნენ. კურული ერთგვარი წინარესახეა კორიდასი, რომელიც კავკასიის იბერიაშიც იყო გავრცელებული და პირენეების იბერიაშიც. კორიდა სადღეისოდ ესპანელთა ეროვნული სანახაობაა, რომლის შინაარსობრივი, იდეური და აზრობრივი სათავე წარმართულ კურულში უნდა ვეძიოთ.

დეა – მზის ძის შვილი. ბედმა კი სხვანაირად განაგო იღბალი და გამკრთალდა ციური ნათების მომხიბლაობა კოლხეთის ცარგვალზე და ჩაქრა ნათი თვალებში...

და დედა მღეროდა „ლილეს" გადასაკარგავში თავსხმა წვიმაში მომაკვდავი შვილების ფერხთით და ქარიშხალს ეს გოდება მიჰქონდა არარაისში. დასანანი იყო, რომ ამ გრძნობიერ წამიერებას აუცილებლად წამოეწეოდა ქრონოსი და შეჭამდა ისე, როგორც საკუთარ შვილებს და ვერავინ ისარგებლებდა ამ ნეტარი ხილვებით, ვერც ისაზრდოებდა თავისი სულიერების გამოსაწრთობად. მედეასთან და მის შვილებთან ერთად იკარგებოდა მედეას ნამღერი „ლილეო". სხვები კი ამ სისპეტაკეს გრძნეულ შელოცვებად ჩათვლიდნენ, არ ეცოდინებოდათ ის, რომ ლოცვა და შელოცვა ერთი და იგივეც იყო რაღაც შემთხვევაში და სრულიად სხვადასხვა – განსხვავებულ ვითარებაში. მედეას ფიქრებში დუღდა სიცხადის ცხადლივი ცხადება და ცრემლებმა შეავსეს სახეზე დაღდასმული ნაადრევი ნაოჭები. თვალები, წარბები, სახის ყოველი ნაკვთი მღერადი მიმიკით ივსებოდა და ეს მაშინ, როცა სულაც არ ემღერებოდა. ქარს აეშალა ქალისთვის თმები, იქამდე სათქმელის საღერღელიც, თან უყურებდა და ხედავდა დედა შვილებს. ბავშვებს ეძინათ, ძილში დროდადრო გმინავდნენ, რაღაც გაურკვეველს ამოთქვამდნენ ხოლმე. ეს ძილი მოუსვენარი ძილი იყო.

მედეასაც წაართვა თავი ძილის სიმქაშმა, მის უკან კი შავეთის ზევსის[23] ლეგიონი მოდიოდა და თავის მარწუხებში აქცევდა მომაკვდავებს, მაშინ, როცა „ლილეოთი" უმკლავდებოდა ძილსაც და ბნელეთსაც. ძილმა დაღლა გამოიწვია, დაღლამ მოქანცა მედეა, დედობრივმა გრძნობამ კი დასძლია დაღლა და უგალობა შვილებს, ამის გამო ვერ ძლევდა სიკვდილი ბავშვებს. ეს იცოდა მედეამ და დიად

23. **შავეთის ზევსი** - იგივე ჰადესი, აიდი. ვინაიდან ჰადესი ქრონოსის შვილი, ზევსისა და პოსეიდონის ძმა იყო, ხოლო თავად ქვესკნელის მბრძანებლად და ღმერთად ითვლებოდა, „ილიადაში" ჰომეროსი მას ხატოვნად შავეთის ზევსს უწოდებს. ეს ეპითეტური კლიშე უცვლელად გადმოვიტანე რომანში.

ღამეში ქარიშხლისა და თავსხმა წვიმის ორომტრიალში შეუსვენებლად შველად უხმობდა ლილეს. არ გაიკარა სიახლოვეს ძილი ბნელეთთან უთანასწორო ბრძოლაში ჩართულმა, თვით სიმღერა აძლევდა ძალას გამკლავებოდა სივრცეში მოჯარულ სიღამეს, რომელიც არ აპირებდა გათენებას. ცისკრის ვარსკვლავი გადაკარგულიყო ასტრალეთის ლაბირინთებში. სიშავის ლეგიონი ვერრას ღონილობდა ამ ერთი ციდა სულის ამონათების წინააღმდეგ, ვერ გადაიძახა მან ნაკვესებად გავარდნილი გულის მხურვალე ძახილი. ღამეს კი უნდა დაეფლითა სუნთქვა მნათისმიერი. უფრო მძლავრად ვერავინ იმღერებს და ვერავინ მოუხმობს ლილეს, ვიდრე უცხო მხარეში დაკარგული მარადი მგზავრი, რომელსაც მოძალებია გულისტკივილი და ამ გულისტკივილს რული არასოდეს მიეკარება, სანამ თვითონ სრულად არ ამოიწურება – მთელი ადამიანი. მედეაც არ აპირებდა ამოწურვას თავისი ენერგიისას, მაგრამ იგი ადამიანი იყო, რომელიც ებრძოდა თავისი გულმხურვალე სიმღერით არამიწიერ და არაადამიანურ ძალებს. ისევ დახედა შვილებს, მათ ისევ ეძინათ, ალბათ უცნაურ სიზმრებს ხედავდნენ, ბავშვებისთვის შეუფერებელს, სახეები მეტყველებდა ამას.

თეთრი ცხენი ყალყზე შედგა და არ მიატოვა პატრონი. ისიც ებრძოდა ღამეულ დაძინებას, რათა მასაც ეფხიზლა და არ გაემარჯვნა მასზე ჰიპნოზის[24] მომაჯადოვებლობას, რომელიც გზას უხსნიდა თანატოსს. გრძნობდა ბედაური, რომ აღსასრულის ქურუმის ფრთებიდან სამარის სუსხი მოჰქროდა და სულს უყინავდა. წინა ფეხების ჰაერში აღზიდვითა და საზარელი ჭიხვინით უკუაგდო მფრინავი თანატოსისა და მისი ძმის შემოტევები. ღამემ კი კერი შვა, კეროსი[25]. აქ აღარ იყო სვანთა სავანე, აქ ბნელეთი იბრძოდა თავისი

---

24. **ჰიპნოზი** - ძილის ღმერთი ბერძნულ მითოლოგიაში. ღამის (ნიქსის) შვილი და თანატოსის ტყუპისცალი. საშუალო საუკუნეებში ჰიპნოზს (ანუ იძულებითი დაძინების მეთოდს) იყენებდნენ მაგები და ალქიმიკოსები და ასეთად დამკვიდრდა ეს სიტყვა თანამედროვე ტერმინოლოგიაში.

25. **კერი** (კეროსი) - ნაადრევი, ძალადობრივი სიკვდილის ღვთაება ბერძნულ მითოლოგიაში.

ულუფისათვის, რომლის წინამძღოლი ღამის ახლადშობილი შვილი კეროსი იყო. ძილი და სიკვდილი – ეს იყო ამ ყველაზე დიდი ღამის მისია, რომელიც აღუსრულებელი რჩებოდა და მანამდე იღამებდა, სანამ სასურველ შედეგს არ მიაღწევდა.

მედეასაც ეჭვი აღარ ეპარებოდა იმაში, რომ ადრე თუ გვიან იგი ამ ბრძოლაში დამარცხდებოდა, მაგრამ როგორ – ამას ვერ წარმოიდგენდა, ისე კი, ცდილობდა გაეხანგრძლივებინა ეს ღამე, რადგან შვილების სიცოცხლე ამ ღამის ყოფნა-არყოფნას შეესაბამა. მან ისიც იცოდა – როცა დამარცხდებოდა, დამარცხდებოდა მხოლოდ იმიტომ, რომ არათუ დაიღალა, უთანასწორო ბრძოლას ეწეოდა არარაისთან, არც არავის არ დანებდა, ზემიწიურმა და ზეადამიანურმა ძალებმა იმძლავრეს მხოლოდ. ამას მტკიცედ ასიგრძეგანებდა თავის გონებაში და მეტის გამეტებით ებრძოდა უკუნეთს.

წრე შეიკრა. სალტედ შემოერტყა ძილი და სიკვდილი გაქცეულებს. მედეა მიწაზე გაერთხა და სიმწრისაგან არაადამიანური ბღავილით მიწას უკბინა და მიწას ემწარა დედის ნაკბენი, ემწარა და შეინძრა კიდეც ტკივილისაგან. გაყინულ ბალახებს სისხლი დასდინდათ და შეკრთნენ. შეკრთნენ და მრავალმნიშვნელოვნად ჰკითხეს ერთმანეთს:

– ვინ ჩაიყვანა ჭოტი ათენში?[26]

პასუხის გამცემი კეროსი იყო, უსაშველო ღამის შვილი, მაგრამ იგი პასუხს არ იძლეოდა, მქუხარე ხარხარით პასუ-

26. **ვინ ჩაიყვანა ჭოტი ათენში** - ასეთი კითხვაა არისტოფანეს კომედიაში „ფრინველები“. შემდეგ მიეცა გაგება: „მეტისმეტი, მძიმე საქმის განზრახვა, ან გაკეთება“ (ციცერონი). ჭოტი ათენის მფარველ ათენას სიმბოლო იყო და ათენში მისი ჩაყვანა ნიშნავდა დიდი ქალღმერთის დასაკუთრებას (აკ. გელოვანი „მითოლოგიური ლექსიკონი“ გამომცემლობა „საბჭოთა საქართველო“- 1983წ. გვ. 624). რომანში ეს გამონათქვამი სწორედ ციცერონისეული მნიშვნელობით გამოვიყენე. ეს იდიომა არისტოფანესეული არ უნდა იყოს, რადგან იგი უცვლელად გადმოიტანდა ამ გამონათქვამს ისე, როგორც შეიქმნა. ის იმდენად ძველია, რომ აზრი შეუთავსებადია მნიშვნელობასთან, რადგან დაკარგული აქვს თავისი პირვანდელი სახე. ამიტომ ვფიქრობ, დახვდებოდა ელადაში მედეას ეს გამონათქვამი და სხვა მრავალი წეს-ჩვეულება, რაც შემდგომმა ეპოქებმა მიისაკუთრეს. სწორედ ეს თვალთახედვა უდევს საფუძვლად ამ იდიომის გადატანას რომანში, როგორც მედეას დროინდელის, და შესაძლოა უფრო ადრინდელი გამონათქვამის. ამავე პრინციპით დავალაგე ზოგიერთი სხვა დეტალიც.

ხობდა ამ კითხვას. დედა კი არ ანებებდა თავს მიწას, თავისი უკანასკნელი ძალ-ღონით კბენდა მიწას და მიწა ტოკავდა ტკივილისაგან, ღმუოდა, მაგრამ ეს ღმუილი შემზარავ ბუბუნში ჩაიხშო, რადგან მიწაც ძლიერი იყო და უძლებდა დედის დარდდაძლეულ ოხვრას. სამარის სუსხი კი ფესვებიანად გლეჯდა ხეებს. წვიმაც ბოლო წვეთამდე არ დაილია, რადგან ივსებოდა მოღრუბლული ღვარძლის ღრუბელი ცოდვა-მადლის განკითხვით. გაყინული თვალებით ჩახედა სიბნელის სიბრმავეშ ქალს. ასევე გაქვავებული გულით ქარიშხალმა თავზე გადაუფრინა და გონება გაუყინა მედეას; ამ გაყინული გონებით არ ანებებდა თავს საბედისწერო და უკანასკნელ შეტევაზე გადმოსულ სიკვდილს, რომელმაც ქიმერიული შემართებით მოსთხოვა შვილების სულთა დათმობა დედას. არ დათმო ქვეყანაზე ყველაზე ძვირფასი საუნჯე, დედა იყო იგი, და მიტომ.

მედეა აღარ ტიროდა, იგი მრისხანე ამორძალად ქცეულიყო, მისი ბედაურიც ჭიხვინით ასკდებოდა უსაგნობას. აიდას მდინარეც გამოჩნდა, მომნუსხავი და შიშისმომგვრელი მდინარე. დედას შიში აღარ ეკარებოდა, თავისი შიში მოჭამა მან და ქცეულიყო უშიშად. მედეა ვეღარ გრძნობდა სხეულს, მისთვის აღარ იყო სააქაო, აბსტრაქციად გარდასახულიყო, უსხეულო არსებად, განყენებულ ცნებად და არა პიროვნებად. სწორედ სულიერ შრეებში გრძელდებოდა ბრძოლა. ეს იყო მხოლოდ, რომ სხეული დაამარცხეს მისი, სიზმარეთში გადაინაცვლა და იქაც განაგრძო შვილების სიცოცხლისათვის ბრძოლა. ასეთი ომი შავეთის ზევსს არასოდეს გადაუხდია. სიკვდილის მთელი ლეგიონი ებრძოდა ერთ ქალს, რომელსაც სახელად აღარა-თუ მედეა, არამედ დედა ერქვა, ზოგადი არსი და არა ვინმე ესა და ეს. სასწაულებს ახდენდა იგი, ღმერთებზე აღმატებულ სასწაულებს.

ბავშვები კი უხმობდნენ დედას, დედას არ ესმოდა შვილების ძახილი, აგონიაში იყო ჩავარდნილი. ალბათ გამოთხოვება ეწადათ დედასთან შვილებს. რომ ვერ გააგონეს

ხმა, უმცროსმა შვილმა, თავისდაუნებურად იქვე, მიწაზე განრთხმული დედა სურნელით იპოვა; ანაზდად მისი ძუძუ მოიხელთა პირით, მიხოხდა მასთან ახლოს და დედის ძუძუ ჩაიდო პირში. ტკივილმა და სიკვდილმა თავიანთი მარწუხები მოუჭირეს ბავშვს, მან კი სიმწრისაგან დედას ძუძუზე უკბინა, უკბინა, რადგან არც მას უნდოდა, სული მიეცა თანატოსისათვის. ისე უკბინა, ისეთი ძალით, რომ დედის ზოგადი არსი წამში გადაიქცა განსხეულებულ მედეად. ამ კბენამ სიკვდილი მოიტანა და ბედის თუ ბედისწერის ჯიბრზე შვილის კბილებით მასში გადასულ სიკვდილის დღესასწაულს შესცინა სახეში. ზეცა გაიხსნა ელვა-ჭექით დედის სიცილზე და დაიმსხვრა ყველაზე დიდი ღამე ქვეყნიერებაზე.

იმ დილის მერე ასეთი უსაშველოდ გრძელი უკუნი აღარ ყოფილა დედამიწაზე, რადგან მედეასავით არავინ შერკინებია სიკვდილს შვილების სიცოცხლისათვის. იცინოდა მედეა და წაამწარა სიხარული თანატოსსა და ჰიპნოსს. ალმები დაუშვა დამარცხების ნიშნად სიკვდილის მხედართმთავარმა კეროსმა.

სირცხვილი იდგა ქვეყნად.

III

როგორ კვდებიან ბავშვები

პატარა ბავშვი, ძლივს რომ მოესწრო ფეხის ადგმა, ალაპარაკება და დედის ძუძუს ვერ შელეოდა, სიკვდილშემოსილი წყლულებით დაკოდილიყო. ვერც გაეაზრებინა საკუთარ თავში, რა იყო ეს ტკივილი, აუტანელი ტკივილი, გონებას რომ აკარგვინებდა. არ აცლიდა სიმშვიდეს, თან სდევდა და ფერადი სიზმრების ხილვის საშუალებას უსპობდა, როგორც სპობდა მთლიანად მას. ყველაფერი, რაც მის თავს ხდებოდა, აღემატებოდა ბავშვურ წარმოსახ-

ვებს. ყველაფერი უნდოდა გაეგო: მოესწრო დედის ალერსი, მოესწრო სულ რაღაც ერთ მთლიან ღამეში დიდი ცხოვრებით ცხოვრება და გული მოეძლო საწუთროს ამაოებით, მოესწრო პირველი ცოდვის ჩადენაც კი, რათა უცოდველად არ წასულიყო ამ ქვეყნიდან. ბავშვს კი სითბო უყვარდა და თამაში, დედისეული სითბო და მამისეული ზურგი. არავის ეცალა იმისთვის, რომ ბავშვს წილად რგუნებოდა სითბო და სიმაგრე. სიმაგრეს დედისგან გრძნობდა და ეს სიმაგრე მის პატარა ცხოვრებაში შეჭრილიყო არნახული ძალით და ის პატარა ჩვილი გადაქცეულიყო რკინის კაცად და მას არ უნდოდა ეს. მხოლოდ დედის სითბო მონატრებოდა და გზადაგზა ამოიტირებდა მისი ბავშვობა, რადგან ტკივილები იმდენად აუტანელი იყო, რომ ვერათუ კაცობა, თანაც რკინის კაცობა, სწორედ რომ მისი უსუსური და დაუცველი ბავშვობა ეჭიდებოდა გამოუცნობ გრძნობებს, რასაც სასიკვდილო ჭრილობები ჰქვია. ვერ გაუძლო დედის გახევებული ენერგიის გადმოსვლას, ჯერ კიდევ თოთო იყო, და მიტომ. სიცივე თანდათანობით იპყრობდა მის პატარა ფეხებს, ნელნელა შედიოდა მასში სიკვდილისეული სიცივე...

და ბავშვი თრთოდა, ებრძოდა მისი სიცოცხლე აგონიით კვდომას. ამ სიმხურვალეზე გამოიწვია თრთოლა, შიშნარევი სიმხურვალისგან რომ ემართებათ ხოლმე მომაკვდავებს, იფიქრა კი, შიშია ეს ყველაფერი გამოუცნობი ლანდების მიმართო. სანამ ძალა ჰქონდა, ფხიზლად ებრძოდა ტკივილებს. შავი ლანდი სწვდა ფეხებში ბავშვს, ის კი დედას მიეკრა მთელი ძალით და არ უნდოდა წაყოლოდა ღამეულ განფენილობაში უხილაობით შევსილ ქიმერებს. თანატოსი მძლავრად ჩაეჭიდა მომაკვდავის წყლულებს და თანდათანობით შედიოდა მის სხეულში, როგორც ულმობელი მესაკუთრე, მამის ნაცვალი – მესაკუთრე მის ცხოვრებაზე, მამის-ნაცვალი, რადგან მამა დაკარგულიყო თვალსაწიერიდან. ბავშვი კი მამას ეძებდა თვალებით, რათა იმედი მისცემოდა სიცოცხლის. დედამ ვერ შესძლო, მამობა სრულფა-

სოვნად გაეწია, მაინც დედა იყო, და მიტომ. მამის წილად რაც შესძლო, მამას ის არ გაუკეთებია თავისი შვილებისათვის.

ის ავბედითი სურათები ტრიალებდა გონებაში – ცუდი კაცები! თუ როგორ კლავდნენ მას, როგორი შემზარავი თვალებით იყურებოდნენ, როგორ დაუზოგავად გალახეს და როგორი უმოწყალობით გამოათრიეს თმებით თავშესაფარს შეფარებული და ურტყამდნენ რაღაცით, შიგნეული გრძნობდა ყველაფერს და გონების დაკარგვით დააღწია თავი ამ ცუდ კაცებს. ამ სახეების გახსენება აშინებდა, და ისე აშინებდა, რომ ტანში ზარავდა და ისედაც გაციებული ფეხებიდან სიცივე სულ უფრო მაღლა და მაღლა იწევდა. თვალწინ ის გამხეცებული თვალები ელანდებოდა და მისკენ მიიწევდნენ. ამიტომ ბავშვი დედას უფრო მეტად ეკროდა. არ უნდოდა, დაენახა ის თვალები,

უყურებდა კი, –

ბავშვი იყო, და მიტომ.

სურდა, ეწადა ფერად-ფერად ყვავილთა მინდორში თამაში დალანდებოდა თვალებს. ტიროდა თავისი გულალალობით და, ალბათ, ქვეშეცნეულად დასტიროდა თავის დალეწილ ბავშვობას. იცოდა, რომ მის გვერდით დედა იყო და თვალებით ჰპირდებოდა ყველაფრის დაჯერებას, ოღონდ გადაერჩინა იმ საშინელი თვალების მოძალებისაგან.

უყურებდა დედას მაშინაც, როცა ეს ცუდი კაცები უმოწყალოდ სცემდნენ,

დედის თვალებიც ჩარჩა პატარა, მაგრამ დიდ მახსოვრობას.

დედას აყურებინებდნენ, აიძულებდნენ, მისი შვილების მკვლელობა დაენახა და შეეხედა.

ვერაფერი იღონა მაშინ დედამ, რადგან ისიც დაჭერილი ჰყავდათ ცუდ კაცებს.

საზარელი იყო დედის თვალები, ისინი არ ტიროდნენ, ისინი მძვინვარე ზიზღით, არაადამიანური წყევით იყურე-

ბოდნენ,

გახევებული იყო დედის გრძნობები, თითქო უგრძნო იყოო, მაგრამ ის უძლურება ამ მზერის დამრთგუნველ ნიღაბში დამალა.

ვერ უძლებდნენ დედის თვალების გამოხედვას ცუდი კაცები და ღრიალებდნენ:

– ნუ მიყურებ, მედეაო!

დედის მზერის სიმწარემ დააბრმავა იგი, ვინც ასე უმოწყალოდ გამოიჩინა თავი,

თვალები დაუწვა დედის თვალებმა.

ამის მერე აღარ გამოუხედავს იმის თვალებს და

თვალის ჩინში აღარ შესულა მზე.

ერთობ დააბრძენა ბავშვი წყლულებმა და არ იცოდა, თუ რა იყო სიბრძნე, នაადრევად შემოსულიყო მასში ის, და მიტომ. გონებაში დედა დარჩა – ამ ქვეყანაზე ყველაზე ძლიერი და უდრეკი ადამიანი და უხაროდა, ასეთი ძლიერი დედა რომ ჰყავდა. უნდოდა კი უფრო ნაზი დედა ჰყოლოდა. თუ მაინც გადაურჩებოდა ამ კოშმარს,

არასოდეს დაივიწყებდა ამ დღეს,

ამიტომ ყოველთვის გაფრთხილდებოდა თვალთამზერის წინაშე განცდილის აღქმის განმეორებისაგან.

ბავშვი უყურებდა უსასრულობაში გადავარდნილ ღამის განფენილობას და ღამეში წვიმდა და წვიმამ დაბინდული გონება დაუბრუნა. მან შეამჩნია გზის უსასრულობა და ღამისეული თვალუწვდენლობა. დრო აახლოვებდა მას ღამესთან შესაჭიდებლად და მიხვდა, რომ ამ შეჭიდებაში მის გვერდით დედა აღარ იქნებოდა და მას მარტოდმარტოს მოუწევდა გადაცურვა ამ უკუნეთის. წვიმამ კი გამოაცოცხლა და შიშილის გრძნობა მოჰგვარა.

იმ ღამით ყველანი არაადამიანებად ქცეულიყვნენ. ბავშვს შეეშინდა ამ უსასრულობის დაძლევა, რადგან ხედავდა როგორც პატარა არაადამიანი, თუ რა წვეთი იყო იგი ამ წვიმიანი დიდი ღამის დროების ორომტრიალში მოხ-

ვედრილი, რომ მას არათუ ცუდი კაცების თვალები, არამედ თვით ეს დიდი ღამე შეჭამდა და გადააქცევდა თავის ნაწილად. სამშვიდობოს, კი, გასულები იყვნენ, მაგრამ ჯერ კიდევ მშვიდობა არ დამდგარიყო. შიმშილმაც აუწვა ჭრილობები, და აგრძნობინებდა, რომ იგი მხოლოდ და მხოლოდ ბავშვი იყო და მას არ უნდოდა ბრძენ-კაცივით ფიქრები. სხეულმა შეიგრძნო სიცივის მოძალება, სიცივემ კიდევ შიშის მარწუხებში დააბრუნა, არ შეცოდებია, ისე.

ციოდა, უსაზღვროდ სციოდა ბავშვს და დედას ეკვროდა. დედისგან სითბოს ნაცვლად სიმტკიცე და შეუპოვრობა მოდიოდა, მას, კი არ უნდოდა ასე.

ეძებდა მომაკვდავი სხეულის სითბოს,

წყუროდა სითბო,

ეს ისედაც არაადამიანად გადაქცეული უმწეო არსება, და აღარ-ბავშვი, თვით ტკივილად გადააქცია სიცივემ.

უკვე მარტო ჭრილობა კი არა, სხეულის მცირედ დარჩენილი საღი ნაწილიც კი სიცივის ტკივილში გახვეულიყო და თრთოდა.

არადა, შიოდა.

შიმშილმაც დათრგუნა.

ისევ დედაში ეძებდა შველას და გონების ხელახალ დაბინდვამდე სურდა დედისთვის ხმა მიეწვდინა. რაღაცას ამბობდა, მაგრამ თვითონვე არ ესმოდა თავისი ნათქვამი.

ძალა დაატანა ხმას,

ვერ გაიგონა,

ატირება უნდოდა,

სადღაც გამქრალიყო ცრემლები,

ნეტა თუ ესმოდა დედას შვილის წუხილი?

არ იცოდა და შიშმა უფრო მეტად დათრგუნა.

სიმარტოვე იგრძნო, რაც აქამომდე მისთვის უცხო იყო და ისევ შიშმა გადაუარა სახეს და სიმარტოვესთან ერთად სიცივემ შეახსენა თავი. დედას კი ბავშვი მკერდში ჩაეკრა და დედა ვერ იგებდა შვილის მოუსვენრობას, მაგრამ

გრძნობდა დედის ალღო ყველაფერს.

იმ ტკივილსაც,

იმ სიცივესაც,

იმ სიმარტოვესაც,

იმ შიმშილსაც,

იმ სიკვდილსაც, დედა იყო, და მიტომ.

ღამემ თავისი ელვარე თვალებით ჩახედა და ბავშვმა იგრძნო სისასტიკე ცუდი კაცების თვალებისა. ლანდად გაჰყოლოდა გაქცეულებს და მარილმოყრილი წყლულივით მოქმედებდა. ამით ითრგუნებოდა ნება სიცოცხლის წყურვილისა. სისხლმა ძალა გამოაცალა და მიასავათა დედის მკერდზე მიკრული. გონება ისევ გაფრენას აპირებდა, ნეტა კი მალე, – და იქ, სადაც ასე-რიგად მიიჩქარის დედა და სადაც გაუხარდება მას. დაიღალა სიბნელის სისრულით, ახლა კი სურდა სინათლეში გასვლა, წინ კი ყველაზე გრძელი ღამე იყო გადაფარებული ამ გზის სავალზე.

იგი არ ფიქრობდა გზაზე, იგი ფიქრობდა უკვე ნათელზე, ფერადოვანი ღრუბლების სიქათქათეზე და

არა ჭუჭყზე, საიდანაც მოდიოდა,

ღრუბლებზე, რომელიც არათუ თქეშით, არამედ თბილი სხივ-ჩქერალების ჟინჟღლით უკურნებდა წყლულებს და ჭუჭყს ჩამორეცხავდა. იგი ოცნებობდა ცისარტყელასთან თამაშზე, ზღვის ნიავი რომ სულს ჩაუდგამდა მომაკვდავს. ზღაპრული ჩიტები უგალობდნენ მის ბავშვურ პატიოსნებას და აღარ იქნებოდა მის შეგნებაში არაფერი ცუდი. მზე ყოველ დილით გაუღიმებდა და ლოყაზე აკოცებდა მისი სხივები და ერთობ გაათბობდა სითბომონატრებულს. საღამოთი კი ნამგალა მთვარე სძლისპირს უმღერებდა და ვარსკვლავებს დაასიზმრებდა.

ისე მოენატრა ბავშვს ძილი, რომ მთლად გადაავიწყდა ტკივილებიც და სიცივეც და დედის მკლავებში მიდო თავი. თვალები მიაფარა სიბნელეს და მალევე მიეცა ძილს. ძილმაც სიზმრების ტალღებში გადააცურა ბავშვის დაღლილი

გონება და სუნთქვასავით მშვიდმა უცხოობამ შეიფარა მისი ნატანჯი გონება. ბავშვი მშვიდადვე სუნთქავდა და იხილა სინათლე.

IV

მარადი სიზმრების გამოძახილი

სიზმარმა ვერძად აქცია ბავშვი, მზესთან მოთამაშე ვერძად. ახლა იგი ოქროს საწმისი იყო და ოქროს აფრქვევდა. ზესკნელითგან იყო მოვლენილი, თითქოსდა მთელს უსასრულობას ვერძის თვალებით ჭვრეტდა. ასე კარგად არასოდეს უგრძვნია თავი, არასოდეს განუცდია სხეულის ასეთი სიმსუბუქე. სულმა სრული ნეტარება განიცადა, უმზერდა რა ქვემოთ განფენილ თეთრ ფაფუკ ღრუბლებს და ზემოთ უცნაურობამდე განსპეტაკებულ კოსმიურ ჰარმონიას, შორეთში რომ ფერად წინწკლებად ელავდნენ ვარსკვლავები. მეტეორები მაშხალებივით იფრქვეოდნენ ვერძის თავზე და ოქროვან მიზიდულობას ანიჭებდნენ მას.

მზე მნათის წვიმებში ათამაშებდა,
მთვარე სიმშვიდის მომხიბლაობას ანიჭებდა.

დაცურავდა ოქროს ვერძი არაადამიანურ სივრცეში და მას უხაროდა, რადგან სიზმარში არ არსებობდა წუხილი, ფილტვები თავისუფლად სუნთქავდა მთელი სამყაროს ჰაეროვნებას. ეს სიზმარი სიხარულის წყურვილი იყო, იმდენად ჩარჩა გონებას. ტკივილის მარწუხებისაგან გათავისუფლების სურვილით უსმენდა რაღაც ჯადოსნურ ჰანგებს და მან არ იცოდა, საიდან მოდიოდა ის, მაგრამ გრძნობდა, რომ ჰანგები სწორედ მისთვის იყო განკუთვნილი. სიზმარახდენილივით ცდილობდა მეტი სიამოვნება გამოეტანა ზმანებიდან, რადგან ბინდს მიღმა დარჩენილი კოშმარი დიდხანს არ მისცემდა საშუალებას დამტკბარიყო სრული შვებით. ლაღი

და გულადი იყო სიზმარში და მან არ იცოდა სიზმრის შიშის გემო,

შიშს გამოექცა სიცხადიდან, და მიტომ, -

და თავს გრძნობდა თავშესაფარში -

ისე, როგორც დაბადებისას, როცა დედის მკერდზე თბილად მიხუტებულს არაფერი ადარდებდა, გარდა შიმშილისა, რომელსაც მალევე იკლავდა.

თითქოს ყველაფერი ახარებს.

ახარებს,

თან სწყინს,

ტირილს იწყებს,

ტირილს გულის წასვლამდე,

სანამ დედა არ შეუძახებს,

არ დაუყვავებს,

ტკბილ ტუჩებს არ შეახებს მის პატარა შუბლს,

არ ეტყვის ტკბილ სათქმელს,

მერე კი იყუჩებს და თვალებს ჭყეტს და იცის,

რომ არც სიზმარში და არც სიკვდილში მას დედა თან არ ეყოლება, სიზმარშია, და მიტომ.

იგი ღმერთთან ლაპარაკობდა, ღმერთის ხმა ესმოდა და ამით უსაზღვროდ ბედნიერი იყო. მან იცოდა უკვე, რომ ღმერთი ისეთი არ იყო, როგორსაც ელადელები ხატავდნენ და თხზავდნენ. იგი უფრო კეთილი, სამართლიანი და ყოვლისმომცველია და ოცნებობდა გაღვიძებას, რათა ყველასთვის ეუწყა ამის შესახებ, დავიწყებოდა რა სიზმრის სიტკბოში თავისი სიცხადისმიერი ტანჯვა. ამიტომ სიზმარმა ოქროს ვერძად აქცია და იგი შორეული სამშობლოის ერთი მშვენიერი ჩანჩქერის ქვეშ ცხრამუხას[27] საკურთხეველზე შესვა

27. **ცხრამუხა** - რიცხვისა და მცენარის სიმბოლიკების შერწყმა ერთიან საკრალობად. ცხრამუხა სალოცავი იყო ძველ კოლხეთში. მისი უმთავრესი შინაარსი, რაობა და იდეა გაბნეულია მუხისადმი თაყვანისცემის მრავალფეროვნებაში, რაც დაფიქსირებულია ქართული ფოლკლორის არაერთ ნიმუშში. ასევეა ციფრი ცხრაც - ცხრაწყარო, ცხრაკარი, ცხრაკლიტული. თვით ესენი უნდა იყოს ცხრამუხას განშტოებანი, იქნებ რაღაც კონტექსტში იგივეობა იქნეს დაჭერილი. ამ მოსაზრების განმტკიცებად შეიძლება მივიჩნიოთ სიტყვა „ჭყონდიდი“ (ჭყონ - მეგრული დიალექტით მუხას ნიშნავს). იქნებ ჭყონდიდში იყო ცხრამუხა სალოცავი.

და დარაჯობდნენ ცეცხლისმფრქვევლები. საწმისად მოვლენილმა ბედნიერება აწვიმა კოლხეთს. მეფე და ქურუმი თავს ევლებოდნენ. სეფე-ქალები ეალერსებოდნენ და უფლისწულები მუხლს იდრეკდნენ მისი დიდების წინაშე. შორიდან ზღვის მონაბერი ნიავი ელამუნებოდა სასუნთქს და მიმზიდველი მარილოვანი ჰაერით ივსებოდა სხეული, იფიქრებდი, რომ ზღვის ნაზი ტალღები იწვევენ საწვიმისად საწმისს ოქროს წვიმების საწვიმრადაო.

და იყო სილაჟვარდით მოსილი

და დიადემად ეფინა ერთი პატარა ოქროსფერი ღრუბელი ქუთქუთა ოქროს ვერძის ნიშნად

და ამ ღრუბელში დაბუდებული სისპეტაკე მარადი გაზაფხულად ეპკურებოდა კოლხეთის მიწას.

ყველა ნადირი,
ყველა ფრინველი,
ყველა ქვეწარმავალი,
ყველა მწერი და
ყველა თევზი მოდიოდა –
ზოგი ვაშას ჭალიდან,
ზოგიც კიდევ ფაზისიდან ოქროს ვერძის ჩანჩქერთან და ეწაფებოდნენ მადლიან წყალს და ეზიარებოდნენ ოქროს ვერძის საშუალებით ღვთიურობას. ასე გადიოდა ჟამსაქცევარის ტკბილი ფეერია.

მაგრამ, საიდან არ იყო, მეზღვაურები მოეძალნენ კოლხეთს. ოქროს ვერძი გულის ფანცქალით ისმენდა მეზღვაურთა მეთაურის მოთხოვნას, ოქროს საწმისი დამითმეთო. კარგად იცოდა ცხოვრის ცხოვრებამ, რომ მეფე ვერ შეელეოდა თავისი სულის საბუდარს და გულის მესაიდუმლეს. გული კი ცუდს უგრძნობდა ვერძს და სურდა მეფისთვის გაეზიარებინა თავისი გულისნადები. ყველაფერი კი დროის რაღაც უმოკლეს მონაკვეთში მოხდა – ცეცხლისმფრქვევლები დააძინეს და იგი გაიტაცეს და ყველაფერი სეფე-ქალის წყალობით. შეკრთა საწმისი, უცხო ხელი რომ იგრძნო

სხეულზე. თავისი ღვთაებრივი ელვარება გაფანტა და აპკურა ოქროს საწმისმა ოქროს წვიმად მადლი ღალატით დაჩაგრულ მიწას და არ წაიღო გადასაკარგავში სწორედ ის, რისთვისაც მოვიდნენ ქურდები კოლხეთში. და უთხრა ვერძმა სეფე-ქალს:

– მე დავიბერტყე ჩემი განსაკუთრებულობა და გავფანტე ამ მიწაზე, რათა გადამთიელებს არ რგებოდათ მადლი, უღირსად დამიპყრეს მე... და შენც, და მიტომ.

– ჰოდა, წყევად დამიტოვებია ჩემი სიტყვა, – უთხრა სეფე-ქალმა ვერძს, – ეძიებდნენ ამ მადლს კოლხთა მოდგმაში და ვერ პოულობდნენ და ვინც იპოვის, შენსავით განდევნილ იქნას ამ მიწიდან. ერთმანეთს უყურებდნენ და ერთმანეთს ვერ სცნობდნენ, ქურდებად მოსულნი კი „ერთმანეთად" აღიქვან. არც იმ ქურდს ჰქონდეს შენმიერი ოქროს იმედი. შენთან ყველაზე ახლოს მოსულ ქურდს ბედისწერის ლახვარი დაეცეს და განგმიროს. ასე ყოფილიყოს დღეის იქით დღის ბოლომდის, რადგან მეც მჭირდებოდა დაცვა შენსავით. უამრავი პატრონის გარემოცვაში უპატრონო და მიუსაფარი დავრჩი. იქ, იმ გადამთიეთში, რა ბედი მოგველის, თუ იცი?!

– ვიციო, – უპასუხა დანანებით ვერძმა.

– თავდახსნის სხვა გზა ხომ არ არისო?! – იკითხა სეფე-ქალმა.

– არაო, – დაუდასტურა ოქროს საწმისმა.

– მაშ წავედითო, – თქვა მედეამ. ხელი მოკიდა ოქროს ვერძს, გადასცა იგი ქურდს და წავიდნენ.

ქურდებმა ისინი გემზე შესვეს, ყველაზე გამოსაჩენ და საპატიო ადგილას ვერძს მიუჩინეს ადგილი, ნიჩბები მოიმარჯვეს და გზას გაუდგნენ. მიცურავდნენ ფაზისით და მედეა და ოქროს საწმისი ეთხოვებოდნენ მშობლიურ ალაგებს. ისინი დარწმუნებულნი იყვნენ, რომ ვეღარასოდეს იხილავდნენ მშობლიურ სავანეს. გონება დაძაბა ვერძმა, რათა მეხსიერებაში ღრმად ჩამჯდარიყო ხსოვნა სამშობლო-

სი. თვალსაწიერს მიეფარა აია-ქალაქი. გაიარეს რა ორასიოდე სტადიონის მანძილი მდინარით, გავიდნენ ზღვის შესართავთან.

საიდან არ იყო, იქიდან გამოჩნდა მდევარი და გულშემატკივარი, მაგრამ ვერც მათ უშველეს – მდევარი მოკლეს. სანაპიროს ზოლი ნისლში იმალებოდა და არ უყურებდა გემს, მხოლოდ შუქურა ანათებდა ღამ-ღამობით,ვიდრემდის ღია ზღვაში არ გავიდნენ მგზავრები და თვალს არ მოეფარა ნაპირი. ნაოსნებს წვიმა წამოეწია.

და ღელავდა პონტოი და თავის ზვირთებში ათამაშებდა გემს. მზე ნაცრისფერი ღრუბლებიდან იმზირებოდა დროდადრო. სიცივის ფერადოვნებით იქარგებოდა ზღვაური სივრცე. გემი კი მიცურავდა სიცივის შეგრძნების მიუხედავად. ზღვაოსნები მღეროდნენ შორეული ნაპირების საოცნებო ქალწულზე და ნიჩბებს დაუღალავად უსვამდნენ ტალღებს. ღამით შავი ღრუბლებიდან აქა-იქ გამონათებული მთვარის შუქის ანარეკლი თამაშობდა ტალღებზე ისე, რომ ასხლეტილი ნათელი ტალღების ამაღლებულ ტეხილებში წყდებოდა და წყლის შხეფებთან ერთად იფანტებოდა მთვარის თვალსაწიერიდან მოშორებით სიბნელეში. გემიც მიჰყვებოდა მთვარის გამონათების ბილიკად გაფენილ სამგზავროს. ერთ რომელიღაც საღამოს მიაღწიეს პონტოს გაღმა ნაპირს და დაბრკოლების გარეშე გაიარეს მოძრავი

---

28. **თრაკია** - პონტოის (შავი), პროპონტიდასა (მარმარილოსა) და თრაკიის (ეგეოსის) ზღვებისა და ბოსფორ-ჰელესპონტის (დარდანელის) სრუტეების მთელ სანაპირო ზოლზე მდებარე ნახევარკუნძული; **დარდანია** - თრაკიის ნახევარკუნძულზე დარდანელის სრუტის სანაპიროზე მდებარე ქალაქი და მის ირგვლივ მცირე ტერიტორიაზე გავრცელებული მხარე; **მიზია,** იგივე მისია - მცირე აზიის ერთ-ერთი მხარე, რომელიც მდებარეობს მარმარილოს ზღვისა და დარდანელის სრუტის აღმოსავლეთ სანაპირო ზოლზე, ბითვინიის უბესთან მდ. კიოსის შესართავის საზღვარზე; **ბითვინია** - მცირე აზიის ჩრდილოეთი მხარე ბოსფორის სრუტესთან შავი ზღვის სამხრეთი სანაპიროს გაყოლებაზე სინოპის კონცხამდე; **სამოთრაკიის** (ეგეოსის ზღვაში, თრაკიის სანაპიროსთან), **ლესბოსის** (ეგეოსის ზღვაში, მიზიის სანაპიროსთან), **კიზიკოსის** (მარმარილოს ზღვაში, ქალაქი-კუნძული) და **თინიასის** (ბოსფორის სრუტეში) კუნძულები, **ფილორები, მაკრონები, ბებრიკები** - ნახევრად მითიური ხალხი, და **ქალკედონია** (მდებარეობა უცნობია და მეცნიერები დღემდე გამოთქვამენ სხვადასხვა ჰიპოთეზას).

ეს ის მარშრუტია, რომელიც არგონავტებმა გაიარეს ელადიდან კოლხეთამდე. ამ ქვეყნების, კუნძულებისა და ხალხების ჩამოთვლა მხოლოდ ეგზოტიკურ ელფერს სძენს რომანს.

კლდეები, შევიდნენ ბოსფორის სიღრმეში და გამთენიისას თრაკიის[28] სანაპიროებთან დაივანეს. მერმე ქალაქ დარდანიისკენ გასწიეს და მომდევნო საღამომდე ეგეოსის წყლებში შესცურეს არგონავტებმა.

უცხო ნაპირები იგრძნეს მედეამ და ვერძმა და მიხვდნენ, რომ ხსნა აღარსაიდან იქნებოდა და ბედს დამორჩილნენ, როგორც ტყვეები და არა როგორც სასურველნი. არც საწმისს ჰქონდა ძველებური მომხიბლაობა და ღვთაებრივი ძალა, ასერიგად რომ იხიბლებოდნენ ელადელნი არ-ხილულის მიმართ. „ღირდა კი ღირებული დიდი ან მცირეო?“ – ერთმანეთს ეკითხებოდნენ იმედგაცრუებული არგონავტები, ორმოცდაათნიჩბიანი გემი კი ნავსადგურს მიადგა.

თავდაპირველად იყო აღფრთოვანება ნადავლით. ყველა არგონავტთა გმირობაზე ლაპარაკობდა. ოქროს საწმისიც ყველაზე გამოჩინებულ ადგილას დაესვათ, მაგრამ დროთა მდინარებისას გაუფერულდა მისი ხიბლი. ვერძს ჯერ სიამის ღიმილი ეფინებოდა, რასაც უორკეცებდა მისი სათნო გამომეტყველება, გულუბრყვილო და მიუსაფარი რომ ჩანდა უცხოეთში. შემდეგ მის სახეს მოუსვენრობა დაჩემდა, თავსაც ვერ გრძნობდა თავისუფლად. ღამეები არ ეძინა, ხოლო თუ თვალს მოატყუებდა, თან მიჰყვებოდა სიზმარში დღის სატკივარი. თანდათანობით დაკარგა უცხოელთა თვალში საწმისმა მომხიბლაობა და იგი ბნელ კუთხეში მიაგდეს. სრული სიმარტოვე იგრძნო ერთ დროს სასურველმა ნადავლმა. აღარც სულის მესაიდუმლე ჰყავდა ვინმე და აღარც ამბის მომკითხავი. მხოლოდ ფიქრებში ოცნებობდა და სიზმრებში ხედავდა თავის ნაცნობ ალაგებს. აუტანელი გახდა ამიტომ ოქროს საწმისის ყოფა ცხრა მთას იქით. არც არავინ ეძალებოდა არაფერში.

ერთხელ ვიღაც აბეზარმა კაცმა დანა გამოუსვა კისერში ოქროს ვერძს და ზღვისკენ მოისროლა. სულს ღაფავდა მომაკვდავი და სისხლში ამოსვრილიყო მისი ლამაზი ბეწვი. მედეამ დაიტირა იგი:

– ეს რა დაგმართეს ჩემდა საოხად და სავაებოდო, – დაუჩოქა მომაკვდავს ქალმა და ხელში აიყვანა სულთმობრძავი, – სად წამოგვეწია ბედისწერა ორთავეს, რომ ვერ მოგეშველე, ისე...

მერე იავნანა უმღერა საწმისს გულმომკვდარმა. ასე მოთქვამდა დაუსრულებლად. პირველად იხილა, ისიც სიზმარში, შვილმა დედის ცრემლები. გამოღვიძება კი აღარ ეწერა.

დაიხურა სიცხადის კარიბჭე ჩვილისთვის, ტკივილმა სიზმარშიც არ დაანება თავი. სიზმრის სარკმლიდან გადახედა დედას და ძმას, დაუძახა დედას, ვერ გააგონა. დედის მკერდზე მიკრულმა სიმწრისაგან ძუძუზე უკბინა და სული განუტევა.

სიზმარი მარადი ცხოვრებად გადაექცა. მედეას თვალებში ენით გამოუთქმელი შიში ამოიკითხა და ვერ მიაწვდინა ხმა. სიმარტოვე შეიგრძნო, მაგრამ იცოდა იმთავითვე, რომ იგი მარტო აღარ იქნებოდა. გაღმა მხრიდან უყურებდა დედის ტანჯვას, როგორ უკბინა სიმწრისგან მიწას და არაადამიანური ღრიალი მორთო.

თხრიალებდა ვერძის გადაჭრილი ყელიდან სისხლი

და ხროტინებდა

სიზმრად გადაქცეული ოქროს საწმისი, მაშინაც კი, როცა ყველაფერი უკვე დამთავრებული იყო და სიცოცხლის ნიშანწყალი გამქრალიყო. დიდხანს იყო ვერძი ასე, სანამ გულმა გრძნობებს არ უთანაგრძნო, სანამ სათქმელმა გრძნობები არ გამოხატა. ბოლოს კი აღმოხდა საოცარი ხმა – ქვესკნელის ღრმულიდან ამოძახილი, ხმა გადმონთხეული სისხლიანი შადრევანიდან. თავისი დაბადების უდღეური უსუსურობა განასახიერა ბოლოს, როცა დედის მკერდზე მიეძინა სამარადისოდ. აღარ იყო აღარც ვერძი და აღარც სიზმარი, იყო მხოლოდ სულისა და ხორცის ერთმანეთისგან გაყრა... და უყურებდა იგი დედას და საკუთარ თავს გაღმა ნაპირიდან.

V
მკვდარი ბავშვების პანთეონი

სიზმარმა ახლა მედეას უფროს შვილს შეასხა ფრთები და მღელვარე ზღვაში გაიტყუა, სიზმარმა გემად აქცია იგი, და მიტომ. გემი დიდი იყო – სიგრძით ორმოც ნაბიჯს აჭარბებდა, ხოლო განით ზუსტად შვიდ ნაბიჯს შეადგენდა. მიუხედავად ამისა იგი მაინც პატარა და მიამიტი ბავშვივით სათუთად მოსაპყრობი, თითქოს უსულო, მაგრამ სულდგმულივით მგრძნობიარე იყო. სიზმარმა გემად გადააქცია და მთელი არსებით შეუყვარდა წყალი.

ქალღმერთ ათენას დახმარებით ოსტატმა არგომ[29] ააგო „არგო“ – მისი ხერხემალი მუხისგან გააკეთა, გარსში სიმაგრისათვის გარდი-გარდმო გადებული მრუდე ძელი აკაციისგან შეჭედა, სრულ აღჭურვილობაში სხვა ძელთა ერთობლიობა ფიჭვით შეავსო, მთლიანი ჩონჩხი წიფელასგან შეფიცრა. გაძლიერებული ჰქონდა შემონაკერი, რომელსაც წყვილ-წყვილი ნაწიბურებით ცვალებადი სისქე ჰქონდა – უფრო სქელი სარტყელი გემბანის დონეზე ხერხემლისაკენ მიედინებოდა. გემის ძირითად ბირთვზე სარტყელები მორიგეობით დაამაგრა ხის სოლებითა და ბრინჯაოს ლურსმნებით. „არგოს“ ხერხემალი წარმოადგენდა კიჩოს ნაწილის კოჭის სახით გაგრძელებას, ხოლო ცხვირის წაწვეტებული კონტურის გასწვრივ გადებული ძელი აერთებდა ხერხემალსა და შეფიცრულ ნაკრებს. გემის ბირთვის შუა ნაწილი შედარებით დაბალი იყო. მოსასმელი ნიჩბები დაეჭირა წინ წამოწეულ ბალკებს. საჭესთვის გამოიყენა გემის კიჩოზე დამაგრებული ორი დიდი ნიჩაბი. ქიმზე, წყლის დონის ცოტა მაღლა, ხვრელი გაჭრა ქვედა რიგის ნიჩბებისათვის, ხოლო

29. **ოსტატი არგო** - გემთმშენებელი, რომელმაც ქალღმერთ ათენას დახმარებით ააგო გემი „არგო“. ათენას კი თან ახლდა მისი განუყრელი წმიდა ფრინველი - ჭოტი (სიბრძნის სიმბოლო).

ზედა გემბანზე ჩვეულებრივ დადგმული ჰქონდა ვიწრო პლატფორმა, რომლის კიდეებში დაყენებული იყო მესამე რიგის მენიჩბეთა ადგილები. ამათ შორის გადებულ იარუსზე განლაგებულიყო შუა რიგი ნიჩბებისა. მოაჯირით კი გამოეყო იმ მეზღვაურთა ადგილიც, რომლებიც მართავდნენ იალქნებს. გემს ერთი ანძა ჰქონდა, სადაც დახვეული იყო და საჭიროების შემთხვევაში იშლებოდა ტრაპეციული კვეთის იალქანი, ნაცვლად ეგვიპტური სწორკუთხა იალქნებისა. გემს გააჩნდა ერთიანად მთლიანი საომარი გემბანი, რომლის ქვემოთაც ფსკერსა და ქვედა გემბანს შორის ცარიელი ადგილი საბარგულის დანიშნულებას ახორციელებდა. კიჩოში მოთავსებული იყო მეთაურის ჯიხური. ხერხემალი ცხვირის ნაწილში გადაზრდილიყო ოთხი ნაბიჯის სიგრძის ტარანად სპილენძის დაბოლოებით. წყალქვეშ გამოზიდული ტარანი წაწვეტილი იყო, ზედა ტარანს კი გააჩნდა ელეგანტური კაუჭი, რომელიც გედის მოღერილ ყელს ჰგავდა. წყალქვეშა წამახული შვერილის ზემოთ გემის ხერხემლის გასწვრივ დაეყენებინა მეტალის ბალკები, რათა დაემტვრია მოწინააღმდეგეთა ნიჩბები. ზღვის ტალღებისგან დასაცავად ზედა გემბანის ზევით ტილოსგან გააკეთა გემის გვერდითი კედლების მსუბუქი გარსსამოსი. „არგო“ ნაირ-ფერებში შეღება და ცხიმეულით ააპრიალა, ხოლო წყალხაზს ქვემოთ იგი შემოსა ტყვიის ფირფიტებით.

სიზმრისეული „არგო“ განასახიერებდა ცხად „არგოს“, თუმცაღა გარკვეული სახესხვაობით, და ისიც უმნიშვნელოთი, არსებითად რომ არაფერს ცვლიდა, სიზმარი იყო ყველაფერი, და მიტომ. ამადაც ლამაზი იყო „არგო“.

ზღვაში იგრძნო მან თავი თავისუფლად და იხილა ლაჟვარდოვანი ცის მშვენიერება, მთელი არსებით გაიხარა და ზღვის შეხებამ სამუდამოდ მიაჯაჭვა წყლის სტიქიას. ნაპირმაც მიიქცია ყურადღება – გასცქეროდა „არგო“ მწვანეში ჩაფლულ ნაპირს და შორეულ ჰორიზონტებში გაბნეული კუნძულების ანარეკლებს. შინაგანი გრძნობების მოჭარბება

იგრძნო და შეუცნობადის შეცნობისაკენ მიისწრაფოდა – ჰორიზონტის იდუმალებისაკენ. ბუნების წიაღმა მიიზიდა. ზღვა და ხმელეთი მისთვის თვალსაწიერში ჩამჯდარი მომხიბლაობა იყო. ყველაფერს ერთბაშად მიხვდა –

ის, რაც მის უკან რჩებოდა მისი დამბადებელი სამყარო იყო და

ის, რაშიც ის ცხოვრობდა, მისი წარმართვის სიმდიდრეს წარმოადგენდა, რომელიც უნდა გამდიდრებულიყო მოგზაურობით, ანუ სიზრმისეული სიუხვით.

მეხომალდენი ავიდნენ „არგოზე“. ორფეოსმა[30] ქნარზე ხელი ჩამოჰკრა და გაისმა ზღვის ნიავივით ჰაეროვანი ჰანგები, გაიშალა აფრები, გემი ღია ზღვაში გავიდა. შეუცნობადი ჰორიზონტისკენ სწრაფვას ქალკედონიისა და სამოთრაკიის სანაპიროები ულოცავდა. რაც უფრო იწევდა გემი უსასრულობის მარადიული შეუცნობადობისაკენ, თავისთავად მით უფრო შორდებოდა ნაპირს და უახლოვდებოდა ახალ-ახალ თავგადასავლებს. ვინც ნაპირებიდან უყურებდა ზღვის ტალღებში მოლივლივე „არგოს“, გაიფიქრებდა –

ან წარსულს მისტირისო ეს ხომალდი,

ან მომავალს ჭვრეტსო,

ან კიდევ აწმყოს შეჰხარის და თავისი ბედით კმაყოფილიაო.

მერე ქარიშხალი იგემა „არგოს“ აფრებმა და კუნძულ ლესბოსის ნაპირთან დაივანა.

იქ ტურფა ქალები დახვდნენ მოგზაურებს. შეიცადეს კარგა ხნით, ამ ქალებით ერთობოდნენ მეზღვაურები და რომ არა სანუკვარი მიზანი მოგზაურობისა – მისტიურად იდუმალი განაზრახი, „არგოს“ ცურვის მომხიბლაობაც აქვე დასრულდებოდა. მერე ისევ მოუსვეს ნიჩბებს, ისევ აუშვეს იალქნები. შორეულ წერტილად გადაიქცა ლესბო და იქა-

---

30. **ორფეოსი** - ბერძნულ მითოლოგიაში მდინარის ღმერთ ეაგრესა და მუზა კალიოპეს შვილი იყო. თრაკიელი მომღერალი, არგონავტთა ლაშქრობის ერთ-ერთი მონაწილე, მაგრამ არგონავტების ლაშქრობას მისთვის სახელი არ მოუტანია. მისი მითიური პორტრეტი ევრიდიკას (მეუღლის) სიყვარულის სრულ გამოვლინებაში დაიხატა, თვით აიდაც რომ მოხიბლა თავისი სიმღერით.

ური თავაწყვეტილი ვნება, ბოლოს კი თვალთაგან გაქრა და ჰორიზონტის წრეხაზის ერთ წერტილში ჩაინთქა. იყო გულუხვი სტუმრობა კიზიკოსზე. „არგო“ უყურებდა, თუ როგორ ხოცავდნენ არგოელნი გეას ნაშობ ექვსხელა ბუმბერაზებს. მერე სამწუხარო გაუგებრობა მოხდა – ქარიშხალმა „არგო“ ისევ უკან მოაბრუნა. მასპინძლებმა გასტუმრებული სტუმრები მტრად ჩათვალეს სიღამის გამო და ბრძოლა გაუმართეს. ამ ბრძოლას კეთილი მეფე შეეწირა. დილით სტუმარ-მასპინძელი ორივე გლოვობდა და ასე დარცხვენით გავიდნენ ზღვაში და კიოსის შესართავთან შეისვენეს მიზიაში. მერე ბითვინიისკენ გაიკვლიეს გზა და ბებრიკების ქვეყანაში მოხვდნენ. იქ კრივი გამართეს, კრივს ომი მოჰყვა, მაგრამ ამ ომში აღარ იყო ჰერაკლე, რადგან იგი თესალიაში დატოვეს, გემმა დაიჩივლა „ჰერაკლე მამძიმებსო“, და მიტომ. ასე ნაომარი მეზღვაურები შევიდნენ ბოსფორის სრუტეში და მიადგნენ კუნძულ თინიასს, სადაც მათ მასპინძლობა გაუწია მეფე-მისანმა. მას შმაგი ქარიშხლების ურჩხულ-ქალღმერთები ტრაპეზს ართმევდნენ, სიბრმავის გამო დაჩაგრეს საბრალო მეფე-მისანი. შიმშილმა მამიდა[31] დახრა, არგოელები შეეწიენ მეფე-მისანს და ურჩხულ-ქალღმერთებისაგან იხსნეს მისი ტრაპეზი. მერე გაიარეს მოძრავი კლდეები – სიმპლეგადები[32] პოსეიდონის შემწეობით, კლდემ „არგო“ დააზიანა, მაგრამ მაინც გადარჩა და შევიდა პონტოის ზღვაში. მეზღვაურებმა მშვიდობით ჩამოიტოვეს ფილორთა და მაკრონთა ქვეყნები და საბოლოოდ ფაზისისა და პონტოის შესაყართან მიცურდნენ.

შევიდნენ ფაზისის წყალსწრაფ ჩქერალებში. ნაპირის მარჯვნივ თვალუწვდენელი ბაღები და ზვრები გამოჩნდა, აქა-იქ მაღალ ხეებზე აზიდული სურო-ვაზი ხარობდა. ვარ-

---

31. **შიმშილმა მამიდა დახრა** - ურჩხულ-ქალღმერთმა ჰარპიებმა იწინასწარმეტყველეს მათგან თავის დასაღწევად: „ქალაქს გალავანს ვერ შემოავლებთ, ვიდრე შიმშილით ისე არ გამწარდებით, რომ მამიდასაც კი დახრავთო.“ მხედველობაში ეს დათქმა მაქვს.

32. **სიმპლეგადები** - მოძრავი კლდეები ბოსფორის სრუტესა და შავი ზღვის შესართავთან ბერძენ ავტორთა წარმოდგენებში.

4. მ. კაჭახიძე, „მედეა“ 49

დობის თვე იყო და ბაღებში ვარდის სურნელი ტრიალებდა და ნიავსაც გადაჰქონდა იგი შორეულ ადგილებში. წყაროთაგან სიცოცხლის ფერადოვანი წინწკლები იღვრებოდა. თანდათანობით იხიბლებოდა „არგო" კოლხეთის ბაღ-ვენახებით და რაც უფრო ღრმად შედიოდა კოლხთა შუა გულში, მით უფრო მომნუსხავად მოქმედებდა ოქროს საწმისის ქვეყანა. გემის მიმართულების მარცხენა მხარეს თვალუწვდენი მთები იყო ნისლებში შეხვეული. აქა-იქ ჩანდა მათი დათოვლილი დიდგულა და ქედმაღალი კლდეები და გულდაგულ გამოშვერილი ქიმებად წამომართული მკერდები. კლდეებს თანშეზრდილი კავკასის კოშკები აია-ქვეყნის გულგოროზობას ადასტურებდა. მთათა სიღრმეში, საიდანაც ნისლი ღრუბლეულ აფრებად გადაქცეოდა თვალუწვდენელ მწვერვალებს, დათოვლილი ფერდობების რომელიღაც მიუვალი სიშორიდან გმინავდა კლდეზე მიჯაჭვული ამირანი, როგორც დაუძლურებული მოხუცი თოვლით დაფიფქული ჭაღარით, უხსოვარობის შთაბეჭდილებას რომ ტოვებდა მისი სითეთრე და ჯაჭვების დაჟანგული მიუკარებლობა. ამირანის გმინვა მთათა ბუბუნად მოისმოდა. მდინარემ მგზავრებს გზა უჩვენა კოლხეთის სიღრმისკენ და „არგომ" ფაზისის დინების საწინააღმდეგო ცურვით მიაღწია სატახტო ქალაქის კარიბჭეს.

ოქროს გალავნის მიღმა გადაშლილიყო ვაშას ჭალა, სადაც მკვდართა მებრძოლთა მუზარადები ეყარა, ხმლები მიწაში ვადამდე იყო ჩასმული, ჭალის სიღრმიდან კი მიწას ნაომარის ოხშივარი ადიოდა და ვაშას საკურთხეველთან საყნოსებლად იფრქვეოდა. იქვე წამომართულიყო ღვთაების ბრინჯაოს ქანდაკება. ჭალის გაღმა ბალახოვანი მდელო იყო, მის უკან მოჩანდა მუხნარის ტყე, ტყის ბოლოს კი ფიჩხით მოფენილი გორაკი. მუხნარის მისასვლელთან ღორების კოლტი მიმოფანტულიყო, რადგან ის ადგილები საღორიად გაემწესებინათ. ქალაქის გადაშლილ დაბლობზე, სადაც ბალახოვანი მდელო გადაშლილიყო, იქ მდინარე ფართოდ

მიედინებოდა, ხოლო შუა ქალაქში კლდეზე აღმართული სამეფო სასახლის, თეთრი გიორგისა და ადგილის დედის[33] სამლოცველოთა გაყოლებაზე ვიწრობში მდინარეც ვიწროვდებოდა. ამ კლდის სიმაღლიდან ხელისგულივით ჩანდა აია-ქალაქი და არც ერთ გუშაგს არ გამოეპარებოდა ფაზისით შემოსული არც ერთი სტუმარი, თვით ქალაქიდან საკმაოდ დაშორებით. ერთგან მწვანე ყვავილები ყვაოდა, ისეთი გასაოცარი ყვავილები, რომ „არგოს" და მის მეზღვაურებს მსგავსი სილამაზე არა-სად ენახათ. ჭოროხით გამოწვეული მდინარის სისწრაფის ერთიანად შენელების ადგილას, სადაც იშლებოდა ფაზისი, გაეკეთებინათ ბორანი და ქალაქის ორი სანაპირო ამ ბორანით უერთდებოდა ერთმანეთს. იქვე მოეწყოთ სამდინარო ნავსადგური და იქ დაივანა „არგომაც". მდინარის ვიწრობში ხალიბებს რვალისგან შეეკრათ სახელდახელო ხიდი, იქვე გაემართათ სახალიბოები და იჭედებოდა ხალიბური რკინა. კოლხთა დაბლობის

33. **ადგილის დედა** - წარმართულ ქართულ აზროვნებაში ერთ-ერთი ქალღმერთი, იდენტურია მფარველი ანგელოზისა, მაგრამ ადგილის დედა უფრო ყოვლისმომცველი ღვთაებაა. ვაჟა-ფშაველა ეთნოგრაფიულ წერილებში აღნიშნავს, რომ „თვითეულს ადგილს, მთას, გორას, ხევს მისი წარმოდგენით ჰყავს დედა, რომელსაც ადგილის დედას ეძახისო". ქრისტიანობამ შეითვისა წარმართობის ეს ფენომენი და ეს ღვთაება ღვთისმშობლის იდენტური გახადა. ლოცულობენ კიდეც ადგილის დედა - ღვთისმშობელზე და ამ ლოცვაში სრულად არის გამოხატული ამ ღვთაების რაობა, დანიშნულება წინარექრისტიანულ წარმოსახვებში და ასევე მოცემულია ის შეხების წერტილები, რითაც დაუკავშირდა ყოვლადწმიდა ღვთისმშობელი მარიამი ადგილის დედას: „დიდო ადგილის დედაო, დედაბურიელო, დიდო ხთიშობელო, შენ შემაგძახიან, შენ გეხვეწებიან. შენს კარზე მოტანილ საქონის ნაწველ-ნადღვების თავი და ნათავარი შენ შაიწირი. შენად სამთავროდ, შენად გასამარჯვოდ მაიხმარი, დალოცვილო. შენ უშველი კაცსაც, საქონსაც, კაცის ნამუშევარსაც, ხარის ნახნავსაც, ფურსაც და ფურის ნაწველ-ნადღვებსაც. დალოცვილო, შენ მააშორი მავნე, მაცილი, მავნე მეუბარაქოე. დალოცვილო, შენ გაუბევრი, შენ დაუტანი მადლიდ ბარაქა. დალოცვილო, დედაო ბურიელო, ადგილის დედაო, შენ შამაგძახთ სოფელი, შენ გეხვეწებით, შენ დაგვიტანი ბარაქა ჩვენს ნაქონ-საქონს, ჩვენ სახლად საქონს. დალოცვილო, დედაო ბურიელო, შამაწირული შაიწირე". ქრისტიანულ ხატწერაში გვაქვს ანალოგიური სპეციფიკური ღვთისმშობლის სასწაულთმოქმედი ხატები, მაგალითად: ივერიის (კარის), ხახულის, წილკნის, აწყურის, გაენათის და სხვა ღვთისმშობლის სასწაულთმოქმედი ხატები. ზოგიერთი ასევე სასწაულთმოქმედი ხატი განსაკუთრებულ გარემოებებსა და პირობებში, განსაკუთრებულ ნიშან-თვისებებზე ზემოქმედებს. მაგალითად: მსწრაფლშემსმენელი, დაშრიტე მწუხარება ჩემი, ცოდვილთა მომძიებელი, მოულოდნელი სიხარული, ნაყოფიერი მთა, უჭკნობი ყვავილი, ღირს არსი, სამხელა, განმწმენდელი, და თვით შენსაცა სულსა განვიდეს მახვილი, უფლის ყოვლისმხედველი თვალი, გონების მომნიჭებელი, ძუძუსმაწოვებელი, შეუწველი მაყვალი, ნაყოფისმომნიჭებელი და სხვ. ხატწერის ეს მნიშვნელოვანი მრავალფეროვნება იდეით ადგილის დედის ფენომენის სრული ადეკვატი უნდა იყოს, თუ არა ნაწილობრივი მაინც.

ყოველი მხრიდან ჩანდა სიმტკიცესავით წამომართული ხომლის პლატო, აია-ქალაქიდან კი ნისლეული ბურანიდან მკაფიოდ ჩანდა ხომლზე წამომართული ბედგაუტეხელი ციხე, რომელიც ბურჯად იდგა კოლხთა ფესვების სადარაჯოზე და იმასაც ამბობდნენ, ბედგაუტეხელი ციხე თუ დაინგრევა, მხოლოდ მაშინ, როცა აღარ დარჩება კოლხური სიმდიდრე კოლხეთში და იგი გათითოკაცდება თითოეულ კაცშიო. კლდიდან წამოფრენილი არწივი გადაევლო ბარში აია-ქალაქს და ჰაეროვან სივრცეში მიიკარგა.

რამდენიმე დღე იდგა „არგო“ ქალაქის ნავსადგურში ბორანის მახლობლად. მერე მთვარიან ღამეში გემზე ამოიპარნენ ნაოსნები და თან ქალი წამოიყვანეს. ჩუმად გავიდნენ ნავსადგურიდან. დინებას ჩქარა მიჰყავდა „არგო“ და მენიჩბეები უფრო უმატებდნენ გემის სიჩქარეს და გამთენიისას უკვე ღია ზღვაში შესცურეს. აიას ჭერ-ბეღელზე[34] მდგომმა ანგელოზმა მდევარი დააწია და ომი გაიმართა. მუხთლობის წყალობით არგოელებმა გაიმარჯვეს. ყმაწვილი უფლისწული შემოაკვდათ ხელში ქურდებს, „არგო“ კი გაჩერებული იყო. წყალში გადააგდეს ცხედარი და ქალმა ცრემლი დაღვარა.

– შენ დატყვევებული ხარ და ტირილს გიკრძალავო, – უბრძანა მეზღვაურთა მეთაურმა ქალს.

– შენ მე ვერასოდეს ვერაფერს მიბრძანებ, ჩემთან შენ ხელი და ხელმწიფება არა გაქვსო, – უპასუხა ტყვედქმნილმა.

– რატომო, – გაიკვირვა მეთაურმა, – მე ვიტყვი, რომ ეს ღალატი ჩემი სიყვარულით ჩაიდინეო.

– მე თვითონ ვარ ოქროს საწმისიო, – უთხრა ქალმა, – და ეს სისხლი შენ თვითონ დაგახრჩობს მოგებულს და არა

34. **ჭერ-ბეღელი** (ტაძარ-ბეღელი) წარმართულ ეპოქაში სამლოცველოს ნიშნავდა, სადაც შესაწირავი მიჰქონდათ და ინახებოდა. თანამედროვე გაგებით სიტყვა „ბეღელმა“ თავდაპირველი მნიშვნელობიდან შეინარჩუნა შესანახის მნიშვნელობა, ხოლო სამლოცველოს მნიშვნელობა „ჭერსაც“ და „ბეღელსაც“ იმთავითვე ჩამოსცილდა და ეს ისე შორეულ ეპოქებში მოხდა, რომ თანამედროვე თვალთახედვით ძნელი წარმოსადგენია, თუ ეს სიტყვები ოდესღაც ამ მნიშვნელობას ატარებდა. უნდა ითქვას რომ ბოსელი ნაყოფიერებისა და გამრავლების ღვთაება იყო. დღესდღეობით კი ბეღელიცა და ბოსელიც სალიტერატურო ენაში სულ სხვა მნიშვნელობით იხმარება.

გამარჯვებულსო.

– მეც ყველანაირი მეცადინეობით ვეცდები შენს განადგურებასო, – დაჰპირდა მეთაური.

– და მაინც, ჩემი განადგურებით ჩემს სრულ თავისუფლებას ვერ დაეუფლებიო, მე როცა, როგორც და რაც დამჭირდება, იმას ვიზამ და შენ ამაში ხელს ვერასოდეს ვერ შემიშლიო.

– ვითომ რატომაო, – იკითხა ირონიული ღიმილით მეთაურმა.

– იმიტომ, რომ მე მედეა ვარ და ჩემშია ოქროს საწმისიო, – მერე შეულოცა მამიდას ცრემლმორეულმა, – ორბი მოჯდა ორასი, ფრთა გაშალა სამასი, ნისკარტი ჰკრა ოთხასი, კლდე გააპო ხუთასი.

შეაშინა მეთაური ასეთმა მედეამ და ვიდრემდე „არგო" არ დაბრუნდა შინ, ხმა არ ამოუღია. არგო კი თავისი ფიქროვანი იალქნებით ტალღებს შეერწყა. გიჟმაჟი იყო ამ დროს ზღვა. მერე როცა თავადაც მოიღალა, მოეშვა და დაცხრა იმ განწყობათა თანამგზავრ ტალღებივით. გზად ვერავის ამჩნევდა გემი, მხოლოდ ოქროს ვერძს უყურებდა, თუ როგორ გაჰყურებდა უკიდეგანო ჰორიზონტს და დასტიროდა დაღუპულ ძმას. და თვალთაგან სისხლი დიოდა ცრემლების ნაცვლად. „არგოსაც" გული აუჩუყდა და მანაც გრძნობები გადმოაფრქვია და მოუბოდიშა ოქროს ვერძს:

– მაპატიეო, – უთხრა, – არ მეგონა, ჩემი მიზეზით ამდენ ტკივილს თუ მოგაყენებდნენ. მე მოვიყვანე ესენი შენამდეო. ამიტომ მაპატიეო.

ოქროს ვერძმაც აპატია შეცოდება „არგოს" და ნაღვლიანად გაუღიმა გემს ქალმა. ეს ქალი არ ჰგავდა ტყვედქმნილს, უფრო პირიქით, მან დაატყვევა მთელი გემი და ელადის რჩეული გმირ-მეზღვაურები თავიანთი მეთაურით... და ამ დამორჩილებას არ დასჭირვებია ქურდობა, თუნდაც რაიმეს, ან ვინმეს დაპყრობა, ამას დასჭირდა მხოლოდ დამორჩილება მოძალადეზე, მთელი სადავეები რომ ხელთ

მოეგდო. ასე უბრად ჩავიდნენ ელადაში მოგზაურები.

მერე იყო და, „არგო“ ნაპირზე გამორიყა ტალღებმა და მთელი სხეული ზეზეულად გამოაშრო და გამოფიტა მზის მცხუნვარებამ. აფრებიც დაწვეს „არგოსი“, როგორც ქარში გაფრენილი ოცნებათა უსასრულო ღელვა. ერთ დღესაც „არგოს“ დიდების ნარჩენების ჩრდილს შეფარებული დაღლილი ცალსანდლიანი დაასამარა „არგოს“ სიკვდილმა – გადატყდა ანძა და ის თავში დაეცა ამ კაცს და სამუდამოდ დარჩა გემის ჩეროში ეს კაცი. „არგოსავით“ ველარ გამოიღვიძა ბავშვმა და გაღმა მხრიდან დაინახა დედა. ძმაი ელოდა მას, ისიც მარადი სიზმარში დარჩენილი. ანძა მოტყდა და ძირს მოწყვეტით დაეშვა.

ამიტომ კვნესოდა ვიღაც,
რადგან ტკიოდა,
ტკივილი ძვლებმაც იგრძნო...
იგრძნო წყალმაც.

ბავშვი სიზმრიდან უყურებდა დედას. დაფრთხა კიდეც, მაგრამ დაბინდული მზერა დაეწმინდა. გაუღიმა შვილის სულმა დედას, დედას, რომელიც მის უგრძნო სხეულს ეფერებოდა და ხელში მისი ძმის გაციებული სხეული ეჭირა. რა ტკბილი იყო დედა, რა მიუსაფარი და უმწეო ეს ძლიერი ქალი უამათოდ.

VI

ქვეყნად ყველაზე ლამაზი განთიადის სყრნელება

დედამ უსასრულო სივრცეში მკრთალ ვარსკვლავს მიაპყრო გამჭოლი მზერა. შეხედა და დაინახა, რომ წვიმამ იკლო, ცაც მოიწმინდა და ძვირფას სამკაულებივით გაბრჭყვიალდა იდუმალი შორეთი. მთავრდებოდა ქვეყნიერებაზე ყველაზე

გრძელი ღამე, დაუსრულებლობამდე რომ გადაიშალა თავისი დამთრგუნველი მარწუხებით. უკიდეგანო ცის დასალიერი წამიერი ნათებით გადასერა სინათლის ვიწრო ზოლმა და ისევ გაქრა. ისევ გახედა წვიმაგადასულ ზეცას, თითქოს ცისკიდეს ეძებს საშველად. ცისკრის ვარსკვლავმა გამოანათა ისე, როგორც ჩრდილოეთის ნათება გადააბრწყინებს ციდან ცამდე გვირგვინად დადგმულ ზესკნელს. ირგვლივ ისეთი სილამაზე იყო, როგორც ღვთაებრივ სამყაროში შეუცნობადი მშვენიერება. ნაღამევ სამყაროში გასაოცარი ჰანგები შემოესმა მედეას.

სიბნელე გამკრთალიყო და ნაცრის-ფერები თანდათან სხეულქმნილი განთიადის ცოცხალი ფერადოვნებით შეივსო. დაღლილი იყო მედეა და ერთბაშად მოითენთა და მიწაზე ხის ძირას ძალადაკარგული და ენერგიაწართმეული მიწვა, როგორც უგრძნობი. ქარმაც იკლო და მთელი მისი ღამეგადატანილი ძალა დაცხრა, სადღაც მიიმალა მისი ცივი გრძნობები, მთელი ღამით ასე-რიგად რომ დაჰქროდა კიდით კიდემდის. ის ალიონის გამოღვიძებულ მშვიდ სუნთქვად გარდაიქცა და წვიმის გამონაწრეტი გადმოაფრქვია მთვარის ფერმკრთალ გამოსახულებაზე, რათა დილის ნამი ეპკურა გარემოსთვის. ქარის სურნელი იკრებდა ყველაფერიდან ყველა-ფრით შემოსილ საყნოსებელს და მოდიოდა გათენება ქარის ხერხემალში ნაგრძნობი გამონათებით. მედეამ თანდათან შეამჩნია, რომ იგი ტყის პირას იყო დაბინავებული, მის წინ კი გადაშლილიყო თვალუწვდენი მინდორი, მაღლა ასულიყო ღამით მონაქროლი ნისლეული ფიქრები.

ეტყობა, ღამეც დაღლილიყო თავისი სიღამით. მთვარემ თავისი პირველქმნილი სინორჩით ღამისმთეველივით გამოიღვიძა ღამის მიწურულს, რადგან ჩაეძინა სუსხში და დამალა გამოდარებამდე გრძნობიერი ნათი თავისი თვალების. მინდვრის სუნი გამთენიის სიგრილით განმტკიცდა, შემცივნებით რომ გამოიჩინა თავი, რითაც ცხოვრებას ამზადებდა ახალ დღესთან შესახვედრად. არ ჰქონდა მნიშვნელობა,

როგორი დღე იქნებოდა ის, მთავარია ღირსებოდა თვით ცხოვრებას გათენება, როგორც ასეთი. რეალობის შეგრძნება წაშალა დღე-ღამის გასაყარმა. თვალი მოსჭრა მრავალფეროვნების სიუხვისაგან ღამით დანასვენებ გონებას დღის-წულის ჭრელთვალა მზერამ, რომელიც მგლის-ფერიდან იფერებოდა მრავალ-ფეროვნებით, მგლის-ფერში იმალებოდა ღამის სიბინდე, და მიტომ. გონებაც დაჰყვა ბუნების დღიურ სინედლეს.

რაღაც წამებში არ არსებობდნენ
მკვდრები და ცოცხლები,
სიხარული და მწუხარება,
იყო მხოლოდ სრული განფენილობა გათენების...

და მარადნატრულივით ტკბებოდა ქალი, და არა დედა, დამდგარი გათენებით, ჯერ რომ ისევ და ისევ ღამე ებღაუჭებოდა სივრცეს, რათა არ წასულიყო თვალსაწიერიდან. ელვის ნატეხივით გაიკვესა დალის[35] თვალებმა და მისმა ბრწყინვალებამ შუქი დაუკარგა ქვას, – და ქვა მოკვდა დალის გაცისკროვნებაში. მისი ოქროვანი ნაწნავები გადაევლო ძალას დაბადებისას. მშობიარობის ტკივილივით მოდიოდა ახალი დღე, რათა ტკივილი დაბრუნებოდა დედას, და არა ქალს, კლდე-ჭაბუკი რომ ეშვა საკუთარ თავში და ბოლოს დამსხვრეულიყო ერთბაშად სხეულში გამოტარებული ღამის გათენება. ვაზის ვაჟი ანუგეშებდა მწუხარებაში. მაინც სიცივემ აიტანა ქალი, გამოდიოდა ბურანიდან და ტყიურობის იდუმალება გულს ჩარჩენოდა და ხედავდა მარადი ბნელით მოსილ ტყეს. ასეთი ტყე იყო მთელი სამყარო, დალს რომ არ გამოენათებინა. სუსხის სურნელი ტანში გაჯდა და ყნოსავდა ლეგა ღრუბლებში ფერებშეჭრილი სამყაროის მრავალსახოვანების სურათს

და მან იმ წუთებში იცოდა, რომ თავი დააღწია წყვდიადს
და ყველაზე უჩვეულო სილამაზით თენდებოდა მის

35. **დალი** - წარმართულ ქართულ ღვთაებათა პანთეონში ნადირობის ქალღმერთი, რომელიც ნადირობს მონადირეებზე და სარეცელს იყოფს მათთან.

ცხოვრებაში დილა.

არ უყივლია მამალს; ან შეშინებული იყო მთელი იმ ღამის კოშმარის გამო,

ან უბრალოდ არ ეყივლებოდა.

მდუმარებაში იწყებდა მზე ამოსვლას, მაგრამ არც ის ჩქარობდა მაინცა და მაინც გამონათებას.

დანატრულიყო მედეა დილას, სულ ერთი იყო მისთვის, ხმაურიანად გათენდებოდა, თუ სიჩუმეში, გარინდებაში, თუ დუმილში –

და ეს მაშინ, როცა სიჩუმეს თავისი წარმტაცი ხიბლი გააჩნია, რითაც ადამიანი სიზმარეული ჩვენებიდან გამოყოლილ თავის ხალისს ნელი-ნელ მოიმარჯვებს;

გარინდებაში უჩვეულო წამიერება გამოჰკრთის, სადაც ერთბაშად ახმაურდება სიცოცხლე;

დუმილით კი ყველაზე მძიმე სატკივარს ეგებები, სადაც ყვირილი უძლურია და მხოლოდ სულის შემძვრელი დუმილია დამძლევი დილისეული ცხადების.

სიცივის სურნელი სულ ერთბაშად შეიგრძნო სხეულმა და უკანასკნელმა თრთოლამ შეიპყრო, სადაც სიცივეც აღარ იყო არაფერ შუაში ამ თრთოლასთან. ხმის ამოღება უნდოდა, რათა დაერღვია დუმილის მრისხანება, ან ემღერა დილისთვის და მზე-მთვარის ღვთაებათათვის. სული არ უშვებდა ხმის ამოსაღებად, რადგან იგი ჯერ კიდევ ის გაუტეხელი მედეა იყო, რომელმაც თავისი ქვიური ალერსით გააპო ღამე. სიცივის სუსხმა სიმჟავის სურნელი გამოყო სადღაც რომელიღაც სივრციდან აღებული საყნოსებლიდან. ეს სიმჟავე აქა-იქ სიმლაშის გემოს ტოვებდა ფილტვებში და მედეა მიხვდა, რომ სადღაც ახლო-მახლო ზღვა იყო და ზღვამ ფრთოსანი ათრებით გაიტაცა მეხსიერება გაღმა ნაპირებთან და იქ მშობლიურ სავანეში ჩამირა მისი ტკბილსახსოვარი, სინამდვილეზე უნამდვილესი რომ იყო შეგრძნებანი სამშობლოსი. იმ სიტკბოების გემომ ერთბაშად გადაწვა ფიქროვანი ათრები ქალის და სინამდვილეში გახი-

დული დატოვა უმწეოდ და მიუსაფრად.

იარა მან ფასკუნჯოვანი სიძლიერით, ქვენა-ქვეყნიდან ზედაპირზე რომ ამოსულიყო. ყველა ტვირთი იმ ქვენა-ქვეყანაში დაეტოვებინა თურმე და ზე-გარდმო გათავისუფლებულიყო გრძნობებისაგან, რათა ემზირა მხოლოდ და მხოლოდ გათენებისთვის. იგი ამისი ღირსი იყო, დაიმსახურა ყველაზე დიდი ღამის საფასურად ეს განტვირთვა, და მიტომ. ამ განთიადის პირს ერთმანეთს შეენარცხა სითბო და სიცივე, ანუ სიტკბო და სიმწარე. ისინი ჰაერში ტრიალებდნენ ერთმანეთის მონაცვლეობით, რათა რომელიღაც მათგანი საბოლოოდ დამკვიდრებულიყო სულში. მედეამ გულით შეისუნთქა სითბოცა და სიცივეც.

მან იცოდა,

ძალიან კარგად იცოდა,

რომ გულში ჩაბუდებული სუნთქვა,

და სწორედ ეს –

ამწუთიერი სუნთქვა გაუიოლებდა ცხოვრებას,

რადგან შვილების უკანასკნელ ამონასუნთქს ჩაისუნთქავდა

მარადი ტკივილად

და

მარადი სიტკბოდ,

ვიდრემდე ექნებოდა საშუალება, ესარგებლა თავისი სხეულით და იმის იქითაც არ განშორებოდა მკვდარი ბავშვების სუნთქვას.

უკვე ცას ჰქონდა შეთვისებული მგლის-ფერი, ხოლო ქვეყნიერებაზე ლაგდებოდა თავ-თავიანთ ადგილას ყველა ფერი ყველაფერში და იმზირებოდა ნათი დღისა. ღამეში ნამძინარევი მთვარე დღის-წულის გაცისკროვნების თვალისმომჭრელ გაღვიძებაში იკარგებოდა, როგორც უდღეური ბავშვების არდაცლილი სიცოცხლე. გათენების სიხარულმა გულით ნასუნთქი მთელი ღამის ჭვარტლი ერთბაშად დაცალა გულიდან და ალიონმა გულისძგერა დაამშვი-

და. კეთილსურნელება ტრიალებდა გარემოში, რომელიც შევსილიყო ენით უთქმელ არაფერთან შედარებული თუ შეფარდებული ყველაფრის სურნელთა ერთობლიობით. ეს არ იყო სიკვდილის საყნოსებელი, ან ქარის სურნელება, რომელიც ერთბაშად შეიძლებოდა მთელი ქარი ქალით შთანთქმულიყო. მასში უთუოდ ღმერთის მოახლოვება იგრძნობოდა. იგრძნობოდა ისიც, თუ როგორ მიიმალა ზესკნელში წამიერებასავით ღამის პირზე გამოჩენილი ვარსკვლავებიც, სულ მალე რომ მიიხურა ასტრალეთის კარი და ცთომილები დაიმალა ისევე, როგორც იმ დიად ღამეში. იგრძნობოდა მგლის-ფერის დაკარგვა ცაში და სილაჟვარდის გადაბრწყინებამ მოასწავა მზის გამოჩენა.

ტყის პირზე ნისლი მაღალ ხეებს ზემოდან დაჰყურებდა და მიიპარებოდა სულ მაღლა და მაღლა და ღრუბლის გუნდებად დაცურავდა ცაში. ეს გუნდები ათასნაირ გამოსახულებას ედარებოდა – მიწიერებაზე განცდილ-ნანახსა და ჰაეროვან სივრცეებში ნაგრძნობს.

ზოგან ეს ღრუბლები ოქროსფრად ელავდნენ მზის სხივთაგან ალ-აკრულები,

ზოგან მუქდებოდნენ მიწიერი წყლის სიმძიმილით დატვირთულები,

ზოგან წითლდებოდნენ სინათლის სხივების ირიბი დაცემით,

ზოგან კი მწვანდებოდნენ ცის სრულ სილურჯესთან შერწყმის ადგილას.

ჩრდილებმა ფერადოვნების ვიბრაცია წარმოშვა, რადგან თვით ჩრდილებით მეტყველებდა ნათი ფერადოვნებათა ტონალობაში გადასული. ამით სივრცის განფენილობაც მკვეთრდებოდა, მკვეთრდებოდა სიშორე-სიახლოვის წარმოსახვითი წარმოდგენებიც. მზემ აღარ დატოვა ფიქრსა და აზროვნებაში ეჭვები და შავი ლაქები, და მით უფრო იმ კოშმარული ღამისა. რაღაც-რაღაცას ეფარებოდა, მაგრამ დღის სინათლე ყველგან აღწევდა, მართალია, ზოგან მოგ-

ვიანებით, ზოგან ადრიანად, მაგრამ დილის ცხოველმყოფელობა ყველასთვის თანაბრად სანუკვარი იყო. განათება პირველად მზის გულზე გადაშლილ გარემოს მოიცავდა, იქედან არეკლილი სხივები კი მზისგან თვალმოფარებულ ადგილებსაც ანათებდა... ასე ანარეკლებით მოედო განთიადი ქვეყნიერებას.

ხმაური არ იყო, როგორიც დილის ჟრიამულია.

არა, მზე თავისი მშვენიერებით სრულად წარმოჩენილიყო ცისიერზე.

არა, ხმა ქვეყნიერებისა არ ისმოდა.

ალბათ ეს მხოლოდ და მხოლოდ მედეას არ ესმოდა, რადგან მისთვის ყველაზე ბნელი დღე გათენდა.

VII

შიშის გააფთრებული უხმო ყვირილი

საოცარი სანახავი იყო ბავშვებთან ერთად გათენების ხილვა, ბავშვები – საღ-სალამათნი გათენებასავით ეთერიული სხეულებით მოსილნი. ამ ცისკართან ერთად დაინახა დედამ შვილების სულები. მსგავსი იყო ერთი მეორესი, აღარ ტკიოდათ არაფერი, სისპეტაკესავით იყვნენ გადაქათქათებულნი, ერთი ლაქაც რომ არ ეცხოთ იმ გამონაღამი ჭუჭყისა და სიბილწისაგან. დედა კი მიყრდნობოდა ზურგით ხეს, ხელში მკვდარი ბავშვის გაციებული სხეული ეჭირა, კალთაში კი მეორე ასევე მკვდარი შვილის თავი ედო და უმზერდა მათ სულებს.

გათენებამ მედეას წაართვა უდრეკელობა
და იგი უნუგეშო დედად აქცია.
ძალა გამოუწრიტა ღამემ
და იგი უყურებდა ღამის შემოქმედებას –
შვილების სულებს, მსგავსსა ერთმანეთისა.

მედეა არ იყო მსგავსი შვილებისა.

მსგავსმა მსგავსს მოუწოდა დედის სანუგეშოდ. მსგავსმა მსგავსს უპასუხა გარემოსთვის შეეხედა დედას და დედამ შეხედა გარემოს –

და ვინ იყო, რომ არ იხილა ამ დიდებულ გათენებაში – პატარა მფრთხალი ბაჭიები, თუ საშიში აფთრები. ერთ ჯალაბად შეკრებილიყვნენ მგელი და შველი – მშველი მანუგეშებელი. ფრთოსან ფრინველებსაც მხეცების რქებზე დაედოთ ბინა, ბუდეები გაეკეთებინათ ირმის რქებზე. ლომების ღრიალს გაბმულ ჭიკჭიკა გალობას აყოლებდნენ ბულბულები და მერცხლები. არწივები, ქორები, ძერები და მიმინოები დაფრინავდნენ დილის მშვენიერების დარაჯად. ახლოს მდგარ ჭყონი-დიდს დიდებულად გაებორჯა ცადაზიდული ტოტები და გაოქროსფერებული ბრჭყვიალა ფოთლებით შემოსილი ირგვლივ თვალისმომჭრელ ნათებას ჰფენდა. ზედ ათასნაირი ქვეწარმავალი დასრიალებდა და ჭყონი-დიდი ნატვრის ხედ ქცეულიყო. მინდვრად ნარნარა ყვავილებს მწვანე ხასხასა ბალახებში ამოეყო ფერად-ფერადი თავები და პირმოცინარი ბავშვებივით შეჰყურებდნენ დიად განთიადს. მათი სურნელი თავბრუდამხვევ ბურუსში ხვევდა მიდამოს. თრობით გაბრუებული ფუტკრები თითოეულ ყვავილზე დაფრენილიყვნენ და ისრუტავდნენ დილის სურნელებას, სიცოცხლედ რომ ეფრქვეოდა სამყაროს. ბიჭებს ათასნაირად აჭრელებული პეპლების მთელი ამალა ეხვია, თავებს ისე უმშვენებდნენ, როგორც დიდებულ მეფეებს სამეფო გვირგვინები. ცაზე თავი მოეყარა გაზღაპრებულ ციურ სხეულებს, მარადი მზე კი მგზნებარედ აცხუნებდა ნანატრ ნეტარებას. იქვე მუხის ქვეშ თავად იჯდა მარადი ბავშვების უიღბლო დედა.

იგი გაცხოველებული სიყვარულით შესციცინებდა შვილებს. თვალებში უკანასკნელი იმედის სხივი ქრებოდა. ლამობდა მედეა, გახანგრძლივებულიყო ამ გათენების სიხარული და შვილების მზერით მოეძლო გული, რადგან იცოდა,

დათვლილი იყო წუთები ამ ხილვის სითბოსი. თითებს იკვნეტდა სიხარულისგან და ცრემლები ღაპა-ღუპით ჩამოსდიოდა. უღიმოდა დედა მკვდარ შვილებს და რაღაცას ელაპარაკებოდა და თვითონაც არ იცოდა რას. თვალებით შეუმჩნევლად ჩაეჭიდა შვილების სულებს და არ უნდოდა ჩამქრალიყო მზით მოსილი თვალის ჩინი.

მზე კი ამოდიოდა და მედეას თვალს ჭრიდა, ასევე ცრემლმდინარებას აშრობდა სახეზე და ალაგ-ალაგ გამოღამებისაგან მიშხეფებულ ტალახებს ახმობდა ლოყებზე, ნიკაპზე და შუბლზე. შესცინა მზესაც, იქნებ შემიბრალოსო და დამიბრუნოს მზემ შვილებიო. სასწაულები არ ხდებოდა ამ გათენებისას და ეს მაშინ, როცა ზღაპრები სინამდვილესავით ითხზვებოდა და ითქმებოდა.

მედეას სჯეროდა, რომ რაღაც უცნაურობამდე აღმასული მისი სიძლიერე გაიმარჯვებდა. ყველაფრით ეცადა, დაეძლია ღამე და გადაერჩინა შვილები. ვერ კი მოახერხა, უძლური აღმოჩნდა სიკვდილის წინაშე. არადა, ბავშვობიდანვე ჩაგონებული ჰქონდა, რომ იგი მზის შთამომავალი და ღმერთების ნაწილი იყო. ვერ მოახერხა ამ „ღმერთების ნაწილმა" ღმერთობა. რაც იყო მედეა ამ გათენებისას, სრულად გამოავლინა – იგი მკვდარი ბავშვების დედა იყო თავისი სიძლიერითა და სისუსტით. ბოლოს და ბოლოს, მაინც მიხვდა, რომ უძლური იყო ბედისწერასთან და შესთხოვა შველა თავის შეგნებაში წამომართულ ღვთაებებს. მხურვალედ ლოცულობდა მედეა, რათა შვილების სულები განხორციელებულიყვნენ ისევ. აკი მრავლად უსმენია ქურუმთაგან ნათხრობი ღვთაებათა უძლეველობის შესახებ და სჯეროდა, კოლხური ღმერთები იხსნიდნენ მას, ან ელადელთა ქვადქცეული სამლოცველოები შეიბრალებდნენ მის დედურ გრძნობას. არსაიდან არ მოიძებნა ხსნა.

ღმერთებისგან გაწბილებული ახლა უკვე საბოლოოდ დარწმუნდა თავის გამოუვალ მდგომარეობაში და ერთბაშად გაისიგრძეგანა მთელი ტკივილი ამ მწუხარე განთიადისა.

უყურებდა შვილებს, როგორ მიდიოდნენ სიშორეთში და აცილებდა განუწყვეტელი მზერა და უსიტყვო თხოვნა თვალებისა „ნუ წახვალთო...“ თხოვნა, რამეთუ სხვა აღარა დარჩენოდა რა, ამოიწურა ყველანაირი შესაძლებლობა შვილების დაბრუნებისა, და მიტომ. მზე იწვოდა მედეას გულში. სასოწარკვეთით შესცინოდა და შეჰხაროდა დედა შვილების ყოველ გამოხედვას და უფრო მეტად განგაში იკითხებოდა მისი თვალებიდან. სრული დუმილი სუფევდა ირგვლივ, და ეს მაშინ, როცა დილის მადლით საზრდოობდა ფლორაც და ფაუნაც. ქარი აღარ ჰქროდა, მხოლოდ ნიავი შრიალებდა ფოთლებში, – და ესეც არ ესმოდა მედეას. მას შვილების ესმოდა მხოლოდ. ისინიც ეთხოვებოდნენ დედას და ანუგეშებდნენ –

არ მიგატოვებთო,

შენს გვერდით ვიქნებითო,

ყოველ განსაცდელში ვარსკვლავებად მოგევლინებითო და

საცხოვრებელ ჟამს გაგინათებთო.

მედეამ ცრემლები გუნდებად გადაყლაპა და ყელში ებჯინებოდა ბოღმა. როგორ დაბრძენებულან ჩემი შვილები ამ ერთ წყეულ ღამეშიო.

შვილებმაც მიუგეს თავიანთი კეთილი ფოსფორიული მზერით:

– ნუ დაიტოვებ გულში ნურავის მიმართ ბოღმას, ჩვენ ტკივილები შენი სიყვარულით დავძლიეთო.

– როგორი გულმოწყალენი ყოფილხართო, – უთხრეს მედეას მოალერსე თვალებმა სულებს, უმეტესწილად რომ თვალებში გამოთხოვებისმიერი ჟამით ნაკარნახევი მწუხარე ღიმილი და განუსაზღვრელი დანაკარგის გლოვა იკითხებოდა...

და მედეა ტიროდა, ძლიერი ქალი, შეუპოვარი დედამხედარი.

– არ იტირო, დედა, – სთხოვეს ბავშვების თვალებმა, –

ჩვენ არაფერი გვტკივაო, მხოლოდ ამ გათენებაში შენი ტირილი გვტკივა და ნუ დაგვიმძიმებ გზასო.

– კარგი, შვილებოო, – დაპირდა დედის თვალები.

– სად დაიკარგა შენი სიმხნეო? – შეაგულიანეს ბავშვებმა დედა.

– ამ ღამეში თქვენ გამოგაყოლეთო, სამშვიდობოს რომ გასულიყავითო.

– ჰოდა, ჩვენ სამშვიდობოს გავედითო და დაიბრუნე შენი ძლიერებაო.

– თან წაიღეთო, მე თქვენი ვარსკვლავებიც გამახარებსო.

– ჩვენ ღვთაებრივი კრავი მოგვაკითხავს და იგი ჩაიბარებს ჩვენს სულებს და მარადი ზეიმში გვამყოფებსო.

– მე როგორ მოგაგნოთო, როცა თქვენსკენ წამოვალო, – ერთბაშად დაშინდა მედეას თვალები.

– ჩვენ უდღეური ბავშვები ღვთაებრივი კრავის მარადი სიხარულში ვიქნებით და თქვენ, უდღეური ბავშვების მონატრებული დედები საკუთარ შვილებს დაუწყებთ ძებნას, ისე მოგენატრებით. შვილები კი ამ მარადი სიხარულს თქვენ გადმოგცემთ, რათა აღარ იყოს გლოვა. მაგრამ ვერ დაინახავთ ამას და ისევ დაღვრით ცრემლებს და თქვენში შემოსულ ჩვენ-წილ მარადი სიხარულს წაშლით, ვერ დაგვინახავთ, და მიტომ.

– როცა დამახრჩობს ეს მონატრება, როგორ მოგაგნოთო, – შეეკითხა დედის თვალებმა შვილებს.

– გზა ბევრი იქნება, კარიც ბევრი იქნება და როცა უამრავ ხალხში ჩვენ დაგვიწყებ ძებნას და ვეღარ გვიპოვი და ვერც დაგვინახავ, იცოდე, რომ სწორედ მაშინ ვიქნებით შენთან. ჩვენი ვარსკვლავი რომ გაგანათებს, სწორედ ამიტომ ვერ დაგვინახავ. ყველა გზას დაადგები და ჩვენამდე ვერ მოხვალ, ყველა კარში შეხვალ და ჩვენ იქ არ დაგიხვდებით და მერე მიხვდები, თუ რაოდენ დიდი დრო გასულა ჩვენი სიცოცხლის შემდეგ. შენს წინ დავდგებით და მოგეფერებით და მოგიალერსებთ „როგორა ხარო, დედა", შენ კიდევ ვერ

გვიცნობ. ეს დაგაღონებს ყველაზე მეტად. გაგახსენდება, როგორ მოგვკლეს და ყველაზე ეული იქნები მაშინ ქვეყანაზე. ჯავრისაგან ზეზეულად ჩამოდნები.

– როგორ უნდა გიპოვოთ, შვილებო? – განგაშით მოსილი მზერით იკითხა დედამ.

– ღვთაებრივი კრავის გზითო, – უპასუხეს შვილებმა.

– ვინაა ეს ღვთაებრივი კრავი, რომელი ქვეყნის მეფეაო? – გაუღიმა შვილებს.

– იგი მეფე არაა, იგი მეუფეაო.

– ჰოდა, როგორ ვიპოვო მეუფეო.

– საკუთარ თავს ჰკითხე და მიხვდებიო.

– რომ მივხვდები, მერეო?

– მერე ღვთაებრივი კრავი თვითონ გიპოვისო.

– ეს როგორრო?

– ისე, როგორც მწყემსი პოულობს გზააბნეულ ცხოვარს. უფალი შეგიფარებს და შეგიწყნარებსო, – უპასუხეს ბავშვებმა.

– ვერაფერი გავიგე თქვენი ნათქვამიდანო, ისე კი ძალიან შემაშინეთო, – შეაცქერდა დედა თავის შვილებს. ბიჭები კი მიდიოდნენ და დედას შორდებოდნენ, აღარც მედეას ესმოდა მათი გულისპასუხი, ყველაფერი რომ გაესიგრძეგანებინა.

სად იყო და სად არა,
ბავშვებს მართლაც მიაკითხა ღვთაებრივმა კრავმა,
შეხედა და მიხედა მათ,
შუბლზე შეეხო მათ,
ისინიც თაყვანისცემის ნიშნად ეამბორნენ კრავს.

დედა ყველაფერ ამას უყურებდა და მისი სხეულიდან ერთბაშად გაქრა შიშის გრძნობა. იგი უყურებდა ღვთაებრივ კრავსაც და არამიწიერი მადლით იმოსებოდა. მან ასე იფიქრა, ალბათ ეს არისო სიკვდილი და ჩვენი წარმოდგენები სიკვდილზე ცრუაო. კიდევ ერთხელ შეხედა მეუფეს, ახლა კი მიხვდა, რომ მასში სიკვდილი კი არა, სიცოცხლე სუფევდა,

იმდენად სათნო გამოხედვა ჰქონდა. მან ისიც იგრძნო, რომ ღვთაებრივი კრავის ჟამი ჯერ არ დამდგარიყო, მაგრამ იგი უწინარესად იყო, ვიდრე დადგებოდა მისი დრო, დაელოდა სულმოუთქმელად ამ დროს. ღრუბლებში მავალნი სულ უფრო და უფრო შედიოდნენ მარადი ცხოვრებაში და რაც უფრო სიღრმეში შედიოდნენ, მით უფრო კარგავდა მედეა თავისი თვალსაწიერიდან მათ.

გონება დაძაბა, თვალთა მზერა დაჟინებით მიაპყრო მიმავალთ. ცხოვრება კი თავისას შვრებოდა.

მზე მეტად და მეტად ანათებდა, აქა-იქ შემოესმა ჩიტების ჟივჟივი, ნიავმაც აათამაშა მედეას თმები და ეს შეხება იგრძნო. ამით ამქვეყნიურობა სააქაოში აბრუნებდა ქალს. იგი კი დაჟინებით უყურებდა შვილებს, რომლებიც ჯერ კიდევ ღვთაებრივ კრავთან ერთად ჩანდნენ ზეციურ სივრცეში. ბუნება კი მოსვენებას არ აძლევდა მედეას – ხან რით და ხან რით იპყრობდა მის ყურადღებას და ამით გაღიზიანდა კიდეც. ცრემლები გაშრობოდა დედას. აღარ დასტიროდა შვილებს, მხოლოდ უცქერდა შორეთში გადაკარგულებს და უნდოდა, თან გაჰყოლოდა მათ. იქვე რაშმა ფლოქვები დასცხო მიწას და აჭიხვინდა. ეს სადღა იყოო, უცებ მოეგო გონს, რაში კი ყალყზე შემდგარიყო და გამონალამი გაგიჟებული თვალებით შეაცქერდა პატრონს და ისევ აჭიხვინდა. ღრუბლებს გახედა და იქ აღარავინ ჩანდა, გამქრალიყვნენ მგზავრები. ეძებდა შვილების ნაკვალევს და ვერ პოულობდა. ერთბაშად გამწარდა იგი და როცა დაინახა მკლავებში უმცროსი შვილის, ხოლო კალთაში უფროსი ვაჟის სისხლში ამოსვრილი ცხედრები, საზარლად დაიგმინა. სიმწარემ გაუწითლა თვალები და სისხლი თავში აუვარდა და სისხლმა გადარეცხა მახსოვრობა შვილების სულებისა და ღვთაებრივი კრავის.

მხოლოდ იგი იყო ბავშვების ჭირისუფალი,

მხოლოდ მისთვის იყო ეს განთიადი დამთრგუნველი.

სამყაროში კი იდგა გაზაფხულის ბუნიაობა. ეს მხოლოდ

ამ დილით შეამჩნია, თორემ მთელი იმ ღამის გადამტანმა აღარ იცოდა

გაზაფხული იყო,
ზაფხული,
შემოდგომა თუ
ზამთარი.

ზამთრის სითბო და ზაფხულის სიცივე ერთიან ატმოსფერულ წნევაში გადანასკვულიყო,

გაზაფხულისა და შემოდგომის თავსხმაც მსგავსად ერთ-ქმნილ ამინდში განსახიერებულიყო,

სიბნელეც ოთხივე წელიწადის დროში ყველაზე გრძელი უმთვარო ღამის თავდავიწყებიდან იღებდა სათავეს.

ამიტომ მისთვის ძნელი გასარჩევი გახდა, იმ დაწყევლილი ღამის მისტიურ დაუნდობლობაში, თუ რომელი წელიწადის დრო იყო. დილით კი თვალნათლივ აღიბეჭდა მეხსიერებაში ცხადლივი სურათი ბუნების, თუ რა მდგომარეობაში დატოვა სახსოვარმა გონდაკარგულობის საზღვარზე ის. მზე იგრიკას[36] ეტლში შესულიყო. სითბომ იმატა და აახურვა ყოველი ცოცხალი არსება.

აქოჩრილი მამლების თვე იდგა და ისინი წარმართავდნენ სიცოცხლეს. მამრთა გამომწვევი მდედრის ვნებიანი სურნელი ტრიალებდა. აღარ იყო მომქანცველი სიცივე. ყველაფერში სითბო ჩამდგარიყო და ვერ უძლებდნენ ამ სითბოს, პირველყოვლისა, ფრინველების პატარა სხეულები. ისინი გახელებული დაფრინავდნენ, სანამ შეიგრძნობდნენ ცხადლივ ბუნიაობის სიტკბოს. თვალს ვერ მოკრავდი, ისე დაფრინავდნენ ცაში, გეგონებოდა სიპი ქვა აისროლეს მთელი ძალით და მანრკალად გადაკვეთაო ეთერი. მამრები დანავარდობდნენ ზეცაში, დედლები კი ტოტებზე შემომსხდარნი თვალს აყოლებდნენ კმაყოფილებით. შემდეგ დაღლილები ხეებზე შემოსხდებოდნენ და შორიდან აღევნებდნენ თვალს დედლებს და ჯერ კიდევ ბოლომდე არ გაესიგრძე-

36. **იგრიკა** - ძველი ქართული კალენდრით ეწოდება აპრილის თვეს.

განებინათ თავიანთი მდგომარეობა. ასე რამდენჯერმე იფრენდნენ და უახლოვდებოდნენ მდედრებს. მერე ბუნება ერთმანეთთან მიაახლოებდა მდედრსა და მამრს. გვერდიგვერდ ყოფნა სიამოვნებდათ წყვილებს. ასე ერთხანს ჩერდებოდნენ და მერე თავის ხურვებას მამრი მდედრს გადასცემდა და აღარ ჯერდებოდნენ ასე უქმად ყოფნას და აფრინდებოდა ერთი ზეცაში, მეორე გამოედევნებოდა. ურთიერთლტოლვას ამძაფრებდა გრილი ნიავი. მიფრინავდა ერთი, მისდევდა მეორე. სადღაც მესამეც დაედევნებოდა, რათა მამრი მამრს ჩანაცვლებოდა. პატარა გულები ათრთოლდებოდა, მდედრი კი განზე გამდგარი ელოდა გამარჯვებულს. მამლები კი ქოჩრავდნენ და ასისხლიანებდნენ ერთმანეთს. გამარჯვებულს რჩებოდა დედალი. ჟღურტულით მიუახლოვდებოდა, ამჯერად არ გაექცეოდა დედალი მამალს და მის ნებას ემორჩილებოდა. სისხლი აჩქროლდებოდა ვნებიანად და ჩაუნისკარტებდა კისერში, რათა არ გაქცეოდა თანამეწყვილე. ცახცახით გაისიგრძეგანებდა მდედრის გემოს მამრი და მამრის გემოს მდედრი. ბუმბულგაცლილი დედალი სულგანაბული ელოდა მამრის ჟინის დაოკებას და გრძნობდა მასთან შესხეულებას. ამიერიდან მისთვის ეს გრძნობა აღარ იქნებოდა უცხო და უცნობი. ამიერიდან ის სხვა დედლებსავით სრულფასოვნად მამრგანცდილი და ერთბაშად ვნებადამცხრალები ერთმანეთისთვის ისევ უცხონი ხდებოდნენ. დამარცხებული მამრი კი თავისი დამარცხებული ინსტინქტის აღსადგენად სხვა დედალს ეძებდა, რადგან ქვეშეცნეულად იცოდა, რომ კენტად ქვეყნიერებაზე არაფერი გაჩენილა. და მართლაც, მალე პოულობდა დამარცხებული ფრინველი თავის მეწყვილეს და ისიც იოკებდა თავის დაუკმაყოფილებლობას. ისიც პოულობდა თავის ბუდეს და თვალის-ჩინივით უფრთხილდებოდა მას. ცხოვრებაც საამური იყო ყველასთვის, რადგან გრძნობათა დაცხრომის მიღმა მათთვის არაფერი აღარ რჩებოდა, გარდა ცხოველური ცხოვრებისა, რომელიც დრო და

დრო ისევ გაცხოველდებოდა.

ფრინველებისაგან განსხვავებით, მხეცები თავიანთ ჟინს საკუთარსავე თავში აღვივებდნენ და მერე ერთბაშად ესხმოდნენ თავს ძუკნებს და ხვადური სიმხეცით ეუფლებოდნენ მათ. ზოგს მოულოდნელად ესხმოდნენ თავს, რათა წინააღმდეგობის გაწევა და თავის დაცვა ვერ მოესწროთ. ვისაც გამოცდილი ჰქონდა ხვადის გემო, მათთვის ასეთი თავდასხმები არ იყო მოულოდნელი, პირიქით, თვითონაც იწვევდნენ თავიანთი მწიფობის სუნით გამხეცებულ მამრებს. ისინიც ალერსში გადავარდნილები დასისხლიანებამდე კბენდნენ თავიანთ მეწყვილეებს ისე, რომ ვერ გრძნობდნენ ამას. თუ ნაკბენი მტკივნეული იქნებოდა და სიამოვნების ეიფორიიდან გამოიყვანდა ძუს, ისიც საპასუხოდ გაშმაგებით დაასისხლიანებდა მოძალადეს. იყვნენ კი მდედრები, რომლებიც ურჩობდნენ თავიანთი სინორჩისა გამო, მაგრამ საბოლოოდ გადარეულ ხვადებს ვერ უმკლავდებოდნენ, ისე მარჯვედ ესხმოდნენ თავს მოწყურებულ ჟინში თესლჩამდგარი მამრები. საბრალო ძუები, რომელთათვისაც უცხო იყო შეგრძნება ხვადის მოძალეებისა, სასოწარკვეთით მინებებოდნენ მხეცურ ნებას და გრძნობდნენ შიგნეულში, თუ როგორ ჯიჯგნიდა მათ ქალურობას გაუცხოებული სხეული. ვიდრემდე მოუმწიფებელნი იყვნენ, სხვათა განაყოფიერებას უცქერდნენ და არ იცოდნენ, რა ხდებოდა, მოწიფულობისას კი არ ეგონათ, თუ მათაც გადახდებოდათ თავს ის მოძალეება, რაც სხვებზე უნახავთ. მათ ზურგზე გადაწოლილი ხვადები თავს გამარჯვებულად თვლიან.

მაგრამ ვიდრე გაიმარჯვებენ და გამარჯვებულის ინსტინქტი გაცხოველდება მათში, მანამდე მდედრისათვის ერთმანეთში უწევთ ჩხუბი, როგორც ჩიტებთან ხდება, ისე. საკუთარ ძალებს ცდიან ამ ჭიდილში. ძლიერი ძალა ყველა შემთხვევაში გამარჯვებულია. მარცხიც პირობითია, რადგან დამარცხებულსაც თავისი თანამეწყვილე ელოდება, პოვნა უნდა მხოლოდ და დამარცხებით გამოწვეული თვი-

სების ანაზღაურება მას შემდეგ მოხდება. ვნებათა დაოკების შემდეგ სანადიროდ მიიწევენ ხვადები და სისხლი სწყურიათ და ხორცის გეში კბილებში შიმშილის ცახცახს იწვევს და ისინი ნადირობენ ყველაზე უმოწყალობით. მსხვერპლსაც ისეთივე დაპყრობის სურვილით ეკიდებიან, როგორც მდედრებს, იმ განსხვავებით, რომ მსხვერპლი კვდება და როდესაც მათ სასიკვდილოთ თრთოლა შეიპყრობს, მტაცებელი მსგავს სიამოვნებას განიცდის, რასაც განიცდის მუს ზურგზე გადაწოლისას –

შიმშილის დაოკების სიამოვნებას, ერთ შემთხვევაში;

ხვადური ლტოლვისას, – მეორე შემთხვევაში.

განსაკუთრებული სილამაზეა ბუნებაში: განაყოფიერება.

ჰარმონიული შერწყმით თვით ბუნება იწყებს განახლებას და სიცოცხლის ახალი ენერგიით შევსებას. წყვილთ ურთიერთშესიყვარულების სიტკბო სითბოთი ვითარდება და მიუხედავად ქალწულური წინააღმდეგობებისა, მაინც ძალა მტკიცდება ორივე სქესში. ერთმანეთით გაზიარებულები ცხოვრების სიმძიმეს სიმჩატით ებმიან. მზეც თავისი ცხოველმყოფელობით ავსებს და ათბობს ბუნიაობისას ბუნებას და ანაყოფიერებს მას.

მწერებიც ურთიერთში შეზრდილიყვნენ და ტკბებოდნენ გაზაფხულის ცხოველმყოფელობით. პეპლები ყვავილების მრავალფეროვნებასა და ტკბილსურნელებაში შესიყვარულებულიყვნენ. ვნება დუღდა გაზაფხულში და ჟინდამცხრალები ხმაწკრიალებით გამოირჩეოდნენ. დაიწმინდა ხმა ბუნებაში და ვინც იყო დარჩენილი გაუნაყოფიერებელი, ის გამალებით ეძებდა თავის მეწყვილეს და მისი ხმაც სხვათა ხმოვანებისგან გამოირჩეოდა, ასეთივე ხმა პასუხობდა, როგორც მაცნე დაგვიანებული ტრფიალებისა და ისინიც კი საბოლოოდ ერთმანეთს პოულობდნენ. ამით ყველანი ერთად სამადლობელს უგალობდნენ დამბადებელს სიცოცხლისათვის და ეს კარგად იცოდნენ. სრული ჰარმონია სუფევდა ბუნების წიაღში.

დღესასწაული გაზაფხულისა მაინც ადამიანებში გან-საკუთრებული ძალით და განსაკუთრებული რიტუალით ეწყობა, რადგან ადამიანებში ინსტინქტი კი არ იღვიძებს, არამედ სიყვარული და ურთიერთხიბლი.

გაზაფხულის სარეცელზე – მდელოზე მართავენ ადამიანები ბუნიაობის დღესასწაულს. ისინი მოდიან მინდვრის ყვავილების გვირგვინებით ხელში და ერთმანეთს ადგამენ თავზე როკვა-თამაშით. უხარიათ და ამ სიხარულს ურთიერთშერწყმით ადასტურებენ, – დედიშობილა ქალწული წვება მოლზე, მაყურებლები წრეს არტყამენ და ამ წრეს გამოეყოფა ვაჟი, ასევე ნორჩი და ქალარნახული. ჟინი დიდია, მაგრამ ასევე შიშიც უაღრესია გაუთვითცნობიერებლობის მიმართ. ერთმანეთის შეხება იწვევს კრთომას. ვაჟიც აღიგზნება და ნელ-ნელა ეუფლება ქალის სხეულს, იგი ეფერება ქალწულს, თანდათანობით საკუთარ თავში რწმუნდება, თავის ძლიერებაში და იპყრობს ქალის სარცხვინელს, ქალიც ტკივილისაგან იკლაკნება. ეს იმას ნიშნავს, რომ იგი აქამომდე ქალწული იყო და ამიტომ ბუნიაობის დღესასწაული წარმატებული გამოდგა – ამ წელიწადს მრავალი ახალდარგული ხე გამოიღებს თავის პირველ ნაყოფს, მრავალი ახლად წამოჩიტული ცხოველი თუ ფრინველი პირველ ნაყოფს მოიღებენ, – ეს ხალხთა წარმოდგენაში.

შიშმა აატირა,

სირცხვილმა გააწითლა.

წრეში მაყურებელს ეცინება და უხარია, რომ გაზაფხულის სამსხვერპლოზე რიტუალი ყველა წესის დაცვით სრულდება. ვაჟი თავს არ ანებებს ქალს, იგი თავის ძალებში სრულად დარწმუნდა, მას უხარია, რომ სრულფასოვანი კაცი გახდა. გოგონასაც ქვეშეცნეულად უხარია, რომ იგიც სხვებსავით ქალი გახდა, მაგრამ გარეგნულად მას ამ სიხარულისთვის ჯერ არ სცალია, მას ტკივილი აწუხებს, მასში შემალულია თვით გამხეცებული მამაკაცი, რომელმაც დაულორწა ნორჩი ძუძუები.

ქალი ფეხებს აფართხალებს,
რათა დაიცვას თავი,
ვერ კი ახერხებს,
პირიქით,
ამით უფრო შედის მასზე გადაწოლილი მამაკაცი მასში.

ცრემლები სდის დაქალებულს და არავის ეცოდება იგი. მერე მის დამპყრობს შეხედავს, არც მას ებრალება, გამეტებით იპყრობს და ატირებს მას. ბოლოს იქამდე მიდის, რომ სიამოვნებისაგან ინაბება და მამრს ყველაფრის უფლებას აძლევს. მამრიც ყველაფერს აკეთებს, რაც შეუძლია და როგორც შეუძლია... და ყველაფერი თავდება თვითკმაყოფილებით.

ასეთი შეგრძნება ცხოველთა სამყაროში არაა. ეს მხოლოდ ადამიანთა გრძნობაა სადღესასწაულოდ გამომჟღავნებული. არც შიშია და არც სირცხვილი ცხოველებში, ეს მხოლოდ ადამიანებს შეუძლიათ განიცადონ და განიცდიან კიდეც. მაგრამ ცხოველთა სამყაროში ერთი საუცხოო წესია, რაც ადამიანებში თითქმის არ არსებობს – თავიანთი სიშიშვლით ბუნებაში შერწყმა. ადამიანებს შეუძლიათ ერთმანეთში განსახიერდნენ, თვით ბუნების წიაღში, მაგრამ თავშეკავებულობა მათ არ აძლევს იმის საშუალებას, რომ სრულფასოვნად ბუნების ნაწილად აღიქვან თავი, თვით თავ-თავიანთი ჟინის დაკმაყოფილებისას. დაქალებულის შეგრძნება ურთიერთშერწყმის შემდეგ იცვლება და მისი გრძნობები გაზაფხულის პირველი ყვავილებივით იწმინდება და იხვეწება მშვენიერებით;

იმ ყვავილებივით, გვირგვინად რომ მოსავს თავს;

იმ ყვავილებივით, რომლებსაც გადაეპკურა ქალის პირველშეცოდების სისხლი, უცოდველობად რომ იკითხება ყვავილების ენაზე...

და ვაჟი,

ეს აქამდე ქალარნახული ვაჟი ამ უცოდველობის ყვავილებს მოპუტავს მჯიღით,

ყნოსავს,

სიხარულისაგან მაღლა აისვრის და თავისი დაკაცებული დაწმენდილი ხმით შეჰყვირებს ზეცას სამადლობელს. ქალიც ქარის მიმოქროლვაში კეკლუცობს, როგორც გაზაფხულისა და ახალგაზრდობის ტკბილსახსოვარი.

მედეასთვის არ არსებობდა ბუნიაობის სიტკბო, ყველაფერი იმ წყეულმა ღამემ წაიღო, როგორც გამთენიისას გრძნობებით დაცლილი ქალის ოცნება, სიკვდილი სტუმრობდა მედეასთან, და მიტომ. მხოლოდ ტიროდა დაწყევლილი თუ წყეული ქალი.

VIII

შურისძიებაში ჩამხრჩვალი ფიქრების კეთილსინდისიერება

ფიქრებმა გაიტაცა მედეა, წონასწორობის დამრღვევი რომაა, ისეთმა. ფიქრობდა, თუ რამ გამოიწვია ბავშვების დახოცვა ასე უმოწყალოდ. იგი დამნაშავეს ეძებდა, რათა მისმიერი ანგარიშსწორება გაცილებით შემაძრწუნებელი ყოფილიყო, ვიდრე წინა დღის ჯანდაბა, რომელიც ჯერ კიდევ დუღდა მის მეხსიერებაში. მედეამ იცოდა ისეთი რამ, რაც უცხო იყო ელადელთათვის –

არ არსებობს ქვეყნად საზღვარი უბედურებისა, ის უსაზღვროა და უსასრულო. ამიტომაა საჭირო ყველაფრის აწონდაწონვა სასჯელის აღმატებისთვის.

გამალებით დაეძებდა ბრალსა და ბრალეულს თავის ფიქრებში, რათა სისხლი მიეზღო სისხლის წილ. მისთვის არ არსებობდა ამ განსჯისას კითხვა საკუთარი თავისადმი – „რა დავაშავე“. გლოვობდა შვილებს და დასტიროდა თავის უბედურებას. ამ დატირებაში მედეა შურისძიების გრძნობით იყო შეპყრობილი.

არავის პატიობდა არაფერს,
მედეა იყო, და მიტომ.
არც სინანულით აჩქროლებია გული,
კოლხი ასული იყო, და მიტომ.

ვიდრემდე არ იპოვიდა მას, ვისზეც იყრიდა ჯავრს, მისი სული მანამდე არ დამშვიდდებოდა.

– ოჰ, როგორ მიმძიმს შვილებს ვუთხრა ის ყველაფერი, რაც უკვე მოხდა! – ხმამაღლა ფიქრობდა დედა და თან ცრემლები სდიოდა ლამაზ თვალთაგან და მეტად ამშვენებდა მისი სახის მომხიბლაობას ეს ცრემლები, – როგორც ბობოქარი ზღვის ტალღები წალეკავს ქვიშიან ნაპირს, ისე წალეკა ამ დღეებმა ჩემი ბედნიერებაც. უკვე დავრწმუნდი, რომ ყველაფერი ცხადში მოხდა. ის თავდავიწყებაც ზმანება იყო, თუმცა სიმართლე. მე კი ჩემს თავს სულ ტყუილ-უბრალოდ ვმოძღვრავდი მამიდასავით – ჯერ შენი უბედურების დრო არ დამდგარაო. მაგრამ სად არის ის ვერაგი ბედისწერა ჩასაფრებული, ასე იოლად რომ ჩამისვა ბუდეში უშურველად, როგორც პატარა უმწეო ბარტყი. ჰოდა, როცა ფრენა დავიწყე თავდავიწყებით, სალ კლდეებს შემოუძახა „უკვე დროაო“. მეც ექოსავით ჩამესმა ჩემი ბედისწერის ხმა, მისმა გამოძახილმა მთიდან მთაზე გადაკარგული ჩემი სილაღის ძახილი გადაფარა. კლდეებმაც არწივისმაგვარი ლეგა ფრინველი გამოუშვა მსხვერპლის საძებრად და მალევე მიპოვა და ვერაფერმა დამიხსნა ამ ქვეყანაზე მისი ბრჭყალებისაგან. სად არ დავემალე, მაინც მიპოვა, როგორ არ გავინაბე, მაინც აიღო ჩემი გეში. სად გატყორცნილი, სად მოხვდა მიზანს, ეს ვერ გავისიგრძეგანე სწორედ. სჯობდა მეხი დამტეხოდა თავზე, ვიდრე ასე დამეღრღნა ეს საფიქრალი, ან ფაზისის ორომტრიალში მიმესხა თავი წამოზიდულ თეთრ ქვებზე, ან არადა პონტოის რიფებს შელეწოდა „არგო“ და დაენთქა ის ცოდვის გემი ზღვის უმოწყალობას, ან ცეცხლი წაკიდებოდა აფრებს და დაეწვა ჩემი სამზერალი და არ შემეხედა დღევანდელი დღისთვის, ოღონდ თქვენ

არ მენახეთ უსიცოცხლოდ გაქვავებულები, ჩემო შვილებო!
ერთხანს შეჩერდა მედეა, აღარ მოთქვამდა თავის ბედისწერას. უბრალოდ, დაიღალა და თვალები დახუჭა. ყური მიუგდო გაზაფხულის ხმებს. გახედა მიდამოს – ჩიტები ჭიკჭიკებდნენ, ხეები შრიალებდნენ. ადამიანისეული ხმა არ იყო მხოლოდ, თავისი სუნთქვა გაიგონა მედეამ და მიხვდა, რომ მარტო იყო. ხელებით მოძებნა შვილები. ორივეს ცხედარი მის სიახლოვეს იყო.
– რა ცივია თქვენი სხეულები! – ჩაილაპარაკა, – ყინულივით ცივი და კლდის ლოდებივით გაქვავებული. როგორ მიჭირს თქვენზე ხელის შეხებაც კი, როცა მახსოვს, რა თბილი იყო და რა ნაზი თქვენი ნორჩი ხელები, ფერიც გიცვლიათ უკვე!
მერე უხმო ფიქრს მიეცა.
– რა უმოწყალოა ბედისწერა და რა ულმობელი. წყეულიმც იყოს ის დღე, როცა იაზონს შევეყარე. წყეულიმც იყოს მოღალატე იაზონი! ზეცამ მნათობებად მიქცია მასთან შესიყვარულების ნაყოფები... არადა, მცირე იყო ბედნიერების ნეტარება. იქნებ დიდმა ბედნიერებამ დამღუპა ასე მალე, რადგან ჩემი წუთები მასთან ერთად ზღვაში კენტად მიტოვებულ ნავს ჰგავდა, სადაც ერთი დაუკვირვებელი მოძრაობაც კი საკმარისი იქნებოდა ნავის უკიდეგანობაში ჩაძირვისათვის ისე, რომ ამბის გამკითხავი არავინ დარჩენილიყო. ასეც მოხდა. სიყვარულის გესლმა გადაწყვიტა ყველაფერი ერთბაშად და გაუცნობიერებლად. ის ისე გვატყდება თავს, როგორც მოულოდნელი ჭექა-ქუხილი; თავსხმა წვიმას რომ გამოუშვებს ტრიალ მინდორზე და თავს ვერსად შეაფარებ, ისე დაგასველებს თავის ელექსირში თავიდან ფეხებამდე. ერთხანს მისი ხმაური გაგიტაცებს და დაგიპყრობს. მერე წავა და შენ კი დარჩები მთლიანად დასველებული და შეშინებული, როგორც მფრთხალი კურდღელი, – მერე ხმამაღლა გააგრძელა ფიქრი და თავისი ხმა ეუცხოვა, იმდენად დაეპყრო გაზაფხულს მედეა:

– ოჰ, როგორ მჯიჯგნის ეს მუხთალი ცნობისმოყვარეობა... სად და რატომ მატრიალა ცხოვრების ორომტრიალმა? ტკბილი ნეტარების ნექტრით გაბრუებულს სად დამატეხა ნაოცნებარის ფრთები შმაგმა ქარტეხილმა? რად მომგლიჯა მშობლიურ კერას ბოროტმა ძალამ ისე, რომ ის გააუცხოვა ჩემთვის და მე მისთვის? რად მომგვარა ცხოვრებამ სიყვარულის მოჩვენება, თუ მოჩვენება მოჩვენებადვე უნდა გამქრალიყო? პასუხს დავეძებ, მაგრამ ამაოდ, ჩემი კითხვები ექოსავით მიბრუნდება უკან. რატომ დავამყარე მთელი იმედები მასზე, ვინც ეს არც მაშინ, არც მერმე არ გაამართლა? რატომ ჰქროდა ჩემი აზრები მის სიახლოვეს და არ მასვენებდა, თავს არ მანებებდა, როგორც მომაჯადოვებელი მიმზიდველობა? ჩემი საბრალო შვილების ბედისწერაც იქნებ ამ დროს იჩარხებოდა? იგი თავს ისე დამტრიალებდა, როგორც პეპელა მშვენიერ ყვავილს. მეც ვუცქერდი და მეუფლებოდა დამატყვევებელი სიამე. რა იყო ყოველივე ეს – გაუცხოება საკუთარი თავისადმი, თუ უცხოს საუცხოოდ გარდასახვა და მისდამი ლტოლვა? როგორც ჩქარი მდინარე ერთვის ზღვას, ისე შეუერთდა ჩემი სურვილები მისას და მე ვერ ვიგრძენი ამ სილამაზეში, თუ როგორ დავღუპე ჩემში სამშობლო. რა საამო იყო ჩემთვის თვით ღალატიც და სისხლიც. მე კი მამრისადმი მიზიდულობის თრიაქით ვიყავი დამთვრალი. ხის მწვანე ფოთლებს ვესათუთებოდი და ყელამდე სისხლში ვიხრჩვებოდი, ჩამოვუვლიდი ჩემი ბაღის თვალჭრელა ყვავილებს და საათობით გავაბამდი ხოლმე საიდუმლო ბჭობას მათთან. ეს მაშინ, როცა ბედი გატყდა მაშინ და მე ამას ვერ ვგრძნობდი, რადგან ჩემს მიერ დათრგუნული ჩემმიერი სიყვარულის მწუხარე მესაიდუმლე მთელი ბუნება იყო კოლხეთის. პატარა თოთო ბალახიც კი ჩემით ხარობდა. მერე ვერ გავახარე ვერავინ და ვერაფერი, თორემ მაშინ?! – მაშინ გულში ცეცხლი მენთო, ვერ კი ამომეხსნა, რა იყო ეს ცეცხლი, როცა ეს ელადელი მოადგა აია-გალავანს. მაშინ სიყვარულს ალვირები ამოვდე და ჩავ-

კალი ჩემში წრფელი გრძნობები და ყველაფერი გარდავსახე იაზონისადმი თვალთმაქც მიზიდულობად, რადგან დაიღუპა ის პირველი სიყვარული ჩემში და მეც მოვკვდი მისთვის და მასთან ერთად. მდელოზე მიმობნეულ სურნელოვან ყვავილებს გვირგვინად ვიწნავდი და თავს ვიტყუებდი ამით. იყო ისიც, რომ ფაზისის ანკარა ანარეკლთან ვკეკლუცობდი.

ცოტა ხანს გაჩუმდა, დაიძაბა პასუხის მოლოდინში, მოულოდნელ პასუხს რომ ელოდა მისი გონების ნააზრევი...

და იგონებდა,

იგონებდა,

სახეზეც ნაოჭები აიჭრა,

როგორც პონტოის აღელვებული ტალღა და ამღვრეული ფერადოვნება ზღვის, ავდრის მოლოდინში რომ იცის ხოლმე. და წამოიძახა მედეამ:

– იქნებ აიეტია ყველაფერში დამნაშავე, ჩემი მოხუცი მამა, კეთილი მეზღაპრე და მრისხანე მეფის ნიღაბი? რაში გამოიხატება მისი ბრალი? არც მას დასდგომია უკეთესი დღე, ვიდრე მე, იქნებ უარესიც და მძიმეც, ეს ხომ არ ვიცი.

მერე შეებრალა მამა, თავისი კეთილი მოხუცი. ამ გახსენებამ მოანატრა კიდეც იგი და სიბრალულის მდუღარება ჩაიღვარა შვილში მამის მიმართ. მერე მახსოვრობამ აღადგინა მამის სახე და ხმა.

– ნეტა თუა ცოცხალიო, – გაიფიქრა ბოლოს.

ამ მახსოვრობას მოჰყვა სხვა განახსენებიც:

– გონს მოდი, შვილო, – ეუბნებოდა მამა მედეას განმარტოვებისას, – ვგრძნობ, შენი ხელი ჩაერევა უცხოელის გამარჯვებაშიო.

მედეამ ჯიუტად უარყო საკუთარი განზრახვა, მეფის მოერიდა, და არა მამის.

– რას ამბობ, მამავ და მეფევ, ნუთუ ჩემში ეჭვი გეპარებაო?

არ დამალა თავისი ეჭვები მამამ და მეფემ, ისევ გაუმე-

ორა ურჩ და საყვარელ შვილს თავისი ნაფიქრალი. მერე და-ასკვნა და ამით გატეხა შვილის ურჩობა:

– ვიცი, გიჭირს ჩემთან იმის აღიარება, რომ მტერი შე-გიყვარდა, – ამ სიტყვებზე ქალწული ერთბაშად აილეწა სახეზე, – მაგრამ გარწმუნებ შვილო, არ ღირს ღირებული იმ ფასად, რა ფასადაც შემოგვაფასეს.

გაბრაზდა მედეა ამ სიტყვებზე და შეუტია მამას:

– შენ შენი ვერძის მეტი არაფერი გაჯავრებს. იაზონი ხომ საუკეთესო მეზღვაურიაო.

გაეცინა ამ სიტყვებზე აიეტს, მედეას კიდევ უფრო მე-ტად მოუვიდა გული. დინჯად დაიწყო აიეტმა თავისი მო-საზრების გამოთქმა, თან ბოლთასა სცემდა, თვალებში რომ არ ჩაეხედა, რათა არ შებოჭილიყო შვილის გამჭოლი მზე-რით მისი აზრები:

– გითხრა, რომ ცდები–თქო, არ ვიქნები მართალი. უბრა-ლოდ თავს იტყუებ და ეს შენც კარგად იცი. იაზონი არ არის საუკეთესო მეზღვაური. აქამდე ჩამოღწევას დიდი გმირობა არ სჭირდება, ჩვენ ქვეყნიერების დასალიერში არ ვცხოვრობთ. არც მისი და არც მისი თანამგზავრების გმი-რობის მჯერა. თუ ასეთი დევგმირები არიან, შენი დახმარება რად დასჭირდათ? მოიპოვონ ის, რისთვისაც ჩამოსულან და წავიდნენ, მე ხომ მათთვის უარი არ მითქვამს. თუ ღირსნი არიან, ალალი იყოს ვერძი, თუ არადა, ოხრადაც მოუხმარი-ათ. მე ისიც ვიცი, რომ ისინი რაინდები კი არა, ქურდ–ბაცა-ცები არიან, მე კი მხოლოდ რაინდებისთვის მემეტება ჩემი ოქროს საწმისი. ისინი შენ გიყენებენ ჩემთან საომრად. აი, მაგათ ზნედაცემულობას ამაში ვხედავ. კიდევ ერთიც უნდა გითხრა, შვილო, შენ ჩემი დაის გაზრდილი ხარ. შენ თუ არა, ჩემს დაის ვიცნობ ძალიან კარგად და ამიტომ ქვეყანაზე შენი ზნე რომ შევისწავლე, ისე არაფერი მისწავლია, გეფი-ცები... მედეა, – ღრმად ამოიოხრა აიეტმა, – შენ სიყვარულ-ზე მეტი უბედურება გჭირს და მიმალავ, ამიტომაც განუ-დექი ყველას, მთელს კოლხურ სამყაროს. ესენი ამ შენს

გაორჭოფებას იყენებენ, რათა შვილი მამას აუმხედრდეს, თავიანთ საწადელს რომ მიაღწიონ, მიტომ. ეს ლამაზი საქციელი არაა და ასეთ კაცებს მე არ ვაფასებ, ეს შენც იცი, მაგრამ მაინც იცოდე, მე ცხოვრება გამივლია, ბევრი რამ გადამხდენია თავს და ამიტომ გირჩევ არა როგორც მეფე, ან მამა, არამედ როგორც შენი კეთილისმსურველი მოხუცი მეგობარი – არ დაგიფასებენ ქურდები ამაგს, ამიტომ უცხო კარზე მსახურებისთვის ის უცხოელებივე გაგრიყავენ და ჩაგქოლავენ. უმადურები არიან ადამიანები უცხოელების მიმართ, და მიტომ. მეც ასეთი ვარ ჩემთვის უცხოელთათვის, გახსოვდეს კარგად. შენ იმდენად ძლიერი ხარ, შვილო, რომ მაგათ უსახურ სახეებს შენი ძლიერი პიროვნებით დათრგუნავ. ელადელთათვის ისინი გმირები არასოდეს გახდებიან, მხოლოდ შენ წარმართავ მათ სახელს მარადისობაში და ამიტომ იქნები სწორედ მათგან წყეულიცა და წყევლილიც. ასეთია ყველა სამშობლოწაშლილი კაცის ბედი. შენც ეს დღე მოგელის, ამას აქედანვე ვგრძნობ და არ მემეტები საამისოდ, შვილო.

– ერთს გკითხავ, მამა: რომ ამბობ, თუ ღირსნი არიან, ალალი იყოს მაგათთვის ვერძიო, როგორ შესძლებს ელადელი ცეცხლისმფრქვეველი ხარების იოლად დამორჩილებას მაშინ, როცა ეს მარტო შენ შეგიძლია?.. როგორ შესძლოს მიწის დახვნა და გველეშაპის ეშვების დათესვა მაშინ, როცა ეს მარტო შენ შეგიძლია?.. როგორ შესძლოს მისმა შუბმა და მახვილმა ბნელეთის გოლიათების დამარცხება, როცა ეს მარტო შენ შეგიძლია?..

გაელიმა აიეტს და თავი გააქნია, მიუახლოვდა შვილს და ლოყაზე მოუთათუნა ხელი, მერე თვალებში ჩახედა და უთხრა:

– მარტო მე კი არა, ყველას შეუძლია ეს, ვინც თავის მიზნებში გულწრფელია და მართალი, არ დასჭირდება ამას ჯადოსნური მანქანება, ისე შესძლებს გადალახოს ყველა დაბრკოლება. მაგრამ ვგრძნობ და ამიტომ ვიცი, რომ ესენი

გულწრფელი მიზნით არ მოსულან, ისინი მუხანათურად ცდილობენ მოიპარონ ჩემი სიმდიდრე. და იცი ვინაა ჩემი სიმდიდრე?! – შენ ხარ. შენ კიდევ აქეთ მეპაექრები და მებრძვი. წაიღონ, თავში ქვა უხლიათ, ოღონდ შენ არ წაჰყვე მაგათ, დაგღუპავენ და სიბერეს გაგიმწარებენ, თუ გაღირსეს სიბერე. შენ ხარ ჩემი ოქროს საწმისი, შვილო.

– სწორედ ამაში ხარ შემცდარი, მამაო, – უპასუხა მედეამ, – შენ ყოველთვის მზრდიდი, როგორც ღმერთების სადარს. ჩამაგონე, რომ თითქოს მე ვარ ზღაპრული ძალების მფლობელი, ვინც გამოვირჩევი ჩვეულებრივი ადამიანებისგან იმით, რომ ყოვლისშემძლე ვარ და ყველაფრის უფლება მაქვს მონიჭებული – ქვეყნიურიც და ზეციურიც. მე კიდევ არავისგან არაფრით ვყოფილვარ განსხვავებული, მითუმეტეს მოკვდავი... და ამას ყველაზე გვიან მივხვდი, ისე გვიან, რომ ბევრი რამის გამოსწორება შეუძლებელია. თუ რაიმე უფლება მქონდა, შენ მომეცი, ძალა კი ყველაზე უმწეო ბავშვის ძალაზე მეტი არ გამაჩნდა. მხოლოდ ბუნებასთან ჭიდილში გავძლიერდი და ეს ჭიდილი გამიჭირდა როგორც ქალს. საკუთარ თავთან მომიწია უმეტესწილად ომი და დავამარცხე იგი და მასთან ერთად მეც დავმარცხდი პირველსავე შემთხვევისთანავე. სიყვარული დავძლიე და ვერსად დავემალე, ის ჩემზე ძლიერი ყოფილა. მე გვიან აღმოვაჩინე, რომ თურმე ადამიანი ვყოფილვარ და არა ღმერთების დარი ჯადოქარი, რომელსაც გამაჩნია ჩემი ცხოვრება –

როცა მომესურვება, გავიცინო;

როცა მომესურვება, ვიტირო;

როცა მომესურვება, ვილაპარაკო;

როცა მომესურვება, გავჩუმდე, ან დავდუმდე.

ჩემი აღზრდის წესი კი მოითხოვდა ყველაფრის ჩემივე ნების საწინააღმდეგოდ კეთებას. ჩემი ტოლები რომ ბუნიაობას ვაჟებთან ატარებდნენ, მე ამის უფლება არ მქონდა, არადა მინდოდა. ბევრი რამ დავთრგუნე ჩემში საკუთარი სურვილების საწინააღმდეგოდ. ახლა ამათ გამოვიყენებ

ჩემს გასათავისუფლებლად შენგან და კოლხეთისაგან. ეს არის და ეს. სიყვარულიც ამიტომ დავარქვი ამას, თორემ შენც კარგად იცი, როგორ თრგუნავდით ჩემში ამ გრძნობას და საბოლოოდ ჩაკალით ის კოლხეთის საკეთილდღეოდ. დამილოცნია კოლხეთი შენთვის უჩემოდო, – დაასრულა მედეამ თავისი სამდურავი და წავიდა.

სახტად დარჩენილი აიეტი დიდხანს იდგა გაოგნებული და ვერ გამორკვეულიყო, სიზმარი იყო, თუ ცხადი ყოველივე ეს.

მედეა დაღალა მომქანცველმა მოგონებებმა. მან გადახედა სიმწვანეს, რათა თვალებს დაძაბულობა მოხსნოდა, მაგრამ ამჯერად მას უნდოდა ეფიქრა და არ მოწყვეტოდა თავის ფიქრიან მოგონებებს.

მზე ახლახან ამოწვერილიყო და შორეული მთების წვერს ბრწყინვალებად ადგა. საამოდ ლიცლიცებდა ბალახებზე დარჩენილი ჯერარაორთქლებული დილის ნამი. თითქოს ტირიფებმაც იგრძნეს სიკვდილის გემოვნება და რტოები დაუშვეს მიწაზე, გეგონებოდა თავს უხრისო ტირილის ნიშნად. ძეწნებს ცად აეზიდათ შტოები და ნელ სიოზე საამოდ ირწეოდნენ. მახლობელი ტყიდან აქა-იქ ისმოდა საიდუმლო შარი-შური. სადღაციდან პაუზებით ცივი გამყინავი ხმით წამოიჩხავლებდა ჩხავი და იქვე მიინაბებოდა. გუგული კი გაუთავებლად მოჰყოლოდა თავის ყრუ გუგუნს. მედეამაც იგრძნო გაზაფხულის ბუნება ქალური ბუნებით და ისევ ფიქრს მიეცა.

გაახსენდა იაზონთან შეხვედრები კოლხეთში, თუ როგორი სტუმართმოყვარეობით მიიღო მეფემ იაზონი და მისი მხლებლები. მედეამ სასახლეში შეავლო თვალი უცხო ყმაწვილს, რომელმაც გაუღიმა მას და ბაგეებიდან გამოანათა მწყობრად ჩამწკრივებულმა თეთრმა კბილებმა. ღია ფერის ხუჭუჭა თმა გრუზად ეყარა თავზე და მარჯვენა მხარეს საფეთქელთან ნერვიულად უთამაშებდა ძარღვი. თეთრი ფერის ქლამინდიდან ნათლად ჩანდა მისი დაკუნთუ-

ლი სხეული. მარჯვენა ბეჭზე სამაგრის ქვემოთ ქსოვილი ლამაზ ორნამენტებს დაემშვენებინა.

მედეამაც გაუღიმა სტუმარს და ქვენაგრძნობების სურვილებმა დაიპყრო ისე, რომ თავადაც ვერ შეამჩნია ეს. იმ საღამოს პირისპირ შეხვდნენ ერთმანეთს. ლაპარაკობდნენ ყველაფერზე და არაფერზე, ზოგადად. ერთმანეთი სიამოვნებდათ და ორთავეს აღეძრა სურვილი ერთმანეთით შევსებულიყვნენ და ასეც მოხდა. საკუთარი თავი დაარწმუნეს ბოლოს, რომ მათ ერთმანეთი უზომოდ უყვარდათ. იაზონს წინ მრავალი ხიფათი ელოდა, მედეას – საკუთარი თავმოყვარეობა, ამიტომ ერთმანეთს გადაეჯაჭვნენ. არავინ ფიქრობდა როდემდე გაგრძელდებოდა ეს ასე. ჯერჯერობით ორივეს სჭირდებოდა ერთმანეთის გვერდით დგომა.

იაზონს ეგონა, რომ მედეა გულწრფელად მიენდო მას,

მედეამ კი იცოდა, რომ იაზონისთვის იგი იარაღი იყო ოქროს საწმისის მოსაპარად.

ისიც იცოდა, რომ იაზონმა არ უწყოდა მედეას ჭეშმარიტი ჩანაფიქრ-განაზრახი,

სამაგიეროდ, არ იცოდა, თუ სანამდე მიიყვანდა მას ასეთი თამაში.

თავმიშვებულობის მორევში გადავარდა,

თავის დანატრულ თავმიშვებულობაში, –

ეს კი აღარავის დაუშლია მისთვის.

მეორე ღამით ზმანება იხილა მედეამ –

იაზონი სპილენძისჩლიქებიან ხარებთან შესაჭიდებლად ემზადებოდა. ის-ის იყო ხარები დაიმორჩილა და ხვნაც დაიწყო, რომ უეცრად ხარებმა საშინელი ზმუილი მორთეს, წიხლები ჰყარეს და თავების გამეტებით ქნევა დაიწყეს. იაზონი წინ გადმოაგდეს და რქებითა და ჩლიქებით შესდგნენ. ელადელი სტუმარი სასიკვდილოდ განწირულიყო, ეს იგრძნო და აყვირდა, საშველად უხმობდა, თუ ვინმე სულიერს ესმოდა მისი. მერე ბღავილი მორთო. ისეთი მწარე შიშნარე-

ვი ხმით ბღაოდა, სახლებმაც კი რყევა დაიწყეს. მხოლოდ მედეამ გაიგონა შეშინებული კაცის ბღავილი. გაეღიმა სიამოვნებისაგან, მერე კი დაიხსნა გასაჭირში ჩავარდნილი. ხარებს თვითონ ახნევინა მიწა, რადგან თავის მიზანში გულწრფელი იყო და თან მართალი. ნახნავიდან ამოსულმა შავეთის გოლიათებმა მდაბლად დაუკრეს თავი მედეას და ისევ შავეთს გაემგზავრნენ. ასე რომ, ელადელებს ერთხელაც არ დაუჯახებიათ ხრმალი ხრმალზე, აქაც გულწრფელი იყო მედეა, თან მართალი, და მიტომ.

ზმანება სინამდვილედ იქცა. როცა ყველაფერი მშვიდობიანად დასრულდა, შინისაკენ მიმავალს გზა ერთიორად გაუგრძელდა. მთვარე ღამეულ ცაზე ამოიწია და ხომლის პლატოსა და ბედგაუტეხელ ციხეზე მდუმარედ მოკალათდა. პირშეკრულ ღრუბელთა მომცრო ჯარი ზლაზვნით გამოემართა ცის კიდიდან ცის კიდემდის და მთვარის წინ გამოლაგდა. მათი ჩრდილები მიწისა და ზეცის გზისგასაყართან დაცურავდნენ უსულო მოჩვენებებსავით. ბინდ-ბუნდში ჩაძინებული გოლიათებივით მოჩანდა მდინარეში მოტივტივე აქა-იქ ამოზიდული თეთრი ქვები, თითქოს საგანგებოდ ჩასაფრებულან და ესესაა წამოდგომას აპირებენო. შორიდან გაბმულად ისმოდა გაურკვეველი ხმები, ძაღლების ყეფა და ჭრიჭინობელების მომნუსხავი ჭრიჭინი. დილით სასახლის ეზოში ამოსულ ბალახებში ჩამჯდარიყო მწყერი და თავისებურ ხმაზე გაიძახოდა რაღაცას, როგორც ამას მეჭორავე ქალები აკეთებენ. დილა იყო და ჯერ არ მოეყარა თავი დანარჩენ ფრინველებს, რათა მწყერის ნაამბობი გაეგოთ. მისი ნაამბობი მედეამ გაიგონა უწინარესად, ამ ხმამ გააღვიძა სწორედ. სარკმელში ისე გაიხედა, თითქოს იცოდა სად ელოდებოდა მას მწყერი, თვალი პირდაპირ მას შეავლო. გარდა ამისა, გეგონებოდა, ჩიტის გარდა კიდევ სხვა რამეს ეძებსო. შავი გრძელი თმა ბეჭებზე ჩამოშლოდა მედეას და მგზნებარედ აელვებდა ჯადოსნურ თვალებს, ტკბებოდა რა კოლხური გაზაფხულის მშვენიერებით. კმაყოფილი იყო

იგი იმითაც, რომ ესოდენ კოხტად მოირგო სიყვარულის ნიღაბი, საკუთარი თავისგან რომ გაქცეულიყო.

უსმენდა იაზონის ქათინაურებს და რწმუნდებოდა, თუ რაოდენ ბრძენი იყო თავად და იქნებ იმ წუთებში საკუთარი შესაძლებლობების შეეშინდა კიდეც. იაზონი კი ეუბნებოდა და ეუბნებოდა:

– შენს სილამაზეს ბევრი შენატრის, მეფის ასულო!.. რასაც ღმერთები შენზე ამბობენ, სრული ჭეშმარიტებააო.

ოჰ, კიდევ ღმერთები და მათი ნათქვამებიო...

რა სიყალბეაო...

ან სად გაიგონა ამ კაცმა ღმერთების ლაპარაკიო...

და ღმერთებს სხვა საქმე არა აქვთ, ვიდრე ჩემზე ლაპარაკიო?! – გაიფიქრა მედეამ და შემპარავი ონავრული ღიმილით განაგრძო იაზონის მჭევრმეტყველების მოსმენა.

– მართალია, ბუნებამ აიეტის ასულს დაგაფრქვია ღვთიური სილამაზე, მაგრამ შენი სადარი შეიძლება დილის მზე იყოს მხოლოდ და მისი სხივების ათინათი.

მედეამაც კოხტად წარმოაჩინა თავისი სახიობა:

– შენი სიტყვები ერთობ მწველია ჩემი გულისთვისო, – ენამჭევრობითვე იაზონს ქათინაურისთვის მადლობა გადაუხადა.

– არაერთ ქალში მინახავს სილამაზე, მაგრამ შენებრ ღვთიური – არსად, მედეა. ეს სილამაზე, ალბათ, დედისგან გერგო, ან კიდევ ღმერთებმა დაგანათლა ის სათნოება, ასე რომ მხიბლავს შენში, – არ იშურებდა ლამაზ სიტყვებს.

– ეს უკვე ითქვაო, – შეაწყვეტინა მედეამ ისე, რომ იაზონს არ შეემჩნია დამცინავი ტონი. საკუთარ თავს ეკითხებოდა – რატომ იჯერებ ამ სიყალბესო. მეც და ამანაც ვიცით, რომ ეს თავის მოტყუებაა და მეტი არაფერი იმ წყეული საწმისის ხელში ჩასაგდებად, ჩვენ – ჩვენი ახირება რომ დავიკმაყოფილოთ.

მაშ, რატომ, მედეა?!

იმიტომ, რომ ერთმანეთზე ვართ გადაბმულები. მე ამას

დავეხმარები იმიტომ, რომ მანაც დამეხმაროს. მთელი ეს უზრუნველობა, ღვთაებრიობა, პატივ-დიდება საპყრობილეა ჩემი. უნდა დავიჯერო, სხვა გზა არა მაქვსო...

და რატომ მედეა?

ეს კი არ ვიცი, ამაზე დრო იტყვის თავის სათქმელს. მე კი ის დამრჩენია, რომ დავუჯერო თაყვანისცემის სატყუარას...

და დაუჯერა.

დაიჯერა და განაგრძო მოსმენა ამ უნაყოფო ქათინაურების:

– იქნებ ზეცამ აქ მოინდომა ჩვენი შეხვედრა, იქნებ ბედიღბალს აქ სურს შეგვყაროს ორთავე და ჩემი გულიც აამღეროს წრფელი გრძნობებით შენმა სინაზემ, სინატიფემ და სილამაზემ, –

„მე და სინაზე?!“ – გაეღიმა გამომწვევად მედეას, არ კი უთქვამს ხმამაღლა ნაფიქრი, –

...ისე მიაჯაჭვა ჩემი გულის გრძნობები შენს სულთან, როგორც პრომეთე კავკასიის ქედზე, – განაგრძობდა იაზონი თავის სასიყვარულო ახსნას, – ისე დამატყვევე, ასე მგონია, შენს გარეშეც ვძლევდი აიეტის ხარებსა და საშინელ ურჩხულსო.

– რას ამბობო, – ხმაში დათრგუნა ირონია მედეამ, მოუსმინა რა იაზონის მხოლოდ უკანასკნელ სიტყვებს, – მათი დამარცხება არავის შეეძლო. მათთან შებმა გარდაუვალ სიკვდილს ნიშნავსო.

ასე იყო თუ ისე, მედეაც და იაზონიც კმაყოფილები იყვნენ თავიანთი ბედისწერით. ისინი ერთმანეთით იყვნენ ერთმანეთისთვის, საკუთარი თავი რომ გადაერჩინათ. ურთიერთგადაჯაჭვებაც მყარი აღმოჩნდა, მაგრამ ცბიერებითა და თვალთმაქცობით აღსავსე. ამისი სახელი ჯერ მათ არ იცოდნენ, რადგან იმხანად ნებივრობდნენ ნიღბისეული სახით. გადაჯაჭვება მყარი კი იყო, მაგრამ არამტკიცე.

ამირან დარეჯანის-ძის ოფლნადენმა სისხლმა იდინა,

იდინა და მედეას დაეპკურა ბედისწერად, როგორც ნიში ჯიშის. ამ სისხლის ცოდვა-მადლის განკითხვამ „არგოზე“ უწია მედეას – გაქცეულებს მდევარი დაადევნა აიეტმა; ამ მდევრებს მეთაურობდა მედეას ღვიძლი ძმა აფსირტე. შორს წასულებს მალე დაეწია კოლხთა გემი. დაის დასახსნელად მარტო გადავიდა ელადელთა ხომალდზე, არაფერს დამიშავებენო, იფიქრა, ჩემი დაი იქნება ამის პირობაო. არც ელადელები გამიმეტებენ მარტოდ მისულს, მითუმეტეს გულკეთილად მივიღეთო, – ასე ფიქრობდა აფსირტე. ოხრად დარჩეთ საწმისიო, მე მედეას დავაბრუნებო, უკეთეს შემთხვევაში ორთავესო.

წამოცვივდნენ ელადელები, მიატოვეს ნიჩბები, ხრმლები იშიშვლეს. მედეამ სცადა იაზონის შეჩერება, მკლავში მოკიდა ხელი, „შეჩერდიო“, – უთხრა. არ შეჩერდა იაზონი, მედეას ხელი უხეშად მოიცილა, მერე ხელი ჰკრა და გემის კიდე მიახეთქა. „ხმა ჩაიკმინდეო“, – უყვირა. მივარდნენ გამხეცებული პირუტყვები ყმაწვილს, ხრმლებით აჩეხეს იგი, მერე დაკეპეს და ნაწილები ზღვაში გადაყარეს.

მედეა საკუთარი თვალით უყურებდა ამ საშინელებას. უყურებდა ძმას, მის გაოგნებულ თვალებს ჩასჩერებოდა დაჟინებით, თვალებს, რომლებიც დაუბნელეს. მომაკვდავს ცრემლის კურცხალი გადმოუგორდა თვალიდან. მედეას უყურებდა სათნოებითა და სრული მინდობით. მოულოდნელად სიკვდილის სიცივე შეეპარა, ორმოცდაათი ნადირი კლავდა მას, და მიტომ. რომ ადიოდა გემზე, აფსირტეს ვერ წარმოედგინა, რით დამთავრდებოდა ყველაფერი, მამა კი აფრთხილებდა. აფსირტეს უკანასკნელი სიტყვები იყო – „ნეტა დამეჯერებინა მამისთვის“.

ეს მედეამ გაიგონა.

არ უტირია მას.

კოლხთა გემში აიეტი იჯდა და ყველაფერს საკუთარი თვალით უყურებდა. იგი ბრძენი იყო და ელოდა ელადელთაგან ასეთ მუხანათობას. მწუხარე სიმშვიდით შეხვდა მამა

შვილის მოკვდინებას. გულგაცხარებულმა კოლხებმა მეფეს უთხრეს:

– გვიბრძანე, მეფევ, და ვერც ერთი ელადელი შინ ვერასდროს დაბრუნდება, მედეაზე თუ შიშობ, ისე გამოვიყვანთ მას ამ ბრძოლიდან, ერთი თმის ღერიც არ ჩამოუვარდებაო. ოქროს საწმისსაც ბრძოლითვე დავიბრუნებთო.

– არ შევარჩინოთ, მეფევ, გადამთიელებს უფლისწულის სისხლიო, – ევედრებოდნენ მეფეს სიმწრისაგან აცრემლებული ვაჟკაცები.

მედეასაც ეგონა, რომ კოლხები ბრძოლით აიღებდნენ „არგოს" და ელადელთაგან ამბის გამტანს არ დატოვებდნენ.

საეჭვოდ აყოვნებდა მეფე.

კოლხთა გემი მიუახლოვდა „არგოს" და ამალა ნიშანს ელოდა მეფისაგან. აიეტი კი დამწუხრებული უყურებდა მედეას. ვერ გაუძლო შვილმა მამის მზერას – მამა არ იყო გულმოსული, ან თუ მრისხანე, ან არადა აღშფოთებული. იგი მთელი თავისი არსით დაღვრემილიყო, შიშის ნასახი არ იკითხებოდა მის თვალებში. მრავლისმეტყველად უყურებდა მამა შვილს. ელადელებიც კი შეაკრთო აიეტის მზერამ. დიდსულოვანი იყო მეფე სულნამცეცთა წინაშე... და მან თავის მეზღვაურებს უბრძანა, მოეგროვებინათ ზღვაში გადაყრილი შვილის ნაწილები.

არავინ იცოდა იმ წუთში, რას ფიქრობდა მეფე, მაგრამ ყველამ გაისიგრძეგანა მისი სულის უძლეველობა. ამოუტანეს რამდენიმე ხანში მცურავებმა უფლისწულის გაბნეული სხეულის ნაწილები და მეფის ფერხთით დააწყვეს. ჩაიმუხლა აიეტმა და ხელის კანკალით ფერება დაუწყო დანაკუწებულ შვილს, თითქოს სურდა ერთი ხელის მოსმით გაემთელებინა.

აფრები და ალმები დაუშვეს კოლხებმა გლოვის ნიშნად და ზურგი შეაქციეს „არგოს".

მედეამ თვალები პონტოის ტალღათა შხრიალში ჩაძირა, სადაც ლაპლაპებდა არეკლილი მზის სხივები. შორს ჩამო-

ტოვეს წითლად შეღებილი ზღვის წყალი. ძმაი აგონდებოდა თავისუფლებაშეძენილ მედეას.

იაზონთან ქორწინება მხოლოდ ვალდებულება იყო მოპოვებული მდგომარეობის საფასურად, თვით აფსირტეს სისხლიც არ იყო შეფერხება ამ ქორწინებისათვის. ფიქრობდა მედეა, ძალიან ბევრს ფიქრობდა, –

„რა მალე შემოადნა სახეზე იაზონს სიყვარულის ნიღაბიო", – სინანულმა შეიპყრო. სინანულმა თავისი სახელი დაარქვა ყველაფერს – „ღალატი".

არ ჰქონდა მნიშვნელობა მიზანს და მიზეზს, რისთვისაც ღალატი იქნა ჩადენილი, მთავარია, რომ იაზონთან მისი პირველი ურთიერთობიდან ყველა ნაბიჯზე ღალატი მოჩვენებასავით აედევნა და ვერ დააღწია თავი ვერასგზით.

ღალატი აიეტის მიმართ,

ღალატი კოლხეთის მიმართ,

ღალატი აფსირტეს მიმართ,

ღალატი თვით ერთმანეთის მიმართ;

ორთავეს თავისებური გამართლება მოეპოვებოდა თავთავიანთ ქმედებაზე. თუ აქამომდე მედეა გულგრილი იყო იაზონის მიმართ, ახლა იგი მას ეზიზღებოდა და გრძნობდა, რაოდენ მტანჯველი იქნებოდა ელადაში ცხოვრება, მაგრამ მთავარი იყო ის, რომ მედეა თავის ქმედებებში, თავის მისწრაფებებში თავისუფალი იქნებოდა. იმ უხილავი ჯაჭვის სიმტკიცე, რომლითაც ისინი შეიკრნენ, გაიბზარა, მაგრამ მაინც მყარნი იყვნენ ერთმანეთით. მედეა სევდას მისცემოდა იმის გამოც, რომ ისე ჩაიარა მისი ცხოვრების გარიჟრაჟმა, სიყვარულის გრძნობა გამეტებით ამოშანთეს. საგულდაგულოდ გააქრეს მისი თვალსაწიერიდან ყველა კოლხი ყმაწვილი, რომელთათვისაც შეიძლებოდა წრფელი ტრფიალით აძგერებულიყო მეფის ასულის გული, რადგან სიყვარული ეწინააღმდეგებოდა სამეფო წესებსა და სარწმუნოებას, – ასე ეგონა მედეას, მეფური სისხლი ღმერთების თანაზიარი იქნებოდა, და მიტომ. წყუროდა სიყვარული და მისთვის

წრეგადასული ტრფიალება კოლხეთში კოლხებთან მიუწვდომელ ოცნებად დარჩა.

ახლა იმასაც ფიქრობდა, რომ მას არც ელადაში ელოდა სასიყვარულო განცდები. იგი ხომ ღალატით იყო შემოფარგლული და მას გარკვეულ დრომდე სურდა კიდეც ღალატის გარემოცვაში ეცხოვრა.

იცხოვრა, კარგა ხანი იცხოვრა ასე.

ღალატის ნაყოფიც იგემა – ღალატში შობილი შვილები. როგორც დედას, უსაზღვროდ უყვარდა ისინი, მაგრამ როგორც ადამიანს – ეზიზღებოდა საძულველი იაზონის და მოღალატე შვილისა და დაის გამრავლებული ნაყოფიერება, ვერ კი მოიკვეთა გულიდან შვილები – ყველაფერში უცოდვილები. სხვამ აღმართა მათზე ხელი და მედეას შვილები მოუკლა, მაგრამ ახლა მგლოვიარე დედის გონებაში ტრიალებდა სასტიკი ანგარიშსწორება – მან გადაწყვიტა ფესვებშივე მოეკვეთა თავისი ღალატი და დაესაჯა იაზონის ღალატი და საბოლოოდ გათავისუფლებულიყო საძულველი ქმრის წინაშე ვალდებულების ბორკილებისაგან, რომელიც შემოადნა სხეულზე ორთავეს. ის ტვირთი და ღალა უფრო იყო, ვიდრე ცოლ-ქმრული მოვალეობა. წერტილი უნდა დასმოდა უმტკიცობის სიმყარეს, აღარ იყო ეს ურთიერთობა მყარი, და მიტომ. რისთვის გაწირა მედეამ ყველაფერი – ამ ღალატის ნაყოფთათვის, რომლებიც განისვენებენ – ერთი მის ფერხთით, მეორე – მის მკლავებში, მკვდარი ბავშვების გამო?

ამ ფიქრებმა გული მოუყვანა მედეას. ზიზღით დახედა მიცვალებულებს, წელზე გაჩრილი დაშნა ამოიღო და გამეტებით ჩასცა ჯერ ერთ, მერე მეორე ღალატის ნაყოფს. ბავშვები გაუნძრევლად განისვენებდნენ, აღარ ტკიოდათ აღარაფერი, ფესვები გახმობოდა ღალატს და სისხლი არ დასდინდა გალაპლაპებულ ზედაპირზე დაშნას, სისხლი კარგა ხნის გამხმარი იყო სხეულებში, და მიტომ. ამით საკუთარ ფესვებში მოიკვეთა მედეამ ღალატი, რომლითაც დღესა-

მომდე მივიდა და ეს უკანასკნელი ღალატი ჩაიდინა, ამჯერად შვილების, ოღონდ მკვდარი შვილების მიმართ.

ერთბაშად გაათავისუფლა ამ უსისხლო მსხვერპლშეწირვამ მედეა. ყველაფრისგან გათავისუფლებულს გაზაფხულის ჰაერი საამოდ ეჩვენა. დიდი ლოდი მოსწყდა გულიდან და საშუალება მისცა გულს შვებით დაეტირა მკვდარი შვილები და უკვე აღარ – ღალატის ნაყოფები... და დასტიროდა ცხედრებს. გული რომ იჯერა, ჩაეძინა. კარგა ხანს ეძინა, ერთბაშად უწია დაღლამ, და მიტომ.

მანაც ნახა სიზმარი – სიზმარმა ისიც კოლხეთში გადაანაცვლა, სადაც აყვავებულ ბაღში, მიწის ბუბუნში განისვენებდა. კავკასის ნიავ-ქარი ეფერებოდა და ჩიტები უგალობდნენ. მან იცოდა, რომ შებოჭილი არ იყო და ამიტომ სისავსით აღიქვამდა ყველაფერს. ხეთა ჩრდილები ეჩრდილებოდა მზის მცხუნვარებისაგან. დედიშობილა იყო მოლზე განრთხმული, თვალები ცას შეჰყურებდა და ცის სიმრგვალეში ივსებოდა ცისქვეშეთის მისტიური ენერგიით. სილურჯეში ჩაფლულიყო მისი სამზერალი, თვალებში მზის ძლიერება შედიოდა, ფოთლოვანში საამო შრიალი სმენას ამძაფრებდა და გრძნობებში შედიოდა ქრუანტელის მომგვრელი გემო კოლხეთისა, ასე რიგად რომ განხორციელდა მამული მასში და ერთმანეთში გაიგივდნენ. მან იცის, ისიც მხოლოდ სიზმარში, რომ წასასვლელი არსადა აქვს, რომ მთელი ცისქვეშეთი კოლხეთში შეკრებილა – და თანაც იქ, სადაც იგია ამჟამად განსვენებული ტკბილად,

მარტოა,
ადამიანთაგანი არავინაა
და მას ეს უხარია,
რადგან არავინ ეცილება თავისუფლებას.
მარტო იყო,
მაგრამ არა სიმარტოვეში.

ამით იყო მედეა ბედნიერი და ჩაეჭიდა სიზმარს, რათა არ გამქრალიყო ეს ზმანება და უნდოდა სიცხადეში გად-

მოეტანა ის, ან სიცხადე შეეტანა მასში. სიცხადე თავისთავად შევიდა მის ტკბილ სიზმარში. იმ გარემოში სრულ სიმშვიდესა და დამაჯერებლობას დაეპყრო, ახურვებულ ტანზე ფერადი პეპლები დაფრინდნენ და შეაფერადეს მისი მომაჯადოვებელი სიშიშვლე, თითქოს სურდათ პეპლებს გადაეფრინათ იგი მარადი სიზმრებში და არ გაეშვათ ცხად ცხოვრებაში. მიწამ ფესვებით შეკრა ქალწული, ეფერებოდა ფესვები ჩამოქნილ ტანს ქალისას ისე, როგორც მამაკაცები ეწაფებიან. მამაკაცური ჟინი მიწამ ამოხეთქა, ქალური ვნება მიწისზედა სივრცემ დააფრქვია და ამ ენერგიების ერთმანეთში გადანასკვა მედეაში განხორციელდა. იგი იწვა მიწაზე, თითქოს ლივლივებდა მისი სხეული და ნებიერად ესიტყვებოდა ბუნების მოძალებას, როგორც ერისიონთან შესიტყვებული ფოთოლთ შრიალი. მორჩილად ნებდებოდა სიამეს, ვითომც მამაკაცური ალტკინება იპყრობდა მის სხეულს და უხაროდა, ასეთი კარგი რომ იყო. ბუნების ალერსიანი შეხება მძაფრი სიჩუმით გამოხატა და არა ვნებიანი კვნესით, რადგან ამ სიჩუმეში და არა მდუმარებაში იყო სიტკბოების მთელი გამოვლინება. სიჩუმეც გრძნობადამკარგავი ექსტაზით დამუხტულიყო. და ეს –

გრძელდებოდა,
გრძელდებოდა,
გრძელდებოდა,

ნიავ-ქარით შორს წაღებული მგრძნობიარე გაქანებასავით. სიამის კრუნჩხვები დაეწყო მედეას, – და გრძნობდა რაოდენ ძლიერი ხდებოდა იგი ამისგან.

საიდან არ იყო, გამოეყო მას თავისი ორეული ისე, როგორც გველები იცვლიან ტყავს. სიზმარშივე ხედავს შიშველი ორეული შემოსილ ორეულს. შემოსილიც ხედავს შიშველს. ორთავეს თვალებით იმზირება მედეა და უყურებს ჯერ ერთს, მერე მეორეს და არ იცის, რა უნდა ერთს მეორესთან. მივიდა შემოსილი ორეული შიშველთან და ეუბნება, რომ შენს გამო შვილები დამიხოცესო.

ისევ სიჩუმის ტრფიალებით იკითხა შიშველმა, რაც საუკეთესოდ გაიგონა შემოსილმა და განუმარტა, რომ შენმა ღალატმა მიწიაო.

ღვარძლიანად გაეღიმა შიშველს.

შემოსილმა კი მოულოდნელად გული წაართვა თავის ორეულს და მიწაზე დაანარცხა. გული დაიმსხვრა და მიწა გაიბზარა, თან ჩაიტანა გულის ნამსხვრევები მიწამ.

უგულო ორეული ჰაერში აორთქლდა.

დარჩა მხოლოდ მკვდარი ბავშვების მგლოვიარე დედა. მედეას გონებამ ამ დედის თვალებში გადაინაცვლა და საკუთარ თავში წაშალა სიმარტოვის მშვენიერება. მიმოიხედაირგვლივ და შიშველ ორეულთან ერთად გამქრალიყო კოლხეთი და თავისი ბაღი. სამაგიეროდ იგი იდგა ელადის რომელიღაც პოლისის[37] ქუჩაში, ერთგან რომ აღზიდულიყო დორიულ სვეტებზე[38] დამდგარი ელადელების რომელიღაც სამლოცველო, მეორეგან – ამფითეატრი... და მედეა მიხვდა, რომ იგი იმყოფებოდა უცხოეთში – მიუსაფარი. ქუჩებში ადამიანის ნასახიც არ ჩანდა. ცხელი ქარი სულს უხუთავდა მას. ბუნებაც საკმაოდ მკაცრი იყო, არ-ჩვეული ასეთ ატმოსფეროს. კოლხეთში ყველაფერი სხვანაირად იყო. თვალები დაეძებდა თავშესაფარს. არც თავშესაფარი მოიძებნა მისთვის. სუნთქვა გაუჭირდა ჯერ სიზმარში, მერე კი ცხადში.

გაღვიძება სცადა,
ესეც გაუჭირდა.
წვალობდა,
ოფლმა დაასხა,

37. **პოლისი** - ბერძნული სიტყვაა და ქართულად ქალაქს ნიშნავს.

38. **დორიული სვეტი** - ძველბერძნული სატაძრო არქიტექტურის ერთ-ერთი დეტალი. კაპიტელის დამუშავების მიხედვით განასხვავებენ სამ სკოლას - დორიულს, იონიურსა და კორინთოულს. დორიული კაპიტელი არის სვეტის დაბოლოებაში გეომეტრიულად სადა კონსტრუქცია, იონიური კაპიტელი წარმოადგენს ორმხრივ დახვეულ გრაგნილისმაგვარ მხატვრულ კომპოზიციას, ხოლო კორინთოული კაპიტელი არის დორეულისა და იონიურისგან განსხვავებით უფრო გრძელი და მისი ორნამენტული სიმდიდრე სვეტიდან იწყება ისე, რომ საზღვრის დადგენა სვეტსა და კაპიტელს შორის ძნელია. კაპიტელი მაღლდება და ფართოვდება მდიდარი ოთხმხრივი ორნამენტებით, ან გორელიეფური კომპოზიციის დართვით ერთიან მხატვრულ წყობაში.

იკლაკნებოდა,
იხუთებოდა...

ცოტაც და, დაიხრჩვებოდა. თვალები გაახილა და რა დაინახა – მსხვილი უხსენებელი შემოხვეოდა მას, შეებოჭა და ალერსში ახრჩობდა. მისი მსხვილი გრძელი ჭრელი სხეული შემოჭდობოდა ქალს და ტანისამოსი შემოეფლითა მისთვის. თავისი სრიალა ტყავით დასრიალობდა ახურვებისგან გაოფლიანებული ქალის სხეულზე, თითქოს შესხეულება სურდა ერთს მეორესთანო. ენით სინჯავდა გემოს მკერდისას და მოღერილი ყელისას. სუნთქვა გაუხშირდა მედეას. თავს არ ანებებდა გველი. გაიბრძოლა ქალმა უხსენებლის მარწუხებში, უფრო მეტად შემოეჭდო მოძალადე. არც ქალი ეპუებოდა. გრძნობდა, როგორ ეწვოდა ძუძუს კერტები. ფეხების აშვება სცადა, ფეხებითაც დაბმული იყო. მერე დარწმუნდა, რომ წინააღმდეგობას აზრი არ ჰქონდა და დამორჩილდა ბედს.

გველი ჯერ ყელზე აცოცდა,
მერე ტუჩებთან მიუსისინა ენა,
თვალებში ჩახედა თვალებმა,
შუბლზე ასრიალდა და
თმებში ჩაიმალა.
თმებიდან ზურგს ჩაუყვა.

შემოევლო გველი ქალს, სუნთქვის საშუალებას არ აძლევდა, მაგრამ არ ახრჩობდა და არც კბენდა, თავს იოკებდა გველი, და მიტომ.

მერე კუდს დაუწყო ძებნა,
ისევ ფეხებში გაძვრა,
საშო ეტკინა მედეას.
გველი კი შიშველ ფეხებს ჩაუყვა და
იპოვა თავისი კუდი,
დაუბრუნდა თავის საწყისს და ჩაიდო კუდი პირში,
ჩაიდო და საკუთარ თავს უკბინა,
უკბინა და გადაიხსნა ერთიანად გველი და

მან გამოიცვალა თავისი სამოსი, ისე არა, როგორც ჩვეულებრივ ხდება აქერცვლით. ეს თვითგატყავება უფრო იყო, ვიდრე პერანგის გამოცვლა, ხორციც კი მოიგლიჯა თავისი და ახლით შეიმოსა. ასეთი რამ ბუნებაში არ ხდება და მედეას ამიტომ უკვირდა ყველაფერი, რაც მის თავს ხდებოდა. ამ ქვეწარმავალს ქერეჭი კი არა, ტყავი ჰქონდა. ბუნიაობამ შეიფერა უხსენებლის შეფარდებული ფერის ცვლა. ამის შემდეგ გველი გაეცალა მედეას. ქალმა შეხედა, რომ შემოსილი იყო გველის პერანგით. იქვე მკვდარი ბავშვები დაინახა და გაისიგრძეგანა იმავ წუთს თავისი მწუხარე მდგომარეობის მთელი სიმძიმე. ისევ ცრემლმა იდინა წვეთ-წვეთად.

მედეა გრძნობდა, განიცდიდა გაზაფხულს და

იგი გაზაფხულის ნაწილი იყო ბუნების მშვენიერებაში.

ხელი შეავლო ჯერ ერთ, მერე მეორე ცხედარს. გაცივებულიყო ორივე. წამოჯდა, ტანზე მოტმასნილი გველის პერანგი შეისწორა, რათა თავისუფლად ემოძრავა. შემოხეული სამოსი მოიცილა და შეძლების ფარგლებში გველის პერანგით დაიფარა სხეულის შიშველი ადგილები.

IX

ჩანასახში განვითარებული შურისძიების ნიაღვარი

გაკვირვებული დარჩა მედეა და განცდილმა ერთბაშად შეცვალა ქალი. იგი ფიქრობდა, თუ რა იყო ყველაფერი ეს და რას უნდა მოასწავებდეს გველის ესოდენ უცნაური ქმედება. გრძნობებს ურევდა მკვდარი ბავშვები და თავს ატკივებდა ერთობ. ერთმანეთთან ვერ დაეკავშირებინა უცნაური და მწუხარე ამბები, არადა სურდა, რაიმეთი ყოფილიყო კავშირში ეს აუხსნელი შემთხვევა წინა დღის სიმხეცესთან.

დააბნია ამ საფიქრალებმა და ისევ მგლოვიარე დედის სიზმრით შობილი უდრეკელობა მიიღო და ამოთქვა ხმამაღლა თავისი გულისწუხილი:

– ბედკრულო, მიტოვებულო, დარდისგან დაცლილო გულო! მაინც რად მიიწევ გადასარჩენად? რად ფიქრობ ნავსაყუდელზე? რად იყურებით თვალებო, როცა შვილების თვალებში ჩამქრალია სინათლის ჩინი. სად ვეძებო თავშესაფარი, გონს რომ მოვეგო და საზღაური მივუზღო ყველას, უკლებლივ ყველას!

ჯერ არ შებინდებულიყო, მაგრამ მზეს ზენიტში ყოფნის ძალა გამოცლოდა. მიუხედავად დღის-წულისა, საღამო შედიოდა გარემოში და ცაზე მთვარე შემოპარულიყო, ნიავი ლეგა ღრუბლებში მალავდა ნაადრევად გამოჩენილს. ვარსკვლავებს გამოასწრო მთვარემ სინათლე-სიბნელის გზის გასაყარზე.

ბუნების წიაღში განაგრძობდა მედეა თავის გრძნობების ხმამაღლა გამოთქმას, თითქოს ესაუბრებოდა თვით გაზაფხულს, შესჩიოდა რა თავის უმწეობას და ელოდა მისგან ნუგეშს:

– ვაი, სიცოცხლეო! ჩემს ხელის გაწვდენაზე ჩემი სავალი თითქოს მძიმე ლოდებით ჩახერგე, თითქოს გზას არ მიტოვებ და სამუდამოდ გსურს ჩემი აქ დარჩენა. არადა, არავისთვის არა ვარ საჭირო აქ, იქ კი... ამაზე ფიქრიც არ მინდა. მე თვითონ ჩავჭერი ყველა მისასვლელი შინისაკენ. სად ვიარო მკვდარი შვილებით, ამიხსნას ვინმემ. თანაც როგორ დამძიმდა სული მათ გარეშე, სისასტიკეში რომ გადაიზარდა ჩემი დედობა და მკვდრებს ჩავეც მახვილი, არა ჩემს შვილებს, არამედ ღალატის ნაყოფთ მხოლოდ. მსურს, ვიპოვო ახსნა ჩემი ნამოქმედარის და ვპოულობ კიდეც, მაგრამ სხვა თუ იპოვის ამას. სინდისიც მქენჯნის, მაგრამ ისინი – ცოცხლადყოფილნი – მე ხომ არ მომიკლავს! მე მათი გაუკვდავება მსურდა. ახლა რაღა ვქნა, დღემდე ვზრდიდი მათ და მათთან ერთად იზრდებოდა ჩემი დედობრივი სიყვარუ-

ლი. სიყვარული სიკვდილის იქეთაც გაიზრდება, მაგრამ ბავშვები?

მედეას სული ძრწოდა და გაშმაგება ებრძოდა დამთრგუნველ აზრებს. გრძნობა აზროვნების ყველა სარქველს უკეტავდა უხილავ მომხვდურს და არ იცოდა, ვინ იყო ეს მომხვდური. მაგრამ მაინც თავიდან იცილებდა იმ ფრინველთა ჯგუფივით, დაჭრილ ცხოველს რომ ნაჭრილობებს უკორტნიან და ის კიდევ, აგონიაში ჩავარდნილი, თავისი სიცოცხლისთვის, ებრძვის უკანასკნელი ძალის გამოცლამდე მტანჯველებს. ცაზე სიგრძეზე გამწკრივებული ქულა ღრუბლები მიცოცავდნენ.

ნიავი აღარ ჰქროდა,

ჰაერი სუნთქვის საშუალებას არ იძლეოდა,

აღარც ფრინველთა ჟრიამული ისმოდა.

მხოლოდ ყრუ ძახილმა მოიყვანა მედეა სააქაოს:

– მე-დე-ააა...

– რომელი ხარ? – სწრაფად იკითხა და მიიხედ-მოიხედა ირგვლივ, იქნებ დავინახო, ვინ მეძახისო.

ხმამ ისევ განაგრძო ძახილი:

– მე-დე-ააა...

მედეას ტანში ჟრუანტელმა დაუარა. მერე ხმამ განაგრძო ისევ ყრუდ საუბარი:

– ჩემი მსჯავრი უკვე ვეღარაფერს განსჯის, სასწორი თანაბრად დგასო.

– ეს როგორ? ან ვინ გთხოვა რაიმეს განსჯაო... – იკითხა მედეამ.

– მიწის შვილო, ჩემი მახვილი მხოლოდ მათ ხვდება, ვისაც ძალადობა ცხოვრების გზად გაუხდია! ამიტომ მე არ მჭირდება შუამავლობა რაიმეს განსასჯელადო.

– ნუთუ მე ამდენ სისხლ და ღალატ-გამოვლილს არაფერი მაქვს განსაკითხველი?

– მე არ გიბრალებო, – უთხრა ხმამ, – მე შენდა წილი სასჯელი დაგადე მხოლოდ, და ეს სასჯელი შურისძიებაა და

ამით შეიძლებ სისხლის და ღალატის ჩამორეცხვას შენგან.

– ვერ გავიგე რას ნიშნავს ეს ყველაფერიო? – იკითხა მედეამ.

– ტყისპირა ველზე დიდი ბრძოლა მომხდარა. იქ ბევრი ცხედარია უპატრონოდ დაყრილი საბრძოლო აღჭურვილობით, შეიკაზმე და დაბრუნდი ქალაქში, აზღვევინე შენი შვილების მკვლელებს ბავშვების უდანაშაულო სისხლი. ქვა ქვაზე აღარ დატოვო იმათი სახლეულიდან. შენ ამას შეძლებ. დედის გრძნობა მოგცემს ძალას, შენი მტრები რომ დააჩოქო შენს ფერხთით. გახსოვდეს – სისხლი სისხლის წილ. კოლხეთშიც ეს სამართალია, ამ სამართალზე გაიზარდე შენც.

– ვინა ხარ შენო? – იკითხა მედეამ.

– შენი გულის ხმა და სულის ყვირილიო, – უპასუხა მან.

– გულს რომ არა აქვს ხმა და სულს არ შეუძლია ყვირილიო? – გამომცდელად ჰკითხა მედეამ თავის ხმას.

– ეს ისეთი ტკივილია, რომ გულმა ხმა ამოიღო და სულმა იყვირა. ასე არ არის? – დაუბრუნა კითხვა ხმამ.

– არ დაგვანება თავი ცხოვრებამ, მე კი სხვანაირად მინდოდა მეცხოვრა – თავისუფლად, ყოველგვარი მოვალეობის გარეშე, ბუნების სილამაზესთან შერწყმულს. არავისი მფარველობა არ მჭირდებოდა, მე თვითონ გავიკვლევდი გზას, მე – არა ღმერთი და არა გმირი, არა ქურუმი და არა სეფე-ქალი. ცუდ დროს დავიბადე და ცუდ გარემოში. ყველასთვის უკეთესი იქნებოდა, საერთოდ არ გავჩენილიყავი, ან გავჩენილიყავი აიადან მოშორებით, სადღაც მიკარგულ ტყეში, სადაც ვერ მომძებნიდა ვერც კოლხი და ვერც ელადელი და ჩემი მამა ყოფილიყო არა აიეტი, არამედ ვიღაც სხვა და კლდე-ქალიდან არ ვშობილიყავი. ბუნება იქნებოდა ჩემი მკვებავი და ხვალს ხვალზე უხვად გამომიგზავნიდა. არ დაღონდებოდა აიეტი, ვერ მოიპარავდნენ საწმისს, ვერ მოკლავდნენ ჩემს ძმაის და თუ სიკვდილი ეწერა უდღეურად, ჩემს გამო აღარ მოხდებოდა ეს და მას სუფთა სინდისით ვიგლოვებდი. ასე იაფად არ ჩაუვარდებოდა ხელში საწ-

მისი ქურდებს, თვით ქურდები ჩაუვარდებოდა ხელში პატრონს ჩემი ჩარევის გარეშე, ამდენად ჩემი შვილები ხელში აღარ ჩაუვარდებოდა გავეშებულ პირუტყვებს და ახლა ისინი ჩემს ფერხთით არ იქნებოდნენ ყელგამოღადრულები. ისინი დატკბებოდნენ გაზაფხულით და ჩიტებთან ჩიტებივით ითამაშებდნენ. არ დავტოვებდი კოლხეთს და ყველა გზა ხსნილი მექნებოდა, რადგან ყველგან მექნებოდა მისასვლელი.

– სწორედ ყველგან მისასვლელი რომ გექნეს, ამიტომ შეიარაღდი და სისხლი ადინე შენს მტრებს. ყველას გაუმკლავდები.

– არა, მე უფრო სასტიკი სასჯელი უნდა მოვიფიქრო მათთვის. წაიკითხე ჩემი გულის-თქმა და მიხვდი ჩემი შურისძიების სიმძაფრეს.

ცოტა ხნის შემდეგ შეშფოთებულმა ხმამ უთხრა პასუხი:

– მებრალები ასეთი გულითო. შენ თუ ვინმემ არ გაგაჩერა, შეიძლება მთელი სამყარო შენსავე ბოლმაში დაახრჩო და დაწვა. თუ ვინმემ არ გააჩერა შენი მისწრაფება, ბევრ უდანაშაულო თაობას იმსხვერპლებ და ამას აღარ დაერქმევა შურისძიება. ეს ანგარიშსწორება იქნება უმწეო ადამიანებზე, რომლებიც შენი შვილების სისხლის ცოდვას თაობიდან თაობაში დამლად გადაატარებენ და ისინი ამისი ღირსნი არ იქნებიან. შენ მხოლოდ შენი შვილების მკვლელებზე უნდა იძიო შური.

– ეს ძალიან მსუბუქი სასჯელი იქნება მათთვის, – უპასუხა მედეამ.

– უშვილ-ძიროდ რომ გადაეგო იაზონი ამ ქვეყნიდან, ხომ წაუხდინე მას მომავალი, თვითონ ელადელებმა მისი ჯიშის განშტოება გადაამტვრიეს. მისი სიცოცხლე წამებად გადაიქცევა, რაც დარჩენია სიცოცხლე, ის. იმ სიცოცხლის მერეც მისი სახსენებელი შენი სახელის გარეშე არასოდეს წარმოითქმება, მეტს რაღას უპირებ ამ უსახურობას?!

– თავისი ნამოქმედარის ნაყოფიერება სახალხოდ უნდა

იგემოს. უნდა გაძღეს თავისი შვილების ყურებით, რადგან თუ რამე გააკეთა მან ამ ქვეყანაზე, არათუ საწმისი მოიპარა, არამედ ბავშვების სისხლში ჩაახრჩო თავისი მომავალი. ელადელებმა მე მომიკლეს მისი შვილები, იმდენად უგნურები არიან, და ესეც ბედისწერამ აფსირტეს უმანკო სისხლის სანაცვლოდ აგემა მას. ბოლომდე უნდა გაძღეს სიკვდილის გემოთი.

– რას აპირებ, მედეა? – ჰკითხა ხმამ.

– იმაზე მეტს და იმაზე საზარელს, რასაც შენ მთავაზობდი და ამაში ხელს ვერავინ შემიშლის.

– ნუთუ არ შეგაშინა შენმა განზრახვამ?

– არაო, მე ამ შურისძიებით ვისულდგმულებ და ამ შურისძიებისათვის ვიცოცხლებ. მე არავინ მელის შინ და არც არსად მეჩქარება. ამაზე მეტი რა უნდა გაეკეთებინა ელადელ ქურდებსა და მკვლელებს ჩემთვის. ამიტომ მედეას წყევა თავზე უნდა დაატყდეს ყველა ელადელს, დამნაშავეა თუ არა იგი ჩემი ცხოვრების გამრუდებაში. ელადელი რომაა, სწორედ ეს იქნება მისი დანაშაული.

– რა მეხი დაგცა ბედმა თავზე ასე ულმობლად, რად დაგატეხა ქარიშხალი ბუნების ძალამ. განა შენთვის მოიცალა ყველა ჯურის ბოროტებამ, ასეთი ულმობელი რომ გაგხადა ცისქვეშეთში? ასე უგულოდ როგორ იცხოვრე აქამდე? მებრალები მედეა! არ იყავი ასეთი ღვარძლიანი, შენ კეთილი და თავისუფალი ბავშვი იყავი, სად დაიკარგა ეს ბავშვი?

არაფერი უპასუხა მედეამ. დუმილი უფრო მრავლისმეტყველი გამოდგა, ვიდრე რაიმეს თქმა ამ წუთში, ბევრი რამ თქვა დუმილმა პასუხად, და მიტომ. ამის შემდეგ დადუმდა ხმა და დაემორჩილა თავის პირველად საწყისს.

უცებ მედეამ მკვეთრი მოძრაობა გააკეთა, მოძებნა თავისი ცხენი და ტყის სიღრმეში შეიყვანა.

– აქ უნდა იყოს ნაომარი ადგილები და უნდა მოვძებნოო, – ამბობდა თავისთვის, – საბრძოლო ეტლი იქნება ამ ბრძო-

ლის ველზე და ბავშვებს ზედ დავასვენებო.

ტყეში ბნელოდა, მაგრამ მედეა მტკიცედ მიიკვლევდა გზას. საყნოსველით გრძნობდა ლეშის სუნს, ასევე სვავებისა და ყვავ-ყორნების ხმა უკვალავდა გზას. ცხენი ნაბიჯებით ჩამორჩა პატრონს. ალბათ შიშმა დაძლია ცხოველი, თუკი იციან ცხოველებმა შიში. ცხენისთვის ეს წინათგრძნობელი შიში იქნებოდა უთუოდ.

კარგა ხანს იარეს, სიბნელეს თვალი შეაჩვიეს. ცხენმა დათრგუნა შიში, ფეხდაფეხ მიჰყვება მედეას, შეეგუა გაუთვალისწინებლობას, და მიტომ. მედეა არ ფიქრობდა, თუ როგორ გამოეკვლია უკან გზა ისე, რომ შვილებამდე დაბრუნებულიყო მშვიდობით. მას აკვიატებული ჰქონდა აზრი საბრძოლო ეტლის პოვნისა და სხვას არაფერს ფიქრობდა იმ წუთებში. შემდეგ რაც მოხდებოდა, ეს ჯერ კიდევ გადაწყვეტილად არ მოეფიქრებინა, მას უნდოდა ეტლი. ეს იყო და ეს.

არ იყო დარწმუნებული, თუ დახვდებოდა

ის,

რასაც ეძებდა,

იქ,

სადაც ეძებდა,

მაგრამ ამისი ფიქრიც ნაკლებად აწუხებდა. მას რაღაც ჰქონდა მოფიქრებული. იმ წუთში რომ გეკითხა, ვერ გიპასუხებდა, რადგან ეს ნაფიქრი ჩამოყალიბებულ ქმედების განხორციელებაში არ იყო გადაზრდილი. იგი მხოლოდ დარწმუნებული იყო შედეგის მისეულ გარდუვალობაში და ეს ასულდგმულებდა მას. ამიტომ მიატოვა ცხედრები ტყის პირას და გაუცნობიერებლობაში გადმოინაცვლა. რაც უფრო ღრმად შედიოდა ტყეში, მით უფრო გახშირდა ისრები ხეებში გარჭობილი, აქა-იქ ხრმლები, ზოგი ვადაში გადატეხილი, ზოგიც მთლიანი, დაუზიანებელი. აი, პირველი ლეშიც გამოჩნდა, ჩონჩხად რომ იყო ქცეული და თმებიღა შერჩენოდა საიქაოდან. გახუნებული ფერისა იყო ეს თმები, თუ

შეიძლება ითქვას, სიკვდილის ფერისა.

მედეა გახარებული ჩანდა. იგი ვერ გრძნობდა, რა დიდი გზა გამოიარა ტყით, აქამდე რომ მოსულიყო. ვერ გრძნობდა იმიტომ, რომ ამისი ფიქრი არ ჰქონდა, იმდენად იყო გართული ჩასახული შურისძიების ნიაღვრის ამოფეთქების ცხოველური წადილით. თანდათან მომრავლდნენ ცხედრები. მზე ჯერ არ იყო გადასული, ნიავიც საამოდ უბერავდა, თუმცაღა მედეას აღარ სცემდა მძაღე სუნი, ქარის მიმართულება აკავებდა სიმყრალეს; თუმცაღა მედეა სუნთქავდა სიკვდილის სურნელებას და მისთვის ეს უცხო აღარ იყო. ღამე ბრძოლის ველის აუტანელი სიმყრალისაგან გათავისუფლებულიყო. მას ისედაც თავისებური სიმძიმე და ოხშივარი ასდიოდა, ესეც რომ არ დამატებოდა ზედ. ეს გაიფიქრა მედეამ და დაბეჯითებით გადაავლო თვალი მის წინ გადაშლილ ველს და ეძებდა ეტლს. იქ ყველაფერი უწესრიგოდ ეყარა – საღიც და დამტვრეულიც. მხოლოდ მკვდრები იყვნენ ერთგვაროვანნი და ერთფეროვანნი.

ბევრი ეძება, თუ ცოტა ეძება,
იპოვა მარხილი.
ტვირთისგან გაათავისუფლა,
გადაწმინდა მტვერი,
შეაბა ცხენს და
უკან გამობრუნდა.

თანამგზავრის გონებას მიანდო სამშვიდობოს გასვლა. წვალებ-წვალებით იკვლევდა ცხენი გზას ულრან ტყეში, არ დააღალატა პატრონი. მედეა დარწმუნებული იყო, თუ იპოვიდა მარხილს, ან ეტლს, აუცილებლად ააწყობდა თავისი შურისძიების გეგმას, სხვა შემთხვევაში მის შურისძიებას განხორციელება არ ეწერა. თუ რატომ, ეს უკვე არ იცოდა.

დიდი დრო დასჭირდა მარხილს უკან დასაბრუნებლად, მაგრამ ცხენის ალღომ გაამართლა – საიდანაც წავიდნენ, იქვე დაბრუნდნენ. საბედნიეროდ, ბავშვების ცხედრები არც

ერთ ნადირს არ წაუბილწავს, თითქოსდა უკაცრიელი იყო იქაურობა. ახლა კი მედეას გულმა ცემას მოუმატა.

– ეს როგორ გავბედე, უპატრონოდ როგორ მივატოვე შვილებიო, – გაიფიქრა, – მეც რომ დავკარგულიყავი, ან არ მეპოვნა მარხილი, ან სულაც მოვეტყუებინე გულის-თქმას, მაშინ რა მოხდებოდა?

გამოერკვა საშიში განცდისგან და ჩაილაპარაკა:

– მადლი დამბადებელს, რომ მშვიდობიანად მოვიარე ტყე და ვიპოვე ის, რასაც ვეძებდიო.

X

ცეცხლკარის მისტიური ხილვები

მედეამ დაასვენა შვილები მარხილზე და ნელი სვლით გაუყვა გზას. იგი ცხენს მიჰყვებოდა ფეხდაფეხ გლოვის ნიშნად. გზაში შემოაღამდა. მაგრამ გზას მაინც განაგრძობდა. ეს იყო, რომ ჯერ ვერ გაერკვია, საით წასულიყო და რა უნდა მოემოქმედნა. გველის პერანგი ემოსა და ეს მრისხანებას მატებდა მის იერს. უსუსური არასოდეს ყოფილა, თვით ყველაზე უმწეო მდგომარეობაშიც კი.

მიდიოდა და მისი ნაბიჯები მტკიცე იყო. ამ ნაბიჯებს თავგანწირვა ერქვა, რადგან მისთვის აღარ დატოვეს არაფერი, რისთვისაც თავს დაზოგავდა რაღაცნაირი უკან დახევით.

გზა მოსაწყენისი ერთფეროვნებით გადაიჭიმა და მითუმეტეს შებინდებულზე, როდესაც მგზავრი მიდამოს დათვალიერებით ვერ ერთობა და ვერც კლავს გზის უსასრულობის სისრულეს. მედეაც თავიდან ბოლომდე მთელი გონებით მინდობილიყო ამ გზას, საითაც წაიყვანდა თვალდახუჭული წავიდოდა, მოსაწყენად კი არ ეცალა. გზას მთვარე ანათებდა, ვარსკვლავთა მრავალფეროვნება საფიქრა-

ლთა წარმოშობის ნიშანს იძლეოდა და გარდასული ღამის განმეორებისაგან იცავდა ცისქვეშეთს. ყველაფერი დამშვიდებული იყო.

გრილი ნიავი საამოდ ასუნთქებდა დაღამებულ გაზაფხულს. იმისათვის, რომ ღამეული გზა მომქანცველი და რუ-ლის მომგვრელი არ ყოფილიყო, მგზავრმა ჩუმად ღიღინი დაიწყო და ამ ღიღინში კოლხური სიტყვითა და კილოთი თავის უილბლო ახალგაზრდობას დასტიროდა, რომლის ნაყოფები სიკვდილშემოსილი წყლულებით განისვენებდნენ მარხილზე. დედამ თავისი ძაძები გადააფარა, რათა არ შეეხედნა მკვდარი შვილებისათვის. ეს უფრო უადვილებდა ღიღინის სურვილს.

იმდენად გულში ჩამწვდომად ამღერდა მედეა, რომ, თავისთავად, თავისი ნამღერის ტყვეობაში მოექცა

და ისე მოექცა,
რომ ხმას უმატა,
უმატა და
უმატა.

ეს ხმა მალე ყვირილში გადაიზარდა, მაგრამ ზოგჯერ ყვირილი კვნესა უფროა და მით უფრო მომნუსხავია, თუ მას სიმღერა ჰქვია და მას დედა მღერის.

აღარ დაეძინა მედეას იმ ღამით. უკვე მეორე ღამე მიდიოდა, რაც ებრძოდა ძილს და ძილთან ბრძოლაში იმარჯვებდა, სიყმაწვილე ამარჯვებინებდა მას სხეულის არაადამიანურ მომქანცველობასთან ჭიდილში. ყველაზე კარგად ქალები საკუთარ თავსა და სხეულს უმკლავდებიან.

მღეროდა მედეა და ამ სიმღერაში ტკივილი ისმოდა.

სიმღერას ვამბობ,
თორემ მთელი ხმით გაჰყვიროდა.
ვისთვის როგორ აღიქმება -
ყვირილად თუ მღერად,
ეს ადამიანს გააჩნია,
რადგან ბგერათა წყობა ვისთვის სევდაა,

ვისთვის სიხარული,
ვისთვის კი უბრალოდ ხმაური. მედეა შესტიროდა, –
„ლილევ-და, დიდება შენდა,
დიდება შენდა ზეციეროო!“

ხმის ჩაწყვეტამდე უხმობდა მედეა ლილეს. წრფელი ცრემლები გრძნობებს აკეთილშობილებდა. მერე დაღლა იგრძნო ხორხმა, შეისვენა მედეამ, აღიდგინა სუნთქვა, რადგან აჩქარებულად სუნთქავდა. შიმშილიც იგრძნო და წყურვილიც. დაიხარა, ხელებით ბალახები მოძებნა, ხელებითვე ამოარჩია, რადგან თვალს უჭირდა სიბნელეში რაიმეს გარჩევა. ამორჩეული ბლუჯად ამოპუტა მიწიდან და შეჭამა. შეჭამა და ეამა. მეტი ძალა იგრძნო გრძნობებში გადავარდნილმა და ისევ დაიღიღინა, ისევ უმატა ხმას, ბარბოლ-დოლაშს[39] მიმართა ამჯერად შეწევნად მახვშების ძარღვმაგარ და სასმენად კლდე-ჭიუხსავით უდრეკ ენაზე; რომ იფიქრებ, ამ ენაზე სიტყვა არ იმღერისო, მაგრამ ყველაზე ჰარმონიული და ნაზი რომაა სიმღერა, – თავის ჩვევებთან და გარემო-ბუნებასთან შერწყმული, მართლაც-და, ყველაფერი ამ ენაზე იმღერის. მელოდიაცაა შესაფერისი.

ჰოდა, ღმერთმა რომ ადამიანთა ენები გაყო, ყველა მათგანს თანაბრად მისცა მადლი, სიღრმე და კეთილხმოვანება. ჩვენზეა დამოკიდებული – ადამიანებზე, თუ როგორ გამოვიყენებთ მის ღვთაებრივ სიბრძნეს.

ღიღინებდა მედეა და თანდათან ხმას სიმკვეთრე და შემართება ემატებოდა სიმტკიცით გაბრჯგნილი, –
„სამსხვერპლოზე ძღვენი გვიდევს,
ხილვა გვინდა შენი სახის,

39. **ბარბოლ დოლაშ** - სვანური მზის საგალობელია „ლილე“-ს მსგავსად. ლილე და ბარბალი პერსონიფიცირებული მზე ღვთაებებია. მათ საღვთო ხარებს სწირავდნენ. ქრისტიანულ ეპოქაში ბარბოლი წმიდა დიდმოწამე ბარბარეს - ფინიკიის ილიოპოლისის მდიდარი და წარჩინებული მოქალაქის დიოსკორეს მშვენიერი ქალიშვილის ბარბარეს იდენტური გახდა, რომელიც საკუთარმა მამამ აწამა კერპთა უარყოფისა და ქრისტეს რჯულზე გადასვლის გამო დაახლოებით 306წ. ახ.წ.აღ-ით იმპერატორ მაქსიმიანეს დროს. (აქ მოტანილი „ბარბოლ-დოლაშის“ საგალობელი ტექსტის ფრაგმენტი „ლილეს“ საგალობლის მსგავსად სალიტერატურო ქართულ ენაზე თარგმნა პოეტმა დავით წერედიანმა და მისეული თარგმანი ციტატის სახით წარმოვადგინე რომანში).

შენი ტვირთის ზიდვა გვინდა.
წვეთავს ირმის სავსე ძუძუ,
თეთრად რჩება ირმის კვალი,
კლდეებიდან გადმოადენ
რძის და თაფლის უშრეტ მარაგს.
მზე შემოაქვს რქებით ხარებს,
მზე შენია ბარბოლ-დოლაშ“.

მედეა ამ სიმღერებით აღარ უხმობდა ღვთაებებს, როგორც ეს წინა ღამით იყო. იგი მხოლოდ დროის გასაყვანად, გზის მომქანცველობის შესამსუბუქებლად მღეროდა. რომ დაამთავრებდა ერთს, მეორეს იწყებდა. თითქმის ყველა სიმღერა-ლოცვა-გალობა დაამღერა გზაში. გულიც გაიქარვა და გზაც ასე თუ ისე დაფარა, ღამე გადაეღობა ოღონდ. ისევ თავის სევდიან სიმღერებს მისცა თავი, –

„დიდია ჩვენი პირიმზე[40],
ხრმალს ირტყამს ლერწამ ტანზედა.
არ მოიხდინა მოძალე
მისული თავის კარზედა“.

აღარც უყმო ყმის მშველელი პირიმზე შეეწეოდა მგლოვიარე თვალცრემლიან დედას. ახლა მოგონებებმაც არივ-დარია მედეას გონება. ისევ ტკბილი კოლხეთი წამოელანდა თვალებს; ხელის გაწვდენამდე ახლო წარსული – ბავშვობის დღეები.

---

40. **პირიმზე** - ფუძის ანგელოზად ითვლება, ზოგიერთ თემში და მხარეში იგი ღვთისშვილია და ზედწოდებითაც მოიხსენიებენ - პირიმზე მურყვანორელი. ზოგიერთი გადმოცემით კი პირიმზე და ფუძის ანგელოზი და-ძმანი იყვნენ. რა თქმა უნდა, ქართული მითოლოგიის ეს პერსონაჟი მზესთან არის დაკავშირებული, იქნებ მზის შვილიც არის. ამის შესახებ უტყუარი ცნობები არ მოგვეპოვება. ხალხი მას ცის ნაპირამდე მოარულს, უყმო ყმის მშველელს ეძახდა.

41. **დამწვრის უქმე** - დიდმარხვის პირველ კვირაში, ანუ ყველიერი კვირის ორშაბათიდან პარასკევის ჩათვლით საქართველოს სხვადასხვა მხარეში დამწვრის უქმეს უწოდებდნენ რომელიღაც დღეთაგანს, მაგალითად, პარასკევს მთიულეთ-გუდამაყარში, ქართლში - ოთხშაბათს. ყველიერის კვირის ყოველ დღეს სხვადასხვა სახელწოდებები ჰქონდათ: თაგვის უქმე, კვირტის უქმე, მჭრელთ უქმე, დათვის უქმე და ა.შ. ამ კვირაში იმართებოდა შიოობის დღესასწაული. მართალია, ყველაფერი ეს ქრისტიანული რიტუალებია, მაგრამ თუ დავაკვირდებით, მათი საფუძველი წარმართობაში იმალება, იქამდე მარხვის სეზონური პერიოდები და ეტაპები. ყველაფერი ეს გარემო პირობებთან თანაწყობილია ადამიანთათვის ბუნებასთან ჰარმონიული კავშირისთვის. ყველიერი კვირის ციკლი მთავრდებოდა მგელშაბათით. სიტყვა მგელშაბათი მეგრულ დიალექტზე გადავიტანე: გერ-შურიშხა (გერ-მგელი; საბატონი, ანუ შურიშხა - შაბათი).

ამ მოგონებაში იგი ბავშვი იყო,

ცოცხალი იყო აფსირტეც.

ისინი მამიდას სამზარეულოში დამწვრის უქმეს[41] აღნიშნავდნენ, მეორე დღეს რომ გერ-შურიშხასთვის ამზადებდნენ მგლის კვერს.

მამიდამ,

მისმა კეთილმა მამიდამ მოგრძო ცომი დაამზადა და ერთ ბოლოში ხელი წაუჭირა და ერთიანი ფორმის ცომიდან პატარა მონაკვეთი გამოყო.

– ეს მგლის თავიაო, – უთხრა პატარებს.

ბავშვებს გაეცინათ. ო, როგორი გულწრფელი იყო ეს სიცილი, როგორი მართალი და სპეტაკი. სად წავიდა ეს სიცილი ნეტავ? მერე მამიდამ მგლის ცომს ქვა ჩაუდო პირში.

– ამას რას აკეთებო? – იკითხეს გაკვირვებულებმა.

ამაზე მამიდასაც გაეცინა, ბავშვებს მოეფერა და უთხრა:

– ეს ქვა ჭამოს წლეულს მგელმა, ვიდრე ჩვენი საქონლებიო. საგაისოდაც კლოვ ქვა ჭამოსო.

გადაიკისკისეს ბავშვებმა. მერე მედეამ ჰკითხა მამიდას:

– მგელი ხომ ჩვენი მფარველიაო. რატომ უნდა ჭამოს ქვა და არა საქონელიო. მამიდამ შუბლზე აკოცა ბავშვს და უთხრა:

– გონიერი ყოფილხარ, შვილოო, მაგრამ ეს იცოდე და დაიხსომეო – მგელს ქვა ცეცხლ-კარში გადაატარებს მშვიდობით და დაგვიცავს თავისი ძლიერებითო, ხოლო საქონელზე გადაყოლილი მგელი მტაცებელია და მეტი არაფერიო.

– ცეცხლ-კარის მიღმა რა არისო? – ახლა აფსირტემ ჰკითხა მამიდას. იმანაც უპასუხა:

– ჯერ პატარები ხართ და როცა გაიზრდებით, თავადვე მიხვდებით რა არის ცეცხლ-კარი და რაა მის მიღმაო, – და მასაც შუბლზე აკოცა.

მიხვდა,

ახლაღა მიხვდა მედეა, რა არის ცეცხლ-კარი და რა იმ-

ყოფება მის მიღმა. აფსირტემ უკვე გაიარა ცეცხლ-კარი და დაემკვიდრა ცეცხლ-კარს მიღმა.

მიხვდა,

მხოლოდ ახლაღა მიხვდა მედეა, თუ რატომ იყო გამოსახული აიეტის საბრძოლო ალამზე მგელი ცეცხლოვანი ქვით პირში. ისიც გაახსენდა მედეას – თავისი ბოჩოლა, ანგელოზა ბოჩოლა, მის სახელზე რომ მამამ ფუძის ანგელოზს[42] შესწირა, რა ლამაზი იყო მაინც, თვალთაგან არ ამოდიოდა, როგორი ჭკვიანი თვალებით უყურებდა ირგვლივ ყველას. ალბათ დააბერებდა ასე უცოდველად მამა შვილის ანგელოზას, ან გამწარებული გაუპობდა თავს, თუ გაახსენდებოდა ის სიმწარე, მამის ტკივილი რომ ჰქვია, თუ ოდესმე გაიგონებდა ხარზე ატეხილ ანგელოზას ბღავილს.

ტკბილი მამიდა აღიდგინა თვალებმა – პატარა იყო მაშინ აფსირტე, მგლების ეშინოდა მეტისმეტად. მამიდამ ქვასანაყი და სავარცხელი სამზარეულო ოდის დედაბოძს მიაკრა და მტირალა ბავშვს უთხრა:

– ნუ გეშინია, შვილო, მგელი დაიხუთებაო.

მერე ანთებული მუგუზალი შესტყორცნა ქვასანაყს.

– ნახე, ჩემო ბიჭო, როგორ დაუთუთქოს პირი შენს შემშინებელ მგელსო...

გაგულისებულ აფსირტესაც აცრემლებულ თვალებში სიხარულის სხივები უჭრელდებოდა და უცებ გადაიკისკისებდა გულიანად.

– ასე, ჩემო კუდრაჭებო, ასე! არაფერმა შეგაშინოთ

---

42. **ფუძის ანგელოზი** - ყოველ ოჯახშია დაბრძანებული, უმთავრესად იქ, სადაც ფუძე-საცხოვრისია, იგი ახალგაზრდა და უბიწო ქალის სახით იმყოფება ოჯახში. მისი თვალით დანახვა შეუძლებელია, მაგრამ მას შეუძლია, რომ მეზობლის ქალიშვილის სახე მიიღოს და ისე ეჩვენოს, ან სიზმარში გამოეცხადოს ოჯახის წევრებს, ოჯახის უფროსს თუ უხუცესს, ეს ფუძის ანგელოზზეა დამოკიდებული. თავისი სახით ვერავინ იხილავს მას. თუ საცხოვრისი გამოიცვალა კაცმა, ფუძის ანგელოზიც უნდა გადაიყვანოს - სანთელს ანთებენ, შეეხვეწებიან, გზადაგზა შაქრის ნატეხებს დაუყრიან, რათა ტკბილად წამოჰყვეს. ანგელოზებს არ სჭირდებათ გზის სწავლება, თვითონ აგნებენ ახალ სახლს. ოჯახის სადღეგრძელოში ფუძის ანგელოზიცაა მოხსენიებული: „ოჯახის კეთილ ანგელოზს გაუმარჯოს! იცავდეს ოჯახს ბოროტისაგან, ჯვარსა სწერდეს კაცსა, ნაქონ-ნაყოლსა“. ესაა ქართველთა არასრული წარმოდგენა ფუძის (სახლის, ოჯახის) მფარველ ანგელოზზე და ის დღემდე ისე მოდის, როგორც თავდაპირველად ჩაისახა.

ცხოვრებაშიო. არც შეშინებია აფსირტეს არაფრის, თვით ცივი სიკვდილისაც კი. დაალონა მოგონებებმა მედეა, თავის დახსნა მოისურვა მოგონებათა მარწუხებიდან. ამიტომ ცხენს ფაფარში ჩაავლო ხელი და დაელაპარაკა. ისიც თითქოს საუბარში ერთვებაო, ფრუტუნით პასუხობდა რაღაც კითხვებზე. ასე გალიეს გზის ნახევარი.

შუა ღამემ მოქანცა მგზავრები. ცოტაოდენ სიცივეც იგრძნო ქალის შეუმოსავმა ფეხებმა. გველის პერანგი შემოიხვია ბარკლებზე, თბილი იყო გველის ახლადგამოცვლილი პერანგი, და მიტომ. ცოტა ხნით შეისვენეს ცხენმა და ქალმა.

– რა ვქნათ, საით გავჭენდეთო, – ჰკითხა მედეამ თავის ცხენს, მაგრამ ეს კითხვა პასუხის გასაცემად არ დაუსვამს მისთვის. პირიქით, პასუხი რომ არ გასცემოდა, იმიტომ იკითხა, რადგან იცოდა, პასუხს ვერავინ გასცემდა, არც იყო საჭირო რაიმეს თქმა საპასუხოდ, – არც რომ მამა მელის, არც რომ სატრფო. მაშ, რაღასთვის ვიჩქაროთ. შვილებს ვერ გავაცოცხლებ სიჩქარით. შურისძიება კი რაც უფრო დააყოვნებს, მით უფრო მწარედ მოხვდება მიზანს. ამიტომ თვალს მოვატყუოთ, ჩემო ცხენო, და ხვალ ისევ განვაგრძოთ გზა. სძლისპირებით გავიმაგროთ ეს ღამე და შეგვეწევა დამბადებელიო, – უთხრა მედეამ თავის ცხენს. მანაც ფრუტუნით დაუდასტურა პატრონს ნათქვამი და წინა მარჯვენა ფეხი ასწია და ფლოქვი მიწას ჩასცხო, მორჩილადაც დახარა თავი.

– რაო, ცხენო, რა გინდა, რომ მითხრაო, – ჩაეკითხა ისევ მედეა, – თუმცაღა რა უნდა მითხრაო. დამშვიდდიო. დაისვენეო. ხვალ დიდი გზა გველისო.

ცხენი კი უფრო და უფრო მოუსვენრად ურტყამდა ფლოქვებს მიწაზე და ფრუტუნებდა.

– მგელი ხომ არ იგეშე. შიში ნუ გექნებაო. სანამ შენს გვერდით ვარ, ვერავინ შეგჭამსო. ჩემი ბიჭები ვერ დავიცავი, თორემ მე და შენ ამ ქვეყნის ზურგზე შეგვჭამენ, თუ

შევჭამთ, ვივლით, თუ არა, რა სათქმელი ვართო.

ცხენი მოუსვენრობამ შეიპყრო, მარხილში რომ არ ყოფილიყო შებმული, ალბათ, გაიქცეოდა.

– რა დაგემართაო, – გაუკვირდა მედეას, – ხომ გითხარი, ცოტა შევისვენოთ და მერე განვაგრძოთ გზაო. საჩქარო არაფერიაო, დაწყნარდიო, – იქვე ლოდზე ჩამომჯდარი მედეა წამოდგა, მიეფერა ცხენს და ისევ დააპირა დაჯდომა. ცხენი კი არ ისვენებდა, – ცხედრებმა ხომ არ შეგაშინაო, მაგრამ აქამდე ხომ მოიტანე ისინიო? – ცოტა არ იყოს, წყრომის კილო შეერია მედეას ხმას, ირგვლივ მიმოიხედა, მაგრამ სიბნელის მეტი ვერაფერი დაინახა.

– არა, რაღაც ნამდვილად დაინახა ცხენმა, ახალ ხიფათს ხომ არ გრძნობს ნეტავ? აშკარად მოუსვენრობამ შეიპყრო, თითქოს რაღაცნაირად განგაშის წინათგრძნობა აქვსო. რისი გეში აიღო ნეტავო, – არ ასვენებდა ახლა ამღამინდელი საწუხარი.

ცხენი აჭიხვინდა და მთლად გადაირია. მედეაც მოემზადა, რადგან მიხვდა, რომ ახლოს იყო უკვე ის, რამაც ასე დააფრთხო მისი თანამგზავრი. ყურადღება დაძაბა, ხელი წელზე გაჩრილი დაშნისკენ წაიღო. ამის მერე წარბები შეიჭმუხნა მედეამ, რაში კი სულ უფრო და უფრო მოუსვენარი ხდებოდა. საუცბათოდ ბავშვების ცხედრებს დახედა დედამ. იქ ყველაფერი რიგზე იყო და ისევ გადააფარა ბავშვებს ღამისფერი ძაძები და ისევ ცხენთან მიბრუნდა.

საიდან იყო და საიდან არ იყო,

სიბნელიდან გამოიკვეთა კვესივით ბრჭყვიალა თვალები, მერე თანდათან კონტურიც დაიხატა. მედეა სახტად დარჩა დანანახით, რომელიც თანდათანობით თვალნათლივი ხდებოდა და მოჩვენების ცთომილების სიშორიდან სიცხადის ხილვის გარდამავალ მანძილზე გამოჩნდა. ეს არ იყო მირაჟი, ამაში მაშინ დარწმუნდა, როცა ღამეს გამოეყო ის ჩვენება და მას მიუახლოვდა. ცხენმა შეწყვიტა ფრუტუნი და დამშვიდდა. მედეამაც დაშნა ისევ წელზე გაიკეთა და

თქვა:

– თვალები მატყუებს, თუ მართლა გხედავ?! საირხე!!!

XI

საირხე

საირხე მდუმარედ უახლოვდებოდა მარხილს. ცხენი დამშვიდდა. მედეას თვალებში ჯერ გაკვირვება, შემდეგ კი სიხარული გამოიკვეთა. მან ხელი შეუშვა ფაფარს და ნელა გამოეყო ბედაურს. სიბნელის მიუხედავად საირხე მკაფიოდ გამოჩნდა. იგი მშვიდად და აუღელვებლად მიდიოდა მედეასკენ და რძის კვალსა და სურნელს ტოვებდა. არაფერს ამბობდა საირხე, მხოლოდ მედეას უყურებდა, –

და უყურებდა სათნოებით,
არა-სიბრალულით!
მის თვალებში არ იყო წყენა,
არც თუ შურისძიება,
არც ნიშნისმოგება,
არც ალერსი იკითხებოდა,

თუმცაღა თვალთა სიღრმეში, სადაც სულის შეხება ხდება ხორცთან, სწორედ იქედან მოდიოდა წყენა პატიებასთან შეზავებული.

მშვიდობა მოუტანა მედეას საირხემ, ისეთი მშვიდობა, ძალადობას რომ აქარწყლებს სრულიად. თვალებში უყურებდნენ ერთმანეთს, არ მიიღო მედეამ მშვიდობა, თუმცაღა შერბილდა მისი ბოღმის გაქანება. ღვარძლით ამღვრეული თვალები საირხემ დაუმშვიდა, უფრო ლამაზი გამოჩნდა და შურისძიების წინსწრაფვას უნდა გადაღობებოდა მედეასას, ვერ შესძლო. საირხეს თვალებში ანკარა წყაროს უბრალოებით შევსილი სისპეტაკის მზიური სხივარეკვლა და ნაფიქრის ცოცხლად ამეტყველებული წრფელი და დაუფარავი პატიოსნება იმზირებოდა. ამან შეაჩერა მედეა ცოტა ხნით.

– საიდან მოსულხარო, – თვალებმა ჰკითხეს თვალებს, – ან როგორ მიპოვეო?

– ბევრი ვიარე, თუ ცოტა ვიარე, ვგრძნობდი. ამიტომ გადმოვლახე ცხრა მთა და ცხრა ზღვა. შენამდე უნდა მომეტანა მთელი კოლხეთიო, – უპასუხეს თვალებმა თვალებს.

– ჩემი კოლხეთი მკვდარიაო, – სინანულით გადახედეს თვალებმა თვალებს. საყვედურის მთქმელი თვალები შეაგება საირხემ მედეას:

– შენ კოლხი ხარ და ამას, რომც გინდოდეს, ვერასგზით ვერ შეცვლიო.

– მაშ, სადაა მამა ჩემი, ან დედა ჩემი, ან და-ძმა ჩემი? მე ხომ ყველანი ერთდროულად დავკარგე, ჩემი ნებით, თუ გარემოების გამო, ამას აღარა აქვს მნიშვნელობა. შვილებიც კი... – ცრემლმა დაფარა თვალთა სიმეტყველე.

საირხეს თვალებმა ანუგეშა – წარბები ასწია სიმღერის ნიშნად და ჩაიმღერა კოლხური ჰანგი:

„მზე დედაა ჩემი,
მთვარე მამაჩემი,
მოციმციმე ვარსკვლავები
და და ძმაა ჩემი."

მერე მედეამ ხმამაღლა უთხრა საირხეს:

– ეჰ, ჩემო კეთილო საირხე, კარგია, ყველაფერი რომ გამახსენე, მაგრამ რაღასთვის? რას მარგებს მე კოლხეთი და კოლხეთს რას ვარგებ მე. ჩვენ ერთმანეთი უკვე გავწირეთ – მე ჩემი თავისუფლებისათვის, მან – საკუთარი თავმოყვარეობისათვის. ასე რომ, დაგვიანდა შენი სტუმრობა ჩემთან, ვეღარაფერს შეცვლი, და მიტომ.

თვალებში ჩახედა საირხემ მედეას, სცადა გადაერწმუნებინა იგი, მედეამ კი უთხრა:

– აქ, მარხილში მკვდარ შვილებს მივასვენებ იქ, სადაც ამ ცხედრებით დავამარცხებ ელადელებს არათუ ბრძოლით, მხოლოდ ჩემი გლოვით. ვერ გაუძლებენ ელადელები ამ სამზერალს, თვალები დაეწვებათ და თავიანთ შვილებს დაწ-

ყევლიან.

– ნუ იზამ ამას, – თვალებით თხოვა საირხემ, – ამაღლდი საკუთარ გრძნობებზე.

ვერ გაიგო მედეამ, რა თხოვა საირხემ, რადგან სულით ხორცამდე გაბრჯღნილი იყო შურისძიების ცხოველი წყურვებით. არც ამაღლებულა საკუთარ გრძნობებზე მაღლა, მაგრამ შერცხვა კი რაღაცის და ისიც საირხეს წინაშე და საირხესავე გამო და თავი დაუხარა სინანულით. ისევ თვალებით უთხრა მედეამ:

– შენ ძლიერი დედა იყავი, შენგან ვისწავლე შვილებისთვის ბრძოლა. შენ ძლიერი იყავი, მე კი ლამაზი. არადა, შენ ლამაზი ხარ, მე კი ძლიერი.

თვალებით უამბო საირხემ იგავი:

– ერთი კაცი ცხოვრობდა სოფელში. მგელთან მეგობრობდა ეს კაციო. ღამ-ღამობით შეჯდებოდა ამ მგელზე და დათარეშობდა სოფელ-სოფელო. მერე ვიღაც გულოვანმა კაცმა ეს მგელი მოკლა, კოჭები დააჭრა და სახლში წაიღო, ვინმემ არ გააცოცხლოსო მგელი. დაღონებულა ეს კაცი, შავი ნაბადი მოუხურავს და მესეფობის დროს ასე გამოუდენია საქონელი მდინარის გაღმიდან. დაუსწრია მას თეთრად გამოწყობილი ქალებისთვის საქონლის გამოდენა. იმ წელიწადს ისეთი ძლიერი თოვლიანი ზამთარი ყოფილა, რომ გაუწყვეტია სოფელი. იმ თეთრად გამოწყობილ ქალებს რომ მოესწროთ, ყველა გადარჩებოდა და ზამთარიც თბილი და უწყინარი იქნებოდა. იარა ამ კაცმა უკაცურ ქვეყანაში და ერთგან ეზო უნახავს. ირმის რქებით რომ შემოღობილი, ჯიხვის რქებით დაწნული ჭიშკარი ეკიდა. შევიდა ამ ეზოში და იქ დაუხვდა ხორც შესხმულ ორეულად გარდასახული გამგელებული ზიზღი. აღარ შერჩა ამ ზიზღს აღარავინ და თვით საკუთარი თავი ჩაამწყვდია საკუთარსავე ნამოქმედარში. მერმე ამ გამგელებულმა ზიზღმა ეს კაცი შეჭამა. ასეა, საკუთარი დარდი შეგჭამს საბოლოოდ, ჯერ ხომ სხვებს იმსხვერპლებ, მერე როცა აღარაფერი დარჩება,

მაშინ იმაზე მეტად დაგამწუხრებს, ვიდრე დღეს ხარო.

მწარედ გაეღიმა მედეას, ყური არ დაუგდო საირხეს, მხოლოდ მოისმინა მისი თვალების ნათქვამი. ხმამაღლა უთხრა მედეამ საირხეს:

– იმ წელიწადსაც ნაბდიანი კაცი გამოვიდა ზღვიდან მესეფობისას. ჩოხა დამპალა იმ თვეში, ისეთი წვიმები წამოსულა. ლაშამ მიამბო ეს ამბავი ბავშვობისას, მე კარგად დავიხსომე, მას კი დაავიწყდა. რომ წამოვიზარდეთ, მსხვერპლად შეწირვია ვაშას. შემებრალა ლაშა, ჩემი კეთილი მეგობარი, რომელმაც ეს სევდიანი ამბავი მიამბო იმიტომ, რომ თვითონ დავიწყებოდა, მე კი მხსომებოდა, როგორც მისი სახსოვარი.

– რა იყო ეს ამბავი? – უკითხავს საირხეს თვალებს.

– ბედგაუტეხელი ციხის რაინდი იყო ლაშა. იმ წელიწადს, ნაბდიანი კაცი რომ გამოვიდა ზღვიდან, მტერი შემოსეია ციხეს, ბედის გატეხვა ნდომიათ თურმე. მარტო ყოფილა რაინდი ციხეში. დამხმარე არავინ ჰყოლია. ციხის ქონგურებზე არწივები ისხდნენ, თვითონ კი ძვალმაგარას კოშკში გამაგრებულა, მტერი კი უტევდა, ალყა შემოარტყა ციხეს. ბედი სასწორზე შეუდვიათ და ის-ის იყო, უნდა გაეტეხათ და მთელი ცხოვრებაც ამით დამთავრებულიყო, რომ თავშესაფარი დაუტოვებია ლაშას. ვაჟკაცი იყო ლაშა! ციხიდან გასულა და მტრის ბანაკში მისულა. მხედართმთავრისთვის მოუხსენებიათ, ბედგაუტეხელი ციხის მცველი გვნებდება, შემოიხმეთ, სიტყვა აქვს შენთვის სათქმელიო. შეუხმია თავისთან ლაშა. ღამე ყოფილა თურმე და ჩირაღდნების შუქზე ელავდა ლაშას მგელივით ანთებული თვალები. შეუხედავს მისთვის მხედართმთავარს და უფიქრია – ეს ის კაცი არაა, ციხეს რომ უბრძოლველად დათმობსო. მერე უკითხავს – რისთვის მეწვიეო. ეს იცოდეო, – უთხრობია ლაშას, – ბედგაუტეხელი ციხე ისევე არ გატყდება ცეცხლსა და წყალში, ჰაერსა და მიწაში, როგორც მე არ გავტყდები და წარბიც არ შემითამაშდებაო. ესა თქვა და ანთებულ ჩირაღ-

დანს შეუშვირა მუშტად შეკრული მარჯი. ლაშა იდგა მტკიცედ და შეურყევლად, თვალიც არ დაუხამხამებია, ისე ეწვოდა ხელი. სანთელივით დაიღვენთა ჯერ კანი, მერე აშიშინდა სისხლიანი ხორცი, ზეზეულად შეიწვა, შეიწვა და დაიწვა, დანახშირდა ბოლოს, ძვალზე გადავიდა ცეცხლი, მუშტი კი მოღერილი ჰქონდა და წარბიც არ შეტოკებია ლაშას. თვალებში უყურებდა მტერს და თვალები დაუწვა მტერს, ისე დაუწვა, რომ ვეღარ გაუძლო ლაშას მომზირალმა ურიცხვი ლაშქრის მხედართმთავარმა ამ სანახაობას, ერთიანად დაიკრუნჩხა, იფიქრებდი, რომ ცეცხლი ლაშას კი არა, მას წვავსო, დათრგუნულმა მხედართმთავარმა ბედ-გაუტეხელ ციხეს მოხსნა ალყა და შორს გადაიკარგა. ლაშამ თავისი ხელის სიმაგრით ბედი არ გაატეხვინა მტერს. თავის ხელში იყო გამაგრებული ბედგაუტეხელობა. მტერმა არათუ შეიცნო ლაშას ვაჟკაცობა, მან საკუთარ სხეულში შეიგრძნო ლაშათი ბედგაუტეხელი ციხის სიმაგრე. მისი ხელი წრფელი იყო და გულიც სპეტაკი. მერე იყო და, მიამბო მან ეს ამბავი და შემასწავლა თვალებით მტრის განგმირვა, თვითონ კი დავიწყებია თავისი თავგადასავალიც და თავისი ძლევამოსილებაც. ძვალმაგარას კოშკი ლაშას მსგავსი რაინდების მაგარი ძვლებით ყოფილა ნაგები – ღერძი ბედგაუტეხელობის. მე მენანება ლაშა, ვაშას სამსხვერპლოზე შემდგარი. ბნელ ღამით ანგელოზებმა აიტაცეს მსხვერპლად შეწირული ყმაწვილი. მერე ხშირად ვნახულობდი ლაშას სიზმრებში თავისი დანახშირებული და ძვალმაგრად ნაქცევი დანახშირებული მუშტით, ხანაც ამ მარჯზე ცეცხლწაკიდებული გამარჯვებით მესაუბრებოდა ათას რამეზე. „არგოზე“ რომ ვიყავი, კოლხეთის სანაპიროების ხსოვნა ისევ ბედგაუტეხელმა ციხემ განასახიერა, რადგან ყველაზე ბოლოს მას შევხედე. ნისლით არ იყო შემოსილი, მაგრამ დაღვრემილი და სევდიანი მეჩვენა ის. ნეტავ როგორაა ახლა? – იკითხა მედეამ.

– ლაშა იყო იმ მოთვინიერებული მგლის პატრონი, საკუ-

თარმა სისასტიკემ რომ დაღუპა. სადაც მოვიცვლი რქებს, იქ ხე ამოდის, რომელსაც სახელი არა აქვს, არც რაიმე ფოთოლი და ნაყოფი ხარობს მასზე, მაგრამ ჩემი რქის ხე ნატვრის მომტანია, იგი ყოველთვის შეფოთლილია ადამიანთა ნატვრის ფოთლებით. ერთი რქა მაქვს ცხოველსმყოფელი, რომელიც არასოდეს არ იცვლება. იგი ლაშას ბედივით ჩემი თანამდევია, რადგან იგი ბედგაუტეხელი ციხის მცველი და ძვალმაგარას კოშკის საძირკველი იყო. თავით ვატარებ მესამე რქად ცხოველსმყოფელ ჯვარს და იგი შენამდე უნდა მომეტანა, რადგან ბედგაუტეხელობა მე ვზიდე საკუთარ თავში დამახვილებული ძვალმაგარას კოშკის მახვილით. მგლის ძალამაც, ბედის სიმრთელემაც, ძვლის სიმაგრემაც, ლაშას რაინდობამაც ჩემში მოიყარა თავი, რადგან ჩემი რქებიდან ირგვება ნატვრის ხეები და მესამე რქის უკვდავება შენ უნდა გადმოგცეო, – თვალებით უთხრა საირხემ.

– შენ რატომ ზიდავ ბედგაუტეხელობას, განა რა იქნა ბედგაუტეხელი ციხეო? – თვალებით ჰკითხა მედეამ საირხეს.

დანანებით დახარა თვალები საირხემ, მერე კი ისევ ჩახედა თვალებში მედეას და უპასუხა:

– შენმა წყევამ უწია ბედგაუტეხელ ციხეს. ის დაიქცა, შენ რომ გაშორდი კოლხეთის ნაპირებსო. ნანგრევებში მე მოვყევი და არ დავამსხვრიე ბოლომდე ბედგაუტეხელობა და მე ვიტვირთე ამიტომ მისი ზიდვაო. დაილეწა ძვალმაგარას კოშკის ძვალთა სიმაგრე. მხოლოდ-ღა ხომლის მთა გადარჩა, მაგრამ გადატეხილი ხერხემალივით, და იგი ოთხთა ქართა სამბრძანებლოა ახლა. იქ დალი ნადირობს დედა მზეჭაბუკისა. მონადირეები ლოცულობენ დარში დალზე და მთათა გამოძახილი ექოდ პასუხობს მონადირეებს თავიანთ ნალოცვარებს:

„ოო, დიდება მოგსვლოდეს, მადლი მოგსვლოდეს, დალ იეშხვამისას[43] დიდება, დალო იეშხვამისაო, შენი ტაბლას აღების დრო გვაქვს, კარგ გულზე გვამყოფე ჩვენი საძმო, საღამოს ხანს კარგ გულზე შეგვყარე ერთმანეთს, ადამი-

ანის სულის სამშვიდობოდ გიძღვნით ადამიანის ლოცვას“.

დალიც შეყრის ოთხთა ქართა და შეისმენს ლოცვებს. დალის თავშესაფარიც ბედგაუტეხელი ციხის შემდეგ ხომლის მღვიმეებია. ექოს მიაქვს ადამიანთა ნალოცვარები ღვთაებამდე, ესაა რომ ხანდისხან და უფრო მეტად ექო არ აღწევს დალამდე, დილამდე კი ლოცულობენ მონადირენი. ვიდრემდის ბედგაუტეხელი ციხე ძვალმაგარას გოდოლით მტკიცედ იდგა, ადამიანთა ბედიც არ გატეხილა. ახლა კი ყველაფერი შეიცვალაო.

დაღონდა მედეა საირხეს მოტანილი ამბების შემდეგ. სრულად გაისიგრძეგანა თავისი წინდაუხედაობით გამოწვეული შედეგის სიმძიმე. ერთიანად ააფორიაქა ბედგაუტეხელი ციხის დაღუპვამ. ერთხანს იფიქრა – ყველაფერს დავთმობ და შინ დავბრუნდებიო, სულმა წასძლია, და მიტომ. მერე ისევ თავისი სატირალი გაახსენდა და ისევ პირქუშ მედეად გადაიქცა. აღარ შებრალებია კოლხეთი, რადგან გულჩვილობის სისუსტის გამოვლენისას წაუხდებოდა განზრახვა შურისძიების. მაინც იკითხა ყასიდად მედეას თვალებმა:

– ჩემთან რატომ მოდი, მე რას მთხოვ, ბედგაუტეხელ ციხეს მე ხომ ვერ აღვადგენ, ან როგორ, ან თუ რატომაო?

საირხე აღარ ხედავდა მედეას, მხოლოდ უყურებდა მას და ეუბნებოდა:

– შენმა წყევამ უწია კოლხურ ბედგაუტეხელობას და შენ უნდა ზიდო მისი მართალი ტვირთიო. მე შენამდე მოვიტანე ის, რადგან ერთმანეთს სჭირდებით თქვენ. აქ ეული ხარ და ყოველთვის ეული იქნებიო. შინ დაბრუნება, ბედგაუტეხელობის ტვირთი და საზიდარიაო. დამბადებელი შეგიფარებს და შეგიწყნარებს. შენს ყველა ტკივილს გიკურ-

---

43. **იეშხვამი** (ეშხვამ, შუშხუამ) - ზემო სვანეთში ახალი წლის პირი, ახალწლის წინა დღეა. ამ დღეს, როგორც სხვა დანარჩენსაც თავისი საკრალური მნიშვნელობა ჰქონდა. იეშხვამისას ტყეში მიდიან, ხეს ჭრიან და მკითხაობენ. ამ დროს ლოცულობენ ჯგრაგზე და დალზე. დალ-იეშხვამისა ახალწლის პირის დალის მოხმობაა ლოცვით.

ნებს და აღარ იგრძნობ თავს გაუცხოებულად. სისხლის ყივილი გიხმობს, მედეა!

– მართალი ხარო, საირხევ, – უპასუხეს მედეას თვალებმა, – სისხლის ყივილი მიხმობს, პირველყოვლისა, შურისძიებისათვის. მარხილში ჩემი მკვდარი შვილებიაო.

XII
სალვთო ჯოგი

მკვდარი შვილების ხსენებისას საირხემ მრავალმნიშვნელოვნად შეხედა მედეას და მედეამ მრავალი რამ ამოიკითხა საირხეს თვალებში ისეთი, რისი თქმაც ენას არ შეუძლია და უძლურიცაა აღწეროს. ერთ შემოხედვაში ჩაატია საირხემ ყველაფერი ის, რისი სრული გააზრება და გახსენება მედეას კარგა ხანი დასჭირდა. და ამოიკითხა აი, ეს:

საირხე თავდაპირველად ირემი ყოფილა თურმე, ლამაზი თვალებითა და ცას აწვდენილი რქებით, ფური იყო, და ამიტომ იყო ასე-ოდენ მიმზიდველი. ამბობენ, იგი თეთრი გიორგის ტაძარ-ბეღლების ჯოგში შედიოდა. ისიც თქმულა, რომ თვით თეთრი გიორგი მოდენიდა ამ ჯოგიდან რომელიმე მათგანს თავის ერთ-ერთ ბეღელში შესაწირად და გაუშვებდა მას სალოცავის გალავანში და დააწყებინებდა ცოხნას. ნაცოხრაობას ეწირებოდა დამბადებელს. ხალხი თვალს ადევნებდა სამსხვერპლოს, სანამდის დაინაცოხრებდა, მერე კი დაკლავდნენ თეთრი გიორგის სახელობაზე. ასე გრძელდებოდა ჟამით ჟამამდის. მონადირეებიც ერიდებოდნენ ამ ჯოგიდან ირმის მოკვლას, თეთრი გიორგისა და ღალის რისხვა არ აგვცდებაო. მსხვერპლად შეწირულთა რქებს იქვე ტაძარ-ბეღლის გალავნის ეზოში დაასვენებდნენ დიდის პატივითა და რიდით. ჩვეულებრივი ირმებისგან ეს ირმები იმით განსხვავდებოდნენ, რომ დედალ-მამალს

განურჩევლად ყველას ამოდიოდა რქები, და რომ ეს რქები ცად იზიდებოდნენ როგორც ალვა. დედალ-მამლის გარჩევა რქათა მოყვანილობითაც შეიძლებოდა – ფურის რქები განში იტოტებოდნენ და ხრმალივით ორლესული იყო, ხარების რქები კი ვაზის რქებსავით დაგრეხილიყო და ცამდის ადიოდა თავისი განტოტვებითაც. ისინი ბლაგვი იყო და ბოლო წვეროები წაწვეტილი. ამბობდნენ, ცარგვალად მეგზიური ქუდბედიანის ხე ამოვა და ყველანი ღმერთამდის წავალთო.

ამ ჯოგიდან ნებისმიერი ირმის ნახტომი რძის ნაკვალევს ტოვებდა და შეურქმევიათ რძის გზა, ხარს რომ გაუვლია ამ გზაზე ხარის ნაჭლიკარად გადარქმეულა ირმის ნახტომი. ცის კიდიდან ცის კიდემდის გადამხტარა გიორგისეული ირემი და მთიების უსაზღვროება შემოურკალავს და განუსაზღვრია ხომლთა თვალსაწიერსა და თვალსაწიერის მიღმა უსასრულობის ფარგლები. მთვარემ ნათელმოსილი გახადა მისი რქები, მზემ ოქროს ნაპერწკლებად აქცია ნახტომით შემოფარგლული მისი ნაჩლიქარის ასხლეტილი მოსმა და მისი ჰაეროვნება ბრჭყვიალებით გაასპეტაკა. ირმის ნახტომში ამბობდნენ – „ლამარიას თვეს ამომასწარი და ჯგირაგის თვეს ჩამომასწარიო“.

როცა ღრუბელი დაფარავდა ცარგვალს და ბინდი გაწვიმებამდე გადაეკვრებოდა ცისქვეშეთის ღლისწულს, გასაოცარი დასანახი იყო ირმების გუნდი სერზე მოხტუნავე, წყალმოწყურებულნი. წვიმაში კი თავებს მაღლა სწევდნენ და ციურ ნამს სვამდნენ, მერე გამოდარებულზე ქორფა ბალახით იგემრიელებდნენ პირს. ყველა ირემს ჰკიდებდა პირს მგელი, გარდა ამ საღვთო ირმების ჯოგისა. ღამითაც საღვთო სიმშვიდით ეძინათ და გაფანტულიყო მათგან დაძაბულობა თვითგადარჩენის. ამიტომ მათი სხეულები ერთი ერთმანეთზე მშვენიერი იყო. ისინი ნებივრობდნენ ბუნებაში ისეთი წარმტაცებით, როგორადაც არ ნებივრობდა სხვა არც ერთი ცხოველი დედამიწაზე გაჩენილი, რამეთუ თეთ-

რი გიორგის სახელზე კურთხეულიყვნენ. ისინი მადლს სწირავდნენ გამჩენს და რიგ-რიგობით თვითონვე ეწირებოდნენ ღვთაებას ისე, რომ ჯგრაგს აღარ სჭირდებოდა მათი სალოცავში მოდენა. რომელი ირმის ჯერიც იყო, ის განტოტვილ რქებზე სანთლებდანთილი, თავაღერილი, თავისუფალი ნებით მიდიოდა დათქმულ დროს ტაძარ-ბეღელში. ეს სანთლები ციდან დაფიფქულ კვეს-ნაპერწკლებს ჰგავდა, ღამეში კი მთელი თავისი მისტიური დიდებულებით წარსდგებოდა მლოცველების წინაშე. ხელი უთრთოდა ყასაბს და ამიტომ მხოლოდ თეთრი გიორგის მახვილი ლახვრავდა მსხვერპლად შეწირულს. მსხვერპლ-შეწირვის შემდეგ სანთლები უჩინარდებოდა, მაგრამ არ ქრებოდა თვით რქების ზღაპრული მომხიბლაობა. ამიტომ იყო, რომ სანატრიონი ამ რქების ხეებზე აღმოცენდა.

არავინ იცოდა, ვინ ამაგრებდა სანთლებს ირმების რქებზე, ან ვინ ანთებდა მათ და ეს იმ დროიდან, როცა კაცმა და კაცის შვილმა ჯერ კიდევ არ იცოდა, რა იყო ცეცხლი.

ერთნი დარწმუნებულნი იყვნენ, რომ სანთლებს თვით თეთრი გიორგი ანთებდა,

მეორეთ სჯეროდათ, რომ ისინი თავისით ინთებოდა,

მესამეთ მიაჩნდათ, რომ ყველაფერ ამას თავისი დიდებულებით თვითშეწირული ირემი აკეთებდა და როგორ, ეს კი ვერ აეხსნათ.

ჟამი ჟამს ენაცვლებოდა და ირმების ამ ჯოგს რიცხვობრივად არც ემატებოდა და არც აკლდებოდა სამსხვერპლო. ზენა-არსი იცავდა მათ სიცოცხლეს. საღვთო ჯოგში არ მრავლდებოდნენ, მხოლოდ ენაცვლებოდნენ ერთმანეთს - ახალშობილი იკავებდა ახლად მსხვერპლშეწირულის ადგილს. თითოეული მათგანი არ იყო რომელიღაც ირემი ცალკე აღებული, გამოყოფილი ერთიანობისგან, ისინი ერთობლიობაში იყვნენ ლამაზები და მომხიბლავები. ვერც კი წარმოიდგენდი სხვაფრივ მათ. მსხვერპლშეწირვის წინარე ჟამს

რჩეული ირემი ცალკე ძოვდა,

ცალკე სვამდა,

რაღაც დროით განცალკევებულად დადიოდა – ემზადებოდა მსხვერპლშეწირვისათვის და ეს უნდა ყოფილიყო აუცილებლად ნებაყოფილებით. წელიწადში ორჯერ იყო ასეთი დღეობა გაზაფხულისა და შემოდგომის ბუნიაობისას – თეთრ-გიორგობისას და შავნაბადობის დღესასწაულებზე. ერთი სასწაული კიდევ ხდებოდა – არასოდეს ჯოგს რიცხვობრივად არ აკლდებოდა და არც ემატებოდა ირემი,

პირიქით,

რომელ დღესაც,

რომელ საათზეც,

რომელ წუთზეც გამოეყოფოდა სამსხვერპლო ირემი ჯგუფს,

იმავე წუთს იბადებოდა მისი სანაცვლო.

და კიდევ ერთი უცნაურობაც –

ადამიანთაგანს არავის დაუთვლია საღვთო ჯოგი, დანახვით ბევრს დაუნახავს, მაგრამ არ მოფიქრებია, დაედგინა მათი რაოდენობა, და ეს ალბათ ღმერთის ნება იყო ასეთი. ირმები თვალისმომჭრელად ლამაზები იყვნენ ყველანი უკლებლივ, ერთი-ერთმანეთზე უკეთესები, მონადირეს მათზე აღმართული ხელი უნებურად ეშვებოდა. ირმები არც კი ფრთხებოდნენ მათ დანახვაზე. ადამიანებს განცალკევებით მყოფი ირემი არასოდეს უნახავს, ყველას კი სურდა ენილა ეს მომაჯადოებელი სანახაობა და ნატრობდნენ ლოცვად დამდგარი ირემი ენილათ, სიზმარში მაინც, სიზმარი კი სულ სხვა მხრით შლიდა ფრთებს და ადამიანებს სხვა განყენებაში მიუძღვოდა. მხოლოდ ადამიანთათვის იყო განკუთვნილი სიზმრისეული ხილვები, რადგან გრძნობა ადამიანებს სჭირდებათ. ცხოველები კი ბუნებასთან შეზიარებულნი თვითონვე არიან მგრძნობიარენი. ამიტომ არც ესიზმრებათ სიზმრები ცხოველებს, ამიტომ არ იცინიან და არც ტირიან ისინი. თავიანთ გრძნობებს თვალებით გამოხატავენ მხოლოდ. თვალები განსაკუთრებული მეტყველებით გამოირჩევა.

დრო გადიოდა და ეს წესი არ იცვლებოდა, მაგრამ მოხდა რაღაც უცნაური რამ, რისი ახსნაც ვერავინ შესძლო – ერთ წელიწადს ირემი უსანთლოდ მივიდა სამსხვერპლოზე, მეორე წელიწადს კი საერთოდ აღარ მისულა და ადამიანებმა გადაწყვიტეს ხარის შეწირვა თეთრი გიორგისთვის, სანთლებსაც ხარის რქებზე ამაგრებდნენ. ვერ გაეგოთ, რაში მდგომარეობდა ვისი რა ბრალი. ასე რომ, გაუჩინარდნენ ირმები. ვიღაც მონადირეს ისიც შეუმჩნევია, რომ ჯოგი შემცირებულა, თანდათან მართლაც იკლო ირმების რაოდენობამ, ბოლოს ერთი ფური და ნუკრი შემორჩენილა. მიუსაფრად უგრძვნია თავი ფურს და უღრანი ტყის სიღრმეში შემალულა რომ არ მოეკიდა თვალი ან ნადირს, ან მონადირეს. მხოლოდ წყლისთვის გამოდიოდნენ ტყის განაპირას და ისევ თავიანთ სამალავს უბრუნდებოდნენ.

ირემი ხვდებოდა, რომ დიდხანს ასე არ გაგრძელდებოდა და რაღაც ცუდის მოლოდინში იყო, მაგრამ თავს იმედებდა, იქნებ ეს წინათგრძნობა ცრუ გამოდგესო. ამიტომ საიმედო თავშესაფარს ეძებდა. სულ უფრო და უფრო მიუვალ ადგილებში მკვიდრდებოდა ირემი და ნუკრი, მაგრამ უწყლობა აქაც თან სდევდა და წყურვილის დასაოკებლად უწევდათ თვალსაწიერზე გამოჩენა. უფრთხოდნენ ტრიალ მინდორს, ტყეშიც ფრთხილად გადაადგილდებოდნენ, რადგან რქები სწრაფი მოძრაობის საშუალებას არ აძლევდა. მოუსვენრობა დაჩემდა ამიტომ ფურს. გაუჭირდა ბუნების სასტიკ პირობებთან შეჭიდება, და მიტომ. ყველა ფეხის გადადგმაზე საფრთხეს გრძნობდა და უახლოვდებოდა თავის ბედისწერას. ყოველი ბუჩქიდან და ბნელი ადგილებიდან სიკვდილს ელოდა, სიკვდილი მას აქამდე არასოდეს განუცდია და მისთვის ეს უცხო რამ იყო. არც ის იცოდა, როგორ დაეცვა თავი, ბოლოს გაიფიქრა – სირბილით თუ დავაღწევ თავს ამ საშიშროებასო. ირემი ღამის თვალებით უყურებდა გარემოს და მზერა დაეძაბა.

მხოლოდ ნუკრი იყო ნებიერად და მხოლოდ იგი არ გა-

ნიცდიდა არაფერს, ბუნებით ტკბობის გარდა. დაკუნტრუშობდა ტყეშიც და მინდორშიც, არ იცოდა რა შიში არაფრის, არც ტკივილის გამძაფრებული შეგრძნება იცოდა. ამიტომ დაურიდებლად დარბოდა, ძოვდა ბალახს და დედის თვალსაწიერს მოშორებულ წყაროზე მიდიოდა, თავისუფლება სურდა, არ უნდოდა თვალთვალი და ეწინააღმდეგებოდა დედას. ამის გამო ირემს საფიქრალი მოემატა. შვილის ჯავრი არ ასვენებდა და არც თუ უსაფუძვლოდ.

ერთხელ ძერა დაესხა თავს, დედამ გადაარჩინა, რქებით გადაეღობა თავდამსხმელს და უმწეო ნუკრამდე მიახლოების საშუალება არ მისცა. მხოლოდ ამის შემდეგ გახდა შედარებით ფრთხილი ნუკრი, მხოლოდ ფრინველებს უფრთხოდა და ცისკენ იყურებოდა, საშიშროება რომ არ მოახლოვებოდა. საშიშროება კი უახლოვდებოდა მართლაც, მაგრამ არა იქიდან, საიდანაც ელოდა.

პირველი ტკივილის განცდის შემდეგ დედის სიახლოვეს იყო, რაიმე რომ მოხდეს, იგი მიშველისო. როცა მოწყურდებოდა, დაეწაფებოდა ცურიდან გადმომავალ რძეს. ძალზე ცხიმიანი რძე იყო და ეს არ მოსწონდა ნუკრს, მაგრამ ველარ ბედავდა თვითნებურად წყაროზე წასვლას. თვალებში შეჰყურებდა დედას, რაღაც ისეთი არ გავაკეთო, რამაც შეიძლება ტკივილი მომაყენოსო. მაინც გადიოდნენ და ბალახობდნენ ტრიალ მინდორში, ახლა უფრო ჩუმად. ჩვილმაც იგრძნო ეს გაუცნობიერებელი განგაში.

თეთრი გიორგი აღარ წყალობდა მათ. ბუნიაობის შეგრძნებაც დაკარგა ირემმა გამუდმებულ შიშში, არც ხარი იყო მის საიხლოვეს, რათა გახანგრძლივებულიყო წუთისოფელში მათი არსებობა. მყვირალობისას ამ თავიდან იმ თავში ირმები ერთმანეთს უხმობდნენ და ბუღრაობდნენ. მხოლოდ საღვთო ჯოგის უკანასკნელი ირემი არ ეხმაურებოდა არავის, რადგან საკუთარი ლანდისა ეშინოდა. ჯოგში ყოფნისას მან არ იცოდა, რა იყო შიში, არასოდეს უფიქრია თავის გადარჩენაზე, რადგან იგი მზად იყო მისი ჟამის დად-

გომისას მსხვერპლად შესწიროდა ღვთაებას. ამისთვის ცოცხლობდა აქამომდე, ახლა კი მისი საფიქრალი საკუთარი თავის გადარჩენა იყო ულმერთოებაში. და მოხდა გაუთვალისწინებელი რამ...

XIII
გამხეცებული დედა

სანადიროდ წასულიყო მეფე. ცხენებზე ამხედრებულები მიჰქროდნენ მონადირეები და სამეფო ამალა. წინ მწევრები გაეგდოთ და გზას იკაფავდნენ ნადირისკენ ტყე-ველად. მხიარული ყიჟინის ხმა ისმოდა მონადირეთაგან. ძაღლებიც თავდაუზოგავად შერბოდნენ ჩირგვებში, კურდღლების გეშს რომ აიღებდნენ, ან მწყერს ააფრენდნენ ლელიანიდან. მონადირეები მიიკაფავდნენ გზას და ნადავლით ივსებოდნენ.

უცებ მედეამ თვალი მოჰკრა შვლის ნუკრს, რომელიც ტყის პირას ხეს ამოფარებოდა და დამფრთხალი იყურებოდა. ცხენი შეაჩერა, ჩამოხტა და ჩუმად მიუთვალთვალა. ნუკრს არ შეუმჩნევია ეს, თვალყურს ადევნებდა მისთვის უცნაურ ხმაურს, რომელიც თანდათან შორდებოდა. მედეამ საჩქაროდ მოიმარჯვა მშვილდ-ისარი, შემართა და ნუკრს დაუმიზნა. მოკვლის საშუალება არ იყო, ხე ფარავდა სასიკვდილო ჭრილობის მიყენების ადგილებს თავის გარდა, თავში დამიზნება კი არ უნდოდა. დაუმიზნა იმ კუთხით, დაჭრის შემთხვევაში რომ მინდვრისკენ გაიქცეოდა და არა ტყისკენ. კიდევ ერთხელ დააკვირდა თავის სამსხვერპლოს, გულში ჩაუვარდა ნუკრის მომხიბლავი სილამაზე. მისი მოკვლის სურვილი ლამის იყო, წაუხდა, მაგრამ მაინც აჯობა საკუთარ თავს და ისარი გაისროლა. ისიც წივილით გაექანა მიზნისაკენ და უკანა ბარძაყის რბილ ადგილას მოხვდა. ისრის გამოქანების ძალამ შველი მოკლე მანძილზე გადაის-

როლა. აწივლდა დაკოდილი ნადირი, მხსნელად უხმო დედას, მაგრამ თვითონაც წამოდგა და გაიქცა. მედეას ვარაუდმა გაამართლა – შველი მინდორში გავარდა. ისევ მოიმარჯვა ისარი. ამასობაში ჭრილობამ ფეხი აუწვა ჩვილს და იქვე დაეცა. პირი წაატანა ისარს ამოსაძრობად, მაგრამ ვერ მოერია. თვალები ტკივილისაგან ამოატრიალა, გონებას კარგავდა, და მიტომ. იქვე დედა გაჩნდა ნუკრთან. მეორე ისარი ფერდში მოხვდა და ადგილზე მოკლა ნუკრი.

ირემმა მკვლელს შეხედა თავის სწრაფი მოტრიალებით. მძიმე დარდით აივსო მისი თვალები, წყრომაც იკითხებოდა მათში და სინანულიც, უსაზღვრო სევდაც და ბოღმაც. ადამიანებზე უკეთ ლაპარაკობდა ირმის თვალები. ცური ერთბაშად გაუცივდა, მაგრამ რძე მაინც სდიოდა, როგორც ნიშანი არამიწიერებისა, შეგნებაზე რომ ზემოქმედებდა მისი ტკივილის ყოველი მონაკვეთი. სისხლით აევსო თვალები ფურს და აემღვრა ცნობიერება, მოკლული შვილის ხილვით გაცოფებულს. აღარ იცოდა რა ექნა, რქებით მიწას დაეძგერა, რათა მოძალებული ღვარძლის პირველი ტალღა მოეგერიებინა, გული რომ არ გასკდომოდა სიმწრისაგან. ასეთი გრძნობა დედა-შვილობისა არც მას და არც სხვა ირემს არ განუცდია საღვთო ჯოგში, რადგან მაშინ გამძაფრებული შეგრძნება თვითგადარჩენისა არ არსებობდა, წესრიგი იყო სიცოცხლე-სიკვდილისა, და მიტომ. ახლა რომ ეს წესრიგი მოიშალა, მთელი ცხოვრების საფიქრალ-საზრუნავში თავისი პატარა ნუკრი მოაქცია და ისიც მისსავე თვალწინ უმოწყალოდ მოკლეს.

უყურებდა შვილი დედას და შველას თხოვდა. ვერ უშველა, ვერ მოასწრო, გადაფარებოდა დედა შვილს, ისე უცებ წამოეწია სასიკვდილო ისარი ნუკრს და ისე შეეყინა თვალებში სიკვდილი. ირემმა დასისხლიანებულ ბალახს აუსვა ენა, სისხლი ჯერ კიდევ თბილი იყო. მერე ენით აუყვა ნაკადს და ჭრილობამდე მივიდა. ბეწვი ენით მოწმინდა სისხლისგან. ენითვე იგრძნო, რომ გული აღარ ცემდა შვილის

და მასში ისარი იყო გარჩენილი. ქრუანტელმა დაუარა ირემს, როცა იგრძნო, თუ როგორ თრთოდა ნუკრის კუნთები, როცა ძარღვები სისხლისგან იცლებოდა და ცივდებოდა თანდათანობით მთელი სხეული.

მედეა გაემართა ნადავლისკენ, მაგრამ ირემი დარაჯად დაუდგა შვილს. წამოიმართა ფური და რქებით საბრძოლო მდგომარეობაში დადგა. შეეშინდა ქალწულს, მიხვდა, რომ ვერ მოასწრებდა ახალი ისრის შემართვას მშვილდში, ირემი კი დაჟინებით აკვირდებოდა მონადირის ყოველ მოძრაობას და შესაბამისად ემზადებოდა, რათა მას დაესწრო და რქებზე წამოეცვა მკვლელი. უცნაური დაგუდული ხმა გამოუშვა ირემმა. მედეა შეშინდა, გამოუცდელი იყო მონადირობაში, და მიტომ. ცხენი მოიძია, ის კი შორიახლოს ელოდებოდა მას. თვალებში ჩახედეს ერთმანეთს მედეამ და ირემმა. იმდენი რამ ამოიკითხა დედის თვალებში ქალწულმა, რომ გადაიფიქრა ნადავლის მოპოვება და უკან გაბრუნდა. ენა ვერ გადმოსცემს იმას, თუ რამდენი რამ გაიგო და გაიგონა ფურის თვალებიდან. ხელები აუკანკალდა მედეას. ვერ წარმოიდგენდა, ასე თუ შეაძრწუნებდა ნადირის მოკვლა.

ხეებიდან აიშალნენ სვავები და ყვავ-ყორნები. ისინი გრძნობიერად მიხვდნენ, რომ მონადირე თავს ანებებდა ნადავლს, ამიტომ ისინი უნდა დაპატრონებოდნენ ლეშს. ცა შავმა სილუეტებმა დაფარა უცნაური ყივილით. ეს სიშავე ღამე არ იყო და ეს ხმაც ღამის ხმა არ იყო. თავდაპირველად თუ მედეას ირმის რისხვის შეეშინდა, რის გამოც უკან დაიხია, ბოლოს ირმის თვალებში ამოკითხულმა მარადი სევდამ გადააფიქრებინა ნუკრის თან წაყვანა, არათუ შიშით, თუ სიფრთხილით, არამედ სინდისით.

ფურმა ახედა ცაში აშლილ მტაცებლებს, ერთგვარი უძლურება იგრძნო ამდენ მომძლავრებულ მტერთან, რადგან ისინი მოქანცავდნენ მას და საბოლოოდ ულუფად გაიხდიდნენ ნუკრს.

მედეა ამ სანახაობას მონუსხულივით უმზერდა, თუ როგორ მოიგერიებდა ირემი მოძალადეებს. ახლოს არ იკარებდა ყვავ-ყორნებსა და სვავებს, ნელ-ნელა რომ ალყას ამჭიდროვებდნენ და უახლოვდებოდნენ სიფრთხილით სამსხვერპლოს. ფური ხან ერთი მხრით მისდევდა ფრინველებს, ხანაც მეორე მხარეს აიფრენდა. როდესაც გაიქცეოდა, მეორე მხრიდან მიეპარებოდნენ და მოგლეჯდნენ ნუკრის ხორცს. დედა მერე იმათ გამოუდგებოდა, მაგრამ საბოლოოდ მიხვდა, რომ შვილის გვერდით უნდა მდგარიყო, რათა ყოველი მხრიდან ებრძოლა მტრებთან. გაამართლა ამ ხერხმა, მიუხედავად იმისა, რომ ლეშს მიუახლოვდნენ მტაცებლები. რქებით იგერიებდა მათ დედა ადგილის მონაცვლების გარეშე.

მედეას ცრემლი დასდინდა ამ სურათის შემხედვარეს. იქვე ბზის ბუჩქი იყო, მოწყვიტა ბზის ტოტები და ყვირილით გამოუდგა ყვავებს – „აჰა, ყვაო, ბზა, ეგერიოს გზაო“. ყვავებიც დაიფანტნენ, აიშალნენ და ხეებზე დაფრინდნენ და ელოდნენ შესაფერის შემთხვევას. ცოტათი ამოისუნთქა ირემმა დაძაბულობისაგან. მიიხედ-მოიხედაირგვლივ, ხომ არ გამოჩნდა რაიმე ახალი საფრთხეო, ან ხომ არავინ შეპარება უკნიდანო. ფიქრის საშუალება მიეცა და მისი პირველივე გაფიქრება იყო ის, რომ როდემდე უნდა ედარაჯა შვილისთვის, ბოლოს და ბოლოს, ხომ მაინც მოიხელთებენ მტაცებლები – ფრინველები თუ არა, ცხოველები მაინც. არავინ დააცლის მას საბოლოოდ შვილთან ყოფნას, თვითონაც დაიღლებოდა და დანებდებოდა ულმობელ ბედისწერას. ამ ფიქრის დასრულებისთანავე წყრომით შეხედა მედეას, რომელიც მონუსხულივით.

სად იყო და სად არა, ტყიდან ტურებისა და აფთრების ხროვა გამოძუნძულდა, სიკვდილის გეშს მოჰყვნენ, ერთმანეთი ამან აპოვნინა. მოდიოდნენ ტყე-ტყე ცალ-ცალკე, ეს სუნი აერთიანებდა პატარ-პატარა ჯგუფებად, ჯგუფები კი გუნდებად იკვრებოდა და ტყიდან გამოვიდნენ, როგორც

ხროვა. ირემმა შეხედა მათ და მიხვდა, რომ მათთან ბრძოლა უთანასწორო იქნებოდა და ამასთანავე საშიშიც. ტყიდან გამოსული მხეცები ცოტა ხანს შედგნენ, თვალით შეისწავლეს გარემო და მოსაომარი ნადავლის სამყოფელი. მერე ფრთხილი ნაბიჯებით წავიდნენ ირმისკენ, ირემიც მოემზადა ახალი შემოტევისთვის და თავად გადავიდა შეტევაზე, რათა ადგილი მოეგო, ბრძოლაში ჩართულს რომ ჰქონოდა უკან დასახევი მანძილი. აფთრები და ტურები არ მოელოდნენ ირმის გამძაფრებულ შემოტევას. წინა რიგში მდგარ რამდენიმე მტერს კბილები ჩაულეწა და ორ მათგანს თვალებიც ამოუგდო.

დაჭრილები უკუიქცნენ,

შეშინებულები უკან გაჰყვნენ. გამბედავები იყო საჭირო. პირველი ბრძოლა ირემმა მოიგო, დათრგუნა მოძალადე მხეცების შემართება.

ხერხი იხმარეს აფთრებმა, გარსშემოვლა დაიწყეს, არ მისცა ამის საშუალება ირემმა, გამოეკიდა ხროვიდან გამოცალკევებულ აფთარს. მანაც დაიხია უკან. ირემს მეტი შემართება მიეცა, შვილს დავიცავო. სიმრავლეს სინამდვილეში თავისი უნდა გადაეწყვიტა საბოლოოდ. ამისი ალღოც აიღო ირემმა, მაგრამ თავი მაინც დაარწმუნა უძლეველობაში.

ორი მხრიდან დაიწყეს მოძრაობა აფთრებმა, ვითომ სხვაგან გასწიესო, ძირითადი ხროვა კი მტერს თვალს არ აცილებდა. შორიდან მოუარეს მხეცებმა, რათა რქებით ვერ მისწვდენოდა ირემი მათ. ერთმა რიგმა ტურა-აფთრებმა მედეას ჩაუარეს ისე, რომ ნადავლის ჟინით აღტკინებულებმა ვერ შეამჩნიეს ადამიანი. ირემი მარჯვნივ გაიქცა პირველად, რქებით შორს მოისროლა ერთი წყება მოძალადეები, სამაგიეროდ მარცხნიდან ეცნენ მხეცები ლეშს და ჯიჯგნა დაუწყეს. უკან დაბრუნდა გამწარებული ირემი და ახლა მათ დაეტაკა რქებით და ისინიც მოიშორა. ერთი აფთარი ჩლიქებით გადათელა. ეცადა ეს აფთარი წამოდგომას, მაგრამ თვითონ თავისმა გვერდით მდგომებმა დაუბნელეს მზე.

გაათრიეს ბრძოლის ველიდან და ყველა ერთად დაესია და დაჭამა. დრუნჩები სისხლით ჰქონდათ მოსვრილი თანამონადირეზე გამარჯვებულ ტურა-აფთრებს.

დედამ შეხედა შვილის დაგლეჯილ ხორცს, როგორ ეგდო მიწაზე, პირიდან რომ გაუვარდა შორს მოსროლილ ნადირს. მივიდა და ენით ალოკა ნაგლეჯი, მერე სხეულზე მოუძებნა ნაკბილარები და უამა დედისეული ალერსით. არ დააცალეს მხეცებმა ირემს შვილის სიახლოვეს განტვირთვა, ახალი იერიში მიიტანეს მოწინააღმდეგეზე, ამჯერად მთელი ხროვა ერთიანად მოაწყდა, იქნებ ძალამ დათრგუნოს წინააღმდეგობა და გაგვეცალოსო. არა, ვერც ძალამ დააცხრო გამწარებული დედის ძალა. რქებით გადაელობა ყველას ერთად და ყრუ ძახილით ძალამომატებულმა მიაწვა რქებში კბილებით ჩაჭიდებულ ტურებსა და აფთრებს და მათ უკან მოტმასნილ ხროვას გადააყარა თავზე, მერე კი აზვინა მტერი და გაჰკრა რქები და გადააგორა ისინი ერთიერთმანეთზე. ყველა ნარქენალი ტურა-აფთარი დაიხოცა. ეს ბრძოლაც მოიგო ფურმა.

ისევ დაცხრა ჟინი მხეცური. მრავალი დაშინდა და უკუქცევა გადაწყვიტა, ზოგი მაინც არ მიდიოდა ბრძოლის ველიდან. ირემმა ტურებისა და აფთრების ერთიანობა ხერხემალში გადაამტვრია. ყველა მათგანმა თავისით გადაწყვიტა ნადავლის მოპოვება, მაგრამ გამბედაობამ უმტყუნა. ახალი შეტევაც ჩაიშალა გათითოეულობის გამო. მერე დავიდნენ ერთ ბუნებრივ საზრისამდე – მკვდრის მოსაპოვებლად უნდა შევჭამოთ ცოცხალი, ამით მკვდარს აღარავინ გამოექომაგება და ცოცხალსაც ულუფად გავიხდითო. ყველა მხეცმა გაისიგრძეგანა ამ აზრის მართებულობა და ყველამ, როგორც ერთმა, გადაწყვიტა, რადაც არ უნდა დაჯდომოდათ ფეხზე მდგარი წაექციათ. ამისთვის ალყა შემოარტყეს ფურს, ამ წრეს უკნიდან კიდევ წრედ შემორტყმულები ამაგრებდნენ, რათა ალყიდან თავი ველარ გაეღწია. წინა რიგი რომ დაეშალა, უკანა რიგი მზად უნდა ყოფილიყო გზა

გადაეღობა მისთვის. განსაკუთრებული ყურადღება გადატანილი ჰქონდათ ზურგიდან შეტევაზე. წრე ნელ-ნელა იკუმშებოდა. ირემი მიხვდა, რომ საშიშროება არა მხოლოდ შვილს, თვით მასაც ემუქრებოდა და ისევ შეემზადა ბრძოლის მისაღებად საკუთარ თავზე. ზეცას შებღავლა და მოემზადა სამკვდრო-სასიცოცხლო შერკინებისათვის. იგი მიხვდა, რომ ეს მისი უკანასკნელი ბრძოლა იქნებოდა, შვილთან ყოფნის უკანასკნელი ჟამი.

ამ ფიქრით გადარეულმა გამხეცება იგრძნო და ტოლი არ დაუდო დანარჩენ მხეცებს, რომლებიც ერთად შემოესია მას. დაუნდობლად იგერიებდა ირემი ტურა-აფთრებს რქებით. ისინი კი ცდილობდნენ აეცილებინათ განრისხანებული დედის ულმობელობა. ბევრი ვერ ახერხებდა ამას და მის ფერხთით ეცემოდა

თავგაგლეჯილები,
ან გულგაფატრულები,
ან კიდევ ყელგამოღადრულები.

მატულობდა კი რიცხვი ტურა-აფთრების.

ზოგიერთი გვერდიდან მიიპარებოდა და უნდოდა, ფეხები დაეკბინა მისთვის, ირემი კი ჩლიქებით კბილებს ამტვრევდა მოძალადეს. პირისპირ ბრძოლა კი წარმოუდგენლად რთული იყო. ზოგმა ეცადა კისერში წვდომოდა და ხორხი გადაეღრღნა სამსხვერპლოსთვის, ყველა მცდელობა რქებზე წამოგებით დამთავრდა. ზოგმა მარჯვნიდან და მარცხნიდან ფერდები დაუკბინა მას. ირემი ტკივილს ვერ გრძნობდა. დაუცველი მხოლოდ უკანა მხარე იყო. რამდენიმემ კუდში წაავლო პირი, დააკავეს, რათა ზურგზე ახტომოდა ერთი რომელიმე ტურა, თუ აფთარი. შემოუბრუნდა და მათაც რქებით გაუმასპინძლდა. ამით იხელთეს დრო ირმის პირისპირ მდგარმა ტურა-აფთრებმა მოძრაობაში მყოფს და ერთად შეახტნენ კისერზე. წაჩოქება დააპირა ფურმა, მაგრამ როცა მტრების ერთ წყებას გაუსწორდა არაბუნებრივი ძალით კისერზე შემხტარი მტრები თავის მობრუნებით

ჩამოფერთხა.

ამ ბრძოლაში უკვე აღარ იყო შვილზე ზრუნვა.

ამ ბრძოლის მთავარი მიზანი თავის გადარჩენა იყო და თანაც ნებისმიერი ხერხით. იგი ამიერიდან აღარ იყო დედა.

ცხოველურმა თვითგადარჩენამ მასში საბოლოოდ მოკლა დედა, როგორც ასეთი და ირემი ერთი იმათთაგანი გახდა, ვინც იბრძოდა, და სხვა არაფერი.

ალბათ, იმ ბრძოლის გრიგალში თავის მსხვერპლს შეჭამდა დაუზოგავად და დაუნდობლად.

მასში გამქრალი იყო მძუძურის კეთილშობილება.

იგი სისხლმოწყურებული სიშლეგე იყო, ნადირის, მხეცის ან ცხოველის სახელის დარქმევა რომ საფერებელი სიტყვა იქნებოდა ამასთან შედარებით.

ფერდებგამოგლეჯილი,
ფეხებდაკბენილი,
კუდწაგლეჯილი და
გავადაკაწრული
წინსწრაფვით მიიკვლევდა გზას ალყის გასარღვევად.

თავს არ ანებებდნენ აბეზარი მხეცუნები მხოლოდ. აღარ არსებობდა ძალა, რაიმე რომ შეაკავებდა მას. ბრძოლის ველიდან არ მირბოდა, იგი მხოლოდ ზურგის გამოთავისუფლებას ცდილობდა ალყის გარღვევით. ყოველი მხრიდან შემოახტნენ მხეცები მხეცს. ირემმა გაიფიქრა, რომ ალბათ ეს დასასრულიაო, მაგრამ ტკივილმა გააასმაგა მისი ძალა და ამ ტვირთით გაიქცა. ზოგმა აფთარმა თავი ვერ შეიკავა, ჩამოვარდა ზურგიდან და ისინი ჩლიქებით გათელა ფურმა. ალყა დაიშალა და საბოლოოდ გაითავისუფლა ზურგი მოძალადეთაგან.

ახლა ირმის ადგილი ტურა-აფთრებს დაეკავებინათ, რამდენიმე რიგად ჩამწკრივებულები იცავდნენ ნადავლს, რომელსაც უკვე შეექცეოდნენ მოგებულები. არ დაანება ალაფი აფთრებს, შორიდან გამოექანა და გზად ვინც კი უხვდებოდა, ანადგურებდა. ისევ დადგა შვილის სადარაჯოდ

დედა, მაგრამ დედის სახეწაშლილმა სიშმაგემ აღარ იცოდა, რატომ იცავდა ამ უკვე დამახინჯებულ ნუკრს, დედობრივი გრძნობა წაერთვა, და მიტომ. შვილს თვალები ისეთივე ლამაზი და მიმზიდველი ჰქონდა, როგორც სიცოცხლეში, მხოლოდ ზოგიერთ ადგილზე ხორცი ჰქონდა ამოჭმული და კისერი გადაღრღნილი. სასიკვდილო ისარი აღარ ჰქონდა, ფერდი გამოჭმული ჰქონდა, და მიტომ. ბარძაყში მოხვედრილი ისარი გადატეხილიყო და შერჩენოდა მისი ნაწილი, იქვე ახლოს რამდენიმე ადგილას მხეცებს ამოეგლიჯათ ხორცი.

ისევ შემოესივნენ ტურა-აფთრები ირემს.

ახლა ირემს მოუწია უკან დახევა.

ახლა ტურა-აფთრებმა დაიბრუნეს წართმეული ალაფი. ერთმა მათგანმა დრუნჩი მოაჭამა ნუკრს და აატყავა მისი ლამაზი სახე, ერთმაც კიდევ თვალები ამოთხარა და შეჭამა, რამდენიმემ ქალა გაუტეხა და ტვინით მოითხუპნეს დრუნჩები. იქედან ისმოდა ღრენა და ძვლების ჭახა-ჭუხი. ძვლების ტეხვის ხმის გაგონებამ ტანში ჟრუანტელი მოჰგვარა ფურს და ისევ გაექანა ხროვის დასაშლელად. ამჯერად კბილებით დაიცვეს თავიანთი მონაპოვარი ტურა-აფთრებმა და ისევ გამოუდგნენ ირემს, მანაც უკან დაიხია, დაიღალა, და მიტომ. ამ უკანდახევამ გაამხნევა ხროვა და უფრო მეტი გატაცებით შეექცეოდნენ ალაფს, მერე ერთმანეთს დაუწყეს ღრენა, ეტყობა ვერ გაიყვეს ნადავლი. დამორჩილებით ადევნებდა თვალს ირემი ბრძოლის შედეგს.

აფთრებმა რომ დაამთავრეს ჭამა, თანდათან დაიშალნენ და გაეცალენ იქაურობას. რასაც ვერ მოერიენ, დატკვერილი ძვლები იყო, ზოგან შერჩენილი აღლეზილი ხორცით და ხრტილს შეზრდილი მყესებით. ვისაც გულს დააკლდა და ცოტა მიიღო ნადავლი, ისევ იცდიდა, იქნებ ირემიც ვილუკმოთო. ირემი კი გაკოფებული თვალებით უყურებდა მომლოდინეთ. ხეებზე შემომსხდარი სვავ-ყვავ-ყორნები აიშალნენ, რადგან მიხვდნენ, არაფერი ერგოთ ლეშისგან.

მშიერი ტურა-აფთრები იცდიდნენ, გამძღრები კი ტყეში შეიმალნენ. დახოცილი ნადირები გაფანტულიყვნენ მინდორში, რომლებზეც აფრენილი სვავ-ყვავ-ყორნები დაჯდნენ. ამ მკვდრებს არავინ გამოქომაგებია.

მზე დასალიერში გადადიოდა.

ტურები ერთმანეთისგან მოცილებით იდგნენ, როგორც შეთქმულები და ელოდნენ, როდის მიიღებდა ირემი გამოწვევას. ირემს კი აღიზიანებდა მათი გამომწვევი დგომა, ალბათ, იმაზე მეტადაც, ვიდრე ბრძოლის დროს, ან შვილის შეჭმის ყურებისას. ყველაფერი მომხდარი გონების ერთ სიბრტყეზე განალაგა და უმზირა ამ სივერაგეთა გაუგონარ სურათებს, ამ მზერამ კი მზის მზერა მოჭრა სამზერალში და აჭრა გონებაზე სრულიად. გამოედევნა აბღავლებული ირემი ტურებს, ისინი დაშინდნენ და უკანმოუხედავად გაუჩინარდნენ ტყეში.

XIV
საირხედ დაბადება

ვერ მოისვენა ირემმა, ცოფმორეული ჟინი აწუხებდა და უმიზნოდ დარბოდა მინდორში მტრის მოსაძებნად. კარგა ხანს ირბინა, მერე დაიღალა და შეჩერდა. შეჩერდა და თვალი მოავლო ირგვლივ ყველაფერს. არაფერი ჩანდა, გარდა შორეული მთებისა, გადაწმენდილი ცისა და დასალიერისაკენ გადახრილი მზისა. ბუნების ცქერამ ოდნავ დაამშვიდა და მინდორში ცალად ამოსულ ცაცხვს ამოფარებული ქალი შენიშნა, რომელიც დაჟინებით უყურებდა მას. ქალიც მიხვდა, რომ ირემმა შეხედა, და ამიტომ სამალავიდან გამოვიდა. ირემი ჩააცქერდა მას და შვილის მკვლელი ამოიცნო მასში. მონადირე მშვილდ-ისრით შეიარაღებულიყო.

ნირი ეცვალა ირემს,

იჭვნეულად შეხედა ქალს.

ქალმაც შეამჩნია, რომ ირემს თვალებში ისევ ის ბოღმა ჩაუდგა, რითაც შეებრძოლა ნუკრის მომნადირებლებს. შიშს აჯობა და მშვილდი გადააგდო, მერე კაპარჭი მოიხსნა და ისიც გადააგდო, იქვე წელში გაჩრილი დაშნა ხელის ელასტიური მოქნევით მიწაში პირთამდე ჩაასო.

განიარაღდა მედეა.

თვალს არ აცილებდა ირემი ქალის თითოეულ მოძრაობას. მედეა ნელი ნაბიჯით წავიდა ირმისკენ. ნანახმა სულით ხორცამდე შეძრა იგი. ამიტომ მოვალედ ჩათვალა თავი, ირემთან მისულიყო და თავისი სინანული გამოეხატა, სიცოცხლის ფასადაც რომ დაჯდომოდა, მაინც, მდედრი იყო ისიც, და მიტომ. გამოექანა გაცოფებული ირემი მედეასკენ, ისიც მიდიოდა მისკენ. მანძილი ერთმანეთს შორის ელვის უსწრაფესად მცირდებოდა.

არ აპირებდა გაჩერებას ირემი,

არ აპირებდა გაჩერებას მედეაც.

მიუახლოვდნენ ერთმანეთს შვიდი ნაბიჯის დაცილებით და ერთმანეთს თვალებში ჩახედეს...

და შედგა გადარეული ირემი,

შედგა მედეაც.

თვინიერი გახდა ირემი,

მოსიყვარულე გახდა მედეა.

ქალის თვალებში კოლხეთის ზღვა ლივლივებდა,

ფურის თვალებში კოლხეთის მთა გუგუნებდა.

არაფერს ამბობდნენ,

ერთმანეთში დუმილის ენაზე უბნობდნენ.

სულის ტკივილს ლაპარაკობდა ირმის თვალები,

შინაგან სინანულს მეტყველებდა მედეას თვალები

და ორთავემ გულწრფელად გაუგეს ერთმანეთს, გულები დაუკავშირდნენ ერთმანეთს, და მიტომ. აღარ იყო ღვარძლი და გაცოფება. ერთმანეთის ძლიერებით იხიბლებოდნენ, ერთმანეთისგან კი არაფერს ითხოვდნენ. უბრა-

ლოდ, ქალმა გაიღვიძა სულში და არემარეს შეხედა.

ძუძუები დაეწვა ერთს,

ძუძუები აუხურდა მეორეს,

ხვადის წყურვილით დაიწვა ერთი,

ხვადის სურვილით აივსო მეორე

და უყურებდნენ ერთმანეთს ხვადგამოცდილი ძუ და ხვადგამოუცდელი ასული. პირველად იგრძნო მედეამ ბუნებასთან თანაზიარობა, რომ იგი არათუ ბუნებაზე განყენებულად მაღლა მდგომი ღვთაების შვილი და მომავალია, არამედ სწორედ ბუნების ნაწილია მასში გაცხოველებულად მცხოვრები სრულიად ბუნებით და...

ორთავემ ინიშნეს მამრის მოახლოება ჰაერში გაბრჯღნილი სურნელით...

და მამრი მოვიდა ისე, როგორც მოდიან ხოლმე თავიანთი ძლევამოსილებითა და სისუსტით, მოულოდნელობის შთამბეჭდავი გაქანებით, მაგრამ ამაში მოულოდნელობა იმდენად იყო, რამდენადაც ჭარბობდა მოულოდნელობისაგან დაბადებული შედეგი, რომელსაც მართლაც არავინ ელოდა, რადგან ეს უკვე აღარ იყო აუცილებლად საჭირო.

მამრი მოჰქროდა ბედაურზე ამხედრებული, არა იცოდა, თუ რა ხდებოდა იქ, სადაც ირემი და ქალი ერთმანეთის პირისპირ იდგნენ. შეეშინდა რაიმე არ მოსწიოს მხეცმა მედეასო. მათრახით აუხურა გავა ცხენს მხედარმა, ცხენიც რაც ძალი და ღონე ჰქონდა გავარდა და მიიჭრა იქ, საითაც მხედარს სურდა. დროულად მივარდნენ მშველელნი, შუაში ჩაუდგა ირემს და მედეას. მხედარმა აღვირები მოსწია და ყალყზე შეაყენა რაში. მედეას შეეშინდა და შეხედა მხედარს, თვალის შევლება ვერ მოასწრო, რომ იგი ცხენზე იყო ატაცებული მხედრის მკლავებით, მერე დააკვირდა და მხედარში მამა ამოიცნო. ისე სწრაფად მოქმედებდა მეფე, რომ შვილმა ვერაფრის თქმა ვერ მოასწრო – იშიშვლა აიეტმა ხალიბური ხრმალი და მის წინ მდგარ ირემს პირდაპირ რქებს შორის თხემში ჩაასო.

ირემი ხრმალზე დატანებულ ძალას დაემორჩილა და თავი მდაბლად დახარა. ხმა არ ამოუღია, ისე დანებდა ბედისწერას. მის ტვინში აირია სისხლი და აზრები, ხალიბური რვალი ჩახორცდა თავში და ტკივილმა თავის ქალა ნაპრალებად დაღარა ისე, როგორც ხის ფესვები დასერავს მიწას და ამოყრის ახალ ნერგს, ქარით გამომშრალ მიწას რომ ემართება, ისე. ეს ტკივილი გრძნობიერად მედეასაც გადაედო და ცხენზე შესმული მხედარს მიეტმასნა და მამას წყრომით შეხედა. აიეტი ვერ უყურებდა შვილს, რადგან მოეჭიდა ხრმალს ირმის თავიდან ამოსაძრობად, ვერ კი მოერია, რადგან რვალმა ირმის ტვინში ფესვები გაიდგა და ვეღარ ამოთხარა ჯვრადქმნილი ხრმალი.

გაუკვირდა მეფეს და მამას, რატომ არ კვდებოდა ირემი, ან რატომ ვერ ამოიღო ჭრილობიდან ხრმალი. განრისხდა, ისევ დაეჭიდა სატევარს, ის კი ცოცხალ სხეულში ერთ ნაწილად ხორციელდებოდა, სახელდობრ, რქად. დაბლაგვდა სატევარის ლაპლაპა პირი. თანდათანობით ორლესულს ხის ქერქი ფარავდა და დრეკადი რვალი ხევდებოდა. მეფეს მკლავში ძალა ეცლებოდა და ვეღარ იმორჩილებდა ირემს, მასთან ერთად იგი ხვდებოდა, რომ თავის ხრმალს უნდა გამოთხოვებოდა, რომელზედაც წყევა იყო ამოტვიფრული, არათუ მხოლოდ პატრონის, არამედ თვით იმათიც, ვისაც დაიცავდა ეს ხრმალი. აიეტმა იგრძნო, რომ მტერი მოეძალებოდა კოლხეთს და კოლხეთი ვეღარ გაუმკლავდებოდა მტარვალს, თუკი დაკარგავდა ერის მფარველ ხრმალს.

წყევა რვალმა განამტკიცა და წყევა ირემში ფესვებად გაჯდა, როგორც შხამი და ბალღამი. ირემმაც იგრძნო სატევრის მისტიური ძალა, თვითონ რომ უნდა ეტვირთა ეს წყევაც და მადლიც. მედეამ ამის შესახებ არა იცოდა რა, სამაგიეროდ, აიეტმა იცოდა, თუ რაოდენ საშიში იყო მისთვის და მისი ქვეყნისთვის ამ ჯადოსნურ ხრმალთან განშორება, ირემი კი გრძნობდა ყოველივე ამას.

მედეას ებრალებოდა ფური, უყურა რა მის ბრძოლას და

ცურდამწვარ დედობრივ ტკივილს, ეს აიეტმა არ იცოდა და ასე გამეტებით იმიტომაც განგმირა იგი. მედეამ არ იცოდა, რატომ მოაკვდინა მეფემ ირემი, ეგონა, მხოლოდ მონადირული წადილით თუ ჰქნა ეს, არადა, არ იცოდა, რომ მამას შეეშინდა, ირემს არ დაეშავებინა შვილისთვის რაიმე, ხედავდა და უყურებდა რა ერთმანეთისკენ ლტოლვას. გონება დაკარგა მამამ ამ სურათის შემყურემ და გაეშურა შვილის გადასარჩენად. წყევლილი ირემი თავისი სხეულით გარდაისახა რაღაც სხვად –

ჯერარსმენილ,

ჯერარნანახ,

ჯერარგანცდილ ცხოველად.

მასში თავი მოიყარა ყველა მსხვერპლშეწირულმა საღვთო ირემმა. სხეულებრივად უფრო დამძიმდა, ეწვოდა ცური და რძესთან ერთად სისხლი დასდინდა. მედეას შეებრალა უფრორე მეტად, ვიდრე მაშინ – ნუკრის მოკვდინებისას, ან სვავ-ყვავ-ყორნებთან და ტურა-აფთრებთან ბრძოლისას, რადგან ფიქრობდა, რომ ეს უკვე ირმის სიკვდილს ნიშნავდა და მას არათუ მხეცები დაგლეჯდნენ, არამედ თვით ადამიანები შეჭამდნენ და მისი ხორცის ერთი ნაჭერი შესაძლოა მის ულუფადაც გამხდარიყო.

ხრმალი, რაც დრო გადიოდა, მით უფრო ხევდებოდა ირმის თავში და ჯვარად ისახებოდა. ამ ჯვარს გადატეხვა არ ეწერა, სცადა აიეტმა, მაგრამ ძვრაც ვერ უყო. რაც მოხდა მისთვის ძნელი აღსაქმელი იყო.

აიეტს ეგონა წყევა...

აიეტს ეშინოდა წყევის...

აიეტმა არ იცოდა, სინამდვილეში რას უწოდებდა ხრმალში განივთებულ წყევას...

ან რა იყო წყევად სახელდებული სინამდვილე.

ექნელებოდა მეფეს ხრმალთან განშორება,

მედეამ გააშვებინა ხელი.

მამამ შვილს მხოლოდ ახლა შეხედა და ჰკითხა:

– ხომ არა დაგიშავა რა ირემმაო.

მედეამ ბავშვური მიამიტი თვალებით შეხედა მამას და უპასუხა:

– არაო, – მერე თავადაც ჰკითხა, – რატომ მოკალი ირემი, მე იგი დავიმეგობრეო.

– ეს როგორო?

– შვილი მოვუკალი, ის ტურებს და აფთრებს შეებრძოლა, მე კი ლმობიერად მომეპყრო, კეთილი იყო, და მიტომო.

– მე ხომ ეს არ ვიცოდიო, – შეცბუნდა მედეას მონათხრობზე აიეტი, – მე დავინახე, როგორ გამოექანა შენსკენ, მე კი შენს საძებრად დავბრუნდი, გამოვეყავი ამალას და ჩამოვრჩი მათ, შენ რომ მენახე უვნებელი, მე კი რა დავინახეო!.. ნუ მსაყვედურობ, შვილოო.

– არა, არ გსაყვედურობ, მამაო, – უპასუხა შვილმა, – მე მხოლოდ ირემი მებრალებაო.

– მე კიდევ ხმალი დავკარგე და ამით შეიძლება ჩვენ ყველაფერი დავკარგოთო. წყევა იყო მასზე ამოტვიფრულიო.

მედეა შეცბუნდა წყევის გაგონებაზე, მაგრამ როდესაც ირმის ტკივილებს უყურებდა, მიხვდა, რომ ის „წყევა" თვითვე იტვირთა ირემმა და ზიდა ხმალი თავით, როგორც ბედი და ბედისწერა. დამძიმებული თავი ასწია და ცას მიაპყრო მზერა, ცის კარი კი იხურებოდა და თვალი შეავლო ზესკნელს, იმ ზესკნელის სიმსუბუქემ სრულად შეახორცა ხმალი ირმის თავში და მესამე–ქმნილ რქად განახორციელა.

ჩაუწითლდა ირემს თვალები, ცურიდან სისხლის ცვარი დასდინდა და მისი მომწოვი არავინ აღმოჩნდა. ეწვოდა ცური ირემს და არა თავი, რადგან მის ტვინში ნატვრის ხის ფესვები იყო გამჯდარი. ტკივილებიც ჩაუცხრა ცურში და მხოლოდ ცის კარის გაღებისას და დახურვისას ცურიდან სისხლნარევი რძე გადმოდიოდა და კვალად გასდევდა ირმის ნაფეხურებს, მწვანე ბალახს ზოლი მიუყვებოდა ყვავილ–ბალახებისა და ერთიანად სიოზე ტალღად გადადიოდა ირმის მალამო დარჩენილ ბალახებზე.

განცვიფრებული უყურებდნენ აიეტი და მედეა ირემს, თუ როგორ იცვლებოდა მისი იერი, მესამე ღვთაებრივი რქის შეზრდით გამოწვეული, მესამე რქამ რომ ხის ქერქი გაიკეთა და განტოტვამ ჯვარი-ცხოველი წარმოსახა. არ იცოდნენ, ეს ხე გამოისხამდა თუ არა ნაყოფს. ერთი რამ იფიქრა აიეტმა, თვალთახედვის არედან არ უნდა გამომეპაროს ეს ირემი, რათა ხრმალი დავიცვა უკეთურის ხელიდანო. ისიც მოიფიქრა, მოვკლავ ამ ირემს ახლავეო და ხრმალსაც ახლავე დავიბრუნებო, მაგრამ მიხვდა, რომ ირემი არა კვდებოდა. მისი თვალებიდან თვით სათნოება იმზირებოდა. ამდენად, ხელმეორედ ხელი ვეღარ აღმართა ირემზე და ირმის ხეს შეავედრა თავისი სატევარი-წყევა, რათა ის წყევა ირემში გამჯდარიყო და არ გარდამოსულიყო კოლხაზე. სრული სიმშვიდით პასუხობდა ირმის თვალები მეფის განგაშს მიუხედავად იმისა, რომ წყევაში მოწამლულიყო სხეული და ზიდა მან ეს წყევა მოუკვდინებლად, რადგან საირხედ გარდასახულიყო იგი.

მერე მზის დასალიერისკენ გაიხედა საირხემ და გაჰყვა სიშორეში გადაკარგულ წითელ მზეს. გზა-გზა გაჰყვა აიეტი, მაგრამ უნაყოფო იყო მისი დადევნება, საირხემ ტყეს შეაფარა თავი, და მიტომ.

დაღონდა მეფე, აღარ იცოდა, სად ეძებნა ეს უცნაური ცხოველი, რომელიც მის თვალწინ დაიბადა, ან გარდაისახა. ერთ რამეში კი ღრმად დარწმუნდა, რომ თვითონ თუ არა, საირხე იპოვიდა მას და გზას გააკვლევინებდა თავისი სამყოფელისკენ და დაიბრუნებდა თავის ხრმალს.

მალევე სამონადირეო ამალამ მიაკითხა, დამტოვეთ მარტოო, - უბრძანა. მედეას თავისი ცხენი მიჰგვარეს და თან წაიყვანეს, აიეტი კი გაოგნებული გაჰყურებდა იმ მხარეს, სადაც მიიმალა საირხე. გონს მხოლოდ მაშინ მოეგო, როცა ჭოტის გაბმული ხმა შემოესმა. მიმოიხედა ირგვლივ და სიბნელის, სიმარტოვისა და დახოცილი ტურა-აფთრების მეტი არაფერი იყო. ნელი მოძრაობით შემოაბრუნა ცხენი აია-ქა-

ლაქისკენ და გამოსწია. ცხენს მთვარე უნათებდა გზას და ასე მიაღწია აია-გალავანს. მეციხოვნენი შეშფოთებულნი ელოდნენ მეფეს. არავისთვის არაფერი განუმარტავს მას, არც მედეას უთქვამს ვინმესთვის რაიმე. მეფე თავისთან განმარტოვდა. არც მედეას შეუწუხებია მამა, შთაბეჭდილებებით იყო სავსე და უნდა გაესიგრძეგანებინა ყველაფერი,

რაც მოხდა,

და რასაც შეხედა,

და რასაც უყურა.

იმ ღამით არ ეძინა მხოლოდ აიეტსა და მედეას.

საირხე ბედგაუტეხელ ციხეს შეჰკედლებოდა. ძვალმაგარას გოდოლის ქურუმმა უკურნა ჭრილობები და დააპურა, იქვე მისცა თავშესაფარი. მანვე დაუთქვა მესამე რქას წყევის მოხსნა. ყოველ საღამოს ლოცულობდა იგი, როცა ტყიდან მიბრუნდებოდა საირხე. წველიდა ცურს და მისი ტკივილი გადაეცემოდა. ეს რძე-სისხლი კურნავდა თვით ამ ტკივილებსა და ყოველ ნატვრას ასრულებდა. რქები იცვლებოდა მხოლოდ, როგორც გვირგვინთ-შემოსვა, ჯვარი იყო მარადი და ერთადერთი მხოლოდ. ქურუმმა თავისი ნატვრა შეაბა რქებს და ისე გაუშვა დილას ტყეში. საღამოს ნატვრაასრულებული დაბრუნდა, რქები კი მოცვლილი ჰქონდა. იქ, სადაც ისინი მოიცვალა, ნატვრის ხე ამოვიდა და ამ ნატვრის ხეზე ფოთლების ნაცვლად ადამიანთა ნატვრა იყო შებმული. ხალხმა ეს გვიან გაიგო, თავდაპირველად კი ეს უცნაურობა ჭორად გაავრცელეს.

ეს ჭორი მეფის ყურამდე მივიდა, რაღაც უცნაურიირმის რქებისმაგვარი ბუჩქებია ამოსული და ზედ უცნაური ფოთლებია შესხმულიო. ეს ინიშნა აიეტმა და გულით დაუგდო ყური მოსულ ამბებს. დაის გაანდო თავისი საიდუმლო და ისიც ხრმლის დაკარგვის მეშვიდე ჟამს. მამლის პირველ ყივილამდე ადგა დაი. ლამარია-ტაბლაშისგან კვანჭილი[44] გამოაცხო, მახვშად ძმაი მიიხმო და ის უწონაში კვანჭილი მისცა, მანაც ილოცა ლამარიაზე და შეჭამა. მერე საიდუმლო

გასასვლელიდან გავიდა აია-ქალაქიდან. უბრად წავიდა დაისგან ძმაი, რათა მშვიდობით დაბრუნებულიყო შინ. ვიდრე იცისკრებდა და მამალი პირველად იყივლებდა, აია-ქალაქის თვალს მიეფარა და ყურს გასცილდა. იყივლა მამალმა პირველად და ცისკრის ვარსკვლავი გამოჩნდა ღამეულ ცაზე, აიეტი კი შუა ტყეში მიიკვლევდა საიდუმლო ბილიკებით გზას. ვიდრე მამალი მეორედ იყივლებდა, იგი იდუმალი გვირაბით ბედგაუტეხელ ციხეში შევიდა და თავისთან მიიხმო ქურუმი. არ ეახლა ქურუმი მას. მეფემ თავისი ხრმლის სიახლოვე იგრძნო. მერმე ითხოვა ქურუმი და ქურუმმა სამლოცველოში შეიწვია მეფე და იქ შეხვდა მას. არა უკითხავს რა მეფეს მისთვის, რადგან ქურუმმა თვითვე იცოდა მეფის წვევის მიზეზი. დაუმძიმდა სათქმელი, მაგრამ უნდა ეთქვა სათქმელი – გაუთქვა ხრმლის ბედი და ბედისწერა, რათა კოლხთა მეფე მზად ყოფილიყო ყველაფრისათვის და უთხრა:

– შენ ხრმალს ეძებ წყევიანსო...

დაუდასტურა აიეტმა თავისი წადილი.

– და ირმის ბედი არ გაწუხებსო?

დაიბნა მეფე ამ კითხვაზე, რადგან მისი ერთადერთი საფიქრალი ხრმალი იყო და არა სხვა რამ. ქურუმთან ცრუობას აზრი არ ჰქონდა და უპასუხა:

– მე ხრმალს დავეძებ, მასზეა დამოკიდებული ჩემი ერის ბედი, ხოლო ირმის ბედზე მხოლოდ მას შემდეგ ვიფიქრე, როცა მოვკალი და არ მოკვდა. მითუმეტეს დავინახე, როგორ გაექანა მედეასკენ რქებით, მე კი, როგორც მამას, უნდა დამეცვა ჩემი შვილი. დავიცავი, მაგრამ მე ხომ არ ვიცოდი, ხრმალს თუ დავკარგავდი?

დიდხანს უყურა ქურუმმა მეფეს, მერე კი უთხრა:

– შენ მამა ხარ, პირველყოვლისა, კოლხთა და შემდეგ შვილთა შენთა. ამდენად, შენი წუხილი უპირველესად

---

44. **ლამარია-ტაბლაშისგან კვანჭილი გამოაცხო** - ანუ ლამარიასთვის განკუთვნილი წმინდა ფქვილისგან ყველიანი კვერი (იგივე უწონაში) გამოაცხო. (ქართულ ხალხურ დღეობათა კალენდარი. გამომცემლობა „კრიალოსანი" თბილისი - 1991წ. გვ. 23)

ხრმალზეა და არა შვილზე, ეს მართებულია. შვილის გამო რომ დაჰკარგე ხრმალი, დაკარგულად არ ჩათვალო, რადგან ის გაცხოველდა და ცხოვრებას მიანიჭებს შენს შვილებს მხოლოდ იმ შემთხვევაში, თუ ისინი უარს არ იტყვიან მემკვიდრეობით წყევა-მადლის სიმძიმის მიღებაზე. შიშმა არ უნდა დაიუფლოს ამ ხრმლის მიმღები, გამბედავი უნდა იყოს იგი და აიღოს ეს მძიმე ჯვარი, რათა ისევ ხრმლის სახე დაუბრუნოს მას და ხრმლისეული წყევა გაქრეს და ასე ნათელმოსილი ძლევამოსილება დაუბრუნოს ერს. ჩვენ წყევას ვამბობთ, რადგან მისი ნამდვილი არსი ჯერ ადამიანის ენას არ გამოუთქვამს. წყევა დავარქვით ამიტომ, რისი აღქმაც გაგვიიოლდა, იმისი. მანამდე საირხე ატარებს ამ ჯვრად სახულ მთლიანი ერის ერთად შეკრებილ ძლიერებას, გამობრძმედავს თავისი ტვინით, ნაყოფიერებას მისცემს ხრმლის ზღაპრულ იდუმალებას. ერი დაელოდება მას და ამ უსაზღვრო ლოდინში თაობები გარდაივლიან და ვერ იხილავენ მას მამულში დაფუძნებულს. ერიც უნდა მოემზადოს სულიერად ამ ცხოველსმყოფელი ჯვარ-სატევარის მისაღებად. საირხე შეინახავს ერის ძლევამოსილებას ბედგაუტეხელ ციხეში, ძვალმაგარას კოშკი ძალას მისცემს, რათა ატაროს ჯვარი-პატიოსანი და მამულის-შვილებამდე მოიტანოს. ყველაფერი დაინგრევა ქვეყნად – შენი სასახლეც, აიაზღუდეც, ბედგაუტეხელი ციხეც და შიგ საყრდენად ცამდე აწვდილი და ქვესკნელამდე საძირკველგამჯდარი ძვალმაგარას კოშკიც, გატყდება მაგარი ძვლები და ბედიც გატყდება მასთან ერთად, მხოლოდ საირხე გადარჩება უვნებლად და მასში დაივანებს ბედი, თავისი გაუტეხელი ნებით, ჯვარი-პატიოსანი გადაარჩენს მას, და მიტომ. ის შენს ხრმალში განივთებულ და ჯვარში ცხოველსმყოფელ გამთლიანებულ ბედს მოიტანს. მეტს ვერაფერს გეტყვი, რადგან მეტი არც მე ვიცი რაო.

დაღლილობა და დაძაბულობა ოფლით გადმოიღვარა მოხუცი ქურუმის სახიდან. გაოგნებული მეფე კითხვასაც

ვეღარ სვამდა, რადგან არ იცოდა რა ეკითხა, ან რით აეხსნა მის თავზე გადამხდარი ამბავი. ადამიანურ გონიერებას არ შესწევდა ძალა სრულად, თუნდაც ნაწილობრივ აღექვა ყოველივე ეს. ბოლოს ჰკითხა ქურუმს:

– რას მივაწერო, ბერო, ეს ყველაფერი – ღვთის რისხვას, თუ ღვთის წყალობასო?

პასუხის გაცემა ქურუმსაც გაუჭირდა და არაფერი უპასუხა, მხოლოდ მხრები აიჩეჩა, რაც პასუხად მიიღო მეფემ. ერთი კი უთხრა ხუცესმა:

– არსად არ დაუდარაჯდე საირხეს. შენ ნუ მოიძიებ მას, მაინც ვერ იპოვი, როცა დრო მოვა, თავად გიპოვის და თავად განსჯის შენი ხრმლის ბედსა და იღბალსო, ნურც დაღონდები, ნურც შეშინდები და ნურც გაიხარებნაადრევად. იცხოვრე ისე, როგორც მეფის და მამის მოვალეობააო.

– კარგიო, – დაჰპირდა აიეტი ხუცესს, – ვინმეს თუ ვუამბო შენი ნაამბობიო?

– გონებას მიჰყევი თავდაპირველადო, – უპასუხა ქურუმმა, – გონება აზრიანია და სანამ არ მომწიფდება ამის თქმის დრო, არ მოგცემს ჩვენი საუბრის გათქმის უფლებას. მერე გადაივლის ეს სურვილი და მაშინ გულს უნდა დაუგდო ყური, გულმა დრო იცის სათქმელის გასამჟღავნებელი და აფეთქდება ის, როგორც ადიდებული ფაზისის ბუბუნი და იქ მიგიყვანს, სადაც უნდა თქვა და დაიცალო სულის ტკივილი. მერე უკვე შენი მოვალეობა შესრულებული გექნება შენი შვილების წინაშეო.

ამის მერე დიდხანს იყვნენ მდუმარედ და ასევე დაცილდნენ ერთმანეთს. ამჯერად მამალმა მეორედ იყივლა. და იჩქარა აიეტმა აია-ქალაქისაკენ, ვიდრემდე მამალი მესამედ იყივლებდა. გააჭენა თავისი ცხენი ტყე-ღრეში, მიჩვეული ჰყავდა თავისი ბედაური ტყეში ჭენებას. ტყეში ღამე იყო, მეფე კი მამალს უგდებდა ყურს, დრო რომ არ გამოპარვოდა.

გზად მარგალიტების მდებელი ჩიტი შემოხვდა, არ მოუხედავს აიეტს მისთვის, დროულად უნდა მისულიყო აია-

ქალაქში, თორემ ველარ შეაღწევდა მერე, მეციხოვნეები ვერ შეიცნობდნენ პატრონს. მარგალიტების მდებელმა ჩიტმა ჩაუჭიკჭიკა ყურში, იქნებ რაიმე დავაცდენინოო, არ კი უპასუხა მეფემ ჩიტის ჭიკჭიკს. გახელდა ჩიტი, მარგალიტები დადო მის თვალწინ. გაბრაზდა მგზავრი და თავი წააცალა ჩიტს.

წამოყვინჩილდა მამალი ამასობაში და ნამძინარევი დედალი დაჰქლა, გაიგრილა თავი, და მიტომ. ვერ დაიყივლა დროულად, დილა გამოეპარა მამალს. ამით იხელთა დრო და შეასწრო აიეტმა აია-ქალაქში დილას. სწორედ მაშინ იყივლა მამალმა მესამედ, როცა მეფემ თავისი დარბაზის კარი შემოხურა, შემოასწრო დღეს და დაივანა თავის ოთახში. დილამ დარბაზი გამოაღვიძა. დაი მიეახლა ძმაის, ხომ არ დაგვიანებიაო, შეშინდა. რალაი ნახა მახვში შინ, დაწყნარდა და არა უთხრა რა მას, ისე განეშორა.

აღარ უძინია მეფეს იმ გამთენიისას. ერთ რამეს ცდილობდა მხოლოდ, როგორმე დავიწყებოდა ქურუმის ნაუბარი რაღაც დროით მაინც, ამდენ დამაბულობას ვერ გაუძლებდა, და მიტომ. დღეც რაღაც გულისწამღებად გაიწელა, ალბათ ცდიდა მეფეს დროის მონაკვეთში.

XV

წამიერ გამოხედვაში დანახული მთელი ადამიანი

მკვდარი შვილების ხსენებაზე საირხემ მრავალმნიშვნელოვნად შეხედა მედეას და მედეამ ბევრი რამ ამოიკითხა საირხეს თვალებში. მერე ერთ სიტყვაში ჩაატია თავისი სევდა საირხემ:

– მეც მყავდა შვილი, მეც მყავდა მოკლული შვილიო.

მედეამ ველარ გაუსწორა თვალი საირხეს, აარიდა მზე-

რა, როგორადაც შეეძლო.

– მე მოგიკალი შვილიო, – ხმამაღლა უთხრა მედეამ საირხეს, – ახლა ნიშნის მოსაგებად მოსულხარ ჩემთანო?

იწყინა საირხემ და ისე ჩახედა თვალებში, რომ მედეას შერცხვა თავისი ნათქვამის, ასე უთხრა თვალებმა:

– მე შვილი უმოწყალოდ შემიჭამეს ჩემსა და შენს თვალწინ და ვერაფერი ვიღონე მის გადასარჩენად, შენს შვილებს კი არავინ უპირებს შეჭმასო.

გადაუარა სიბრაზემ მედეას, რადგან მიხვდა, არც ახლა იყო მართალი საირხესთან.

– რაღას მემართლებიო, – თქვა ბოლოს და ჰკითხა, – რატომ მოსულხარ ჩემთან ასეთი უბედურების ჟამს, როცა გამარცული ვარ სულით ხორცამდე. როგორ მომიძიე კაცისგან და ღმერთისგან დავიწყებულიო, ან რატომ მიპოვე ამ დასაკარგავში, ასეთი რა უნდა გაგიკეთო, რაც უფრო არ დაგაზიანე და დაგღუპე მე თვითონ დაქცეულმა და დაღუპულმა. რას ითხოვ ჩემგანო?

– სიმშვიდესო, – უპასუხა საირხეს თვალებმა, – სადაა შენი სპეტაკი ღიმილი, ისეთი, როგორიც შევხედე ჩემს საირხედ გარდასახვამდეო. სადა ხარ, ასეთო მედეავ?

მწარედ გაეღიმა მედეას და ხელი შეახო ნაზად საირხეს მარადი იარას, მერე ჯვარ-სატევარს მოეფერა და უთხრა:

– სათვალავი აგრევია, ჩემო დავიწყებულო მეგობარო, ცუდ დროს მოსულხარ და მოსულხარ სხვასთან. ახლა ღიმილის დრო არ არის, არც სურვილი მაქვს ამისი და არც განწყობა. მაბრაზებს შენი სიკეთე და კეთილშობილება, რადგან სხვა მედეასთან მოხვედი. იგი, ვისაც შენ შეხედე წამიერი გაელვებით, არგომ შთანთქა ფაზისისა და პონტოის ჩქერალებში. აქ ამ დასაკარგავში რა მოსაკითხია ან მედეა, ან კიდევ მისი წრფელი ღიმილი, მითუმეტეს მაშინ, როცა მარხილში მკვდარი შვილების გვამები დაუსვენებია. შენ ან მიამიტი ხარ, ან არ ვიცი რა ვიფიქრო. შენც ხომ დაკარგე შვილი, შეგიჭამეს. მაშინ რომ ეთქვათ შენთვის გაიღიმეო,

გაიღიმებდი?

წრეგადასული სათნოება უაზრობას უტოლდება.

თვალს არ აცილებდა საირხე მედეას, სინანული იკითხებოდა მის თვალებში, დანანება იმისა, თუ რაოდენ იცვალა სახე კოლხეთის თვალმა. გრძნობდა, როგორ წაახდინეს გადამთიელებმა მედეა, გააუხეშეს მისი სული. ეს სინანული მედეამაც გაიგონა, მაგრამ ვერ გაიგო, ამიტომ გაიფიქრა, – ნუთუ ვერ ხვდება, როგორ მიჭირს ახლაო, როგორ მიჭირს გავუგო მის კეთილ ბუნებასაცო.

– ვხვდებიო, – დაუდასტურა საირხეს თვალებმა, – ვხვდები და იმიტომ მოვედი შენთან, რომ ამ გამოუვალობიდან გზა გაპოვნინო ჭეშმარიტიო, ღირსეულად რომ დაიხსნა თავი საკუთარი თავის ტყვეობიდანო. შენ საკუთარ სულში დახეტიალობ და ამიტომ სულს სიმშვიდე რომ მისცე, შენთან მოვსულვარ და მინდა შევამსუბუქო შენი ტკივილები და არა დავამძიმო ისინი ზედმეტი და არავისთვის საჭირო თვითდამშვიდებით. რისთვისაც გარჯილხარ, უფრო მართებულად განახორციელებ ამას მერე...

მედეას უნდოდა დაეფარა საირხესთან შეხვედრით გამოწვეული აფორიაქება. ვერ შესძლო ეს, გულწრფელი იყო იმ წუთში, და მიტომ. ეს გულწრფელობა ვერ დამალა სწორედ... და ვერ დამალა სწორედ საირხესთან.

– რად გინდა მარხილი, ან სად მიგაქვს ბავშვების ცხედარი, თუ არა სასტიკი შურისძიებისათვის...

– ვითომ რა არის ამაში მოულოდნელიო?

– არაფერიო, – უპასუხა საირხეს თვალებმა, – უბრალოდ, შენი სული გაუხეშდა ამითო. შენ შეგიძლია გაცილებით დიდი და სასტიკი სასჯელი დაადო გადამთიელებს, მხოლოდ შენ ამაზე არ ფიქრობ, რადგან უსაზღვრო და შინაარსმოუცველია შენი შურისძიების სამიზნეო, ტანში რომ გაგზარავს, ისეთიო.

წარბები შეიჭმუხნა მედეამ.

– რაო, ვითომ არ დაიმსახურეს ელადელებმა შურისძი-

ება, და მერე ასეთი?! იქნებ კეთილი ვიყო და მათ სინდისი გავუღვიძო?! სადა აქვს ელადელებს სინდისი?! ისინი უნდა გააოგნო, თავიანთ თავსაც რომ ველარ ცნობდნენ შიშისაგან და შემზარავი სანახაობისაგან გონს ვერ მოეგონ. შურისძიება ადამიანური გრძნობებით კი არა, არაადამიანური შემართებით უნდა განვახორციელო, ცოცხალ ლეშად უნდა დატოვო მთელი ქალაქი. აი, ამ თავზარდამცემი სანახაობის შემდეგ მათი განადგურება გაცილებით იოლი იქნება, ვიდრე ათასობით შეიარაღებული ლაშქრით დარბევა, რომელსაც ასე თუ ისე გაუძლებს და გადაიტანს.

საირხეც შეაცბუნა მედეას განზრახვამ, იმდენად არაადამიანური იყო ის. ცდილობდა გადაერწმუნებინა ამ ნაბიჯის გადადგმისაგან.

– ვის სჭირდება ეს და ვისთვის, ან რისთვის? – სასხვათაშორისოდ იკითხა საირხემ. დაუფიქრებლად უპასუხა მედეამ:

– მე მჭირდება ჩემი შვილებისთვის. ველარ გაიგე, საირხე, რომ შვილები მომიკლეს დაუნდობლად! რას მიბრძანებ, რა ვუყო მათ მკვლელებს, მოვეფერო?

– გაიხსენე, მედეა, როგორ შეგხვდი მე შენ? ვითომ შენ ჩემი შვილის მოკეთე იყავიო?

– მე მონადირე ვიყავი. შენ კიდევ – ნადირიო, შენი შვილიც მოსანადირებელი იყო. მე იგი რომ მოვკალი, შემებრალა, მასთან ერთად შენც. აქ კი ბრძოლაა სამკვდრო-სასიცოცხლო. შენ სხვა არაფერი შეგეძლო, თუ არა თავი დაგეცვა, მე კი ადამიანი ვარ და შემიძლია თავს დავესხა ჩემს მტრებს და გავანადგურო ისინი. შენ შეგეძლო, შებრალება გამოგეჩინა ჩემს მიმართ, მე კი შეუბრალებელი უნდა ვიყო ჩემი მტრების მიმართ, ისინიც შეუბრალებლები არიან ჩემს მიმართ, და მიტომ.

საირხემ ჯერ ვარსკვლავიან ცას შეხედა, მერე მედეას და დაწმენდილი თვალებით უპასუხა:

– განა მე სამკვდრო-სასიცოცხლო ბრძოლას არ ვეწეოდიო?! თუ ისინი მხეცები იყვნენ, შენი მტრები ნაკლები მხე-

ცები არიან?! ჩვენი ბედისწერა რაღაცნაირად ერთმანეთისას ჰგავსო...

– არაო, – უპასუხა მედეამ, – შენ მეტს ვერ გააკეთებდი, რაც გააკეთე, მე ისინი უნდა გავანადგურო. მე მარტო შევძლებ ამას, შენ ვერ შეძლებდიო. ისინი შენც შენი შვილივით შეგჭამდნენ. ჩემი შეჭმა მათ ვერ შეძლეს იმიტომ, რომ მაგათზე ძლიერი ვარ და მაგათზე დაუნდობელიო. შენ თუ კეთილშობილება გამოიჩინე, მხოლოდ ჩემს მიმართ, მე ორთავე შემებრალეთ, და მიტომ. მე მოგიკალი შენ შვილი, მაგრამ მე თვითონვე ვინანე ჩემი საქციელი. მე და ჩემი შვილები არავის შევბრალებივართ, ისე დამიხოცეს ისინი. შენ ჩემი სახით მტერი კი არა, მეტოქე გყავდა, მე კი მტრებით ვიყავი გარემოცული. ესაა ჩვენს შორის სხვაობაო.

– იცი, კიდევ რა არის ჩვენ შორის სხვაობაო?! – ჩაკითხა საირხე მედეას.

– რაო, რა არისო?

– მე ჩემი შვილი არ მომიკლავსო.

მკვდრის ფერი დაედო მედეას და გაბრაზებულმა უპასუხა:

– არც მე მომიკლავს ჩემი შვილებიო. მე ქურდბაცაცა იაზონის წილი შვილები დავსაჯე და არ მომიკლავსო. ისინი უკვე მკვდრები იყვნენ და მხოლოდ სიმწრის ტკივილმა დამასჯევინა მხოლოდ იაზონის განშტოებაო, რათა ღალატის ნაყოფი გინდ მედეასი იყოს და თუ გინდაც ვინმე სხვისი, აუცილებლად უნდა მოიშთოს, ამოიძირკვოს ფესვებშივე, რათა აღარ დარჩეს ლაქები სულს, შენ რომ ამბობ საკუთარ სულში დახეტიალობო, იქ. სწორედ იქ უნდა იყოს სიწმინდე, რათა სული არ შემეხუთოს ცოდვებისაგან. აფსირტეს მუხანათური მკვლელობის შურისძიებამ მომაკვლევინა ჩემივე ხელით მკვდრები, და სამწუხაროდ, და მაინც ჩემი შვილები. ამას შენ ვერ გაიგებ, ადამიანი არა ხარ, და მიტომ.

დამწუხრდა უფრორე მეტად საირხე და თვალებმა გააფრთხილა მედეა მოსალოდნელი გაუგებრობისაგან:

– ვერ გაიგებენ ამას ელადელები და შვილების მკვლელად გამოგაცხადებენ ვიღაც კაცის თავაშვებული სიყვარულის გამო.

მწარედ ჩაეღიმა მედეას.

– მით უფრო უარესი მათთვის, თუ ამას იტყვიანო, – უპასუხა მედეამ, – თუ ისინი ყველაფერ ამას ბრმა სიყვარულს დააბრალებენ, გამოდის, ლალატი ჩამდგარა შუაში. მთავარი მაინც სიყვარული კი არა, ლალატი იქნება, თავიანთი პირით რომ იტყვიან ამას, თორემ სიყვარულით ვინ იყო, სიყვარულის ნაყოფს რომ სპობდა. სიყვარულზეც თუ მიდგება საქმე, ვინმე გონიერი თუ აღმოჩნდება მათში, იტყვის – სიყვარული გულუბრყვილოა ადამიანთა ურთიერთობაში. გულუბრყვილო და გულწრფელი კაცი კაცს ვერ მოკლავს, მითუმეტეს ეს კაცი თუ მისი შვილიაო. შვილებს მხოლოდ სულით ძლიერი, თავხედი და მიზანსწრაფული ადამიანი თუ მოკლავსო. ასეთი თვისებების მქონეს სიყვარული არ შეუძლია გულუბრყვილოდ. იგი გაიაზრებს თავის ქმედებას და მიზანს გაამართლებს ქმედების მიზეზით. თუ იტყვიან, შვილები იაზონის სიყვარულის გამო მასზე ეჭვიანობისას მოკლაო, ვინც გონიერია, არ დაიჯერებს. და, ვაი მაშინ მათ, თუ ასეთი გონიერი კაცი არ აღმოაჩნდათ ჯიშში – როგორც წყევლილები, ასევე წყეულებიც იქნებიან სამარადისოდ.

– მაგრამ რისთვის გჭირდება ყველაფერი ეს, ასეთი შთამომავლობითი წყევაო? – იკითხა გაოგნებულმა საირხეს თვალებმა.

– ნუთუ ვერ გაიგე, საირხევ, რომ ჩემი შვილების სისხლს ვაზღვევინებ ასმაგად არათუ მხოლოდ მკვლელებს, არამედ მთელს ელადას. მედეას წყევა გადმოვა მათ შთამომავლობაზე. მე არა ვარ კეთილშობილი და არც მინდა ვიყო, სისუსტე რომაა ადამიანთა მოდგმისათვის. მე არ უნდა ვიყო სუსტი და ლაჩარი. მე ერთი, მედეა, ომს ვუცხადებ მთელს ელადას და უნდა გავანადგურო ის, რადაც არ უნდა დამიჯდეს. მე ამას შევძლებ იმიტომ, რომ მართალი ვარ მათ წინა-

შე. მე არ დავსხმივარ თავს არავის. მე ჩემი ცხოვრება მქონდა. იმათმა დამიწყეს ომი, დაგვხოცეს და გაგვანადგურეს. ახლა ომში უკან დახევა არ შეიძლება და მითუმეტეს მაშინ, როცა ამის ძალა შემწევს. შენც ხომ იბრძოდი შენი შვილისთვის, სანამ ძალა შეგწევდა... – მრავალმნიშვნელოვნად ჰკითხა მედეამ და თან დაამატა, – პასუხს ნუ გამცემ. ამაზე პასუხი შენ არ მოგეპოვებაო.

დაფიქრდა საირხე მედეას ნათქვამზე და მიხვდა, რომ სადღაც იგი მართალი იყო, მაგრამ ისიც იცოდა, რომ ამ თავის დახლართულ აზრუნდში ადრე თუ გვიან თვითონვე გაეხვეოდა და ვერ იპოვიდა გასასვლელს გზა-ხვეულების აბლაბუდიდან.

მერე იყო და, საირხემ გაახსენა მედეას მორდუს ნათხრობი. მედეამ ვერ გაიხსენა, ამიტომ საირხემ უამბო თვალებით ბავშვობაში ბევრჯერ მონასმენი იგავი:

– კაცი ცხოვრობდა ერთ სოფელში. რომ მოაწია დრომ, ერთი გონიერი ქალი მოიყვანა ცოლად. ერთად გაატარეს ბუნიაობა და მერე ცოლმა უთხრა – წადი ქვეყნიერებაზე, მოიარე ყველა ბრძენი და რაღაც ისწავლე, შენ რომ გამოგადგება ცხოვრებაშიო. იარა კაცმა, იარა, ხუთი წელი ბრძენიდან ბრძენთან იარა, და რაღაც ისწავლა. მერე იყო და, შეუთვალა ცოლს, შინ ვბრუნდებიო და მართლაც გასწია შინისაკენ კაცმა. გზაში დაალამდა. იქვე ახლო-მახლო შეამჩნია კოცონი. მივიდა და ნახა მეცხვარე თავის ცხვრის ფარასთან დაბანაკებულიყო ტყის პირას. თხოვა ამ კაცმა ღამის მასთან გათევა და ლუკმის გაყოფა. მეცხვარემ სიამოვნებით მიიღო ღამის მგზავრი. საუბარი გააბეს ერთმანეთში. მეცხვარემ რომ გაიგო, გონიერი კაცია ეს კაციო, ჰკითხა გამომცდელად: „ღმერთის გვარს ხომ ვერ მეტყვიო?“ დაფიქრდა გონიერი კაცი, არ იცოდა, რა ეპასუხა, რადგან არც ერთ ბრძენს არ უსწავლებია მისთვის ღმერთის გვარი. არ ვიციო – ეთქვა, შერცხვებოდა, არადა ასეთი რამის არცოდნა ითაკილა კაცმა. არც ის იცოდა, ღმერთს გვარი თუ ჰქონ-

და. ბოლოს, როგორც იქნა, გამოუტყდა, არ ვიცით, იქნებ შენ მითხრა და მეც მეცოდინებაო. გაეღიმა მეცხვარეს. მხარზე ხელი მოუთათუნა გონიერ კაცს და შესთავაზა, – „ხუთი წელი ჩემთან იმსახურე და შენ თუ ვერ მიხვდები, მხოლოდ მაშინ გეტყვიო“. იფიქრა კაცმა, ხუთი წლით ერთი უბრალო ცნობისმოყვარეობისთვის როგორ მოვწყდე ოჯახსო. არადა, ძალიან უნდოდა, გაეგო იმ უცნაურ კითხვაზე პასუხი, თუნდაც პატარა და უმნიშვნელო პასუხი, მაგრამ მაინც უნდოდა. და მართლაც დარჩა მეცხვარესთან ხუთი წლით. სახლში კი გამოიგლოვეს კაცი, რომ ვერ გაიგეს მისი გზა-კვალი. ხუთი წლის შემდეგ, როგორც კი დაასრულა მსახურობა გონიერმა კაცმა, მეცხვარეს ჰკითხა, – „რა გვარისაა ღმერთიო?“ პასუხი ვერ მიიღო მეცხვარემ. მაშინ ასე უთხრა, ამ რამდენიმე დღეში გეტყვიო. დღეები კი იწელებოდა უსაშველოდ და გონიერ კაცსაც მოთმინება ეკარგებოდა. სრულიად მოულოდნელად უთხრა მეცხვარემ თავის მსახურს, რომ დაინახა მოთმინება ეკარგება და ველარ აჰყავდა საკუთარი თავი. ისეთ დროს უთხრა, როცა ამას იგი არ ელოდა – „ღმერთის გვარი მოთმინებააო.“ „მოთმინებაო?“– გაიკვირვა გონიერმა კაცმა. „ჰო, მოთმინებაო. შენ ამას უნდა მიმხვდარიყავიო“. პირობისამებრ წავიდა გონიერი კაცი და ფიქრობდა თავის მიტოვებულ ცოლზე. რომ მივიდა სახლში, ხედავს მისი ცოლი ვიღაც ყმაწვილთან ერთად ფერხულს მისცემია და რაღაც უხარია. გაბრაზდა კაცი, ასე მალე როგორ დამივიწყა ცოლმაო. სატევარზე იტაცა ხელი, მაგრამ ხელი გაუშეშდა. უყურებს ყმაწვილს და გონს ვერ მოსულა, სად უნახავს ეს ყმაწვილი მანამდე. უყურებს და საკუთარ თვალებს არ უჯერებს, საკუთარ თავს ვერ აჯერებს, რომ ის ყმაწვილი, ვინც მის ცოლთან ცეკვავს, თავად იგია. აბა ის, ვინც დგას განზე, რომელიც თვითონვეა, მაშ, ის ვინღაა? „დაილოცა, ღმერთო, შენი გვარიო!“ – წამოიძახა ბოლოს კაცმა და თავის ცოლ-შვილს გადაეხვია.

უსმინა, უსმინა მედეამ, მოთმინებით უსმინა საირხეს და

ბოლოს ჰკითხა:

– რა გინდა, ამით რომ თქვა.

შეხედა საირხემ მედეას და პირუთვნელად უპასუხა:

– შენ დასასრულს ეძებ ასე ადრე, არადა შენ ყველაფერს ახლა იწყებ. შენ დასალიერს ელოდები, განთიადს კი შეხვდები. მე კი ჩემს დაღამებას დაველოდებით, კოლხეთში ცივ წყალში დაიხრჩვება წითელი მზე, როგორც ხალიბების გაწითლებული რვალი, აქ კი ამოვა დამცხრალი და გაგრილებული, რათა ისევ თავისი მცხუნვარება მოაფინოს მიწას. ტკივილამდე დაწვავს მზე შენი სულის სიმარტოვეს და ამიტომ...

აღარ დააცალა მედეამ საირხეს სიტყვის დამთავრება და წყრომით უთხრა:

– რა გინდა, საირხე, ჩემთან, ჩემი ბრალი არ არის შენი შემოდგომის დადგომა. სანამ მე შემოგეყრებოდით გზაზე შენ და შენს შვილს, თქვენი შემოდგომა დამდგარი იყო, მე უბრალოდ დავაჩქარე მისი დასასრული. ამისთვის არ უნდა მზღო მძიმე სასჯელით.

– არავინ არ გსჯის, – უპასუხა საირხეს თვალებმა ისეთი გულწრფელობით, რომ მედეაც დარწმუნდა ამაში, – მე მხოლოდ შენთვის სიკეთე მსურს და ავი განზრახვით არ მოვსულვარ შენთანო. შენ რომ გგონია, ჩემი შემოდგომა თითქოს დააჩქარე, ასე არაა. შენ გაახანგრძლივე... შენ სიცოცხლე მიეცი ჩემს მარტოობასო.

– ეს როგორო? – გაიკვირვა მედეამ.

– შენ რომ ჩემი შვილი არ მოგეკლა, ჩვენ ორთავე რახანია მოვკვდებოდით, რადგან ან მგელი წამოგვეწეოდა გზად, ან ბრმა ისარი. შენ რომ მიყურებდი, ძალა იმიტომ მომეცა, სვავ-ყვავ-ყორნებსა და ტურა-აფთრებს შევბმოდი დაუზოგავად. მამაშენის ხრმალმა რაღაც დროით უკვდავება მომანიჭა. სხვა ამას ვერ შესძლებდაო. შენს მეტი ვერავინ გაიგებდა იმას, რასაც ახლა გეუბნები. ამიტომ მინდა სულის სიმშვიდე მოიპოვო.

გაიქნია მედეამ თავი, დაღონდა და ჩუმად, დინჯად დაიწყო საუბარი ისე, თითქოს არავის არ ესაუბრება, თითქოს საკუთარ თავს უზიარებდა რაღაც ნააზრევს:

– ჩემი ცხოვრება უცნაურად არ წარმართულა. ის ემორჩილებოდა ყოველთვის გარემოებიდან გამომდინარე წესებს. როცა საჭირო იყო, მრწამსი მეცვლებოდა. ეს შემთხვევითი არ ყოფილა, ყველაფერს თავისი გარდაუვალი აუცილებლობა უძღოდა. არაა ასე, იქ კოლხეთში კეთილი ქალწული ვყოფილიყავი და აქ, ელადაში კი უცებ ბოროტმოქმედი გავმხდარიყავი. მე არც ბოროტი და არც კეთილი ვარ. ჩემში ქალია, რომელსაც შვილები მოუკლეს თვალწინ და ის სიმწარე მან უთუოდ უნდა გადმოანთხიოს, თორემ ეს ბოღმა დაახრჩობს მას. ეს არც ბოროტებაა და არც სიკეთე. ეს ადამიანის ბუნებითი მოთხოვნილების გამოხატულებაა და მეტი არაფერი. უნდოდათ და მომიკლეს შვილები, მინდა და შური უნდა ვიძიო მათზე. არ ვიცი, სად შევცდი მათთან, ასე რომ გამისწორდნენ. მათ საქციელსაც ვერ დავარქმევ ბოროტებას, ბოროტი ისაა, ვინც ეს უკეთური საქმე აიძულა ამ ხალხს, რადგან ბოროტი ჩემი შვილებისთვისაც ბოროტია და იმ მკვლელების შვილებისთვისაც. იმ მკვლელებს შვილები ჰყავთ და იმ მკვლელებს თავიანთი შვილები უყვართ და არ კლავენ მათ. იმ შვილებს სხვა მოუკლავს და ისინიც გამწარდებიან ისე, როგორც მე. ამიტომ არც ისინი არიან ბოროტები და არც მე, არც ისინი არიან კეთილები და არც მე. ეს ჩვენი ხვედრი არაა. ჩვენი ხვედრია ცხოვრებაში ან ცხოვრება, ან სიცოცხლე. ეს არჩევანი ჩემი სურვილების დაკმაყოფილება კი არა, ჩემი უბედურებაა. მე კი მერჩივნა ჩემს შვილებთან ერთად ლაღად მეცხოვრა ისე, როგორც ცხოველთა სამყაროა ყოველგვარი წესებისაგან გათავისუფლებული.

გაიქნია თავი საირხემ:

– შენ რა იცი ცხოველთა სამყაროს ცხოვრების წესებიო. იმას ვერ აფასებ, რადაც გაგაჩინა გამჩენმაო? იმათაც ისე-

თივე წესები აქვთ, როგორც თქვენ, მაგრამ გონების აზროვნება არა აქვს ცხოველებს, ცხოველები არიან, და მიტომ. თქვენ ყველაზე მხეცურ გადაწყვეტილებებსაც კი გააზრებულად იღებთ, ცხოველები კი დაინახავენ თუ არა სამსხვერპლოს, მათი ფიქრი შემოიფარგლება იმით, თუ როგორ დაიჭირონ და როგორ გაიყონ ნადავლი. იმის იქით ცხოველი არ ფიქრობს, რადგან მასში არის სურვილთა დაკმაყოფილების ჟინი და ეს ამოძრავებს მას. ამ ჟინის დაოკებისთანავე იგი წყვეტს ფიქრს, აზრი არ გააჩნია მას, და მიტომ. ადამიანი კი, ყველაზე გონებასუსტიც ამ ჟინის დაოკებისთანავე ფიქრობს მარაგზე. აი, ეს ფიქრი აზროვებს მას, რათა სიცხადეში განახორციელოს სამომავლო განჭვრეტა. ამით ის იიოლებს არსებობას. მგონი სხვაობა აქაცაა. ხოლო როცა ცხოველები ერთმანეთს ებრძვიან, ყველა მათგანმა იცის, რომ მას ჰყავს მეტოქე და შეიძლება მან ან წააგოს, ან მოიგოს ყველაფერი. გამარჯვების ან დამარცხების შეგრძნება ცხოველს არ გააჩნია, ცხოველია, და მიტომ. ადამიანს მომადლებული აქვს ნიჭი გამარჯვების, ან დამარცხების, ანუ მოგებისა თუ წაგების შეგრძნების შემეცნების. ამ შეგრძნებებთან განუწყვეტელი ჭიდილის სურვილი ბედთან შეუპოვრობის არსია სწორედ. შენი ბრძოლა არ დამთავრდება გამარჯვებით, ან თუ დამარცხებით, მოწინააღმდეგე არა გყავს, და მიტომ. მე ვერ ვუწოდებ შენს მტრებს მოწინააღმდეგებს იმიტომ, რომ მათში არაა ის ძალა, რითაც ადამიანები ერთიანდებიან სხვების წინააღმდეგ. არ დაარქვა მათ ელადელნი, რადგან მტერი ყველგან, ყველა ხალხში იგივეა. მასში სწორედ რომ მხეცის გეში მოქმედებს მეტოქესთან მიმართებაში და ადამიანური ბუნება მხოლოდ ამ ბრძოლის მიღმა იღვიძებს. ვერ მეტყვი ვერანაირ მიზეზს, თუ რატომ მოკლეს შენი შვილები. ვინ რას იტყვის და ვინ რას, მაგრამ ეს არც ერთი არ იქნება მიზანმიმართულობით განხორციელებული. არც შენ გაქვს ასეთი მიზანმიმართულობა, რომელიც ნაყოფს გამოიღებს. შეიძლება შენმა

შურისძიებამ მრავალ ელადელთა თაობაზე იმოქმედოს, მაგრამ ის ნაყოფს ვერ გამოიღებს. უნაყოფო შურისძიება არ მეტყველებს შენს გამარჯვებაზე, ან თუ დამარცხებაზე. შენ კი მხოლოდ ამ ნაყოფს მოელი. ამაზე დაფიქრდი, მედეაო, – უთხრა საირხეს თვალებმა და ამ ნათქვამის აღქმის საშუალება მისცა.

მედეამაც იფიქრა,

იფიქრა და

ჰკითხა საირხეს:

– საიდან იცნობ ასე ზედმიწევნით ადამიანურ ბუნებასო?

– შენგანო, – დაუფიქრებლად უპასუხა საირხეს თვალებმა, იმ შენს მაშინდელ წამიერ გამოხედვაში დავინახე სრულიად ადამიანი თავისი არსითო.

XVI
სევდიანი ღმერთი

ვეჰ, ჩემო საირხე, უცნაური არსება ხარ, ისეთი უცნაური, რომ ბოლომდე ვერ გავრკვეულვარ, ცხოველი ხარ, თუ ღვთაება. არადა, მებრალები და, იცი, რატომ?! იმიტომ, რომ ასეთივე სევდიანია ღმერთი და იგი ადამიანებთან თავისი ტვირთითა და სიმძიმილით მიდის. და მიდის ისეთ დროს და ისეთ ადამიანებთან, რომლებმაც დაივიწყეს ღმერთი, თუნდაც მე. მიდის იმიტომ, რომ ადამიანებმა მოკლან იგი და, მართლაც, ყოველგვარი დაბრკოლების გარეშე კლავენ მას არათუ სხეულებრივად, არამედ თვით სულიერადაც კი – მისი უარყოფითა და უგულებელყოფით. ღმერთი კი მაინც მიდის იმიტომ, რომ კვლავ წავიდეს აღმოსავლით და ადამიანებს დაუტოვოს ღმერთის წყურვილი. იგი წინასწარმეტყველებს, ადამიანებს კი არ სჭირდებათ ეს. შეაგონებს, ადამიანები კი არ შეიგონებენ, მხოლოდ განიგო-

ნებენ მის ნათქვამს. კლავენ და ღმერთიც კვდება, როგორც ზვარაკი, ემორჩილება რა კაცთა მიწიერ ნებას, რათა მერე ისევ აღდგეს და წავიდეს ადამიანთაგან, გაღმა გაფრინდეს და დაელოდოს თავისი ხელახალი მოსვლის ჟამს. ისევ მოვიდეს და ისევ მოკლან, რადგან ღმერთი უსასრულოდ კეთილია. თუ ღმერთი კეთილი არ იქნა, ქვეყნად ღმერთის მეტი არავინ იარსებებდა, ისე უმოწყალოდ გაანადგურებდა იგი კაცთა მოდგმას. ამიტომ ადამიანები ბედავენ, იყვნენ ბოროტები იმ იმედით, რომ ღმერთი მათ ადრე თუ გვიან, ასე თუ ისე, მაინც აპატიებს ჩადენილ ცუდკაცობას. ღმერთიც იწვის ადამიანთა ცოდვებში. დაწვაა ღმერთის მოვალეობა, რათა მეტის ნათებით დაანახოს ადამიანებს თავიანთი თავი. ღმერთის ტკივილი ადამიანურ ტკივილზე გაცილებით აღმატებულია და ადამიანი ვერ გაუძლებს ამ ტკივილს. საკუთარ თავზე რომ გამოსცადოს, აუტანელი იქნება ღმერთის დანიშნულება მათთვის.

– ვინ გასწავლა ეს შენ? – ჰკითხეს საირხეს გაოცებულმა თვალებმა. მედეამაც დაუფიქრებლად მიუგო:

– შენ! იმ შენმა მაშინდელმა წამიერმა გამოხედვამ დამანახა ღმერთი როგორი იყო და როგორი მინდოდა ყოფილიყო და როგორს სახავდნენ ადამიანები. ბოლომდე მაინც არ ვიცი, რა როგორაა, ამას კიდევ ჩემი სურვილები ავსებენ.

– მე რომ ღმერთი არა ვარო?! – უთხრეს საირხეს თვალებმა მედეას.

– ჩემთვის ეს სულ ერთია. მე შენით ამოვიცანი ის ღმერთი, როგორსაც მე ვეძებ. იქნები თუ არა ასეთი, ან სხვანაირი, არა აქვს მნიშვნელობა. ვისაც უნდა ვუანდერძო ჩემი სახლი და სიმდიდრე, იგი არ არსებობს. არც სახლია და არც სიმდიდრე, მაგრამ ჩემი სახლი და სიმდიდრე მე თვითონა ვარ. რაღა დამრჩენია ამ ქვეყნად, თუ არა მისი გადაწვა და ყველაფერ იმის განადგურება, რაც შიგ იმყოფება. გასაოცარი კოცონი გამოვა. შიშის თავისებური გამოვლინება იქნება დაწვა, რათა განათდეს ის, რაც ჩემში იყო დაფარუ-

ლი, ყველაზე ბნელი გრძნობებიც კი. რატომ მოსულხარ ჩემთან, ან რატომ გიგდებ ყურს ასეთი დაწაფებით, თუ არა მიტომ, რომ ჩემი სული აელვარდეს და დაფერფლოს მთელი ჩემი შიგნეული. ბოლომდე მაინც შეუცნობელი რჩები ჩემთვის, საირხევ, ცხოველი იქნები, ადამიანი თუ ღმერთი. რატომ მოსულხარ ჩემთან და მიფორიაქებ სულს. ჯერ არ მინდა დაწვა იმიტომ, რომ არც მე ვარ ღმერთი, ჩემში კაცი რომ ამოვშანთო და ღმერთი დავამკვიდრო ღმერთის მკვლელობით. ვერ ვზიდავ ამდენ კეთილშობილებას. მე შურისძიება მინდა, და მიტომ.

შეებრალა საირხეს მედეა და ურჩია:

– შენ შენს აბრუნდებში გაეხლართები და ვერ იპოვი გამოსავალს. ამიტომ ერთს გირჩევ – ხელი აიღო შურისძიებაზე. გზად წამოგეწევა მისი შხეფები და დაგსვრის. ამიტომ...

– შენ!... – შეყვირებით შეაწყვეტინა ფიქრით საუბარი მედეამ, ვინაიდან გააბრაზა საირხეს რჩევამ, – შენ მირჩევ ყველაფერი დავთმო და შინ, სახლში, მამის წიაღში, დავბრუნდე და გავახარო მოხუცის გული, რასაც ასე-რიგად გავურბოდი ჯერ კიდევ იქ – კოლხეთში და მერე აქაც გამომყვა დამღა კოლხეთის. იქნებ სულაც ჩემი უცხოობაა ამათთვის საბაბი და მიზეზი ჩემი შვილების დახოცვის, თორემ ქალები ელადაშიც ცხოვრობენ და მათ შვილებს არ უკლავენ. აი, მე მომიკლეს. შენ კი მოსულხარ და მირჩევ, იქ დავბრუნდე, რასაც დავაღწიე თავი.

გაჩუმდა მედეა,

დუმდა საირხეს თვალებიც.

ამ დუმილში დაიძაბა ურთიერთმზერაში გამოხატული მდგომარეობა.

ისევ გაუსწორა თვალი საირხემ მედეას და უთხრა:

– არამარტო შინ დაბრუნებას გირჩევ, არამედ უნდა წაუღო მას ის, რაც მისი საკუთრებაა, რასაც ასე-რიგად ელოდება კოლხეთი.

– ოქროს საწმისი? ის ხომ აღარ არსებობს, განადგურდა ოქროს საწმისი ელადელთა ხელში. ან რა დამრჩენია კოლხეთში ისეთი, რომ ვისწრაფოდე იქითკენ.

– რომ არაფერი ვთქვა იმაზე, რისი კოლხეთამდე მიტანაც შენ გევალება, იმიტომ უნდა დაბრუნდე შინ, რომ აქ შენ არავის სჭირდები. იქნებ, აღარც იქა ხარ საჭირო, მაგრამ თუ ელადაში არავის სჭირდები, ეს იმიტომ, რომ სრულად უცხო ხარ მათთვის და შენ არა ხარ მათი ტკივილი და საგულშემატკივრო ადამიანი. მათთვის სულ ერთია შენი სიცოცხლეც და სიკვდილიც, მწყურვალს წყალს არ მოგაწვდიან, მშიერს პურს არ გაგიტეხავენ, მიუსაფარს არ შეგიფარებენ. იქ კი, შინ, რომ არ იყო არავისთვის საჭირო, მაინც შინაური იქნები. სიბრალული შენს მიმართ მეტი იქნება, რადგან შენც იმათი ჯიშისა ხარ, მწყურვალს წყალს დაგალევინებენ, მშიერს პურს გიწილადებენ, მიუსაფარს შეგიფარებენ და შენს ავს ძირს არ დასცემენ, რადგან გული შესტკივათ თავის თანამემამულეზე. ასეა, ყველა თავის მამულშია მტკიცე და ძლიერი. რომც არავინ შეგეწიოს, მამული ისეთია, მხოლოდ იქ შეძლებ თავის გატანას, რადგან შენც შენი მამულის შვილი ხარ და თავს ისე იგრძნობ, როგორც თევზი წყალში და ფრინველი ცაში. თევზი უწყლოდ – მკვდარია, ის წყალშიც შეიძლება მოკვდეს. ფრინველი ცის გარეშე ან მკვდარია, ან არა, ცაში აფრენილი კი ცოცხალია და თავისუფალი. სხვა აზრი არ შეიძლება არსებობდეს ასეთ დროს. ასევეა მამულში კაცი. ამიტომ მოვსულვარ შენთან და მოგიწოდებ შინ დაბრუნებისაკენ, ამისი დროა, და მიტომ. რაც მთავარია, შენ უნდა წაიღო კოლხეთში მამის შენის ხმალი, რომელიც ჩემს თავშია ჩარჩენილი, როგორც წყევა და ბედისწერა შენი მამულის. ხმალმა თავისი ქარქაში უნდა იპოვოს, ადამიანმა – თავისი უკანასკნელი ნავსაყუდელი და თავშესაფარი. ეს ხმალი არც ჩემი საკუთრებაა და არც შენი, თუნდ – სხვისი. ის მამულის ცხოველმყოფელობაა, მასშია მთელი სიძლიერე და ბედგაუტეხელობა კოლხთა

მოდგმის. ის გახევებულია ახლა და შეხორცებულია ჩემს სხეულთან, რადგან ჩემი საზიდარი იყო მამულის ჯვრადსახული მარადი სიცოცხლე. ამიტომ უნდა ამოიღო ყოველი კოლხის ეს ნატვრის წყარო თავისი ფესვებით და იგი ძლევამოსილ სატევრად გარდაისახება უმალ და შეიძლებს მოდგმა გაუმკლავდეს ხილულ და უხილავ მტრებს. ამას ერთი კაცი ვერ შეიძლებს, ამას მთელი ჯიშის მისწრაფება შესძლებს ჯერარგანცდილი ღვთიური ძალის მათზე გარდმოვლენის უფლების მოპოვებისაკენ და იცოცხლებს და იცხოვრებს შთამომავლობით შთამომავლობამდე კოლხა უამრავ მტრებსა და ცხოვრებისეულ ქარტეხილებთავსმოხვეული. ეს იმიტომ, რომ ხრმალი თავის ქარქაშს იპოვის და არ დაბლაგვდება უქმად. თვალარნახული ასო-მთავრულით ზედ აწერია ამ ხრმალს ბედისწერა მთელი მამულის, საზიდავი რომ არის ამ ხრმლის სიძლიერე ხელმწიფებით. თუ ის მამულს არ მოხმარდა და ქვენაგრძნობებით სხვა მიზნებისთვის მოისურვა ვინმემ მისი გამოყენება, თუნდაც შენ, ის დაბლაგვდება და გამრუდდება მანამ, სანამ ხრმალი თავის ქარქაშს არ იპოვის და ხელმწიფე მას წელზე არ შემოირტყამს სარტყლად და თავი ბოლოს მართლად არ შეუერთდება. მისი ტარება დიდი ცდუნება და გამოცდაა ყველასთვის, ვინც თუნდაც შეეხება მას. ამას სხვა – ურჯულო და გადამთიელი ვერ გამოიყენებს, მის ფესვებში წყევაა, და მიტომ. ხიფათიც დიდია – როცა ჯვარს აზიდავ და მასში შერწყავ შენ წილ ჯვარს მთელი შენი მოდგმის ჯვარსაზიდარში და შეუდგები ამ მძიმე მოვალეობას, უნდა გახსოვდეს, რომ შენ შეუდექი დამბადებელს და ამიტომ უნდა მოიკრიბო მთელი ძალა, არათუ მხოლოდ ღონიერება, არამედ გონიერება – უპირველესად. ღირსი უნდა იყო მისი ტარების, რადგან გზიდან გადასახვევად მრავალი ჭინკა გაცდუნებს. უნდა იარო მხოლოდ მამულისკენ სავალი გზით. ხიფათიც და საცდურიც ამ გზიდან გადახვევის ჩაგონებაა. თუ გზას გადაუხვიე, ვერასოდეს იპოვი დაკარგულ ჭეშმარიტებას

და მართალ გზაზე ვერასოდეს გახვალ. ამიტომ თუ იტვირთავ ამ ჯვარს, ბოლომდე უნდა ზიდო პირნათლად. მხოლოდ შენ უნდა აიღო საკუთარ თავზე ეს მოვალეობა იმიტომ, რომ ხრმალი მამულის სახელობაზე გამოჭედა უფალმა ხალიბთა სიმტკიცით და ხალიბებს გადასცა ის ცეცხლთან ერთად. და ეს ხრმალი შენის თანდასწრებით და შენს გამო განივთდა ჩემში ცხოველსმყოფელ ჯვრად და დავიბადე საირხედ. კოლხთაგან ყველაზე მეტად შენ გევალება ამ საზიდარის ზიდვა. შენ გჭირდება ეს სიძლიერე, რაც ამ ჯვარშია, რათა დათრგუნო საკუთარ თავში უძლიერება შურისძიების, ამაღლდე შენს თავზე მაღლა და მართალი ხელმწიფებით აიღო ხელში ჯვარი, რომელიც ისევ ხრმლად გარდაკეთდება, იტვირთო მისი პატრონსნად მამულში დაბრუნება, რადგან შენ მედეა ხარ. შენ უნდა იწამო შენი მოვალეობა, რათა მისთვის ეწამო ერთ წამს, იმდენად მტკიცე უნდა იყო შენი ბუნებით. ახლა გთხოვ, მერე შემოგთავაზებ, ბოლო ჟამს კი შენ თვითონ მთხოვ, წაიღო ეს ხრმალი, გადმოგცე შენ და არა სხვას. თუ ამ სამ შესაძლებლობიდან ერთს მაინც ვერ გამოიყენებ, მაშინ ხრმლის წყევა გადმოვა შენს მამულზე, რადგან სხვა შესაძლებლობა არავის არასოდეს აღარ ექნება, დაეუფლოს ცხოველსმყოფელი ჯვრის მადლსა და სიცოცხლისმომნიჭებელ ხრმალის ძლევამოსილებას. ის მე შენ გამოგიწოდე, და მხოლოდ შენ...

– მე და მხოლოდ მე არაერთხელ გითხარი, რომ ხრმლით თუ უხრმლოდ მე კოლხეთში არაფერი დამრჩენია. სამჯერ კი არა, უამრავჯერ რომ მოხვიდე ჩემთან და გადამარწმუნო, არაფერი გამოვა, რადგან რაც შენ მითხარი ჩემთვის არაა მიმზიდველად მომხიბლავი. მომხიბლაობა ბევრგან არაა, მაგრამ სხვაგან ჩემი შებოჭვა ხელმწიფების ხიბლით არ მოუხდენიათ, არსად არ მხიბლავს ხელმწიფება და მისი გულის შესაღონებელი წესები. აქ არც მეფე ვარ, არც დედოფალი. აქ მედეა ვარ და ეს მიხარია, ჩემი ბედით თუ უბედობით მოპოვებული საკუთარი თავის უფლებით, თუნდაც

დაჩაგრულით, მაგრამ მაინც თავისუფლებით.

– ცდებით, – უპასუხა საირხეს თვალებმა, – მამული მაინც მიგიზიდავს და სუნთქვა შეგეკვრება სამშობლოს სურნელების შეუსუნთქავად. თუ დაბერება გიწერია და მიხვალ სიბერემდე, მაშინ უფრო ნათელი გახდება ჩემი სიტყვების ჭეშმარიტებაც. ძნელია შენთვის წარმოდგენა იმისა, რომ ოდესმე დაბერდები, და მაინც მაშინ, როცა ჯერ სამი ათეული წელიც არ გაგივლია და მთელი ცხოვრებისეული სიმძიმეები კი იხილე და იტვირთე. ამ სიმძიმემ თითქოს ნაადრევად დაგაბერა, მაგრამ წელთა სიმრავლეს როცა გადათვლი ხვავრიელად, იქ მოგაწევს სამშობლოს ტკივილი და ძახილი, სულის ყივილი მოგიხმობს და შენც სულსწრაფვით გაეშურები შინისაკენ ისე, რომ აღარ დაფიქრდები შენს აწმყოსა და ყოფიერებაზე. თუ ეს ასე არ იქნება და სიბერეს ვერ ეზიარე, სიკვდილი ჩაგახედებს შენს იდუმალ სურვილებში, ასე უმოწყალოდ რომ გამოკეტე საკუთარი სხეულის დილეგში. გათავისუფლებული სურვილები იქნება ლტოლვა სამშობლოსაკენ და დაგტანჯავს მისი უხილაობა, რაოდენ უსახურიც არ უნდა იყოს შენი მამული.

– ეჰ, საირხე, საირხე!.. ძალიან ბევრი რამ მტანჯავს ამქვეყნად და ესეც თუ დამემატება ტვირთად, არ ვიცი, რით შევიძლებ გავუმკლავდე მას. ცა ხომ მაღალია და ცამ იცის აზრთა წყაროს გადმოდინება. არც იმაში ვარ დარწმუნებული, რომ სიბერეს ვეზიარები. ამიტომ გიგდებ ყურს, როგორ შეიძლება ადამიანი ერთ დღეს დაბერდეს და მან მოინატროს მამული, როგორც შენ ამბობ, თუნდაც უსახური. ახლა რომ დადგეს ჩემი სიკვდილის ჟამი, მხოლოდ და მხოლოდ გული დამწყდება, სათანადოდ რომ ვერ ვიძიე შური ჩემი შვილების მკვლელებზე. ეს გამყვება ჯავრად სამარეში და არა სამშობლოს მონატრება. მე მზად ვარ შენგან ავილო ხრმალი მხოლოდ იმისთვის, რომ შენ ამდენი ხნის სიმძიმე შეგიმსუბუქო და არა იმისთვის, რომ ის კოლხეთში დავაბრუნო. ეს ხრმალი თუ აქ ჩემს მტრებთან ბრძოლაში გამო-

მადგება, ხომ კარგი, დაგლოცავ, თუ არადა, მივაგდებ სადღაც, კუთხეში, და არც გავიხსენებ მის არსებობას.

დაღონდა საირხე, როცა მედეას გადაწყვეტილება მოისმინა. ჩაქრა მის თვალებში წყურვილი მედეასთან ურთიერთობის. ეს იყო მხოლოდ, რომ იგავი შეახსენა:

– ერთი კაცი ცხოვრობდა მამულში, ლამაზი ადგილი შეარჩია საცხოვრებლად, მთის ძირში, საიდანაც კავკასის ქედი მაღლდება ცას ავარდნილი მწვერვალებით. პირველქმნილი ყვავილების ბაღი და ტყე ემოსა იმ ადგილს, სახლიც ტყის პირას დადგა, საიდანაც ხელისგულივით ჩანდა მთელი ხეობა და გადაშლილი ველი. ოჯახს ეწია და ტკბილად ცხოვრობდა ცოლ–შვილთან ერთად. ჯალაბს ნადირობით ირჩენდა. ერთხელაც, წასულა ეს კაცი სანადიროდ და სახლეული შინ დაუტოვებია. ნადირობს ერთი დღე, ორი, სამი. როცა დაბრუნდა შინ, სახლი იქ არ დახვედრია. იმ ველის ადგილას თვალთუხილველი სარკესავით ტბა გადაშლილიყო. თვალი ვერ მოწყვიტა ამ წარმტაც სამზერს. გაოცებულა ეს კაცი – ან როგორ გაჩნდა ეს ტბა თავის ნამოსახლარზე, ან სად წავიდა მისი ოჯახი. ფიქრი და თვალწარმტაცი გარემო ერთმანეთს ებრძოდა. ფიქრს უნდა გაეკვლია გზა, ბუნების მშვენიერებას კი ჩაეხშო ეს გზა, რათა თვალსაწიერი დამტკბარიყო, გონების აზროვნება ამაზე რომ გადაეტანა. იტანჯებოდა კაცი – თვალი გაერთო, თუ ეფიქრა, ველარ გაეგო. ფიქრმა აჯობა – წყალში გადაეშვა და ტბის ფსკერზე თავისი სახლი და დამხრჩვალი ცოლ–შვილი ნახა. გულმომკვდარი ამოვიდა წყლიდან და შეხედა ტბას. ის სასტიკ და უსახურ სურათად ეჩვენა, მის თვალში წაიშალა სილამაზე ტბის. წყნარი ტალღები ერთმანეთში მუსაიფობდნენ.

ცას მოსწონებია ეს მიდამო თურმე და გადაუწყვეტია, მიწიერი სავანე აქ ჰქონოდაო.

მოუწყვეტია ცას თავისი ნაწილი და მიწაზე გადმოუტანია, რათა განესვენებინა ზეცას მიწაზე.

ცისა და მიწის გასაყარი აქ, ამ ტბაში, დაუწესებია მას და გაუსარკებია და გაუცოცხლებია ცის მყარი.

ამაში მეცხრე ცის აზრია ჩაქსოვილი და მასში ჩაძირული სულები ფიფქიებად ქცეულან და ტალღებზე მზის ასხლეტილ ბრჭყვიალებად ცოცხლდებიან.

ამ სულებს ერთი კაცი აკლია.

დაწესებულა თურმე, რომ დიადი ფრენის შემდეგ შეერწყმიან ერთმანეთს და გაიხარებენ ბოლოს.

თუ სურვილებისგან შეუძლებელია თავის დაღწევა, შესაძლებელია ჟამსაქცევარის მოქცევის რაღაც დროში სურვილების დაკმაყოფილება.

აჩრდილები ხორციელთან სიახლოვეს განწყობილების მოზღვავებით მოახდენენ, რადგან წამი მარადისობად იქცევა.

ახალი ძალა წარმოიშვება ამ სიახლოვის სილამაზით.

მეცხრე ცაზე არსებობის წყაროდ დაწესებულია ძალა და არა სხეული.

იელვებს ამ ძალთა შეყრისას და გაანათებს სიცოცხლეს ტბაში, რადგან ზეციერში სიყვარული არის ელვა და ეს ელვა არ გაბზარავს ცას და არ გატეხავს მის გასარკებულ ორეულს.

პირიქით, მიზიდულობით აღაგზნებს კაცს, რომელიც ცის მიღმა დარჩა.

ასტრალებში შესაძლებელია მიწიერი სიყვარულიც, მაგრამ მასში ყოველთვის არის აღტაცების უძრავ-დაძაბული მდგომარეობა.

როცა მოქცევა რაღაც დროს ჩაითრევს კაცს ცისიერის უსასრულობაში და ერთმანეთს შეეგებებიან სულები და იელვებს, შერწყმით ერთ არსებად გადაიქცევიან.

შერწყმის შემდეგ ძალები გათანაბრდება და დაწყნარდება.

ტალღების საუბარი გაიგონა კაცმა, მაგრამ ვერ გაიგო არსი და შინაარსი მოსმენილის, ნათქვამი კი ესმოდა. შე-

ძულა კაცმა ეს ადგილი და ლამაზი ტბა. ჩავიდა ბარში და ზღვის პირას დასახლდა. ახალი ოჯახი გაიჩინა. გაუხეშდა კაცის სული ოჯახის დაღუპვის შემდეგ, მაგრამ ოჯახი გამრავლდა და განაგრძობდა ქვეყნად არსებობას. ამ კაცის გარდა, არავინ იცოდა ტბის ამბავი, თვითონაც სურდა კაცს დავიწყებოდა ის. რაღაც დროით მართლაც დაივიწყა, მაგრამ სიბერემ თავისი ჰქნა. ამ კაცისთვის გაუცხოვდა ოჯახი და ტბის პირას დაიწყო სიარული. ერთ დღეს სულის სიმწარემდე მოუნდა არათუ ტბის, არამედ თავის დაღუპულ ოჯახთან შერწყმა. გადახტა ტბაში და თავი დაიხრჩო. მაინც სულის ყივილმა მიიყვანა ეს კაცი იქ, სადაც ყველაზე მეტად სძულდა მისვლა. სწორედ ყივილი დათრგუნავს შენს ურყევ ნებას და მერე გვიან იქნება, თუ რაიმეში შეცდები ახლა. ისიც უნდა გითხრა დასასრულად, რომ ამ კაცის ყველა შთამომავალი იმ ტბაში იხრჩობდა თავს, სადაც დაიღუპა ის ოჯახი და სიცოცხლის წერტილი დასვა კაცმაც და შეუერთდა თავის ოჯახს. ყველა ადიოდა იმ საძულველ ადგილას, რათა ეპოვათ პირვანდელი სამშობლო მარადისობაში. შენთვის წინასწარ წართქმულ მომავლად ჩათვალე ეს ამბავი.

აღარაფერი თქვა მედეამ – არც კარგი, არც ცუდი. დაიღალა და იქვე, სიბნელეში, ლოდი შეამჩნია და ჩამოჯდა. მის შორიახლოს იყო საირხეც და ცხენიც. შორიდან ჭოტის შეყივლება მოისმა. ახლა იგრძნო ლაპარაკში გართულმა მედეამ, თუ როგორ შესცივდა, რადგან ცივი ნიავი ჰქროდა.

– დავიღალეო, – თავისთვის ჩაილაპარაკა მან, – ცოტას შევისვენებ და ხრმალსაც გამოგართმევო, – მიაძახა მერე საირხეს.

საირხე მიუახლოვდა. აღარ უყურებდნენ ერთმანეთს, მხოლოდ სიბნელის სიშორეში სრული უსასრულობის გაუცნობიერებლობას გასცქეროდნენ და ამით გრძნობდნენ ერთმანეთის სუნთქვის სიხშირესა და სიახლოვეს. ცაში კი აიჭრა მედეას მომაჯადოვებელი თმების სურნელი და გარემო გაჯერდა ქალით, ქარსაც გაჰქონდა ზურმუხტოვანი ბალ-

ზამინი, აჩქროლებდა მძინარე კაცების სისხლს და სიზმრებში ეუფლებოდნენ საყნოსებლით წარმოშობილ ოცნების ჩამოქნილ ნაღვაწს. სამაგიეროდ ღრუბლებში შეფერადებული სიცრუე შიშის სახეს იძენდა, არ სურდათ, ამ ოცნების თანამოზიარე ყოფილიყო ვინმე, და მიტომ. დროც არ იყო იმისი, რომ საკუთარი თავი მოეტყუებინათ. მედეასთვის კი არაფერი არსებობდა, უბრალოდ, ძილისთვის მიეცა თავი და როგორმე განტვირთულიყო. მან ვერ გადააბიჯა საკუთარ თავს, საკუთარი თავისკენ რომ წასულიყო. აღარ ეძინებოდა მედეას, არადა, უნდოდა, დავიწყებოდა ყველაფერი. ისიც უნდოდა, ვარსკვლავები შეეცვალა ცაზე და სხვანაირად გადაენაწილებინა, როგორც ამას თვითონ მოისურვებდა. აღარ იქნებოდა ასტრალებით წინასწარ დაწერილი ბედი და უბედობა, ყველაფერს ისე წაშლიდა, რომ ვეღარავის ვეღარასდროს ამოეკითხა ბედისწერათა წიგნი. ცა სუფთა იქნებოდა ბედ-იღბლისაგან, მასში მოქარგავდა ვარსკვლავებით თავის აუხდენელ ოცნებას და ყველა წაიკითხავდა მედეას –

ისეთს,

როგორც იყო თავდაპირველი

და შეურყვნელი.

ყალყზე შედგომასაც ლამობდა, როგორც მისი თეთრონი, რათა ყველას დაენახა – აზვავებული განგაში, რათა მის შემხედვარეს ტანში ჟრუანტელი დავლოდა, იგი მზად იყო ომისთვის, და მიტომ.

მედეამ არ იცოდა, ან არ უნდოდა სცოდნოდა, რომ მტერიც ემზადებოდა ამ ომისთვის, მაგრამ ერთი რამ ცხადი იყო მისთვის: მტერმა არ იცოდა, საიდან შეუტევდა მედეა, რა ხერხს მიმართავდა და ეს გამოცხადებული ომი რამდენად მომაკვდინებელ ადგილას მოახდენდა მოულოდნელ დარტყმას. ეს არც მედეამ იცოდა ზუსტად, მაგრამ – იმ წუთებში მხოლოდ. მისთვის აღარ ჰქონდა მნიშვნელობა

არც ბრძოლის სიმწვავეს,

არც ბრძოლის შედეგს.

აუცილებელი იყო მხოლოდ ის, რომ გამოცხადებოდა მკვლელებს, როგორც ბედისწერის რისხვა. სხვა, რაც მოხდებოდა იმის იქით, ეს მას აღარ ანაღვლებდა, ქალი იყო, და მითუმეტეს ცხოვრებააღრეული ქალი, რომელსაც დაკარგული ჰქონდა წინდახედულება, და მიტომ.

მან ერთი რამ იცოდა კიდევ დაბეჯითებით და დარწმუნებით –

აუცილებლად უნდა წაეღო ხრმალი, რასაც სთავაზობდა საირხე

არათუ იმიტომ, რომ კოლხეთში დაბრუნებულიყო.

არა!!!

მხოლოდ იმისთვის, რომ თავიდან მოეცილებინა ეს აბეზარი საირხე, რომელსაც უნდოდა ჩანაფიქრის განხორციელებისათვის ხელი შეეშალა. ამოიღებდა ხრმალს საირხეს თავიდან და წავიდოდა სამუდამოდ მისი ცხოვრებიდან და აღარ მოისმენდა თვალთამეტყველებას, რომელმაც ესოდენ დაღალა.

ერთმა რამემ ჩაათიქრა კიდევ:

გაუკვირდა, აქამდე რატომ არ მოსვლია თავში აზრად, ეს უცნაურობა რომ გაერკვია, –

როგორ შეიძლებოდა, ფურს რქები ჰქონოდა და თანაც ისეთი მაგარი, რომ გამკლავებოდა ტურებისა და ათთრების მთელ ხროვას.

სად მოათიქრდა,

რატომ მოათიქრდა,

ან რა საჭიროებისათვის,

ვერ აეხსნა თავადაც,

ითიქრა კია, და ეს იყო.

ნათიქრს საირხე მიუხვდა და თვალებით აუხსნა:

– ჩვენ საღვთო ზვარაკები ვიყავით და ჩვეულებრივი ირმების ჯოგიდან იმით განვსხვავდებოდით, რომ დედალსაც და მამალსაც ყველას რქები ამოგვდიოდა, ამიტომ არ

გვკვლავდნენ. ეს ნიში იყო ჩვენი. ჩვენი რქებით ადიოდა ქუდბედიანი ზესკნელში და მზეში შედიოდა, შერმე წვიმე-ბის კიბეებით უკან მიწაზე ეშვებოდა. ლაშა ამ კაცის შვილი იყო და ასეთი რაინდი, შენ რომ გიყვარდა, მიტომ იყო სწო-რედო. ღმერთამდე იწევდა და მისი ნება რქებით შემოდიო-და ჩვენში. ახლაც ასეა, ოღონდ ერთის განსხვავებით, ცხო-ველსმყოფელ ჯვარს ეს რქები გვირგვინად მოსავს გარსშე-მოწერილობით, ჯვარია ბეჭედი ღვთიური ნებისა, რქები კი იცავს ამ უზენაეს სიწმიდეს. ჩვენი ღვთიურობა ჩემს ამ ქვეყნად მოვლენამდე დაკნინდა და ჩემს დროს დასრულდა. მე ვარ უკანასკნელი, საირხედ გარდასახული. ყველამ იცო-და თავისი სიკვდილის დღე ჩემსა და ჩემი შვილის გარდა. ამ ხრმალის, ანუ ცხოველსმყოფელი ჯვრის ტარებისთვის მომენიჭა სიცოცხლე, გახანგრძლივდა ჩემი დღეები მანამ, სანამ ეს სატევარი ჩემია. ხანდახან ეს ჯვარი მიმსუბუქებს არსებობას და არც მინდა დავცილდე მას. ეს შენი ხელით მოხდება თუ არა, საბოლოოდ ყველაფერს თავისი დასას-რული უნდა ჰქონდეს, რადგან მე უკვდავი არა ვარ. ბედიც და იღბალიც მისი იქნება, ვინც ამ ხრმალს, როგორც საკუ-თარ საზიდარს, ანუ ღმერთით მოცემულ ჯვარს პირნათლად ატარებს, რადგან მანაც უნდა იპოვოს მზეში შესასვლელი, მზე სიცოცხლეა, და მიტომ. ყველაფერი შეიცვლება მის ცხოვრებაში – ისე არ იქნება, როგორც უნატრია ცხოვრება, არც ისე როგორც წარიმართა იგი მისთვის. თვითონაც ვერ გაიგებს, როგორ შეიცვლება არსებობის მთელი შინაარსი, მართალ გზას დაადგება, და მიტომ. კარგადაც რომ წარი-მართოს მისი გზა და მომავალი, ეს ხრმალი და მისი ჯვარის-მიერი ძალა ისე შეცვლის ყველაფერს ამ აწყობილ ბილი-კებზე, რომ თვითონაც გაიკვირვებს, მე ასე არ მინდოდაო. რაც არ ნდომებია, ისაა სწორედ ღმერთის საამო. იქნებ უსაყვედუროს საკუთარ თავს, მაგრამ ცხოვრების ბოლოს მიხვდება ამ გზის მართებულობას. ორჭოფობა არ უნდა შე-ეპაროს, თორემ ის ზეზეულად დახრავს მის გულს და არ

მისცემს საშუალებას ნატვირთი ბოლომდე აღასრულოს. ცდუნებაც დიდი იქნება ამ გზაზე: რაც უფრო გახანგრძლივდება გზა, მით უფრო დამძიმდება ჯვარ-საზიდარი. მხოლოდ გზის ბოლოს გახდება ეს ხრმალი, იგივე ცხოველსმყოფელი ჯვარი საამო სატარებლად და გაუძნელდება მას ჯვართან განშორება. ეს განშორება დაღვენთავს ბოლოს ისევე, როგორც მე. იმ ჯვრის სიახლოვეს განუტევებს სულს და ღვთაებრივი კრავის შეწყალებული სტუმარი იქნება.

– ღვთაებრივი კრავიო? – გაიკვირვა მედეამ.

ეს სიტყვა ხომ სადღაციდან სმენია მას. დაფიქრდა, იქნებ მოეგონა, სად გაიგონა მის შესახებ. გონება დაძაბა, აფორიაქდა, რადგან ამაში იდო ის იდუმალი გასაღები, რის ამოხსნასაც ასე-რიგად ცდილობდა და ვერ შესძლო, მაგრამ თუ რის ამოხსნას, ეს უკვე აღარ ახსენდებოდა. იქნებ შემთხვევით თქვა ეს საირხემ, მაგრამ იგი შემთხვევით არაფერს ამბობს. ამიტომ რაღაც უნდა ეღონა, გაუგებარი რომ არ დარჩენილიყო ეს უცნაური სიტყვა, რომელიც მას უთხრეს და ახლა გაუმეორეს. საირხე იმ კოლხური ნადირობის შემდეგ არ ენახა. გამოდის იგი პირველად ვერ ეტყოდა ამ უცნაურობამდე მომნუსხავ სიტყვას.

„იქნებ ამ-ღამის საუბარში თქვა და იმთავითვე გაიმეორა, მაგრამ მე რატომ არ შევამჩნიეო პირველ თქმაზე, როგორც ახლა ჩავფიქრდი, ისევე ჩავფიქრდებოდი მაშინაც და გაცილებით ადრე ვკითხავდი მას ამის შესახებ, ან თვითონაც მიხვდებოდა და უკითხავად მეტყოდა ყველაფერს“.

მერე კი მიხვდა, ღვთაებრივი კრავი უხსენეს იმ საბედისწერო დღის შემდეგ, როცა თავს დაესხნენ ელადელები და შვილები დაუხოცეს. მანამდე იგი ამ სიტყვას არ იცნობდა და ვერც ეცოდინებოდა, რადგან მისთვის კრავი ოქროს ვერძი იყო და თუ მოიხსენიებდა, მოიხსენიებდა მხოლოდ ოქროს საწმისის სახელით. ღვთაებრივი კრავი კი არასგზით არ იქნებოდა ოქროს საწმისი. გაიხსენა იმ ბნელი ღამის კოშმარი: თუ ითქვა მაშინ ეს სიტყვა, ვერ გაიხსენა. ბოლოს

იმ დილით ღამის გათენება გაიხსენა.

„შვილებიო,

შვილებმა თქვეს ღვთაებრივი კრავი,

იგი მეფე კი არა, მეუფეაო“.

იქვე თვალნათლივ ჩაესმოდა მკვდარი ბავშვების ხმა. ნამდვილად იმათ თქვეს ღვთაებრივი კრავიო, მე რომ ასერიგად გამიკვირდა მათი ნათქვამი.

– რაო, რა თქვიო? – შეეკითხა მედეამ საირხეს, – ღვთაებრივი კრავიო?!

– ღვთაებრივი კრავიო, – დაუდასტურა საირხემ.

– მერედა, რატომ ამბობ ღვთაებრივი კრავის შეწყალებულ სტუმარსო? ვინაა ღვთაებრივი კრავი და მისი შეწყალებული სტუმარიო?

ამ კითხვაზე პასუხს სულმოუთქმელად ელოდა მედეა, შვილების ამბის გაგება ეწადა, და მიტომ.

არ კი აღირსა პასუხი საირხემ:

– არ ვიციო, – უპასუხა.

მართლაც არ იცოდა. მხოლოდ ის იცოდა, რომ, უწინარესად, ღვთაებრივი კრავი იყო, ხოლო ვინ იყო, ეს არ იცოდა, რადგან ჯერ არ დამდგარიყო ღვთაებრივი კრავის ჟამი.

– მატყუილებო, – უყვირა მედეამ საირხეს.

– მართლა არ ვიციო. შენ შენი შვილების იგავ-თქმის ამოხსნა გინდოდა, რადგან იმათგან გაიგე ღვთაებრივი კრავის შესახებ. მე კიდევ ასტრალებთან ჩემი რქებით დამყარებული კავშირით ვიცი ამ კრავის შესახებ. იმის იქით ცხოველსმყოფელი ჯვარია, რომლის საზიდარი ბედით თუ უბედობით მე მერგო, და რომ შენ გთავაზობ ამის იქით მის ტარებას, და რომ შეგიწყალებს ამისთვის ღვთაებრივი კრავი, და რომ ეს ჯვარი და არა სატევარი მასთანაა დაკავშირებული, ესეც ვიცი. ადრე თუ გვიან სატევარი განგმირავს ღვთაებრივ კრავს და ჯვარი ცხოველსმყოფელი და პატიოსანი სასწაულებრივად გააცოცხლებს მას ისე, როგორც მე მაცოცხლებს მანამ, სანამ იგი ჩემშია და მე – მასში. მეტი

არაფერი ვიცი ღვთაებრივი კრავის შესახებ და არც შენი შვილების შესახებ მსმენია რაიმე. არ დაღონდე, მედეა! – მშვიდად მიუგო პასუხი საირხემ.

ხმაში სიმტკიცემ იჭარბა და დაბეჯითებით უთხრა მედეამ საირხეს:

– ჰოდა, იმ ღვთაებრივი კრავის სახელით, ვისი შეწყალებული სტუმრებიც არიან ჩემი შვილები, ამოგიღებ თავიდან ხრმალს და ვერ შეგპირდები, ამ საზიდარის ბოლომდე პირნათლად ზიდვას, მაგრამ შენ მისგან გაგათავისუფლებ, იმ კრავის შეწყალებული სტუმარი რომ გახდე შენც.

ერთმანეთს შეხედეს მედეამ და საირხემ ისე, როგორც იქ, მშობლიურ კოლხეთში წამისმიერი შეხედვით... რომ არ დააცალა აიეტის ხრმალმა ერთმანეთის სრული შეცნობა და ამოცნობა. ახლა მათ აღარავინ უშლიდა ხელს ბნელი ღამის გარდა და ისიც კი უძლური იყო დაებინდა ამ ორთა თვალის ჩინი.

დაუხარა თავი საირხემ მედეას, ჯვარი შუბლზე მიედო და წამიერად გაუსხივოსნა გონება ცხოველსმყოფელმა ჯვარმა. მშობლიური მადლი იგრძნო ქალმა და ძალა მიემატა მკლავში. ხელი შეახო ხის ჯვარს, ხელში ემძიმა, მაგრამ საირხეს თავიდან მსუბუქად ამოვიდა და მედეას ხელში ჯვარი ისევ ხალიბური რვალით ნაჭედ ხრმლად გარდაისახა. ხელი ორლესულზე ჰქონდა, მაგრამ ხელი არ გაჭრა ხრმალმა. აბრჭყვიალდა ბნელში ჯვრადქმნილი სატევარის ცეცხლ-კარი და მედეა მიხვდა, თუ სად იყო ცეცხლ-კარი.

გული გაუთბა სამშობლოს მიმართ

და იგი აღარ იყო გულ-მოსული მამულზე.

მამულის გულის ფეთქვა ამ ხრმალის ძვირფას ქვებში ისმოდა

და ესმოდა მედეას მამულის მაჯისცემა,

როგორც მოჭირნახულეს...

და მას უზომოდ უყვარდა კოლხეთი

და მზად იყო მთელი სიმძიმე საზიდარისა ეტვირთა

და ჩასულიყო იქ –
მამულში,
ენახა
და მოეხილა მოხუცი მამა,
მისი გულქვაობით გულდაკოდილი;
ეგლოვა ძმაი,
მისი ახირებით დალუპული;
გახსენებოდა ლაშა,
მისი უზომო სიყვარულისაგან მსხვერპლშეწირული
და მზეში შესული ქუდბედიანთან ერთად,
მაქც-ფატერაგის[45] მსხვერპლად გამხდარი და
ცეცხლში დამწვარი,
ეხში[46] დაბინავებული სულით, მზეზე რომ წვებოდა ხვატში.

ქრუანტელმა დაუარა ტანში და აინთო გული სამშობლოთი, მისი მოხილვის ცხოველი წადილით. ასე არასოდეს მონატრებია –

ყველაფერი,
მასში მყოფი და
მისით სულდგმული.
ეს სულის ყივილი იყო
და მან გაიგონა
და შეიგნო მისი წყურვილი.

ვერავინ დაარწმუნებდა მას იმ წუთებში, რომ იგი კოლხეთში კარგა ხნით არ დაბრუნდებოდა, ან არ დაბრუნდებოდა საერთოდ.

და ბოლოს, ყველაფერი ჩაქრა,
მთელი აღტკინება დაცხრა,
რადგან თვალსა და ხელს შუა გაქრა საირხე და მედეას ხრმალი შერჩენოდა ხელში.

---

45. **მაქც-ფატერაგი** - იგივეა, რაც მარცხ-ფათერაკი, კავშირშია მაქციასთან.
46. **ეხი** - არის კლდე, არა ქვაბად გამოკვეთილი, არამედ მცირედ გამონახეთქი საჩრდილობელი რამე. წამობურვილი კლდე. კლდე გამონახეთქი ქვაბივით. (საბასეული განმარტებათა ვარიანტები).

XVII

ზღაპარივით თვალწარმტაცი დილა

ადრიანი გაზაფხულის ადრიანი დილა იყო. მთის ფერდობთა კალთები ახლადამოსულ მწვანე ბალახს დაეფარა. ყვავილების მათრობელა სურნელი არემარეს მოსდებოდა და ჰაერი მსუბუქი გამხდარიყო. დაბალ მთებს ზემოდან ოლიმპოს ღმერთების სავანე გადმოჰყურებდა ალმაცერი მზერით, რადგან საბურველად თეთრი ნისლი ემოსა და დილის მზის ისედაც სუსტ ნათებას კიდევ უფრო აფერმკრთალებდა. მთიდან წამოქროლილმა გრილმა ნიავმა და ზღვიდან ამობერილმა სიომ ურთიერთშერწყმით გაფანტა ღამის ზმანება ნისლოვან ილუზიებთან ერთად და მთელი თავისი დიდებულებით გამოაჩინა აპოლონის ტახტრევანი – აქამომდე დათოვლილი პარნასი. მზემაც მეტად დააცხუნა და ახლადშეფოთლილ ხეებში სინათლე სხივჩქერალებად ჩაღვარა. ბალახი ოდნავ შეტოკდა და მასზე მოდებული ცქრიალა ურთვილი თოვლივით დაიბერტყა. თითქო სიცოცხლის ძალა იგრძნო, თავი მეტად წამოსწია და მერე ისევ ოდნავ დახარა. ბუნებისა და გაზაფხულის გამოუცდელს ჯერ ვერ გაებედა მაღლა შემართულიყო, რადგან სიცივის შიში იპყრობდა და თავდახრილს თითქოს რცხვენოდა შიშის. დღის ნათელი კი მადლივით ილვრებოდა დედამიწაზე, ყველა რტოდან კი თავმომწონედ მზე იღიმოდა.

კლდის ქიმზე ჯიხვივით შემდგარიყო მედეა და ჯიქურ მზერას აყოლებდა არემარეს და ღრმა უფსკრულს ისე ჩაჰყურებდა, გეგონებოდა საკუთარ თავზე გადახტომას და იქაურობაზე გადაფრენას ლამობსო. შორიახლოს გზისპირა ხეობაში მარხილი ელოდა. ამ მარხილით აპირებდა მედეა ომს და იგი უყურებდა გარემოს, როგორც უძლეველი ლაშქრის მხედართმთავარი. მის ლაშქარს კი ერთი ცხენი და ორი

მკვდარი ბავშვი შეადგენდა. იდგა და მთიდან მონაბერს ღრმად ისუნთქავდა, რომელთა ყოველი ჩასუნთქვა შვებასა და სიმსუბუქეს ღვრიდა სხეულში. იდგა ხრიოკ ლოდებზე და რაღაცას ელოდა. ნიავის ქროლვას აჰყოლოდა მედეას გაშლილი თმები და თითქოს ბედის ხომალდი ციურ განაპირებისკენ იჩქარისო, ასეთ შთაბეჭდილებას ტოვებდა უსასრულობაში გადაფენილი შავი თმები.

კლდის ნაპრალებში ხვლიკმა გაისრიალა და თვალს მიეფარა. ტყისპირა ხის ტოტებიდან იმზირებოდნენ ალქაჯები გაჩეჩილი თმებით, წვრილი დაგრეხილი ფეხებითა და თითებზე წამოზრდილი კლანჭებით. ხეებს ფხაჭნიდნენ, რათა დამნახავს დაენახა და შეშინებოდა.

ცივი თვალებით უმზერდა მედეას ავაზა უფსკრულის მეორე ნაპირიდან და ერთი ნახტომით უნდოდა დაუფლებოდა საწადელს – მას,

ვინც მდედრის სურნელი მოაფინა ირგვლივ. მედეამაც შეამჩნია ჰაეროვანი ნაბიჯებით მისკენ წამოწეული ცხოველი და ბრძოლის ჟინმა დაუარა ძარღვებში ადუღებულ სისხლად, არათუ ავაზასთან ბრძოლად, არამედ საკუთარ მტრებთან, ავაზა კი ამ მტრებს განასახიერებდა. თვით ავაზა მედეაში თავის მეტოქეს უყურებდა, უპირველესად, როგორც ძუს და გადაწყვიტა, თავისი სამსხვერპლოთი დამტკბარიყო და არავისთვის დაეთმო იგი.

მედეას თვალებში მტრისადმი ზიზღი იკითხებოდა,

ავაზას თვალებში ვნების უცნაური გრძნობა ბრჭყვიალებდა, სადაც ქვეცნობიერში საჭმელი იყო მაინც მთავარი.

მედეასთვის მთავარი გამარჯვება იყო ქვეცნობიერშიც და სრულყოფილ სიცხადეშიც. იგი არ იძვროდა ადგილიდან, მომნუსხავი თვალებით აკვირდებოდა მტრის ყოველ მოძრაობას. იდგნენ ერთმანეთის პირისპირ წარმდგარნი და უფსკრული აშორებდა ერთმანეთს. ორთავენი მზად იყვნენ, უფსკრულს გადავლებოდნენ და მიახლებოდნენ ერთმანეთს –

ერთი – ვნებით,

მეორე – ზიზღით.

ავაზას თვალს ჭრიდა მედეას პერანგი და მის მიღმა დაუფარავი ხორცი. ალბათ, ფიქრობდა, რომ გველის პერანგი და რძისფერი სხეული ერთმანეთში შერწყმული ყოფილა დასაბამიდან. ორივე შეფერილობა – ადამიანური და გველური ეს მისი ოდითი ბუნებააო და ალამაზებდა ავაზას თვალებში ქალს. ამასაც გაიფიქრებდა, ნეტა თავადაც გველ-ადამიანად დაბადებულიყო, ან ქალი-ავაზად.

მედემაც გაიფიქრა, მაგრამ სხვა რამ – ცხოვრებას მწვერვალის ქიმზე შემომჯდარმა უნდა უყურო, რათა უფრო გაბედული გახდე და გაბედულად მართო ბედი, ვიდრე მიწაზე მოარულმა, სადაც ყველა და ყველაფერი გშთანთქავს, რადგან მისი ერთი პატარა ნაწილი ხარ – შენ, ვისაც შეგიძლია მწვერვალებიდან მომზირალმა მოიცვა ეს ყველა და ყველაფერი შენი გონებით. არ უნდა დაიმალო გამოქვაბულში და არც უნდა ელოდო, მოგაგნებს თუ არა ცხოვრება და თავს დაგატეხავს თუ არა მთელ თავის ულმობელ ძალას. თუ დაემალე, ის მაინც მოგაგნებს და დაუნდობლად თავის მარწუხებში მოგაქცევს და დაგღუპავს თავის ალერსში. პირიქით, მას უნდა შეახედო, თუ როგორი უძლეველი ხარ, რათა დაიმორჩილო და მართო მისი სადავეები, სანამდისაც შეგიძლია.

აი, ხვთიშვილი[47] ქაჯებს შეუკედლებიათ ტყეში და მერე წვალება დაუწყიათ მისი. ვერ შეურყვნეს გონება, ვერც სული წაუბილწეს, რადგან არ დავიწყებია ლოცვა და ჯგირაგ უდიდებია. ქაჯავეთს[48] ჩააგდეს ბოლოს. აი, სად მოერია ცხოვრება ხვთიშვილს. ხვთის ნათელი პეპელად გარ-

47. **ხვთიშვილები** - მორიგე ღმერთის მიერ დასახული გმირები, ან ნახევრად ღმერთები, რომელთაც უნდა ებრძოლათ ბოროტ ძალებთან და ადამიანები გადაერჩინათ გარდაუვალი დაღუპვისაგან.

48. **ქაჯავეთი** - ქაჯთა ციხე-ქალაქი უპირატესად მიწის ქვეშეთში. მისი ადეკვატია ჯოჯოხეთი. ქაჯავეთი, ანუ ქაჯეთი შოთა რუსთაველს აქვს გამოყენებული „ვეფხისტყაოსანში" და ეს უთუოდ ქართული მითოლოგიური აზროვნებიდან არის წარმოშობილი. ქაჯეთს ლაშქრავენ შოთას პოემის გმირები (ტარიელი, ავთანდილი და ფრიდონი) - სამსახოვნება; ქაჯავეთს ლაშქრობს წარმართული წმ. გიორგი (ჯგრაგი); ქაჯავეთს, ანუ ჯოჯოხეთს შთავიდა უფალი ღმერთი ჩვენი იესო ქრისტე და ეშმაკისა ძალა დათრგუნა.

დასახულა და ისე ჩაძირულა ჯანდაბაში და სულის სიფაქიზით ამოუყვანია ზედა ქვეყანაში ხვთიშვილი. კარატიონის ლახტით[49] ცეცხლის ალი გააჩინა ჯოჯოხეთში და მის შემდეგ იქ ცეცხლოვანი ტბაა და წვავს შიგ ჩავარდნილებს. სამაგიეროდ ცხოვრებამ ვერ სძლია კავკასის შვილებს, არწივის ბუდიდან უმზერდნენ ცხოვრებას, და მიტომ. თეთრი გიორგი ალკაზმულა თურმე და წასულა ქართთა მთიან ტომებში და მოუწოდა გიორგისეულ რჯულზე მოქცევა. ხალხმა ეჭვით შეხედა მისულ ღვთაებას და მოსთხოვა მას ფეხშიშველს გავარვარებულ რვალზე გაევლო. ასეც მოიქცა თეთრი გიორგი. მაშინ კი ირწმუნეს მისი ღვთაებრივი ძალა, რჯული კი არ შეუცვლიათ მაინც.

თეთრმა გიორგიმ ქართთა და კოლხთა მთიელებს დაანათლა რწმენის ერთ-გულება, რათა ცხოვრებას ვერასოდეს შეებღალა მათი ღვთისადმი სიყვარული და რჯული მამა-პაპეული. გაუხარდა მაშინ ხალხს ეს დალოცვა და თეთრი გიორგი გაიხადეს სახატედ და მას ერთგულებდნენ იმ დღიდან ყოველგვარი ძალდატანებისა და ღვთაებრივ ნიშთა წარმოდგენის გარეშეც. გულისთქმა იყო ამ დროს ყველაფრის გადამწყვეტი და ყველაფერიც გადაწყდა ისე, რომ ცხოვრებამ ვერ სძლია ხალხს, ხალხმა დაიმორჩილა ცხოვრება, და მიტომ.

მედეას თვალები ანთებულიყო და გაკვესილი ნაპერწკლებივით ელავდნენ, როგორც თეთნულდიდან კოშკში შემოფრენილი ფუძის ანგელოსი, რომელიც შებინდებისას ცეცხლის სახით ევლინებოდა კომლს. იდგა მედეა, როგორც დალი – ბეთქილის სამარესთან მგლოვიარე, რომ გაპკიოდა თავისი საყვარლის ცხედარს, მის მიერვე მოკლულისა და ტრფობის მწუხრით სიკვდილმიღებულის სამარეს, რამეთუ გათქვა ბეთქილმა საიდუმლოება საყვარლობისა თა-

---

49. **კარატიონის ლახტი** - ხევსურეთში სოფ. კარატეში სალოცავია კოპალასი. კარატიონის ლახტი შესაძლოა იყოს ის მითიური იარაღი, რომელიც ამ სოფელში დამზადდა, ან ინახებოდა, ან მოპოვებული მასალისგან გაკეთდა.

ვის ცოლთან.

მედეას თვალები ერთი-ორად მატებდა ძალ-ღონეს ავაზას, ის მხოლოდ შეტაკებაზე ფიქრობდა და ნახტომის სიძლიერეს თვლიდა, რომელსაც უცილობელი გამარჯვება უნდა მოეტანა, თუნდაც ამ შებრძოლებაში დაჭრილიყო, მაგრამ უნდა გაემარჯვა. სხვა ფიქრი და სხვა შედეგი ვერც წარმოედგინა, რადგან ხედავდა, რომ მისი სამსხვერპლო არ ემზადებოდა ამ ორთაბრძოლისთვის. ავაზამ იფიქრა, თავის ბედს დანებდაო, მაგრამ ქალური თვალები სულ სხვას ამბობდა და ეს უკვირდა ცხოველური გაოცებით. მისთვის თავისუფალი მოქმედების ყველა გზა არსებობდა. ბევრჯერ უგემია მას ასეთი გამარჯვება, ახლაც რომ სწყუროდა და იცოდა მისი დადგომის მოახლოვება, ჟინი იპყრობდა მდედრისაკენ და მსხვერპლისკენ, და მიტომ.

ფეხებით მოსინჯა ნიადაგი,

მიწაზე იდგა, თუ ქვიან ალაგს.

ბრჭყალებით მონიშნა ბიძგის გასაკეთებელი,

თვალით აწონ-დაწონა უფსკრულის სიღრმე და

გაზომა მასსა და სამსხვერპლოს შორის მანძილი.

თავი დაირწმუნა გამარჯვებაში და თვალის უსწრაფესად გავარდა და გადახტა.

ჰაერში შეამჩნია ხის ჯვარი

და ის, რომ დაიღუპა.

ერთი საზარლად შეჰღრიალა ბუნებას და გადაეშვა უფსკრულში. არ ეგონა, ასე უბრალოდ და მარტივად თუ დაკარგავდა თავს, ვერ მოზომა ნახტომის სიძლიერე, არადა ნახტომი გასაოცარი სიზუსტით შეასრულა.

მეტის ფიქრის საშუალება აღარ მისცა სიკვდილმა და უფსკრულში წამოწვეტილ ლოდებზე დაასხა თავი.

უფსკრულშივე ჩაიშალნენ ყვავ-ყორნები.

მედეა კი გაუნძრევლად იდგა და ციურ მშვენიერებას შესცქეროდა, როგორც ბეთქილის გამონაგლოვი საყვარელი, სხვა მიზნების ნაპერწკლებმა რომ გაიკვესეს თვალებში.

XVIII
ქალაქისკენ, სადაც ბევრი ადამიანია

ქალღმერთ დელისის[50] სადღესასწაულოს ღიღინი დაიწყო მედეამ:

„დელი-დელა, დელაო,
ეს რა ფეხმა გთელაო,
ან რა ცელმა გცელაო,
რომ არა ხარ მთელაო,
საუფლოო მდელაო;
არ დაგაკლეთ მცდელაო,
შემოგწირეთ რთველაო.
დიელოს დღეს მივეგებოთ,
განა ისევ ბნელაო...
დელი-დელა, დელაო“.

ჩიტებიც შეეხმიანენ მედეას ღიღინს და იგალობეს საღელიო.

მზე მეტად და მეტად ათბობდა არე-მარეს და მედეაც უყურებდა მის წინ გადაშლილ ქალაქს, რომელსაც აღარ ეძინა და ჰაერში იფანტებოდა ქალაქის ის ხმა, რითაც ასე-რიგად სულდგმულობდა და ცოცხლობდა იმწუთიერი ცხოვრებით. იგი ავაზაზე გამარჯვებით კმაყოფილი, დარწმუნებული იყო სამომავლოდ ასეთსავე შედეგში, რადგან ის მედეა იყო და ვაგლახად თავს არავის შეაჭმევინებდა და უსახელოდ არ მიეფარებოდა ელადელების თვალებს. ნებივრობდა სივრცის მზერით და ჰაერის ლამუნით ტკბებოდა, გრძნობდა უცნაურობამდე გასაოცარი კვანძის გახსნის, თუ გადაჭრის ჟამის მოახლოებას. მას საკუთარი ბედი უნდა გამოეჭედა შვილების ბედის სანაცვლოდ ელადელთა დასჯის ხარჯზე.

---

50. **დელისი** - ქართულ მითოლოგიაში დილისა და ცისკრის ქალღმერთი. მისი სახელი სადღეისოდ ხშირად გამოიყენება ეროვნული სიმღერების მისამღერებში, მაგრამ სრულად არაა გასიგრძეგანებული ის ფაქტორი, თუ ამ მისამღერით რას ვუმღერით და სადაა ამისი სათავე.

ხელში ჯვარი ეჭირა და
არ იცოდა მისი ძალა და ფასი,
რომ ავაზასგან სწორედ ჯვარმა იხსნა,
რომ მომავალშიც ამ ჯვრის იმედად უნდა ყოფილიყო.

საირხე გაქრა მისი თვალსაწიერიდან და მასზე აღარც ფიქრობდა.

აღარ ფიქრობდა არც კოლხეთზე,
არც მამაზე,
არც ძმაზე,
არც შვილებზე.

მის წინ გადაშლილიყო ქალაქი, რომელიც უნდა ჩაეხრჩო სირცხვილის სამუდამო წუმპეში და ამ წუმპეს დაეღუპა მთელი ქალაქი.

ქალაქი კი ვერ გრძნობდა მედეას მოახლოვებას და ცხოვრობდა ჩვეულებრივი დღის ცხოვრებით. ეს იყო რომ ქალაქელები ჩვეულებრივი დღისაგან განსხვავებით განსაკუთრებულად ფუსფუსებდნენ. ეს მედეას თვალსაწიერიდანაც ჩანდა, მაგრამ მედეა ვერ ხედავდა წვრილმანებს, რითაც ადამიანები იყვნენ დაკავებულნი იმ დღეს. ერთი რამ იყო საყოველთაო, ცხოველებისათვის არ არსებობდა რაღაც განსაკუთრებულობა –

ძაღლები ყეფდნენ, ან იწვნენ ჩრდილში,
ქალაქის მოშორებით საქონლები ბღაოდნენ,
ქათმები კრიახებდნენ ეზოებში.

ხეთა შრიალი მაცოცხლებელ ძალას აძლევდა ქალაქს. სალაციდან მტვერისა და ნამწვავებისაგან ბული ადიოდა ჰაერში. თვალის ერთი გადავლებით შეხედა, შეამჩნია და შეაფასა მედეამ მისი დაუძინებელი მტრის ადგილსამყოფელი. ამის მერე მას აღარ გაუხედავს ქალაქისაკენ – მთებს მიაპყრო მზერა, საიდანაც სიმწვანემ მის დაძაბულ თვალებს შვება მიანიჭა. მერე ხეობაში ჩაიხედა და დაინახა დასისხლიანებული ქვები და ყვავ-ყორნების საჯიჯგნად გამხდარი მისი მეტოქე. გაეღიმა ღვარძლიანად და გაიფიქრა – ბევრს

უნდოდა ჩემი შეჭმა, მაგრამ ყელში გავეჩხირე და დავახრჩვე ისევე, როგორც შენ, საბრალო ავაზავ, ყვავ-ყორნების ლუკმად რომ გადაქცეულხარ ახლა. ასევე მოელის ამ წყეულ ქალაქს, რომელმაც ჩემი შვილები შეჭამა. მე მოვსულვარ, ქალაქო, შენ რომ შეგჭამო.

ქალაქში კი, რომლის წვრილმანები მედეას არ აღელვებდა, სამზადისი იყო. იქ ჰერაკლე და იფიტე და მათი მეგობრები მართავდნენ შეჯიბრს. ქალაქის მამებმა ზედმეტი მითქმა-მოთქმის თავიდან ასაცილებლად და ქალაქში მცხოვრებთა ყურადღების გასაფანტად ყოველის მხრივ შეუწყვეს ხელი ამ ღონისძიების მოთავეებს ოლიმპიადის წარმატებით ჩასატარებლად და მიიწვიეს ამ შეჯიბრის სანახავად იაზონის საპატივცემულოდ ძველი არგონავტები, მათი მეთაური იაზონი... და მთელი ქალაქი. ეს ზეიმი მშვიდობით რომ წარმართულიყო და დასრულებულიყო, აუცილებლად თავიდან უნდა მოეცილებინათ მედეა და მისი შვილები. პირდაპირ ვერ ეტყოდნენ მას დატოვე ქალაქიო, რადგან მედეა თუ უცხოელი იყო, მისი შვილები იყვნენ ელადელები, ხოლო ელადელებს ელადის ყველა ქალაქში მიესვლებოდათ ყოველთვის. ამიტომ უნდა მოეწყოთ შეთქმულება და ეს იაზონს არ უნდა სცოდნოდა.

მონაწილე ბევრი იყო. გამარჯვებული ოლიმპიონიკისთვის[51] ჯილდოდ ზეთისხილის რტოს გვირგვინი უნდა გადაეცათ, რომელსაც ოქროს დანით ბავშვი მოჭრიდა, ბავშვი, რომელსაც დედ-მამა ცოცხალი ეყოლებოდა. ეს პატივი ბავშვებს იმიტომ ერგოთ, რომ მარადი სინორჩე ედიდებინათ ელადელებს ამ ბავშვების სახით.

წინა დღით, გაზაფხულის მზის მოქცევის შემდეგ პირველად შეივსო მთვარე და დადგა წმიდა თვე ახალწლობისა. ქალაქი სიმშვიდითა და სიხარულით ელოდა შეჯიბრის

---

51. **ოლიმპიონიკი** - ეს სიტყვა ორ მნიშვნელობად იხმარებოდა ელადაში - პირველი მნიშვნელობით იგულისხმებოდა ოლიმპიურ შეჯიბრში მონაწილე სპორტსმენი, მეორე მნიშვნელობით კი - ოლიმპიურ შეჯიბრში გამარჯვებული. რომანში ასე თუ ისე ორივე მნიშვნელობით ვხმარობ ამ სიტყვას.

დაწყებას. ამ დღეს არ დაავიწყებდა მედეა ელადელებს, ამისთვის ცოცხლობდა იგი.

ქუჩებში ფუსფუსებდნენ,

სადღაც მიიჩქაროდნენ,

თავ-თავიანთ საქმეებს საჩქაროდ აგვარებდნენ,

რათა მზის ზენიტში გადასვლისათვის გათავისუფლებულიყვნენ ყოველდღიურობიდან და არ გამორჩენოდნენ სანახაობას. ყველას ღიმილი ეფინა სახეზე, დაუფარავი სიხარული რომ გაკვესავს გრძნობებს და სახისმეტყველებას.

თავისი ბუნებით ქალაქი ტალღოვანი იყო, კოხტა სახლები ქმნიდნენ პატარ-პატარა ურთიერთგადამკვეთ ქუჩებს. უცხო კაცს გზა არ აებნეოდა იქ, ისე თავისუფლად გაიკვლევდა გზას. არც სახლები ჰგავდა ერთმანეთს. ყველას თავისებური ხელთ-წერა ეტყობოდა და დახვეწილი გემოვნება ჩანდა მათი შენებისას. ერთი მოედანი ჰქონდა ქალაქს, სადაც თავს იყრიდა ათამდე ქუჩა და იგი ქალაქის ცენტრს წარმოადგენდა, თუმცაღა ქალაქის შუაგულში სულაც არ იყო ის. სახლები ამ ქალაქში ორ სართულს არ აღემატებოდა. ძეგლებიც ამშვენებდა მის ქუჩებს, ძეგლები – ერთგვარ სამლოცველოდ გამხდარნი. ხეები და ბაღები ამ ქალაქში ნაკლებად იყო, უფრო კი სახლებითა და ეზო-კარმიდამოებით შევსილიყო მთელი ფართობი. ეზოებში ადამიანებს საქონელი და ფრინველი მოეშენებინათ. მტერთა შემოჭრის შემთხვევაში ქალაქის დასაცავად და ამასთანავე ტირანთა სამფლობელოდ მოედნის სიახლოვეს ციხე-სიმაგრე აეგოთ. ქალაქის განაპირას მაღალი გალავნის შენება ჰქონდათ დაწყებული ძველის, ნახევრად დანგრეულის ნაცვლად. გადაწყვიტეს გალავნის კარიბჭესთან მეციხოვნეები დაეყენებინათ, ქალაქის მამებს უნდა სცოდნოდათ,

ვინ შედიოდა ქალაქში და

ვინ გადიოდა ქალაქიდან.

ძველი გალავანი ყოველი მხრიდან დაძლეული იყო მტერთაგან და მისი დიდი ნაწილი დაენგრიათ. ახალი გო-

დოლისაგან განსხვავებით ის გაცილებით დაბალი და თიხის აგურებისგან იყო ნაგები, ამიტომ ადვილად გასწორდა მიწასთან, ახალი კი ქვისგან შენდებოდა და იწყებოდა ყველაზე დაუცველი მისადგომებიდან – მოვაკებული ადგილებიდან. მთის კალთებთან დასრულებული ქალაქი კარგად გამაგრებული იყო ჯერ მთითა და კლდეებით, შემდეგ კი სამხედრო კოშკურებით. აქედან ქალაქში შესვლა შეუმჩნეველი არ დარჩებოდა გოპლიტებს. მთები კი რკალად გასდევდა და მთა-გორიანი ცუბნებით იჭრებოდა თვით ქალაქში.

ყველაზე მომაღლო ადგილას ზევსის საკურთხეველი აღემართათ. ის იონიურ სვეტებზე იდგა გონების დამთრგუნველი და ამაღლებული განწყობილების შესაქმნელად, სადაც ადამიანი თავს არარაობად ჩათვლიდა ამ ქვებთან შედარებით. ისღა დარჩენოდათ – ზევსზე ელოცათ მხოლოდ. ამიტომ ამ ქალაქში მცხოვრებნი უმეტესწილად დათრგუნულები დადიოდნენ და მათ ყოველი სიმაღლე აშინებდათ, მაგრამ სწორედ ამ სიმაღლეთა იმედი ჰქონდათ, დაგვიცავსო ყოველგვარი გასაჭირისაგან.

ასე თუ ისე, იხატებოდა ქალაქის ხასიათი მთელი თავისი გამოვლინებით თვით ქუჩებითა და სახლებით. დახვეწილი გემოვნება კი ჰქონდათ, მაგრამ ამ გემოვნებაში აზრი არ იდო. გვერდი-გვერდ სახლები ერთმანეთს არ იყო შეხამებული, უფრო კი იმ დიადი საკურთხევლის წაბაძვით აშენებდნენ თავიანთ საცხოვრისებს. ის იყო საზომი ყველაფრისა –

ხელოვნებისა,
გემოვნებისა,
გონებაგამჭრიახობისა და
ოსტატობისა,
ეს ზევსის სამლოცველო იყო, და მიტომ.

ქალაქში მიმოფანტული ძეგლებიც კი, ამ საკურთხეველში დადგმულ ძეგლთა ასლებს, ან წამხედურად შექმნილ ნახელავებს წარმოადგენდა, აქაც კი წესებს საკურთხე-

ველი კარნახობდა. მოსახლეობა ბრმად ემორჩილებოდა მის ნებას. ჭეშმარიტად მომხიბლავი და ყველაფრის მთქმელი იყო ეს საკურთხეველი, რომლის პატარ-პატარა დეტალები გაბნეულიყო მთელს ქალაქში და ეს დეტალები რომ შეგე-რთებინა, ამ ტაძრის ზუსტი და სრული განმეორება გამო-ვიდოდა მთელი ქალაქის ნაცვლად.

ტანისამოსებსაც იმ ძეგლების წამხედურობით იცვამ-დნენ, არც უკეთესსა და არც უარესს, იქამდე იმ ძეგლებზე გამოსახულთა ჩაცმულობას არ უნდა აღმატებოდა მოკვ-დავთა სამოსის სილამაზე. ეს ტანისამოსები ერთიან სწორ-კუთხა ნაჭერს წარმოადგენდა, რომელსაც სხვადასხვაგ-ვარი განლაგებით იყენებდნენ – იხვევდნენ, ან იმაგრებდნენ ტანზე. ამისდა მიხედვით გამოირჩეოდა ერთი სამოსის სა-ხეობა მეორისაგან.

საყოველდღეოდ გიმატიუსს ხმარობდნენ. ეს იყო თა-ვისუფლად წამოსასხამი ერთგვარი ლაბადა. მას მკვრივად იხვევდნენ ტანზე სხვადასხვაგვარი ხერხით. ეს სამოსი ადა-მიანებს მოძრაობათა მრავალფეროვნებაში ხელს არ უშლი-და. გიმატიუსის ჩაცმით წარმოიქმნებოდა ნაკეცების მოხ-დენილი ნაკადი, რომლის კუთხეებსაც ხშირად ამრგვალებ-დნენ. ისინი პლასტიური ნაჭრები იყო და კარგად იჭერდნენ დრაპირების მიმართულებას. ზოგჯერ თვით კოჭებამდეც იმოსებოდნენ – ეს ავდარში, და ასეთ დროს გიმატიუსი სქე-ლი ნაჭერი იყო, რათა წყალს, ან სიცივეს არ გაეტანა სხეუ-ლამდე. მოსამართლეებსა და უხუცესებს სხვადასხვა მდიდრული ფიგურებითა და ორნამენტებით მოერთოთ ის. ასეთ მოხატულ სამოსს მხოლოდ სადღესასწაულოდ იც-ვამდნენ. ქალებისათვის ლაბადისმაგვარის ნაცვლად შარ-ფისებური გიმატიუსები იყო განკუთვნილი. მას ქიტონებ-ზეც იცვამდნენ დახვეწილი გემოვნების წარმოსაჩენად.

ზამთრობით გიმატიუსის ნაცვლად ხლენას მოსასხამი ეცვათ, რომელიც სხეულამდე ყინვას არ ატარებდა. ის გი-მატიუსზე მომცრო ზომისა და ერთ მესამედზე გადაკეცი-

ლი იყო, ცალ მხარეზე რომ იკვრებოდა. ამ მოსასხამს თავზეც იხურავდნენ.

ეკზომიდათიც იმოსებოდნენ, რომელიც ტორსს ფარავდა მხოლოდ. ის უფორმო და უხეში ნაჭერი, ან ტყავი იყო და მარცხენა მხარზე მაგრდებოდა შესაკრავი ზორტი, თუ ტყავის თათები, ეს მასალაზე იყო დამოკიდებული, უკეთეს შემთხვევაში ბალთით აბნევდნენ. ეკზომიდა, რომელსაც ნაკეცები არ გააჩნდა და იყო უსწორმასწორო კალთებით, მონებს ეკუთვნოდა. რაც უფრო დიდი ნაჭერი და ბლომად ნაკეცები ჰქონდა, მით უფრო დიდი იყო ამ სამოსის პატრონის საზოგადოებრივი მდგომარეობა. ეკზომიდას არ გააჩნდა მოხმარების აუცილებელი წესი, ეს წესები ყოველდღიურობიდან გამომდინარეობდა.

ჩაცმულობათა ნაირსახეობას ქიტონიც წარმოადგენდა – შუაზე გაყოფილი სწორკუთხა ნაჭერი. ნაკეცის ხაზი გადადიოდა სხეულის მარცხენა გვერდის გასწვრივ. დახურული ქიტონი გვერდიდან იკერებოდა, ხოლო მხრების პარალელურად ზედა ნაწილის გადაკეცვისას ის ღიად რჩებოდა. საზეიმო ვითარებაში ქიტონები ორნამენტებით ირთვებოდა. ზოგიერთ შემთხვევაში მას განში უმატებდნენ ნაჭერს და სწორედ ის წარმოქმნიდა ნაკეცებს, რაც დრაპირების საუკეთესო საშუალებას იძლეოდა. ქიტონი მაინც საზაფხულო ტანისამოსად ითვლებოდა. დაპლისულ ქიტონს კალთების გასწვრივ ჰქონდა ორნამენტირებული არშია. გადანაკეცი ზოგჯერ დამოუკიდებელი ნაჭრისა იყო და მხრებზე იფარდაგებოდა და ეშვებოდა მკერდამდე. ელადელთა წეს-ჩვეულებითი სამოსი ქიტონი იყო და ყველა მხარეში მას თავისებური გამოყენება ჰქონდა როგორც ქალისთვის, ასევე მამაკაცისთვის.

ქიტონისგან განსხვავებით, რომელიც მხრებს აშიშვლებდა თავისი ნაკეცებით, პეპლოსი – მხრებსა და ზურგს ფარავდა. ისიც სწორკუთხა ნაჭერი იყო, სიმაღლითა და განით ადამიანის ზომას აჭარბებდა. საფარის წარმოშობის-

თვის ნაჭრის ზედა კუთხე იკეცებოდა ტალიამდე, ან მუხლამდე, რომელიც მხრებზე იკვრებოდა. პეპლოსებს მარცხენა მხარი დახურული ჰქონდა, მარჯვენა კი – ღია, იმ შემთხვევის გარდა, როცა პეპლოსი ორი სხვადასხვა ნაჭრისგან იწყობოდა. სიგანე-სიდიდის გამო ნაჭრის ჭარბი მარაგი გადანაკეცებიდან მსხვილი დრაპირებით ეშვებოდა მთელ სიგრძეზე. ტალიაზე, ან მკერდთან ორი ან მეტი ჩამონაშვებით წარმოქმნილი ჰორიზონტალური ხაზები ართულებდა მოფარდაგებათა ვერტიკალურ მოძრაობას.

ქლამინდსაც გვიან გაზაფხულზე, ან ადრეულ შემოდგომაზე იცვამდნენ. ისიც სწორკუთხა ნაჭერი იყო და მარჯვენა მხარზე საკინძით, ნასკვით, ან ბალთით ანუ ფიბულით იმაგრებდნენ. სწორი განლაგებისას ის წარმოქმნიდა ნატიფ ნაკეცთა ნაკადს. ქლამინდის ნაპირებსაც ორნამენტით, ან ზოლებით ქარგავდნენ, ხოლო კუთხეებში აკერებდნენ ნაკეცების ხაზებს. მას შიშველ ტანზე იცვამდნენ ყმაწვილებიც, მოგზაურებიც და მეომრებიც. ნაჭერს ბუნებრივი ფერები ჰქონდა, ზოგჯერ ღებავდნენ კიდეც სხვადასხვა ფერზე გემოვნების შესაფერისად.

თავსაბურავებად მამაკაცები სწორ უხეშ, ან რბილ მატყლის ქუდებს იყენებდნენ. განსაკუთრებულ ხმარებაში წითელი, ან შავი ფერის ფრიგიული ჩაჩი იყო. რბილ ქუდებს კუთხეებამობრუნებული ხისტი თავსაბურავები ენაცვლებოდა – პილოსები და პეტასები. პილოსს წაწვეტილი ბოლო და ვიწრო არე ჰქონდა, პეტასი კი ფართოკალთებიანი თავსაბურავი იყო, რომლის მოხდა და ზურგზე გადაკიდება შეიძლებოდა, რადგან ის კისერზე თასმით მაგრდებოდა.

ვარცხნილობაც, როგორც სხვა დანარჩენი საყოფაცხოვრებო ნიუანსი, წეს-ჩვეულებებიდან გამომდინარეობდა. მამაკაცები ოსტატურად ილაგებდნენ კულულებსა და სხვადასხვაგვარად შეკრულ ნაწნავებს, რომლებსაც ან თასმებით კრავდნენ, ან კიდევ საშუბლე შესაკრავი ზორტებით იმაგრებდნენ. ქალებიც დაკულულებულ ვარცხნილო-

ბას ატარებდნენ. ამასთანავე ეგზოტიკურ მაშებს ნაწნავებთან ისე ახამებდნენ, რომ მთელ ვარცხნილობას ერთიან ელფეროვან აგებულებაში წარმოადგენდნენ.

ელადელები სახლში ფეხშიშველა დადიოდნენ, ფეხსაცმელებს კი მაშინ ატარებდნენ, როცა სახლს გარეთ გადადიოდნენ. ქალები უმეტესწილად ოჯახზე იყვნენ მიჯაჭვულები და ამიტომ იშვიათად გადიოდნენ ქალაქში. ისინი უბრალო სანდლებს იცვამდნენ, რომლებიც ღვედებით იკვრებოდა. მოგვიანებით ლანჩებს წითლად აფერადებდნენ, ხოლო ფეხსაცმლის დაბოლოებებს ყვითლად ღებავდნენ. თავისი უბრალოებით გამოირჩეოდა ტერფებზე მჭიდროდ შემოხვეული კარბატინები, რომელსაც ხარის ტყავისგან ამზადებდნენ. მთავარი მაინც ლანჩი იყო, რომლის დახვეწილ ფორმას გრეპიდა წარმოადგენდა და მისი მომხიბლაობა იმაში მდგომარეობდა, რომ წვივებამდეც კი ადიოდა ზონარებით და ისინი ბადისებურად იხლართებოდა და მუხლს ქვემოთ წვივზე ან კოჭებთან იკვრებოდა.

ამ ქალაქში მცხოვრებნი უმეტესწილად ერთმანეთის ნათესავები იყვნენ და იცოდნენ ერთმანეთის ფასი. ქალაქი დიდი არ იყო, ამიტომ ქალაქელთა მართვა არ იყო ძნელი და ეს მაშინ, როცა უხუცესი ყველა ქალაქელის ნათესავად ითვლებოდა. როგორც ყველგან, მოთავეებში მეტი საიდუმლო იმალებოდა, ვიდრე ჩვეულებრივ ხალხში. ამიტომ უფრთხოდნენ სიავის კეთებას, თუმცაღა არც უამისობა იყო. ასეთ შემთხვევაში ყველა ცდილობდა საიდუმლო, რომელიც ისედაც არ დაიმალებოდა და ყველას ყველაფერი ეცოდინებოდა მაინც, ხმამაღლა არ თქმულიყო. აი, ხმამაღლა თქმა წარმოშობდა ათასნაირ უსიამოვნებას. ის მერე საჯაროდ განისჯებოდა. აი, საჯარო განსჯას უფრთხოდა ხალხი, რადგან დამსჯელის პასუხისმგებლობა არ სურდა ეტვირთა. მონა სათვალავში არ იჯერიებოდა, ძაღლის ყეფას უფრო დიდი ფასი ჰქონდა, ვიდრე მონის სიტყვას. ამიტომ მათ წინაშე და მათ მიმართ შეცოდებას არავინ თაკი-

ლობდა, რადგან ერთის მხრივ შეცოდებისას თვალით მხილველი არ იქნებოდა, მეორე შემთხვევაში კი არც დანაშაულად ითვლებოდა, და არც ცოდვად.

მედეას ამბავი ბევრმა არ იცოდა, ხოლო ვინც იცოდა, ისინი მკვლელები იყვნენ. ერიდებოდნენ ქალაქში ამ ამბის გახმაურებას მანამ, სანამ არ მოიფიქრებდნენ, თუ რით ემართლებინათ თავი. არ სურდათ ქალაქელებისათვის ტკივილი მიეყენებინათ. ამიტომ ოლიმპიურ სანახაობაზე უკლებლივ ყველა იყო მიწვეული. უნდოდათ თუ არა,

ქალებიც,

ბავშვებიც, მოხუცებიც,

მონებიც კი, –

ერთის სიტყვით,

მთელი ქალაქი უნდა დასწრებოდა. ეს უკვე სავალდებულო იყო.

მონებსაც დართეს ნება ქალაქის განაპირა ველზე წამოსულიყვნენ. ისინი ტყისპირა ხეებზე აიყვანეს და მიაბეს ტოტებზე, რათა ემზირათ სანახაობისათვის.

თავიანთი ქმედებით სურდათ უცხოელებს შეეხედათ, შორიდანაც კი, ამ ხეებისთვის და დარწმუნებულიყვნენ ელადელთა დემოსთმოყვარეობაში, რათა კარგად დაკვირვებოდნენ, თუნდაც ახლოდან, ელადაში მონების უფლებას, ისინი იყვნენ ღია საზოგადოების წევრები, რათა ეთქვათ თავ-თავიანთ წრეებში, ასეთი კარგები და კეთილები არიან ელადელებიო. არ სურდათ, აღშფოთებულიყო, ან შეშფოთებულიყო ვინმე რაიმეთი, თუნდაც მოჩვენებითად, და მითუმეტეს მედეას შესახებ. ეს მათთვის დახურული საკითხი იყო, მაგრამ მაინც ვიღაც თავ-ქარიანი რომ აღშფოთებულიყო, ან შეშფოთებულიყო რაიმეთი, თუნდაც უმნიშვნელოთი, ფეხებზე დაიკიდებდნენ ელადელები ამას, რადგან ეს ყველაფერი ერთგვარი თამაშის წესები იყო და სამაგიეროდ თვითონაც აღშფოთდებოდნენ, ან შეშფოთდებოდნენ საპასუხოდ რაიმეთი, თუნდაც რაღაც უმნიშვნელოთი.

ყველა მონას თავისი მეთვალყურე ჰყავდა და თუ ვინმე გაქცევას დააპირებდა, ან შესძლებდა ამას, მეისრეები იქვე განგმირავდნენ, ტყეში დამალვას კი აზრი არ ჰქონდა – გაქცეული მონა ულმობელი ნადირების მსხვერპლი გახდებოდა ბოლოს. თავად მონებიც ვერ გაბედავდნენ გაქცევას – ისარს და მხეცებს რომ გადარჩენოდნენ, შიმშილს ვერ გაექცეოდნენ ვერსად, მითუმეტეს ეს უცნაური პატივი – უნდა შეეფერებინათ, რადგან ასეთი სანახაობები მათთვის არ იყო განკუთვნილი.

XIX
მომავალთან შეჯახებული აწმყო

ნაკლებად აღელვებდა მედეას ქალაქის იმწუთიერი ყოფა-ცხოვრება. მან ისიც არ იცოდა, თუ რა იმართებოდა სულ რაღაც რამდენიმე საათში, მაგრამ მან გადაწყვიტა შესულიყო მასში ალალ-ბედად და იქ გამოჩნდებოდა, რასაც მოიმოქმედებდა. ისევ გადახედა გარემოს, თვალი მოავლო ქალაქს და მის მაღლობზე აღმართულ სამლოცველოს. ზიზღის დაფარვა არც უცდია მის თვალებს. მიაფურთხა ქალაქს, უფსკრულის პირას ჩამოჯდა და ორივე ხელს დახედა.

კარგა ხანს უყურა,

დააკვირდა მტევნებს,

ხაზებს,

ნაოჭებს,

თითებს.

უყურებდა საკუთარ ხელებს და ერთმანეთისგან განასხვავებდა –

მარჯვენას მარცხენასაგან

და სწავლობდა ამ განსხვავებათა ნიშნებს.

ამ განსხვავებებითა და მსგავსებით მან ამოიცნო კანონზომიერი და შემთხვევითი მოვლენები, რომლებიც თავის ცხოვრებაში მოხდებოდა. ცივი გონებით განსაჯა მან ყოველივე, რადგან სხვა შემთხვევაში იგი შეცდებოდა და განსჯის ცრუ გზას დაადგებოდა. ამიტომ იგი უნდა ყოფილიყო უცდომელი, რათა ერთი და ისიც სასიკვდილო დარტყმა მიეყენებინა საძულველი ქალაქისათვის. ასეთი მიუკერძოებელი არასოდეს ყოფილა, საკუთარი თავისიც უკვირდა და გაოცებულიყო თავის შესაძლებლობებში. როცა ცივი გონებით მოქმედებდა, მაშინაც კი ვნება და გრძნობა კარნახობდა ქმედებათა აუცილებელ გარდუვალობას. მთელი მისი უბედურებაც აქედან მოდიოდა. ახლა საქმე სულ სხვანაირად შემოტრიალდა. იგი გორო ზი გულით, თავისთვის სასურველის წაკითხვის უგულებელყოფით, უყურებდა ხელებს და კითხულობდა მისგან მომავალს, რომელიც აუცილებლად დადგებოდა.

მედეას ორივე ხელის მტევანი, თხელი თითები, გრძელი, რბილი და მოქნილი ჰქონდა. ეს იმას მოასწავებდა, რომ ამ ხელების პატრონი მგრძნობიარე და გამჭრიახი პიროვნება იყო, უმეტესწილად ნაჩქარევ და წინდაუხედავ ნაბიჯებს რომ დგამდა. მისი საქციელი დახვეწილი იყო და სიფაქიზით გამოირჩეოდა, თუნდაც ყველაზე უზნეო საქციელი. იგი შორს იდგა მწარე სინამდვილისგან, რომელთა შედეგების მომკისას ხვდებოდა მის ნაყოფს, შეცვლას რომ აღარ ექვემდებარებოდა. იდუმალი შეოცნებე იყო ამ ხელების პატრონი, აგრეთვე გადაჭარბებული თავმოყვარეობა იპყრობდა შინაგან ბუნებას და გარშემომყოფთ აფრქვევდა თავის ამ თვისებას. დამოუკიდებელი პიროვნება ამ დამოუკიდებლობას თავისი ახირებულობით ინარჩუნებდა.

ჩაიცინა მედეამ, ეს რომ ამოიკითხა თავისი ხელებიდან. მერე ფრჩხილებსაც დააკვირდა – ისინიც საკმაოდ გრძელი იყო – ოდნავ მომრგვალებული კუთხეებითა და გასწვრივი, დაწახნაგებული ზოლებით წითელი ფერისა – ყველაფერი

ეს მის ძლიერ ბუნებაზე მეტყველებდა, დაუნდობლობაში რომ გადადიოდა ის.

მან ორ განზომილებაში განიხილა თავისი ხელების მონათხრობი:

ერთი ნახევარი, რომელსაც შუა თითი ჰყოფდა, გარე მხარეს წარმოადგენდა, და ის ორ ნაწილად დაჰყო – მოქმედ და უმოქმედო თვისებებად და ურთიერთობებად, როცა მოქმედი ზედა ნაწილი იყო, უმოქმედო კი – ქვედა.

ასევე დაჰყო ხელის მტევნის მეორე ნახევარიც, რომელიც შიდა მხარე იყო – ზედა ნაწილით შინაგან მოქმედ თვისება-ურთიერთობებს კითხულობდა, ქვედათი კი – შინაგან უმოქმედოს.

მომავლის კარიბჭე შეალო ხელის მტევნების შესწავლით – მისი თითების ძირები ერთმანეთზე მიტყუპებისას რკალს წარმოშობდნენ, რომელიც მიემართებოდა ზემოდან ქვემოთ და ეს ნიშნავდა იმას, რომ ცხოვრება სავსე იყო აღმაფრენებითა და დაცემებით და ასე გრძელდებოდა მთელი ცხოვრება ვიდრემდე არ დასრულდებოდა მთლიანი ცხოვრების გზა.

მედეამ თითები გაშალა. ნეკა თითის დაშორება სხვებთან, რომელიც ყველაზე დაბლიდან იწყებოდა და ამისდა მიუხედავად სიგრძით არც ერთ თითს არ ჩამოუვარდებოდა, მოასწავებდა იმას, რომ მედეას ყოველი მნიშვნელოვანი ჩანაფიქრი აუცილებლად განწირული იყო გასანადგურებლად. ამან ერთგვარად შეაშფოთა, მაგრამ თითების საერთო განლაგებამ და მათ ერთმანეთთან თანაბარმა დაშორებამ ის მოასწავა, რომ იგი დასახულ მიზანს ყოველთვის მიაღწევდა.

ცერა თითის მდებარეობამ შეახსენა, რომ ეს მიზნები ყოველთვის შვებას ვერ მოჰგვრიდა და მიღწეული მიზანი გულაცრუებად გარდაისახებოდა.

გრძელი და ლამაზი თითები ჰქონდა მედეას, ამიტომ ისინი მის განსაკუთრებულ წარმომავლობაზე მეტყველებდა. აამოძრავა თითები, დააკვირდა იხრებოდნენ თუ არა უკან,

– დაასკვნა, რომ ისინი ოდნავ იხრებოდნენ, ამიტომ მან ჩათვალა, რომ იგი უშიში იყო, რომელსაც შეეძლო უკან დახევა, რათა შემდეგ დასხმოდა თავს მოწინააღმდეგეს.

საჩვენებელი თითის ზედა ნაწილი შუა თითისკენ გადახრილიყო და უფრო დიდი იყო, ვიდრე არათითი, – ამით მედეას მიენიშნა, რომ იგი ამაყია, როცა რაიმე ჩანაფიქრის განხორციელებას შეუდგებოდა და უსაშველო სიჯიუტეში გადადიოდა მის ჩანაფიქრთა განხორციელების ქმედებები. ვიწრო იყო ეს თითი და ეს იმას ნიშნავდა, რომ მას ნაკლი ჰქონდა გამძლეობაში და არ ენდობოდა არავის, იქამდე საკუთარ თავსაც კი.

შუა თითმა თავისი აგებულებით მედეას უთხრა, რომ მას შეეძლო კეთილგონიერებით დაეგეგმა თავისი მომავალი და მგრძნობიარე ყოფილიყო მოახლოვებული წარმატებისა, თუ წარუმატებლობის მიმართ, რადგან ეს თითი სწორი და თანაბარზომიერი იყო სხვა თითებთან შედარებით.

არათითი, მართალია, გრძელი იყო, მაგრამ შუათითსა და საჩვენებელ თითებზე მოკლე, – ეს კი იმას ნიშნავდა, რომ მგრძნობიარე იყო, მაგრამ, ამასთანავე, თავდაჯერებული და სწორედ ეს თავდაჯერებულობა არ აძლევდა საშუალებას სრულად და სრულფასოვნად შეეგრძნო მთელი ცხოვრების მანძილზე მასთან მოსული სიყვარული.

ნეკა თითი არ იყო მთლად ისე პატარა და თითების საწყისთა რკალში ჩავარდნილიყო, მიუხედავად ამისა ის არათითის ზედა სახსარს სწვდებოდა. ამ თითის შესწავლით ის დაასკვნა, რომ მას აკლდა სწორუპოვარი ნება, რათა დასახული მიზნები ისე შეესრულებინა, რომ შედეგით თვითონ ყოფილიყო კმაყოფილი.

დიდი თითი კი სწორი და ხისტი ჰქონდა. ეს მის თავდაჯერებულობაზე მეტყველებდა, მის სიფრთხილეზე ამახვილებდა ყურადღებას და მის სიკერპეს უსვამდა ხაზს, რომელთა უმრავლესობა ცხოვრებაში გამოუყენებელი დარჩა, კიდევ ამოიკითხა ერთი-ორი ისეთი თვისება, რომლებსაც

არ ავლენდა არასდროს და რომ გამოევლინა, ალბათ მისთვის უკეთესიც იქნებოდა. არ კი გაამახვილა ყურადღება ამ თვისებებზე.

ხელისგულებზე ბორცვებიც შეისწავლა. ამ ბორცვებმა დაადასტურა ყველაფერი, რაც აქამდე ამოიკითხა. მისი მთავარი საწადელი კი მაინც ხელისგულებზე დასმული ხაზები და ნიშნები იყო, რომლითაც კითხულობდა თავის ახლო და შორეულ მომავალს.

მან გონების ხაზს გაადევნა თვალი და შეისწავლა მისი მიმართულება. ეს ხაზი თითქმის შუაზე ჰყოფდა ხელისგულს ზედა და ქვედა ნაწილებად. ოვალური დახრა ჰქონდა მას არშეერთებული სიცოცხლის ხაზთან და რკალად დახრილი, განტოტივით მიმავალი მთვარის ბორცვამდე. ამით მედეამ თავისი გონების შესაძლებლობები ამოიკითხა, თუ როგორ იმოქმედებდა და იაზროვნებდა იგი ყველაზე გადამწყვეტი დროის მონაკვეთში. ამ ხაზმა იგი დააიმედა და უთხრა, რომ ამ ხელის პატრონი სწრაფი აზროვნების ადამიანია, რომელსაც უახლოეს მომავალში მოუწევს გონების უკიდურესობამდე დაძაბვა, რათა მოიგოს, ხოლო რა მოიგოს, ეს არ ეწერა ხელზე. ის კი ეწერა, რომ იგი მოიგებდა თავისი სწრაფი და ულმობელი გადაწყვეტილებით, ეს მისი ცხოვრება იყო, და მიტომ. ხაზი იმასაც ამბობდა, რომ გონების ასეთი დაძაბვა მას ამიერიდან აღარასოდეს შეხვდებოდა, თუმცაღა ახალი ტალღები მოითხოვდნენ მისგან მზადყოფნას ყველაფრის მიმართ. მთვარის ბორცვის მისადგომებთან გონების ხაზი ორად იყოფოდა – ერთი უსასრულობაში იკარგებოდა, მეორე კი ბორცვზე ადიოდა და როგორც უკანასკნელი წერტილი, ისე ჩერდებოდა ბორცვის თავში. ეს კი აღარ მოეწონა მედეას,

კოლხეთი
გაახსენა ამან,
და მიტომ.

შემდეგ გულის ხაზი წაიკითხა, რომელიც იწყებოდა

იუპიტერისა და სატურნის გაერთიანებული ბორცვისა და მზის გადმოწეული და სატურნის ნარჩენებთან გაერთიანებული ბორცვის შუიდან, ანუ შუათითის სახსრიდან და რკალით ჩადიოდა მერკურის გადიდებული ბორცვის ბოლოში და ჯაჭვისებურად გაედინებოდა ხელისგულიდან. ამით მან გაიგო თავისი სულიერი მდგომარეობა ახლო და შორეული მომავლისთვის. ეს მკვეთრი ხაზი იყო მსგავსად გონების ხაზისა. ამ ხაზმა მედეას უთხრა, რომ იგი ეჭვიანია ყველაფრის მიმართ და ამიტომ აღგზნებული იქნება ყველა წამოწყებათა მიმართ, ცხოვრებისეულ სიახლეებსაც თავკერძობით შეხვდება და მითუმეტეს მაშინ, როცა მუდმივობის ნაკლულობას განიცდის.

მეგობრებიც მის ცხოვრებაში ულიმღამო ხაზით ჩაივლიან და არ დატოვებენ კვალს მის ცხოვრებაში. აქედანვე შეეჩვია ღალატს და ყოველგვარი ღალატის მიმართ ამიერიდან გულგრილი გახდება, რადგან ადამიანებს ფასი აქვს დაკარგული მის თვალში და მათი ღალატის ფასსაც ყველაზე მცირე ღირებულება ექნება იმ ადამიანებისვე მსგავსად.

სიცოცხლის ხაზიც დაათვალიერა. ისიც საკმაოდ მკვეთრი და ღრმა იყო, რომელიც იწყებოდა საჩვენებელი თითის გვერდიდან და რკალად შემოევლებოდა ვენერას ბორცვს და მთავრდებოდა ხელის მტევნის პირველ ხაზთან. მარჯვენა ხელზე სიცოცხლისა და გონების ხაზები ერთმანეთს უერთდებოდა წვრილი და პატარა ზოლით, რომელზეც ვერ იტყოდი რომელი მათგანის განტოტვაა, უფრო ის დამოუკიდებელი ხაზი იყო და ამ შეერთებით ერთგვარ სამკუთხედს ქმნიდა.

ორი კუთხე დახურული, ხოლო მესამე ღია კუთხე იყო. ამ ღია კუთხიდან იღებდა სათავეს სიცოცხლისა და გონების ხაზები და თავიანთ გზას მიუყვებოდნენ. მათ შუაწელში იყო მხოლოდ ეს შემაერთებელი ხაზი.

მარცხენა ხელზე კი ის ხაზი არ იყო, შესაბამისად არ ერთდებოდა სიცოცხლისა და გონების ხაზები, არც სამკუ-

თხედი იქმნებოდა არაფრიდან. აქ ამოიკითხა მედეამ თავისი ბედის და ბედისწერის გაორება, საიდანაც აუცილებლად გამარჯვებული გამოვიდოდა, გადარჩებოდა ყველა ცხოვრებისეულ ორომტრიალს,

იპოვიდა თავის საბოლოო ნავსაყუდარს,

მოიგებდა,

მაგრამ ვერ გაიმარჯვებდა,

მისი მტრებიც წააგებდნენ,

მაგრამ არ დამარცხდებოდნენ.

ცხოვრება და გონება ერთმანეთის საწინააღმდეგოდ მიმავალნი ერთმანეთს დაუკავშირდებოდნენ უხილავი ძაფით და გონების ნება წარმართავდა ცხოვრებას. ეს გადაარჩენდა მას, რომელიც გარეგნულად უხილავი დარჩებოდა, თვით მედეასთვისაც. სიცოცხლის ხაზის მიხედვით, გამძლეობა ნებისმიერ ვითარებაში განუზომლად დიდი ჰქონდა, ყოველგვარ დაბრკოლებას გადალახავდა არათუ გონიერი, არამედ სულიერი სიძლიერით.

მარცხენა ხელზე გონების ხაზი ხელისგულის შუაში ორად იყოფოდა – ერთი სიცოცხლის ხაზის, მეორე კი გულის ხაზის პარალელურად მიედინებოდა და იქვე ახლოში მთავრდებოდა, წარმოქმნიდა რა კაუჭისმაგვარ ნახაზს.

ამ ხელზე ასევე იყო გულის ხაზიც, ოღონდ იგი სამ განტოტვას აკეთებდა. ამით მედეამ ის ამოიკითხა, რომ გული და გონება ერთმანეთს დაუპირისპირდებოდა სიცოცხლიდან გამომდინარე აუცილებლობით ნაკარნახევი გარემოებების გამო. ეს ჯერ არ მოხდებოდა, ის შორეული მომავლისთვის იყო განკუთვნილი, ხოლო რის შესახებ, ეს ვერ ამოიკითხა.

დასაწყისში განტოტვა თვით სიცოცხლის ხაზსაც ჰქონდა – მარცხენა ხელზე ის ეკლისებურად წაწვეტილიყო, მარჯვენა ხელზე კი პარალელური პატარა ხაზით გამოიყოფოდა. აქ მედეამ დედის სიმწარე ამოიკითხა, საკუთარი დედის სიმწარე. აღარ გააგრძელა ფიქრი დედაზე, ამისთვის ჯერ არ ეცალა, სიცოცხლის ხაზი მას აიმედებდა, რომ მთელ

თავის ცხოვრებას საკუთარივე ზედამხედველობით წარმართავდა და გარეშე ვეღარასოდეს შეცვლიდა მის დინებას. ისიც კმაროდა, რაც აქამომდე შეიცვალა. საკუთართავსაც კი გაუწევდა უმკაცრეს მეთვალყურეობას.

ახლა კი დიად გზასაყართან იდგა, რომელთაგან ერთი უფსკრულში იკარგებოდა, მეორე კი ქალაქში შედიოდა. ამ ქალაქში იგი ისე შევიდოდა, რომ გონება არ იაზროვნებდა, ყველაფერს წამიერ და ანგარიშმიუცემელ ლტოლვათა მთელი წყება გადაწყვეტდა,

და გადაწყვეტდა მას მედეას სასარგებლოდ.

ქალაქიდან მალე გამოვა დაცლილი.

მაგრამ თუ „დაცლილი“...

მაშინ როგორ „მოგებული“,

ან „გამარჯვებული“?

ამ კითხვაზე მედეას ბედის ხაზმა გასცა პასუხი. მარჯვენა ხელზე ის მკვეთრი ხაზით მაჯის სახსრიდან იწყებოდა და ხელის შუაგულამდე მიდიოდა, რომელიც არც ერთ ხაზს არ კვეთდა, ხოლო მისი პატარა განტოტვა გონების ხაზამდე ადიოდა ისევე, როგორც სიცოცხლისა და გონების ხაზები უერთდებოდნენ ერთმანეთს.

ქვემოდან ამოყოლებული, ვიდრე მთვარისა და ვენერას ბორცვების გაყოფამდე ბედის ხაზი სიცოცხლის ხაზის პარალელურად მიდიოდა, ხოლო ზემოთ თავისი განტოტვით სიცოცხლისა და გონების ხაზების შემაერთებელი ზოლის პარალელურად ადიოდა... და საერთო ჯამში ორმაგ პარალელს ქმნიდა სიცოცხლის ხაზისას.

ასევე ბედის ხაზი წყვეტილ-წყვეტილად მთვარის ბორცვის მიმართულებით განიტოტვებოდა და აქაც სამკუთხედს ქმნიდა გონების ხაზთან. მარცხენა ხელზე კი – პატარა ხაზი ძლივს შესამჩნევი იყო და იქვე სიცოცხლის ხაზის დაბოლოებასთან ბორცვებს შორის წყდებოდა და როგორც ლანდი, ისე აგრძელებდა თავის გზას გონების ხაზისკენ. ასევე ხაზის შეწყვეტის ადგილიდან მთვარის ბორცვისკენ

გადახრილიყო ერთი განტოტვაც, ისიც არასრულად. იმ დალანდული ხაზის გვერდით ჯვარი იყო დასმული ორი თავით ძირს დადებული და ორი თავით მაღლა ამართული. ამაში მედეამ სიკვდილის ულმობელობა ამოიკითხა. ის სიცარიელე კი მისი უშედეგო გამარჯვების ნიშანი იყო. ჯვარი კი იქნებ ის ხრმალი იყო, საირხემ რომ მისცა და უნდა ეტარებინა საზიდრად –

მამულის გულისცემის გაგონებამდე.

არც ამისთვის ეცალა მედეას ამ წუთში.

მზის ხაზი ბედის ხაზით გადარეცხილიყო და ეს იმას ნიშნავდა, რომ სირთულეებითა და გულაცრუებით იქნებოდა აღსავსე მისი ცხოვრება, ეს წინ დამდგარი გამარჯვებაც რომ ვერ მოუტანდა შვებას.

ჯანმრთელობის ხაზი ის მეორე განტოტვა იყო ბედის ხაზიდან, მთვარის ბორცვის მიმართულებით რომ მიდიოდა წყვეტილი ხაზებით მარჯვენა ხელზე, მარცხენაზე კი შეწყვეტით. ამდენად ბედი და ჯანმრთელობა მედეასთვის თავსატეხს არ წარმოადგენდა. ყოველთვის მკურნალობდა საკუთარ თავს და ამის იქეთაც მნიშვნელოვან ცვლილებებს არ მოელოდა.

არც ხელისგული უქადდა რაიმე გაუთვალისწინებელს.

შთამომავლობის ხაზი არ უძებნია მედეას საკუთარ ხელზე,

არც ქორწინების ხაზის ძებნით შეუწუხებია თავი. ორთავე დიდ ტკივილს აყენებდა მას.

სამაჯურის ხაზები ტალღებივით ირხეოდნენ მაჯისა და ხელის მტევნების საზღვართან და მან ამ ხაზებში პონტოის ტალღები ამოიცნო, მზის სხივები რომ სხლტოდნენ მის ლივლივა ზედაპირზე. „არგო“ აკლია ამ ტალღებსო, – გაიფიქრა თავისთვის და მზეს გახედა.

მზემ თვალები მოჭრა და ისევ ხელებს დახედა.

მარჯვენა ხელზე მან მარსის ხაზი აღმოაჩინა სიცოცხლის ხაზის პარალელურად, რომელიც ვენერას ბორცვში იყო ჩაკეტილი და არც ერთ მთავარ ხაზს არ კვეთდა. ეს

მისი გაორებული ცხოვრება იყო, მისი ტკივილებითა და საიდუმლოებებით აღსავსე გაორება, ის, რაც აქამდე იყო და ამის იქითაც იქნებოდა. სიყალბესთან და არარაისთან იყო ეს ხაზი ჩასკვნილი და ამიტომ არ კვეთდა იგი არაფერს. მედეას გაორება მაინც მედეასვე დარჩებოდა სიცოცხლეშიც და სიცოცხლის იქითაც.

თითის ბალიშებსაც დახედა და შეამჩნია, რომ ზოგ თითზე ბილიკები მარყუჟისებურად, ზოგ ზე კი წრიულად ჰქონდა მოხატული.

განსხვავებული ნიშნებიც ამოიკითხა –

ჯვრები,

ოთხკუთხედები,

სამკუთხედები,

სამკბილები,

ცხაურები,

ლაქები,

კუნძულები,

განტოტვილი, წყვეტილი, ორმაგი და გადაჯაჭვული ხაზები.

ამით მან წვრილმანი თვისებები და მოვლენები ამოიცნო, რომელთა დადგომის ჟამსაც როგორ შეხვდებოდა, ის გაიგო. მაგრამ საბოლოოდ მაინც საკუთარ თავს დააკვირდა –

ვინ იყო იგი –

მედეა!

ხელის მტევნის მოყვანილობამ მას უკარნახა, რომ იგი ცეცხლოვანი სტიქიის შვილი იყო, რომელშიც განზავებულია ჰაერის ნიშნები და მიწას და წყალს ებრძვის, რადგან მიწამ თავისი სტიქიონით დაიპყრო ცეცხლი, წყალმა კი ჩააქრო ის. ახლა ჰაერი აღვივებს ამ ჩამქრალ ცეცხლს და ახალი ძალით უნდა შეუტიოს ორივე სტიქიას. მან იცის, რომ საბოლოოდ ჰაერის სტიქიონი მას მიატოვებს და მარტოს მოუწევს დაწვა და

იგი დაიწვება ბოლოს საკუთარსავე ცეცხლში.

XX
შურისძიების უკანასკნელი ზღურბლი

საკუთარი ხელებიდან მომავლის ამოკითხვით დაღლილმა ისევ მზეს გახედა, თვალები მოჭუტა, რადგან თვალი ვერ გაუსწორა სამყაროს თვალს. ხელები მაღლა ასწია, რათა გადავლებოდა მას მზიანეთის სხივჩქერალები. გველის პერანგმა განზე გადაიწია და მკერდი მოუშიშვლდა, რასაც გრძნობიერად დაეწაფა მზე და აუხურვა ძუძუს კერტები. მოშიშვლებულ ხორც შევსილ ფეხებზეც მოუალერსა ისე,

როგორც ხეს,

თუ ბალახს,

ისეთი სიხარულით,

როგორც ბუნების სრულქმნილების ერთ პატარა და ლამაზ ნაწილს.

მზის თვალი შევიდა მედეაში, ნაადრევი თვალი, რომელიც ცეცხლის მცხუნვარებით ნელ-ნელა წვავდა კანს და მზიურობით აფერადებდა სითეთრეს. ეფერებოდა ისე, როგორც ელადელები გეტერებს[52], რომ არა რცხვენოდა არაფრის არც ერთ მათგანს.

არც მედეას შერცხვა სიშიშვლის,

არც მზეს – ამ სიშიშვლის დაუფლების.

ადამიანებში კი შემორჩენილი ის გრძნობა: „ვიღაცამ არ შემხედოსო“, – მედეასთვის არ არსებობდა, რადგან იმ წუთებში იგი არ იყო ადამიანი. მისთვის არ არსებობდა დაბრკოლება. მას სურდა ეს ალერსი, და იქნებ უფრო მეტიც, მაგრამ დაკმაყოფილდა იმით, რაც იყო, ბუნიაობა დამდგარიყო ქვეყნად, და მიტომ.

თმები ნიავს დაეხვია ხელზე და ათამაშებდა. ეს თამაში

52. **გეტერები** ელადაში პროფესიონალ მეძავთა კასტა იყო.

ეამა მედეას ისე, როგორც ეამებოდა იმ შორეულ კოლხეთ-
ში ბავშვობისას. ჟრუანტელმა დაუარა სხეულს, მთელი
გრძნობით კიდევ ერთხელ მისცემოდა ბუნებას. ასეთი ლაღი
ასეთი ომის წინ არავინ ყოფილა.

დაამშვიდა მზემ მედეა. მანაც უგალობა ქვეყნიერების
თვალის-ჩინს.

ხრმალიო, –

გაახსენდა, –

სად არის ჩემი ხრმალიო?

ბოლოს ჯვრად გარდასახულიყო.

მოიხედა უკან და მიწაში ჩასობილი ნახა ხრმალის სახით.
შემობრუნდა და თავის თეთრონთან მივიდა. მიუალერსა
ცხენს და ნელ-ნელა გზას გაუდგნენ. ჩამოწვა ბარის სუ-
ლის შემხუთველი ჰაერი და შეწყვიტეს ჩიტებმა ჟივილი.
დაიძაბა მედეა, ცხენმაც აფორიაქებით დაიწყო სვლა და
ფლოქვებსაც აღარ დგამდა მწყობრად. ხერხემალი გაუ-
ცივდა, ფრუტუნი დაიწყო და მედეას ნება რომ ყოფილიყო,
აუცილებლად გადაიკარგებოდა იქედან, რათა არ ეხილა
სახილველი. მედეას კი მტკიცედ ჩაეჭირა მისთვის ხელი ფა-
ფარში, მეორე ხელით კი ხრმალი მიჰქონდა. პატრონის სიმ-
ტკიცემ გაამხნევა ცხენი და დაცხრა მისი მღელვარება.

რაც უფრო უახლოვდებოდნენ ქალაქის მისადგომებს,
მედეა მით უფრო კუშტი ხდებოდა. წარბები შეეყარა თა-
ვისდაუნებურად და ნაოჭებში ჩაიღვარა ღვარძლი და ბოღმა
ქალაქის მიმართ, რომელიც სულ მალე მის თვალწინ გადა-
იშლებოდა. გზისპირას, ჩეროში მთის წყარო ჩამოედინებო-
და. მივიდა მედეა წყაროსთან და შესვა;

გული გაიგრილა,

სახეზე შეისხა ცივი წყალი,

დილის ხალისიანი ბრჭყვიალები ათამაშდნენ სახეზე.

ცხენმაც იხელთა დრო და წყალს დაეწაფა ისიც. მედეა
იქვე, ტყისპირა ბორცვზე ავიდა, გამოარჩია საჭმელად ვარ-
გისი ბალახები, ბლუჯად მოგლიჯა და შეჭამა. შიმშილის

გრძნობა გაუქრა.

ისევ წყაროსთან მიბრუნდა,

ისევ დალია წყალი,

თავი დაისველა, როცა წყურვილი მოიკლა.

ცხენიც მზად იყო წასასვლელად, ის უკვე აღარ ფორიაქობდა. მიუახლოვდა მედეა, თავის თეთრონს შუბლზე აკოცა, კეფაზე მოუთათუნა ხელი და მარხილისკენ გასწია. ხრმალი ამჯერად ჯვრად გარდასახულიყო, ხელში აიღო ჯვარი და შვილებს დახედა.

შეეშინდა,

„როგორ შეგცვლიათ სახეებიო, – გაიფიქრა, – სულ მთლად სიკვდილის ფერი მიუღიათ ამ პატარა და ლამაზ ბავშვებს. სადაა თქვენი ცოცხალი გამოხედვაო."

აღარ უნდოდა მედეას, ეცქირა შვილებისთვის და უცებ გაბრუნდა ცხენისკენ. ისევ მიეფერა თეთრონს. ცხენის ფრუტუნმა გამოაფხიზლა და ისევ განაგრძეს გზა. მალე დაივაკეს და ქალაქის კარიბჭეს მიადგნენ. მცველები არ ჰყავდა გალავანს. გაიარა ცოტა მანძილი და ძველ ჩამონანგრევ კედლებს მიადგნენ, იქედან შევიდნენ ქალაქში. მიდიოდა მედეა ქუჩებში და უკვირდა, –

როგორ გაუკაცურებულა ეს ქალაქიო.

სახლები მიეტოვებინათ არათუ მამაკაცებს, ქალებსაც კი.

მტერი ხომ არ შემოსევია აქაურობასო, მაგრამ დარბეული არაფერი იყო, პირუტყვიც კი შინ საგულდაგულოდ ჩაეკეტათ და ეზოებიდან მოისმოდა მათი ხმები.

– რა ხდება ამ ქალაქში, ჩემო ცხენო, რა ჭირმა გადაიარა ჩემამდე, ასე რომ წაშალა ადამიანის სახსენებელი აქედანო.

ცხენმა ისევ ჩაიფრუტუნა, თითქოს გაიგო მედეას ნათქვამიო.

– ეჰ, თეთრონო, შენ კიდევ არ იცნობ ელადელებს. ისინი ასე ადვილად არ დაგვანებებენ თავს.

დაიარეს ქუჩები. ჩამიჩუმიც არ ისმოდა.

გაამხნევა ამ გარემოებამ მედეა, ერთად იქნებიან ქალაქგარეთ და ყველას ერთად გავანადგურებო. მერე ძველი კოლხური შემოსძახა ელადის ქუჩებში, ისე, როგორც აიაქალაქს მომდგარი აიეტი მიახარებდა გამარჯვებას, მედეას უფრო ეთქმოდა ეს სიმღერა და იმღერა კიდეც:

„ბარს ჩაველ ყმათა გულისთვის,
სიო დავტოვე მთისაო,
ზღვაში გავიდნენ, გავიგე,
სიმური[53] ვჩქიფე წყლისაო".

უცებ ხმა შემოესმა ყიჟინის,
ცხენების ფლოქვების თქარა-თქურის,
სიცილის.

– სადღაც ახლოს არიან და არ მელიანო. რაღაც უხარიათო. მტერი არ შემოსევიათ. გამოდის თუ ღრიანცელია და არც მე მელიან, რაღაც შეჯიბრი იქნება, იქნებ თეატრონიაო. უფრო შეჯიბრია, რადგან თავდავიწყებულები გატაცებით ყვირიან. ჰოდა, თუ ასეაო, წავიდეთ და ვეახლოთ მოზეიმეებს სიკვდილის ზეიმად.

მიდიოდა ქალაქის ქუჩებში, ორი დღის წინ რომ ასე საჩქაროდ დატოვა. მიდიოდა და ვეღარ ცნობდა მას – ასე დაცარიელებულს, გაუკაცურებულს. სად დაიკარგა იმ ქალაქის მრისხანება, რომელმაც ბავშვებზე აღმართა ხელი. ის ისეთი არაა, სირცხვილისაგან საკუთარ ნაჭუჭში რომ ჩაიკეტოს. ქალაქს სირცხვილი არ გააჩნია, ქალაქია, და მიტომ, და მითუმეტეს ელადელთა ქალაქი.

– მოვედი, შენი გმირობის მსხვერპლი, – გასძახა მედეამ ცარიელ ქუჩებს, – დატკბი შენი გმირობის შემოქმედებითო!

ესა თქვა და მკვდარ ბავშვებს გადახადა სუდარა. აქაიქ კი მოისმოდა შორიდან მოსული ხმები, უფრო სახლები ახშობდა მას, თორემ ქალაქის მკვიდრნი შორს არ იქნებოდნენ წასულები.

---

53. **სიმური** - ქართულ მითოლოგიაში ზებუნებრივი ძალებით აღჭურვილი წყარო და მისგან გადმომდინარე წყალი, ზოგიერთ შემთხვევაში კეთილი თვისებებით გაჟღენთილი, ზოგიერთ შემთხვევაში კი - ბოროტით.

თეთრონს გასცვეთოდა ნაბდები ჩლიქებიდან და ახლა ქვაფენილებზე ახმაურებდა მწყობრ ნაბიჯებს. მედეასაც შემოესმა ეს ხმა და ცხენს ფლოქვებზე დახედა. შეაჩერა ის და აუწია სათითაოდ ყველა ფეხი და შემოაცილა ჩლიქებს უკვე არასაჭირო ნაჭრები. ცხენიც დაემორჩილა პატრონს, რადგან ნაბდის ნაფლეთები სიარულში ხელს უშლიდა და როგორც კი გაითავისუფლა თავი, მისი ნაბიჯები უფრო მწყობრი და გაბედული გახდა. კერპებივით წამომართულიყო სახლები და არაფრისმთქმელი ქვიური სიცივით უყურებდა ქალაქში შემოსულებს, თითქოსდა პატრონების განწყობილება გადასდებოდათ საცხოვრისებს, თითქოს ამ სახლებმა მოახდინა შეთქმულება და ახლა ნიშნის მოგებითა და გულქვა სიხარულით ეგებებოდა ახლად მოსულს.

ასეთი სახლები კოლხეთში არ არისო, ასე არ ხვდებიან ჩვენში სტუმრებსო, – ამას გაიფიქრებდა, ალბათ, მედეა. მან იქნებ იცოდა რაზე ფიქრობდა ეს უტყვი ქვები, ან ქვებადვე ქცეული ელადელთა შიშველი ღმერთები.

უცებ შეჩერდა მედეა და შეხედა გადამწვარ სახლს, რომლისგანაც მხოლოდ ჩამოშლილი საყრდენი კედლებიღა დარჩენილიყო. ნაკვერჩხალი ჯერ კიდევ არ იყო ჩამქრალი დანახშირებულ ძელებზე და აქა-იქ სუსტად ადიოდა კვამლი. ნახანძრალზე ჯერ კიდევ ბული იდგა და დამწვარი ხეების სუნი ტრიალებდა ირგვლივ. გაახსენდა ბავშვის ნათქვამი; ხმა აღიდგინა შვილის და ტანში ჟრუანტელმა დაუარა ამის გახსენებაზე. გონება დაძაბა და სიტყვა-სიტყვით აღიდგინა ეს ნათქვამი, უყურებდა რა მის გვამს, ასე რომ წაახდინა სიკვდილმა.

– ალბათ, შეიტყვეს ჩვენი გაქცევაო...

გაშავებულ კედლებს უყურებდა მედეა და როგორც წვალება, ისე ესმოდა ეს ხმა და უნდოდა გონებას ყოველთვის აღედგინა შვილები. ისინი ამ მახსოვრობაში ცოცხლები უნდა ყოფილიყვნენ. ბოღმა ახრჩობდა ქალს იმისა, რომ ანადგურებდნენ მის ყოველ ნაკვალევს, – და რატომ, ეს

ვერ აეხსნა მხოლოდ.

– საიდან იცი, შვილო, ღამეა და როგორ ამჩნევო, – ეს მისი შეპასუხებაც გაახსენდა. ის ღამე ინატრა დღეის დღესთან შედარებით, როცა ჯერ კიდევ არ მომკვდარიყვნენ ბავშვები და დედას ეხმიანებოდნენ და აგრძნობინებდნენ, ცოცხლები ვართო.

– ალბათ, ჩვენი სადგომი დაწვესო, – ისევ ჩაესმა ყურში ბავშვის ხმა.

– მართალი ყოფილხარ, ჩემო ბიჭო, დაუწვიათ ჩვენი სადგომი. არ დაინდეს ჩემს გამო ისიც, ვინც შეგვიფარა. ორი დღე არ ჩანდა ამ სახლის პატრონი. ორი დღე ველოდით მის გამოჩენას. სამაგიეროდ, მკვლელები გამოჩნდნენ. იქნებ ისიც იყო ამ შეთქმულების მონაწილე. იქნებ ისიც შენსავით მოკლეს. ამას უკვე ველარ გავიგებთ და აღარც არის საჭირო ამისი ცოდნა. თქვენი თავი მომიკლეს ელადელებმა. ახლა საით წავიდე, ვის შევაფარო თავი. ვინ მანუგეშებს უთქვენოდ. ვინმეს რომ შევეკედლო, ისიც რომ გამოდგეს მუხთალი? ან ვინ ისურვებს ჩემს შეწყნარებას. აღარ ვიცი, შვილებო, რა გზას ვეწიო. კოლხეთისკენ ხომ გზა მოჭრილია, არც მე ვარ მოსურნე იქ დაბრუნების. თქვენ რომ გიყურებთ, არ მინდა სიკვდილიო, – თქვა და ცრემლები მოიწმინდა.

უყურებდა დაქცეულ კერას, როგორ გაასწორეს მიწასთან სახლი. სხვა სახლებსაც შეხედა მედეამ, ახლა სხვა თვალით დაინახა ისინი. რომელიმე მათგანში რომ შეედგა ფეხი, აუცილებლად იმ ბედს სწევდნენ მათაც, რაც ამას უყვეს. ალბათ ამიტომ დაზაფრულან და შეშინებულან სხვა სახლები და ასე გაცივებულან, რათა სიმხურვალისგან არ გადაიწვან ისინიც. ვინ იცის...

აიეტის ჩაგონება მისწვდა ყურს, ოღონდ ველარ გაიხსენა, როგორი ხმა ჰქონდა მამას, მის მოხუც მეგობარს. სახეც ველარ აღიდგინა მისი, გეგონებოდა საუკუნეები გასულაო, რაც განშორდა მამულს. როგორ ერთბაშად ამოიგდო გულიდან ყველა, ვინც უყვარდა და ვისაც უყვარდა –

და ვისთვის!

რისთვის!

ამის პასუხი მამამ გასცა შვილს იმ შორეული კოლხეთის მზიან ღამეში საკუთარ სასახლეში და საკუთარ ქალაქში, სანამ ყველაფერი ასე-რიგად აირეოდა:

– მე ცხოვრება გამივლია, ბევრი რამ გადამხდენია თავს და ამიტომ გირჩევ არა როგორც მეფე, ან მამა, არამედ როგორც შენი კეთილისმსურველი მოხუცი მეგობარი – არ დაგიფასებენ ქურდები ამაგს, ამიტომ უცხო კარზე მსახურებისთვის ის უცხოელებივე გაგრიყავენ და ჩაგქოლავენ. უმადურები არიან ადამიანები უცხოელების მიმართ, და მიტომ. მეც ასეთი ვარ ჩემთვის უცხოელთათვის, გახსოვდეს კარგად...

– აღარ მახსოვდა, მამა, შენი ნათქვამიო, – ახლა უპასუხა მას ამ დაქცეული კერიის წინ და მკვდარი ბავშვების თანდასწრებით, – ყველაფერი სხვანაირად მსურდა ყოფილიყო და ამიტომ ძალათ დაგივიწყე. ბავშვებსაც თუ მომიკლავდნენ, არ მეგონა. ამათმა ხომ იცოდნენ, რომ ეს სახლი ჩემი არ იყო. აქ მხოლოდ ღამეს ვათევდი. იქნებ შემომიტყუეს და ჩემი მოკვდინება უნდოდათ. იქნებ მშვიდადაც იმიტომ არიან, რომ ამ სახლში დამწვარი ვგონივარ და გულს ამით იარხეინებენ: ჰგონიათ ამ სახლთან ერთად დაიწვა მათი შეთქმულების შემზარავობა. ხალხი? – ჩაიქნია ხელი მედეამ, – ვითომ ხალხს დაუმალეს თავიანთი ნაცოდვილარი? ვითომ ხალხი ის ხალხი არაა, ვინც მე მომვარდა და მუხანათურად მომიკლა შვილები? თუ სხვანაირად ფიქრობს ხალხი?! მაშინ რატომ დაუმალეს ხალხს ამ სახლის გადაწვა და გაიკრიფნენ ქალაქიდან სანახაობათათვის უკლებლივ ყველა – ქალიან-კაციანად, მონებიც კი. თუ არაა ასე, მაშინ რას მივაწერო ქალაქის გაუკაცურება?! პირუტყვებიღა დატოვეს ქალაქის მეთვალყურედ. გამოდის, ხალხსაც გაუხარდა ჩემი დაწვა, თუ მოკვდინება ჩემი შვილების. რისთვის? მე ხომ მათთვის არაფერი დამიშავებია.

რატომ აშინებენ ჩემით ბავშვებს „გრძნეული მოდისო“? – ფიქრობდა მედეა, – მეც ხომ ვიყავი დედა, მეც ხომ მყავდა შვილები. სადღაც მაინც მართალია აიეტი. მაგრამ იქნებ ხალხი გულმოწყალეა და არ იციან, რა მიყვეს ქალაქის უხუცესებმა. იქნებ ხალხს დავეცავი, იქნებ ატყუებენ მედეა თავისი შვილებით ამ სახლში გადაიწვა შემთხვევით გაჩენილი ხანძრისგანო. იქნებ არც იცის ხალხმა, იყო თუ არა ვინმე ამ სახლში და დაიწვა თუ არა შიგ ვინმე, იქნებ ამიტომაც ასე გულარხეინად გავიდა ყველა ერთად ქალაქიდან. მაგრამ ერთმა მგზავრმა ხომ დამინახა გზაში ჩემი დასისხლიანებული ბავშვებით, იქნებ ვერ მიცნო. თუნდაც ვერ ვეცანი, ასეთი სანახაობით არ იქნებოდა განებივრებული – როგორია აღსაქმელად მომაკვდავი ბავშვების ხილვა ღამით და ელვა-ჭექაში. ნუთუ არც შეეშინდა? იქნებ შეეშინდა კიდეც. იქნებ მან აცნობა შეთქმულებს გრძნეული ქალი გარბისო და საჩქაროდ ცეცხლი წაუკიდეს ამის გამო სახლს. მაგრამ ხომ ეცოდინებოდათ, რომ შიგ არავინ იყო. რატომ მდევარი არ დამაწიეს და რატომ გაუსწორდნენ ასე უმოწყალოდ ჩემს სადგომს? იქნებ თავი დაიიმედეს, რომ მხეცები შემჭამდნენ მეც და ბავშვებსაც, ან იქნებ იმით დაიმშვიდეს თავი, რომ აქ ველარ გავბედავდი მოსვლას.

მაგრამ ხალხი?

რას ფიქრობს ხალხი –

მკვდარი ვგონივარ,

თუ ცოცხალი?

ეს ყველაზე ნაკლები საფიქრალია, რადგან ხალხის ფიქრს არანაირი ფასი არა აქვს. ხალხი იყო მაშინ, სიხარულით რომ შეეგებნენ მეფე კრეონტისა[54] და მისი შვილის სიკვდილს. ბოლოს ისე გათავხედდნენ, ესეც მე დამაბრალეს იაზონზე ვითომ ეჭვიანობის გამო. იაზონი ბედით თუ უბედობით ჩემი ქმარი იყო და მე მისი ყოველი ღალატი და უპირულობა დუმილით უნდა ამეტანა, ამას ითხოვდა კოლხური წესი და აღზრდა. ვემორჩილებოდი მანამ, სანამ ჩემი

ქმარი იყო, სანამ შემეძლო ჭირშიც და ლხინშიც მისი იმედი მქონოდა. ამაზე მეტი ჭირი რა უნდა მომდგომოდა?! ყველაფერი მარტო გადავიტანე. ამის შემდეგ უფლება აღარ მაქვს იაზონს ქმარი ვუწოდო. ეს ხალხი კი ასეთი არაკაცის ხარჭის მოკვლას მაბრალებს. ეს ხომ ჩვეულებრივი სატახტო კარის შეთქმულება იყო. ხალხიც გაახარეს საძულველი მეფის და სეფე-ქალის მოკვლით. ჯერი რომ ჩემზე დადგა, მათი მკვლელობა მე დამაბრალეს და ანგარიში გაგვისწორეს ასე. იქნებ იაზონიც იყო ამ შეთქმულთა რიცხვში. კრეონტისა და გლავკეს მოკვლით ჩემთვის არაფერი შეცვლილა, არც შეიცვლებოდა. საუარესოდ - კი, შეიცვალა და მერე როგორ. მაშინ სადაა აზრი იმისა, თუ რატომ უნდა მომეკლა მამა-შვილი, თუ ეს მკვლელობა პირდაპირ მე დამაზიანებდა. იქნებ იმიტომაც მოკლეს ისინი, რომ შეემზადებინათ ჩემი და ჩემი შვილების განადგურების ნიადაგი. თუნდაც მომეკლა ისინი მე და არა სხვას, ეს ვინმეს უფლებას აძლევს, რომ უმწეო ბავშვები დახოცოს? ხომ უნდა ჰქონოდა გამართლება ადამიანთა სიმხეცეს!

თუ გამართლება სჭირდებათ,
გამოდის, ხალხს ატყუებენ.
ხალხსაც ის სჯერა,
რისი დაჯერებაც ასე-რიგად სწყურიათ.
დაე, იყოს ისე,
როგორც უნდათ -
მე მოვკალი კრეონტი და გლავკე,
ამით შეიცვალა რაიმე?

---

54. **კრეონტი** - კორინთოს მეფე იყო, რომლის ქალიშვილი გლავკე შეუყვარდა იაზონს და მეორე ცოლად სურდა შეერთო მედეასთან ურთიერთობების აღრევის შემდეგ. ევრიპიდესთან ეს არის კვანძი მთელი ტრაგედიისა - მედეა კლავს თავის მეტოქეს საკუთარი შვილების ხელით გაგზავნილი მოწამლული სამოსით, რასაც ემსხვერპლება არამარტო გლავკე, არამედ თვით მეფე კრეონტიც, რის შემდეგაც მედეა ხოცავს შვილებს. აი, ესაა ევრიპიდე და მისეული ლოგიკა. იქამდე მეფის ასულის სახელშიც კი გაორებაა - გლავკეა იგი თუ კრეუზა, საბოლოო ჯამში მაინც კითხვის ნიშნის ქვეშ რჩება. რომანისთვის კი ერთ-ერთი სახელთაგანი შევარჩიე გამორიცხვის პრინციპით, რომელსაც წილი ვუყარე: თუ კრეუზა არაა, მაშინ გლავკე ხომ იქნება, ან პირიქით. წილის ყრა კი იმაში დამჭირდა, რომ გამომერიცხა ის, რომელიც პირველი მომყვებოდა ხელთ.

მე ხომ მეწამლე ვარ
და არა ჯადოქარი.
ხალხს კი უნდა, რომ ვიყო ჯადოქარი,
ჰოდა, ვიქნები!
სწორედ იმიტომ ვარ ამ სამხეცეში მოსული, რომ ჯადოქარი ვიყო.
ამიტომ მითრთხილდით, ადამიანებად ხორცშესხმულო მხეცებო!
დაიღალა საკუთარ თავთან ლაპარაკით. აღარ იყო მსჯელობათა დრო. იგი უნდა წასულიყო იქ, სადაც თავშეყრილი იყო მკვლელების ხროვა.
უნდა წასულიყო არათუ მარტო, ყველას უნდა დაენახა მკვდარი ბავშვები,
ყველას უნდა დაენახა მკვლელები,
ყველას უნდა დაენახა დედა.
უნდა დაენახა იმიტომ, რომ ეს მხეცების ხროვა ისევ ადამიანებად გამხდარიყვნენ, რათა სინდისს შეეჭამა ამ ადამიანთა შეგნება. სირცხვილში რომ ამომწვარიყო მკვლელების გონება,
არათუ ახალი მკვლელობებისთვის,
არამედ რომ აღარ ყოფილიყო ქვეყნად მკვლელობა და მკვდარი ბავშვები,
რომ დაეჯაბნა სინდისს უსინდისობა, მიტომ!
მოულოდნელად, ამ გაზაფხულის მზიან დღეს, ამ სახლებისა და დამწვარი სადგომის გარემოცვაში, შეცივდა მედეას, მაგრამ არა სიცივისაგან. მან არ იცოდა, რა იყო ეს შეგრძნება. თითქოსდა არ სციოდა, მაგრამ ტანში რაღაცნაირი ჟრჟოლა შეამჩნია.
რაც უფრო უახლოვდებოდა თავშეყრის ადგილს, მით უფრო მატულობდა ყიჟინის ხმა. იქნებ შეეშინდა ამ ხმების მომძლავრების გამო? მაგრამ არც ეს იყო სინამდვილე, რადგან იგი მტკიცე იყო. ამიტომ ნაბიჯსაც მოუჩქარა და ცხენიც ააჩქარა. როცა გასცდებოდნენ ქალაქს, დაინახავდნენ

გაშლილ ველს და გრძელ სტადიონს, მის მოპირდაპირე მხარეს კი ცოტა მოშორებით ტყისპირა სცენას, სადაც თეატრონი იმართებოდა, ან შეჯიბრებები ჯირითში. სცენა არ უშლიდა ხელს მოჯირითეებს. სცენის ამფითეატრად გადაკეთება შეიძლებოდა და მაყურებელი სანახაობას იქედანაც ადევნებდა თვალს. მედეამ იცოდა ეს მდელო და იქით გაემართა სწორედ. ბოლო ქუჩა ჰქონდა დარჩენილი გასავლელად და დაინახავდა ყველაფერს, რაც ხდებოდა.

გუგუნებდა ჯირითზე მიწვეული ბრბო, გულშემატკივრობდნენ თავ-თავიანთ რჩეულ ოლიმპიონიკებს, და მიტომ. ისმოდა საბრძოლო ეტლთა მოძრაობით გამოწვეული ხმაური. მედეას სისხლი გაეყინა ძარღვებში. მან იცოდა, რომ სტადიონზე მისი გამოჩენა გამოიწვევდა საყოველთაო არეულობას. მას ეს ასე უნდოდა, მაგრამ რაღაცას უფრთხოდა და არ იცოდა, რას.

მან იცის, რომ შედის მგლების ხროვაში და შეიძლება ცოცხალმაც ვერ გააღწიოს იქედან. ამისი არ ეშინია, მხოლოდ შვილების გვამების წაბილწვის ეშინია, გამხეცებული ელადელები შეიძლება გაუსწორდნენ ახლა უკვე მკვდრებს, – ცოცხლებზე ხომ იყარეს ჯავრი!.. მას სურს ამ სამხეციდან მშვიდობით თავის დაღწევა და მკვდარ შვილებს მეფურად მიუჩინოს მარადი განსასვენარი, წაუკითხოს მკვდართა წიგნის ლოცვები. მედეას იმედი აქვს, შვილების გატანჯული სულები მისცემენ დედას იმ არაადამიანურ ძალას, რომლითაც დათრგუნავს მთელს სტადიონს და მისი შურისძიების მიზანი მიღწეული იქნება.

აი, მტვერი, საბრძოლო ეტლების თვალთაგან ადენილი... ამ ქუჩაშიც შემოაღწია. ეს კი იმას ნიშნავს, რომ უახლოვდება ბრძოლის ველს.

ყვირილისა და ტაშის ცემის ხმა აყრუებდა იქაურობას. აი, გოპლიტიც[55] გამოჩნდა თავისი აღჭურვილობით –

მას ბექთარი აცვია,

55. **გოპლიტი** - ელადელ ჯარისკაცს ნიშნავს.

ამ ბექთარის კუთხეში სამი მეტალის დეკორატიული ზოლებია შემოვლებული წელზე.

მარცხენა ხელის იდაყვს ზემოთ და ბარძაყებთან მოჩანს შემოკლებული ქიტონი.

მუზარადს ქვეშ ქეჩის ქუდი ახურავს, მოსახერხებელი რომ იყოს მისი ტარება.

მოძრავი საბეჭურებიანი ჯავშანი დაგრძელებულია ტყავით და ზედ დადებული მეტალის სამხრეებით.

ჯავშანის შიგნიდან მეტი დაცულობისთვის მოკლე სამომარი ქიტონი აცვია.

ცალ ხელში ოვალური ბეოტიური ფარი უჭირავს,

ცალში კი ჰოროლი,

მოკლე ხანჯალი კი ქიტონზე შედუღებული სახმლე მარყუჟშია ჩადებული თავისი ქარქაშით.

შიშველ ფეხებზე მას ასევე ლამაზი ორნამენტებით დამშვენებული მეტალის გამაშები აცვია.

მოკლე ქიტონის ზემოთ მკვრივად შემოჭედილია ბექთარი. მხრებთან და ბექთარის ქვედა კიდეში მიმაგრებულია ქამრისებური ზოლები მეტალის ბალთებითა და დამცავი ქვედაწელით.

თავზე სავარცხლისებრი მუზარადი ახურავს, რომელზეც დამაგრებულია ფარისებრი ლაფათები სახის დასაცავად.

სხვა გოპლიტებიც დაინახა, ისინი მოზეიმეებს რკალად შემოვლებოდნენ და თვალ-ყურს ადევნებდნენ, რათა წესრიგი ყოფილიყო დაცული. შუა მოედანზე შესასვლელად ასპარეზობის მონაწილეთათვის პატარა ცოცხალი კორიდორი გაეკეთებინათ გოპლიტებს, მაყურებელი კი მათ უკან იდგა, მაყურებლის უკან კი ისევ შეიარაღებული რაზმი.

მედეა უკვე მთელ მოედანს უყურებდა, ბრბო კი მას ვერ ამჩნევდა, რადგან მთელი ყურადღება ასპარეზობაზე გადაეტანათ. არც მეომრებს შეუმჩნევიათ უკან მომდგარი მარხილი, ისე იყვნენ გატაცებულნი სანახაობით. მათ სჯე-

როდათ, რომ წესრიგის დარღვევას ვერავინ გაბედავდა, მით უფრო ხეებზე მიბმული მონები.

ეს კი უკვირდათ,

რატომ მოვიდა ასე ერთბაშად მთელი ქალაქი ამ სანახაობაზე და მონებიც კი წამოასხესო,

რატომ ასეთი გულუხვობა და მოწყალება ქალებისა და მონების მიმართ?

იქნებ ამ გოპლიტებს სმენოდათ მედეას ამბავი, ან იქნებ თვითონვე გადაწვეს სახლი. ფიქრობდა მედეა იმაზე, რაზეც ფიქრობდნენ გოპლიტები, უყურებდა რა ახალმოსული მეომრებს. ისინი არ მოვარდნილან ბავშვების მოსაკლავად, ბავშვები „ქალაქის მამებმა“ მოკლეს. ალბათ, ესენი გარეთ ელოდნენ, როდის დაასრულებდნენ მხედართმთავრები ბავშვებთან და მიუსაფარ დედასთან ომს, ან იქნებ ნაბრძანები ჰქონდათ, – გამოქცეულები, ვინც არ უნდა ვყოფილიყავით, მოვეკალით ყველა – მეც და ჩემი შვილებიც. ვინ იცის რა ტრიალებს ამ მუზარადებში დამალულ თავებში.

XXI

დემოსის ცეკვა, ცეკვის ხვეულები და ხვეულთა ხლართები

და მედეა თავისი მარხილით შევიდა ცოცხალ კორიდორში. თავდაპირველად გონს ვერ მოეგენ ვერც გოპლიტები და ვერც მაყურებელი, თუ რას უყურებდნენ, ისე იყვნენ აზარტში გადავარდნილნი, არადა, ეს-ეს იყო, დასრულდა შეჯიბრი. ოლიმპიონიკები შეკრებილიყვნენ ამფითეატრისა და სცენის გასწვრივ, სადაც ქალაქის წარჩინებულები და არგონავტები ისხდნენ. არგონავტებს სიმპოსიონი[56] გაემართათ გამარჯვებულისათვის, გამარჯვებული კი, როგორც ყოველთვის და ყველგან, ჰერაკლე იყო. იგი ელოდა

ბავშვს ოქროს დანითა და ზეთისხილის რტოების გვირგვინით ხელში. რაც უფრო შედიოდა მედეა მოედნის სიღრმეში, მით უფრო ხვდებოდა მაყურებლის თვალსაწიერში.

თავიდან ვერავინ გაერკვა,
თუ ვინ იყო ეს ქალი გველის პერანგით,
რა იყო მარხილში და,
საერთოდ, სად მიდიოდა იგი
და ვინ მოიწვია აქ.

პირველად იფიქრეს, ეს საზეიმო რიტუალის ერთი მონაკვეთიაო და განაგრძობდნენ შეძახილებს, მაგრამ როცა სიომ სუდარა ახადა მკვდარ ბავშვებს, ვინც ამ სანახაობას უყურებდა, გაოგნებისაგან დადუმდა და დაიბნა. მედეა მიხვდა, რომ ჯერ სრულ თვალსაწიერში არ იყო მოხვედრილი, რადგან ჯერ კიდევ განაგრძობდნენ ოვაციებს, ეს ისინი, ვინც ვერ ხედავდა მას. სამაგიეროდ, სამარისებური სიჩუმე ჩამოწვა. ესეც იგრძნო და თუ აქამდე ორჭოფობდა, ახლა დარწმუნდა, რომ ხალხი მას არ ჩაქოლავდა. პირიქით, რაღაც შემთხვევაში დაიცავდა კიდეც უკეთურთა ხელყოფისაგან. ეს იმიტომ გაიფიქრა, რომ მის უკან, აქა-იქ, გაოგნებული შეძახილები, შეკივლება და ტირილიც კი შემოესმა. იმასაც მიხვდა, რომ ხალხი შემოიტყუეს ამ სანახაობაზე, რათა დაეფარათ თავიანთი ავკაცობა. მიდიოდა მედეა და უახლოვდებოდა ოლიმპიონიკებს. უცებ ვიღაც ბავშვმა იყვირა:

– ჯადოქარი მოდის!

და ოქროს დანა და გამარჯვებულისთვის განკუთვნილი გვირგვინი მიწაზე დააგდო და ბრბოში შეიმალა.

გაუკვირდა მედეას, – საიდან გაჩნდა ეს ბავშვი აქ, ან რა უნდოდა და რატომ ყვიროდა. რამ შეაშინა იგი. მე ხომ მისთვის არაფერი დამიშავებიაო.

მოიხედა უკან და შეხედა, რომ სუდარა გადაფრიალე-

---

56. **სიმპოსიონი** - პატარა სუფრა, სადაც ილხენს ორი-სამი ადამიანი. მოგვიანებით ამ სიტყვის მნიშვნელობამ და თვით სიტყვის ფორმამ გარკვეული სახეცვლილება განიცადა და სადღეისოდ მივიღეთ სიტყვა „სიმპოზიუმი“, რაც სამეცნიერო საკითხზე საერთაშორისო თათბირს, წვეულებას ნიშნავს.

ბულიყო ცხედართა სახეებიდან. ახლა მიხვდა, რამაც შეაშინა ბავშვი. იქვე მიწაზე დაგდებული ოქროს დანა და ზეთისხილის რტოებისაგან შეკრული გვირგვინი დაინახა.

ალბათ, ამ ბავშვს უნდა გადაეცა გამარჯვებულისთვის ეს ჯილდოო. ჰოდა, რადგან მან თქვა უარი, მე არ ვიტყვი ამაზე უარსო.

აიღო დანა და გვირგვინი, შვილებს დაადო გულზე, ერთს – ერთი, მეორეს – მეორე და განაგრძო ნელი და მტკიცე ნაბიჯით სვლა გამარჯვებულისკენ.

ახლა კი იგრძნო მედეამ, რომ ყველას მზერა მისკენ იყო მიპყრობილი და ათასეულთა ფიქრი ერთ საფიქრალში თავმოყრილიყო, –

რას იზამს გრძნეული ქალი, ალბათ, იყვირებს, მივარდება იაზონთან და ღალატის სამაგიეროს მიუზღავს ქალური აურზაურით, მაგრამ ეს ბავშვები ვინ დაუხოცა ამ საბრალოსო, – შეეცოდა ზოგიერთს მედეა.

იქნებ ბავშვების მკვლელის ვინაობის გაგება უნდაო, – ამასაც ამბობდნენ.

აქა-იქ იმასაც ჩურჩულებდნენ, რომ „ქალაქის მამებმა" მოგვატყუეს, ასე გვითხრეს, გრძნეული ქალი თავის შვილებთან ერთად შემთხვევით სახლში გამოიწვაო, ზევსმა მეხი ესროლა სახლსო და დაწვაო.

სხვა ჯგუფში ესეც თქვეს, – მედეა ქალაქიდან გაიქცა და სახლი თვითონ გადაწვაო, ჰერამ კი ამ ბოროტებისთვის მგლები შეუსია და შვილები დაუგლიჯაო, ასე გვითხრეს „ქალაქის მამებმაო", დაასკვნეს ბოლოს.

მაშ, რატომ მობრუნდაო? – იკითხეს გვერდით მდგომებმა.

არ ვიციო, – თქვა ამ ხმის გამავრცელებელმა, – ალბათ, ქურუმებსა და „ქალაქის მამებს" უნდა მოუბოდიშოს, შვილების გაცოცხლება რომ შესთხოვონ ძლიერებმა ჰერას.

მედეას კი არ შეუძლია შვილების გაცოცხლების შეთხოვა დიდი ქალღმერთისთვის? – ჰკითხეს ისევ.

ალბათ, არა, რადგან ჯერა არ შეისმენს ჯადოქრების თხოვნასო.

კიდევ სხვაგან ამასაც ამბობდნენ, – დიდმა ქურუმმა მითხრა, მედეა სახლში ყოფილა შვილებთან ერთადო. ამ დროს მასთან მისულა მისი ყველა შეცოდება და უწამებიათ თურმე ქალი. ადგილი რომ არ დარჩენილა, ცოდვები შვილებზე გადასულა და ამ წამება-წამებაში მოუკლავს ბავშვებიო. მერე ამით გამწარებულმა ქალმა სახლს ცეცხლი წაუკიდა და ცოდვებისგან ქალაქის ბნელ კუთხეებში იმალებოდა, უცოდველად რომ დარჩენილიყოო. მაინც მიუგნია ცოდვებს მისთვის და ახლა ჩვენ გამოგვეცხადა ცოდვებისგან თავდასახსნელადო.

ჩვენ ამ დღეების განმავლობაში მედეა არსად გვინახავსო, – შეეპასუხნენ გვერდით მდგომები, – არც ბნელ კუთხეებში და არც ნათელშიო. ყველა დავდიოდით ქალაქში, მაგრამ ასეთი რამ არ გვინახავსო.

რა ვიციო, – უპასუხა მათ ხმის დამგდებმა, – დიდმა ქურუმმა ასე მითხრა და ხომ არ მოიტყუებდაო.

ერთმა კაცმა გვერდით მდგომს ჩუმად უამბო:

– იმ ღამით სახლში ვბრუნდებოდი და ადრეულად დაბინდდა. იწვიმაო, იელვაო და ამ ელვა-ჭექაში დავინახე, თეთრი ცხენი რომ მორბოდა, არ მესმოდა ფლოქვების ხმა. შემეშინდა და მხედარს შევხედე. მედეა იყო დასისხლიანებული, ერთი ბავშვი მკერდზე მიეკრა, მეორე კი ზურგზე. ერთი ხელით ბავშვი ეჭირა და მეორე ხელი ფაფარში ჰქონდა ჩავლებულიო. ისევ იელვა და მე და მედეამ თვალებში ჩავხედეთ ერთმანეთს. ნამტირალევი იყო. შემეშინდა და კიდეც შემებრალა. რაც მოვიფიქრე, ის იყო, რომ „ქალაქის მამებთან“ გავიქეცი და ნანახი ვუამბე. არ დამიჯერეს. მერე ესეც წამომცდა, სასოწარკვეთილებისას, ალბათ, საკუთარი შვილები დახოცაო. გულღვარძლიანად გაეღიმათ „ქალაქის მამებს“ და მითხრეს, კარგი აზრი მოგვაწოდეო. ამ სიცილზე მივხვდი, რომ ბავშვების მკვლელებს ველაპარაკე-

ბოდი. ისინიც ჩასწვდნენ, რომ მე მივხვდი ყველაფერს და ჩემი მოკვლაც გადაწყვიტეს. ორი მსახური გამომაყოლეს, სახლამდე მიგაცილებთო. უფრო მეტად შემეშინდა და ვცდილობდი ხელიდან დავსხლტენოდი მკვლელებს. ამ ფიქრში ვიყავი, როცა უკნიდან ერთმა გამცილებელმა ქვა ჩამარტყა თავში და გონება დავკარგე. გონს რომ მოვეგე, მკვდარი მეგონა თავი, მაგრამ ჩემი მკვლელების ლაპარაკი რომ შემომესმა, მივხვდი, ცოცხალი ვიყავი, მაგრამ თავი მოვიმკვდარუნე, რადგან ისინი თავს არ დამანებებდნენ, ვიდრე არ მომკლავდნენ. როცა წავიდნენ და დავრწმუნდი, საფრთხე აღარ მემუქრებოდა, ავდექი და შევხედე, რომ მკვდართა ხეობაში ვიყავი. მის მერე ასე ვიმალები, მაგრამ დღეს უბრალოდ ხალხის დანახვა მომინდა და მიტომ მოვედი ამ სანახაობაზე. რომ იცოდნენ, აქა ვარ, მომკლავენ. გულწრფელად მრცხვენია მედეასი და გული მტკივა მკვდარ ბავშვებზეო.

ატირდა ეს კაცი, მაგრამ არავინ ირწმუნა მისი ნათქვამი. ხალხს ტყუილისა და ჭორის მოსმენა უფრო სიამოვნებს, ვიდრე სიმართლისა.

– რას ამბობო, – გაუწყრა მისი ნათქვამის მომსმენი, – „ქალაქის მამები“ როგორ იკადრებდნენ ტყუილის თქმას და მითუმეტეს ბავშვების მოკვლასო!

– ცხადიაო, – ჩაერთო საუბარში კიდევ ვიღაც, – „ქალაქის მამებმა“ იმდენი ჭორი დააგდეს ქალაქში მედეასა და მისი შვილების სიკვდილზე, რომ აღარ ვიცით, რომელს ვერწმუნოთო. ამ კაცმა კი ყველაფერი თავისი თვალით ნახაო, თუ ესეც არ გვატყუებსო.

– ერთი კი აშკარააო, – დაასკვნეს ბოლოს, – მედეა ცოცხალია, ბავშვები კი დახოცილებიო. გულწრფელად გვებრალება ეს ქალიო. მის ადგილას ყველამ საკუთარი თავი წარმოვიდგინოთ და მერე ვთქვათ, ვინ ცრუობს და ვინ არაო.

აქა-იქ ქალების ქვითინი გაისმა, ბავშვები შეებრალათ ელადელ დედებს, და მიტომ. იქნებ თვით მედეაც შეებრა-

ლათ, მაგრამ ამას შიშით ვერ აცხადებდნენ, ან ვერც აცნობიერებდნენ. კაცებიც აცრემლდნენ ამ სანახაობით გულმოკლულები.

მეთაურმა ნიშანი მისცა გოპლიტებს საბრძოლო მზადყოფნისათვის, იმათმაც ჰოროლები და ხრმლები მოიმარჯვეს, ყველამ ამოიღო მიზანში მედეა. ერთი ბრძანებაღა იყო დარჩენილი, რომ ყველაფერი დასრულებულიყო, მაგრამ არ დამთავრდებოდა დაძაბულობა. საბრძოლო მზადყოფნაში მდგარი გოპლიტები რომ დაინახა ხალხმა, ყიჟინა დასძახა ერთხმად. ხალხმა დაიცვა მედეა. მედეამაც იგრძნო ეს თანაგრძნობა. არ ცხრებოდა ხალხი, სანამ მეომრებმა შუბები და ლახვრები არ დაუშვეს. მედეას ცრემლი მოეძალა და შეუყვარდა ხალხი, შერცხვა კიდეც შურისძიებით რომ მოვიდა მათზე. ახლა სხვა რამ გადაწყვიტა მან. როგორც არასდროს, ისეთი მტკიცე იყო მისი ნაბიჯები.ახსენდებოდა საირხეს შეგონებანი და ხელის გულებზე ნამკითხავები. მიხვდა, საირხეც მართალი იყო და თვითონაც სწორად ამოიკითხა ხელებზე დასმული ხაზები, კარგად მასწავლა მამიდამ მკითხაობაო.

მიდიოდა და აღარ სციოდა, რადგან ათასობით ადამიანის თანაგრძნობით მხურვალე გულებმა გაათბო მარტოსული. მან საკუთარ სხეულში შეიგრძნო კირისა და კაჟის მოჭარბება და მათი ერთმანეთში შერწყმა. იგი თავისი სიმტკიცით ცოტაც და ქვის სვეტად გადაიქცეოდა, როგორც ამ ქალაქის ძეგლები, ვეღარ დაძლევდა შვილების დარდი ქვას, ვერც მტრის მუხანათობა ჩამოაქცევდა ამ უძლეველობას ქვისას, იგი კლდის შვილი იყო, და მიტომ. მასში რკინის ძალა გაღვივა, მის სხეულში რკინისებურმა ძალამ ვერ გაუძლო ესოდენ მხურვალებას და ქვიურმა სიმძლავრემ შეისრუტა რვალი და ცეცხლოვან ვნებაში გამომწვარი ქვა შეირკინა, ამიტომ მედეასთან შერკინებას აზრი არ ჰქონდა. ძლიერი განცდების გამო ახალგაზრდა ქალის სხეული გარდაისახა მთლიანი ომის ერთიან ორგანიზმად. ერ-

თი ხელის გაწვდენაზე დაინახა მოჯირითეები, რომლებიც დაჟინებით მას შესცქეროდნენ. მედეამ ბავშვების გულებიდან აიღო გამარჯვებულისათვის გადასაცემი ჯილდო-გვირგვინი და დანა, მაღლა ასწია და დაანახა ყველას, რომ იგი მხოლოდ გამარჯვებულთან მიდიოდა და სხვასთან არანაირი საქმე არ ჰქონდა.

„ქალაქის მამებმა“ განკარგულება გასცეს, რათა ყველა დაფდაფზე მთელი ძალით დაეკრათ საბრძოლო მწყობრის განუწყვეტელი რიტმული ჰანგი, რათა ხალხი და მედეა ერთმანეთს მოწყვეტოდა. ხალხს შეეშინდა, ძარღვებში სისხლი გაუცივდათ, შეწყვიტეს შეძახილები და მოთქმა-ტირილი.

ხალხს შეეშინდა ამ მონოტონური ხმაურის,
ეს ხმაურზე მეტი იყო ზოგისთვის
და ეს „მეტი“ – განგაში იყო.
განგაშმიცემულები,
ფერწასულები და
დადუმებულები უყურებდნენ ამ სანახაობას, დაფდაფების ხმა რომ ახშობდა მედეასა და წარჩინებულების ორთაბრძოლის ნებისმიერ წვრილმანს. ხალხი უყურებდა და არ ესმოდა არაფერი.

მედეას ეს ხმა სიმხნევეს აძლევდა,
იგი არ უშინდებოდა მსგავს ხმას,
ხმაური იყო ეს მისთვის, და მიტომ.
ესეც იმიტომ, რომ კოლხეთის მეფის ასული იყო და
ამ ხმაურში გაატარა ბავშვობა.

მედეა ამ წუთში არარაისის უფსკრულში ხტებოდა, რომლის სიღრმეში ცეცხლი ნთქავდა შეგნებას. იგი ამ ხმებში უფრო მეტი და უფრო გულადი ჩანდა, ვიდრე ეს ეგონა. რაღაცნაირი სიხარულის აღმაფრენა დაეუფლა და თავი წამით საკუთარ სამყაროში იგრძნო. ბრძოლის წინ, ეტყობა, ყველა ჯურის დაფდაფი ერთნაირ ხმას გამოსცემს, რადგან ბრძოლა ყველგან, ყველას მამულში ერთნაირია – სამკვდრო-სა-

სიცოცხლო და არა გასართობ-სათამაშო.

ყურთასმენას ავსებდა ეს ხმაური და ახსენდებოდა ამის შესახებ მამის შეგონება –

„რაც არ გვკლავს, ის გვაწრთობსო“.

ჰოდა, გამოიწრთო მედეაც.

ეს არ იცოდნენ მისმა მტრებმა,

უკეთეს შემთხვევაში – დაავიწყდათ,

და დაავიწყდათ ისიც, მათი მტერი და მეტოქე მეფის ჯიშისა და მოდგმისა რომ იყო,

და საგანგებოდ რომ ზრდიდნენ მეფეები თავიანთ შვილებს საომრად.

ესეც ომი იყო, იქნებ უფრო სასტიკი და სისხლისმღვრელი, ვიდრე ათასეულთა ლაშქართა შეტაკებანი, რადგან ეს ომი პირდაპირ მიმართული იყო ადამიანთა შეგნებაზე და შემეცნებაზე, რომელიც შემდგომში აზვავდებოდა დაუძლეველ ტალღად.

ელადელები არ ფლობდნენ ადამიანთა გონების შინაგანი მამოძრავებელი ენერგიის სრული დამორჩილებისა და განკარგვის კანონზომიერებებს. მათ არ იცოდნენ, რომ ადამიანებს არ უნდა ეფიქრათ, ისინი მთლიანად უნდა მინდობოდნენ „ქალაქის მამებს“ იმ იმედით, რომ „ქალაქის მამები“ იფიქრებდნენ მათ ნაცვლად. ამისათვის ხალხს თავები უნდა დაეცარიელებინათ ფიქრებისაგან. სხვები და დანარჩენები რას იფიქრებდნენ, ბრბოს საზრუნავი არ უნდა ყოფილიყო, იქამდე, ხელმიუწვდომელიც საკრალურობამდე, რათა მასის ძალა ერთიან ძალად გადაქცეულიყო და არა აზროვნებად. სწორედ აზროვნება იყო ის დაბრკოლება, რამაც იხსნა მედეა განადგურებისაგან და შევიდა მტრის დაღებულ ხახაში იმ რწმენით, რომ ეს ხახა მისი იქ ყოფნის დროს არ დაიხურებოდა. ხალხმა გადაწყვიტა ამ ომის ბედი და ბედისწერა იმიტომ, რომ ხალხი აზროვნებდა. ამის გამო დასცეს დაფდაფებს და ხალხსაც გაეფანტა აზროვნება. მაგრამ ხახას ველარ დახურავდნენ ასე იოლად, ვინაიდან

სწორედ იმისთვის იდგა უკვე ბრბო, რომ ასე არ მომხდარიყო და მედეა უვნებელი წასულიყო ამ ქალაქიდან.

მედეამ ჩუმად ჩაიბუტბუტა თავისი ლოცვა, რომელსაც ყოველი განსაცდელის წინ ამბობდა:

– ქალური საწყისის დიდო ძალავ და ძლიერებავ, შენ ჩემში შემოდი თვით დედამიწის გულიდან. ბადესავით შეგისრუტავს შენ ჩემი ფეხები. შენ ამოდი ჩემს გულთან და მის გვერდით ჩემს მკერდში ზურმუხტად აენთე. და მე ვიგრძნობ, როგორ გადაედება შენი მაცოცხლებელი სხივები მთელს ჩემს სხეულს. მაგრამ გულს დიდი შერწყმა სწყურია. ამიტომ ასტრალეთის გულიდან მე ვუხმობ მამაკაცურ საწყისის დიად ძალას და ძლიერებას, რათა დათრგუნოს ჩემში ყოველნაირი სისუსტე.

ამ ლოცვის დამთავრების შემდეგ მედეამ შეამჩნია, რომ უკვე ჰერაკლეს წინაშე იდგა. მას მხარს უმშვენებდა განუყრელი მეგობარი იფიტე და სხვა ოლიმპიონიკები. ამფითეატრში კი არგონავტები ისხდნენ –

ორფევსიც და ოილევსიც,
ასტერიონიც და ექიონიც,
პოლიფემეც და პოლიდევკეც,
ნავპლიოსიც და არეიოსიც,
ამფიდამანტიც და ევრიდამანტიც,
ერობოტეც და ბუტეც,
ევრიტიონიც და ამფიონიც,
ანკეოსიც და ანკეორიც.

მათი მეთაურიც იყო – იაზონი, რომელსაც გეტერები შემოხვეოდნენ და ელამუნებოდნენ.

ასევე „ქალაქის მამები" და წარჩინებულები ისხდნენ და გასცქეროდნენ ჯირითს. ზოგ წარჩინებულს ლამაზი ბიჭუნა ეჯდა კალთაში და შიშველ ფეხებზე ეალერსებოდა, ზოგი გეტერებს ამჯობინებდა. ყველა სვამდა და მხიარულობდა, ვიდრე მედეა არ დაინახეს, ზოგი გადათვრა კიდეც და თავიც არ ჰქონდა მარულასთვის ედევნებინა თვალ-ყური, უბ-

რალოდ თანამოსაუბრესთან განყენებულ საკითხებზე საუბრობდა, უფრო სწორად, ფილოსოფოსობდა. ამით იგი სხვებს არ უშლიდა ხელს, რაც უნდოდათ ის ეკეთებინათ. ვინც არ სვამდა, გეტერებს ეალერსებოდა, ან ბიჭუნებს, მშობლებმა რომ საგანგებოდ გადასცეს თავიანთი შვილები, რათა ამ ალერსით და იმის იქით, კიდევ რით... გამოეწრთოთ ყმაწვილები და მამაკაცური ძლიერება ამ გზითაც გადაეცათ.

გეტერებიც მხიარულობდნენ, ბიჭუნებს კი რცხვენოდათ, ახურვებული კაცები რომ არ ანებებდნენ თავს და საქვეყნოდ აწვალებდნენ. ისინი მორცხვად ემორჩილებოდნენ კაცებს. ზოგჯერ ბავშვობადაუსრულებლებს ტირილიც უნდოდათ, მაგრამ ამ ტირილის დასაოკებლად იყვნენ მიბარებულები ამ კაცებთან, ლამაზი ბიჭუნები იყვნენ, და მიტომ. ვისაც არც ქალი ჰყავდა მიყვანილი და არც ვაჟი, ხარბად და შურით უყურებდა ამ ბიჭებს, ეს ბიჭებიც გრძნობდნენ ამ მზერას და მითუმეტეს მაშინ, როცა ძია კაცები ხელებს უფათურებდნენ და კოცნიდნენ.

ერთი სიტყვით, წარჩინებულთაგან ცოტა ვინმე თუ გულშემატკივრობდა შეჯიბრს. ბუტე სიცილიიდან მოიწვიეს – დიდი ხნის უნახავი და ზღვაში ჩაკარგული მეგობარი, ერთი ანკეოსთაგანი ღვინოს მიირთმევდა და მონას უბრძანა თავისი დაწურული ღვინო მიერთმია. ისიც წავიდა ბრძანების შესასრულებლად. გაეღიმა ანკეოსს, შეცდა ჩემი მისანიო, შენი გაშენებული ვენახისგან ღვინის დალევას ვერ ეღირსებიო. ამასობაში მონამ ღვინით სავსე კანფარი[57] მიართვა. გამარჯვებულის იერით გადახედა ირგვლივ ყველას.

– მე ბედისწერას ვძლიეო, – დასძახა თავზე მეგობრებს, – იგი ჩემს ტუჩებთან დამთავრდებაო, ტუჩებამდე კი რა დიდი მანძილიაო!..

ამასობაში მან მედეაც დაინახა, მკვდარი ბავშვებიც, მაგრამ ყურადღება არ მიუქცევია მათთვის. ტუჩებთან მი-

---

57. **კანფარი** - დასალევად განკუთვნილი თასის ფორმის დიდი ჭურჭელი მაღლა აწეული სახელურებით, უპირატესად მაღალ სადგამზე.

იტანა კანფარი და, ის იყო, უნდა დაელია, მეორე მონა მივიდა მასთან და ყურში რაღაც ჩასჩურჩულა. ანკეოსმა ფიალა ცივად დადო მის წინ გაშლილ მაგიდაზე და მეგობრებს უთხრა:

– ჯერ არავინ დალიოს ეს ჩემი ღვინო, გარეულ ტახზე მივდივარ სანადიროდ და რომ დავბრუნდები, მაშინ შევსვამო.

გაეცინათ არგონავტებს:

– დალიე და მერე წადიო.

– არაო, – უპასუხა ანკეოსმა, – ტახი გამექცევა და სხვა გმირების ულუფა გახდებაო, მე კიდევ არაფერი დამრჩებაო.

– კარგი, კარგიო, – მიაძახეს უკვე სხვა საფიქრალითა და სანახაობით მონუსხულმა არგონავტებმა, – როგორც გსურს, ისე ჰქენიო.

„ქალაქის მამებს“ უხაროდათ საპატიო სტუმრების წვევა ქალაქში. ასევე მოეწვიათ სხვა სამეფოს კაცი, რომელიც თავის კურტიზანთან ერთად ჩამოვიდა და არგონავტებისაგან განსხვავებით თავშეკავებულად იქცეოდა. „ქალაქის მამებთან“ იმართლა თავი:

– კურტიზანები ჩვენი სხეულების მოსათაფლად გვჭირდება, გეტერები – ვნებათა დასაოკებლად და სიამოვნებისთვის, ხოლო ცოლები – კანონიერი შვილები რომ გაგვიჩინონ, იმისთვისო.

მოელაქუცნენ „ქალაქის მამები“ სხვა სამეფოს კაცსა და მის რჩეულს, მათთვის საგანგებო სიმპოსიონი გააწყვეს ლოჯაში. სხვა სამეფოს კაცი არ სვამდა ღვინოს, კურტიზანი კი ცოტ-ცოტას წრუპავდა მისთვის განკუთვნილი ფიალიდან.

მედეას გამოჩენამ გააკვირვა „ქალაქის მამები“, ერთმანეთს გადახედეს და შემდეგ შეაცქერდნენ სხვა სამეფოს კაცს, რას გვეტყვისო, ხმა არავის ამოუღია, ისე. შეზარხოშებულმა არგონავტებმაც იცნეს მედეა და ვიდრე გარკვევით დაინახავდნენ მის ტვირთს, რაღაც სამხიარულო გადა-

ულაპარაკეს ერთმანეთს და იაზონს შეხედეს ჩაქირქილებით. ისიც შემპარავი ღიმილით პასუხობდა მეგობრების მზერას, მაგრამ ყველა ერთბაშად მოიწყსხა, როცა დახოცილი ბავშვები დაინახეს მარხილში. არც ერთმა არგონავტმა არ იცოდა, რა მოხდა. ყველას ეცვალა ნირი.

აღარ იღიმოდნენ,

აღარ უყურებდნენ იაზონს,

აღარ სვამდნენ ღვინოს,

აღარ აქცევდნენ ყურადღებას გეტერებს.

გეტერებიც გაოგნებული შესცქეროდნენ მარხილს. დაფდაფების ხმა გაძლიერდა მედეას მოახლოვებასთან ერთად. ის მიბარებული ბიჭუნებიც გაკვირვებულები უყურებდნენ ყველაფერს, ახლა შედიოდნენ ისინი ცხოვრებაში და ასეთი რამ ვერ წარმოედგინათ. თავიანთ თავს იმ მოკლულ ბავშვებს ადარებდნენ და გრძნობდნენ ქვეშეცნეულად, რამდენად შეურყვნელად მოკვდნენ მედეას შვილები. იქნებ მათი ბედი შეშურდათ კიდეც, რადგან გათენდებოდა დილა, გადაიწმინდებოდა გონება ამ სანახაობისაგან და ახალი დილა ახალ წვრთნებსა და ღამისეულ წვალებებს მოიტანდა და ეს გაგრძელდებოდა მანამ, სანამდის პატრონი არ ჩათვლიდა თავიანთ შვილებს ღირსეულ ელადელებად, იმ კაცების სადარ გმირებად.

სრული გაურკვევლობა სუფევდა ამფითეატრში. არავინ იცოდა, რას მოიმოქმედებდა დამწუხრებული იაზონი, როგორ აუბამდნენ მხარს მეგობრები. „ქალაქის მამები“ გრძნობდნენ თავს დატეხილ უბედურებას. ვეღარ ბედავდნენ ერთმანეთისთვის რაიმე ენიშნებინათ, ამით თავს გამოიაშკარავებდნენ, და მიტომ. არც ის იცოდნენ, ამ ველზე მოყრილი ხალხი როგორ ჩაერთვებოდა ამ უცნაურ ომში. ვერ წარმოედგინათ, მედეა თუ დაბრუნდებოდა ქალაქში და მაინც ამ დღეს, ამ სადღესასწაულო წვეულებაზე უამრავი ხალხის თვალწინ. ინანეს კიდეც, რატომ ვერ მოკლეს მედეაც, გაახსენდათ როგორმა შეცბუნებულებმა დატო-

ვეს სადგომი.

აი, შურისძიებაც ასეთი უნდაო!

ხალხი ხალხია, მაგრამ არგონავტები რომ აგვიმხედრდნენ, ეს ხალხი მათ მიემხრობა.

მაგრამ ვის უნდა აუმხედრდნენ და რატომ?

იმედი მიეცათ...

მედეასთან ჩვენ არ ვყოფილვართ, ამიტომ ჩვენ ვერაფერს დაგვაბრალებს. ხოლო ვინც მივიდა, იმათ კიდევ ვერ ამოიცნობს.

ამდენად ჩვენ ვერ დაგვადებს აშკარად ხელს.

ერთმა კაცმა რომ დაინახა, ასე თქვა გრძნეულმა ქალმა თავისი შვილები მოკლაო.

იმ კაცს დავიმოწმებთ.

ვერც იმ კაცს ნახავენ, გზასაა გაყენებული, და მიტომ.

ყველაფერი ჩვენს სასარგებლოდაა, ამიტომ გონივრულად უნდა წარვმართოთ ამ ჯადოქრის არასასურველი სტუმრობა.

ჩვენ ბავშვების დახოცვა როდი გვინდოდა, პირიქით, ისინი უნდა გადაგვერჩინა თავნება დედისგან.

მაშინ როგორ მოხდა, რომ დედა გადარჩა და შვილები დაიღუპნენ?

ეს შეიძლება უხეირო შეთქმულებას მივაწეროთ.

ან იქნებ, სულაც ჩვენვე დავსაჯოთ მედეას დამწიოკებლები და ამით იაზონის რისხვა ავიცილოთ.

მას ხომ არგონავტები უმშვენებენ მხარს.

ამიტომ არავის არ უნდა მივცეთ იმისი გაფიქრების საშუალება, რომ ჩვენი ბრძანებით დახოცეს ბავშვები,

თუ რაიმე გაუთვალისწინებელი არ მოხდა.

ამას ფიქრობდნენ „ქალაქის მამები" და თვალებით ამას ელაპარაკებოდნენ ერთმანეთს. გეგმავდნენ, თავი როგორ არ უნდა გამოეაშკარავებინათ და ხელი არავის დაედო მათთვის. როცა ამ ფიქრებში იყვნენ გართულნი, მედეა ჰერაკლეს წინ იდგა,

ჯირითში გამარჯვებული ჰერაკლეს წინ,

იმ ჰერაკლესი, არგონავტებს რომ ჩამორჩა კოლხეთისკენ მიმავალი,

იმ ჰერაკლესი, რომელმაც მრავალი საგმირო და სამარცხვინო საქმე ჩაიდინა.

იდგა მედეა და თვალს არ ახამხამებდა და თვალებში უყურებდა ჰერაკლეს, დაჟინებით, ისე, რომ ჰერაკლემ ვერ გაუძლო ამ მზერის რისხვას. თვალი მოაცილა, მაგრამ გრძნობდა ამ ჩაციებულ მზერას. თვალებით უნდოდა გაქცეოდა ამ მრისხანე თვალებს, მაგრამ რაღაც იდუმალი ძალა მაინც იპყრობდა ჰერაკლეს თვალსაწიერს. ამიტომ სათქმელს ეძებდა და ვერც სათქმელს პოულობდა, თუ რა უნდა ეთქვა მედეასთვის, როგორი დამოკიდებულება გამოეხატა მისდამი. სავსებით დაიბნა – გაბრაზებულიყო? როგორც გაბრაზებულა ოდით და შუაზე გაეგლიჯა მგლოვიარე გრძნეული, თუ თანაგრძნობა გამოეთქვა მისთვის.

უცებ მოიფიქრა:

რასაც სხვა გააკეთებდა,

ისიც მიბაძავდა იმ სხვას.

ის კი არ იცოდა,

რომ ის სხვა მას შეჰყურებდა,

იმ სხვამაც არ იცოდა რა ექნა,

იმ სხვას ჰერაკლეს იმედი ჰქონდა,

რადგან ჰერაკლე პირველი მიეგება ჯადოქარს,

ძლიერი იყო და თან შეჯიბრში გამარჯვებული.

ჩვეულებრივზე მეტ ხანს გაგრძელდა დუმილი.

კარგა ხანია დაფდაფებმა შეწყვიტეს ხმაური, ახლა უკვე დუმილი ხმაურობდა მხოლოდ,

ისე ხმაურობდა, რომ აუტანელი შეიქნა.

ყველა შეაწუხა დუმილმა, არავინ დატოვა გულგრილი, ისე თუ ვინმეს არ აწუხებდა მედეასა და მისი შვილების ბედი, დუმილმა შეაწუხა მხოლოდ.

ყველა დაბნეული იყო, მედეას გარდა. არავინ გადმოსულა

ამფითეატრიდან, რათა მედეას მწუხარება გაეზიარებინა.

იაზონმა ვითომ ვერ შეამჩნია მოსულები, განზე იწყო ყურება, რათა არ შეეხედა საზარელი სურათისათვის. ყველა ამჩნევდა იაზონის ნაძალადევ სიმშვიდეს. თავისი სიმწრის დასაფარად და მამობრივი გრძნობების ჩასაკლავად ღვინოს მიეძალა. სახე აელეწა, თვალები ჩაუსისხლიანდა. ცრემლებს არ აძლევდა გზას, რათა ამით მაინც გამოეხატა ცოლისა და ბავშვების წინაშე თავისი პასუხისმგებლობა. ახლა აღარც ცოლი ჰყავდა და აღარც შვილები, ამიტომ აღარც საგლოვი დაიტოვა რაიმე. ზედიზედ დაცალა ოინოჰოია – ლამაზად მოჩუქურთმებული და მოხატული ღვინის ჩამოსასხმელი თიხის ჭურჭელი. იმდენი დალია, რომ ღვინო აღარ ეტეოდა, არადა თრობა საერთოდ არ მიკარებია, სვამდა და ღვარღვარად ჩამოსდიოდა ღვინო ტუჩებზე და მთლიანად დასველებოდა ნიკაპი და კისერი, დაესვარა ქიტონიც ღვინისფრად, ღვინოს კი სხვადასხვა ფერისას სვამდა.

არაფერს ამბობდა იაზონი. ყველა არგონავტი მას უყურებდა და მიხვდნენ, ასე უზომა-წონოდ რატომ სვამდა. განგებას და დიონისს კი სურდა, რომ იაზონი ამ დღეს ფხიზელი ყოფილიყო, თუ ოდესმე ფხიზელი ყოფილა, იმაზე მეტად. არ შეუხედავს მამას დაგლეჯილი შვილებისთვის, მეტისმეტად მტკივნეული სანახაობა იყო, და მიტომ. აუტანელმა დუმილმა შეაწუხა და მოჩვენებითი მხიარულებით თვითონ ახმაურდა მხოლოდ. ყველამ თანაგრძნობით გააყოლა თვალი მედეას გარდა. ერთმა მედეამ ზედაც არ შეხედა თავის ქურდ-ბაცაცა ნაქმრევს და ესიამოვნა, ასეთი ნაკაცარი რომ მისი ნაქმრევი იყო, და აღარ ქმარი.

ეზიზღებოდა მედეას იაზონი,

იაზონს კი ეშინოდა მედეასი...

და ეშინოდა იმისი უპირველესად – სინდისის ქენჯნა რომ გაიღვიძებდა მასში

მედეას გამოც,

აიეტის გამოც,

აფსირტეს გამოც,
შვილების გამოც...
ალბათ, მთელ თავის ცხოვრებას ჩაატევდა ამ სინდისის ქენჯნაში და აღარ დარჩებოდა მისთვის აღარაფერი წმიდა და სათუთი, რომელსაც არ შეეხებოდა სულის ეს მწვალებელი გრძნობა. ოინოპოია დაამსხვრია, ახლა რიტონი მოითხოვა – ხარის თავიანი თასი, რომლის ნესტოებიდანაც გადმოედინებოდა ღვინო. იქნებ ამით დავთვრეო.
მოუტანეს,
დაუსხეს,
დალია –
ერთი,
ორი,
სამი...
არ ეღირსა დათრობა ამ დამთხვეულ დღეს. რაღა ექნა არ იცოდა. დუმილი კი გრძელდებოდა, რომელსაც თავად არღვევდა უადგილო ხმაურით. ამას ხვდებოდა და თავსაც უხერხულად გრძნობდა ამისთვის.
გაქცეოდა სინამდვილეს?
დარჩენილიყო საკუთარი თავის სატანჯველად?
მისულიყო მედეასთან და მასთან ერთად გაენაწილებინა მწუხარება?
ბოლოს და ბოლოს, იგი ხომ ამ დახოცილი ბავშვების მამა იყო და ავალდებულებდა მამობა, სისხლი სისხლის წილ ეღვარა. მაგრამ უცნაური გადაწყვეტილება მიიღო იაზონმა – არათუ მამამ, ან ქმარმა, არამედ იმ ქურდ-ბაცაცა არგონავტმა, ყველა რომ ელოდა მისგან გმირობას... და გმირობაც მოხდა –
გაექცა სინამდვილეს,
რათა არასოდეს შეხვედროდა ადამიანებს,
რომლებსაც იცნობდა,
რომლებიც პატივს მიაგებდნენ მას,
როგორც დიად თავგადასავალთა გმირ მესაჭეს,

გაექცა იმ დაუძლეველ გრძნობას,

მამობა რომ ერქვა სახელად, და ამიტომ გულში ხინჯად გასჩროდა მკვდარი ბავშვების ტკივილი, ამ ტკივილს გაექცა, უსაზღვრო სიყვარული რომ ერქვა სახელად და არ სურდა ამაში მაინც გამოტყდომოდა საკუთარ თავს.

იგი გაექცა ყველაფერს, რაც მის თვალწინ ხდებოდა. ისე გაიქცა, რომ თვალიც ვერ წაატანა ვერავინ. ყველაზე მეტად ამ ნაბიჯს უფრთხოდა იაზონი

და მაინც ასე გაიქცა.

გაექცა საკუთარ თავსაც,

რათა საკუთარი თავის მიღმა მარტო დარჩენილიყო. მან ამჯობინა სიცარიელე, ვიდრე – დარჩენილიყო თავის შვილებთან და თავის ცოლთან ისეთი მართალი, როგორიც სინამდვილეში არ ყოფილა არასდროს.

XXII
შიში, სირცხვილი და სიგიჟე

ოლიმპიონიკებიდან არავინ მისულა ახლოს, შორიდან ადევნებდნენ თვალს მედეასა და ჰერაკლეს შეხვედრას, ასევე შიშითა და ოდნავი სიბრალულით თვალს აპარებდნენ ცხედრებისკენ და არც მათ იცოდნენ, რა ეღონათ. წამიერ გაელვებაში მათ გონებას ზიზღიც გადაუფრენდა, ასერიგად რომ ჩაამწარეს ეს დღესასწაული.

ერთადერთი, ვინც მედეასთან ერთად იჭირისუფლა ბავშვები, თეთრონი იყო. ისიც რისხვად იდგა ყველას წინაშე, რადგან ცხენისთვის ყველა ეს ადამიანი ერთსახოვნება იყო. მისთვის მხოლოდ მედეა იყო მთელი სამყარო, სხვა დანარჩენი კი – სრული გაუცხოება, ცხენი იყო, და მიტომ.

არ ფრუტუნებდა, არც ზედმეტ მოძრაობას აკეთებდა,

იდგა თანასწორი თავისი პატრონის,

ღირსეული თანაარსება მედეასი,
თანაარსება და არა ცხოველი,
თანაარსება, რადგან მედეასაც წაუშალეს ადამიანობა და
არაადამიან არსებად ქცეულიყო.

სხვა ცხენები კი ზოგი სად, ზოგიც სად გასულიყვნენ განზე. დუმილს ისევ თავის მარწუხებში მოექცია ადამიანთა სულიერი მღელვარება. წახდა სადღესასწაულო განწყობილება. ერთი იყო:

მხოლოდ მზე აფენდა სიცოცხლეს იქაურობას, სიცოცხლე კი – ყველაფრით სადღაც, შორს, იქაურობიდან მოცილებით სუფევდა. ღრუბელთაგან გადაწმენდილი ცა ასარკებდა ცისქვეშეთის უცნაურ მდუმარებას და აორთქლებდა ამ მდუმარების სევდიან სიმძიმეს. მხოლოდ ცას არავინ შეჰყურებდა, გონება რომ გადაწმენდილიყო.

ეს იყო –

მედეა ჰერაკლეს თვალს არ აშორებდა,

ჰერაკლე კი მედეას ვერ აცილებდა თვალს. პატარა ბავშვივით დაბნეულიყო, რომელმაც არ იცის, ვინ რას აბრალებს მას და თავადაც არ იცის, რა აღიაროს და რა არა, ან ვის რა დააბრალოს.

ისევ მედეამ დაარღვია დუმილი:

– რატომ არაფერს მეუბნებიო, – გამომცდელად ჰკითხა ჰერაკლეს, – ნუთუ არაფერი გაქვს სათქმელი, ან თანაგრძნობა გამოგეხატა, ან განაწყენებაო.

– რა უნდა გითხრა, მედეა, – მეგობრულად მიუდგა ჰერაკლე, – სათქმელი არაფერი მაქვს. ეს არ ვიცოდი. ჩვენ „ქალაქის მამებმა“ მოგვიწვიეს კარგა ხნით ადრე, ვიდრე შენ თავს დაგატყდებოდა ეს უბედურება. ამ დღისთვის ჰიპერბორეელთა ქვეყნიდან[58] ზეთისხილი ჩამოვიტანე და გა-

58. **ჰიპერბორეელთა ქვეყანა** (ჰიპერბორეეთი) - მათ შესახებ აკ. გელოვანი წერს: „ჩრდილოეთის მითიური ხალხი, რომლის სამყოფელი ძნელი დასადგენია. ცხოვრობდნენ იმ მხარეში, საიდანაც ბორეასი, ჩრდილოეთის ქარი ჰქრის... (აქ) მზე გაზაფხულზე ამოდიოდა და შემოდგომაზე ჩადიოდა, ე.ი. წელიწადში ერთხელ ამოდიოდა, ერთხელ ჩადიოდა, ექვსი თვე დღე იყო, ექვსი თვე ღამე“. (ა. გელოვანი „მითოლოგიური ლექსიკონი“ გვ. 614-615).

ვახარე, თორმეტ ოლიმპიურ ღმერთს ექვსი წყვილი საკურთხეველი აღვუმართე ოლიმპოზე. ახლა იქ ჩვენს საზეიმო ასპარეზობის გამო თორმეტი ჩირაღდანია ანთებული. მეტი რაღა გითხრა. ჩვენ შენი შვილების სიკვდილში ხელი არ გაგვისვრია. მხოლოდ ახლა გავიგეთ ეს თავზარდამცემი ამბავი.

მედეა ჩააკვირდა თვალებში თანამოსაუბრეს. ისინი გულწრფელნი იყვნენ, მათში არ იყო არანაირი აღრევა და ამღვრევა აზრის და გონის. ეს თვალები შესცქეროდნენ მედეას მთელი გულწრფელობით, თავაზიანობითა და თანაგრძნობით.

– შენ ვერაფრით მიშველი, ჰერაკლე, – უპასუხა მედეამ, – მე იმისთვის არ მოვსულვარ, ვინმეს შევბრალებოდი, ან დახმარება მეთხოვა ვინმესთვის და მოწყალება მიმეღო.

– აბა, რისთვის მოსულხარ, რა გსურს, მითხარი და თუ ეს შემიძლია, შეგისრულებ. ვინ დავსაჯოთ! ვინ მოკლა შენი შვილები? ერთი შენი სიტყვა და ამ ქალაქს ნაცრად ვაქცევ.

– ძალიან იოლად გადაგიწყვეტია ყველაფერიო, – შეაწყვეტინა სიტყვა მედეამ, – მე სხვა რამისთვის მოვსულვარ აქ, ვიდრე ამ ქალაქის განადგურებაა. ასე რომ მდომოდა, მარტო არ მოვიდოდი აქ.

გაიკვირვა ჰერაკლემ მედეას ნათქვამი:

– რისთვის მოსულხარ, რისთვის? ჩვენ ვდღესასწაულობთ და თუ გეზეიმება, შენც იზეიმე ჩვენთან ერთადო.

– მე მაშინ ვიზეიმებ, როცა სამშვიდობოს ვიქნები გასულიიო, – მრავალმნიშვნელოვნად მიუგო მედეამ.

– თუ აქედან მშვიდობით გასვლის გეშინია, მე გაგიძღვებიო, – ნაღვერდალივით თვალები მიანათა თანამოსაუბრეს, ვერ გაიგო რა თქმულში ქარაგმა.

– მე რომ რაიმეს შიში მქონოდა, არ შემოვიდოდი ამ ქალაქში და თქვენც თავისუფლად იზეიმებდით გამარჯვებებსო.

– ჩემი სახელი ქვესკნელიდან ოლიმპომდეა განთქმული...

– ვიცი, – შეაწყვეტინა მედეამ, – თესპიოსის ასულებთან გინებივრია, მეგარა[59] დაგირბევია და დაგიხოცავს საკუთარი შვილები, თორმეტგზის გისახელებია თავი, ტყვეობას რომ დახსნოდი.

– ჰოდა, ამიტომ სადაც წახვალ, ჩემი სახელი ახსენე და არაფერს გაგიჭირვებენ.

– შენი სახელი რომ ვახსენო, შენ დაგაბრალებენ ჩემი შვილების მოკვლასო, საკუთარი დაწყვიტა, სხვისას რას უზამდაო – ასე იტყვიან.

– შენც ხომ იცი, რომ მე შენი შვილები არ მომიკლავს...

– ვიცი, – დაუდასტურა მედეამ.

– მაშ რა გინდა და რას ითხოვ ჩემგან? – მოიკუნტა ოთხი წყრთა სიმაღლის გმირი.

– უნდა იწვნიო, გმირო, ცილისწამების გემო როგორიაო.

– რატომ უნდა ვიწვნიო მაინცა და მაინც მე და ისიც ცილისწამება და რატომ მაინცა და მაინც ასეთი ცილისწამება?

– ან მე რატომ უნდა ვიწვნიო და თანაც ასეთი ცილისწამება?

– და ვინ დაგაბრალებს შენ ამას? – გაცხარდა ჰერაკლე.

– მე ხომ წინდაწინ ვიცი მკვლელების თავში რა ტრიალებს. ისიც ვიცი, რომ ჩემს ტკივილებთან ხელი არავის გაქვთ. შენ მართლა დახოცე შენი შვილები და არავის განუკითხავს ეს ამბავი. მე კი არ მომიკლავს ჩემი შვილები და მაინც ჩემს განადგურებას შეეცდებიან ჩემი საბრალო ბავშვებით. შენ არავინ გისაყვედურებს, ელადელი ხარ, და მიტომ. ჩემი სახელი კი საწყევარი იქნება, კოლხი ვარ, და მიტომ, ესეც მაშინ, როცა შენ შენი შვილები უმოწყალოდ დახოცე, მე კი ცოცხალ-მკვდარი ბავშვები გამოვგლიჯე ამ მხეცებს ხელიდან. ესაა ჩემსა და შენს შორის განსხვავება. შენ კაცი ხარ, მე კი ქალი. რასაც შენ მოუყრუებ, ის ჩემი

59. **მეგარა** - ქალაქ თებეს მეფის ასული. იგი მამამ ქალაქის ღირსების მხსნელ ჰერაკლეს მიათხოვა. ზოგი ვერსიით, მეგარა შვილებთან ერთად მოკლა გაგიჟებულმა გმირმა.

მოუშუშებელი ჭრილობა იქნება. ამიტომ ვერაფერს მიშველი შენ და ამიტომ არ მეშინია არც შენი, არც ამათი. შენ ძალით ხარ ძლიერი, მე – გონებით. შენ ვისაც დღეს დაამარცხებ, ხვალ ფეხზე წამოდგება, ჩემი დამარცხებული კი ყოველთვის დანარცხებული იქნება მიწაზე.

– ვგრძნობ, რომ ეს მართლაც ასეა. შენ ყველაფერი დაძლიე დღეს. შენი მტრები, ალბათ, გვიყურებენ და ირწმუნეს შენი უძლეველობა, რომ შენი შვილების ცოდვამ აქაურობა მიწასთან გაასწორა.

– მე ეს ასე არ მინდოდა, გაცილებით დიდი გამოვიდა შურისძიება, ვიდრე ჩაფიქრებული მქონდა. მე ახლა მებრალებიან „ქალაქის კაცები".

– სიბრალული სისუსტეაო, – უთხრა ჰერაკლემ, – მე არასოდეს მეცოდება ჩემი მსხვერპლი.

– არც შვილები შეგცოდებია?

– მე მათი მოკვლა ვინანე და ზევსის შვილი რომ არ ვყოფილიყავი, თავს მოვიკლავდი.

– ასე მეუბნებოდნენ მეც ბავშვობაში, მზის ღმერთის შთამომავალი ხარო და ბოლოს – რა... მზე მანათებს და არ მათბობს. შენც ასეთი გულაცრუება გელის, ჰერაკლე. დღეს გამარჯვებული ხარ, ხვალ კი ისე დამარცხდები, საკუთარ თავსაც ვერ მოიკლავ.

– შენ თუ მოიკლავ თავს?

– მე მიზანი გამაჩნია, რისთვისაც უნდა ვიცხოვრო. ასე რომ არ იყოს, დღესვე შენს თვალწინ მოვიკლავდი თავს.

– მეგონა, თავის მოსაკლავად თუ იყავი ამ ქალაქში შემოსული.

– მე კი მგონია, რომ დღევანდელი გამარჯვებული უნდა დავაჯილდოვო! – სიტყვა ბანზე აუგდო მედეამ.

– შენ?! – გაიკვირვა ჰერაკლემ.

– მე, – მოუჭრა სიტყვა მედეამ.

შეცბუნდა ჰერაკლე. არ სურდა, მედეას ხელიდან აეღო ჯილდო, ჯადოდ ჩათვალა ის, და მიტომ.

– არა, – დაშინებულმა მიუგო მედეას, – შენგან ვერ ავიღებ ამ გვირგვინსო...

– რატომ?

– ასეთი წესია, იმ ბავშვმა უნდა გადასცეს გამარჯვებულს ჯილდო, რომელსაც დედ-მამა ცოცხალი ჰყავსო, ამიტომ.

– სწორედ მე უნდა გადმოგცე, – დაბეჯითებით უპასუხა მედეამ, – ჩემი შვილების სახელით უნდა გადმოგცე, მათ დედაც ცოცხლი ჰყავს და მამაც.

– სამაგიეროდ, თვითონ არ არიან ცოცხლებიო, – კანკალი შეეპარა ხმაში ჰერაკლეს.

– გეშინია, თუ?! – გაიკვირვა მედეამ, – ისინი ცოცხლები რომ არ არიან, სწორედ მათი სახელების უკვდავსაყოფად დაგადგამ თავზე ამ გვირგვინს.

– ეს გვირგვინი მოჯადოებული გექნება! – იყვირა ჰერაკლემ.

– თუ მე ღლადელთა წინაშე რაიმე ბრალი მიძღოდეს, ვერ აღმემართოს ხელი, ვიდრემდე შეგმოსავდე გვირგვინით, ხოლო თუ ჩემი შვილების სისხლი დაიღვარა ჩემი უდანაშაულობის კვალზე და მე არანაირი შეცოდება ღლადელთა მიმართ არ მქონია დღესამომდის, მაშინ ამ გვირგვინმა მოგცეს არაადამიანური ძალა. მაშინ ისე დაგებინდოს გონება, რომ არ იცოდე, რასაც აკეთებ.

– არ ჰქნა ეს, მედეა, გთხოვ, შემიბრალე! მე ხომ შენი შვილების სისხლში ხელი არ გამისვრია! რას მერჩი, მედეა! არ მინდა გამარჯვება! მე არ გამიმარჯვია! მე დავმარცხდი... შენთან! – ყვიროდა ჰერაკლე და სიმწრის ოფლი ღვარად ჩამოსდიოდა სახეზე, – მიშველეთ ვინმემ, დამიცავით ამ გვირგვინისგან! – ნაღვერდალი ჩამქრალიყო ჰერაკლეს თვალებში და აქამომდე შიშისა და სიგიჟის ამოუცნობი სიცივე ჩასახულიყო მათში.

შიში ძალას იკრებდა ჰერაკლეს შეგნებაში და გონების დაბინდვამდე მორჩილებდა მასზე გამარჯვებულ მედეას.

ერთი რამ იყო ამ უცნაურ შერკინებაში, რომ სრულ მორჩილებაში მოაქცია ქალმა კაცი. დემოსი კი უყურებდა არათუ ამ შერკინებას, არამედ გამარჯვებულის დაჯილდოვების სასიხარულო სანახაობას, რომელსაც დიდი აღფრთოვანებით შეეგება.

შვებით ამოისუნთქეს „ქალაქის მამებმა", ასე იოლად რომ დასრულდა ყველაფერიო. ის იფიქრეს, რასაც თვალით ხედავდნენ და არ ესმოდათ.

შვებით ამოისუნთქეს არგონავტებმაც, ასე უმტკივნეულოდ რომ დააღწიეს თავი მკვდარი შვილების დედის რისხვას.

წარჩინებულები, გეტერები და ბიჭუნები დარჩნენ მხოლოდ იმედგაცრუებულები. მათ ეგონათ, მოხდებოდა არეულობა და ამ არეულობაში ერთნი გასართობს მოძებნიდნენ, მეორენი ცნობისმოყვარეობას დაიკმაყოფილებდნენ, მესამენი თავის გამოსაჩენზე ინადირებდნენ. ხალხი კი დაფდაფების ხმაურში დაითრგუნებოდა და ფიქრისა და განსჯის უნარი წაერთმეოდა. მხოლოდ გოპლიტები უყურებდნენ მათ თვალწინ გადაშლილ სანახაობას გულგრილად და ერთი რამ იცოდნენ, ბრძანების გაცემისთანავე უნდა გაენადგურებინათ მედეა ყოველგვარი ფიქრისა და შებრალების გარეშე.

საბრძოლო ეტლებიდან შეჯიბრში მონაწილე ცხენები შეხსნეს და მათში სხვა ცხენები შეაბეს. რომელ ეტლსაც ცხენი არ ეყო, მონები ჩააბეს და წაათრიეს ქალაქში, მოასპარეზე ცხენები კი დაასვენეს. დარჩენილი მონები ხეებიდან შეხსნეს, ერთმანეთზე გადააბეს და ისინიც ქალაქში წასხეს.

ხალხი ნელ-ნელა იშლებოდა –

ზოგი სანახაობათა მრავალფეროვნებით კმაყოფილი,

ზოგიც უკმაყოფილო – მეტს ელოდნენ მედეასაგან, და მიტომ.

ზოგს სისხლის ხილვა სწყუროდა,

ზოგს ვითარების გამწვავება,

ზოგიც იმას დასჯერდა, რასაც უყურა.

არც ხალხში იცოდნენ, რისთვის მოვიდა მედეა, თუ ასე მშვიდობიანად სურდა დაეჯილდოვებინა ასპარეზობაში გამარჯვებული ოლიმპიონიკი. ზოგიერთმა, რომელიც უფრო ახლოს იდგა თუ იჯდა ამფითეატრთან და გარკვევით უყურებდა მოასპარეზეებსა და მედეას, გადაწყვიტა, ბოლომდე დარჩენილიყო და თუ მიეცემოდა საშუალება, მიელოცა ჰერაკლესათვის გამარჯვება. ამფითეატრშიც არ იძვროდნენ ადგილიდან. რაკი მიხვდნენ, რომ გამარჯვებული გვირგვინით შეიმოსებოდა, უნებურად, ვიღაცამ ტაში დაუკრა, ფეხზე წამოუდგა გამარჯვებულს. იმ ვიღაცას სხვამაც მიბაძა, იმ სხვას კიდევ სხვამ და ყველა დამსწრემ დააჯილდოვა გმირი ჰერაკლე ტაშით. აქა-იქ რაღაც შეძახილებიც მოისმოდა, მაგრამ აპლოდისმენტები ახშობდა ამ ხმას.

მედეამაც და ჰერაკლემაც თვალი გადაავლეს ხალხს,

ერთმა – კმაყოფილებით,

მეორემ – შიშით.

ხალხი ითხოვდა ამ დაჯილდოებას და ჰერაკლეც მიხვდა, რომ ველარ შეეწინააღმდეგებოდა ადამიანთა ნებას. ერთხელ კიდევ გადახედა დემოსს, სურდა ამ ხალხის ერთიანი თვალი, გული და გონება ეპოვა.

ხალხის თვალი თვითონ იყო,

გული – მედეა,

გონება კი – ეს გაუთავებელი უაზრო ტაშისცემა.

არ ეგონა ჰერაკლეს, ასე თუ შებრუნდებოდა ბედის ბორბალი და იგი არ გაიხარებდა გამარჯვებით.

გონება თვალს ეწინააღმდეგებოდა,

თვალი გულს ეომებოდა,

გული – ორთავეს.

ჯირითსა და მრავალ საომარ ასპარეზობაში გაწაფული ჰერაკლე ისე არ დაღლილა არც ერთ შეჯიბრში, როგორც ახლა – მედეასთან პირისპირ დგომაში. ასე არასოდეს შერცხვენია გამარჯვების, როგორც ახლა – ამ მკვდარი ბავშვების

სასიკვდილო სარეცლის წინაშე მდგარს. მედეა უყურებდა ჰერაკლეს და ყურს უგდებდა ხალხს და საკუთარ სისასტიკეზე ფიქრობდა. ფიქრობდა იმასაც, რომ ჰერაკლეს არ დაუმსახურებია ასეთი გამარჯვებულის ხვედრი, ფიქრობდა და საკუთარ საქციელს ნანობდა. იქნებ შეეწყვიტა ეს თვალთმაქცობა, მაგრამ უკვე გვიან იყო. საშიში იქნებოდა აზვავებული ბრბოს გაწბილება. ვერ გაუგებდნენ ვერც მას და ვერც ჰერაკლეს. არავინ იცოდა ამ ტაშის დამკვრელთაგან, თუ რა ტრიალებდა ამ ორთა თავში, როგორ გაბითურდა ეს ბრბო. არადა, მედეა სხვას არაფერს აკეთებდა, თუ არა გამარჯვებულის დაჯილდოებას. მთელი შურისძიების სიმწვავე კი ამის იქით იყო, რომელიც მხოლოდ ჰერაკლემ იცოდა და რომც განემარტა ვინმესთვის, ვერ გააგებინებდა, ვერ გაასიგრძეგანებინებდა მის არაადამიანობას, ენით გამოუთქმელობასა და თვალით უხილველობას. ასე-რიგად დახარა თავი ჰერაკლემ დიდი წამებითა და მორჩილებით.

მედეამ ნელა ასწია გვირგვინი... რაც უფრო მაღლა იწევდა ხელი, მით უფრო მძლავრობდა ტაშისცემა და შეძახილები. ხელი არ უთრთოდა მედეას, ასეთი მტკიცე და მაგარი ხელი არ ჰქონია არასდროს. მიუახლოვდა გამარჯვებულს. მანაც ქვემოდან ამოხედა, როგორც მსხვერპლშესაწირი ცხოველი შეხედავს იარაღმომარჯვებულ ქურუმს და წამის რაღაც გაელვებაში განგმირავს ეს იარაღი ზვარაკს რომელიღაც ღვთაების საკურთხეველზე. რაც უფრო უახლოვდებოდა მედეას ხელი ჰერაკლეს თავს, მამაცი გული გასკდომას ლამობდა და არ უნდოდა სიკვდილისტოლი გამარჯვების ზეიმი, ცუდად იბრუნა პირი გამარჯვებამ მისგან, და მიტომ.

უკვე გვირგვინი თავს ზემოთ ეჭირა მედეას. თვალები დახუჭა ჰერაკლემ, შეიშმუშნა, ჩაიკეცა, დაპატარავდა გოლიათი. სულაც ერჩივნა, ფეხქვეშ მიწა გამოცლოდა და შიგ ჩავარდნილიყო. მუხლებზე დაეცა და დაელოდა თავის ბედისწერას, ცოტა ხნით მაინც რომ გახანგრძლივებულიყო

უგვირგვინობა. კიდევ სად წასულიყო, აღარ იცოდა, როგორ განრთხმულიყო მიწაზე, მაგრამ იცოდა, მედეა მას ქვესკნელშიც მოძებნიდა ამ დაწყევლილი გვირგვინით. ყურებზე მიიჭირა ხელები, რათა არ გაეგონა ეს აღტკინებული ხმაური, თვითონაც აყვირდა თავის ტკივილისაგან. მთელი ტანით თრთოდა ჰერაკლე. მარტო თავი კი არა, მთელი სხეული ტკიოდა, თვითონ გადაქცეულიყო ტკივილად, აუტანელი რომაა არსებობა.

ძილიც უნდოდა,

რათა თავი დაერწმუნებინა ავ სიზმართა ხილვაში,

რათა არ ყოფილიყო ყველაფერი ეს სიცხადე –

არ ყოფილიყო არც გამარჯვება,

არც ხალხი,

არც ტაში,

არც მედეა

და...

არც მოკლული ბავშვები.

სურდა მხოლოდ თვითონ ყოფილიყო ყველაფრისგან განმარტოვებული,

რათა არავისთვის არასოდეს არაფერი დაეშავებინა.

შეამცივნა ჰერაკლეს და უნებური თრთოლა დაეწყო, სიცივე შეენაცვლა ტკივილს, და მიტომ.

მზე დასავლეთისკენ გადახრილიყო, მაგრამ ჯერ კიდევ მის სხივებს ძალა გააჩნდა. მხოლოდ ჰერაკლე იყო, რომელსაც მზე აღარ ათბობდა და ყველა კუნთი დაძაბული ჰქონდა. არც ერთ შეჯიბრში ასეთი ძალა არ დაუხარჯავს, როგორც ახლა. არ წყდებოდა ხალხის ოვაცია და ეს აღიზიანებდა ყველაზე მეტად. არც ის უნდოდა, ვინმეს დაენახა მისი დაჯილდოვება. ასე ეგონა, ყველაზე სამარცხვინო საქციელში წაასწრეს და ხარბად უყურებენ ისე, როგორც ეს ქალწულობაწართმეულებს ემართებათ, როცა ავხორცად შესცქერიან მათი ნამუსის ახდას. სწორედ ასეთი განცდა ჰქონდა ჰერაკლეს ამ წუთებში.

და უცებ მისმა თავმა არნახული სიმძიმე იგრძნო – ეს გვირგვინი იყო მის თავზე დადგმული. ყურში აღარაფერი ესმოდა –

არც ტაშისცემა,

არც შეძახილები,

არც მედეას ხმა...

არაფერი.

გრძნობდა მხოლოდ უსაშველო სიმძიმეს. ფეხზე უნდოდა წამოდგომა, ვერ შეძლო. ასე ეგონა, მთელი ცისქვეშეთი დაადეს თავზე და არა – შეფოთლილი და ლამაზი ბალთებით შეკრული მჩატე ზეთისხილის ტოტები. ოფლი ღვარად ჩამოსდიოდა სახეზე, მან კი იფიქრა გვირგვინიდან სისხლი ჟონავს და სისხლში გავისვარეო, იმ თავისი უდღეური შვილების სისხლში, გაგიჟების ჟამს რომ შემოაკვდა. ფეხზე წამოაყენეს გამარჯვებული. ნეტა ვინ არის, ხელი რომ შემაშველაო. დააკვირდა და მისი ერთგული მეგობარი იფიტე ამოიკითხა მის სახეში. იგი უღიმოდა და რაღაცას ეუბნებოდა მეგობარს. სიცივემ თავში მოუჭირა ჰერაკლეს. მიიხედმოიხედა, მედეას ეძებდა და იპოვა – ისევ თვალებში ჩასჩერებოდა და ხელი გაუწოდა.

– ეს რააო? – ჰკითხა ჰერაკლემ.

– ოქროს დანააო, – უპასუხა მედეამ, – ბავშვს ჰქონდა შენს გვირგვინთან ერთად. ესეც შენი ჯილდო იყოსო.

– არ მინდაო, – უთხრა, მაგრამ ხელი მაინც გაუწოდა.

არ იღიმოდა მედეა,

არც ჰერაკლე იღიმოდა,

მხოლოდ იფიტე უთათუნებდა მხარზე ხელს გვირგვინოსილს და ღიმილით ეკითხებოდა:

– რა იყო, რა მოხდა, სახეზე ფერი არ გადევს, თვალებიც აღრეული გაქვსო.

მედეამ მეგობართან დატოვა გამარჯვებული, თავის თეთრონს კი ანიშნა და ნელ-ნელა განზე გავიდნენ.

მიდიოდა გზაში და ცრემლები დაურიდებლად ცვიოდა

თვალთაგან.

მიდიოდა ტაშის გრიალსა და სიცილ-ხარხარში,

მიდიოდა გრძნობებით დაცლილი,

მიდიოდა თავისუფალი და მიჰყავდა შვილები უკანასკნელ გზაზე.

ჯერ არ გასცლოდა ქალაქის მოედანს, მაგრამ ხალხი მას აღარ უყურებდა, უფრო მეტიც, ხალხს წამიერად დაავიწყდა იგი, მაგრამ ამის ჯავრი მედეას აღარ ჰქონდა. მან კარგად იცოდა, რომ სანამ ცოცხალი იქნებოდა, ჰერაკლეს არ დაავიწყდებოდა იგი. მას სხვანაირი შურისძიება არ სურდა, მას სწორედ ის ეწადა, რაც გამოვიდა, მაგრამ მაინც არ უნდოდა, ასე მომხდარიყო, ხალხს ჩახედა თვალებში, და მიტომ. ბოლოს ინანა კიდეც თავისი ნამოქმედარი, შეებრალა მისი გულშემატკივარი ხალხი და ჰერაკლე, რომლებიც უდანაშაულონი იყვნენ მის წინაშე. სხვანაირად გამოუვიდა ყველაფერი – უფრო მძიმედ და ულმობლად. ეს ჯერ არ ჩანდა, როდის იჩენდა თავს, არ იცოდა. და თუ ის მაინც მოხდებოდა, არ სურდა მის ყურამდე მიეღწია შურისძიების შედეგით გამოწვეულ გამრუდებულ ადამიანთა ბედის ამბავს, მან შური უკვე იძია, და მიტომ.

არ ციოდა, მზე უკვე ათბობდა და თანდათანობით გონებიდან ფანტავდა იმ უსიამო გრძნობას, რაც გადახდა ქალაქში. მთავარი კი ის იყო, რომ ცდილობდა დავიწყებოდა ის დაწყევლილი ღამე, ქვეყნიერებაზე ყველაზე გრძელი, დაუსრულებლობამდე გრძელი ღამე, ღამე, როდესაც მისი ლამაზი შვილები მოკვდნენ. ვერანაირმა მზემ ვერ დაავიწყა მას ეს ღამე.

მიდიოდა მედეა და მიჰყავდა თავისი ცხენი,

ცხენს მიჰქონდა მარხილი,

მარხილს კი ცხედრები.

მიდიოდა და ისეთ კვალს ტოვებდა, რომელსაც ვერაფერი წაშლიდა კაცთა მოდგმაში. დავიწყება რომც ნდომოდათ, კვალი მიიყვანდა მედეამდე. ამ კვალს ვეღარ გაექცა

კოლხი ასული, არადა ეს იყო მისი მთავარი მიზანი.

ცხოველსმყოფელი ჯვარი ბავშვებს ედო გულზე. მედეას არ დავიწყებია არც საირხე და არც კოლხეთი ასეთ ჟამს. ვერ დაივიწყებდა, რადგან ეს ჯვარი ნატვირთი ჰქონდა უკვე და გზას დამდგარი იყო. არ იცოდა მხოლოდ, წავიდოდა თუ არა კოლხეთში. რა დარჩენოდა აქ, ამ პირქუშ ელადაში. ჯერ ამის საფიქრად არ ეცალა. იმ უბედური ღამის შემდეგ ყველაზე მძიმე მოვალეობა უნდა შეესრულებინა, რომელსაც ვერ შეედრებოდა თვით ბავშვების მკვლელობა – მედეას უნდა აღესრულებინა ბავშვების დაკრძალვის წესი, რის შემდეგაც მათ სხეულებსაც გამოეთხოვებოდა. გავიდა ქალაქიდან მედეა და მოეფარა ადამიანთა თვალსაწიერს. არავინ გაჰყოლია უკან თანაგრძნობის ნიშნად, თუმცაღა თანაგრძნობა ნამდვილად იყო ადამიანთა შორის. ასპარეზობამ დაბინდა და დააჩლუნგა ეს გრძნობა ადამიანებში.

ან სად დაიკარგა ამ ბავშვების მამა.

ნუთუ მას მაინც არ შეებრალა თავისი შვილები?

ნუთუ მთელი კაციდან ცალი სანდალიღა დარჩა მთელს იმ ორომტრიალში?

ნუთუ ყველაფერი ასე იაფად დამთავრდა?

იქნებ ჩემსავით განმარტოვებით გლოვობს შვილებს, იქნებ ვეღარ მოვიდა ჩემამდე? არადა, როგორ მჭირდებოდა მისი გვერდით დგომა! რა დიდი ძალა მექნებოდა მაშინ!.. არავინ უყურებდა მედეას, როგორი გულისტკივილით დასტიროდა არათუ მხოლოდ შვილებს, არამედ მათთან ერთად იმ გზააბნეულ იაზონსაც, რომელთან ერთად ბევრი ჭირი და ლხინი გამოიარა. არ უტყდებოდა თავს.

გადაუარა ჰერაკლეს ტკივილებმა, სიცივის შეგრძნებამ, იგი თავის პირვანდელ მდგომარეობას დაუბრუნდა. აღარ ამძიმებდა გვირგვინი, ოქროს დანაც ქამარში გაიჩარა. თავის მეგობარს ხელი გადახვია და ქალაქისკენ წავიდა. გზაში იფიტე ეკითხებოდა მედეას შესახებ, ჰერაკლე კი თავს არიდებდა პასუხების გაცემას, ოდნავ იღიმოდა და ნადირობას

სთავაზობდა. არ უნდოდა იფიქრეს მზის გადასვლის პირზე ქალაქიდან წასვლა, დაღლილი იყო, და მიტომ. მსახურებმა ცხენები მოჰგვარეს გამარჯვებულს. არ ისურვა ცხენით შესვლა ქალაქში, ფეხით განაგრძეს სვლა.

„ქალაქის მამებიც“ ადევნებოდნენ ჰერაკლეს ათასნაირი კითხვით, მიკიბულ-მოკიბულებით სურდათ გაეგოთ, დაწვრილებით თუ არა, გაკვრით მაინც, მედეასთან მისი ნასაუბრევი. რამდენჯერაც უხსენებდნენ ამ სახელს, იმდენჯერ ცოფიანივით იღრინებოდა, მერე იფიქრეს სახელის ხსენების გარეშე დავაცდენინებთო მედეას ამბავსო. არც ეს გამოუვიდათ. ბოლოს მიხვდნენ, რომ რაღაც განსაკუთრებული მომხდარიყო იმ საბედისწერო შეხვედრისას და შეწყვიტეს ამ საკითხზე სიტყვის ჩამოგდება. უკან მისდევდნენ გამარჯვებულს, იქნებ თავად მაინც წამოსცდეს ისეთი რამ, რასაც ხელს ჩავჭიდებთ და გავიმარჯვებთ მედეაზეო. ერთს კი აშკარად ამჩნევდნენ, გამარჯვებულის განწყობილება არ ჰქონდა ჰერაკლეს, ეს უთუოდ მედეას ბრალი უნდა ყოფილიყო. იმ ჯადოქრის შემდეგ მხიარულება გაქრა კაციდანო.

რა იყო ისეთი, რამაც ნირი უცვალა ჩვენ გმირსო, – თავისთვის ფიქრობდნენ „ქალაქის მამები“.

ალბათ, ბავშვების ხილვამ გაუფუჭა განწყობილებაო.

არც მედეა მოვიდოდა მარტო იმისთვის, რომ გვირგვინი გადაეცა გამარჯვებულისთვისო.

კარგა ხანი საუბრობდნენო.

ჰერაკლესთვის რომ გაემხილა ყველაფერი, ასე მშვიდობიანად გადავრჩებოდითო?

გადავრჩებოდითო, – გაიფიქრეს თავიანთი ფიქრის პასუხად, – რადგან იგიც ელადელია და ჩვენცო.

განა გადამთიელის გამოსაქომაგებლად ელადელი ელადელის სისხლით გაისვროდა ხელსო?

მაინც გადავრჩითო,

ჩვენ ხომ გრძნეულთან გვქონდა საქმე და როგორ აუ-

რევდა ტვინს, თუნდაც ელადელ გმირს, ამას ხომ წინასწარ ვერავინ წარმოიდგენსო.

ამ ფიქრში იყვნენ, როცა ქალაქში შევიდნენ ყველანი ერთად. ქუჩები ხალხით იყო სავსე. ესალმებოდნენ გვირგვინოსანს და „ქალაქის მამებს“ მადლობას უხდიდნენ, ასეთი სანახაობა რომ მოუწყვეს. გრილი ნიავი ამსუბუქებდა გამარჯვებულის განწყობილებას, ისედაც დაიქანცა და ამიტომ თავისუფლად მიეცა საღამოის სუნთქვას, რათა გაენიავებინა გონებიდან ყოველი არასასურველი ნაფიქრი. იფიტემ იფიქრა, გულიდან გადაიგდებს სანადიროდ წასვლასო, მაგრამ სწორედ მთიდან მობერილმა გრილმა ნიავმა გაახსენა ჰერაკლეს ნადირობის სურვილი. „ქალაქის მამებმა“ შინ შეიწვიეს, მაგრამ ვერ იქნა და ვერ დაითანხმეს.

– მე და ჩემი მეგობარი ახლა ვინადირებთ, ნანადირევს ჩამოვიტანთ და მერე მოვილხენთო, – ასე უთხრა ჰერაკლემ „ქალაქის მამებს“.

რა უნდა ექნათ...

– ჩვენც წამოგყვებითო, – უთხრეს მასპინძლებმა.

– არაო, – იუარა ჰერაკლემ, – დღეს ჩემი დღეა და მე ვინადირებ ჩემი კომბლითო.

ასე რომ, მარტო გაუშვეს სანადიროდ ჰერაკლე და იფიტე, თვითონ კი შვებით ამოისუნთქეს და ზევსს მადლი შესწირეს, ასე მშვიდობით რომ დასრულდა დღეის დღე.

მეგობრები მთას აუყვნენ, ერთმანეთში ტკბილად საუბრობდნენ, იხსენებდნენ ყველა ლამაზ მოსაგონარს. საუბარში გზა შემოკლდა, სიმაღლეც ისე დაძლიეს, ვერ გაიგეს მისგან დაღლა.

წყაროს მიადგნენ,
შეისვენეს,
წყალი დალიეს,
გული გაიგრილეს,
ფეხი გამართეს,
წამოდგნენ

და ისევ გზას გაუდგნენ.

ჭოტის ხმა შემოესმათ, ერთმანეთს უთხრეს, უკვე ბინდდებაო და კარგია მთელი დღის დაღლილ ნადირს ადვილად მოვერევითო. საცალფეხო ბილიკით გაუყვნენ გზას, გზა კი დამრეცი იყო. ისევ ჩამოაგდო იფიტემ მედეაზე საუბარი:

– მაინც რაო, რა გითხრა იმ ჯადოქარმა, საკუთარ თავს რომ აღარ ჰგავდიო.

ისევ მოიღრუბლა ჰერაკლეს თვალები.

– შეწყვიტე ამაზე საუბარი ახლავეო! – უბრძანა განრისხებულმა ჰერაკლემ მეგობარს. გაწბილებული იფიტე ცდილობდა რაიმე ამბის დატყუებას:

– ჩვენ ახლა მარტონი ვართო, მესმის, „ქალაქის მამებთან" არ გინდოდა გაგემხილა, მე კი შეგიძლია, მენდო.

იმ ადგილთან იყვნენ მისულნი, სადაც ავაზამ მედეასკენ საბედისწერო ნახტომი გააკეთა. კლდის პირას იდგნენ მეგობრები. იფიტეს დაჟინებამ სიგიჟე მოჰგვარა ჰერაკლეს, კისერში წაავლო უხეშად ხელი, მეორე ხელი ფეხებში მოჰკიდა და ჰაერში ასწია. ფართხალებდა იფიტე, ჰერაკლე კი არაადამიანური ხმით ღრიალებდა:

– გენდო, არა?! აი, რა მითხრაო! – ბღაოდა ჰერაკლე და კლდიდან მოისროლა მეგობარი.

განწირულად იღრიალა იფიტემ და შიშისგან ჰაერში გაეპარა სული და უსასრულობაში გაფრინდა, სხეული კი ქალაქის შუა მოედანზე დაენარცხა და მას ჰერაკლეს გადარეული სიცილი ექოდ მოჰქონდა...

და ეს ქალაქი კორინთო იყო.

XXIII

ვამთიყენე სიკვდილი სიცოცხლისათვის!

მედეამ იარა,
ბევრი იარა,

თუ ცოტა იარა,
ზღვის ნაპირს მიადგა.

ტალღები წყნარი შხუილით ეცემოდა ნაპირებზე. სივრცე ღამის ფერებმა შეჭამა და თვალსაწიერს ახშობდა. წყალმაც იცვალა ფერი. ეს იყო რომ, მთვარის სხივები ირეკლებოდა მოლივლივე ტალღებზე.

ჩუმი საღამო იყო, არ იყო გამძაფრებული დუმილი, მხოლოდ სიმშვიდე მეფობდა ირგვლივ. ვარსკვლავებიც გადმოფენილიყვნენ უტალღო ასტრალეთში, სადაც სრული განფენილობა უღრუბლო ზეცამ სარკესავით აისხლიტა და სკნელი და ზესკნელი უხილავი კავშირით შეკრა. ღამის ფერადოვნება თანდათან ეუფლებოდა სამყაროს და ყველა კუთხე-კუნჭულს ედებოდა. მაგრამ ეს ღამე თვით სიწყნარე იყო და გაფანტულიყო ბნელში შიშის შერჩენილი მარწუხები.

ზეცაში კითხულობდა მედეა ვარსკვლავების განლაგებით თავის ბედს და იგივე ამოიკითხა, რაც ხელის მტევნებმა უთხრეს, თითქოს ხელის გულზე განფენილიყო ცთომილები და ყოველი ცდომილება გამქრალიყო. კოლხური ჰოროსკოპი მოიშველია მედეამ, რათა უცდომელი ყოფილიყო თავისი ნაბიჯების სისწორეში. რას ეუბნებოდა შუქურ-მნათობთა იდუმალება კოლხური ეტლთმცოდნეობით, არავინ იცოდა. მხოლოდ მედეამ ამოიკითხა და

ამის იქით კოლხური ჰოროსკოპი ზეცას გააქრო,
თუ ზღვაში ჩაახრჩო,
ვერსად ვიპოვე.
იქნებ არცაა საპოვნი.

მამულში მინდორ-ველზე ყვაოდა პატარა საპოვნელა, რომლითაც ყველანაირ დანაკარგს ეძებდნენ. მედეას ელადაში არ ეგულებოდა საპოვნელა, სამშობლო რომ ეპოვნა. ეს იყო, რომ შვილებს ჰკარგავდა სამუდამოდ. აღარ ტიროდა იგი, ყოველი სატირალი უკვე მოეტირა, და მიტომ. მას უნდა გაეპატიოსნებინა შვილების ცხედრები. გვიანი არ იყო,

მესამე ღამე მიდიოდა ბავშვების სიკვდილიდან.

მედეამ ცხენი აუშვა და მინდორში გაუშვა. მერე იქვე, წიწვნარში შევიდა, წელში გაჩრილი დაშნა ამოიღო და ბლომად ხის ტოტების მოჭრას შეუდგა, რომლებითაც წრე შემოარტყა მარხილს. მინდორში სურნელოვანი ბალახები დაკრიფა, მიცვალებულთა სუდარაში გაახვია, ქვა იპოვა და ბალახები დანაყა, რათა არომატული სურნელით გაჟღენთილიყო ქსოვილი. ამ დროს ბუტბუტებდა შელოცვას:

– ყამარ ღვთაებავ[60], მე შენ გიყურებ, შენც მე მიყურე. მე ახლა სუდარაში გავახვიე ჩემი შვილების მოწყვეტილი ნაყოფი და ვნაყავ სუდარას, რათა ხმამ შენამდის მოაღწიოს. გადიდებ ღამის გამგებელს და შემოგთხოვ, გაჟღინთე მკვდართა სუდარა ნეტარი სურნელით, გარდასახე ის წყნარ მანდილად და გადააფარე ბავშვებს დაწვის ჟამს, რათა არ დაზიანდეს ნაზი სხეულები. დაფერფლილი ხორცი აიტაცე და სულებს შეურთე. იქ შეახორცე, შენსას და გაუღე ღვთის კარი და იცხოვრონ შენს სამყოფელში, მამათა მედგარო მფარველო ყამარ!

მერე ხელით მოსინჯა, რამდენად იყო ბალახები წყლად ქცეული. დარჩენილი ძარღვები ცალკე გადადო და სუდარა ამ უცნაური ბალახების წვენით გაჟღინთა. გასაოცარი ტკბილი სურნელი დადგა. წამოიღო მედეამ სუდარა და ბალახების დაუნაყავი ძარღვები. მანდილში ჩაგროვილი წვე-

60. **ყამარ-ღვთაება** - მთვარის პერსონიფიცირებული ღვთაებაა ქართულ მითოლოგიაში. იგი ქალ-ღვთაებაა, მაგრამ თავად მთვარის საკრალობა მამრობითი სქესით არის წარმოდგენილი („მზე დედაა ჩემი, მთვარე - მამა ჩემი...") თვით ყამარ, როგორც მითოლოგიური პერსონაჟი, გაიელვებს ამირანის ეპოსში დევის პირიდან, წყალგალმის (ანუ ცეცხლ-კარის) მოდელშია მოქცეული ყამარ: „მაცა, ამირან, ნუ მომკლავ, მკლავი გაფიცო ხმლიანი, მანდილი დედაშენისა თავლაი ოქროიანი. ზღვის გაღმა ქალი გასწავლო, სახელად ყამარ ჰქვიანი. ყამარის კაბას საშრობლად შვიდი დღე უნდა მზიანი. შვიდ კვირეული საპონი, შვიდ-მეტი კოკა წყლიანი. წასვლა ადვილი იქნება, მოსვლა გახდება გვიანი; მოყვარული ხარ ომისა, გზა იქ გექნება მტრიანი..." ამის იქით „ყამარ" ამირანის ეპოსში აღარ გვხვდება. კიდევ ერთგან საგანგებოდ ასო-ბგერა [ყ] შევცვალე [თ]-თი - „ყამარ-ქალს შედარებული" - „თამარ-ქალს შედარებული". აქაც მთვარესთან არის შედარება - მთვარის პერსონიფიცირება. რომანში ერთი ასოს შეცვლის პრინციპს ვიყენებ და ამით ალეგორიულ ფონს ვქმნი მითიურ და რეალურ სამყაროებს შორის. ამ შემთხვევაში საუბარი არაა თამარ მეფეზე, ეს ზოგადად ქართველი ქალისა და დედის მსოფლიო სახეა. ამ ლექსშიც ყამარ და მთვარე იდენტურები არიან, როგორც ეს მითიური წესრიგიდან გამომდინარეობს, ყამარის თამარით ჩანაცვლებით კი ხდება მითიდან გამოსვლა.

ნი ცხედრებს დააპკურა, მერე ორივე ბავშვს შუბლზე ემთხვია, გამოეთხოვა და შელოცვილი წყნარი მანდილი გადააფარა. ძარღვები ტოტებს შემოავლო და ისევ ილოცა:

– მალე საბოლოოდ ამოისუნთქებ, ჩემო სუნთქვაშეწყვეტილო შვილო, როცა შენს სხეულს გამოგიგზავნი ზეცაში ვარსკვლავებთან. მე ახლა დავანთებ კოცონს, რათა დაინახო სამუდამოსწინა წმიდა მარადი შუქი და გასწიო მისკენ. შენს წინ გადაიხსნება

წარმოუდგენელი

უკიდეგანო,

უტალღო და

ულრუბლო სივრცე.

შენ მარტო გაფრინდები,

შენს სულთან მიდი, შემოეხვიე, ფერფლო,

და შემოსე სიწყნარითა

და სიმშვიდით.

არც აღფრთოვანდე

და არც შეშინდე!

ეს შენი სიკვდილის წამია, სიკვდილისა, რომელმაც გაგათავისუფლა სიცოცხლის ტკივილისაგან,

ტკივილისაგან, რომელიც წამებად გადაიზარდა,

წამება, რომელმაც იწამა წამიერება

და წამში ეწამა,

წამში, რომელიც გაჩერდა შენთვის,

მაგრამ შენ გადადიხარ მარადიულ განზომილებაში.

ეს წამი დაიწვება შენში და ყველაფერი ის, რაც მოგცა წამმა.

არ შეშინდე

და არც აღფრთოვანდე,

რადგან სიცოცხლის მერე არ დაიზიანო შენი მარადიული ყოფა. მარადისობაში გადაზრდილმა ნელი-ნელ უნდა შეითვისო შენთვის ახალი სამყარო.

აღფრთოვანებამ დაბინდება იცის მესამე დაუწვავი თვა-

ლის. თვალი – მზეს უსწორებს სამზერალს და არ იწვის, რადგან თვალში მზის ჩინია ჩამდგარი, და მიტომ. ეს არის შენი სიკვდილის წამი

და გამოიყენე სიკვდილი სიცოცხლისთვის.

შეინარჩუნე ნათელი აზრი, აღარ იწუხო მიწიერებაზე, არ დაგრჩა საყრდენი მიწაზე, და მიტომ. არ გააქრო შენში შენივე ნათელი მოსალოდნელი წვა-დაგვით, ჯერ სხეულქმნილი ხარ და სიმჩატე რომ შეიძინო, ფერფლად უნდა იქცე და ნიავმა წაგიღოს მოუსავლეთში.

გაძლიერდი, ნიავო,

შენი სიყვარული წყნარი რომ იყოს.

დაუბერე, ნიავო,

რათა წრედ შემოერტყას მიწიური ცეცხლი სხვა სიცოცხლეში გარდასახულს და მასში წარმოქმნას ასტრალური ცეცხლის დაუწვავი სიმხურვალე, რითაც წარმოიქმნება ლურჯი ალი და დაწვავს მწველ ავხორცობას

ჩადენილსა, თუ ჩასადენს,

მშობლების ჩადენილსა, თუ ჩასადენს.

განარიდე მაცდურ სახეებს ბავშვური სახე, ალმა რომ არ აგკრას, შვილო! დაწვი და დაფერფლე შენი სხეულებრივი სურვილი.

მშვიდობით აღიზიდე მთოვრის ცამდის და იმის ზემორეთ დაშანთე, ცეცხლო, ყოველი აღგზნება ბავშვური. აქ შენი ნება მოთოკე, შვილო, და ისწავლე ვნებების მართვა, აქ ერმის ცაია, და მიტომ. ამის იქითაც წაიღე, ცეცხლო და ნიავო, ამისი ფერფლი და გადაიტანე მელტაროსა და კოჭიმელზე – მზიური ცის სინარნარეში. აქაც გადაიგდე სხეულიდან სიტკბო და სიმწარე, სიცხე და სიცივე. იარე, იარე, სულ მაღლა ადი ჭიმჭიმელზე – არიას ცაში და იქ განიდევნე სიხარული და ნაღველი. დაამსხვრიე შენი სხეულის გულუბრყვილო და ბავშვობით გაჯერებული ოცნებები, გრძნობათა მცდარობას გამოეყავი და იგრძენი თავისუფლების სიხარული. ამ სიხარულით შედი კიმკიმელ დიას ცაში და გადადი,

გადაცურე, გადაინაცვლე, ამაღლდი ქრონოსის ცაში და არბასტროს ჩააბარე შენი სრული მიწიერი მომავალი, შენი არგაჩენილი შვილები აჭამე ქრონოსს, არ დაინანო, შენ ხომ მარადი შვილი ხარ, არგამხდარი მშობლად. მიიქციე პირი აღმოსავლით დასავლეთად. შენ, ქრონოსის მიერ შეჭმულო ჩემო შვილო, ჩემი აღტკინებით შენი სიკვდილის შემჭმელს შემეგებე შენს ლამაზ ხსოვნაში, მე ხომ შენს ჯავრად გადავიქეცი. ჩემთან ერთად ყველას შეეგებე, ვინც გიყვარდა ამ სოფელში და გადაგყვა იმ სოფელში მათი სიყვარული და იმათაც, ვისაც ოდესმე უყვარდი და ამ სოფლად დაიტოვა შენი ხსოვნა – იმიერში გასულის. ამ ხსოვნის ნისლმა გადაგაცუროს მეორე მძვრელ ცაში და იქ შეიხორცე შენი ტკივილები შენსავე ვარსკვლავურ სხეულში. ბროლად გადააქციე შენი განსხეულება. ვარსკვლავ-ბიჭუნად გადაიქეცი და ნაზი სამყაროს სფეროში ფერთა და შუქთა თვალისმომჭრელ მშვენიერებაში დაივანე, აღმოსავლით დასავლეთად რომ გადააბრუნებს სამყაროს და შეგხედავ მეც პირველ მძვრელ ცაზე[61] დამკვიდრებულ მარადისობის მშვენიერ ნაწილს, ჩემო ცის-ნატეხა ცას შესხეულებულო ვარსკვლავო!

ყველაფერი მიყვარს, რაც არ ლაპარაკობს, რადგან ლაპარაკში მეტი ზიანია და მეტი ტკივილი. ულაპარაკო ყველაფერს იტყვის, იმაზე მეტსაც, ვიდრე ენა გამოთქვამს. უმეტყველო მეტი გულმოწყალეა, ვიდრე მეტყველი. ახლა შენც უმეტყველო ხარ და უფრო მიყვარხარ, ვიდრე ცოცხალი. ცოცხალი ჩემთან იყავი და ცოცხლობდა ცხადად ჩემი სიყვარული და ვერ ვატყობდი ამას, ახლა კი ჩემი სიყვარულიც შენთან ერთად მოკვდა და მე გონებაში უნდა გადავიტანო ეს სიყვარული და შენი სახება. ის ვარსკვლავ-ბიჭუნა რომ გამიღიმებს, უნდა შევიცნო მასში ჩემი დღე-დაკარგული შვილი.

მამათა მედგარო მფარველო ყამარ! როცა გათენდება,

---

61. მთვარის ცა, ერმის ცა, მელტარო, კოჭიმელი, ჭიმჭიმელი - არიას ცა, კიმკიმელი - დიას ცა, ქრონოსის ცა, არბასტრო, მეორე მძვრელი ცა, პირველი მძვრელი ცა - ცის სფეროთა ძველქართული სახელწოდებები.

შენსავით გააქრე დილის თვალსაწიერიდან ეს ცხედარი!

მერე მეორე შვილსაც წაუკითხა იგივე ლოცვა და თავისი გულისტკივილი ლოცვადვე დაამატა. ლოცვის შემდეგ კაჟის ქვებით ნაპერწკალი გააგდო და ფიჩხს უმალ მოედო და მალევე გადავიდა დანარჩენ ტოტებზე. ლურჯმა ალმა წრეში მოაქცია მარხილი, რომელზეც ჯერ კიდევ არ იყო გადასული ცეცხლი. ღამის სიბნელეში ანათებდა ის მედეას იდუმალ უცრემლო სახეს. ცეცხლის ენებს შესცქეროდა, თუ როგორ შემოუარა ბავშვების ცხედრებს და წრე დახატა გარემოს თალხ განფენილობაში. ეს წრე ანათებდა მის ირგვლივ ყველაფერს. მოიკუნტა მედეა და ყურს უგდებდა, როგორ ტკაცუნობდა ცეცხლმოკიდებული ტოტები და იფანტებოდა კვამლი სიბნელის უსასრულობაში. სურნელი აუშვა ყვავილოვნებამ ცეცხლში და მკვდრის სუნი არ იყო, იყო მხოლოდ კეთილსურნელება იმ ზღაპრული ბალახებისა. მედეას ზღვისფერი თვალები იტალღებოდა სევდით ცეცხლის შუქზე, მთვარე კი ასპეტაკებდა გარემოსა და ასუფთავებდა გარემოებას. ზღვის ტალღებს აფერადებდა დაუფერფლავი ოქროსფერი ანარეკლები და ათამაშებდა ცეცხლის შუქს. ამ გზით მივიდა მედეასთან სიკვდილის უსახურობა. არ შეშინებია ამ ლანდის. იჯდა თავისთვის და ჩაჰყურებდა ცეცხლის მხურვალე სულს, მისი თვალებივით უცნაურობამდე მიმზიდველს. მედეას ციოდა ცეცხლის მცხუნვარების მიუხედავად, რადგან გვერდით სხეულქმნილი სიკვდილი იდგა და მედეას უყურებდა. გველის პერანგში დაფარული სხეული გონების წართმევამდე სანატრელი გახდა უსახო ლანდისთვის. ქალის ფეხები ზღვასავით დამახრჩობელი იყო აღძრული წადილისათვის. ისინი ავხორცი ტალღების აფეთქების ჟამს მათი შემკვრელი ნაპირი იყო, რომელზეც უნდა გადაეარა ამ ტალღას. ქალი შეიძლებოდა გადაეფარა ამ აღვირახსნილ მოძალებას –

გადაისროდა შორს გველის პერანგს და...

მედეაც გრძნობდა სიკვდილის ხვაშიადს, რადგან სიცი-

ვემ აათრთოლა იგი, მიეფიცხა ცეცხლს, მაგრამ ცეცხლმა არ გაათბო იგი, გასაოცარი ის იყო, რომ თვით ცეცხლიდან მოდიოდა სიცივე. არ დანებდა ვნებათაღელვას, მთლიანად შემოეფარა თავის მოშიშვლებულ სხეულს.

– ქარ-კეთილი გამომიგზავნე, მამიდაო, – შეილოცა მედეამ, – სიძვისგან დამიცავიო.

დაიცვა კიდეც.

ქარ-კეთილი მანდილად შემოეხვია მედეას სხეულს და სიკვდილის ავხორცობისგან დაიცვა. სიცივე კი სულ უფრო და უფრო აწუხებდა. დაიოკა ავხორცობა ლანდმა და მასში სიცოცხლის ძალამ იჭარბა, რათა თავად ყოფილიყო სიცოცხლის ღირებულებისა და წადილის სათავე, რათა დაცემულიყო საბოლოოდ ფასის ღირებულება და შევსილიყო წყურვილი მისით. ამის იქით სიკვდილმა მედეას სიყვარულით შეხედა, ავხორცი აღარ იყო, მაგრამ მედეას მზერით სიკვდილმა იგრძნო სიკვდილის ძალა.

მედეამაც იგრძნო სიკვდილში გარდასახული ძალა, რომ აღარ იყო ის მომაკვდინებელი, მხოლოდღა გარდაცვალება შერჩენილიყო იმ ცივი სიმხურვალისგან. დაინთქა უმეტესი სიკვდილში სიცოცხლით, აღარ იყო შიში სიძვისა და გახრწნის, რასაც შელოცვამდე გრძნობდა. მიუახლოვდა სიკვდილი მედეას, არათუ როგორც ვიღაცას, თუნდაც მედეას, ან რაღაც სახელის მქონეს, არამედ როგორც ქალს – ზოგადად.

თრთოლით შეეხო ნაზ კანს, მერე მოეხვია და გველის პერანგი გახადა. მედეა ვერ ხედავდა სიკვდილს, მხოლოდ მის სიახლოვეს შეჯგუფებულ სიბნელესა და სიცივეს გრძნობდა, – და მან იცოდა, რომ ეს სიკვდილი იყო და იგი დაიუფლებდა მას. საკუთარ თავსაც არ უმხელდა თავის წადილსაც, რომ ეწადა მამაკაცი, არათუ სიძვით, არამედ სიყვარულით. სიკვდილი იყო ყველაზე ძლიერი მამრი ამ ქვეყნად, რადგან ძლიერება მისგან მოდიოდა და იმორჩილებდა ყველა სულდგმულს. სიკვდილში ჟინი და ენერგია ჭარბად

განთესილიყო, წინსწრაფვაც ყველაფერში და ყველგან დამორჩილებისათვის ცხოველ მოქმედებდა... და მედეა დამორჩილდა არა მამრსა თუ ხვადს, არამედ სიკვდილს.

ეხვეოდა სიბნელე და სიცივე ქალს და თავის უცნაური სიშიშვლით ანებივრებდა მედეაში შესისხლხორცებულ ქალურობას და ავსებდა სიკვდილოვანი შემმუსვრელი ძალით. ცივი ცეცხლი წვავდა ბავშვებს და ამ ბავშვების წარმომშობ საშოს. განაბულიყო მედეა ცივ სიამეში და სიცოცხლით ივსებოდა, რამეთუ მასში სიკვდილი იყო, სარეცელი გაუყო სიკვდილს და არა ადამიანს. ბუნიაობამ გაზათხულისამ თავისი წყალობა გაიღო მედეაზე ყველაზე მეტი სრულყოფილებით.

ხვნეშოდა მედეა ისევე, როგორც ტალღები მიწაზე დაცემისას. ღრმად შევიდა მასში სიკვდილი, გრძნობის დაკარგვამდე ეალერსებოდა

დამორჩილებულს

და არა დაპყრობილს.

ქალიც სრულად დაჰყვა სიკვდილის ნებას, ცეცხლით განათებულ მონაკვეთში ჩანდა მედეას მზეფერილი ხორცი, სიბნელეს რომ გადაეფარა სხეულის დიდი ნაწილი. მედეა ეფერებოდა სიბნელეს და სიცივის სიამისაგან თრთოდა. თავისი ლამაზი თვალებით სიბნელეს შეხედა ქალური სიმორცხვით. ჟინდაოკებულმა სიბნელემაც გაათავისუფლა დამორჩილებული თავისი მარწუხებისაგან, რადგან ქალი დაპყრობილი არ ჰყოლია. მიხვდა სიკვდილი, რომ მისი დაპყრობა შეუძლებელი იყო, იმდენად ძლიერი ნება დაუხვედრა მედეამ ცივ სიბნელეს. საიდუმლო წადილიც მისი ეს იყო - სიცოცხლის თესლით შეავსო სიკვდილმა ქალი და სიკვდილი გაქრა.

მედეამ ცეცხლს შეხედა - ადამიანის სიმაღლის ცეცხლის კედელი აღიმართა, მარხილსაც მოსდებოდა ზეცამდე ასული ცეცხლის ენები. ტკაცუნობდა მშრალი ხე. სურნელი გამძაფრებულად საამო იდგა, ისეთი, როგორიც არც

ერთი ხის დაწვისას არ არის. ისე დაიფერფლენ მედეას შვილები, რომ მძაფრი სუნი არ უგრძვნია დამწვარი ხორცისა, პირიქით ბალახებმა გააკეთილშობილა მიდამოს სურნელი.

– წითელი წიქარას ნაწოლზე აღარ ამოვიდეს ბალახიო, – თქვა მედეამ, უყურებდა რა ირგვლივ გაწითლებულ მუგუზალს, მარხილი კი მართლაც წითელ წიქარას ჰგავდა.

ზღვის ნაპირას ამ დღის შემდეგ აღარ ამოსულა ბალახი. მედეამ იქვე დაგდებული გველის პერანგი შემოიხვია ტანზე და უყურებდა მოგიზგიზე ცეცხლს.

მოულოდნელად მის თვალწინ აღიმართა ცეცხლში მოელვარე ჯვარი. გაოგნებისგან თვალები გაეყინა და თვალებიც ისხლიტავდა ცეცხლოვანი ჯვრის ანარეკლს. დიდხანს უყურა მედეამ ცხოველსმყოფელ ჯვარს და მიხვდა, რომ საირხეს ჯვარი არ იწვოდა, ცეცხლი არ ედებოდა, მაგრამ ცეცხლის სამოსში იყო გახვეული.

ფრთხილად გადადგა ერთი ნაბიჯი. არაფერი დამართნია, მერე უფრო თამამად მეორე ნაბიჯიც გადადგა და იგი ცეცხლოვან წრეში აღმოჩნდა. ციოდა მედეას და უკვირდა, რატომ არ ჰქონდა სიმხურვალე ცეცხლს, მხოლოდღა ჯვარს შემოსილი ცეცხლი მხურვალებდა. იფიქრა, ცეცხლისგან გადავარჩენ საირხეს ხრმალსო, ფრთხილად წასწია ხელი ჯვრისკენ, ხელი არ დამეწვასო... და ჯვარზე მოსილი ეს მხურვალე ცეცხლი ხელს არ წვავდა, ხელზეც კი შემოეხვია მედეას, მაგრამ დამწვრობა ვერ იგრძნო ხელმა.

ცეცხლოვანი ჯვარი აიღო დაფერფლილი მარხილიდან. უკანასკნელად დახედა შვილებს, ფერფლისფერი ედოთ ბავშვებს, რადგან ფერფლად ქცეულიყვნენ და ჯერ არ დაშლილიყვნენ. ქარ-კეთილი გაფანტავდა მათ.

– მზეო ცისაო, ამოდი! ძეო მზისაო, განათდი! – შეილოცა მედეამ და ცის კარი გაიღო.

ხელში მედეას გალაპლაპებული ხრმალი ეჭირა,
ზედ ამოტვიფრული ასომთავრულით –
„მესხიის მახვილი“.

XXIV

პოლისებში ადუღებული ამბები

ამაზ ზმანებას საშინელი ბოლო ჰქონდა – ყველას მსუბუქი თამაში ეგონა, შეჯიბრის გაგრძელებად ჩათვალეს ქალაქის შუა მოედანზე განრთხმული იფიტე. ხუმრობას არ ჰგავდა დილით ნანახი სურათი –

სისხლის გუბეში ჩაწოლილი კაცი,

ღია თვალებში რომ გაუცნობიერებელი შიში გაყინულიყო,

რომ არ ეჯერა, რაც დაემართა.

პირქვე ემხო ქვაფენილზე, კბილები ჩამტვრეოდა და სიმწრისაგან დაეკრიჭა, ვერ მოესწრო პირის დამუწვა ყვირილის ჟამს. ახლაც უხმოდ ისმოდა ამ დაღებული პირიდან ამომავალი სიმწრის ღრიალი, რომელიც უმალ შეწყვიტა მისგან გაფრენილმა სიცოცხლემ.

სიცოცხლის მერეც ყვიროდა, მაგრამ ველარავის აგონებდა თავის ხმას. აქვე გაქვავდა და მის უმოძრაობაში განგაში ჩანდა და ვერ ძლევდა იფიტე უმოძრაობას – თავი გატეხოდა, იქედან კი შედედებული სისხლი ჭრილობას კრავდა და ქვაფენილზე დანთხეულ ტვინს ფერს უცვლიდა და ახმობდა ისევე, როგორც ხმებოდა და მუქდებოდა თვით სისხლი.

ვიღაც ქურუმთაგანმა იფიტეს თვალებში სიკვდილი ამოიკითხა. ყველამ რამდენიმე ნაბიჯით უკან დაიხია. საშინელი შესახედი იყო მკვდარი თვალები – ისინი ქვაფენილს მიღმა შორეულ პერსპექტივაში იყურებოდა. ფიქრიც არ შერჩენოდა არაფრისადმი, იქნებ გაფიქრებაც ვერ მოასწრო ვერაფრის, ისე მოკვდა. ცხადი იყო, რომ ავადმყოფობას არ მოუკლავს. უკვირდათ საიდან ჩამოვარდა ამ შუა მოედანზე – ირგვლივ არც ხე იყო და არც შენობა, ხოლო სადაც ხე და

შენობაა, იქედან გადმოვარდნილი შუა მოედანზე ვერ მოხვდებოდა.

– ციდან ხომ არ ჩამოვარდნილაო? – იკითხა ერთმა სრულიად უადგილოდ. ყველამ ცაში აიხედა და მერე ამის მთქმელს შეხედეს წყრომით.

– რა დროს ხუმრობააო!

მერე განაგრძეს ბჭობა:

– კარგი, მოკვდა, მოკვდა, მაგრამ აქ, ამ შუა ქალაქში საიდან გაჩნდაო? ვინმეს რომ მოეტანა ცხედარი, სისხლის კვალი ხომ დარჩებოდაო? არადა, სადაც დავარდა, იქვეა გაშლილი სისხლის გუბე და ტვინიც აქვე აქვს დასხმულიო. ესე იგი, მკვდარი მოტანილი არ არისო, აქვე დავარდაო, მაგრამ საიდან?

ეს ამბავი მხიარულობის ზღვარს გასცდა, წახდა წინა დღის ხალისი. მოიკითხეს იფიტეს ამბავი და ვიღაცამ თქვა:

– ნამდვილად შემომესმა არაადამიანური ღრიალი და მასთან ერთად გაგიჟებული ხარხარი. იქნებ ეს ამ სიკვდილთან რაიმე კავშირში იყოსო?

გაიქნიეს თავები არგონავტებმა და უხუცესებმა.

– ჩემი ყურებიდან არასოდეს ამოვა ეს არაადამიანური ღრიალი და სიცილიო. ამ ხმებს არ ჰქონდა სიცოცხლე. ტანში მზარავს და სისხლი მეყინება ამის გახსენებაზეო, – ისევ თქვა იმ ვიღაცამ.

– ჰოდა, ნუ გაიხსენებო, – დაამშვიდეს ქურუმებმა.

ერთმა წარჩინებულმა გაიხსენა:

– ჰერაკლემ მოითხოვა ნადირობა და იფიტეც თან წაიყვანა. იქნებ ჰერაკლემ იცოდეს, რა დაემართა იფიტესო?

– მერე, სადაა ჰერაკლე? იქნებ გველეშაპმა შეჭამაო, ან ტყეშია დაჭრილი, იქნებ მოკლულიცო, ჩვენი დახმარება სჭირდებოდეს იქნებო, – თქვა ვიღაცამ.

– თუ მკვდარია, რაღა დახმარება დასჭირდებაო, – შეუსწორა მოსაზრება გვერდით მდგომმა.

ერთმა ჩუმად თქვა ისე, თვითონაც რომ არ გაეგონა,

მაგრამ ყველამ გაიგონა:

– იქნებ თვით ჰერაკლეს მოკლულიაო?

– როგორ თუ ჰერაკლესიო. იფიტე ხომ მისი განუყრელი მეგობარი იყოო! – შეიცხადეს ქალაქელებმა.

– განა ჰერაკლეს მოკლული არაა საკუთარი შვილები სიგიჟის ჟამსო?! იქნებ ახლაც სიგიჟემ მოუარაო. მითუმეტეს, აქ ვიღაცამ თქვა, არაადამიანური სიცილი მომესმა ყვირილთან ერთადო.

ბოლოს დაასკვნეს კორინთოელებმა:

– ჰერაკლეა მოსაძებნი და მისგან უნდა გავიგოთ იფიტეს სიკვდილის ამბავიო.

თქვეს, მაგრამ ყველას შეეშინდა წასვლა. ჩვენც არ გავიზიაროთ ამ საბრალო იფიტეს ბედი ჰერაკლეს სიგიჟის მოვლისასო.

მარტო ერთმა გამბედავმა გაბედა ჰერაკლეს საპოვნელად წასვლა და ქალაქი დატოვა.

კალიდონიდან[62] შიკრიკი მოვიდა სამწუხარო ამბით:

– კალიდონს გარეულმა ტახმა ანკეოსი დაგლიჯაო.

გაუკვირდათ, გუშინ ხომ აქ იყოო, რა უნდოდა კალიდონში, ან სად იყო გარეული ტახიო. სრული დაბნეულობა მეფობდა კორინთოში. აქ იფიტე, იქ ანკეოსი, არავინ იცის რა იქნა იაზონი და რა დაემართა ჰერაკლეს.

ერთმა აბეზარმა ისიც თქვა:

– ეს ყველაფერი გრძნეული მედეას ბრალია, მან მოგვაჯადოვა ყველაო.

– საბრალო ანკეოსიო, – თქვეს, – ველარ დალია თავისი დაწურული ღვინო. ასე უწინასწარმეტყველეს ქურუმებმაო. მედეას კი მის სიკვდილში ბრალი არ უნდა ჰქონდესო.

ისევ შიკრიკმა ითხოვა სიტყვა და კალიდონის ნადირო-

---

62. **კალიდონი** - ქალაქი ეტოლიაში მდ. ევენოსის მარჯვენა მხარეს პლევრონთან (აკ. გელოვანი. „მითოლოგიური ლექსიკონი" გვ. 238). სწორედ კალიდონში მოხდა ის ლეგენდარული ნადირობა, რომლის შესახებაც რომანშია მოთხრობილი. ამ ნადირობის მთავარი გმირი კალიდონის მეფის ძე მელეაგრეა. სწორედ მან ითავა კალიდონელთა დასასჯელად ქალღმერთ არტემიდას მიერ გამოგზავნილი ტახის დამარცხება და მანვე მოუხმო ელადის ყველა გმირს ტახზე სანადიროდ. ამ ნადირობას შეეწირა ანკეოსი - ერთ-ერთი ყოფილი არგონავტი.

ბის ამბავი მოჰყვა:

– მელეაგრემ მოიწვია ელადის რჩეული გმირები არტემიდას[63] გამოგზავნილ მძვინვარე ტახთან საბრძოლველად, რადგან კალიდონელთა დასარბევად გამოაგზავნა ქალღმერთმა კრომიონული ტახი და ისიც ანადგურებდა ყველაფერს, რაც კი გზად გადაეღობებოდა. მელეაგრეს შემონათვალი გუშინ მოსვლია ანკეოსს, თავისი ფიალა იქვე დაუდევს დაულეველად და გასწია. ისე მიჰქროდა თურმე, ქარს ასწრებდაო, ასე ამბობენ. ცხრადღიანი ნადიმის დასრულებისთვის მოუსწრია და ლუკმა გაუტეხავს. ატალანტაც[64] ინადირებსო, უთქვამთ მისთვის. გაჯავრებულა ანკეოსი, ქალთან ერთად არ ვინადირებო. პირველი ანკეოსი დაუგლეჯია ტახს. ბედმა ატალანტას არგუნა პირველი ჭრილობის მიყენება ტახისთვის... და როგორც იქნა მოკლეს, ასე ყოფილა, ასე გავიგე, ასე მითხრეს, მედეა კი არავის უხსენებია კალიდონშიო.

– კარგი, ანკეოსი არ დაღუპულა მედეას გამო, მაგრამ იფიტე რაღამ მოკლაო? – ვინც თქვა, იმან გაიმეორა იგივე:

– ჰერაკლემ წაიყვანა და იგი მოკლავდაო. და თუ ჰერაკლეს არ მოუკლავს, მაშინ ჰერაკლეც მოკლული იქნებაო.

ჰერაკლეს ვიღაც მოტრფიალემ ამაყად თქვა:

– ჰერაკლეს ვერავინ მოკლავდა. ხომ გაიგონეთ, სიცილი მომესმა და მწარე ღრიალიო. გამოდის, იფიტემ აწყენინა მას რაღაც და ამიტომ საკადრისი მიიღოო. გამბედავი წავიდა ჰერაკლეს საძებრად და იგი გვიამბობს, რა მოხდა წუხელ ღამითო.

პოლისის ყველა მცხოვრებმა გაიგო ანკეოსისა და იფი-

63. **არტემიდა** - ცხოველთა მფარველი, ქალწულთა ქომაგი, ნადირობის ქალღმერთი ბერძნულ მითოლოგიაში.

64. **ატალანტა** - არკადიელი მონადირე ქალი. ზოგი ვერსიით იგი იყო ამორძალი - ბავშვი ტყეში იპოვეს დაგდებული ამორძალებმა და მათ გაზარდეს, ზოგი ვერსიით კი ტყეში დაგდებული იპოვეს მონადირეებმა, რომელსაც ძუ დათვი ან დათვად გარდასახული არტემიდა აწოვდა ძუძუს და მან ჩააბარა ამ მონადირეებს ჩვილი ბავშვი აღსაზრდელად. კალიდონის ნადირობისას ისახელა თავი და პირველმა მან დაჭრა ტახი, რომლის მოკვდინების შემდეგ მელეაგრემ ტახის თავი და ტყავი საჩუქრად მას გადასცა. ქალის გვერდით ნადირობა იუკადრისეს კეფეოსმა და ანკეოსმა.

ტეს სიკვდილი და თავისებურად ახსნეს მათი უცნაური მოკვდინებები, ერთმანეთს დაუკავშირეს ისინი და მედეამდე მივიდნენ:

– ეს იმიტომ ხდება, რომ მედეას შვილების ცოდვამ უწია ელადას და თუ რაიმე დროულად არ ვიღონეთ, ყველას გაგვანადგურებს ბავშვების უმანკო სისხლიო. ეს სისხლი დროულად უნდა ჩამოვირეცხოთ ჩვენ მაინცო.

მისანთან მივიდნენ და რჩევა ითხოვეს.

– სამი დღე მადროვეთო, – უთხრა მისანმა პოლისის მცხოვრებთ, – იქნებ დაკარგული ჰერაკლეს ამბავი გავიგოთ, ან მწუხარე მამის – იაზონის ადგილსამყოფელს მივაგნოთო, ან სად წავიდა მედეა, პატიება რომ ვითხოვოთო. მერე წყაროს წყლის ანარეკლის იქითა სამყაროში ვეძებოთ

ბედისწერა,

ხვედრი,

სიცრუე,

სიმართლე,

სამართალი და

უსამართლობა. ისინი გვეტყვიან როგორ უნდა მოვიქცეთ, ბავშვების სისხლმა რომ არ დაგვახრჩოს ელადელნიო.

გაუკვირდათ კორინთოელებს:

– რა წყლის ანარეკლის სამყაროო?

– ეს სამყარო მედეას ბაღიაო, – უპასუხა მისანმა.

– როგორ ვიპოვოთ წყაროს წყლის ანარეკლის სამყაროო, – დაიბნენ კორინთოელები.

ჩაფიქრების შემდეგ მისანმა ამოიოხრა და უთხრა ხალხს:

– დედამიწაზე ერთი ბალახი იზრდება. მას ჰეკატეს[65] კლიტე ეწოდება. მისი პოვნა მხოლოდ სავსე მთვარის დროს

---

65. **ჰეკატე** - იდუმალ ძალთა პატრონი, ქვესკნელის მბრძანებელი ქალღმერთი. კოლხეთის მეფე აიეტის და და მედეას მამიდა, ზოგიერთი ვერსიით აიეტის ცოლი და მედეას დედა. მისნობა და ჯადოქრობა მამიდასგან (დედისგან) ისწავლა მედეამ. გაშენებული ჰქონდა ბაღი, სადაც უამრავი სამკურნალო ბალახეულობა იზრდებოდა და ყველა მათგანის გამოყენება ასწავლა ძმისწულს (ქალიშვილს). ზოგიერთი ვერსიით კი მედეას დედად მოხსენიებულია იდიია, მამიდად კი კირკე. მამიდის ვინაობისთვის გლავკე-კრეუზას არჩევის პრინციპით ვიმოქმედე და ამ მეთოდს მეცნიერულ დადასტურებულ კვლევასთან და მის შედეგთან საერთო არაფერი აქვს.

შეიძლება ანკარა წყაროს წყლის მეშვეობით. გრაალში უნდა ჩაისხას ეს წყალი, ისეთ გრაალში, რომლიდანაც წყალი ჯერ არავის დაულევია და ყოველი ადამიანური ლოცვის მოწამეა, წყალი რომ ღვინოდ ქცეულა მასში, ეს ღვინო კი მერე დამშრალა და ზეცამდე ასულა ღვთაებრივ სისხლად. ამ გრაალში სავსე მთვარიანობისას ცააშხას[66] ჩასხმული ანკარა წყაროს წყალი მთვარის მზერაში და მისი სხივების ლივლივში არ დაიღვრება გადმოპირქვავებისას.

ასე უნდა დაიარო მინდორი,
სადაც არასოდეს დაღვრილა სისხლი
და არ უძოვია ბალახი საქონელს
და არც გათელილა ადამიანის ფეხით ბალახი
და არ უზეიმია არავის ბუნიაობა
და არ წაბილწულა მინდორი მიწიერებითა და ბიწიერებით.

ამ მინდორში იზრდება ბალახი ჰეკატეს კლიტე. ის, ერთი შეხედვით, როგორც ყველა სხვა დანარჩენი ბალახი, მწვანეა, წყაროს წყლის ანარეკლში კი მისი ღერო სისხლისფერია, ალაგ-ალაგ ქერქიცა აქვს, რომელიც ცეცხლისფერია, განტოტვები ნაცრისფერია, ფოთლები ცისფერია, ყვავილები კი ბალახისფერია, იმ ბალახისა, რა ფერიცაა ანარეკლს აქეთ. მას რომ იპოვნი, გრაალის მიღმა სამყაროში შესვლა შესაძლებელი იქნება. წყალი ტბად იქცევა და გადაინაცვლებ სხვა განზომილებაში და იქ იპოვი პასუხს ყველაფრისას. ტბამ რომ არ დაგახრჩოს და გამოსასვლელი კარი არ დაგიკეტოს, ამის საიდუმლო მხოლოდ მედეამ იცის, რადგან მედეას ბაღია ის და ამ ბაღს მისი მამიდა პატრონობს. ამიტომ ჩვენი, ელადელების წესი როგორცაა, ისე ვქნათ, იქნებ მედეა შეგვიძლვეს თავის ბაღში და შენდობა გამოსთხოვოს შვილებს. ავაგოთ მედეას საკურთხეველი და სამსხვერპლოზე ყველა კორინთოელი პირმშო შევწიროთ. იქნებ გული მოულბეს მედეას და აღარ ისურვოს ჩვენი

66. **ცააშხა** - მეგრულ დიალექტზე ხუთშაბათს ნიშნავს, ხუთშაბათი კი ცის დღედ მოიხსენიება და ასეთად დამკვიდრდა დიალექტში.

დაღუპვა. მანამდე კი ჩვენი დაკარგული ძმების – ჰერაკლესა და იაზონის ადგილსამყოფელი ვიპოვოთ, იქნებ არცაა ეს სიკვდილი მედეას გამო და უბრალო დამთხვევა იყოს. ამით ჩვენი შვილები გადარჩებიანო.

დაღონდნენ ქალაქის მცხოვრებნი – სად უნდა ეპოვათ:

გრაალი,

ან მინდორი,

ან ბალახი,

ან როდის გაიგებდნენ დაკარგული ჰერაკლესა და იაზონის ამბავს,

ან მედეას ადგილსამყოფელს,

არ იცოდნენ.

ბრუნდებოდნენ მკითხავიდან მეტი კითხვებით, ვიდრე მივიდნენ. ეს კი დანამდვილებით იცოდნენ, რომ მედეას ბაღში შეღწევა მხოლოდ ამ გზით თუ იქნებოდა შესაძლებელი მართლაც. ერთ-ორს ხელი გაუმართა ამგვარად, თვითონ ხლებია გრძნეულ დედოფალს ბაღში და ეს იცოდა იმ ერთმა-ორმა, ხოლო სად იყო ის „ერთი-ორი“, არ იცოდნენ. დაადასტურეს კიდეც ერთმანეთში ლაპარაკისას, რომ მისანმა გზა-კვალი კი არ აურია, არამედ სწორ გზაზე დააყენა. ის არ მოსწონდათ მხოლოდ, მედეას საკურთხეველზე რომ თქვა. არავის სურდა თავისი პირმშოს მსხვერპლად შეწირვა, მაგრამ რა უნდა ექნათ? ასე ფიქრსა და ჯავრში გავიდა რამდენიმე დღე. მთელი ქალაქი საზარელ დუმილში გარინდულიყო, ავისმომასწავებელ დუმილში, სანამ გამბედავი არ დაბრუნდებოდა შინ ჰერაკლეს ამბით. ჰოდა, დაბრუნდა ადრე, თუ გვიან, თან მოიტანა გამაოგნებელი ამბავი:

– თურმეო, – ყვებოდა გამბედავი, – ცოლს ქმრისთვის კენტავრის[67] სისხლში ამოვლებული სამოსი გაუგზავნია. კენტავრს მოუტყუებია, სიყვარულის ელექსირიაო ჩემი სისხლი და მიტომ. ამასაც სიყვარულის სიბრმავით მოსვლია და-

67. **კენტავრები** - ტყეებისა და გამოქვაბულების ბინადარი მითიური ცხენ-კაცი, რომელსაც ცხენის ტანი და ადამიანის თავ-მკერდი აქვს. ძირითადად ისინი ბოროტი არსებები არიან.

უდევრობა. ჰერაკლეს გახარებია საჩუქარი და ჩაუცვამს, ცეცხლი მოსდებია ამის შემდეგ გმირს. როგორ არ ეცადა, გაეხადა სამოსი, მაგრამ ამაო იყო მცდელობა, უფრო და უფრო ეკვროდა ტანზე და წვავდა სხეულს. აუტანელმა ტკივილებმა გააგიჟა და იქვე, ვიღაცისთვის წამოუვლია ფეხში ხელი, კლდეს შეუნარცხებია და ზღვაში უსვრია. კლდე გადამტყდარა თურმე. ეს ამბავი რომ ცოლს გაუგია, მიმხვდარა თავის შეცდომას და ხრმალზე წამოგებულა, როგორც დამარცხებული მეომარი... ჰერაკლე კი ჯერ კიდევ ცოცხალი კოცონზე დაწვეს მისივე ბრძანებით. ცეცხლის შენთება მხოლოდ მე გავბედეო. ღამისა და სისხლის ასულმა[68] დაიტირა თავისი საყვარელი და დანთილ ცეცხლს სუნთქვა ჩაუდგა, რათა მალე დამწვარიყო იგი და შერიგებოდა ჰერას, იქუხა ღრუბელმა და ჰერაკლე ოლიმპიურ პანთეონში აღიზიდა და პირველად სიცოცხლის მერე ერთმანეთს შეეგებნენ ჰერა და ჰერაკლე. აღარ გააჩნდა სიგიჟის შეგრძნება გმირს. მის გვერდით იდუმალი ქალღმერთი იყო და სიყვარული ზეცაში გაგრძელებულა თურმე.

გაოგნებული ხალხი სასოწარკვეთას მიეცა, არ უნდოდათ, დაეჯერებინათ თავიანთი გმირის სიკვდილი. უკანასკნელ იმედად ახლა იაზონის სიცოცხლე რჩებოდა. ერთმანეთს ეკითხებოდნენ მედეას ადგილსამყოფელს. დაზუსტებით კი ვერავინ ვერაფერს ამბობდა. ზოგმა თავისი შვილების გადამალვა დაიწყო, რათა მოახლოვებული მსხვერპლშეწირვის სისასტიკე არ შეხებოდა მათ ოჯახებს. საკუთარ თავსა და სინდისს ვერსად ემალებოდნენ. ზოგი გრაალს ეძებდა, იქნებ შეუსმელი ჭურჭელი ეპოვნათ. ესეც ჰქნეს, ახალი გააკეთეს, ბაგედაუკარებელი. დაიწუნა მისანმა, ადამიანური ყოველი ლოცვა არ შეუსმენია ამ ჭურჭელ-

68. **ღამისა და სისხლის ასული** - მხედველობაშია ბოროტი ქალღმერთი ლუტი, ზოგიერთი ვერსიით მანია, რომელიც ჰერაკლეს სიცოცხლეშიც და სიცოცხლის მერეც სიგიჟეს უვლენდა, შედიოდა რა მასში. იგი მარადი საყვარელი იყო ჰერაკლესი და თავი არც სიცოცხლის მერე დაანება, შეურიგდა რა ჰერაკლე ჰერას (ზევსის მეუღლესა და დას, ქრონოსის ასულს, ქორწინების მფარველ ღვთაებასა და მშობიარეთა შემწეს, ჰერას, რომელიც ჰერაკლეს უბედურებათა და განსაცდელთა შემოქმედი იყო).

სო. ზოგისთვის იმედად მინდორი რჩებოდა, სადაც ჰეკატეს კლიტე ხარობდა. აქაც ვერ გააწყვეს ვერაფერი, რადგან მინდორი ვერ მოიძებნა სისხლდაუღვრელი, ფეხდაუდგმელი და წაუბილწავი და რომც მოეძებნათ, ჰეკატეს ყვავილი გრაალის გარეშე არ გამოჩნდებოდა, თუნდაც ყოფილიყო სავსე მთვარე ცაა შუა დღეს. ისიც არ იცოდნენ მთვარე ცაა შუ-ხას დასაბამს უნდა გამოჩენილიყო სავსედ, თუ ცის დღის მიწურულს. და ელადელებმა არც ის იცოდნენ, რომელი შვიდთაგანი იყო ცაა შდღა. ეს მხოლოდ მედეამ იცოდა მთელს ელადაში. ეძებდნენ მედეას კვალს და ვერ პოულობ-დნენ:

– იქნებ არც არის ელადაშიო, – ასეც გაიფიქრეს.

– სად უნდა წასულიყოო?

– კოლხეთში დასაბრუნებელი პირი არა აქვს, სხვა ქვეყ-ნებში ფეხს ვერ მოიკიდებსო.

– ჩვენს მტრებთან მისული?

– მტერი დაფრთხება, ვერ გაბედავს ჩვენთან შეჭიდებას მედეას გამო, და მიტომო.

– აბა, ჩვენი მეგობარი ისევ ჩვენ გვეტყვის მის ადგილ-სამყოფელსო.

– სადღაც იქნება და გამოჩნდებაო.

– ცოტაც დაველოდოთო.

– იქნებ აღარცაა ცოცხალიო, ან მგელმა შეჭამა და ან თავი მოიკლაო?!

– თუ ეს ასეა, მაშინ რა ვქნათო? – ჰკითხეს მისანს.

– დრო გვიჩვენებს ყველაფერს. ის გვიკარნახებს თავის სათქმელს. მანამდე კი მედეას საკურთხეველი ავაგოთ იმ ადგილას, სადაც შვილები დაუწყვიტეს კორინთოს დიდე-ბულებმა. დიდი სამსხვერპლო აღმართეთ, საკუთარი პირმ-შოები რომ შესწიროთ. ღმერთები სხვა შვილებსაც მოგცე-მენ. ამისთვის ილოცეთ, ხიფათში რომ არ ჩაავდოთ შთამო-მავლობაო.

აცრემლებულები დაბრუნდნენ შინ კორინთოელები.

გულდამდუღრული აგებდნენ საკურთხეველსა და სამსხვერპლოს. დროის გაწელვით აგებდნენ მედეას სამლოცველოს. ბოლოს ააგეს კიდეც და ხოცავდნენ რიგ-რიგობით თავიანთ პირმშოებს კორინთოს მცხოვრებნი. საერთოდ წახდა ქალაქის მესვეურთა განწყობილება, როგორც კი გაიგეს, ვის სწირავდნენ საკუთარ შვილებს თანაქალაქელნი. ესეც რისხვად ჩათვალეს. კითხულობდნენ:

– რომელ ღმერთს უნდა ჩვენი შვილების დახოცვა გადამთიელთა გამო? რატომ კლავთ საკუთარ შვილებს! ასე ნუ იზამთო, – ემუდარებოდნენ ქალაქის მესვეურები კორინთოელებს.

– სისხლის ცოდვაა ყველა ჩვენგანზეო, – პასუხობდნენ კორინთოელები უხუცესებს, – თქვენც დახოცეთ თქვენი პირმშოები, იქნებ მედეამ შეგვინდოს ეს ცოდვა და გადავრჩეთ მისი რისხვისაგანო.

– მედეა არასგზით არ ჩარეულა ამ სიკვდილებშიო. იფიტე ჰერაკლემ მოკლაო, ანკეოსი ღორმა დაგლიჯაო, ჰერაკლე ცოლის გაგზავნილმა სამოსმა მოკლაო. სადაა აქ მედეაო?

– ცოდვის განკითხვაშიაო, – პასუხობდნენ დაშინებული ქალაქელები.

– მიდით მაშინ და ხოცეთ შვილები და გაახარეთ მტრებიო, – განაწყენებით ეუბნებოდნენ ქალაქის მესვეურები.

– რომ აღარ დაგვრჩება პირმშოები, მერე თქვენ დაგხოცავთ თქვენი შვილებიანადო, – გაუწყრა პოლისი თავის მეთაურებს.

ისინიც გაეცალენ იქაურობას დიადი შიშით. მათ თავში ტრიალებდა მხოლოდ ის, თუ როგორ შეეჩერებინათ უაზრო თვითმკვლელობა, რომელიც დაატყდა თავზე მთელს ქალაქს და უკვე მუქარა მათზე გადმოვიდა, თავი მოიკალითო. უარესი იყო ეს შიში და ამის გამო ისე უნდა შეენილბათ მთელი ეს ცოდვა, მათ რომ არაფერი მოწეოდათ. ხალხის შეგნებაში უნდა გამქრალიყო დანაშაულის შეგრძნება არათუ იმიტომ, რომ სინდისი ქენჯნიდა გონებას, არამედ

იმიტომ, რომ ხალხის მღელვარება დამცხრალიყო ერთხელ და სამუდამოდ, რათა დამორჩილებოდა ბრბო ნებას მეთაურობისას. მტრით არ იყვნენ შევიწროვებულნი, საკუთარ სხეულში კი დაიწყო ხრწნა სიმრუდემ და დანაშაულმა. ამიტომ შეუმჩნეველი უნდა დარჩენილიყო ბრბოსთვის მათი მორიგი ჩანაფიქრი.

თავის მსტოვრებში ხმად დააგდეს ის, რაც იმ წყეულ ღამით ამბად მოიტანა ბნელი ქუჩის მგზავრმა, – ალბათ, მედეამ საკუთარი შვილები დახოცაო, ამათმა კი დარწმუნებით ჩააგონეს მსტოვრებს მედეამ საკუთარი შვილები თვითონვე დახოცაო. ერთმა ერთს უთხრა, მეორემ – მეორეს და გავრცელდა ასე ხმა. დაფიქრდნენ კორინთოელები:

– ეს როგორო?

– ან რატომო?

– ან შენ რა იციო?

ამ კითხვებით გაბრუნდნენ მსტოვრები პატრონებთან, პასუხი რომ მიეღოთ უხერხულ კითხვებზე.

– როგორ და – დანა გამოუსვა კისერშიო,

– რატომ და – იაზონის დასასჯელადო,

– რა ვიცი და – მე თვითონ შევესწარიო.

ასევე დაარიგეს პასუხები.

– თუ მართალი ხარ, შენი თანდასწრებით რატომ მოკლაო, იაზონის თვალწინ მოეკლაო...

ამაზე კი პასუხი აღარ გააჩნდათ ქალაქის თავებს, ვეღარ გათვალეს თავში ასეთი ნაირსახეობითი განტოტვა ერთი დიდი სიცრუისა, და მიტომ. აღარ გაუგზავნეს კითხვაზე პასუხი, არადა ვერ ხვდებოდნენ და არც მსტოვრები უმხელდნენ პატრონებს, რომ რამდენადაც მათი მცდელობა შორს მიდიოდა, იმდენად უფრო მწვავდებოდა მოქალაქეთა დამოკიდებულება ყველაფრისადმი. ამიტომ თავის ნებაზე მიუშვეს ბრბო და შორიდან აკვირდებოდნენ მოვლენებს. ბოლოს უკანასკნელი მცდელობაც გამოიყენეს თავისი მსტოვრების მეშვეობით –

ერთმა გეტერამ მეორეს უამბო:

– ათენის შუაგულში მთელის დიდებულებით წამომართულა ეგეოს-მეფის მშვენიერი სასახლე, რომელიც მარცხენა მხრიდან უღრან ტყეს გაჰყურებს, მარჯვენით კი სასახლის მთავარი შესასვლელია, სადაც მოჩუქურთმებული კარიბჭეა და კიდული ათენა-პალადას[69] მრავალნაირი გამოსახულებით. სასახლის ორივე მხარეს აღმართული ორი ქვის კოშკი მტერთა დასაზვერად აღემართათ. აკროპოლისის ბორცვზე ათენას ტაძართან ერთად ეგეოსის სამკვიდრებელია. გველეშაპშებმულმა სამეფო ეტლმა სასწრაფოდ გადაკვეთა ქალაქი და მეფის სამკვიდრებელთან გაჩერდა.

– კეთილი იყოს შენი მობრძანება, მედეაო, – მიგებებია თურმე სტუმარს ეგეოსი.

– პანდიონის დიდებულო ძევ, შენს სიკეთეს არასოდეს დავივიწყებო, – მადლიერება გამოუხატავს კოლხ ასულს.

– რას ბრძანებო, – უთქვამს ეგეოსს, – შინ მეწვიე. ჩემთვის დიდი პატივია დაგაბინავო ჩემს სამკვიდრებელშიო.

მიუწვევია თურმე ეგეოსს მედეა და თურმე იმასაც ამბობენ, ცოლად შეურთავსო ბებერ მეფეს ახალგაზრდა კოლხიო.

– შენ საიდან იციო? – გაკვირვებია მეორე გეტერას და უკითხავს პირველი ქალისთვის. ამ ქალს გაცინებია და დაუფიქრებლად უპასუხია:

– სიზმარი ვნახე, სიზმარში ათენელი საყვარელი ვნახე

---

69. **ათენა-პალადა** - ბერძნულ მითოლოგიაში სიბრძნის, სხვადასხვა ხელოსნობისა და სამართლიან ომთა ქალღმერთი. იგი ქალაქთა მფარველიცაა. ზედწოდება პალადა (ანუ ქალწული) მიიღო მეგობრისა და თანშეზრდილ ტრიტონის ქალიშვილ პალადას მოკვლის გამო, რომლის სახებაც თავის ფარზე ამოკვეთა. თავად ათენა ზევსისა და ტიტანიდას ასული იყო. ზევსმა გადაყლაპა თავისი ფეხმძიმე საყვარელი და ათენა თავად წარმოშვა, რომელიც ჰეფესტოს დახმარებით განსახიერდა ზევსის თავიდან სრული საბრძოლო აღჭურვილობით. ათენა ზევსის ფიქრი და აზრია მოქმედებაში განსახიერებული. ერთ-ერთი ვერსიის მიხედვით ათენას პალადიონი (გამოსახულება) ციდან გადმოაგდო ზევსმა. რაც შეეხება ათენის აკროპოლისის ბორცვზე აგებულ ათენას ტაძარს, რომელიც მოხსენიებულია რომანში, გვიანდელი ძეგლია (ძვ. წ.ალ-ით 447-437 წწ.), ვიდრე ნაწარმოებში მოთხრობილი ეპოქა. რომანშიც ათენის აკროპოლისზე ქალღმერთ ათენას ტაძარი დგას, მაგრამ არა ის, რაც ახლაა. დასაშვებად მიმაჩნია, რომ ათენას ტაძარი აქ ადრეც შესაძლებელია ყოფილიყო და ანტიკურ ხანაში, ან აღადგენდნენ, ან ახალს ააშენებდნენ.

და იმან მიამბოო.

– იმან რა იცოდაო?

– სასახლის კარზე მოახლეს ჰყვარობს და იმან უამბოო.

– იმ მოახლემ საიდანღა იცოდაო?

– თავისი თვალით უნახავს, როგორ გაიზიარა მედეამ მოხუცი ეგეოსის სარეცელიო, ისიც იქ იყო და ემსახურებოდა საყვარლებსაო.

– მართლაო?

– მართლაო, – დაუდასტურა გეტერამ და გულიანად გადაიხითხითა.

– თუ კიდევ ნახო ასეთი სიზმარი, მიამბეო, – უთხოვია მეორე გეტერას პირველისთვის და წავიდა...

მოედო ქალაქს ეს სიზმარი. გაიკვირვეს, მაგრამ არაფერი თქვეს კორინთოელებმა, დაუცადეს დროს, კიდევ რა ითქმებოდა მედეას შესახებ.

დღეები კი ერთმანეთს გაეკიდა და ამ ამბავმა
იგორა,
იგორა და
ქალაქიდან გადაგორდა
და ვინ აღარ აალაპარაკა:

– ალბათ, გაიგებდი, ათენს რომ მედეა ეწვიაო.

– რომელი მედეაო?

– კოლხი მეფის ასულიო, იაზონს რომ ოქროს საწმისი მოაპარინაო.

– კორინთოს რაღატომ ტოვებსო?

– ნუთუ არაფერი გაგიგიაო, ქმარმა უღალატა და შვილები კორინთოელებმა დაუხოცესო.

– შვილები დაუხოცესო? ეს რა მესმის! ეს რა ქარტეხილი დატეხია მედეასაო!..

– ახლა კორინთოდანაც აძევებენო!

– ისინი რას ერჩიანო?

– ამბობენ მოღალატე ქმარზე შური იძია და ახალგაზრდა საცოლე მოუწამლაო.

– მეც ასე ვიზამდიო, – დაიქადნა ქმრის უთავბოლო გართობებით თავგაბეზრებულმა ქალმა, – მაგრამ არ ვიცი როგორო.

– მედეამ შვილების ხელით გაუგზავნა მეტოქეს საქორწინო საჩუქრები – შხამში ამოვლებული კაბა და ოქროს გვირგვინიო.

– საბრალო ბავშვებიო!..

– მედეამ შურისძიება მაშინ განიზრახა, როცა სასტიკად გაამწარესო.

კორინთოელებს კი გადაეწყვიტათ, ათენში წვეოდნენ მედეას და ბავშვების სისხლის ცოდვა ჩამოერეცხათ თავიანთი შვილების საკეთილდღეოდ. მსხვერპლად შვილებშეწირული რამდენიმე მშობელი და მედეას სამლოცველოს ქურუმი შეემზადა წასასვლელად, თან მისანიც იახლეს. წასვლამდე ისევ ის გეტერა მივიდა მეორე გეტერასთან და უამბია მისთვის ახალი სიზმარი თავისი ხატოვანი ენითა და დამაჯერებლობით:

– ათენში გაზაფხულის თბილი საღამო იდგა. მზე დასავლეთისკენ იწევდა და ჩამავალი სხივები აწითლებდა სასახლის ბაღში ახლადაყვავებულ დიდრონი ხეების თეთრ კვირტებს, რომლებიც ვარსკვლავებივით კიაფობდნენ ხის ტოტებზე. სურნელოვან ყვავილებს ჰაერში გაექლინთა საამო სურნელი და არემარე თავბრუდამხვევ ბალზამში გახვეულიყო. ჩიტებმა თანდათან შეწყვიტეს ჟივჟივი და ფოთლებში მიიმალნენ. ბაღში ჯერ კიდევ ისმოდა ფუტკრებისა და მწერების ყურისწამღები ბზუილი. ორ რიგად ჩამწკრივებულ კედარებს შორის დინჯად დააბიჯებდა მედეა და ბუნების კეთილსურნელებას სუნთქავდა და გრძნობდა, რომ სულში ჩაღვრილი ეს სითბო მალე შეწყდებოდა. მიუხედავად სახეზე გამომეტყველებული გარეგნული სიმშვიდისა, სული მაინც უფორიაქობდა, უსიტყვოდაც ეტყობოდა შინაგანი შფოთვა.

– რახანია დაგეძებო, მედეა, – გამოეგება ბაღში ეგეოსი.

– რატომ დამეძებო?

– მთელი სასახლე მოვიარე და არც კი ვიცოდი, სად იყავი. ბაღში ასე გვიან რატომ გამოხვედიო? – ჩაეძია ეგეოსი.

– ვიფიქრე, ბუნების მშვენიერებით დავტკბებოდიო.

– მართლაც ლამაზია ბუნება შენი იდუმალი თვალებივითო.

თვალები მოარიდა მედეამ ეგეოსს, მას კი არ გამოპარვია ლამაზი ქალის ეს წუხილი.

– რაღაცას მალავ, თვალები გამხელენ, მედეა, იქნებ სადმე გინდა წასვლა, იქნებ მოგენატრა ვიღაც.

– ნუ ეჭვიანობ, ეგეოს, ცუდი ამბავი უნდა გაცნობო.

– რა უნდა მაცნობო ასეთიო?

– საფრთხე გემუქრებაო.

– რა საფრთხე და ვისგანო? – შესცვლია სახე ეგეოსს, მოსიყვარულე მოხუცი მრისხანე მეფედ გარდაქმნილა.

– ათენში ერთი უცხოელი ჩამოვიდა შენს მოსაკლავადო. უფრო მეტად გაკვირდა ეგეოსი:

– ჩემს მოსაკლავადო? – შეაშრა პირზე სიტყვა, – რისთვის უნდა ვიღაც უცხოელს ჩემი სიკვდილი? ან ვინ არის ის უცხოელი და შენ საიდან გაიგეო?

– ვინც არ უნდა იყოსო, – უპასუხა მედეამ, – შენი მოკვლა კი განუზრახავს და რა მნიშვნელობა აქვს დანარჩენს. გირჩევ, დაასწრო და შენ მოუსწრაფო სიცოცხლეო.

– ეს როგორო?

– ვახშმად უნდა მოიწვიო სასახლეში და სასმელი დავალევინოთო, – დაუსრულებია მედეას თავისი განზრახვის ამოთქმა და ღვარძლიანად გასცინებია.

ჩირაღდნებით განათებულ შუა დარბაზში, – განაგრძობდა გეტერა სიზმრის თხრობას, – გაშლილი ტრაპეზის წინ, დინჯად ეჭირა თავი მედეას და უცნობის ყოველ მოძრაობას თვალყურს ადევნებდა. ეგეოსს, სტუმრისგან განსხვავებით, დაძაბულობა ეტყობოდა, დროდადრო ისიც აპარებდა თვალს უცნობისაკენ, თითქოს რაღაცას უფრთხისო.

სატრაპეზოზე უხვად ელაგა საქონლისა და ცხვრის ხორცი, ღვინო ისხმებოდა და ისმებოდა.

დუმილი მეფეს დაურღვევია:

– თეზევს, გატყობ, შორი გზა გამოგივლიაო.

– დიახ, მეფეო, ხმელეთის სახიფათო გზები განვვლე. პაპამ მირჩია ზღვით ჩამოვსულიყავი ათენს, მაგრამ არ დავუჯერეო.

– რატომ, თუკი ზღვით უფრო იოლად მოხვიდოდი? – ჩაეკითხა ეგეოსი.

– ხიფათს არ ვუფრთხი, მეფეო, პირიქით, მიზიდავს კიდეც.

– შენთა გმირობათა ამბავი აქამდეც ჩამოსულა, მეც გამიგონია შენი ძალის შესახებო.

– კონიდასს[70] უნდა ვუმადლოდეო, – ესა თქვა თეზევსმა და ხორცის გასაჭრელად თავისი ხრმალი ამოიღო.

ის იყო, ხორცს დაადო გასაჭრელად, ეგეოსმა უმალ იცნო მასთან ახლოს მიტანილი ხრმალი. ელდა ეცა, სხეული მწველმა მხურვალებამ მოიცვა.

– ეს ხრმალი საიდან გაქვსო? – ჰკითხა ბოლოს.

– მამის დანატოვარიაო. დედამ ერთ ლოდთან მიმიყვანა, ამაწევინა, იქ იდო ეს ხრმალიცა და სანდლებიცაო, – უპასუხა თეზევსმა.

– დედაშენს რა ჰქვიაო? – ხმის კანკალით უკითხავს ეგეოსს.

– ეთრაო, – უპასუხია თეზევსს.

პითიის ორაკულის[71] ნათქვამი გაახსენდა მეფეს,

– სიყვარულს და ღვინოს ერიდე, სანამ აკროპოლისამდის არ მიაღწევო.

---

70. **კონიდასი** - თეზევსის მწვრთნელი, კენტავრ ქირონთან ერთად.

71. **პითიის ორაკული** - ერთ-ერთი ძლიერმოქმედი სამლოცველო წარმართული ხანის საბერძნეთში. მდებარეობდა დელფოსში და მეორენაირად მას დელფოს ორაკულს ეძახდნენ. აქ იყო მთავარი ტაძარი, სადაც პატივს მიაგებდნენ აპოლონს. თავად ორაკული წარმოადგენდა მიწის ნაპრალს, საიდანაც ამოდიოდა ოხშივარი, რომელიც იწვევდა ჰალუცინაციებს. ნაპრალის თავზე იჯდა მისანი ქალი. ისუნთქავდა რა ამ ორთქლს, წარმოთქვამდა იდუმალ სიტყვებს, ეს კი აღიქმებოდა როგორც აპოლონის გამოცხადება.

– მტერი მეგონე და შვილი ყოფილხარო! – უყვირია სიხარულისგან გადარეულ ეგეოსს, – ღვინოს ხელი არ ახლო! – დასწვდა ფიალას მეფე და დაღვარა.

მედეასთვის ცივ ოფლს დაუსხამს და მიმხვდარა, რომ ყველაფერი დამთავრდა. ბოლოს ათენიდანაც გაიქცაო, – დაასრულა თავისი სიზმარი გეტერამ.

– ძალიან დიდი სიზმარი არისო, – უთხრა მეორე გეტერამ პირველს, – მაგრამ შენ ყველაფერი ეს საიდან იციო? – ჩაეკითხა მაინც.

– სიზმარში ათენელი საყვარელი ვნახე და იმან მიამბოო.

– იმან რა იცოდაო?

– სასახლის კარზე მოახლეს ჰყვარობსო და იმან უამბოო.

– იმ მოახლემ საიდანღა იცოდაო?

– თვითონ დაუსხამს ფიალაში ის ღვინოო.

– ასეთი გრძელი სიზმრის ნახვა ერთ ღამეში როგორ მოასწარიო?

– ღამე გამიგრძელდა იმ კაცთანო.

– მართლაო?

– მართლაო, – დაუდასტურა გეტერამ და გულიანად გადაიხითხითა.

– მაშინ რა გამოდისო, – გაიკვირვა მეორე გეტერამ, – ჩვენ აქ ჩვენს შვილებს ვხოცავთ, მედეა კი იქ მოხუც მეფეებთან ნებივრობსო?!

– ასეაო, – დაადასტურა სიზმრის პატრონმა, – რაღაა თავისი შვილები, სხვისი შვილების სისხლშიც აქვს ხელი გასვრილიო. ახლა მაინც დარწმუნდი, რომ „ქალაქის მამები“ არ ტყუოდნენ, მედეას რომ აბრალებდნენ იმ ბავშვების დახოცვასო?!

– ახლა კიო, მაგრამ რაღა დროს, როცა მსხვერპლად შევწირეთ ჩვენი პირმშოებიო.

– ახლა რა უნდა ვქნათო?

– ვკითხოთ მისანს და გვეტყვისო.

– მისი ბრალია, რაც დაგვემართაო.

ასე გავრცელდა ხალხში ახალი მითი.

შეიკრიბა დიდი და პატარა ქალაქის მოედანზე, შეიპყრეს მისანი და დაიწყეს მსჯელობა, რა უნდა ექნათ ამის მერე. ქალაქის წარჩინებულები კმაყოფილები იყვნენ და მშვიდად ადევნებდნენ თვალს, რაც ხდებოდა, იცოდნენ, რომ გადარჩენილები იყვნენ, რაც და როგორც არ უნდა მომხდარიყო. ბევრი თქვეს აუგი, სინანული – თავიანთ გადაწყვეტილებაზე. ერთმანეთს ეჯიბრებოდნენ ვინ რა სიბინძურეს იტყოდა მედეაზე – ეს ვნახე და ის დავინახეო.

გონი ჰქონდა წართმეული ბრბოს ისე, რომ მედეას ცოცხლად შეჭამდნენ, სადაც არ უნდა ენახათ. სიკვდილის კულტი ქალაქის მესვეურთათვის ბრბოზე ზემოქმედების იარაღად ქცეულიყო, წამებული ბავშვებიც საამისოდ ხელსაყრელი მასალა იყო... და დაიწყო შურისძიების უცნაურობამდე უიშვიათესი დასასრული – გადაწყვიტეს, დაენგრიათ მედეას სამლოცველო და შიგ სამსხვერპლოზე დაებათ მისანი.

– რას იტყვით, – ჰკითხეს მისანს, – როგორი გადაწყვეტილება მივიღეთ?! ახლა მაინც თუ ჩამოგვრეცხავს შენი სისხლი მედეას შვილების ცოდვასო?!

– თუ ჩემი სისხლი დაიღვრება, მაშინ ჩამოგეწმინდებათო, – გაიძახოდა მისანი, – თუ ერთი წვეთი სისხლიც არ დამდინდება სამლოცველოს დანგრევის შემდეგ, მაშინ თქვენი ცოდვა გაასმაგდებაო.

– კარგიო, – დათანხმდნენ კორინთოელები და სიცილით თქვეს:

– ეს სამლოცველო დაგიფარავს სიკვდილისაგან?

– სისხლის ცოდვა სისხლის დაღვრით გამოისყიდება და არა მხოლოდ სიკვდილითო.

– ასეც იყოსო, – დათანხმდნენ ამ პირობასაც, – ვერ მოგისწრებს ბუნებრივი სიკვდილი ამ ცოტა ხანშიო, – შესცინეს სახეში მისანს.

მართლაც, სამსხვერპლოზე დააბეს მისანი. რაც ხისგან

იყო ნაშენები, ცეცხლი წაუკიდეს. იწვოდა ხე და ყველაფერი, რასაც კი მოედო ცეცხლი, მისანი კი ცოცხალი იყო და თითიც კი არ დაწვია. გამხეცებული ბრბო იცინოდა და უხაროდა ცოდვისაგან გათავისუფლება.

ცეცხლი რომ ჩაცხრა და მეტი დასაწვავი აღარაფერი დარჩა, მისდგნენ და სამლოცველოს სვეტები მოუნგრიეს და ამის შემდეგ ზრიალით ჩამოიშალა მედეას სამლოცველო. როცა ნგრევის ხმა მიწყდა და ბული ჰაერში გაიფანტა, დარწმუნდნენ, რომ დასანგრევი აღარაფერია და სამსხვერპლომდე მისასვლელი ბილიკი გააკეთეს.

შეხედეს მისანს

და დარწმუნდნენ,

მკვდარი იყო.

– მკვდარიაო, – გასძახეს სამსხვერპლომდე მისულებმა. ხალხმა სიხარულისაგან ყიჟინა დასცხო.

– გამოიტანეთ ცხედარი, მისი სისხლით უნდა დავიბანო ხელებიო, – გასძახა ბრბოს მეთაურმა.

მთლიანად გაწმინდეს სამსხვერპლოს მისადგომი ქვებისაგან და რას ხედავენ – არც ერთი ლოდი არ მოხვედრია მისანს. საყრდენი ძელი, რომელიც ჩამოვარდა, მისანის თავთან გაჩერდა, შეაჩერეს ლოდებმა. ისე მომკვდარა მისანი, ერთი ძვალიც არ ჰქონდა გატეხილი, შიშისაგან გული გასკდომია. თავისი ბედისწერა თურმე წინასწარვე სცოდნია და ამიტომ უთქვამს ბრბოსთვის, ცოდვა უსისხლოდ გაგიასმაგდებათო.

დაღონდნენ კორინთელები. ახლა უკვე სრულ გაურკვევლობაში ჩაცვივდნენ. ერთბაშად დადუმდა ყველა. „ქალაქის მამები“ უჩუმრად გაიპარნენ მოედნიდან, არ ელოდნენ ასეთ დასასრულს. გაოგნებული ბრბო კი დიდხანს ვერ ახერხებდა ხმის ამოღებას. შეშინებული მისანის თვალები საკუთარ თვალწინ სიკვდილს უყურებდა. ეს შიში უკვე ბრბოს გადაედო – ყველა საკუთარ თვალწინ ამ სიკვდილის აჩრდილს უყურებდა.

XXV

მითიური ხერხემლის გადამტვრევა

დამწუხრდა იაზონი მკვდარი შვილების დანახვისას, ხალხში არ შეიმჩნია მწუხარება მხოლოდ. ღვინოს დაეწაფა, ღვინომ არ დაათრო, ყველაზე ფხიზლად ამყოფა და შეაგრძნობინა ამაზრზენი ცხოვრებიდან მიღებული გაწბილებული სინდის-ნამუსი. მერე ლანდები გამოედევნენ, მამასთან უნდოდათ თამაში, მამა კი დაემალა შვილებს გაქცევით, შეეშინდა, და მიტომ. ვერსად დაემალა სინდისის ხმას, მედეას ხმით რომ ჩასძახოდა:

– წყეულიმც იყოს იაზონი, ესონის ძე!.. მის გამო აირია ცხოვრება და დღე დაუმოკლდათ ბავშვებს, იაზონმა კი ვერ დაიცვა, იქნებ არც დაიცვა თავისი შვილები, მედეასიც რომ იყვნენ ისინი, ალბათ იმიტომ. წყეულო კაცო, მზის ნორჩი სხივები მწველ ისრებად გადაგექცნენ იმავე წუთს, რომელიც ყველაზე მეტად იქნება შენთვის სასიცოცხლო ძალის მატარებელი! მიწის სითბო მდუღარე ლავად შეიცვალოს და არ ჩაგნთქას, იწვოდე და არ დაიწვა მასში. გეწადა ამოგეშანთა შენი გონებიდან ყველა ის ცოდვა, მედეას გამო რაც ჩაიდინე და მედეასაც შენი კეთილდღეობისთვის ჩაადენინე უკეთურობა არაერთგზის, გაქცევა გინდოდა ამ ცოდვებიდან, და მიტომ. რომ გაექეცი, იმიტომ დაესივნენ ორფეხა მხეცები შენი ცხოვრების მტკიცე არჩევანს. შენ მოასპობინე ისინი შენი გაქცევით, მიატოვე შენი შვილები, არათუ მხოლოდ მედეა. იქნებ შენგან უნდოდათ შველა და ვერ მოგაწვდინეს ხმა. იქნებ მოგესმა და არ გაიგონე ვნებაში გადავარდნილმა. იქნებ შენს შეხმიანებას გადაერჩინა ისინი. წყაროს წყალი შვილების სისხლად გეჩვენებოდეს და ბავშვების თვალებმა დაგიკარგოს მოსვენება,

რადგან სხვა ბავშვებივით შენს შვილებსაც უნდოდათ

18. მ. კაჭახიძე, „მედეა"

სიცოცხლე,

სხვა ბავშვებივით შენს შვილებსაც უნდოდათ მამის სიძლიერე,

დედამ რომ შეუცვალა მამა სიკვდილის წინარე ჟამს.

რაც შეიძლო,

ის მოახერხა,

რაც ვეღარ შესძლო, შენ უნდა შეგძლებოდა და მკვლელებისგან შვილები გეხსნა. ისინი მოგიკლეს, იაზონ, და შენ ამაში იმდენად მიგიძღვის ბრალი, რამდენადაც მედეას. ყველაფერი შენ დაიწყე და შენვე დაამთავრე.

– გაჩერდით! – იღრიალა იაზონმა.

– არ გავჩერდებით!.. – უპასუხა სინდისმა.

– შენ თუ შეგაწუხა სინდისმა ერთხელ მაინც, როცა თვალწინ გიკლავდნენ შვილებს? ასეთი ფიქრები თუ გაგჩენია, მე რომ მაწამებ ახლა?!

– მე თვითონა ვარ სინდისიო! – უპასუხა ხმამ.

– ტყუიო, – აუყვირდა ხმას იაზონი, – შენ მედეა ხარ და მემალებიო, გინდა ყველაფერში დამნაშავედ მე გამომიყვანო, შენ კი უცოდველად წარმოაჩინო შენი თავიო.

– მე შენი სინდისი ვარ, – ახლა უკვე იაზონის ხმით უპასუხა სინდისმა, – მედეას ისიც ეყოფა, საკუთარი თვალით რომ იხილა ყველაფერი, როგორ დაკლეს მისი შვილები, როგორ ებრძოდნენ დედასთან ერთად სიკვდილს მთელი ღამის განმავლობაში. რას თხოვ მედეას, როცა ბავშვებმა თავიანთი უკანასკნელი ამოსუნთქვა სახეში შეაფრქვიეს დედას. მკვდარ შვილებთან ერთად გადმოიარა მთები და შემოვიდა ქალაქში. არავისთვის არაფერი უთხოვია, წავიდა და გაიარა ქალაქი. შვილების ცხედრები საკუთარი ხელით დაფერფლა, სიკვდილთან გაიყო სარეცელი. შენ კი რა ნახე იმის ფასი, რაც მედეამ. ქალი თავისსავე ცოდვებში დაიხრჩო, შენ კი აღარ გინდა, მოისმინო საკუთარი სინდისის წუხილი?!

– გაჩუმდით! – იღრიალა იაზონმა.

სინდისი გაჩუმდა, და გაჩუმდა შემაწუხებლად, ისე, რომ არ მოასვენა იაზონი.

– ღვთაებრივი სიტყვის ჟამი რომ დადგება, ითქმება – მე რომ გავჩუმდე, ქვები იღაღადებენო.

– რა გინდა ჩემგან? მე ხომ ვგლოვობ ჩემს შვილებსო, – უთხრა იაზონმა.

– განა ეს გლოვა არ არის, რასაც ვამბობ? განა მე შენი გრძნობების მიღმა ვმხიარულობ? ესაა გლოვა! საკუთარი თავის არ უნდა შეგეშინდეს გლოვისას. იფიქრე, იაზონ, ყველაფერზე იფიქრე, რაზეც აქამდე არ გიფიქრია და იპოვი, აუცილებლად იპოვი საკუთარ სიმართლეს და მერე აღარ შეგეშინდება გლოვისას საკუთარი თავის, საკუთარი სინდისის ხმის.

დაემორჩილა იაზონი სინდისის ხმას და პირველი კითხვა, რაც ამოტივტივდა მისი გონების ზედაპირზე, იყო:

– რატომ გადავეყარე ჩემი ცხოვრების გზაზე მედეას, რა მინდოდა იოლკოსის ტახტის მემკვიდრეს კოლხეთში?

ან რად მინდოდა ისეთი ტახტი, რომელსაც ვერ დავიბრუნებდი მშვიდობით, მაგრამ იყო კი მშვიდობა იმ პირობაში, რის სანაცვლოდაც კუთვნილ იოლკოსს დავიბრუნებდი?

სად წარიმართა,

როგორ წარიმართა და

რად წარიმართა ასე უკუღმართად მთელი ჩემი ცხოვრება?

და, საერთოდ, ღირდა კი იოლკოსი, თუნდაც მთელი ელადა ჩემი შვილების სისხლის ფასად,

ან თუნდაც იმ შორეული ყმაწვილის სიკვდილად? მასაც ხომ ჰქონდა თავისი ტახტი და იგი არ მოსულა ელადაში რაიმეს წასართმევად, ან მოსაპარად. მასაც უნდოდა სიცოცხლე, ჩვენ არ დავაცალეთ სიცოცხლე. ხმლებით ავკეპეთ და მამამისს გადავუყარეთ ზღვაში მისი ნაწილები. აიეტი მამა იყო, მასაც ტკიოდა თავისი შვილები ისევე, როგორც მე მტკივა ახლა ჩემი შვილები. ტკივილს მეტ-ნაკლებობა არ გააჩნია, იგი ყველასთვის ერთნაირია. აიეტმა არ

დაიმსახურა ჩემგან ეს ტკივილი! რა დააშავა, გარდა იმისა, რომ თავის საგანძურს იცავდა...

და ახლა ვფიქრობ, იცავდა კი?

განა უარი მითხრა...

განა მტრულად დამხვდა...

მხოლოდ ჩვენ ვუყურებდით მას, როგორც მტერს, თორემ თვითონ აიას კარიბჭე გაგვიხსნა, შეგვიძღვა, დაგვაპურა, მოგვისმინა, პირობა დაგვითქვა. დანარჩენი ჩვენ უნდა გაგვეკეთებინა. აქაც ვიმუხთლეთ, იოლად გვინდოდა ყველაფრის ხელში ჩაგდება. აიეტის თვალებში კი პატიოსნება იკითხებოდა. რომ შეგვესრულებინა მისი დავალება, არ დაგვიკავებდა ოქროს საწმისს. იგი გვენდო მეფური რაინდობით. გონიერება რომ გამოგვეჩინა, მედეას დახმარების გარეშეც შევასრულებდით დათქმულ დავალებას. არ მოვინდომეთ, ყველაფრის ადვილად ხელში ჩაგდება გვინდოდა, ისევე, როგორც იოლკოსის ტახტისა.

მე არ ვიყავი ღირსი მამაჩემის გვირგვინის, უღირსად ვიარე, და მიტომ. უღირსები არ უნდა ავიდნენ სამეფო ტახტზე. მეფური დიდბუნებოვნებით არავინ გამზარდა, ქირონი საიდან მასწავლიდა მეფურ რაინდობას, იგი ხომ კენტავრი იყო და არა ბუნებით შობილი მეფე. ან როგორ უნდა მიმეღო მეფის გვირგვინი, როდესაც კოლხეთში მე ქურდი ვიყავი და არა მეფე. იქნებ სხვანაირად წარმართულიყო ჩემი ცხოვრება, მამის კალთის ქვეშ რომ გავზრდილიყავი. იქნებ მეტი ფასი დამედო ღირსებისათვის. იქნებ ამიტომაც არ დამითმო ტახტი პელიასმა[72]. როგორი უპირულიც ვიყავი აიეტ-მეფესთან, ისეთივე უპირულობა გამოიჩინა მამის ჩემის ძმამ და ტახტის მიმტაცებელმა.

მე დღემდე მიკვირს, რატომ არ გვეომა აიეტი, მას ხომ თავისუფლად შეეძლო ყველა ჩვენგანის განადგურება. არ-

72. **პელიასი** - გოლკოსის მეფე, რომელმაც მიიტაცა ძმის ესონის ტახტი და თავისი ძმისწული გააგზავნა კოლხეთში ოქროს ვერძის მოსაპარად, რის შემდეგაც პირობისამებრ უნდა დაეთმო მისთვის მიტაცებული ტახტი. პირობა დარღვეულ იქნა და ამის გამო იაზონმა მედეას დახმარებით მოაკვლევინა პელიასი მის შვილებს.

გონავტები შემზადებულნი ვიყავით საომრად, ჩვენი წყურ-
ვა ჩვენვე ჩავიხრჩვეთ, რადგან მშვიდობამ მოწყსხულებივით
განგვაიარაღა. არადა, გულსავსენი დავრჩებოდით ომის შემ-
დგომად.

ეს გულსავსეობა წაგვართვა აიეტმა,
ომისმიერი გულსავსეობა,
განგვაიარაღა მშვიდობით,
ზნე წაგვიხდინა ამით,
ჩვენ კი ყველანაირად ომს ვეძებდით.

ბოლო წუთამდე მშვიდობით გაგვიშვა პონტოის ზღვი-
დან, შეეძლო კი, ჩვენი „არგო" ზღვაში ჩაეძირა, ბოლომდე
გულნაკლულები გაგვიშვა არა როგორც იოლკოსის მეფე,
არამედ როგორც ყველაზე ზნედაცემული ნაძირლები, ვის-
ზეც ხელის გასვრა არ ღირდა. შვილის სიკვდილმაც კი არ
დააკარგვინა მას მეფური წონასწორობა. ყოველთვის მინ-
დოდა, მისი ეს თვისება შემეძინა, ვერ კი შევძელი. მე ვიცი,
მედეას არჩევანს სცა პატივი და მხოლოდ ამიტომ დაგვინ-
დო ბოლომდე, ჩვენ კი არც მედეას გულს მოვუფრთხილ-
დით. პირველივე შემთხვევისთანავე გადავთელე მედეა, რო-
ცა უხეშად მოვიცილე მისი ხელი და მხეცებივით დავეძგე-
რეთ მის ძმას მისსავე თვალწინ და ავკუწეთ.

ხშირად მელანდებოდა აფსირტეს თვალები და მოსვენე-
ბას მიკარგავდა. ისინი მედეას უყურებდნენ იმ იმედით, რომ
არაფერს მოვწევდით, მაგრამ ამ იმედიან თვალებში მოუ-
ლოდნელად აიმღვრა მთელი ცხოვრება, შველას ითხოვდა
თვალები, მშველელი კი არავინ იყო. სიკვდილთან ყველამ
მარტო დატოვა იგი – მედეას ძალა არ შესწევდა, არც სურ-
ვილი ჰქონდა, გამკლავებოდა არგონავტებს, აიეტმა კი მა-
მის მწუხარება დიდი მოთმინებით ზიდა. საკუთარი თვალით
ვაყურებინეთ მოხუცს, როგორ დავუქციეთ თავზე თავისი
მამობა. მან გვაპატია, ეს პატიება იმაზე უფრო მომაკვდინე-
ბელი იყო ჩვენთვის, ვიდრე ომით წამოსულიყო ჩვენზე. ჩვენ
ომმოწყურებულებმა უწვერულ ყმაწვილს გავუმართეთ

სამკვდრო-სასიცოცხლო ომი მთელი სისასტიკით და მისთვის ჩვენ გავხდით სიკვდილი; არადა აია-ქალაქში მეგობრობას გვიწევდა და მხოლოდ მასზე გადმოვანთხიეთ ომის წყურვილი, მის სისხლში ღორებივით ამოვისვარეთ. მაინც ვერ ვძლიეთ მისი თვალების სპეტაკ მზერას, ვერ გავანადგურეთ ჩვენი სულების გამხრწნელი აფსირტეს თვალები. ყველა არგონავტი წაგვახდინა ამ ყმაწვილმა – სიკვდილის მერე გველანდებოდა იგი წამდაუწუმ, მოსვენება წაიღო ჩვენი, გვახსენებდა ჩადენილ ცოდვას. მდევარი რომ ყოფილიყო და ბრძოლაში მოგვეკლა, ასეთ სულის გახრწნას არ ვიგრძნობდით, რადგან შენ თუ არ მოკლავ მდევარს, იგი მოგკლავს შენ. აფსირტე კი არ მოსულა მდევრად, მარტო იყო და უიარაღო. მედეასთან მოვიდა, იქნებ ჩვენთანაც. უფრო მედეას დაბრუნება უნდოდა, ვიდრე საწმისის.

ჩვენ არცერთის დათმობა არ გვინდოდა,

ჩვენ არა,

მე.

მე არ მინდოდა ეს და ჩემი ნება სხვებმა უსიტყვოდ შეასრულეს,

მე პირველი გავვარდი მის მოსაკლავად. შეჩერება მოიწადინა მედეამ.

მე მხეცი და არაადამიანი, იმ წუთში ომმოწყურებული, მზად ვიყავი მედეაც ზედვე მიმეკლა, მაგრამ დღემდე არ ვიცი, რამ შემაჩერა. ალბათ მთელი ჩემი და ჩემი მეგობრების წყურვილი იმ ყმაწვილში ჩავკალით.

ერთი უბედურება გვჭირდა კიდევ – „არგოზე“ იმ ყველამ თავ-თავიანთი თვით-არსის შინაგანი მისწრაფება მე გადმომცა ქვეშეცნეულად და მე ვიყავი „ყველა“, ამიტომ მე დავთრგუნე ყველა დანარჩენის გონიერი აზროვნება, მიზანი ერთი გვქონდა, და მიტომ. ისინი არ აზროვნებდნენ, მე კი წართმეული მქონდა აზროვნების უნარი. ერთს ვფიქრობდი მხოლოდ – ნებისმიერი ხერხით ჩამეგდო ხელში ოქროს საწმისი და ეს ჩემთვის სამეფო ტახტის გასაღები უნდა

ყოფილიყო. ჩვენ კოლხეთში ომი არ დაგვჭირვებია. ის ხალხი კი, რომელთა აზროვნება მე დავისაკუთრე და ერთპიროვნული მოაზროვნე არგონავტებში მე გავხდი მხოლოდ, ტყუილ-უბრალოდ წავიყვანე ამ შორეულ ნაოსნობაში. ერთსულოვნება იმით დავამყარე ელადელებში, რომ სული წავართვი ყველას და ყველაფრის პასუხისმგებლობა მე ვიკისრე. ასე რომ არ ყოფილიყო, იქნებ ვიღაცას ეაზროვნა და ჩვენით გადაგველახა დაბრკოლებები,

თავიდან აგვეცილებინა აფსირტეს ცოდვა,

მეფის მეფური და მამისმიერი ღირსება არ შეგველახა,

და მაინც ისე,

რომ ჩვენი თავი საუკეთესოდ წარმოგვეჩინა.

მე ჩავუსახე მათ წყურვილი ომის, თორემ იქნებ თვითონ მაინც გულისხმიერებისათვის გულისხმიერებითვე ეპასუხათ. მე კი ვერ გამოვდექი ღირსეული მეთაური არგონავტების. მე მათ არ მივეცი თავისუფალი გასაქანი – კოლხები მტრებად დავუხატე და კოლხებთან ტკბილი ურთიერთობა ვერ დავამყარეთ, შეიძლებოდა კი. აიეტმა მშვიდობის ომი გამოგვიცხადა და ყველაზე დიდი გამოცდა ეს გამოდგა ჩვენთვის და ეს ვერ შევძელით სწორედ. ამას ვერც მედეა შეგვაძლებინებდა, ეს მხოლოდ ჩვენ უნდა გვეკისრა – პატიოსნება პატიოსნების წილ. ასეთი უცნაური ომისთვის არ ვიყავით მზად, არ გვიომია ასე არასდროს, და მიტომ. ვერ მოვახერხე საკუთარ თავში მხედართმთავარი მეპოვნა – ავაზაკები ვიყავით ყველა და არა მხედრები. ჩვენ მხედრები დაგვხვდა კოლხეთში და არა ავაზაკები. ამიტომ ვერ ვიმეთაურე სამეფო ხელმწიფებით. საბრალოა მხედართმთავარი, რომელსაც არა ჰყავს მტერი, რადგან მე არც მხედართმთავარი ვიყავი და არც მტერი მყავდა, არადა ვისწრაფოდი საგმირო საქმეებისკენ, ჩემზე რომ ელაპარაკა მთელს ელადას.

რატომ გავჩნდი ისეთი, რომ ყოველთვის მჭამდა არასრულყოფილება. სანდალი რომ სანდალია, ისიც ცალი დავ-

კარგე, მეფობას და მხედართმთავრობას როგორღა შევძლებდი?! ყოველთვის ჰერაკლეს ვეზმანებოდი, ისიც ვერ მივიყვანე კოლხეთამდე, ჩემი გმირობის ამბები რომ დაემშვენებინა, მან კი ვნებააშლილი ქალების კუნძულზე გართობას მიჰყო ხელი. თუმცაღა ვინც აიეტისა და მედეას ქვეყანაში ვიყავით, რა გავაკეთეთ, ჰერაკლემ ხომ თავისი სინდისი გადაარჩინა ამით. მართალია, ეს მისდა გაუაზრებლად მოხდა, მაგრამ ხომ დაიცვეს იგი ღმერთებმა, თუნდაც აფსირტეს სისხლის ცოდვისაგან. მე მეამაყებოდა, ჰერაკლე რომ შევისვი გემზე და მისთვის უნდა მეხელმძღვანელა შორეული მგზავრობისას, ესეც არ დამცალდა, ესეც ვერ შევძელი. თავისი დიდებით მთელ არგონავტებს ერთი მისი სახელი გადაიწონიდა. ამიტომ მინდოდა ჰერაკლეს ცხოვრებაში მთავარ გმირობად კოლხებზე ლაშქრობა ყოფილიყო. ყველაზე მცირე და უღიმღამო მონაკვეთია მის ცხოვრებაში „არგოზე“ ამოსვლა. ჩემი სურვილი რომ ახდენილიყო, მე ვიქნებოდი ის კაცი, რომელიც ელადელთა გმირთა-გმირს დიდების შარავანდედით შევმოსავდი, ამით უკვდავებას მოვიპოვებდი, ახლა კი მედეა გახდა ის, ვის სახელსაც მიეტმასნება ჩემი უღიმღამო სახელი.

და მაინც, აიეტი
უსუსური კაცი,
მეფე და
მამა იყო,

თუ ადამიანის გონებისთვის აღმატებული დიდბუნებოვანი ზეადამიანი?

მისი რაინდული თვისება მიამიტობად ხომ არ გარდაისახება?

კი, მესმის, სულიერად მან დიდი გამარჯვება მოიპოვა შვილებისა და ოქროს საწმისის ფასად. უცნაურ კაცად დარჩა იგი ჩემთვის.

ნუთუ არ იცოდა, რომ მასთან სამოყვროდ არ მივსულვარ?

ვითომ დამიჯერა?

და თუ ასეა, რატომ?

სადაა მისი მეფური ძლევამოსილება, ჩვენ ხომ კოლხეთში ორმოცდაათმა კაცმა ის გავაკეთეთ, რაც გვინდოდა, სულ ერთი არის, რა ხერხებით, მაგრამ მიზანს მაინც მივაღწიეთ – ოქროს საწმისი წავგვარეთ კოლხებს, ზედ მედეა მივაყოლეთ და აფსირტეც დავკალით სიკვდილის საკურთხეველზე, მეტი რა უნდა გაგვეკეთებინა?!

ამ დროს კი მეფე უმოქმედოა.

როგორ და რატომ?

ეს ვერ გამიგია და საკუთარ თავს ვუსვამ ამ კითხვას და პასუხი ვერ გამიცია. ნუთუ ასეთი მიამიტია მეფე... და აქვს კი მეფეს უფლება, იყოს მიამიტი?

კარგი...

მე პირსისხლიანი ვარ,

ბოროტი ვარ,

მუხანათი ვარ.

მე ეს შემფერის, რადგან მტერი ვარ კოლხეთის,

მაგრამ შენ –

აიეტი –

ჩემზე უკეთესი რით ხარ?

ილონე რამე ჩემს შესაჩერებლად?

მაშინაც კი, როცა თვალწინ შვილი მოგიკალი, –

არაფერს ვამბობ მედეაზე და ოქროს ვერძზე.

აფსირტეს რაში წაადგა მისი დიდბუნებოვნება და დარბაისლობა?

ჩემს თვალწინ რომ მოეკლათ ჩემი შვილები, თავს შევაკლავდი და მკვლელებს მაინც ვაზღვევინებდი უმანკოთა სისხლს.

ჩემზე აღმატებული ხარ, აიეტო?!

მაგრამ შედეგი?

რომ დავეხოცეთ ყველა, რას დაკარგავდა ისეთს, რაც ახლა დაკარგა –

ცოცხალი ეყოლებოდა მემკვიდრე,

შინ ეყოლებოდა მედეა,
არ დაკარგავდა საწმისს.

ჩვენ ხომ ცნობიერებადაკარგულებმა მოვკალით ყმაწვილი, თორემ გააზრებულად რომ გვემოქმედა, ვერ გავბედავდით მასზე ხელის აღმართვას, შიში დაგვახევინებდა უკან, და მიტომ. ან, არადა, სალი აზრი გაიმარჯვებდა ჩვენში.

ვინ დარჩა მოგებული და ვინ – გამარჯვებული?

ვინ დარჩა წაგებული და ვინ – დამარცხებული?

მეფეს ხომ მრავალრიცხოვანი ჯარი ემსახურებოდა, მისი ერთი სიტყვა კმაროდა და ჩვენი სახსენებელიც გაქრებოდა ქვეყნიერებიდან. ელადაში არც კი გაიხსენებდნენ, თუ ოდესმე ვინმე წასულა კოლხეთში და მით უმეტეს რისთვის. ვერც იმას დავწამებ აიეტს ლაჩარი იყო, ან შიშმა დასძლიაო. იგი ხომ საკუთარ მამულში იყო და ჩვენ ასე მცირედნი. ვინ დაზრახავდა, გარდა ღმერთისა, მის ამ ქმედებას. მართებულიც იქნებოდა. იქნებ არ იკადრა უთანასწორო ბრძოლის გამართვა, ვითომ ამის გამო იქნებოდა ზრახული თანამემამულეთაგან? ჩვენ ვისარგებლეთ ამ მდგომარეობით – თავიც დავაღწიეთ ხიფათს და საწადელსაც მივაღწიეთ. თუ უთანასწორო ბრძოლას მოერიდა, თანასწორი გაემართა მაშინ... და გაემართა, რათა სათქმელად გვქონოდა ვძლიეთ, ან გვძლიაო. ხომ ვიკადრეთ უთანასწორო ბრძოლა ყმაწვილთან, რომელსაც ხეირიანად არც კი ეცოდინებოდა ხრმალის დაჭერა. მართალია, სული გაგვიხრწნა აფსირტემ, მაგრამ აიეტმა თუ არაფერი ილონა, ვითომ მისი სული პირნათელია თავისი შვილის წინაშე?! ამბობენ, მას მაგიური ხრმალი არ ჰქონდა და ამის გამო აერიდა, მგონი, ჩვენთან ომს. ხრმალი დაუკარგავს, სად, როგორ და როდის, – არავინ იცოდა. წყევა ყოფილა ამ ხრმალზე ამოტვიფრული, რა წყევა, არავინ იცოდა, გარდა აიეტისა და ხალიბებისა. ამბობენ, აიეტისგან ძალის უთანასწორო ვითარებაში და, მით უფრო, უმწეო გადამთიელთა მიმართ გამოყენების შემთხვევაში, წყევა მთელ მის მამულს დაატყდებოდაო. რომ დავუკვირდი

კოლხების ნათქვამს და ახლა ვაფასებ აიეტის ნამოქმედარს, მან საკუთარი ოჯახი გასწირა თავისი სამშობლოსათვის.

სხვა არავინ დაღუპულა, გარდა აფსირტესი,

სხვა არავინ დაჩაგრულა, გარდა მოხუცი მეფისა და მედეასი.

ბედი მარტო აიეტს გაუტყდა და არა მთელ კოლხეთს.

ეს მისი პიროვნული ტკივილი და სატანჯველი გახდა და არა მთელი ერის. ამიტომ არ დაღვარა არც ერთი კოლხის სისხლი, გარდა საკუთარი შვილისა, მსხვერპლად შემოგვწირა. მან სულ სხვა ომი წამოგვიწყო, რომელშიც უძლურები აღმოვჩნდით ჩვენ და სასტიკად დავმარცხდით მოხუცთან. იარაღში რომ შევბმოდით, რას გვიზამდა მაშინ, თვალნათლივ წარმომიდგენია.

ისე, როგორც აიეტი, არავინ მართავს ომებს ქვეყნიერებაზე და არავინ იმარჯვებს და მარცხდება ისე. ეს მარტო კოლხური სიბრძნით ხდება. ამიტომ არ გვიყვარს კოლხები, ამიტომ ვერსად ვერავინ შეიყვარებს მათ. ბრძენი არავის უყვარს, მას ანადგურებენ. ჩვენ ვერც ეს მოვახერხეთ – დაგვეთრგუნა გულამაყი კოლხი ხალხი. აიეტმა საკუთარ თავზე იტვირთა ჩვენი სტუმრობის გემო და თავის მამულს აცილა სიმწარე ყოველივესი, რაც ჩვენ ჩავიდინეთ. მაგიური ხრმალი რომც ჰქონოდა, ასეთი კაცი სასწორზე სხვათა სიცოცხლეს არ დადებდა. მან მხოლოდ საკუთარი შვილები გასწირა იმისათვის, რომ ყოველ კოლხს მშვიდად ეცხოვრა კავკასიის კალთებქვეშ მზიურეთში. აიეტის უდიდესი დამსახურებაა, რომ ჩვენ პონტოის ნაპირებთან საზოგადო ჭირი არ გავხდით და სამომავლოდ ყოველთვის შევიძლებთ ამ ხალხიდან ოქროს საწმისის გაზიდვას – ეს კოლხური გასაოგნებელი სიბრძნეა, დამბადებელი რომ აძლევს უხვად.

ჩვენ პირველებმა გავჭერით გზა კოლხეთისაკენ, ამიერიდან ჯერი სხვებზეა და ისინი აღასრულებენ იმას, რომ დამკვიდრდებიან სხვათა მამულში უფრო გონივრულად, ვიდრე ჩვენ შევძელით ეს. ჩვენ თუ ვერ ვიქეცით საზოგადო

ჭირად აიეტის გამო, აღარ იქნება აიეტი, საზოგადო ჭირად კი მარადის მოევლინება ამ ქვეყანას მომხვდური. ჩვენ მიმართულება მივეცით, სხვები გზებს იპოვიან, კიდევ სხვები კი დამკვიდრდებიან. ეს არ იქნება სიყვარული კოლხეთის, ამას მათდამი არაადამიანური სიძულვილი და ზიზღი გააკეთებს, რადგან

შეუძლებელია, გიყვარდეს აიეტის სადარი ხალხი,

რომელიც ყველაფერს კარგავს, მაგრამ მაინც გამარჯვებული რჩება,

რომელსაც ყველაფერს წაავებინებ და დაათმობინებ, მაგრამ დამარცხებული მაინც არაა

და მაღლა თავაწეული შესტრფის მზეს და სიცოცხლეს.

კოლხების ასეთი ბუნება თრგუნავს მის მტერს და მის წინააღმდეგ მეტად და მეტად განაწყობს სამტროდ მოსულებს. „არგოს" სახელოვანი თავგადასავალი სწორედ აიეტმა და მხოლოდ აიეტმა მეკობრეთა სამარცხვინო და დამამცირებელ თავგადასავლამდე დასცა თავისი ჩვენდამი დამოკიდებულებით. მაშ, როგორ უნდა შეითვისო და შეიყვარო კოლხი?! მაგრამ მათ აქვთ ერთი ძლიერი მხარე – მტრადმისულის მოყვრად ქცევა. ყოველი დროის ყოველმა მტრადმისულმა უნდა შეეცადოს კოლხთა მოყვრის კოლხთათვის მტრადქცევას. აი, ამის შემდეგ შესაძლებელი გახდება ამ მოდგმის პირისაგან მიწისა აღგვა და აღარავის დაჭირდება მათი სიბრძნე და მათდამი ანგარიშის გაწევა.

კოლხეთში რომ წავედით, ერთადერთი მიზანი გვამოძრავებდა – ოქროს საწმისის ხელში ჩაგდება.

არ ვკითხულობდით,

ჩვენი იყო თუ არა,

სამართლიანი იყო თუ არა ჩვენი მოთხოვნა.

მთავარი ისაა, რომ საწმისი ჩემი და მამის ჩემის არ ყოფილა. ნეფელეს[73] ოქროს ვერძთან ჩვენ რა ხელი გვქონდა, ან, სულაც, სხვათა ქონება ჩვენ რატომ უნდა მიგვეტაცა?! ვერც კი გამოვიყენეთ, რადგან ფასი არ ვიცოდით ოქროს

საწმისის. უფრო მეტიც, არც ფრიქსემ და არც მისმა დაიმ ჰელემ, ამ ვერძზე რომ ისხდნენ, მისი ჭეშმარიტი ღირებულება არ იცოდნენ, იგი არ იყო ჯადოსნური ნივთი, ნებისმიერ სურვილს რომ შეასრულებდა. და თუ ფრიქსესი იყო, როგორც ნეფელეს შვილის მემკვიდრეობითი კუთვნილება, ასევე ჰელესი – თანაბარი უფლებით, რისთვის უნდა განმეცხადებინა მე, იაზონს, ესონის შვილსა და პელიასის ძმისწულს, სწრაფვა ოქროს ვერძის მოპოვების უფლებისათვის. მხოლოდ და მხოლოდ იმიტომ, რომ მეც და ფრიქსეც ელადელები ვიყავით? შევისწავლე კი საფუძვლიანად ოქროს ვერძის წარსული? იყო თუ არა იგი მართლაც ფრიქსესი. რომც ყოფილიყო, მას ხომ არ მოუმართავს ჩემთვის საშველად საწმისის დასაბრუნებლად, მე თვითონ ვაიძულე, ჩემს მეკობრეებს შეერთებოდა და კოლხეთში მეგზურობა გაეწია. ან იქნებ სულაც არ იყო ფრიქსე ელადელი და მე გავაბრიყვე? ნებისმიერ შემთხვევაში, გაბრიყვებული მაინც დარჩა არათუ ფრიქსე, მეც და ყველა არგონავტიც იმიტომ, რომ ყველა ბრიყვები ვიყავით აიეტთან. ამ ქეციანი ტყავის გამო არც ერთი კაცის სიკვდილი არ ღირდა, ისეთი გარეწრებისიც კი, როგორებიც ჩვენ ვიყავით. რაც ჩვენ არ ვიცოდით, აიეტმა ის ზედმიწევნით კარგად იცოდა. საწმისი ჩვენ არ გვეკუთვნოდა, თორემ იგი ბედნიერებას მოგვიტანდა საბოლოოდ, ჩვენ თუ არა, ფრიქსეს მაინც. ოქროს საწმისმა ყველა იმედგაცრუებული დაგვტოვა. ვერძი რომ მართლაც ელადელთა კუთვნილება ყოფილიყო, პელიასს ხომ მაინც ეცოდინებოდა მისი თავისდა სასიკეთოდ გამოყენება. ვერც მან, ვერც ვერავინ შესძლო ეს. მხოლოდ კოლხეთში იყო ბედნიერი და ბედნიერების მომტანი ოქროს საწმისი. ამიტომ გახდა მისი მოპარვა ჩვენთვის ასე იოლი, მაგრამ არ ღირდა ყველაფერი ეს იმ ფასად, რა ტანჯვა-წამებაც გადავიარეთ

---

73. **ნეფელე** - ბერძნულად ღრუბელს ნიშნავს და ბერძნულ მითოლოგიაში ღრუბელთა ქალღმერთია. იგი ათამანტის პირველი ცოლი და ფრიქსეს და ჰელეს დედა იყო. დედინაცვლისაგან სასიკვდილოდ განწირული ჰელე და ფრიქსე დედამ გადაარჩინა. მოძალადისაგან განრიდების მიზნით შვილებს ღრუბლები შემოახვია და ორივენი ოქროს ვერძზე შესვა და კოლხეთში გააგზავნა აიეტ მეფესთან.

არგონავტებმა მის მოსაპოვებლად. ვერაფერში ვერ გამოვიყენე –

ვერც ტახტი დავიბრუნე,

ვერც სიმშვიდე ვპოვე,

ვერც სიმდიდრე ჩავიგდე ხელთ,

ვერც სიბრძნე მომანიჭა, –

უფრო და უფრო დასცა ჩემი კაცობა და ზნე.

ახლა იმასაც ვფიქრობ: რომ არ მომეპარა და წესისამებრ გამევლო აიეტის დათქმული პირობა, თვითონ მოხუცი მასწავლიდა მის კეთილად გამოყენებას, მან კი შეგვატოვა ხელში ეს აღარაფრის მაქნისი ტყავი და ის საიდუმლო, რაც საწმისში იდო, არავისთვის გაუმხელია. თორემ ან მედეა, ან ყველაფრის შემდეგ ვიღაც კოლხი ელადაში ჩამოვიდოდა ვერძის უკან გასატაცებლად. თანაც ისეთი უსარგებლო გახდა ეს ნაქურდალი, რომ ყველა ელადელი სიხარულით დაიცლიდა ხელს ამ ჩვენთვის სამარცხვინო ნივთისგან. ესეც კი სინდისის საწამებლად დაგვიტოვა აიეტმა მთელს ელადას.

დაიკარგა ოქროს საწმისის დიდება ელადის ცის ქვეშ და ეგეოსის ტალღებმა შთანთქეს მისი მომხიბლაობა მაშინ, როცა კოლხეთის ცის ქვეშ პონტოის ტალღათა შხრიალში მზის სხივარეკლილი მნათი მიმზიდველსა და წარმტაცს ხდიდა ოქროს ვერძს. ასეთი რამ მხოლოდ სამშობლოში ხდება, სამშობლოს მიღმა კი საწმისიცა და კაციც ცრემლთა საწვიმისით ივსება. ესეც ვერ გავიაზრეთ სრულფასოვნად, როცა კოლხეთისკენ ავიღეთ გეზი.

ყველაზე ბნელი და ყველაზე უღირსი მაინც მედეასთან ვიყავი. ვერ ვივარგე კაცად მის წინაშე. მტერიც რომ ყოფილიყო ჩემი, არათუ მხოლოდ მედეასთვის, არათუ ცოლისა და ჩემი შვილების დედისათვის, საზოგადოდ ქალისთვის, არ უნდა მეკადრებინა ის, რაც ვაკადრე. მენდო სრულიად უცნობს, გადამთიელს, დამეხმარა, მე კი არ მომითმინა გულმა და არ დაველოდე მისი დახმარებით გამოწვეულ შე-

დევს. მოვიპარე საწმისი, როგორც უკანასკნელმა ქურდმა და არ შემრცხვა მის თვალებში ჩახედვის, რათა მეთხოვა მისთვის ცოლობა. ესეც არაფერი – თან წამოვიყვანე, როგორც ნაქურდალი. წამოგვეწია ძმაი მისი, მე კი არ მივეცი საშუალება, ერთმანეთს დალაპარაკებოდნენ.

შემეშინდა?

რისი?

მედეას რომ არ ნდომოდა ჩემი დახმარება და ჩემთან წამოსვლა, მე და მთელი ელადა ჯარად რომ შემოვრტყმოდით კოლხეთს, ბალახის ნაგლეჯსაც ვერ წამოვიღებდით ამ ქვეყნიდან. ვისი შემეშინდა მაშინ, უწვერული ყმაწვილის? ეს ხომ, პირველყოვლისა, მედეას სულში ჩაფურთხება იყო, რა სანახაობაც ვანახეთ მას. არ ვენდე ბოლომდე, არადა, სწორედ მას არ დაუმსახურებია ჩემგან ეს ვერაგობა. მედეას მოფიქრებული ჰქონდა და კარგად გააზრებული თავისი ნაბიჯები, ეს არ იყო უბრალო, ვნებას აყოლილი ქალის გადაწყვეტილება, რომელსაც ნებისმიერი კაცი გადაათვიქრებინებდა. მან საუკეთესოდ იცოდა, რასაც აკეთებდა, მე დღემდე არ ვიცი, რატომ ჰქნა მედეამ ეს. ბრმა სიყვარული დავარქვი, თორემ ბრმა სიყვარული ასეთ სიღრმისეულ და საკვანძო საკითხებს ვერ გადაჭრიდა, რადგან სიბრმავემ ფიქრი არ იცის, ჩემი დახმარება კი არაერთი ღამის ნაფიქრის შედეგია. უბრალოდ მე არ ვიცი, რა ღირებული ჩადო მედეამ ამ ფიქრში – ყველაფერი, ოღონდ არა სიყვარული. ეს ბუნებრივადაც შეუძლებელია, შეიყვარო კაცი გააზრებულად, რომელიც არც მეტი და არც ნაკლები –

მეკობრეა

და ეს მან საუკეთესოდ იცის.

ვიცი მეც,

რომ მან ეს იცის

და მანაც იცის,

რომ მეც ვიცი ის,

რაც მან იცის.

მიუხედავად ამისა, განუდგა მამას და დამეხმარა, მე კი დახმარება სრულფასოვნად არ მივიღე, არ ვენდე, და მიტომ. ამ უნდობლობაში მაინც ვყოფილიყავი გულწრფელი და მართალი?! არა, უნდობლობის საფუძველს არ მაძლევდა მედეა. ეს იყო, რომ არ მინდოდა, ვინმეს ეთქვა, ქალის დახმარებით გაიტაცა ოქროს საწმისი იაზონმაო და არ დავაცალე დათქმული პირობის შესრულების ბოლომდე მიყვანა, ისე მოვიპარე საწმისი. მაინც იმას ამბობენ, რის თქმასაც ასერიგად ვერიდებოდი და წყობიდან გამოვყავვარ, სხვა რომ ამბობს ამას. ყველაფრის შემდეგ რა წარმოდგენა უნდა ჰქონოდა მას ჩემზე, ცხადია, მაგრამ მაინც წამომყვა.

ჰოდა, ასეთ მტკიცე გადაწყვეტილებამიღებულს ვინმე რამეს გადააფიქრებინებდა?

თუნდაც ღვიძლი ძმაი?

არა.

მაშინ, რატომ მოვკალი აფსირტე?

მხოლოდ და მხოლოდ მედეას თავმოყვარეობის დასათრგუნად...

და რა მოვიგეთ ამით?

სრულებით არაფერი.

კიდევ ერთი კითხვა: თუ შეიძლება ჩემი შეყვარება და მაინც ისე ძლიერად, რომ სატრფოშ უღალატოს მამულს და მამას, ვერ წარმოვიდგენ!

როგორ წარმოვაჩინე ჩემი თავი ქალის წინაშე?!

როგორც სუსტმა და უფხო კაცმა, რომელსაც არ შესწევს ძალა თავისით გაიკვლიოს გზა გამარჯვებისკენ, გზა, რომელიც თვითონვე აირჩია. ასეთი კაცები ქალების სიბრალულს იწვევს და არა სიყვარულს, მითუმეტეს ბრმად მინდობილ სიყვარულს. შეუძლებელი იყო მედეას შევყვარებოდი ისეთი, როგორიც კოლხეთში ჩაველდი...

და თუნდაც ისეთი,
და მით უფრო ისეთი,
როგორიც ახლა ვარ.

ჩემდამი სიბრალულმა მედეაში განამტკიცა თვითდაჯერებულობა, რისთვისაც დაისაჯა კიდეც, მაგრამ ასეთი სასყიდლითა და სასჯელით? ეს მეტის მეტი იყო მისთვის. იგი მე ვერასდროს შემიყვარებდა იმ წრფელი გულით, როგორადაც უყვართ ერთმანეთი მიჯნურებს, ცოლ-ქმარსა და საყვარლებს იმიტომაც, რომ მთელი ჩემი სიმდაბლე დაუფარავად და გულუხვად გამოვამჟღავნე მის წინაშე, ქალებს კი არ უყვართ მასზე დამოკიდებული კაცები. ჩემდამი მისი ზიზღი მაცოფებდა და ამის დამალვა არც კი უცდია აფსირტეს მოკვლის შემდეგ. მე კი მინდოდა, ვყვარებოდი ჩემს ცოლს. ვერ დავთრგუნე მისი გულამაყი ბუნება, იგი ჩემს საძრახის თავგადასავლებს დაჰყვა და არ დამორჩილდა. ყველა გზით ვეცადე მასში მომესპო პიროვნება, პირიქით კი მოხდა, მან დამიმორჩილა თავისი ჩემდამი გულგრილობით და გაანიავა ჩემში ის პიროვნება, რაც კი იყო.

რისთვის უნდა ვყვარებოდი მედეას,

რა დამსახურება მიმიძღვის მის წინაშე?

ძმა რომ მოვუკალი, ამისთვის?

ასეთი ქმედებებისთვის არავის არავინ უყვარდება. არც კი მიცდია, მედეას გული მომეგო. მან კი ყველაფერი გააკეთა იმისათვის, რომ მცირეოდენი ყურადღება მაინც დამეთმო მისთვის, მაგრამ არც იგი ცდილობდა შემყვარებოდა. მე მინდოდა, რომ მას გამოემჟღავნებინა წადილი იმისა, რომ შემყვარებოდა. არა, მედეას ჩემთან კავშირი სხვა რამეს ითვალისწინებდა, და არა სიყვარულს. პელიასის ნაგიჟარ შვილებს მამამისი ავაკუწვინეთ, მედეას კი დავაბრალეთ. წარბიც არ შეტოკებია მედეას ამაზე. გულცივად მიყურებდა და არაადამიანური სიმშვიდით იღიმოდა, სულით ხორცამდე რომ შეგძრავდა, ისე. აი, კორინთოში რა მოხდა, ვეღარ გავადევნე თვალი, დაბრმავებული ვიყავი ამორის[74] ვნე-

---

74. **ამორი** - ბერძნულ მითოლოგიაში სიყვარულის ღმერთჭაბუკეროსის ლათინური ვარიანტი. ასეთად დამკვიდრდა ეს სიტყვა ქართულში. რომანში ეროსის ნაირსახეობისათვის გამოვიყენე ეს სიტყვა იმ სახით, როგორითაც ეს უნდა გადმოსულიყო.

ბაში გადავარდნილი. გულსაზარლად მეცინებოდა ქვაბში მოხარშულ პელიასზე, მაგრამ არ ვუკვირდებოდი იმას, რომ იოლკოსის მეფედ აღზევების ნაცვლად, თანაქალაქელებმა ქალაქიდან გამაძევეს ჩემი ამალით, როგორც შემზარავი ბოროტმოქმედი. მედეა კი თან მდევდა, როგორც ულმობელი ბედისწერა, მე კი მასში ვუყურებდი ჩემს ყველა ნაავკაცარს და მისი თავიდან მოშორება გადავწყვიტე. ვერ შევძელი, იგი თან მდევდა... და ბედისწერაც აღსრულდა მთელი სისასტიკით.

იგი ქალი იყო –

ჩემზე ათასწილ ძლიერი,

ჩემზე ათასწილ გამბედავი,

ჩემზე ათასწილ გონიერი,

ჩემზე ათასწილ მტკიცე.

მისი უპირატესობა აღმატებული იყო ჩემზე პირველი შეხვედრიდან მოყოლებული უკანასკნელ ურთიერთობამდე. იგი მიზანმიმართული იყო ოქროს საწმისის გამოტაცებაშიც და კოლხეთიდან გაქცევაშიც. იქამდე, აფსირტეს მოკვდინებისას – მან იმთავითვე იცოდა, ვისთან ჰქონდა საქმე და წინდაწინვე თადარიგი დაიჭირა. აი, მე არ ვიცოდი, ვისთან მქონდა საქმე.

არ დაახანა ბედისწერამაც.

მედეამ იცოდა, რას და რატომ აკეთებდა,

მე კი მინდოდა მცოდნოდა, რას და რატომ ვაკეთებდი.

მან ის გააკეთა, რაც უნდოდა,

მე კი ვერ გავაკეთე, რაც მინდოდა და მედეას ხელი შევუშალე იმ შედეგის მომკაში, რაც დათესა.

იგი არასოდეს დამცილდებოდა მე, რადგან მისი მომავალი და ჩემი მომავალი ერთად განსაზღვრა მან და არა მე. ყოველ შემთხვევაში ცუდს მომავალი არ მიქადდა მასთან ერთად თანაცხოვრებით. მე კი არ მინდოდა მედეას ფრთებქვეშ ვყოფილიყავი. არ შეუზღუდავს მას ჩემთვის არაფერი, ყველა ჩემ ახირებას ნებით ჰყვებოდა და მეხმარებოდა კი-

დეც. ეს მე ვერ შევძელი დამოუკიდებლად არსებობა.

იგი თავისი თვისებებით ჭეშმარიტი იყო,

მე კი ყალბი.

გმირობას და სახელ-დიდებას სიყალბით ვერ მოიპოვებ,

არც არავის ეშლება,

ვინ არის გმირი და

ვინ – ყალბი.

სადაც ფეხი დავდგი, ვერსად ვიპოვე თავშესაფარი, ყველამ განმდევნა, როგორც არასასურველი. ვერსად ვიმასპინძლე, საკუთარ ცოლთანაც კი. იგი უფრო მეტად სასურველი გამოდგა ელადელთათვის, ვიდრე მე, და არ ვიცი, რატომ. შვილებიც იმიტომ მოუკლეს, რომ ჩემი თანამზრახველი იყო მხოლოდ და მითუმეტეს კოლხი. სადაც ფეხი დავდგი, ყველგან უბედურება მივიტანე იმიტომ, რომ თვითონ მე ვიყავი უბედურება, აქაც – ჩემს მამულში. მედეა კი მხოლოდ იმიტომ მძულდა, რომ კოლხი იყო. ამის გამო ვერ შევიყვარე! კოლხი რომ არ ყოფილიყო, თან გადავყვებოდი, მაგრამ მე სად შემიძლია თანგადაყოლა ვინმეზე. მედეა კი ჩემგან ამას არ მოითხოვდა.

რასაც ახლა ვაღიარებ – ჩემს დანაშაულსა და ნაკლოვანებას – ახლა რომ ვარ გონგახსნილი, ასეთივე რომ ვყოფილიყავი მანამდეც, ჩემი ცხოვრება სხვანაირად წარიმართებოდა და ჩემი შვილები ცოცხლები იქნებოდნენ ახლა. კოლხეთში თუ არა, იოლკოსში მაინც ვიქნებოდი მეფე,

შევისწავლიდი მეფობის იმ აუცილებელ თვისებებს,

რითაც უხვად იყო დაჯილდოვებული მოხუცი აიეტი,

რასაც ბავშობითვე ავლენდა აფსირტე და ჩვენ არ დავაცალეთ, ბოლომდე ამოეწურა ცხოვრების წყურვა,

რასაც მედეა ავლენდა უცხოობაში უთვისტომოდ დარჩენილი.

მე არ მინდოდა სწავლა, თორემ მათ გვერდით მყოფი ყველაფერს ისე შევითვისებდი, რომ საგანგებო გაწვრთნა არც კი დამჭირდებოდა. საამისოდაც არ მეყო გონება. ჩემ-

თვის აიეტთან და მედეასთან ურთიერთობა სხვა არაფერი იყო, თუ არა შიშის სასწავლებელი. ყოველთვის მივისწრაფოდი ფათერაკებისკენ, მათ ჯობნებაზე ვეთამაშებოდი, როგორც წარჩინებული ოლიმპიელი, მაგრამ მე არ ვიყავი ოლიმპიელი, მე კი მსურდა ეს.

ფათერაკებთან შეჯიბრი ჩემი ერთი უმთავრესი ახირებათაგანი იყო. ამიტომ ძვლებში გაბრჯნილი მქონდა ბოროტეული თავდავიწყება. სავსე მთვარის მეფეებით ვიხიბლებოდი, მე კი ღამეში ვერ შევიძელი მთვარის შუქზე გაბრწყინვება. მზეში საჩრდილობელს ვეძებდი და ვერ ვიპოვე. უთავქამოდ ჩაიარა ჩემმა ცხოვრებამ. ახლა ვამბობ – გულწრფელად მშურს მედეასი, რომელსაც ვერაფერი დავაკელი ჩემი შურით, უფრო გავაძლიერე. მას შეეძლო კოლხური დიადემა თავზე დაედგა და ღირსეულადაც ეტარებინა ის, მაგრამ არ ისურვა, თავისუფლება ამჯობინა მეფურ მონობას.

ჩვენ ყველანი ვისწრაფვით, რაც შეიძლება ადრე და მალე დავიდგათ თავზე ის სამარცხვინო გვირგვინი, მეფობა რომ ჰქვია სახელად. მედეას ვერავინ შეეცილებოდა ამაში – ვერც მამა და ვერც ძმა. ჩვენ კი ათასგვარ სისაძაგლეს ჩავდივართ, რათა მივიღოთ ეს მონობა საკუთარ თავზე, რათა იმ ბორკილდადებულ მონებზე გაცილებით მეტი მონები გავხდეთ. ვერ ვგრძნობთ პატივ-დიდების შარბათში როგორ გვაქვს წართმეული თავისუფლება. საკუთარ ნებაზე ერთ სიტყვასაც ვერ ვიტყვით,

ვერ გავივლით საკუთარი სურვილით იქ, სადაც იმ წუთში გვსურს ყოფნა,

ვაკეთებთ და ვამბობთ იმას, რასაც მოითხოვს მეფური მონობა,

ვიმყოფებით იქ, სადაც მოითხოვს მეფური მონობა.

ქვეშევრდომები და ხელქვეითები არ გვაპატიებენ ერთ გადაცდომასაც კი, რადგან ყველა ამ დიად მონას შეჰყურებს, მეფე და ტირანი რომ ჰქვია სახელად.

ვაი მე, რომ ვერ შევიძელი ვერც ერთი მონობის უღლის

თავზე დადგმა, ვერც ღირსებითა და ვერც უღირსობით, მაგრამ უფრო დიდი ვაი მე, რომ თავისუფლებაც ვერ შევიძელი.

მივისწრაფოდი მონობისკენ და

ვიყავი თავისუფალი და

მე ეს ვერ შევამჩნიე,

მივისწრაფოდი მონობისკენ,

რათა ვყოფილიყავი თავისუფალი და

ვერ ვხვდებოდი, რომ ვიყავი თავისუფალი

და სხვა არა მინდოდა რა.

საკუთარ ადგილს ვერ ვპოულობდი აწმყოში და

მსურდა მარადი აწმყოში მეც მარადიული ვყოფილიყავი

ჩემი მისწრაფებითა და სიცხადით –

ამ ორი ურთიერთშეუთავსებლობით.

მარადი აწმყო კი მშორდებოდა იმიტომ, რომ მე არ მივსდიე მას და არ მივსდიე იმიტომ, რომ საკუთარ თავში ვებრძოდი თავისუფლებას საკუთარ თავში მონობის დასამკვიდრებლად. მე მართლაც გავხდი მონა, ოღონდ საკუთარი ცოდვების. ვერც იმას ვხვდებოდი, რომ მონასაც თავისი მეფური ღირსება უნდა ჰქონოდა, როგორი ბორკილდადებული მონაც არ უნდა ყოფილიყო.

დიად ყაფანზე ვიდექი და თავი მომწონდა, რომ უშველებელი სასწორის წინ ვიდექი – იქ, სადაც ცრუთა და მატყუართა ადგილია. ავადმყოფობა შემყროდა ამ სავაჭრო მოედანზე – მსოფლიო დროისადმი საკაცობრიო ავადმყოფობა.

გამალებით ვწონიდი საკუთარ იღბალს,

ვეცილებოდი სხვებს,

არ ჩამოვრჩენოდი დანარჩენებს.

სასწორზე იმაზე მეტის აწონვა მსურდა,

ვიდრე ვიყავი,

ვიდრე რაიმეს წარმოვადგენდი.

ყველანი მხეცები ვიყავით ამ მოედანზე –

ვყიდულობდით და ვყიდდით

რაც შეიძლება მეტს,

რაც შეიძლება ძვირად,

მსოფლიო დრო კი მიდიოდა და მე ადამიანობადაკარგულმა შევეცადე დავწეოდი დროს და არაფერი გამომივიდა. ის, რაც ვიყიდე, იმითვე დავიტვირთე, არ ვკითხულობდი, რა ღირდა ის და რის ფასად შევიძინე ჩემში ღირსება, რომლითაც ვცადე დროს დავწეოდი. ვერ დავეწიე დროს და მოვედი აქამომდე... და ხელში შემრჩა რა –

ჩემს მიერ გამარჯვებული დამარცხება,

რომელიც მოვიპოვე სისხლით,

ქურდობით და

მოტყუებით.

ამიტომ ვერ ვპოვე საკუთარი ადგილი სამყაროში.

სულ სხვაფრივ ველოდი ჩემი ცხოვრების წარმართვას,

სულ სხვაფრივ კი წარიმართა. შვილები მომიკლეს და ფესვები გადამიჭრეს, რაღა გამახარებს ამიერიდან! ვერც კი შევძელი შვილების დაცვა. იმათ წინაშეც დავაშავე, ასეთი უსუსური რომ ვიყავი. ახლა სხვანაირი რომ გავხდე, აზრი აღარა აქვს მათთვის.

ერთის მხრივ სასარგებლოა, იაზონის შვილები რომ მოკლეს,

მეორეს მხრივ კი დიდი უსამართლობაა, მედეას შვილები რომ დახოცეს.

საერთო ჯამში, რა მხეცობაა პატარა ბავშვების მოკვდინება, როგორი ულირსიც არ უნდა იყოს მისი მშობელი. მე ბავშვი არ მომიკლავს, იგი ყმაწვილი იყო, ზრდაუსრულებზე კი ხელს ვერ აღვმართავდი. სინდისი მქენჯნის მაინც, როცა ამას ვამბობ და ამიტომ აფსირტეს მკვლელობას გულწრფელად ვინანიებ.

სად გავექცე ამ მწველ ცოდვას,

რომელ ჩრდილს შევეფარო, რომ ვერ მომაგნოს ჩემი შეცოდების მცხუნვარებამ.

საკუთარ ნაჭუჭშიც მომძებნეს აფსირტეს თვალებმა და ყოველთვის ამიფორიაქეს სული, დამიწვეს გული დაუწვავი

ცეცხლით, მისი სიცოცხლით მხურვალე თვალებიდან რომ მოედინებოდა. საკუთარ თავს გავურბოდი, მაგრამ მდევდა აფსირტეს თვალების ცეცხლოვან ალში გახვეული საკუთარი თავი და მოსვენებას არ მაძლევდა. ღვინოში მინდოდა ჩამეხრჩო ჩემი გონება, ღვინომ კი გააასმაგა ფიქრები მასზე. ვერც მედეა და ვერც აიეტი ასე-რიგად ვერ ამოაშრობდნენ ჩემგან მოსვენების წყაროთსათავეს. ისინი ჩემი მტრები იყვნენ და გაიხარებდნენ ჩემი განადგურებით, მაგრამ აფსირტე ჩემი მტერი არ ყოფილა და მხოლოდ იგია, რომ არ მასვენებს და მაფორიაქებს. მის სულს ამისი უფლება აქვს.

მე არ ვნანობ აიეტის წინაშე,

მე არ ვნანობ მედეას წინაშე,

მე არ ვნანობ ოქროს საწმისის წინაშე,

მე არ ვნანობ არც ჩემი შვილების წინაშე,

რადგან ყველაფერი ეს და ყველანი ესენი ერთმანეთთან არიან გადაჯაჭვულნი ჩემს ცხოვრებაში და მათ წინაშე თუ რამ შემიცოდავს, ჩემი სურვილით ჩემივე სარგებლობისთვის მოხდა.

როგორ – ეს სხვა საქმეა,

რისთვის – ეს კიდევ სხვა.

რა გამოვიდა აქედან – ეს აღარ იჯერიება,

რადგან მე ბუნებით რაინდი არ ვყოფილვარ და რაინდულ დიდბუნებოვნებას ვერავინ მომთხოვს, თვით ჩემი შვილების წინაშეც კი. რაც შევიძელი, მათ ის გავუკეთე.

სხვა საქმე არის აფსირტე! ყოველი ავაზაკი, ყოველი ზნედაცემული კაციც მოერიდებოდა მის მოკვლას და მითუმეტეს – ისეთ ვითარებაში და ისეთი სიმხეცით, როგორც ეს მოხდა. ამას ვერც ერთი თავმიცემული და უგლიმი ვერ მოუძებნის გამართლებას.

რაც მინდოდა ამოვთქვი,

როგორც ვფიქრობდი, ისე ამოვთქვი ჩემი საგლოვარი და სატირალი.

ახლა აღარ მეშინია აღარც სიკვდილის,

აღარც შიშის,

აღარც კაცის და

აღარც სინდისის.

ახლა აღარ დავიმალები არსად, რადგან გავთავისუფლდი ყველა ტვირთისგან, რაც მამძიმებდა მთელი ცხოვრება. დამღალა საკუთარი თავისადმი ამდენმა საყვედურმა, როდესმე ხომ უნდა დავისვენო!

აღარც შენ დაგიტოვე სათქმელი, ჩემო სინდისო!

ყველაფერი ითქვა სრული გულწრფელობით, აღარ ვიწვი დაუწვავი ცეცხლით და ყველას შემიძლია თამამად ჩავხედო თვალებში და ვთქვა

– ეს მე ვარ, იაზონი, ესონის ძე, ჩემი ცხოვრება რომ გადავხლართე ყველა თქვენგანის ცხოვრებასთან, აგირიეთ გზა-კვალი ვისზეც მოვახერხე და შევიძელი იმიტომ, რომ მეც ვიყავი გზა-კვალ-არეული. ახლა, როცა ყველაფერი დამთავრდა, როცა ყველაფრის შეცვლა შეუძლებელი და უსარგებლოა, მოვსულვარ, რათა თვალებში ჩაგხედოთ და თქვენც შეიცნოთ თქვენი წილი შეცოდება ჩემს წინაშე, თუ როგორ გამიმრუდეთ ცხოვრება. ახლა შენ მითხარი, ჩემო სინდისო, ყველას ხმით, მთელი სამყაროს ხმით, როგორ უნდა მეცხოვრა, რომ ვყოფილიყავი სრულყოფილი და სრულფასოვანი, ვინ რა ღვაწლი შეიტანა ჩემი თვისებების გამრუდებაში და შეიძლებოდა თუ არა ვყოფილიყავი სხვანაირი, შვილების მიერ აკეპილი და დიდ ქვაბში მოხარშული პელიასიდან დაწყებული, ელადელთაგან ულვთოდ მოკლული ჩემი შვილებით დამთავრებული სულების ხმებო, მიპასუხეთ – როგორ უნდა მეცხოვრა, რომ თქვენი სულები დამეწყნარებინა და არ გაგეუხეშებინათ ჩემი სული. მეც მეცხოვრა და თქვენც გეცხოვრათ მშვიდობით ისე, რომ ან არ გადაკვეთილიყო ჩვენი გზები, ან არადა ერთმანეთისთვის არ შეგვეშალა ხელი.

სინდისის ხმაში გაერთიანებულმა ყველა ხმამ ერთხმად უპასუხა:

– ეს შეუძლებელია.

– რატომ?

– იმიტომ, რომ შენ მოდიოდი ჩვენთან და არა ჩვენ შენთან. ამიტომ თამაშის წესებს შენ გვკარნახობდი და, შესაბამისად, ჩვენ გპასუხობდით იმით, რითაც გიპასუხეთ.

– ყველამ?

– ყველამ, და ყველამ თავისებურად. სხვა გზა ჩვენ არ დაგვიტოვე.

– რატომ?

– მაშინ საკუთარ თავზე უნდა გვეთქვა უარი და მხოლოდ შენ დაგმორჩილებოდით.

– დამორჩილება ხომ გაცილებით იოლი იყო, ვიდრე თვითმყოფადობის შენარჩუნება. მე ხომ ყველა თამაშის საპასუხო წესს დავემორჩილე!

– როგორც შენ იბრძოდი ნებისმიერი ხერხით საკუთარი თავის დამკვიდრებისთვის ცხოვრებაში ჩვენი თვითმყოფადობის დათრგუნვის ხარჯზე, ჩვენც ასევე გპასუხობდით, რადგან შენგან ვიცავდით თავს ნებისმიერი ხერხით, არც ეს დაივიწყო, იაზონ!

– მაშ, რა გამოდის?!

– ის, რაც გამოვიდა, მხოლოდ და მხოლოდ ის, – უპასუხა სინდისმა და დადუმდა.

დადუმდა იაზონიც. იგი აღარაფერს ფიქრობდა. თვალები დახუჭა. დაასვენა გონება. შეამჩნია, რომ მზე აღარ უძვრებოდა სულში. მოიჩრდილა, მაგრამ ახლო-მახლო ხე რომ არ იყო?!

ტყეში რომ არ იყო?!

მაშ, სად იყო?

ყური დაუგდო გარემოს –

ზღვა შხრიალებდა და შორეულ ჰორიზონტში მზით სხივაჭრილი სიშორის სისპეტაკიდან იკვეთებოდა გიგანტური დალუპვის დედააზრი. თვალდახუჭულმა იგრძნო ნათლის ლივლივი ზღვის ზედაპირზე და მოელანდა თავისი „არგო“

ტალღებთან მოთამაშე. ხომალდზე არავინ იყო – მარტო ზღვის უდაბური სიცარიელე და იგი, ვისაც უხმობდა თავისი მიმზიდველი მომხიბლაობით. „არგო“ ისეთი იყო, როგორიც ზღვაში პირველად შეცურვისას, და უფრო მიმზიდველი და მაცდუნებელი. გედივით სრიალობდა წყლის ზედაპირზე და ელამუნებოდა მზის სხივებს. ცა ზღვისფერი იყო და ზღვა ცისფერი. ვერ გაარჩევდი ზღვაში სრიალობდა „არგო“, თუ ცაში.

ზღვაში რომ ჩაიხედა, ხელისგულივით ჩანდა მთელი სამყარო, თითქო ღრუბლებს ზემოთ ასულიყო ზღვა.

ცაზე რომ აიხედა ზღვის ტალღებივით ლივლივებდა ცის კაბადონი.

მზე ცისა და ზღვის გასაყარზე შორეულ ჰორიზონტში მიიკარგებოდა. არანაირი სულდგმული არ იყო იაზონის გონიერ თვალსაწიერში. მხოლოდ „არგო“ იზიდავდა მას, ისიც მიიჩქაროდა „არგოსკენ“, რადგან ერთადერთი ის იყო, რომელიც არაფერში არ საყვედურობდა თავის პატრონს. გონიერი თვალსაწიერიდან უყურებდა თავის ხომალდს და ფიქრობდა, ასე რამ გაალამაზა, ასეთი თვალწარმტაცი არასოდეს ყოფილაო, იალქნებიც ბავშვური ფიქრებივით სპეტაკი და გარდასულ ოცნებასავით მომხიბლავი იყო, თითქოს იალქნებად მართლაცდა ეს ფიქრები და ოცნებები შეება და მარადისობის ნიავი აფრიალებდა ზღვაზე ოცნებიდან ნაფიქრ აფრებს.

იაზონი ჩააფიქრა ამ ხილვამ, იფიქრა ბახუსმა მირაჟები წარმოშვაო, მაგრამ ნასვამი არ იყო. არც სიზმარი იყო, რადგან იგი ხორციელად არსებობდა და საკუთარი ჩრდილი დაჰყვებოდა. იაზონი ხედავდა, რომ ირგვლივ უკაცურობა სუფევდა, მიუხედავად ამისა, თვალწარმტაცი გარემო იყო ირგვლივ და ყველაფერ ამას ამშვენებდა „არგოს“ აქამდე არარსებული მომხიბლაობა. მან შეამჩნია, რომ ყველაფერს, რასაც უყურებდა, გამოკვეთილი სახე არ ჰქონდა და იგი უფრო მოჩვენება იყო, ვიდრე ცხადლივი ცხადება. თანდა-

თან რწმუნდებოდა, რომ თავადაც ხდებოდა მოჩვენებად.

დალუპვის ბუმბერაზი ხელოვნება თავის ფრთებს შლიდა და შედიოდა შემოქმედებით ექსტაზში. ბედმა გადაწყვიტა თავისი ბედისწერა, ღამის ქალღმერთის ქალიშვილებმა[75] იაზონის ბედის ძაფი გაწყვიტეს, მაგრამ არ იყო ღამე. გაწყვეტილი ძაფი თვალწინ დაუვარდა იაზონს. გაიკვირვა, ამ უკაცურ სამყაროში სად იყო ეს ძაფიო. ხელში აიღო და მასში თავისი ცხოვრება ამოიკითხა. წამოდგა, ტანთ არ ეცვა, მიიხედ-მოიხედა, ვინმე ჩუმად არ მიყურებდესო. მსუბუქად ეჩვენა საკუთარი თავი. ფეხი გადადგა, ასე ეგონა ჰაერში დაფრინავსო და თავისი სიმსუბუქე გაიკვირვა. იფიქრა, ქარი რომ ამოვარდეს, წამიღებსო. ისევ გადადგა ნაბიჯი, ასეთი ნაბიჯები მას არასოდეს ჰქონია. მივიდა „არგომდე“. ახლა წყალში რომ შევიდა, წყალზე გაიარა და თავის ხომალდზე ავიდა. იქ მოხუც კაცს ეძინა. გაუკვირდა, ცოტა არ იყოს გაბრაზდა კიდეც. გამოაღვიძა.

– ვინა ხარო? – ჰკითხა.

– მე ქარონი[76] ვარო, – უპასუხა მოხუცმა.

– ამ ჩემს ხომალდში რა გინდაო? – წარბები შეიჭმუხნა იაზონმა.

ჩაეღიმა მოხუცს:

– ეს შენი ხომალდი არაა. ეს ბორანიაო.

– სად მიდის ეს ბორანიო, – იჭვნეულად იკითხა იაზონმა.

ისევ ჩაიღიმა კუშტმა მოხუცმა და იაზონი დააკვირდა მის სახეს, მის მოელვარე თვალებს, როგორ არ უხდებოდა ღიმილი.

---

75. **ღამის ქალღმერთის ქალიშვილები** - მხედველობაში მაქვს ზოგიერთი ვერსიით გავრცელებული ღამის ქალღმერთ ნიქსის ქალიშვილები ჰესპერიდები, რომლებიც ნიქსმა არაკანონიერი ურთიერთობების შედეგად შვა ქვესკნელის წყვდიად ერებოსიდან, რადგან ისინი და-ძმანი იყვნენ ქაოსიდან წარმოშობილნი. ჰესპერიდების ძმები იყვნენ თანატოსი (სიკვდილი), ჰიპნოსი (ძილი), ნემესისი (შურისძიება), აპატე (სიცრუე), ფილოტესი (სიყვარულის ცდუნება), გერასი (სიბერე) და სხვები. ჰესპერიდები ცხოვრობდნენ თავიანთ ბაღში დედამიწის სფეროს უკიდურეს დასავლეთში. ბაღში ოქროს ვაშლები ხარობდა და მათ გველეშაპი ყარაულობდა. ღამემ აგრეთვე შვა ჰემერა (დღე) და ეთერი (ნათელი ცა).

76. **ქარონი** - ჯმუხი მებორნე, რომელსაც გარდაცვლილთა სულები მდინარე სტიქზე გადაჰყავდა აიდას სამეფოში, რის გამოც თავის გასამრჯელოდ იღებდა მიცვალებულთა თვალებზე დადებულ მონეტებს.

– მიწისქვეშა მდინარე სტიქით აიდას სამეფოში უნდა გადაგიყვანოო.

– სად არის აიდას სამეფოო და რა მინდა მე იქო?

– ეს სამეფო იქაა, სადაც მდინარე ოკეანე[77] დასალიერის მიღმა განბანს დედამიწას და შენ იმიტომ მიმყავხარ იქ, რომ მოკვდიო.

– როგორ თუ მოვკვდი? – გაოგნდა იაზონი, – განა მე დამარხული ვარ, ან შენი გასამრჯელო სად გამაჩნიაო?

– შენ შენმა „არგომ“ დაგმარხა, როდესაც მისი გადატეხილი ანძა მოგხვდა თავში. ჩემს გასამრჯელოზეც ნუ იფიქრებ. ამაზე სხვებმა იზრუნეს. კოლხეთიდან „არგოში“ ჩატვირთული კოლხური თეთრი ჩამოგყვა და ამით ავიღე ჩემი კუთვნილი გასამრჯელო.

დაღონდა იაზონი. არ ეგონა, ასე თუ მოკვდებოდა და რაც იხილა, სიკვდილი თუ იყო. გახედა ირგვლივ გარემოს და შეეშინდა, ისეთ ბნელეთში შევიდნენ.

– ააარრრ-გოოო! – იყვირა იაზონმა და მიწისქვეშეთმა ექოდ გაიმეორა მისი სიტყვები. ხმაურზე კი ცერბერმა[78] ყეფა დაიწყო და აცნობა იმიერ ქვეყანას იაზონის სტუმრობა.

XXVI

კოლხური ხილვები ნიადაგს მიღმა

შვილებთან უკანასკნელი ღამის გატარების შემდეგ, მედეა დაადგა გზას, და არ იცოდა რა გზას, მაგრამ მიდიოდა იმ იმედით, რომ სადღაც, შორს გადაიკარგებოდა.

ბევრი იარა,
თუ ცოტა იარა,

ტყის პირას დახნულ-დათესილი მინდორი დაინახა, სადაც თავი ამოეყო ჯეჯილს და მედეამ თვალებს არ დაუ-

ჯერა – ეს ახალდათესილი მჭადი იყო. გაიკვირვა, მჭადის მცენარეს ამ შორეულ ქვეყანაში რა უნდოდა, ის ხომ მარტო კოლხეთში ხარობდა და მხოლოდ კოლხებმა იცოდნენ მისი დანიშნულება და ფასი. რამდენი წელია, იგი ელადაში იმყოფებოდა და არ უნახავს არც ერთი ელადელი, მიწათმოქმედებას რომ გაჰყოლოდა, ისინი ძირითადად მესაქონლეობას მისდევდნენ. გაიხარა მედეამ და რატომ გაიხარა, ამას ვერ მიმხვდარიყო. ალბათ იმიტომ, რომ თვისტომი ეგულებოდა მჭადის ყანების სიახლოვეს. რაღაც ჯერარგანცდილად დაუწყო გულმა ფრთქიალი. გაჯეჯილებული მჭადი გაზაფხულის სუნთქვას ტალღოვანი მიმორხევით ესიტყვებოდა. თვალი დაამშვიდა მედეამ, ამ ყანაში არანაირ საშიშროებას არ გრძნობდა. მშვიდად სუნთქავდა ისე, როგორც საკუთარ მამულში. იქვე, ხნულის პირს ჩამოჯდა. მისი მზერა გარკვეულად მეტყველებდა, რომ დროებას მძიმედ დაექანცა იმ ბერიკაცივით, რომელიც ხნულში ჩამდგარი კავს ეჭიდება ძალაგამოცლილი, თუმცა მაინც ბავშვივით ურჩი, თავს ძალას რომ ატანს და მთელი ძალით ისევ წამოდგომას ცდილობს, ღონემიხდილს სიმხნე რომ ემატება და დამბადებელს მადლს სწირავს, მერე რომ უმალვე დგება და ისევ კავს ეჭიდება და ისევ ხნულს მიჰყვება, ხნული კი გრძელია ამ მინდორივით, მედეას თვალწინ ზღვასავით რომ გადაშლილა, ცხოვრებასავით გრძელია და დაუსრულებელი.

უიმედოდ გაჰყურებდა შორეულ სივრცეს ცარიელი თვალებით. მისი საფიქრალი ერთ დაძაბულ თავსატეხს წარმოადგენდა – როგორმე გაქცეოდა ელადას, მის სულის შემხუთველ გარემოს და ცდილობდა ისეთი ადგილისთვის მიეგნო,

---

77. **მდინარე ოკეანე** ძველბერძენთა წარმოდგენით გარს უვლიდა დედამიწას, მისგან გამოედინებოდა ზღვები, თავისი დინებებით და ნაკადულები. ასევე ოკეანის მდინარიდან ამოდიოდა მზე და ღამით ბრუნდებოდა, მისი კარიბჭით ამოდიოდა ღამით მთვარე და ვარსკვლავები.

78. **ცერბერი** - ბერძნულ მითოლოგიაში სამთავიანი ძაღლი, რომელიც დარაჯობს აიდის სამფლობელოს. კისერზე გველები ეხვევიან, კუდი კი გველეშაპის თავით უმთავრდება. ის ყეფით ეგებება მიცვალებულთა სულებს, ჰადესში ყველას უშვებს, იქედან კი - არავის.

საიდანაც ვერავინ აიძულებდა წასვლას,
სადაც არავინ უღალატებდა,
სადაც მიეცემოდა ხალისი, ეცხოვრა,
წაჰყოლოდა გულის მურაზს კოლხეთში,
და არა კოლხეთიდან,
ბედი არ გატეხოდა მის სიყვარულს,
მოხვედრილიყო მასთან ერთად ქარიშხალში
და შიშით კი არა,
სიამით შეფარებოდა მოულოდნელ კუნძულებს
და რომც არ ყოფილიყო ანაფე[79], თვითონ გამოეგონებინა ის მაცოცხლებელი კუნძული,
წარღვნასაც რომ გაუძლებდა, ისეთი.

იმ კუნძულზე ვერავის მოეკლა სანუკვარი შვილები გულღრძო და შეუბრალებელი კორინთოელებივით, საიდანაც ვერავინ გამოაძევებდა და აღარ დაანგრევდა კერას, გვერდს აუქცევდა წარსულს და მარადი „ახლა“ იქნებოდა მისი ჯებირი ველურ ელადასთან და ჩაკეტავდა უსიამო შეგრძნებას ამ ქვეყანასთან დაკავშირებულს. ფაზისის ქვიშიან ნაპირებზე ირბენდა ისე, რომ ფეხები არც კი ეტკინებოდა და ამარანტის მთებში[80] დავანებულ ამირანს შეეხმიანებოდა, შეუთქვამდა ღმერთ-მებრძოლ ძალას წყალუხვობას. დილისს მიესალმებოდა და მხურვალე სხივებს უსურვებდა ზამთარ-ზაფხულს, სადაც აუმღვრეველი გრძნობით გახალისდებოდა, ყველა პატარა კუთხე-კუნჭულს ჩასჩურჩულებდა, თუ როგორ უყვარდა თითოეული კენჭი და ბალახის გამხმარი ღერო. ვერავინ შებღალავდა მის სახელს, ვერავინ დადაღავდა მის გულს ეჭვების სენით, სული იმღერებდა და ამ მითიურ მღერას მარტო იგი და დამბადებელი გაიგონებდნენ.

79. **ანაფე** - მცირე კუნძული სპორადებში, ეგეოსის და კრეტის ზღვებს შორის, სადაც ქარიშხალში თავი შეაფარეს არგონავტებმა. აქ იყო აპოლონ ეგლეტოსის ორაკული. ეს სამლოცველო აღმართეს არგონავტებმა მადლობის ნიშნად იმისთვის, რომ საშინელ ქარიშხალში აპოლონმა მშვილდი ასწია და იხსნა მეზღვაურები იმით, რომ ზღვის ფსკერიდან ამოიზიდა დასახლებული კუნძული „ანაფე“.

80. **ამარანტის მთები** - მითიური მთები კავკასიაში, სადაც მიჯაჭვულია ამირანი და სათავეს იღებს ფასის მთიდან მდ. ფაზისი (რიონი).

ღმერთი გაიგებდა
სიმღერით ნათქვამსა და
სიმღერით სათქმელსა და
სიმღერით უთქმელს.

იჯდა მედეა გონდაბინდული, წარბშეკრული, უფერული და უმოლოდინო. იჯდა და ელოდა, მაგრამ ვის? იქნებ ისევ ცხოვრების მეგზურს? მაგრამ ნუთუ მართლა ელოდა?

ნათქვამმა სიტყვამ სიტყვა მოუჭრა,
უგულო გულმა სახე დაუჭნო.
უპასუხოდ დარჩენილ კითხვებს ვერავინ უპასუხა
და ღირდა კი ამ კითხვებზე პასუხის გაცემა?
ამაზე მედეა აღარ ფიქრობდა.
მჭადის ყანამ თავისი თეთრონიც კი დაავიწყა.

თეთრონმა პირი არ ჰკიდა მჭადს, ეცნაურა ნაცნობი ჯეჯილი, მხოლოდ მის გვერდით სარეველა შემოაცალა და აგრძელებდა ასე ბალახობას. ერთი-ორი მჭადის ჯეჯილიც მოიგდო პირში, ვერ კი გაიხსენა, საიდან ეცნო ეს ბალახი, პირუტყვი იყო, და მიტომ. თვალები მედეასკენ მიეპყრო, მზად რომ ყოფილიყო პატრონის სამსახურში. საირხეს ხრმალი ხელში ეჭირა მის პატრონს და მზის სხივებზე ლაპლაპებდა ორლესული და ზედწარწერილი „მესსიის მახვილი“. თვალებს ჭრიდა ცხენს ხრმალის მზერა, მაგრამ თვალს ვერ აცილებდა საირხეს განძს, რაღაცნაირი მიმზიდველი ძალა ჰქონდა, და მიტომ. ამ ძალას თეთრონიც გრძნობდა და მზად იყო პატრონის ერთგულებისთვის, რადგან პატრონის ერთგულება ნიშნავდა ხრმლის ერთგულებასაც. მედეა იმდენად ვერ გრძნობდა ამ სატევარის ენერგიას, რამდენადაც თეთრონი, რადგან ასეთი ცხოველსმყოფლობისადმი მგრძნობელობა ადამიანებზე უფრო ცხოველებს აქვთ განვითარებული.

ის ხან პატრონს შესცქეროდა,
ხან ხრმალს,
ხანაც მიწას ჩასჩერებოდა

და გრძნობდა უცხო მიწას ცხოველური გეშით,

ბალახეულთა გემოც არ იყო მისთვის სიღრმისეულად ნაცნობი. ხოლო რატომ გრძნობდა თავს მშობლიურ გარემოში, ეს ვერ გაეგო და არც იყო ამის გაგება მისთვის ესოდენ მნიშვნელოვანი, ცხოველი იყო, და მიტომ. როცა მედეა შეხედავდა თავის ცხენს, ის ცოხნას შეწყვეტდა და თვალებში მიჩერებოდა პატრონს, რომლის თვალებშიც განურჩევლობას კითხულობდა. სულ ცოტა ხნის წინ კი, როცა ბავშვები დახოცილები იყვნენ, მის თვალებში უსაზღვრო მწველი ცეცხლი გიზგიზებდა, ახლა მუგუზალის დარი სიცოცხლე აღარ შერჩენოდა თვალებს. უყურებდა და ეძებდა მათში თავის პატრონს და მხოლოდ გარეგნულ იერში პოულობდა ნარჩენებს იმ მომხიბლავი მედეასაგან.

მედეა კი სიზმარეულივით დაფრინავდა კოლხეთის ცაზე ამ ჯეჯილის ჰაეროვან ლივლივში. მიწაზე არ ეშვებოდა, რადგან მიწაზე ელადა ეგულებოდა და შორს, ზღვის გაღმა ნაპირებთან – თავისი კოლხეთი. სინდისის ქარები ჰქროდა თავში და დაშვებას არ ანებებდა. ახალ სამყაროსთან შეგუებამ, მასთან თავისი მხედველობისა და მსოფლ-ჭვრეტის შეთავსებამ და გათავისებამ თავბრუ დაახვია და კარგა ხანს ეფემერულ ცხადებად ეჩვენებოდა ყველაფერი. უცხო ქვეყნის მცირე ნაწილმა მალე მოხიბლა, მაგრამ მალევე აუცრუა გული, უცხო ხალხი უმალ შეიგრძნო მთელი სიმძაფრით და გაუწბილდა ყოველი ნაოცნებარი.

საღამოვდებოდა. შორს ჰორიზონტზე მოკაშკაშე მზე თანდათან დასალიერისკენ იწევდა და ცეცხლისებრ სხივებს მწვანე ტალღებზე ათამაშებდა. და უცებ, როგორც ბუნებასთან შეხმატკბილება, ნაცნობი ხმა შემოესმა მედეას, ისეთი ნაცნობი, ერთიანად რომ შეცვლის ადამიანის გუნება-განწყობილებას. ეს არ იყო ვინმეს ხმა, რომ დაფიქრებულიყო, საიდან მეცნო, ან ვინ არისო. ის უფრო ღრმა და ენით უთქმელად მშობლიური იყო, მთელს მის მოდგმის არსს რომ აერთიანებს. ეს ხმა არ შეიძლება ყოფილიყო განკერძო-

ებული, ის ყველა კოლხისთვის საცნაური ხმაა ყველგან და ყველა დროში. თავდაპირველად მედეამ იფიქრა, მომეჩვენაო, თორემ აქ რამ მომასმინა ის და მით უმეტეს ასეთი მტკიცე სიძლიერით. აჰყვა ხმის მდინარებას და ათრთოლდა, ერთბაშად აიყვანა მისი მომსმენი ზეგრძნობიერ ცხადებაში და მოსვენება დაუკარგა.

– ეს შემთხვევით არ მოხდებოდაო, – გაიფიქრა მედეამ, – ეს არ არის ჩვენება და ზმანებაო, თორემ რას უნდა მივაწერო მჭადის ყანასთან ერთად ჩანგურის ხმა? აქ ხომ არც მჭადს თესავენ და არც ჩანგურზე უკრავენ.

ღიმილი მოეფინა მედეას სახეს, თვალებით ჭამდა სივრცეს და ყურთასმენას ავსებდა ტკბილხმოვანებით, საღამოის მშვენიერებას რომ განიცდიდა საკრავის ჯადოსნურობაში, ხმოვანებაზე ეტყობოდა ოსტატის მადლიანი ხელი, და მიტომ.

ბგერათა სამყარომ მედეა მიახვედრა, რომ ჩანგურის მთელი კორპუსი საკმაო მოცულობისა იქნებოდა. მასალას დრეკადი ხისგან შეარჩევდა, ხმოვანების სისუფთავემ დაარწმუნა მსმენელი იმაში, რომ ხე ერთიანი იყო, ხოლო ვიბრაციის სიძლიერემ ის თქვა, რაც ყოველთვის ხიბლავდა მედეას ამ საკრავში – კორპუსის კედლების გათხელებით მიღებული ოსტატის სიბრძნე მუსიკალური გემოვნებით ნაკარნახევი, თუ როგორ ფლობს ყოველის-მხრივ ოსტატი ხეს. ეს მთელი სულიერი სიმდიდრეა ადამიანური გონისა და ამ გონით განხორციელებული ხელმტკიცობის სიძლიერისა. ამას გრძნობდა მედეა ჩანგურზე დამკვრელის თითების აყრით, თუ ხელჩამოკვრით აჟღერებული პირველივე ბგერების მოსმენისთანავე. ხის მოდრეკვის ხელოვნებით ოსტატმა თავის საკრავს დიდი სარეზონანსო მოცულობა მიანიჭა. ხმებს ეტყობოდა, რომ ჩანგურის მუცელი იმდენად იყო დათხელებული და მოღუნული, რომ მეტის ან დათხელება, ან გადაღუნვა გააფუჭებდა მასალას. დიდოსტატობაც ამით აიზომ-აიწონება –

უკიდურესი ზომიერების დაცვაში,
იმის იქეთ აღარაფერი აღარ არსებობს.

ხმათა გამოცემის მიხედვით მედეამ წარმოისახა ჩანგურის ისეთი წყობა, როგორისაც უნდა ყოფილიყო – ვერ შეამჩნია თავის პირობით სახულ საკრავში, რა ადგილებში იყო დამუშავებული მასალა, ისე შეზრდოდა ერთმანეთს ერთიანი ხის ჰაეროვნად გარდამავალი ორი განსხვავებული სიდიდე და სისქე –

მუცელი და სახელური.

მუცელი ნავისებური უნდა ჰქონოდა უთუოდ, რადგან ხმის თანაბარზომიერად გამოცემა ერთიან წრეს კრავდა ჰაერში და იფანტებოდა სივრცეში თანაბარზომიერადვე,

ერთმანეთს რომ არ კვეთენ
და ხელსაც არ უშლიან ერთმანეთს
და არც ახშობენ ერთმანეთს.

ყველა ტემბრს თავისი დიაპაზონური ამოსავალი ჰქონდა. ტარის თავი ოდნავ გადახრილი უნდა ჰქონოდა და ნიჟარისებურად დახვეული. ამას სიმების მიერ გამოცემული პირველბგერადობის ჩვილობა განსაზღვრავდა, სანამ გამოცემული ბგერა მუცელში ჩავიდოდა. მოქლონებით მყარად იყო დაჭერილი სიმები და სიმებიც ტონალობისდამიხედვით ზუსტად იყო დაჭიმული. სიგრძე ყოველი სიმისთვის სწორად შეერჩია ოსტატს, რადგან სიმის ზედმეტი სიგრძე გადატვირთავდა მოქლონებს და ტონალობის სიზუსტეს გააზანტებდა, ხოლო სიმის სიმოკლის გამო სიმსვე მოუხეშავს გახდიდა და ბგერას დაძაბავდა, ამასთანავე თითების აყრაცა და ხელჩამოკვრაც გართულდებოდა.

ურთიერთშეჟღერებისას პირველსა და მეორე სიმს შორის მცირე ტერციის განსხვავება ჰქონდა, მეორე და მესამე სიმს კი დიდი სეკუნდა აშორებდა. უცნაურად მოეჩვენა მედეას, მაგრამ მეოთხე ზილი სიმიც ერთვოდა. ჩაუკვირდა ამ სიმის ჟღერადობას და მიხვდა, რომ მესამედით მოკლე იყო ის დანარჩენებზე და ქვემოდან პირველ და მეორე

გრძელ სიმებს შორის მოეთავსებინა ოსტატს. ეს სიმი მელოდიურსა და მოქნილს ხდიდა ჩანგურს უხვი აკორდებითა და რეგისტრთა მრავალფეროვნებით. ყელი ოქტავური დიაპაზონითა და ბგერათა გამისებური თანმიმდევრული მწკრივით იყო დაყოფილი. ზილი სიმი აკომპანიმენტის გარდა მელოდიის შესრულების შესაძლებლობას და მდიდარი აკორდებით იმის საშუალებასაც იძლეოდა, რომ თვით აკომპანიმენტში მოსმენილიყო მელოდიის მთავარი თემა. სიმები აბრეშუმის ძაფისა უნდა ჰქონოდა, გასანთლული და მაგრად დაგრეხილი. თვით გამოცემული ბგერების სინატიფე იძლეოდა სიმების შეფასების საშუალებას. უნაკლო იყო ჩანგური თავისი აგებულებით, მასზე დამკვრელიც ფლობდა მუსიკალური სამყაროს აღქმისა და გადმოცემის ხელოვნებას.

საკრავზე დიაპაზონი მოქცეულიყო ზილი-სიმის ყველაზე მაღალი და მესამე სიმის ყველაზე დაბალი ბგერების ფარგლებში. ღრუბლიან ამინდებში აბრეშუმის სიმებს სუსტი და დახშული ხმა უნდა გამოეცათ, გამოდარების შემდეგ კი წმიდა ბგერებს გამოსცემდნენ – ძლიერსა და ამასთანავე ჰარმონიულად თანაწყობილს სინაზესთან. ავდრიანობისას ჩანგურის ხმა წააგავდა სევდანარევ მოწყენილობას, მგლოვარება არ უხდებოდა ჩანგურს, და მიტომ. სამაგიეროდ კოლხური სიმები ცხვრის ნაწლავებისაგან მზადდებოდა და ნებისმიერ ამინდში მყარ, ძლიერ და ზოგჯერ მოუხეშავ ხმას გამოსცემდა.

მორდუსგან[81] ახსოვდა მედეას, როგორ აკეთებდა იგი სხვადასხვა საკრავსა და სიმებს. მაგალითად, ცხვრის ნაწლავებს გარეცხავდა და ნედლად გაჭიმავდა მთელ სიგრძეზე და მზეზე გააშრობდა რამდენსამე დღეს. შემდეგ ნიორს წაუსვამდა და დაახვევდა.

თვით ჩანგურსაც თავისებურად თლიდა მორდუ. ამის-

81. **მორდუ** - მეგრულ დიალექტზე „გამზრდელს“ ნიშნავს. წარჩინებულთაგან საკუთარი შვილების გასაზრდელად მიბარება თავიანთ ქვეშევრდომებთან წეს-ჩვეულებად ჩამოყალიბდა ქართულ ეთნოსში. რომანში მინიშნებაა ამ ფენომენის გენეზისზე, რა თქმა უნდა, ვარაუდითა და ჰიპოთეზით და ის ჩასმულია სიუჟეტურ ქარგაში.

თვის კარგა ხანს აკვირდებოდა ქარების ქროლვის მიმართულებებსა და არეალს. ხესაც ამ ადგილებიდან არჩევდა – უკოქროს, და როცა მოჭრიდა, ჯერ შეულოცავდა, შემდეგ კი ქარჩამდგარზე განტოტვის ადგილებში სანთელს დაანთებდა და როცა მოჭრიდა, ნასანთლარ ნაჭერს იყენებდა საჩონგურედ. განტოტვილ მორს შუაზე აპობდა და განყოფდა დიას დაისგან, ასე ეძახდა მორდუ საჩონგურე მასალებს. ვეშბიშ თუ მზიანი იქნებოდა და ულრუბლო, საფტინსაც გააჩერებდა მზეზე დია-მორსა და დაი-მორს და მხოლოდ მიშლადაშს[82] დაიწყებდა საკრავის გამოთლას. ქარიც თუ დაერთვოდა, გაახანგრძლივებდა მორების გამოშრობას. სათუთად ეპყრობოდა მორდუ მორებს. მიშლადაშ-დღის შემდეგ ნელ-ნელა თლიდა და ამოწმებდა გამოშრობის ხარისხს. სავსე მთვარობიდან დაწყებული მის სრულ მოქცევამდე ამთავრებდა მასალების შემზადებას და გამოთლაში წვრთნიდა ხეს. გულის ამოღების შემდეგ საგულეს ამაგრებდა მუცელზე ისე, რომ არ წეპავდა, როგორ აკეთებდა ამას, მედეამ არ იცოდა, ასევე ამაგრებდა ტარს. ვერავინ ამჩნევდა გადაბმის ადგილებს, ისე შეზრდოდა ერთმანეთს ჩანგურის სხვადასხვა ნაწილები, სიმაგრეც ჰქონდა და ჰაეროვნებაც.

არასოდეს მორდუს ჩანგური არ იშლებოდა, ვერც დაშლიდა ვერავინ მას, მხოლოდ თუ დაამტვრევდა და ასეთ შემთხვევაშიც მისი ოსტატობის საიდუმლოს მაინც ვერავინ იგებდა. საიდუმლო საიდუმლოდვე დარჩა. მხოლოდ მედეას უთხრა მორდუმ – ჩემი ჩანგურის საიდუმლო ხის დამუშავებაშია მხოლოდო. უცნაური ის იყო, წყლით რომ აგევსო საკრავი, წყალში მაინც არ ჩაიძირებოდა. სხვადასხვა ხისგან აკეთებდა მორდუ ჩანგურს, მაგრამ ყველა ხეს ერთნაირი გულმოდგინებით ეპყრობოდა –

ეფერებოდა და ლოცულობდა,

82. **ვეშბიშ** - სვანურ დიალექტზე პარასკევს ნიშნავს; **საფტინ** - შაბათს; ხოლო **მიშლადაშ** - კვირას.

რუდუნებით ჭრიდა და თლიდა,

სათუთად კრავდა და უკრავდა.

გულისფიცარზე ამოკაწრავდა ლოცვებს და იმ ღვთაებას მიახატავდა, ვის სახელობაზეც გამოთლიდა.

ნაძვისგან მამაკაცთათვის აკეთებდა, ნახევარ-მთვარის მანიშნებელი ორნამენტული ფირფიტით, რომელიც ამის დასტური იყო,

ქალებისთვის კი ბჟოლის ხისგან თლიდა, მზის მანიშნებელი ორნამენტული ფირფიტით, რომელიც ამის დასტური იყო.

მორდუ ყოველთვის სასაჩუქრედ აკეთებდა ჩანგურებს და მისი გაკეთებისთვის გასამრჯელოს არასოდეს იღებდა. უხაროდა, როცა საქმეს შეუდგებოდა. ახლებურ ჩანგურებსაც იგონებდა და მასზე დაკვრას ჯერ თვითონ სწავლობდა, შემდეგ მედეას ასწავლიდა და ბოლოს თავის შვილებს. ეს იმიტომ კი არა, რომ მეფის შვილი იყო,

არა,

მორდუობის წესი ითხოვდა ამას. ასე ამბობდა, შვილობილები მშობლებს დაუბრუნდებიან და მე კიდევ ჩემი შვილები დამრჩებიანო. ამიტომ ჯერ მათ უნდა შევასწავლო ყველაფერი, რაც კი ვიცი და შემდეგ ჩემს შვილებსო, მნიშვნელობა არა აქვს იმას მეფის შვილები არიან ისინი, თუ გლახაკებისაო.

ასე სიყვარულით ზრდიდა მორდუ თავის მედეას, შვილებში რომ არ გამოერჩეოდა, ისე. ძიძაც საღამოობით აიღებდა ჩანგურს და ზედ ამღერებდა სადიდებელს დამბადებლისას, სამადლობელს სადღეისოსას და თან მატყლს ჩეჩდნენ, აბრეშუმის პარკს აჩიხრიხებდნენ და ტოლავდნენ, შემდეგ კი ძაფად ძახავდნენ. მხიარულება სუფევდა მორდუს ოჯახში, ძუძუმტეებსაც უყვარდათ მედეა და მედეასაც – ძუძუმტეები.

გაიხსენა ყველაფერი ეს მედეამ აქ, ამ გადასაკარგავში, ასეთ დროს და ამიტომ. მოენატრა მორდუც, ძიძაც და ძმებად შეზრდილი კოლხი ვაჟებიც – რაინდი და გულფიცხი

შვილები მორდუსი. მონატრების შეგრძნება პირველად გამოავლინა მედეამ, იქნებ სულაც პირველად ეწვია ეს გრძნობა. მონატრებამ სიმღერა ამოათქმევინა ჩანგურის მელოდიაზე და უმღერა მედეამ მორდუს ამ სიშორიდან. თითები ჩანგურზე ასალებ აკორდების განლაგებას იმეორებდა და მიხვდა, როგორი სირთულისა ჰქონდა ის ამ საკრავს. მედეა მღეროდა გულიდან ამომავალი გათავისუფლებული სილაღით.

აღარ ეშინოდა არაფრის,

საშიშროებამ მის ცხოვრებაში უკვე ჩაიარა

და სხვას აღარაფერს მოელოდა,

ან რა უნდა ყოფილიყო იმ გრძელი ღამის დარი დამღა?!

ამიტომ მღეროდა სუფთა სინდისით შვილების მიმართ,

გათავისუფლებული სულიერი ტვირთისაგან

და დაცლილი ყოველგვარი მძიმე განცდისაგან.

სიმღერამ შვება მისცა და ისე იმღერა, ისეთი ხმით და ისე ხმამაღლა, რომ მთელი გაზაფხული ჩაიხლართა მის ჰარმონიულ მეტყველებაში, მის ხმაში კი მთელი სამყარო განივთდა თავისი სიკეთითა და ბოროტებით, სადაც ყველაფერმა და ყველა ფერმა იპოვა თავისი ადგილი. გზააცდენილი არავინ დარჩენილა მის სიმღერაში მისი ხმის მომხიბლაობით.

მღეროდა და მისი სიმღერა მორდუმაც გაიგონა სამარეში. იმ სამარეში ხმა შეაშველა გაზრდილს, წარბები სასიმღეროდ აპრიხა, ვერ კი გაიგონა მედეამ მორდუს მოძახილი. ჩანგურმაც სიამოვნებით აუწყო ხმა, მეტის ჟინითა და სიხარულით, რადგან გაიგონა მომღერალის ხმა. მეჩანგურის თითებში გაიარა სიმღერის ძალამ და მეტის მონდომებით ჩამოჰკრა სიმებს. თავდაპირველად ვერ გაიაზრა, რომ

გაუცხოებულ

უცხოეთში,

უცხოელთა

გარემოცვაში,

სადაც არავინ იცის მისთვის მშობლიური ჰანგები, საღამოს პირს შორიდან ვიღაც მღეროდა ჩანგურის ხმაზე. მერე

და მერე ჩაუკვირდა დამკვრელი ამ ვითარებას, თავიდან იფიქრა, შემომესმაო, მაგრამ ყველაფერი ცხადლივ გრძელდებოდა. მიხვდა, რომ ვიღაც მღეროდა ელადელთათვის უჩვეულო სიმღერას.

კარგად მოისმინა ნამღერი,
გულს ეამა და გაუყვა მღერას,
საიდანაც მოისმოდა ის,
იქნებ მომღერალამდე მიმიყვანოსო.

უკრავდა ჩანგურს და სიმღერის მიმართულებით მიდიოდა. მედეამ იგრძნო ჩანგურის ჟღერადობის მისკენ მოახლოვება და ხმა დაეძაბა. ამას დამკვრელიც მიხვდა და შეჩერდა, მაგრამ საკრავზე დაკვრა განაგრძო. ფრთხილი და ნელი ნაბიჯებით მიუახლოვდა იგი მედეას და დაინახა შორიდანვე მომღერალი, მიუხედავად შებინდების პირისა. მიუახლოვდა და მის გვერდით ჩაიმუხლა და განაგრძო ჩანგურზე დაკვრა. მედეა ისე იყო დანატრული მშობლიურ ჰანგებს, რომ ვერ შეამჩნია მასთან მისული კაცი. მართალია, გრძნობდა მუსიკის მოხლოვებას, მაგრამ იმდენად მოეფინა გულს ეს ტკბილხმოვანება, რომ სიფრთხილე დაკარგა. მის გვერდით ისე დაჯდა მეჩანგურე, რომ ვერც კი შეამჩნია.

შეხედა კიდეც,
მაგრამ არ გაიკვირვა,
ისე გააგრძელა სიმღერა.

არც მეჩანგურეს შეუწყვეტია დაკვრა. კარგა ხანი ისხდნენ მოლზე, ერთი ჩანგურს უკრავდა, მეორე – მღეროდა. ბოლო აკორდი რომ დამთავრდა და ჩანგურიც დადუმდა, ერთმანეთს გაუღიმეს, როგორც დიდი ხნის უნახავმა ნაცნობებმა.

– შენ ვინა ხარო? – ჰკითხა კაცმა ქალს.

– ტყვე ვარო, – დაუმალა თავისი ვინაობა მედეამ, – გამოვიქეცი და აქ მოვხვდიო. ამის იქითაც განვაგრძობ გზას, სანამ უსაფრთხოდ არ ვიგრძნობ თავსო.

– კარგი, მაგრამ ელადელთათვის უცნობ კილოზე რა-

ტომ მღერიო, ან საიდან იცი ჩანგურზე დამღერებაო?

– მე ელადელი არა ვარო, – უთხრა მედეამ, – მართალია, ჩემი სახელი არ ვიცი, მაგრამ ის კი ვიცი, რომ კოლხი ვარო.

– ასეც ვიცოდიო.

– საიდან იცოდიო?

– ამ ყანაში ელადელი არ დაჯდება გულამოსკვნით და, მითუმეტეს, ჩანგურზე არ დაამღერებს.

– რატომო? – გამომცდელად ჰკითხა მედეამ.

– იმიტომ, რომ ეს ყანა მჭადისაა და ელადელებმა არ იციან ამისი მნიშვნელობა, უბრალო ბალახი ჰგონიათ. მჭადის გემოც არ გაუსინჯავთ. აი, კოლხმა კი ყველაფერი ეს ზედმიწევნით იცის და ვინც კოლხია, მან ჩანგურზე დაკვრაც და დამღერებაც კარგად იცისო. ესეც იმიტომ, რომ ეს საკრავი, მისი ტკბილხმოვანება მხოლოდ კავკასის ჩრდილქვეშ ისმის და მეც, ჩემი მოდგმაც კავკასიდან გამოსულები ვართ და აქ განთესილები.

– კარგად გცოდნია ჩანგურის გაკეთება, კოლხეთში სხვანაირადაც ვიცით, შენ ის გააუმჯობესე მრავალფეროვნებით.

– საიდან იცი ასე კარგად საკრავთა ხელობაო?

– მორდუ მყავდა საკრავთა ოსტატი და იმან მასწავლაო.

– მორდუ თუ გყავდა, მაშინ საკუთარი ვინაობაც გეცოდინებაო. მაგრამ რადგან არ გსურს გამენდო, ისე იყოს, როგორც შენ გსურსო.

– რატომ ფიქრობ ასეო? – იჭვნეულად ჩაეკითხა მედეა.

– მორდუ ვისაც ჰყავს, იგი უმეტესწილად წარჩინებულია და მას მონად არ გასცემდნენო.

– ჩემი საქმე სხვანაირადააო, – მიუგო მედეამ, – ჩემთან შედარებით აქ მონა უკეთესად ცხოვრობდაო, არანაირი საზრუნავი ჰქონდა, და მიტომო. მე კი ჩემი თავისუფლებით გარემოების მონა გავხდი და ჩემი თავისუფლება ჩემსავე მონობას მოემსახურაო.

თვალი მოჭუტა კაცმა და უთხრა ქალს:

– ვხვდები, ვინცა ხარ შენო, რატომაც მალავ შენს ვინაობასო.

– შენ თვითონ ვინა ხარო, – შეუბრუნა კითხვა ცუდ გუნებაზე დამდგარმა მედეამ, – ასე რომ მიძვრები სულშიო.

– შენგან განსხვავებით, მე მართლაც არ ვიცი, ვინა ვარ, როგორ წარმოითქმება ჩემი სახელი. ერთი კი ვიცი, რომ მე პელაზგი ვარ, უკანასკნელი პელაზგი – ამ მიწა-წყლის უკანასკნელი პატრონი.

– პელაზგიო? – გაუკვირდა მედეას, – პელაზგების შესახებ მსმენია, ვიცი, რომ ისინი კოლხური ჯიშისანი იყვნენ და პელოპმა[83] გაანადგურა ისინი. შენ როგორღა გადარჩი, ან როგორ შეინარჩუნე კოლხური ფესვები?

– მეწვიე სტუმრად და გიამბობ ჩემს თავგადასავალს, რა იყო აქ და რა დარჩა ყველაფერ ამისგანო. როგორ გაგვანადგურეს ელადელებმა და გადაგვაგვარესო.

– საბრალო პელაზგო, ადამიანებთან თუ გაქვს ურთიერთობაო? – ჰკითხა მედეამ და ჩააკვირდა თანამოსაუბრის თვალებს და ამოიკითხა ის, რომ პელაზგი უფრთხოდა ადამიანებთან ურთიერთობას. ესაა, რომ სიმღერამ გაუხსნა გულისკარი მასთან მისასვლელად და სიმღერა გახდა თავდები უსაფრთხოების.

– შინ გავაგრძელოთ საუბარიო, ჩემს ოდა-სახლში, მოგასვენებ, შორი გზა გექნება გამოვლილი და შეისვენე. ჩემთან ხელს არავინ გახლებსო.

მედეამ თავის თეთრონს ანიშნა, ისიც უსიტყვოდ დაემორჩილა და პელაზგის სახლისკენ წავიდნენ.

---

83. **პელოპი** - ლიდიელთა წინამძღოლი, წარმოშობით წინა აზიიდან. მის სახელთანაა დაკავშირებული ინდო-ევროპელთა პირველი მიგრაცია ევროპაში, კერძოდ ბალკანეთის ნახევარკუნძულზე. პელოპმა დაიპყრო არკადიის ქვეყანა და მის საპატივცემულოდ დაპყრობილ ტერიტორიას პელოპონესი ეწოდა. ლიდიელთა მიგრაციას წინ უძღოდა დორიელთა შემოსევები არკადიაში, რამაც დაასუსტა აქაველთა და პელაზგთა სამეფო. ეს ის პერიოდია, როცა უკვე თავის უკანასკნელ ჟამს ითვლიდა კრეტა-მიკენის სამეფო. მედეას ელადაში ჩასვლისას უკვე პელაზგები და აქაველები ან ასიმილირებულნი იყვნენ დორიელებთან და ლიდიელებთან (ელადელთა წინაპართან), ან განადგურებულნი, ან არადა გაქცეულნი. ყოველ შემთხვევაში მედეას არ ხვდება ელადაში კოლხ-იბერიელთა მოდგმის ტომი, ანუ პელაზგები.

XXVII

უკანასკნელი პელაზგის ზღაპრად თქმული აღსარება

ამით, როდესაც მორჩნენ ვახშმობას და დააბინავეს თეთრონი, შუაცეცხლის შუქზე სამფეხა ტაბლასთან დასხდნენ პელაზგი და მედეა. მასპინძელი ხარბად უყურებდა თავის სტუმარს, ღვინოს უსხამდა, ღომითა და ყველით უმასპინძლდებოდა, მჭადი გაუტეხა და თავისი თავგადასავალი უამბო. ამ თავგადასავალში უცნაურობა ის იყო, რომ მისი და თავისი თვისტომების ცხოვრება მთელი პელასგიის ბედისწერაში ამოიქარგა, რადგან ყველა პელაზგმა თავისი სამშობლოს ბედით იცხოვრა და იგი უკანასკნელი იყო თვისტომთა შორის, რომელიც გადაურჩა ლიდიელთა[84] მაცდუნებელ გადმოსახლებებს. მხოლოდ იგი დარჩა შეურყვნელი და უბიწო, სხვები კი ან მტერთან ბრძოლაში დაიღუპა, ან აითქვიფა უცხო ტომელებში და გადაგვარდა და გადაჯიშდა სრულიად, იქამდე სისხლი გაშრობოდათ პელაზგური.

– იყო და არა იყო რაო, – ასე დაიწყო თავისი აღსარება პელაზგმა, – არკადიის ქვეყანაზე უკეთესი რა იქნებოდაო?!

თვალწარმტაცი მთები,
გასაოცარი ზღვა,
მომხიბლავი მინდვრები.

ყველა ჩიტი ამ ქვეყანაში იყრიდა თავს. ზამთარ-ზაფხულ ბედნიერება ეფინებოდა ამ მიწებს. მტერი რომ მტერია, ისიც კი ფრთხილობდა, ამ სავანეს არაფერი მოვწიო

84. **ლიდიელები** (ლიდია) - მცირე აზიის დასავლეთი მხარე, მიზიასა და კარიას შორის (მაიონია). აქ იყო მთა ტმოლოსი. ლიდიელები ფრიგიელთა და კარიელთა მონათესავე ტომი იყო. (აკ. გელოვანი „მითოლოგ. ლექსიკონი“ გვ. 280).

ჩემი მტერობითო. მღეროდნენ, რო კავდნენ ბედნიერი ქვეყნის ბედნიერი ხალხი. ლიმონის სურნელი იდგა არკადიის ბაღებში, მთის ნიავს გაჰქონდა სურნელება შორ სივრცეებზე, მოჰქონდა კიდეც ზეფირს უცხო სურნელებანი და ადგილის ტკბილსურნელებას ეზავებოდა შორით მოსული. მზე ათბობდა და ახარებდა ჭრელ-ჭრელ ყვავილებს. ამის მომზირალი კაცი არასოდეს ფიქრობდა ომზე, ერთად თანაცხოვრობდნენ აქაველებიცა[85] და პელაზგებიც, სრულყოფილებით ივსებოდა პელასგია, და მიტომ. მთვარე ღვთაებრივ შუქს აფენდა წალკოტს და შიში არ იყო ღამით მთელს არკადიაში. ამიტომ ყველა აქ მცხოვრები საკუთარ თავს მთვარისმიერს უწოდებდა. მთვარის სხივმოფენილი ყოველი ყვავილი სიცოცხლის საკურთხეველზე ეფინებოდა. მარადი განახლებით სულდგმულობდა ამ ბაღნარის ყველა პატრონი. საღვთო ცხოვარს მწყემსავდნენ ამ ქვეყნის კაცები და ღვთიურ მადლსაც იღებდნენ.

მგოსნობდნენ და დამბადებელს მადლს სწირავდნენ არქი-პელაზგის[86] ზღვის გარემემო – აპიაშიც[87] და კრეტა-მიკენშიც.

---

85. **აქაველები** - შუა საბერძნეთში კორინთოს უბის სამხრეთ სანაპიროზე პელოპონესის ნახევარკუნძულის ჩრდილოეთის მთიანეთში მცხოვრები აბორიგენი მოსახლეობა. თანაცხოვრობდნენ იბერიულ-კავკასიური მოდგმის ხალხთან - პელაზგებთან. დორიელებისაგან შევიწროვებულებმა მიატოვეს აქაიას მხარე (ასე ეწოდებოდა ამ მხარეს, სადაც აქაველები ცხოვრობდნენ) და ბარში ჩასახლდნენ. ლიდიელთა მიგრაციის პერიოდში კი მათ განიცადეს ასიმილაცია პელაზგებთან ერთად, ნაწილმა კი დატოვა იქაურობა, ან განადგურდნენ. მომთაბარეობისას უცხო ნახევრად ველურ ტომებთან ომებში.

86. **არქი-პელაზგი** - წინსართი არქი, არქაოს, - უძველესს ნიშნავს, ხოლო პელაზგები იყვნენ არკადიის ქვეყნის ძირძველი მოსახლეობა, იბერიული წარმოშობისა. მათ შექმნეს უძველესი წინარებერძნული ცივილიზაცია, რომელიც დაგვირგვინდა და თავისი განვითარების უმაღლეს საფეხურს მიაღწია მეფე მინოსის დროს კრეტა-მიკენის ცივილიზაციად წოდებულ ეპოქაში. ინდო-ევროპული რასის დიდი მიგრაციული ტალღის შემდეგ პელაზგები და მინოსური კულტურა განადგურდა, რაც გადარჩა, ის მიისაკუთრეს მომხვდურებმა, ხოლო ვინც გადარჩა, განიცადა ასიმილაცია, ან დატოვა იქაურობა. ჩემი ვარაუდით სიტყვა არქიპელაგი - ე.ი. კუნძულთა კრებული უნდა იყოს დაკავშირებული პელაზგებთან, რადგან მათი სამყოფელი განფენილი იყო ეგეოსის ზღვის კუნძულთკრებულზე. ქართველ მეცნიერთა ერთი ნაწილი მიიჩნევს, რომ პელაზგები თანამედროვე ლაზების წინაპრები უნდა ყოფილიყვნენ. როდესაც ლიდიელებმა შეავიწროვეს პელასგია, ხოლო თეზევსმა გამანადგურებელი დარტყმა მიაყენა მიკენს, ამის შემდეგ პელაზგები მცირე აზიის გავლით უნდა გადმოსახლებულიყვნენ სამხრეთ შავი ზღვისპირეთში.

87. **აპია** - პელოპონესის ნახევარკუნძულის ერთ-ერთი პირვანდელი სახელწოდება.

მგოსნები,
მხატვრები,
მოქანდაკეები,
მშენებლები და
მუსიკოსები თავიანთ შემოქმედებაში ამყარებდნენ სიცოცხლის დღესასწაულს.

ძეგლებში ადამიანური გრძნობების კეთილხმოვანება იკითხებოდა,

ლექსებში უგალობდნენ სიკეთეს,

ფრესკებსა და ლარნაკწერაში იდიდებოდა ბედნიერი ადამიანის პიროვნება მთელი თავისი არსით,

შენობა-ნაგებობებში იკითხებოდა დაუსაბამო ჰარმონია ბუნებისა და ადამიანური პირველადობისა, რომელიც არ ჰქმნიდა არანაირ მოუხეშაობას. ყველაფერს თავისი კანონზომიერებით გათვალისწინებული ადგილი ჰქონდა მიჩნეული და ყველამ იცოდა თავისი კუთვნილი სამყოფი. ადამიანთა შეგნებაში შეხება არ ჰქონდა სიკვდილს, უბედურებას. მიცვალებულებს პატივს მიაგებდნენ, მაგრამ ისე, რომ არა დათრგუნულიყვნენ ადამიანები. ყველაფერი იყო ერთმანეთის გვერდი-გვერდ ადამიანებში თანაარსებობდა სიკვდილიცა და სიცოცხლეც, ბედნიერებაც და უბედურებაც ისე, რომ არ ყოფილიყო დარღვეული კაცთა შორის კეთილდღეობის შეგრძნება.

ყველაფერი ამისკენ მიდიოდა,
ყველაფერი ამ დედააზრს ემსახურებოდა –
სიკვდილიც,
სიცოცხლეც,
შრომაც,
შემოქმედებაც და თვით
ქიშპობაც.

ომებიც იყო, მაგრამ ამ ომებსაც თავისი წესი და რიგი ჰქონდა, ბრძოლებიც კი ზნეობრივ და კულტურულ საზოგადოებად ჩამოყალიბებას ემსახურებოდა. ომიანობისას

ყველა ერიდებოდა გადაჭარბებულ სისხლისღვრას, მხოლოდ აუცილებლობიდან გამოწვეული სიცოცხლის ძალადობრივი მოსპობა იყო მიზანშეწონილი... და ომში მხოლოდ მრწამსის მიხედვით იბრძოდნენ და არა – ხელმწიფეთა ახირების გამო. თუ მრწამსი არ აძლევდა ომში ჩართვის მოვალეობას, ვერავინ ვერავის აიძულებდა ლაშქრობაში წასვლას, ხოლო მრწამსი დაფუძნებული უნდა ყოფილიყო ადამიანის შინაგან წესრიგსა და განსწავლულობაზე. ვინმე ვინმეს წამხედურობით თუ ხათრით არ ომობდა, ამიტომ ლაშქარიც მცირერიცხოვანი იყო და ბრძოლის მთავარი იარაღი იყო გონება, რომელსაც წინ უსწრებდა სამართლიანობა. რომლის მხარესაც იყო სიმართლე, ომში გამარჯვებულიც ის იყო. მხოლოდ დაუმორჩილებელი კვდებოდა ომში, რაც ამ მოკლულის სირცხვილად ითვლებოდა. გამარჯვებულმა იცოდა დამარცხებულის პატივის მიგება და დამარცხებულმაც იცოდა გამარჯვებულისათვის ანგარიშის გაწევა. შეურაცხმყოფელი საჯაროდ კვდებოდა, გამარჯვებულიც რომ ყოფილიყო იგი. ასეთ შემთხვევაში გამარჯვებულის ნება გათვალისწინებული იყო ყველას მიერ მის მემკვიდრეთა სასარგებლოდ.

წესიერება ულმობელი იყო, მაგრამ სამართლიანი
ძლიერთათვისაც და სუსტთათვისაც.
სუსტებს ძლიერები იცავდნენ,
ძლიერებს სუსტები ხდიდნენ ძლიერად.

ყოველის მხრივ დაცული იყო არკადიის მიწა-წყალი უწესრიგობისაგან, უკმაყოფილო არავინ იყო არაფრით, და მიტომ.

ღმერთები არ თრგუნავდნენ ადამიანებს, ტაძრებიც ისეთი მშვენიერებით იგებოდა, რომ შიგ შესული მლოცველი თავს უსუსურ ადამიანად კი არა, დამბადებლის მოყვასად თვლიდა. ყოველი ტაძრიდან სითბო და კეთილშობილება გამომდინარეობდა და არა მედიდურობა და ქვაში ჩამოქანდაკებულთა საღმრთო სიცივე. ყველას სიხარულით უწევ-

და გული სამლოცველოსკენ. კოლონადებს ისე მიჰყავდა საკურთხევლამდე, რომ თანდისთანობით განაწყობდა ყველა მლოცველს გულმხურვალებისაკენ, რაც სათნო იყო არკადიული ღმერთებისათვის.

თავიანთი ძლევამოსილებისა და გონიერების სრულყოფილების დასტურად ქვეყნის ხელისუფალნი ბუმბერაზ სასახლეებს აგებდნენ და მათ კიკლოპური შენობები[88] დაარქვეს. ისინი ისეთივე ბუმბერაზი იყო, როგორიც თვით ამ სამყაროს სულიერება. მხოლოდ ღმერთთან მიდიოდნენ კრძალვით და სათუთად, თორემ ბუნებითა და აღნაგობით გოლიათები იყვნენ.

იმდენად გაძლიერდა მოდგმა, რომ მთელ აპიას მხარეს პელასგიოტისი უწოდეს პელასგიის გამო. ამით აქაველები არ დაჩაგრულან, ისინი პელაზგებს თხოულობდნენ და თხოვდებოდნენ მათზე, ეამაყებოდათ მამულის დიდება. ბევრი რამ გააკეთა მეფე პელასგემ, ხალხში დიადი მამის სახელი რომ დაემკვიდრებინა. გააშენა არგოსის ქალაქები თესალიასა[89] და პელასგიოტიდაში. იმდენად განმტკიცდა ხმელეთზე პელასგური კულტურა, რომ ადგილი აღარ დარჩა, კუნძულებსაც მოედო და შესისხლხორცდა არქი-პელაგზე აპიას მცხოვრებთა წეს-ჩვეულებანი. ადამიანური შემოქმედების ამ მძლავრმა ტალღამ კრეტაზე გადაინაცვლა.

მეფე მინოსმა პელასგეს მემკვიდრე-შთამომავალმა და აიეტის შორეულმა სულიერმა ძმამ აია-ქალაქის დარად ქალაქი მიკენი ააშენა ისეთი ლამაზი და თვალწარმტაცი, ადამიანის თვალს რომ არ უნახავს მსგავსი. საარაკო ამბად დადიოდა ქვეყნიერებაზე კნოსოსის სასახლის მომხიბლაობა. ქალაქის ფართო ქუჩებიან გზებზე ჩამწკრივებულიყო სვეტები, კაპიტელზე მედგარი ლომები გამოექანდაკებინათ,

88. **კიკლოპური შენობები** - გრანდიოზული ქვებით ნაგები შენობები, ქვებით, რომელთა აზიდვა ადამიანის ფიზიკურ შესაძლებლობებს აღემატება. ასეთი ქვებით ნაგებ შენობებს მიიჩნევდნენ კიკლოპების (ციკლოპების) აშენებულად, რადგან მათ გოლიათური, არაადამიანური ძალა გააჩნდათ.

89. **თესალია** - უკიდურეს ჩრდილოეთით საბერძნეთის მოსაზღვრე ტომი იონიის ზღვის ჩრდილოეთ სანაპიროზე. ნელ-ნელა თესალიელები და ელინები ერთმანეთში აირივნენ.

როგორც ქალაქის დამცველთა სახება. ფართო ქუჩებს ამ გასაოცარ სასახლემდის მიჰყავდი და თანდისთანობით, რაც მეტად შედიოდი ქალაქის სიღრმეში, მით მეტადვე გაოგნებული რჩებოდი მისგან და არასოდეს მოისურვებდი განშორებოდი მიკენს. ხელი არ წაგიცდებოდა საავკაცოდ, როცა იხილავდი სასახლის საგანძურს – თვალმარგალიტებსა და ოქროს ნაკეთობებს. დამატყვევარი იყო კნოსოსის სასახლის დარბაზების ხილვა. ერთი დღე-ღამე რომ გაგეთია ამ სასახლეში, სულ სხვა კაცი გამოხვიდოდი – კეთილშობილება ერთი ათად და ასად გაიღვიძებდა შენში და მეფეთსადარი ბრძენი იქნებოდი და ეს იმიტომ, რომ იქ – კნოსოსის სასახლის მადლმოსილება დაგიუფლებდა, რადგან იქ გაათიე ის ერთი მაგარი ღამე. სულაც იქ რომ გეცხოვრა, რა იქნებოდა მაშინ, წარმომიდგენია. ხატოვნად ახასიათებდნენ ბედნიერ სასახლეს, როგორც მინოსის უშფოთველობის გარემოცულ სამყაროს – მის საყოველთაო სიმშვიდესა და უშფოთველობაზე ასე მეტყველებდნენ განცვიფრებული მნახველები, არათუ მხოლოდ უცხო ქვეყანათა მეფე-ფარაონები, არამედ ყოველი მოკვდავი, ვისაც კი კრეტამდე მიუღწევია.

არ არსებობდა გარჩევა კნოსოსის სასახლის სტუმრებისა – გაღმერთებულიც ისევე თავისუფლად და ლაღად სტუმრობდა ამ სავანეს, როგორც მონადშობილი. არკადიაში არ არსებობდა მონის ცნება. ყველასთვის ყველა ისეთი იყო, როგორც დამბადებელმა დაათქვა ადამიანთა მოდგმას გაჩენისას.

იქ ადამიანური გონის ყველანაირი შემოქმედება ინახებოდა –

რკინის,

ოქროს,

ბრინჯაოს,

თიხის,

კერამიკის თვალით უნახავი ნაკეთობანი.

ვისაც რა სურდა, სამახსოვროდ ის მიჰქონდა, ოღონდ ერთი სამახსოვრო ნივთი მთელი ცხოვრების მანძილზე. იყო კიდევ ისეთი რამ ამ სასახლეში, რისი ხილვა ყველას შეეძლო, მაგრამ იმ ერთადერთის გაჩუქება აუკრძალავს მეფეს, რადგან ის მთელს ქვეყანაზე ერთადერთი და განუმეორებელი უნდა ყოფილიყო. მინოსის სავანეში ქურდობის საჭიროება არ არსებობდა, არავის მოუვიდოდა აზრად რაიმე მოეპარა, რადგან ამ დიდებულ სასახლეში ქვენა გრძნობები ითრგუნებოდა უკლებლივ და მხოლოდ თავის კეთილშობილებას წარმოაჩენდა ყველა სტუმარი, იმდენად მომხიბლავი იყო კნოსოსი...

და ადამიანი ეჯიბრებოდა ადამიანის გონების ნაფიქრსა და განხორციელებას სიკეთეში. ასეც რომ არ ყოფილიყო, ყველას ეძლეოდა თითო საჩუქარი და ეს საჩუქარი იმდენად სანუკვარი იყო, რომ კუნძულს განშორებულს მთელი მიკენი სახსოვრად მიჰქონდა, იმ სახსოვარ-საჩუქარში ჩადებული და ჩატეული. არავინ ღარიბდებოდა ამით, პირიქით, მდიდრდებოდა მიკენის სულიერების სამფლობელო. მისი შემოქმედების გავლენა შორეულ ქვეყნებშიც გავრცელდა.

ის ერთადერთი განძი, რომელიც კნოსოსის სასახლეში იდგა ყველაზე საპატიო და გამოსაჩენ ადგილას, იყო მოცეკვავე ქალღმერთის ქანდაკება,

ზომით – ადამიანის სიმაღლისა,

წყობით – მდიდრული გემოვნებითა და გადაწყვეტით,

იერით – ქვეყანაზე ყველაზე სევდიანი,

ღირებულებით – ყველაზე იაფი მთელს სასახლეში არსებულ სიმდიდრეთა შორის.

ცეკვავდა ქალღმერთი ისე,

რომ თავადაც მოგინდებოდა მასთან ცეკვა,

ისეთი გრაციოზულობით,

რომ ამ მოძრაობათა მიღმა შინაგანი არსით თვით მელოდია ისმოდა ქვაში და ყველას ესმოდა ეს მუსიკა საოცრად ლამაზი და სევდიანი. მთვარის შუქზე იყო ამ ქანდაკების

ხილვა ყველაზე მიმზიდველი, მთვარე რომ თავის მკრთალ სხივებს აფრქვევდა ქალღმერთის განშორების სისასტიკე-ზე დაურვებულ სპეტაკ თვალებს, მთელს სახეს რომ ამშ-ვენებდა ერთიანი წყობა დიდებული ქალღმერთობისა.

არავინ იცოდა, რატომ იყო ქალი ასე-რიგად დაღვრემი-ლი და თან ასე მიმზიდველად მოცეკვავე. მისი მოძრაობე-ბი ხაზებში ჩაწნული იყო, იმ ხაზებში, ერთ მთლიან ღერძს რომ ქმნიდა ქანდაკებისას. უცრემლო მწუხარება გამოხა-ტულიყო მის სახეზე, რომლის დედააზრს თვალების იდუმა-ლება გამოხატავდა. ცეკვავდა და არ ეცეკვებოდა, მაგრამ ისე ცეკვავდა, მის მნახველსაც აცეკვებდა, უკლებლივ ყველას. სახისმეტყველება ხელს არ უშლიდა მის მოძრაო-ბათა წამიერებაში გაჩერებულ მარადი მშვენიერების აღქმას

ამძაფრებდა

ცეკვა სევდას და

სევდა ცეკვას.

მის მზერაში არ იგრძნობოდა ცხოვრება, იგი უსასრუ-ლობაში განფენილიყო თავისი ვნებით, თითქოსდა წინასწარ გრძნობდა რაღაც საშინელების, ან განშორების ულმობელ მოახლოვებას. იმდენად ოსტატურად შეესრულებინა მო-ქანდაკეს ამ ქალღმერთის ქანდაკება, რომ მისთვის ხელი არ შეუშლია ეს ემოციები სრულფასოვნად გადმოეცა, მიუ-ხედავად იმისა, რომ ცარიელი ჰქონდა თვალების ბუდეები და სინათლის ჭრილი არ იგრძნობოდა მათში. ქალღმერთი ყველას უყურებდა ერთი გამოხედვით და სწორედ ეს ატ-ყვევებდა ყველას.

არავინ იცოდა, რომელი ქალღმერთის სტატუა იყო ის, ერთს კი ყველა ამბობდა ჩუმად – ეს მინოსის მარადი სატრ-ფოაო, რომელიც ვერასგზით ვერ დაივიწყა და მხოლოდ თვითონ გამოაქანდაკაო, ხოლო იმას ვერავინ აზუსტებდა, ვინ ასწავლა მეფეს მოქანდაკის ხელობაო.

ვიღაცამ ისიც თქვა, რომ ეს მართლაც მეფის ყმაწვილო-ბისდროინდელი სატრფოა, რომელთანაც განშორება მისი

მეფური მოვალეობა იყო და რომ არ გაქცეოდა სადმე, ან არ დავიწყებოდა არასოდეს, აცეკვა განშორების როკვა და ყველაზე აღმატებულ წამს გააქვავაო და მთელი დიდებულებით შემოსა ქალღმერთის თვისებებითო. არც არავის აძლევდა ასლის გაკეთების უფლებას და არც არავის აკარებდა მასთან, მხოლოდ შორიდან აყურებინებდა მნახველს ამ გასაოცარ ქმნილებას. ცრემლი რაა, ისიც კი არ დაღვრილა განშორების, მხოლოდ მუსიკის ტკბილხმოვანება ჩაიტოვა სამახსოვროდ ქვამ. ნაყოფიერების სისავსით გაჯერებულიყო მისი შიშველი სხეული, სადაც ყოველი ნაკვთი, ყოველი კუნთი ცეკვავდა. შემთხვევითი არ იყო სრულყოფილება სიშიშვლის, ესოდენ მიმზიდველს რომ ხდიდა ქალს და არა ქალღმერთს.

მთელი ცხოვრება მინოსის ცოლი ამ ქანდაკებაზე ეჭვიანობდა და, ალბათ, არც თუ უსაფუძვლოდ. ამ ეჭვიანობამ შურისძიება ჩაუსახა გონებაში ლამაზ ასულს, ხარი შეუყვარდა მეფის ცოლს, ქმრის ჯოგში ოქროსფერი ხარი გამოარჩია და მასთან გაიზიარა სარეცელი. ნაყოფიერებაც ხარისაგან მიიღო ქალმა. სიგიჟემდე მიიყვანა საყვარლის მხეცურმა ვნებამ და ყოველ ღამით ნებდებოდა მის ცხოველურ წადილს. ის კი არ იცოდა, ოქროსფერი ხარი თავად მინოსი თუ იქნებოდა. ამიტომ დიდებული მეფე თავისუფლად აძლევდა ცოლს საშუალებას, ღამ-ღამობით წვეოდა მას როგორც სასტიკ საყვარელს და მთელი დაგროვილი მინოტავრული ჟინი ჩაეღვარა ქალში და არა ცოლში. მთელი ღამე ბუღრაობდა ხარ-კაცი გაშმაგებითა და დაუზოგავად. მთელს ქალურ სიმშვენიერეს წოვდა და ტკბილ ტკივილში ძირავდა გასაყვარლებულ ცოლს. თვითონაც ხარჯავდა კაცურ და ხვადურ ძალას და თავს უყრიდა ყველაფერს ერთად თავის ცოლში და ამით კმაყოფილი იყო, რადგან იცოდა, რომ მეფეს თავისი ცოლი ღალატობდა მასთანვე. დილით ერთმანეთს ულიმოდნენ მაცდურად და განეშორებოდნენ ღამემდის. ღამით ისევ გაეპარებოდნენ ერთურთს,

რათა შეყროდნენ ერთურთს და გრძელდებოდა ბუღრაობა დილამდის.

დღე კი დღეს მისდევდა და ქალი ხარ-კაცისგან დაფეხმძიმდა. ეს რომ მინოსმა გაიგო, გაუხარდა და ისე გაუხარდა, რომ გულიანად გადაიხარხარა და ბრძანა, ულუმბოს მთაზე[90] ხარების დღესასწაული მოეწყო და მთელი ქვეყნიდან ასულიყვნენ საღვთო მთაზე, რათა მონაწილეობა მიეღოთ ამ შეჯიბრში. შორეული კოლხეთიდანაც ჩამოვიდნენ საზეიმოდ ულუმბოელ ღმერთთათვის თაყვანის საცემად. თავიანთ ხარებს რქებზე სანთლები მიამაგრეს და ილოცეს და გადარეული ხარები შებოჭეს ძლიერი მკლავებით. კოლხებმა ფერი უცვალეს მინოტავრების შეჯიბრს. ასე თქვეს:

– ჩვენში კურული იციან და ხარი არ კვდება კურულის შეჯიბრში, ამით ხარის ძალა კაცში გადადისო და ხარ-კაცები ხდებიანო.

გაუხარდა მინოსს, რადგან სისხლი ჩამოსცილდა ულუმბოს დღესასწაულებს. მშვიდობისა და სიხარულის ზეიმად იქცა მიკენის სამფლობელოში კურული. უკვირდა დედოფალს, მინოსი ასე ბრმად რატომ ეთაყვანებოდა ხარს. რომ უკითხავს მიზეზი, მხიარულმა მეფემ უპასუხა ცოლს:

– რქები დამადგა ხარმაო.

ვერ გაიგო მინოსის ნათქვამი, მან კი თავისებურად განმარტა:

– ხარმა მახარა საკუთარი ძლიერება და ხარად მაქციაო.

ვერც ეს ირიბული ნათქვამი გაიგო მეფის ცოლმა. შვილი შეეძინათ, ტახტის მემკვიდრე – მინოტავრი.

ასეთივე ხარ-კაცები, თანაც ცეცხლისმფრქვევლები,

---

90. **ულუმბო** მითიური მთაა ქართველთა წარმოდგენებში, სადაც იყო ღმერთთა სავანე. იმართებოდა დღესასწაულები ულუმბოსა და ულუმბოელ ღმერთთა საპატივცემულოდ. ინდო-ევროპელებმა მიგრაციის შემდეგ მიიტაცეს ულუმბოს იდეა და მან განიცადა ერთგვარი სახესხვაობა: თავდაპირველად მჟღერი თანხმოვანი „ბ“ გარდაისახა ყრუ თანხმოვან „პ“-დ (ულუმბო - ულუმპო), შემდეგ დაყრუებულმა თანხმოვანმა ზეგავლენა იქონია მის წინარე ხმოვან „უ“-ზე და ჩაანაცვლა ის „ი“-თი (ულუმპო - ულიმპო), რასაც საბოლოოდ მოჰყვა სიტყვიდან „უ“ ხმოვნის გაქრობა და მისი ადგილი დაიკავა ხმოვანმა „ო“-მ (ულიმპო - ოლიმპო). აი, ამ გზას გაივლიდა უძველესი სიტყვა ულუმბო თავისი გარდასახვის პროცესში, ვიდრე მივიღებდით საყოველთაოდ ცნობილ სიტყვა „ოლიმპო“-ს.

კოლხეთში აიეტსაც ჰყოლია, რომლებსაც გუთანში აბამდა და ხოდაბუნებს ახნევინებდა, მერე თესავდა გველეშაპის კბილებს და ხნულში ამოდიოდნენ ბუმბერაზები, რომლებიც იცავდნენ მამულს. აი, ეს იყო კოლხეთში კურულის დღესასწაული, ჩვენში კი, ულუმბოზე, მართალია, არ კლავდნენ ხარებს, მაგრამ მაინც ვერ იყენებდნენ მათ თავიანთ დანიშნულებისამებრ. ამიტომ გადაირია მინოტავრი და დაარბია მთელი ქვეყანა. ველარ დააოკეს იგი და მეფემ დაახარკა ათენი – ყოველ ცხრა წელიწადში მინოტავრისთვის უნდა მიერთმიათ შვიდი ვაჟი და შვიდი ქალწული. იძულებული გახდა მინოსი, თავისი გაგიჟებული შვილი ლაბირინთში ჩაემწყვდია, რომლიდან გამოსავალი მხოლოდ სიკვდილი თუ იქნებოდა და ეს დღეც დადგა.

დედალოსმა ააგო ლაბირინთი კნოსოსის სასახლეში. პირობა დაუთქვა მეფემ ოსტატს, მშვიდობით შესული თუ მშვიდობით გამოვა, შენ ჩაგამწყვდევ ამ ლაბირინთშიო. ლაბირინთი კი გადაუხურავი კედლების აბლაბუდა იყო, რომელსაც ვერც ერთი მოკვდავი თავს ვერ დააღწევდა. ეს ის დედალოსი იყო, რომელმაც სასწორი, ბურღი, ნაჯახი და ხერხი გამოიგონა. ათენში ცხოვრობდა თურმე და ათენელ მეფეს ემსახურებოდა. ნათესავს ასწავლიდა თავისი ხელობის საიდუმლოებას და როცა შეამჩნია, რომ შეგირდი ოსტატს სჯობდა, მისი დაღუპვა განიზრახა. ციბრუტის გამოგონებამ გონება დაუბინდა დედალოსს. ათენის აკროპოლისზე აიყვანა თავისი მოწაფე, ხელი ჰკრა და უფსკრულში გადაჩეხა. წყევის გორაკზე გაასამართლეს დედალოსი და სიკვდილი მიუსაჯეს მას. ათენს და სიკვდილს გაექცა დედალოსი და თავი კრეტას შეაფარა, სადაც მინოს მეფეს დაუახლოვდა. ლაბირინთი ააგებინა მეფემ თავისი იდუმალი შვილისთვის.

კიდევ ერთი რამ მოხდა მინოსის სამეფოში. დორიელები[91] შემოესივნენ პელასგიასა და შეავიწროვეს პელაზგები. აქაველები პელოპმა დაარბია. აპიაში მოხარშულს ცნობდნენ

პელოპს და პელოპის შთამომავლებს. ერთმანეთში აითქვიფენ არკადიის წალკოტის მკვიდრნი და ლიდიელი მომხვდურები. წაიშალა აქაიასა და პელასგიის ძირძველი მოსახლეობა, ისინი შეჭამეს პელოპიდებმა. გაქრა ბედნიერი უზრუნველობა აპიაზე. პელოპონესი გადაარქვეს ამ მხარეს ურცხვებმა. მინოსს კი აღარ ეცალა დაეთრგუნა მომხვდურები მინოტავრის სიგიჟის გამო. აქვე,

სად იყო და

სად არა,

მინოსის სასახლეში შვიდი ვაჟი და შვიდი ქალწული მივიდა, მათ შორის იყო პოსეიდონისა და ეგეოსის საზიარო შვილი ტროიძენის მეფის ასულთან[92]. ამასაც მოხარშულს სცნობდნენ, რადგან ისიც პელოპის ჯიშისა იყო. შევიდნენ ლაბირინთში. მინოსის ასულმა არიადნამ ძაფი და კომბალი მისცა თეზევსს. რომ შეაღწია ლაბირინთში, მინოტავრი დაუხვდა შუა მოედანზე და გაიმართა კურული. სატევარი იძრო თეზევსმა და აღმართა მინოტავრის წინაშე, როგორც ცივი ბედისწერა. გამოექანა მინოსის იდუმალი შვილი და რქებზე უნდოდა აეცვა თეზევსი, მან კი მოქნილი მოძრაობით აიცილა მინოტავრი და ქედში სატევარი ჩაასო. აბლავლდა დაკოდილი ნადირი და ისევ გაექანა მოძალადისკენ, ამჯერად კომბლით მოიგერია მოწინააღმდეგე თეზევსმა. შეტორტმანდა ხარ-კაცი, არ მოელოდა ასეთ მედგარ წინააღმდეგობას. ამით დრო იხელთა მატადორმა, მინოტავრს ამოაძრო ქედიდან სატევარი და ამჯერად სასიკვდილო ჭრილობა მიაყენა.

შებღავლა ცას

და სიკვდილს შეეგება ბრძოლაში მინოტავრი,

---

91. **დორიელები** - ბერძენთა ოთხ მთავარ ტომთაგან საბერძნეთში ყველაზე გვიან გადმოსახლებული (დალმაცია-ალბანეთის მხრიდან) მომთაბარეები. მათი გზა ასეთი იყო: ჩრდილოეთი და შუა საბერძნეთი - პელოპონესი - კრეტა - ეგეოსი - მცირე აზიის სამხრეთი სანაპიროები. პელოპონესში ძლიერი სახელმწიფოებრივი წყობილება შექმნეს. სპარტა დიდხანს წარმართავდა საბერძნეთის პოლიტიკას. (აკ. გელოვანი „მითოლოგიური ლექსიკონი" გვ. 145).

92. პოსეიდონისა და ეგეოსის საზიარო შვილი ტრიოძენის მეფის ასულთან - მხედველობაშია თეზევსი.

ცას რომ ახედა, მზე დაუბნელდა მაშინ და უსულოდ დაეცა. რაღაცნაირად მაინც შეებრალა თეზევსს თავისი მსხვერპლი, დააგდო სატევარი და არიადნას ძაფს გამოჰყვა და სამშვიდობოს გამოვიდა.

ეს რომ მინოსმა დინახა, დამწუხრდა და ბრძანა, დედალოსი და მისი ვაჟი იკაროსი ლაბირინთში ჩაემწყვდიათ სასჯელად იმისა, რომ ლაბირინთი დაძლეულ იქნა. ყველა კარი ღია იყო ლაბირინთისა, თუ ერქვა მას კარი. მხოლოდ უნდა გამოეღწია მამა-შვილს იქიდან. ვერ კი მოახერხა – ერთი ჩაკეტილი სივრციდან მეორეში ხვდებოდა და ასე გრძელდებოდა ამ ნაგებობის შემქმნელის ტანჯვა-წამება მისსავე შექმნილში. მხოლოდღა ცას შესცქეროდა დამწუხრებული შემოქმედი, თუ როგორ ლაღად დაფრინავდნენ ჩიტები ამ საშინელი ლაბირინთის თავზე. მხოლოდ ისღა დარჩენოდა თავადაც გაფრენილიყო საკუთარი ნაღვაწის მარწუხებიდან.

ამისათვის შეისწავლა ფრთების წყობა,

ქარის მიმართულებათა შესაბამისად ამ ფრთებით სარგებლობის წესი.

ცვილისაგან გააკეთა ოთხი ფრთა და იკაროსი დაარიგა:

– არ აფრინდე ძალიან მაღლა, არც ძალიან დაბლაო. მაღლა ფრთებს დაგიწვავს ჰელიოსის ეტლიო[93], დაბლა წყლის შხეფები დაგისველებს ფრთებსო. ორთავე საშიშია ფრენისას, რადგან თუ აუცილებელი შუალედი არ დაიჭირე, აუცილებლად დაიღუპებიო – ან სიმაღლე დაგღუპავსო, ან სიდაბლეო, ყოველთვის ერთი და იგივე სიმაღლე უნდა გეჭიროსო.

მოისმინა იკაროსმა,

მაგრამ არ შეისმინა.

აფრინდნენ ლაბირინთიდან მამა-შვილი, გადაუფრინეს თავიანთ სატუსაღოს, გაიჭრნენ ზღვაზე. ყმაწვილი იკარო-

93. **ჰელიოსის ეტლი** - ბერძნულ მითოლოგიაში მზის ღმერთი თავისი ეტლით ცის კიდიდან ცის კიდემდის დადიოდა და შუქს აფრქვევდა დედამიწას. ღამით ჩადიოდა მდინარე ოკეანეში და ოქროვანი ნავით დასეირნობდა ცის კაბადონზე და ბრუნდებოდა აღმოსავლეთში თავის სასახლეში. დილით კი ისევ იწყებდა თავის მარადიულ გზას.

სი დაატყვევა უსასრულო სივრცემ და ცაში გაინავარდა, სულ მაღლა და მაღლა აფრინდა, მზეში შესვლა მოინდომა, დაავიწყდა რა მამის დარიგება. დაედევნა დედალოსი თავის შვილს, მაგრამ ამაოდ, ცაში გაუჩინარდა ზეცით მოხიბლული იკაროსი, ვეღარ იპოვა შვილი – ვეღარც მკვდარი და ვეღარც ცოცხალი. დამწუხრებული გაშორდა იქაურობას. გადაუფრინა ათენს და თავისი ცოდვა დაუხვდა წინ. თავის ცოდვას ვერ გაექცა მხოლოდ. შორეულ კუნძულზე დაფრინდა ბოლოს და იქაურ მეფეს ემსახურა.

მინოსმა დაინახა ზეცაში აფრენილი ოსტატი და მისი შვილი და გამოედევნა. გამოედევნა და ფიქრობდა იმ თავისუფლების გემოზე, რასაც განიცდიდა დედალოსი, საკუთარ შემოქმედების მარწუხებს რომ დააღწია თავი გაფრენით, ისიც იქ მივიდა, სადაც გაფრენილი . სიცილიელ მეფეს მოსთხოვა მინოსმა დედალოსის მისთვის გადაცემა. არ დაანებეს მეფეს ტყვე, აბანოში შეიტყუეს საპატიო სტუმარი მასპინძლის ასულებმა და დამდუღრეს – თავი რომ დაენებებინა ყველასთვის. ჰოდა, აბანოს მერე მართლაც დაანება ყველაფერს თავი, სიცოცხლესაც კი.

მოხარშული მინოსი ვეღარ იცვნეს, რადგან მას ბეჭი არ ჰქონდა სპილოს ძვლისა[94].

დაიქცა მინოსის სამეფო,

თავდაყირა დადგა ყველაფერი,

წაიშალა კნოსოსის სასახლის ორნამენტები და წარწერები, მიწა დაეყარა ლაბირინთს და დავიწყებას მიეცა ერთ დროს უძლიერესი სახელმწიფო. არკადიის ბაღნარები ელადელებმა გადაიბარეს. ზღვაში ჩამავალმა მზემ ჩაძირა სასახლის კედლების მოგონება. დაიკარგა მოცეკვავე ქალღმერთის სტატუა. აღარ მღეროდა არავინ, რადგან ყვე-

94. **ბეჭი არ ჰქონდა სპილოს ძვლისა** - მინიშნებაა პელოპზე, რომელიც საკუთარმა მამამ ღმერთების საპატივცემულოდ დაკლა, ქვაბში მოხარშა და მიართვა საპატიო სტუმრებს სადილად. ღმერთებმა პირი არ დააკარეს პელოპის ხორცს, მხოლოდ შვილის სიკვდილით გულდამწუხრებულმა დემეტრამ შეჭამა მსვერპლადშეწირულის ხორცი. ღმერთებმა გააცოცხლეს პელოპი, მაგრამ შეჭმულის ნაცვლად სპილოს ძვალი ჩაუსვეს ბეჭად, ამიტომ პელოპსა და მის ყველა შთამომავალს ბეჭი თეთრი ჰქონდა და ყველა ცნობდა მათ ამ ნიშნით.

ლაფერი ერთდროულად დაიღუპა. ცხოვრებამ თავისი ხალი-სი დაკარგა. უამრავ პელაზგს შორის ერთიც არ მოიძებნა, ყველა მათგანი ელადელებმა შთანთქეს. აღარც აქაველები არიან. ისინი შეითქვიფნენ დორიელებში და დორიელებმა მიისაკუთრეს მათი სახელი. მეც ამათი ცხოვრებით ვიცხოვრე და მეც მომიწევს გადაშენება, მე, უკანასკნელ პელაზგსო.

ამ ზღაპარმა დააფიქრა მედეა. მიუხედავად იმისა, რომ ღამე გადასული იყო და ცისკრის ვარსკვლავმა გამოანათა ღამეულ ცაზე, ძილი არ გაკარებია. ფიქრობდა, დაძაბული უსმენდა თავის მასპინძელს. პელაზგი თვალებში უყურებდა მედეას და ვერ შენიშნა ძილ-ბურანის მათრობელობა. გაუკვირდა კი, რადგან ასეთ დროს სასძლისპირე ზღაპრებისას ყველას ეძინებოდა, სიღრმისეულად არ უკვირდებოდნენ ნათხრობს და მიტომ.

არ უკვირდებიან, დღის დაღლილობა არ იძლევა იმის საშუალებას, სრულფასოვნად რომ აღიქვას გონებამ ნაამბობი.

ალბათ, დასაძინებლად უყვებოდა პელაზგი თავის სტუმრებს, ვინც კი მოდიოდა და თუ მოდიოდა, ამდაგვარ ზღაპრებს და მათაც ეძინებოდათ, გულს არ ეკარებოდა სევდა, და მიტომ.

მედეას თვალებში ამოიკითხა,

თუ როგორ განიცდიდა მთელი არკადიის ბედნიერსა და უბედურ წუთებს,

როგორ იცხოვრა მინოსისა და ქანდაკების ცხოვრებით,

როგორ გაგიჟდა მინოტავრთან ერთად და

როგორ აფრინდა ლაბირინთიდან უსასრულობაში,

როგორ დაიღუპა კნოსოსის სასახლესთან ერთად მთელს ერთ ღამეში ჩატეული წუხილით.

ხედავდა ყველაფერ ამას მედეას თვალებში და მან დაზუსტებით არ იცოდა, ვინ იყო მისი სტუმარი. ეს კი იცოდა,

რომ ეს ქალი ზედმიწევნით იცნობდა კოლხურ სამყაროს,

თვით კოლხთა მონათესავე ჯილაგის ყოფა-ცხოვრებას.

ასე მინოტავრების მოდგმის ხალხმა თუ იციან მხოლო-

დო, – დაასკვნა თავის ფიქრებში პელაზგმა. ამ სიჩუმეში კითხვები წარმოშვა თავისთავად და ჰკითხა მედეამ მოკრძალებულად:

– კეთილო კაცო, შენი ცხოვრების შესახებ რატომ არაფერი მიამბე, განა არაფერი გაქვს სათქმელი?

ჩაეღიმა პელაზგს, თავი გაიქნია დანანების ნიშნად და გულწრფელი თვალებით შეხედა თანამოსაუბრეს.

– მე ჩემი ცხოვრება გიამბეო, – უთხრა სტუმარს, – დასამალი არაფერი მქონიაო.

რაც კი მიცხოვრია,
ისე მიცხოვრია,
როგორც უცხოვრია ჩემს სამშობლოს.
როგორც მას ულხინდა,
მეც ისე მილხინდაო,
როგორც მას უჭირდა,
მეც ისე მიჭირდაო.

არ ყოფილა შემთხვევა, ჩემი თანამოძმე გაჭირვებაში ჩავარდნილიყო და მე გალაღებული ვყოფილიყავიო, ან კი – პირიქით. ჩემი მამულის აღმაფრენისას მეც ზეაღმატებულად ვცხოვრობდიო. როგორი მტკივნეულიც იყო არკადიისთვის დაცემა, ჩემთვის გაასმაგებულად მტკივნეული იყო, რადგან მისმა სიკვდილმა წინ უსწრო ჩემს სიკვდილს და მეც იმ ქვაბში ვიხარშები, რომელ ქვაბშიც მოხარშეს მინოსი და ვერ იცნეს იგი მოხარშული, თეთრბეჭიანები მოეძალა ჩემს სამშობლოს, და მიტომ.

პელაზგებს ვუყურებ და პელაზგები აღარ არიან,
აქაველების სახელი დორიელებმა მიისაკუთრეს.

ყველა ურჩი გაანადგურეს, მხოლოდ სუსტები და ლაჩრები დარჩნენ ცოცხლები და იმათ შორის მე ვარ უკანასკნელი. სისხლი დაითხია და თანაც აღირია. თავის გადარჩენისთვის ელადელებს თხოულობენ და ელადელებზე თხოვდებიან, უკიდურეს შემთხვევაში გეტერებად მიდიან ათენსა და კორინთოში. აღარავინა დამრჩა შთამომავალი,

პელაზგთა დიდება რომ გადავცე მემკვიდრეობად – ან უშვილძიროდ გადავეგები, როგორც უკანასკნელი წარმომადგენელი დიადი მოდგმის, ან გავაგრძელებ არსებობას გადაჯიშებით. ორივე შემთხვევაში ჩემში წარიხოცება პელაზგი

ან სიცოცხლით,

ან კიდევ სიკვდილით.

ვილას დაველოდო იმედად, ან ვინ მოვა ჩვენს გადასარჩენად?! უკვე ამაზე ფიქრის სურვილიც არ გამაჩნია.

და მაინც ვფიქრობ,

ღირდა კი ქვეყნად პელასგიის გაჩენა, თუ უნდა განადგურებულიყო საბოლოოდ?

თავის გატანა ხომ მრავალნაირად შეიძლებოდა!

რატომ ასეთი რაინდული დაღუპვა?

ან თუ დაღუპვა იყო,

დავღუპულიყავი მასთან ერთად და ნელი სიკვდილით არ მომღებოდა ბოლო. როცა ყველაფერი რიგზეა, მაშინ ნაკლებად გრძნობ სამშობლოს გულისფეთქვას, რადგან იცი, ის არ გაჩერდება და არ განაღვლებს მისი მომავალი. აი, როცა სასიკვდილო სარეცელზეა შენი მამული, სწორედ მაშინ თითოეულ გულისფეთქვას სასიცოცხლო მნიშვნელობა ენიჭება, რადგან შენც მიჯაჭვული ხარ მასთან სიკვდილსიცოცხლით.

მთელი ჩემი ცხოვრება იწყება და მთავრდება

არკადიით,

პელასგიით,

კრეტით,

მიკენით.

ამაზე კარგი და მიმზიდველი ჩემი განკერძოებული ცხოვრება ვერ იქნება, რადგან არაა ისე მდიდარი არც ერთი კერძო ცხოვრება, როგორც ეს მთელი ერის განვლილი გზაა. იმ ერში მეც ვარ და ამიტომ მეც მეკუთვნის მისი ცხოვრება თანაბარზომიერად სხვასთან ერთად, ვინაც ჩემსავით გაიარა ეს გზა. მე ჩემს მამულში ვარ, თუნდაც მკვ-

დარში და ვიცი, რომ მისი უკანასკნელი სუნთქვა მე ვარ და ამიტომ ყველაზე ძლიერი ვარ ჩემი სიცოცხლითა და სიკვდილით. ჩემში თავი მოიყარა ჩემი ერის ყველა ნაკლმა და ღირსებამ, რადგან მეცა და ისიც ორთავენი და დიდებულად ვკვდებით. არ დავმალულვართ არსად, არ გავქცევივართ ჩვენს სიმახინჯეებს, ერის ბუნებას მოვუხმე ჩემში, რათა ისინი მოკვდნენ პირველად. მინოსის მერე მე ვარ ყველაზე დიდებული არკადიელი, რადგან უკანასკნელი ვარ უამრავთა შორის, მაგრამ მერჩივნა, საერთოდ არ ვყოფილიყავ

დიდებული,

ან თუ ერთადერთი

დრო-ჟამის რაღაც მიმოქცევაში.

ნეტა, ვყოფილიყავი ერთი იმ უამრავთაგანი ჩემი პატარა ცხოვრებით, რომელიც არაფრით გახდებოდა ქვაკუთხედი მთელი ჩემი ერის ყოფა-ცხოვრებაში. ახლა კი ერთი და იგივეა პელაზგებისა და ჩემი ცხოვრების გზები, რადგან მე ვამთავრებ ამ ერთიან მდიდარ და ძლიერ ცხოვრებას.

ვიქნებოდი მეჩანგურე,

ვიცხოვრებდი,

ვიმღერებდი და

ბოლოს მოვკვდებოდი

ისე, რომ ჩემი ხსენებაც არ იქნებოდა ქვეყნიერებაზე, მხოლოდ ჩემს მეგობრებს გავახსენდებოდი და შვილთა შემდეგ დაიკარგებოდა ჩემი სახსენებელი, აი, ის ჩემი შვილ-მომავალი კი გააგრძელებდა ცხოვრებას პელაზგად. ახლა კი, რა დროც არ უნდა იყოს, რა სახელმწიფოები არ უნდა მოვიდნენ ერთმანეთის სანაცვლოდ, ათასეულთა წელთა მიღმაც ჩემი სახელი შემოენახება სხვა ხალხს და არა ჩემს თანამემამულეებს, რომ მე ვიყავი სწორედ უკანასკნელი პელაზგი.

– უკანასკნელო პელაზგო, – მიმართა მედეამ მასპინძელს და მის ხმაში გამოიკვეთა უსაზღვრო სინანული ყველაფრის მიმართ, რასაც პელაზგი ვერ ხვდებოდა:

დანანება იმ კოლხთა ნათესავური ხაზის განადგურებაზე,
იმ დაკარგულ სამშობლოზე,
იმ შემართებაზე,
წარმოუდგენელი ძალის შემართებაზე,
რასაც ატარებდა პელაზგი
და ვერ ატარა მან თავად.
ვერ ატარა ეს სიყვარული მან –
დიდი კოლხეთის მეფის ასულმა,
ღმერთთა დარმა,
მზის-ძის შვილმა და
ატარა ვიღაც უკანასკნელმა პელაზგმა მთელი თავისი სიდიადით, მომაკვდავმა და მკვდარმა,
რაღაცით რომ წააგავს მას და მაინც რომ არაა სრული მგვანება,
და რომ შეიძლება შედარება ერთისა მეორესთან უმჯობეს-საუარესოს გამოსარკვევად, – უკანასკნელო პელაზგო, – გაუმეორა მედეამ მცირე დუმილის შემდეგ, – ამ ტვირთის ზიდვა თუ გიჭირს და რას მეტყვი სანუგეშოსო?
ჩაფიქრდა პელაზგი, მაგრამ დიდხანს არ უფიქრია, ისე მიუგო თავის სტუმარს პასუხი:
– სამშობლო ტვირთი არაა, ის მხოლოდ სატკივარია, რაოდენ დალხენილიც არ უნდა იყოს მამული. ეს გრძნობა წონის ერთეულით არ იზომება, მას მხოლოდ გრძნობა განსაზღვრავს თავისებური საფიქრალებით. ტკივილი კიდევ არანაირი საზომით არ იზომება – მე ეს მტკივა, შენ – ის, სხვას კიდევ – სხვა, მაგრამ ტკივილის შეგრძნება ყველასათვის თანაბარია და თუ გტკივა რაიმე, უცხო გრძნობა არ არის ეს იმ სხვისთვის, ვისაც რაიმე აწუხებს და ტკივილში თანაზიარები ხდებიან ერთმანეთის იმისდა მიუხედავად, რა ტკივილი გაწუხებს შენ და რა – სხვას. ალბათ ნუგეშიც აქედან მოდის ადამიანთა შორის ჭირისა და ლხინის გასაზიარებლად.
– იქნებ მართალი იყო, პელაზგო, რასაც ამბობ, მაგრამ

არ იწყინო და გეტყვი, რასაც მე შენზე ვფიქრობ...

გაუღიმა გულკეთილობით პელაზგმა:

– მითხარი, არ ვიწყენო. კარგა ხანია, ადამიანური მოსაზრება არ მომისმენია, გადავეჩვიე ხალხთან ურთიერთობას, და მიტომ. ეს კიდევ ჩემი ბრალი არ გეგონოს. ამით თავს ვიცავ სიკვდილისაგან, რადგან ვიცი, ხალხმრავლობაში რაც მელოდება. მითხარი, ყველაფერს მთელის სიწრფელით მოგისმენ.

– მებრალები, პელაზგო! – უთხრა მედეამ და გულწრფელი მზერა მიანათა სახეში, – იმიტომ კი არ მებრალები, რომ უშვილ-ძიროდ და უმამულოდ გადაეგე, მხოლოდ იმიტომ, რომ შენი ადგილი არაა მატიანეში და ცხოვრება კი გავალდებულებს ამას. ვიღაც შენს ნაცვლად მაინც იქნებოდა, ის ვიღაც შემებრალებოდა, უკანასკნელი რომ იქნებოდა თავის მამულში შვილი, იმიტომ. არც შენ გსურდა ეს, მაგრამ ბედისწერამ განიზრახა ამგვარად შენი ბედი. შენ შენი ცხოვრება გქონდა, იმ ცხოვრებით კმაყოფილი იყავი. ზოგიერთი კი თავს იკლავს, მატიანეში რომ მოხვდეს და რას აღარ აკეთებს ამისთვის. ვერ დაგივიწყებენ, უკანასკნელო პელაზგო, უკანასკნელი ხარ, და მიტომ. საერთოდ, პირველებსა და უკანასკნელებს არ უწერიათ დავიწყება. არადა, შენთვის მალამოდ გადიქცეოდა დავიწყება. დამთრგუნველია მარადისობაში ყოფნა დაუვიწყებლად და მოსაწყენია ყოველთვის იყო თვალსაწიერში სიცოცხლეშიც და მის მერეც ათასეულთა წელთა მერმეც. ათასგვარად დაამახინჯებენ შენს ცხოვრებას, ვიდრემდე არ მიიღებ იმ კუთვნილ და ნანატრ დავიწყებას, შვებისმომგვრელი რომ გახდება შენი სულისთვის. დავიწყებისთვისაც მენანები, პელაზგო, რადგან კეთილი ხარ, გულუბრყვილო თვალებით მიყურებ და არ იცი, ვინ ვარ მე, იქნებ მტერი ვარ. მენანება შენი პიროვნული ცხოვრება, რომელიც ანაცვალე არკადიის ბაღნარებს. მე კი ვიტყოდი, რომ მთელს არკადიაში შენზე ლამაზი და კეთილშობილი

არც ერთი ყვავილი,
არც ერთი სტატუა,
არც ერთი მეფე
და მინოტავრი არაა,

რადგან მთელმა არკადიულმა ბედნიერებამ საბოლოოდ შენში მოიყარა თავი, შენ კი არ შეგწევს ძალა მისი გავრცობისა, არ იყავი საამისოდ მზად, და მიტომ. ახლა კი მთელს ამ სიმდიდრეს სათუთად პატრონობ, ჭირისუფლობ ისე, როგორც არავინ. შენთვის ეს მძიმე საზიდარია. პელაზგო, მერწმუნე, შენ მიიღებ შენს მოსვენებას დავიწყებაში და შენთან ერთად დაივიწყებენ ყველაფერს, რასაც ატარებ გულითა და გონებით. ხოლო როცა ისევ ამოტივტივდები ცხოვრების ზედაპირზე, ყველაფერი ნამსხვრევებად იქცევა და ნივთებში განხორციელებული მთლიანობით ველარავინ გაამთელებს არკადიას, როგორც ეს საყოველთაო დავიწყებამდე იყო. ბევრი რაღაც ამ შენი ხსოვნიდან სამუდამოდ გაქრება უკან მოუხედავად, ხოლო რაც კი აღდგება მკვდრეთით, სული არ იქნება მასში, იქნება მხოლოდ მიწიდან ამოღებული დრო-ჟამისაგან მტვერწაყრილი და გაუცნობიერებელ მომავალში დაჟანგული ნივთები. ის ელვარება დაეკარგება ყველაფერს, რაც გააჩნდა დავიწყებამდე. აი, შენ მაშინ აღარავინ გაგიხსენებს და ამით მოიპოვებ შვებას და ბედნიერებასო.

დაღონდა პელაზგი, მოისმინა რა სტუმრის ნათქვამი, სულში რომ შეუძვრა და ამოთქვა ის, რის გამხელასაც საკუთარ თავს ვერ უბედავდა. გაიბრაზა კიდეც მედეას სიტყვამ, არ კი შეიმჩნია ეს წყენა და უხერხულად გაუღიმა. მერე თვალებში ჩახედა, მისანი ხომ არ არის ეს ქალიო, ან ელადელების შემოგზავნილი. ყველაფრისთვის მზად იყო პელაზგი, ვიდრემდე შეისწავლიდა უცნობ სტუმარს. ფრთხილად შეავლო თვალი, იჭვნეულად დააკვირდა თვალებს. ქვენაგრძნობიერი ვერა ამოიკითხა რა. ეს კი უთხრა თვალთა უსიტყვო მეტყველებამ, რომ რაც თქვა, ყველაფე-

რი გულწრფელად თქვა და უფრო მეტიც, საკუთარ თავზე მისი განცდების მწარე გემო იგრძნო და ამან გააკვირვა და თავისთვის გაიფიქრა:

„ასე ახალგაზრდამ რა იცის დავიწყება და მარადისობა, ან ჩემს სულში ისე როგორ შემოვიდა, თითქოს თავის თავზე ლაპარაკობსო. რა გამოიარა ისეთი, მისთვის ნაცნობი რომ არის

სიბერეც,
სიკვდილიც,
მარტოობაც,
უიმედობაც და
განწირულობაც.

ვინა ხარ შენ ასეთი, ან რა გაგჭირვებია, ჩემი შეცნობა რომ შესძელი ასე-რიგად. მე ხომ არ ამომითქვამს სრულად ჩემი გულსატკივარი, მხოლოდღა ჩემი მამულის ბედისწერა დავიტირე. იმის იქეთ როგორ გაიკვლიე გზა, სევდიანო ბავშვო, ან სადაა შენი მამული. ამ მრისხანე დუმილში როგორი ღირსეული ხარ, გამკვირვებია მართლაც!“

ისიც შეამჩნია პელაზგმა, რომ რულმა გადაჰკრა ქალის თვალებს ოდნავ, ისე, თითქოს ნიავმა შეუთამაშა თვალის გუგებიო, არ კი შეიმჩნია ძილის მოძალება. ასე განსაკუთრებით ლამაზი გამოჩნდა ქალის თვალები, ისეთი, როგორიც ოდესღაც ჰყვარებია პელაზგს და გონებას აკარგვინებდა.

„არაო, – განაგრძო თავისი ფიქრები პელაზგმა, – ასეთი ღრუბლოვანი თვალები, რომლებშიც უკიდეგანო სივრცის შორეული გამოუცნობი ფერები იფანტება, არ შეიძლება მსტოვრისა იყოს, რადგან მსტოვრის თვალებში ღრუბელი და ბურანი არ არის, მათში დაძაბულობაა მხოლოდ. ამ თვალებში კი დაღლილობა უფროა, ვიდრე რაიმე ავისმომასწავებელი ზრახვაო“.

იფიქრა,
იფიქრა,
დუმილი გაახანგრძლივა,

როგორ ვთქვაო ჩემი სათქმელი,

გამბედაობა მოიკრიბა და მედეას უთხრა:

– არ გიწერია შენ დავიწყებაო.

ტუჩის ერთ კუთხეში მოქცეულმა ნაღვლიანმა ღიმილმა გაკაწრა მედეა.

– როგორ მიხვდიო? – ჰკითხა პელაზგს.

– შენმა თვალებმა მითხრაო.

– ეს თუ გითხრა, ყველაფერი ეს ჩემი უბედურება რომააო?

– ეს კი მითხრა, მაგრამ ის არ უთქვამს და საგანგებოდ დამალა, თუ ვინა ხარ შენ.

XXVIII

იდეისათვის სიკვდილი ღირდა

„ვინა ხარ შენო“, – სიზმარში ჩაჰყვა მედეას პელაზგის კითხვა. გამთენიისას დაეძინა გადაღლილს. სიზმარი ნახა ლამაზი, სიზმარში დედა ნახა, გაახსენდა სადღაც შორს გადაკარგული დედა და არ უნდოდა გაღვიძებოდა და გაღვიძების პირას ცრემლი დასდინდა. როცა სძლისპირი ამოეწურა, დილა კარგა ხნის გადასული იყო. პელაზგი უყურებდა ნამძინარევს. მას მოელია თავისი საყოველდღეო სამუშაოები და უკვე ვახშამს ამზადებდა.

გაუმასპინძლდა სტუმარს,
ღვინო შესთავაზა,
სადღეგრძელოთი შესვა ღვინო მედეამ,
გაუხარდა მასპინძელს.

მერე ცეცხლის პირს მიყუდებული ჭიანურის სიმები შეათამაშა, საკრავმა მოუხეშავი ბგერები ამოუშვა. ადგა პელაზგი, გარეთ გავიდა და უცებვე შემობრუნდა.

– გაავდრდებაო, – თქვა შინ შემობრუნებულმა, – სითბო

რომ დავაყენოთ, ცეცხლი გავაჩაღოთო.

ესა თქვა და მუგუზალი ხმელი ტოტებით აჩიჩქნა, ზედ დაადო და სული შეუბერა.

– სითბო დავიკავოთ, ამაღამ შეიძლება აცივდესო.

ცოტა ხანში ჭიანური მოსინჯა ხელით:

– გათბაო, – გამხიარულდა პელაზგი და მედეას ღვინო შეუვსო.

– აქაური ღვინის გემო არა აქვს შენს ნახელავსო, – გაუღიმა მედეამ, – სიმშრალე არა აქვს და ცეცხლს კი უკიდებს მსმელს თავში, ცოტა არ იყოს ძნელად დასალევია, არაა ტკბილი, და მიტომო. ასე ამზადებენ ღვინოებს ჩვენშიო.

– ღმერთმა შეგარგოსო, – სახეგაბადრულმა პელაზგმა უთხრა.

მედეამაც ისევ სადღეგრძელოთი შესვა ღვინო. ჭერს ახედა ქალმა, ბახუსის ბრჭყვიალები შეფრენილიყვნენ თვალებში და ერთობ სასიამოვნოდ ახურდა.

– ჭიანური მომაწოდეო, – სთხოვა მასპინძელს, – რაღაც მინდა გავიხსენოო. შენი გუშინდელი ნაამბობის სანაცვლოდ მეც მინდა გიამბო ისეთი რამ, რაც არასოდეს გსმენია. ჭიანურზე დამღერებული ზღაპარი სასიამოვნო მოსასმენიაო.

პელაზგმა უსიტყვოდ მიაწოდა ჭიანური.

– ჩემი გაკეთებულიაო, – დასძინა.

– შევატყვეო, – დაუდასტურა მედეამ.

– ეს როგორო?

– ძალიან წააგავს შენი ჭიანურისა და ჩანგურის ხელნაკეთების თვისება და ხასიათი ერთმანეთსო.

– საიდან იციო? – დაეკითხა პელაზგი.

– ჩემმა მორდუმ იცოდა საკრავების გამოთლა და მისგან ვისწავლე ეს ხელობა და მასთან დაკავშირებული ყოველი წვრილმანი თავისებურებაო.

– შენ თვითონაც ხომ არ აკეთებ საკრავებსო?

– არაო, – უცნაური თავმოყვარეობით უპასუხა მედეამ,

ეს უცნაურობა მხოლოდ პელაზგისთვის რომ იყო უცნაური, თორემ მედეასთვის ეს არაფერს ნიშნავდა.

აკვირდებოდა ჭიანურს, მის ყოველ მონაკვეთს, თან ოსტატს უყურებდა ხარბად ისე, როგორც თავის მორდუს შეხედავდა ამდენი ხნის შემდეგ ცხოვრებაგამოვლილი შვილობილი. ხემიც მიაწოდა პელაზგმა მედეას.

აიღო ხელში საკრავი, შეათვალ-შემოათვალიერა, თავისებურებები შეამჩნია ისეთი,

როგორიც მორდუს საკრავს არ ჰქონია,

ან ამ ჭიანურს არ ჰქონდა ის, რაც კოლხურ ჭიანურს ჰქონდა.

– მორდუ ჭუნირს ეძახდა, შუა კავკასის სამხრეთ მთიანეთში და კოლხეთის დაბლობში ზღვისპირეთის გარდა ჭიანურს უწოდებენო, – განმარტა მედეამ და გაბადრული სახით შეხედა პელაზგს, – ჩემი ძუძუმტეები სალამურთან ერთად უკრავდნენ ჭიანურს ღამით და ამირანის დიდებას გალობდნენ, გალობა ერთხმიანი იყო, ამბავს ჰყვებოდნენ ამირანისას, ხან თუ ლექსად, ხან კი ისევ თხრობით და ჭიანური ალამაზებდა ამ ამბავს. სევდისმომგვრელ განწყობას წარმოშობდა სულში ჩამტირალი ხმა ჭიანურისა. პირველი ხმისა და ბანის მელოდია საკრავზე იყო გადატანილი. როგორი ამბავიც არ უნდა მოეთხროთ, ჭიანურის ჰანგი მუდამ ამძიმებდა ჩემს გრძნობებს.

მორდუ საცრისებურ მუცელს უკეთებდა საკრავს, ზედ კი ტყავი ჰქონდა გადაკრული და თასმებით ამაგრებდა, ეს ჭიანური კი ნავისებური იყო და მთლიანი ხისგან გამოეთალა პელაზგს, მუცელი ღრმად ჰქონდა ამოღრუებული. ამასაც ტყავი ჰქონდა გადაკრული, ოღონდ მიმაგრებული იყო მუცლის უკან ჩამარყუჟებულ კანაფზე. მორდუს ნაკეთები ჭუნირის ტარი მთლიანი და ბრტყელი იყო, თავზე კი სიმების მოქლონების ჩასასმელად სამგან ჰქონდა გაკეთებული ნახვრეტი, პელაზგისას კი ორგან, რადგან ორსიმიანი იყო მისი საკრავი. ყელი კიდებისკენ განიერდებოდა. ტარის ბოლოში

ცხენის ძუის სიმები მიემაგრებინა, ამაში განსხვავება არ იყო, არც საკრავის ფეხის გამოყვანაში. ხემაც ორთავე საკრავს მშვილდისებური პქონდა, მეომრული სელი ჩადეს საკრავში მორდუმაც და პელაზგმაც, და მიტომ. ამ საკრავის მოუცელი ოსტატს ფიჯგისგან დაექმადებინა, მორდუ კი სოჭისგან აკეთებდა, ტარს კი მუხისგან ამზადებდა, ამ ჭიანურს თავი და ყელი არყისა პქონდა. ჭუნირის კიდური სიმები კვარტას დიაპაზონით იყო განწყობილი, რომლის შუა სიმი წგრილ სიმთან ტერციას წარმოშობდა, მსხვილთან კი სეკუნდას, ჭიანურიც კვარტით იყო გაწყობილი, ოღონდ შუა სიმი არ პქონდა.

ხელით მოუსინჯა მედეამ საკრავს ტყავი და მუცელი, გამთიბარი იყო თუ არა ახლად დაჭიმული ცეცხლის სიმხურვალისგან. ნელა თბებოდა საერთოდ ტყავი და ნელავე ათბობდა საკრავს, სამაგიეროდ ეს სითბო კარგა ხანს არ გადიოდა და ბგერებსაც გასაოცარ სითბოს აძლევდა, ზომგჯერ სიმხურვალესაც კი. მედეამ ჭიანური ფეხებს შორის ჩაიდგა, მარცხენა ხელის თითებით საკრავის ყელზე ბგერები აიღო, მარჯვენით კი ხემი დაიჭირა და ორივე სიმს დაუსვა. გასაოცარმა ჰანგმა დათარა ოთახი. სიგრცის უსაზღვროება მიეცა თვალის გიწრო სამზერალს და შორეულ მოგონებებში გადაისროლა მელოდიის ტკბოლხმოვანებად როგორც დამკვრელი, ისე მსმენელი. გონებაში გადაიშალა ყველაზე მითბიდვეცელი სურათები, რაც კი ოდესმე განუცდიათ მედეასაც და პელაზგსაც.

გარეთ უცებ ჩამობნელდა, სიცივემ იჭარბა ოთახშიც და მასპინძელი იძულებული გახდა, ცეცხლისთვის მეტად შეეგთო შეშა. ეს მთელი ზამთრის უკანასკნელი ნარჩენი იყო, რაც კი დარჩენილიყო და ამთავ უნდა დაეწვა. იმედოვნებდა პელაზგი, ალარ დასჭირდებოდა ცოტა ხხით მაინც ხის მოჭრა, რადგან ამ ახალ მუგუზალს კარგად შეინახავდა ნაცარში.

ჩრდილოეთიდან შემოჭრილი შავი ღრუბელი ელვისე-

ბური სისწრაფით მოეფინა მთელს უკიდეგანობას. რამდენიმე წუთის წინ სრულიად კამკამა ცა მთლიანად ჩამოიქუფრა. სულ ახლოდან შემოესმათ შმაგი ზღვის ღელვა, რომელიც ბობოქრობით ჩაძირვას უქადდა ყველაფერს და თავისკენ ითრევდა ნაპირზე დაყრილ ქვიშას. ქარიც ამოვარდა და თითქოს გლეჯდა ხის ტოტებს. ეს არ ჰგავდა აია-ქალაქის ქარებს, აქაური გაზაფხულის ქარები სულში გამჭოლი სიცივით დაჰქრის, ფესვებიანად გლეჯს ხეებს, ზღვის სანაპიროს მიუკარებელს ხდის და ადამიანებსაც ჭამს თავისი გადარევის დასაოკებლად.

მედეას სულში სადღაც ოდესღაც მიძინებულმა ქარეულმა გრძნობამ გაიღვიძა და მშობლიურმა აიას ქარებმა დაუარეს სხეულში სიამედ, ქარის სიფიცხე რომაა და ცდუნებასავით შემოგაპარებს დარს. ფიქრმა წაიღო ჭიანურის გაჭიანურებული მოძახილი და სასმენელისთვის შესაფერისი განწყობა შექმნა. აიას ქარები ჩაატია მედეამ მომნუსხავ მელოდიაში და მიდრიკა თავი სიმების სასმენად. ყური მიუგდო პელაზგმა ჰანგს და იგივე ფიქრები წარმოიშვა მასში - დიდებული პელასგია გაახსენა კაცს, არკადიის უზრუნველობა და მინოსის სასახლეში მოცეკვავე ქალღმერთის სტატუა, კნოსოსის სასახლეზე შემონათებული ჩამავალი მზის სხივებით გადაწყვეტილი სევდიანი მირაჟების გამოფენა, მზის სხივებს რომ ჩაჰქონდა უფსკრულეთში თვალწარმტაცი ლაბირინთები.

– იყო და არა იყო რა, – შეუხმიანა მედეამ ჭიანურს თავისი ხმა, ძალიან ჰგავდნენ ეს ხმები ერთურთს. ისე დაიწყო თხრობა, რომ ვერც კი შეამჩნია ეს ვერც პელაზგმა და ვერც თავად მედამ, თავისთავად წარმოიშვა თხრობა, თითქოს მუსიკის დარად ესეც გარდაუვალ აუცილებლობას წარმოადგენდა, – ღვთის უკეთესი რა იქნებოდაო. იყო ჩიტი მგალობელი, ღმერთი ჩვენი მწყალობელი. ჩემს მამულში ერთი მშვენიერი ასული ცხოვრობდა, ავ თვალს არ ენახვებოდა, ისეთი იყო. მას იდეა[95] ერქვა.

ზოგი ამბობდა ქალღმერთიაო,
ზოგიც კიდევ – ქალღმერთის შვილიაო,
ზოგი რომელიღაც ღვთაებას მიაწერდა მის გაჩენას,
ზოგიც კიდევ იმას ამბობდა, არავითარი ღვთაება, მოკვდავი კაცის შვილიაო.

ვინც ამას ამბობდა, მას დასცინოდნენ, რა იცი შენ, ვინ რა არისო, ან საერთოდ რა გაგეგება შენ ქალღმერთებზეო. ამ ასულს დედაც ჰყავდა და მამაც. ადრეულად დაიხოცნენ ისე, რომ შვილის დამშვენებას ვერ მოესწრნენ. იყო და იზრდებოდა ღვთის ანაბარად ეს ბავშვი,

არც ვის რას უშავებდა,
არც ვინ რას უშავებდა.

ხარობდა სოფელი ამ ასულით. სატრფოც ბევრი ჰყოლია, მისთვის ვაგლახად ხელი არავის უხლია, კოლხები იყვნენ ჯიშად და მოდგმით, და მიტომ.

იქამდე მთის გაღმითგანაც მოსულან მშვენიერი იდეის ხელის სათხოვნელად. ქალწულს გული არ გახსნია არც ერთ რაინდზე და ამიტომ მამულის შვილებმა დათქვეს, – ვადროვოთ, იქნებ თავად იპოვოს ღირსეული საქმრო და ჩვენც მის ნებას დავყვებითო. ძალა არ დაუტანებიათ მისთვის, რადგან ქალღმერთად რაცხდნენ. შეჰხაროდნენ მისი დამნახავი ყმაწვილკაცები დღე-მავალს და თავიანთ ცხოვრებას შინაარსიანს ხდიდნენ –

ნადირობდნენ თუ შრომობდნენ,
ლხინობდნენ თუ უქმობდნენ,

---

95. **იდეა** (მითოლოგიური წყაროებით იდიია) - მედეას დედაა, რომლის შესახებაც თითქმის არაფერი ვიცით. მხოლოდ ისაა ცნობილი, რომ იგი ოკეანოსისა და ტეთისის ასული და მედეას დედა იყო. ეს ვაკუუმი აუცილებლად უნდა შევსებულიყო სამწერლო ფანტაზიის მეშვეობით. კლდე-ქალის სახე გაბნეულია მთელს კავკასიურ მითოლოგიაში სხვადასხვა ნიუანსებით. მედეას დედა განსაკუთრებული სახით უნდა გამოკვეთილიყო ნაწარმოებში და ზოგადმითიურ ჭრილში. არის საერთო კლდე-ქალის მითების გალერეაში, მაგრამ არის სრულიად ორიგინალური გადაწყვეტა სიუჟეტისა, რომელიც ქმნის ახალ მითს. ამასთანავე, გამოვიყენე რა ერთი ასო-ბგერის ჩანაცვლების პრინციპი, სრულიად განსხვავებული ფორმულა მივიღე მითოსისა და თანამედროვეობის ურთიერთთანხვედრისა - იდიია გადაიქცა იდეად ისევე, როგორც პარისი პარიზად, ევროპე ევროპად, პართია პარტიად და ა.შ. ამ შემთხვევაში დრო და ეპოქა გაერთიანებულია მარადისობაში ერთიან კოსმიურ სივრცედ.

ყოველთვის მასზე ფიქრობდნენ და მისთვის აკეთებდნენ ყველაფერს,

თუ რამეს აკეთებდნენ.

მამულიც სიმშვიდესა და ხალისში ჩაფლულიყო. ყველა სათითაოდ ელოდა, რომ გინდა თუ არა, მხოლოდ იგი გახდებოდა ლამაზი იდეის რჩეული, ამ იმედით გაკეთილშობილდნენ მამულის შვილები, მეტი ღვთაებრივი თვისება შეიძინეს, სისხლსა და ხორცში გაუჯდათ მადლიანი ბუნება. მოთმინებით ელოდნენ ასულის გულის გახსნას. აბა უგულოდ იდეა ვის რად უნდოდა, გულიანი ბიჭები იყვნენ, და მიტომ.

ყველას ჰქონდა იმედი, ყველაზე დავრდომილსაც კი, რადგან იდეის გვერდით ისიც თავს ბედნიერად გრძნობდა. ასულსაც არასოდეს გამოუვლენია თავკერძობა, ყველასთან ურთიერთობაში უშუალო იყო. თანატოლებთან მთელის გულწრფელობით მეგობრობდა. არც ერთ სხვა ასულს მასზე გული არ მოსვლია, არც შური ჩაუბუდებიათ გულებში, რადგან ყველა მათგანს თავიანთი მთხოვნელი ჰყავდა და არასოდეს სხვათა სატრფოს იდეაზე თვალი არ გაქცევია. არავის ცხოვრებაში ცუდად არ იჭრებოდა და არც არავის თხოვდა მოწყალებას. როგორც სხვა შრომობდა, იგიც ისე იყო გარჯილი.

იდეა მოხუცსაც უყვარდა და ახალგაზრდასაც. ყველა ივიწყებდა სიკვდილს, როცა მას უყურებდა. არავის სურდა მის გამო მუშტის შეკვრა, არათუ იმიტომ, რომ არ ეფასებოდათ ასე, არამედ იმიტომ, რომ თვით იდეა აფრქვევდა სიმშვიდეს და ეს სიმშვიდე მეტოქეებზეც გადადიოდა, მალამოდ ეფინებოდა ფიცხი კოლხების გულს იდეის მომხიბლაობა და ცხრებოდა მგზნებარე გულები სიყვარულში სიყვარულისათვის.

ეს მხოლოდ იდეის გამო იყო, თორემ სხვა შემთხვევაში ერთმანეთს თავ-პირს დაუსისხლიანებდნენ ქოჩორა მამლებივით დეზებზე შემდგარი ჭაბუკები. ისინი კი მოთმინებით

ელოდნენ,
ელოდნენ,
ელოდნენ,
თუ ვის აირჩევდა ქმრად, თავს ზედმეტად არავინ აბეზ-რებდა. მოთმინება კი ივსებოდა და ივსებოდა, აბა ქვეყნის თვალს გაუთხოვარს რომელი ვაჟკაცი დატოვებდა. თუ თვი-თონ არ ამოირჩევდა, მაშინ ეს ცხენ-კაცები და ხარ-კაცები მზად იყვნენ დარეოდნენ ერთმანეთს, რათა გამარჯვე-ბულს დარჩენოდა საბოლოოდ იდეა.

თურმე იდეას ერთი უთვისტომო ყმაწვილი შეყვარებია, თვალებით ემიჯნურებოდნენ ერთმანეთს, რადგან ხელმიუ-კარებლობის წესი უნდა დაცულიყო და ბუნიაობის ზეიმზე აღსრულებულიყო მამულის წინაშე ვალის მოხდა. ეს რომ დარღვეულიყო, ქალს ჩაქოლავდა მთელი მამული სიბილ-წისა და სიძვის გამო. ამიტომ წესისამებრ ეტრფოდნენ ერ-თურთს, გასწორფერდნენ, შეურყვნელად ეუფლებოდნენ ერთმანეთს და ყველაფერი ეს მთვარიანი ღამის იდუმალე-ბისას ხდებოდა, ვიდრემდე გაიბადრებოდა მთვარე სიხარუ-ლისაგან. ცისკრის ვარსკვლავის გამოჩენამდე სწორფრობ-დნენ მიჯნურნი. უაღრესად თავშეკავებული იყო იდეის სწორი და ფერი, ამიტომ ამოირჩია იგი იდეამ თავის ძმობი-ლად. ეტრფიალებოდნენ ერთმანეთს
მკაშიც,
ქორწილშიც,
ლხინშიც,
მაგრამ კი არავის შეუმჩნევია ეს.

ერთი იყო, რომ მთვარემ იცოდა მათი სიყვარულის ამბა-ვი. მამულის ყველაზე მახვილ თვალსაც კი გამოეპარა იდე-ის გამიჯნურება. რადგან ბუნიაობის სიმკაცრე წესად იყო დადგენილი, ვერ ამხელდნენ საქვეყნოდ თავიანთ ტრფობას და თავშეკავებული გრძნობამორევით იოკებდნენ მოძალე-ბულ სურვილს ერთმანეთისას. ასული თავის ძმობილს უჭ-რიდა და უკარგავდა

საგულეს,
საყელოს,
საწვივეს,
ყველაფერს, რასაც ქალის ხელი სჭირდებოდა. ვაჟიც უძღვნიდა თავის სწორფერს
მძივებს,
ქინძისთავებსა და
ნაირ-ნაირ სამკაულებს.

ერთმანეთშიც წვებოდნენ, მაგრამ არ ყოფილა ცდუნება. გრძნობადაოკებული მინოტავრივით ეხვეოდა გახურვებული ქალის სხეულს მთვარიანობისას, არ ასვენებდა ვაჟი ქალს, ქალიც ისე იქცეოდა მინოტავრის მკლავებში მოქცეული, რომ ზედმეტი არ ეფიქრა და საზღვრებს არ გადაცდენილიყო სწორფერი. მათი სრული სიშიშვლე სირცხვილი კი არა, სილამაზე იყო. უთესლოდ თამაშობდნენ ერთმანეთში და ამით ქალწულობის სიწმიდე დაცული იყო. დაყენებული ვაჟკაცის მორი აროდეს დასველებულა თესლით და ქალის სისხლით, ქალსაც უხაროდა მისი შეხება, გრძნობდა მამრის სიძლიერეს, სირცხვილეულობაც გამქრალიყო მათში. პირველშობილობის სისპეტაკეში განზავებული სილამაზის ველურობა იკითხებოდა მათ სიშიშვლეში და ეს კარგი იყო.

ხარ-კაცი გააძლიერა ქალ-ვაჟიანობამ, ძალა და ჟინი მოემატა. ამით მის ცხოვრებას მთავარი შინაარსი მიეცა – სატრფოსთვის ის დაუხარჯავი ძალ-ღონე უნდა დაეხარჯა, რომელიც ესოდენ მოძალებოდა და ეძებდა საქვეყნოდ გამოსავალს, რათა ცხოვრებას მოწეოდნენ. ისიც იცოდა, რომ ბედი და ბედისწერა როდესღაც ულმობელი იქნებოდა მისთვის. აი, მაშინ უნდა გამომჟღავნებულიყო დაუძლეველი და მოუკვდინებელი ძლევამოსილება ამ თავშეკავებული მინოტავრისა, აქამომდე არ შერცხვენილა ღამე მათის სწორფრობით, და მიტომ.

ამდგარზე ჩანგურს იღებდა ვაჟი, ჩამოჰკრავდა ხელს

და დაამღერებდა სასწორთრო-საკრთვიალოს, მთელი გრძნობა რომ ჩაეტია თავის ნათქვამში დაუხარჯავი ძალღონის ამოსაწურად და ახურვებული სხეულის გასაგრილებლად, –

„გზაში ქალ შამამეყარა,
თავს ქოქლო მოფარებული,
თორპილი მთვარეს უგვანდა
მზესავით განათებული...“

ივსებოდა ჰანგებით ღამის სისპეტაკე და ახლა ქალიც თავისი მორცხვი და ნაზი ხმით დაამღერებდა შაირს წყობილ-სიტყვით, –

„რა დადგეს ღამის წყვდიადი
ბევრას უხარის ქალასა,
ძმობილთან წასვლას აპირობს,
ძნელად რო დაიშალასა...“

ქალის კდემით ივსებოდა ეთერი და ხმებიც ეხვეოდნენ ერთმანეთს და სურდათ ზეცამდის ასულიყო ეს სიყვარული. ჰანგს ახლა ვაჟი იუფლებდა მთელის გზნებით, –

„თოვლივით თეთრი ყელ-ყური
თამარ-ქალს შადარებული.
ნაჭრელაიან ფარაგი,
თმა მაღლა დაყენებული...“

ელიმებოდა ქალს ქათინაურებზე და თავისი კდემამოსილებით ჩამოართმევდა ვაჟს მელოდიას და წკრიალა ხმით დაამღერებდა, –

„ქალ მიდის წყნარი ნაბიჯით,
არ დააჩქამებს ჩალასა,
ვაჟკაც თავს მაიმძინარებს,
მძინავს, ატყუებს ქალასა...“

ვაჟიც გაიღიმებს ქალის ნამღერზე, მეტის ცეცხლით აათამაშებს სიმებს და ბგერათა ჟღერა გამეტებულის ძალით აღმოიფრქვევა ჩანგურიდან, ზედვე თავის სათქმელს დაამატებს, –

„ფერობით დაწოლ-ადგომა
გვარს არ მაუდის ჩემსაო,
თავის საფერსთან დავსწვები,
თუ ვერ მავხელავ მეტსაო...“

ცასა სწვდა ქალის სიხარული, ასე რიგად რომ უყვარდა ვაჟს, თვითონაც შეათამამა სიტყვა-სიმღერა და ჩასჩურჩულა კეთილხმოვანებით მამულის სიზმრებს, –

„წამაოლ სამთაშიგოდა,
ნეტა, ძმობილი სად არი?
სათავეს გადამახდინეს –
კარგა ჭრის ჩემი ნამგალი...“

გამხიარულდა ყმაწვილიც სიტყვას ვნებები მისცა, და ისიც თავშეკავებული, ესაო და, წესიერების სამზღვრითგან უწესობას უყურებდა და იღიმოდა თავისი ნამღერის სიამტკბილობაში, –

„მეექეც ტკბილის ენითა,
თანდათან ახლოს მაწვება,
ადგომა აღარ სწადიან,
მხარს წამოიგდებს, გაწვება...“

აღარც ასული ჩამორჩა სწორფერს, შეუქო ნამღერი და დააცხრო ვაჟური ჟინის მოძალება სიტყვებში, –

„კაცთაგან ატეხილ იყვას,
სწორ-ფერთან აღელვებული,
მზესა ჰგავს ჩემი ძმობილი,
დარს მავა დაშვენებული...“

გათენებამდის უმღეროდნენ ბედნიერი სატრფონი ერთმანეთს და ქარს ექოდ მიჰქონდა მათი ნამღერი შორს მთების მიუწვდომელ სიმყუდროვეში. მოტრფიალეთა ტკბილ სიმღერებს მამლის ყივილები და ჩიტების განთიადის სადიდებელი ჟრიამული ენაცვლებოდა. მამულს კი ძინავდა ტკბილი ძილით და მის სიზმრებს ეს სიმღერები ალამაზებდა. არავინ იცოდა ამ ჰანგების შესახებ, უბრალოდ ელამუნებოდა მამულის შვილთა სასმენელს, რომელიც ადუნებდა გრძნო-

ბებს, ყოველდღიურობით გადაღლილები კი იხანგრძლივებდნენ ტკბილხმოვან ლივლივს სასიზმრო ზმანებებში. ფრთქიალებდა ნამი ფოთლებზე, ხმის ტალღები აწკარუნებდნენ ფოთლიდან ბალახზე დაცემულთ, ნისლებში კი იმალებოდა ნამღერის სასიყვარულო სიშიშვლის სილამაზე, რადგან ბუნების სილამეში იმოსებოდა ქალ-ვაჟის სპეტაკი ტრფიალება და ღრუბლებამდე ადიოდა, რათა ცაში მოკლულიყო – წყურვად, ან თუ მომკულიყო – ნაყოფად.

ენუმა ელიშ მეფობდა ცად და სწორფრობის სწორუპოვარ თავგადასავლებში გადმოსულიყო ჯერ-არ-ქმნილობა, პირველადობის ველური საწყისი რომ ხდიდა მომხიბლავს იდეას, იდეა იყო თავად ენუმა ელიშის ის სწორიც და ფერიც, და მიტომ. ასე ეყვარებოდათ ერთმანეთი სამოთხეში პირველ კაცსა და მისი ნეკნიდან შექმნილ ქალს, რადგან მაშინ ჯერ კიდევ არ ფლობდნენ ველურობის გაუკუღმართებისა და წაბილწვის გატკბილებული სიმწრის გემოს, გემო რომ გრძნობებში გადადიოდა ისე, როგორც სისათუთე დაისვრება და ვერასოდეს გასუფთავდება, თავის პირველადობამდე რომ იყო, ისე. ეს სიმღერა იყო სწორედ ენუმა ელიშ – მისტიური გააზრება პირველადი ტრფობის მიმსგავსებისა ჯერ-არ-ქმნილობით, სანამ იქნებოდა ყველაფერი და მერე ყველაფერში ლტოლვა არანამდვილისა ნამდვილისადმი, ნამდვილს რომ ჩანაცვლებოდა არანამდვილი. უთესლო მიჯნურობაა სწორედ – „როცა ზეცას ჯერ კიდევ არ ჰქონდა სახელი“. ეს იმიტომ, რომ ცა არ იყო ქმნილი, არც იდეის ტრფობა იყო ქმნილი, ესე იგი თესლილი.

ამიტომ ვამბობ, ასე ეყვარებოდა პირველ-კაცს პირველ-ქალი

და პირველ-ქალს პირველ-კაცი მისტიური ნაყოფის მირთმევამდე,

იმის იქით უკვე იყო განაყოფიერება,

ანუ ენუმა ელიშის პირველი ამოსუნთქვის დამთავრება.

ქალ-ვაჟმა არ იცოდა, თუ დამთავრდებოდა ოდესმე მა-

თი ტრფიალი, მაგრამ გრძნობდნენ, რომ მოახლოვებული იყო გათვითცნობიერების ახალ სიმაღლეზე ასვლის ჟამი, რას გაიცნობიერებდნენ, ეს არ იცოდნენ მხოლოდ. მთავრდებოდა ენუმა ელიშის პირველი ლამაზი

სიშლეგე და

სიშმაგე,

ძვირფასი რომაა ნებისმიერი ადამიანისათვის, ვინც არ უნდა იყოს იგი, რადგან ეს ყველაფრის დაბადებამდელი ყოფაა. ამადაც მიყვარს მე ენუმა ელიშის სიმღერა, მამიდა რომ სძლისპირულად მიმღეროდა და სიზმრებში იმას ვნახულობდი, რასაც ყოველთვის მიკრძალავდნენ. მერე, როდესაც ყველაფრის დასაბამი შევიცანი, მეტის გულმოდგინებით აღვიქვი ამ სილამაზის გარდასული მშვენიერება, რომელსაც დროის მარადიული მოძრაობა ანადგურებდა, რათა არ დარჩენილიყო ხსოვნის ნაკვალევიც კი იმ მომხიბლავი თავდავიწყებისაგან.

შემოდგომას ზამთარი ენაცვლებოდა,

გაზაფხულს – ზაფხული,

და იწყებოდა ყველაფერი ისევ თავიდან, მაგრამ აღარ იწყებოდა ის საწყისი, რაც დასაბამით დაიწყო, არც ის სიმყუდროვე, რაც დასაბამამდე სუფევდა მარადისით უკან. ენუმა ელიშის კოსმიური იდუმალება მხოლოდ მაშინ შეწყვეტდა არსებობას, როცა განუმზადებელი სამყარო განიფინებოდა უსასრულობაში და უძრაობაში მოძრაობით. წარსულისკენ მიმართული მზერა იმ დიადი კოსმიური შეუცნობადის შემოტანას ლამობდა სნეულსა და ადამიანურ ურთიერთობებში სახიობური განმეორებითა და წარმოჩენით, – და ყველაფერი ეს წეს-ჩვეულებად ჩამოაყალიბა კაცთა ცხოვრების მხატვრულმა აზროვნებამ, რასაც საადამიანო სიბრძნე და კეთილშობილება სჭირდებოდა. ასე იარა იდეამ თავის სწორ-ფერთან ერთად საიდუმლოდ.

დილა ყოველთვის პირმცინარე იყო და ისევ ხალისში მიედინებოდა მთელი მისი დრო. ერთხელ აღარ გათენდა პირ-

მცინარედ, მოიღრუბლა დილა, ადამიანებიც აფორიაქებულები ჩანდნენ, ყველა უბრად მიდი-მოდიოდა, უხალისოდაც საქმიანობდნენ. ვაჟებს ყალყზე შეეყენებინათ ცხენები და იგრძნობოდა მათგან გამომდინარე განგაშით მოცული დუმილი. ყველა თვალს არიდებდა იდეას, თითქოსდა ბრაზობდნენ მასზე, დათქმული დროის განმავლობაში რომ ვერ ამოირჩია საქმრო, ან არადა სწორფრობა შეუტყვეს ქალს, და მიტომ. სხვაფრივ ვერ აეხსნა ასულს მამულის შვილთა ასე-რიგი ცვლილება. უკვირდებოდა ხალხს, თავის სატრფოს მიმართაც არ იყვნენ ასე-რიგად აღგზნებულნი, იქამდე სათვალავში არც კი თვლიდნენ, მხოლოდღა იდეის მიმართ შეეცვალათ განწყობა. ეს კი იმას ნიშნავდა, რომ მამულის მოთმინებას სამზღვარი დაედო.

უკვე ცხადი იყო იდეისთვის, დიდხანს ასე აღარ გაგრძელდებოდა, არავინ აპირებდა მის ასე ცალ-უღელად დატოვებას და ყველას კი სურდა დაპატრონებოდა მომხიბლავ ასულს. წინდაწინვე იცოდა, რას მოიმოქმედებდა მამული, ღირსეული ქმარი რომ შეერთოთ მისთვის და ბუნიაობის დღესასწაული დაემშვენებინათ როგორც წესი იყო, ისე. დროის გაჭიანურება შეუძლებელი იყო, მხოლოდ ცხენ-კაცთა შეჯიბრი გადაწყვეტდა იდეის ქმრის ვინაობას, თუ ვერც ეს, მაშინ კურულში გამარჯვებული გახდებოდა რჩეული მამულის რჩეული ასულისა. იგი იქნებოდა ღირსეული მამულიშვილი, ვინც მინოტავრს შებოჭავდა და არ მოკლავდა, შებოჭილს კი უღელში შეაბამდა და ახვნევინებდა ნაომარ ველებს, რათა წაშლილიყო კვალი სისხლისა, მიწა რომ გაპოხილიყო მამულის შვილთა ოფლით და სისხლის ყივილამდე ეხარა ჯიშს მამულისას. სამაგიეროდ, არ იქნებოდა სიყვარული, იქნებოდა მხოლოდ ძალა და არ იქნებოდა გონება.

იფიქრა,
იფიქრა იდეამ,
ბევრი იფიქრა, თუ

ცოტა იფიქრა,

ის, რაც მოიფიქრა,

თავის სწორფერს უთხრა:

– არია ხალხით, შენ არრას გერჩიან, მხოლოდ ჩემს თავს წაგართმევენო. თუ კი ვერ წაგართვეს, შენდამი ბოროტებას ჩაიდებენ გულებში და მაინც დაგღუპავენ, ასე უბრძოლველად რომ დაგნებდით. ბრძოლებსა და შეჯიბრში ვერც ცხენ-კაცებს ძლევ და ვერც ხარ-კაცებსო. მაშინ ჩვენი სიყვარული დაიღუპება და მე ვერ ვიქნები ვერც ერთ მამულის შვილთან და მით უფრო გადამთიელთან ბედნიერიო. ჩემი არჩევანი რომ გავუმხილო მამულს, გავანაწყენებ მას,

რადგან მამულის ძალა მრავლობაშია,

გონება კი ერთეულებში. ამით დავუპირისპირდებით მრავალ გაწბილებულს. შეჯიბრებებსა და ორთაბრძოლებში გამარჯვებული იმ მრავალთა რჩეული იქნება, დანარჩენები კი დაემორჩილებიან მას. მხოლოდ გონება გაჭრის სხვანაირად. შენც რომ ყოფილიყავი იმ მრავალთა რიცხვში და სხვა ყოფილიყო შენს ადგილას, შენც ასევე გაბოროტდებოდი იმ ჩემს რჩეულზე, ვინც იქნებოდა. ამიტომ პატივი უნდა ვცეთ დამარცხებულთა თავმოყვარეობას და უნდა განვერიდოთ მათ, ვიდრემდე არ დაგვღუპავს უგონო ძალა მამულის. ხვალინდელი დღე ლოცვისა და მწუხარებისა იქნება იმის გამო, რომ ლაღი ცხოვრება მთავრდება და როგორც ფიცი, ისეთი მიმზიდველი იქნება ლალატი. ამიტომ ამ ღამით ჩემი მხურვალე გულით დავანთებ თვალის საჩინარს და მნათობ-ლამპარში ჩავსვამ სამზერლად,

წყალს გავატან,

შენ უკან გაჰყევი,

ეცადე, არ ჩაგიქრეს. თვალსაწიერს არ გასცდეს არც ის, არც შენ, თორემ დამეკარგებით. მერე კი ჩაქრება თვალში ჩინი და ერთმანეთს ველარ ვიპოვით,

და თუ ვიპოვით,

ვეღარ ვიცნობთ. ეს ლამპარი გადაგიყვანს სანატრიონს

და იდუმალ ქალაქებში დამკვიდრდი. მე სერზე შევდგები და შეგხედავ, სად გაგიტაცებს ნათელი და ჩემი მზერით შენს გვერდით ვიქნები. რომ გაინაპირებ, ილოცე და შენთან გავჩნდებიო. მერე კი ვეღარანაირი ძალა ვერ დაგვაშორებს ერთმანეთს, რადგან თვით სანატრიონი დაგვიცავს ავი თვალისგანო, ვერც კი მოგვეწევა ის ავი და მოშურნე თვალი, ისე დაბრმავდებაო. აღარც მამული დაობლდება უჩვენოდო, რადგან მამულის აღმატებული სასუფეველი სანატრიონიაო. არ დაღონდე, ჩემო გულის მურაზო, ამ ჩვენი იძულებითი განშორებით, ამაზე არ იფიქრო, მხოლოდ ლამპარზე გეჭიროს თვალი და სანატრიონი ინატრეო, მხოლოდ მაშინ გახვალ სამშვიდობოს და მეც თან გამიყოლებო.

ჩადო მდინარეში იდეამ ლამპარი და დინებამ გაიტაცა თვალის საჩინარი, ლამპარს სწორფერი გამოუდგა. ისიც წყალში შევიდა და გასცურა ბნელი ღამის ტალღები. არ ისმოდა ირგვლივ არც ჭრიჭინების, არც ჭოტისა და არც ბაყაყების ხმები, რადგან ამ ღამეში ერთადერთი გზის მანათობელი თვალის ჩინი იყო და ყველანი მონუსხულები იყვნენ. არ იყო დრო ციცინათელების გამობრჭყვიალებისა. მხოლოდ მდინარესთან შებრძოლებული მოცურავის წყალზე ხელების მოსმის ხმა ისმოდა.

პატარა იყო მდინარე და მალე შეუერთდა ზღვას. მოცურავის წინაშე გადაიშალა თვალუწვდენელი ზღვიური სივრცე და გაჰყვა ლამპარს, რათა მისი თვალსაწიერიდან არ დაკარგულიყო ის. ირგვლივ წყვდიადი სუფევდა და მხოლოდ გულთმისანი გრძნობდა გულით დანთილ ნათელს და მიჰყვებოდა. უმთვარო იყო ღამე და ცურვა უჭირდა სწორფერს, ამასთანავე წყალი იყო ცივი, მაგრამ სიყვარულით გახურვებული ვერ გრძნობდა სითბო-სიცივის ხარისხს. მიცურავდა და ვერ გრძნობდა ჰორიზონტს, ვერც საკმაოდ დაცილებულ ხმელეთს ხედავდა, მითუმეტეს რომ ღამე იყო, დღის-წულ შეიძლებოდა იოლად გაერკვია ადგილმდებარეობა, მაგრამ კუკუნათი ღამე ამის საშუალებას არ

იძლეოდა. არც ეს დაბრკოლება უშლიდა ხელს, რადგან ძლიერ აღგზნებული იყო სატრფოთი.

ლამპარი მიიწევდა და მიიწევდა ღრმად ტალღებში და გზა-კვალს ურევდა მოცურავეს და ესეც იმიტომ, რომ გულის მურაზისკენ თვითონ გაეგნო გზა ყველას დახმარების გარეშე. ეს იგრძნო სწორფერმა, მაგრამ არც ამ დაბრკოლებას შეუშინდა, თავის გრძნობათა სიწრფელეში დარწმუნებული იყო, და მიტომ. ეს კი ვერ გაითვალისწინა – ეყოფოდა, თუ არა მას საამისოდ ძალა. აქ ბრძოლა სხვებთან კი არ უწევდა, არამედ საკუთარ თავთან და მხოლოდ საკუთარ გონიერებასა და ღონიერებაზე იყო დამოკიდებული, იქნებოდა თუ არა იგი ბედნიერი ცხოვრებაში.

ლამპარი კი მის შორი-ახლოს მიცურავდა და ხელის ერთ გაწვდენაზე იყო, მაგრამ ეს წარმოსახვითი ცდუნება მაინც თვალის ცდომილებამ შექმნა და არა სინამდვილედ აღქმულმა კეთილმა სურვილებმა. სწორფერი გაიწევდა თუ არა ლამპრისკენ, მას ან სიცივე დააზრობდა, ან სიცარიელე შეხვდებოდა ხელში, სიყვარულის ნათელი კი მხოლოდ რამდენიმე გაცურვის მანძილზე გადაინაცვლებდა. ვაჟიც დაუზარელად მიცურავდა და მიცურავდა. ვერ გრძნობდა ცხოვრების მუხანათობას, მაგრამ იცოდა, რომ ნაპირთან ელოდა თავისი იდეა, არათუ მხოლოდ ელოდა, უყურებდა კიდეც, ამ მზერას მთელი სხეულით შეიგრძნობდა და სიმხნეს მატებდა სატრფოს გულ-შემატკივრობა.

იდეა მართლაც უყურებდა სატრფოს სიბნელის მიუხედავად, სიყვარულს არ სჭირდებოდა ერთმანეთის დასანახად სივრცის განათება, თავადვე ანათებდნენ სიყვარულით და ურთიერთმიზიდულობით გრძნობდნენ ერთმანეთის ადგილსამყოფელს. იდეა მამულის განაპირა სერზე იდგა ზღვის პირას და ჩაესმოდა ტალღების მოტანილი ამბები,

თუ როგორ ებრძოდა
ტალღებს,
ღამეს და

უკიდეგანობას
მისი სწორფერი და ამადაც დარწმუნდა, რომ ვაჟი მისი
სწორიც იყო
და საფერიც,
იგი მასში არ შემცდარა, და მიტომ. სწორფერის გამარჯვებით უპირველეს ყოვლისა გაიმარჯვებდა თავად იდეა და შემდეგ პირნათელი წარსდგებოდა მამულის წინაშე. ყველაზე დიდი ბრძოლა იმის დასამტკიცებლად, რომ მართლაც ღირსეული და რჩეული ხარ, არათუ სხვებთან ორთაბრძოლაა, არამედ საკუთარ თავთან. იდეა ამას გრძნობდა უფრორე მეტად, ვიდრე თვით მოცურავე, ამ ვაჟის ამორჩევის ჟამითგან.
ტალღები უკვე აზვირთებულიყვნენ,
ათორიაქდა იდეა,
ღამე იწურებოდა,
მაგრამ გამონათებას არ აპირებდა დღე. მოცურავე დაიღალა ზვირთებთან ბრძოლაში და მიხვდა, რომ იდეის სიყვარული სიცოცხლის ფასად უჯდებოდა და ოდნავადაც არ უნანია ეს.
ხელები გაეყინა,
მკლავში ძალა აღარ დაემორჩილა,
თავბრუ დაეხვა.
მასთან ლამპარი მივიდა და თვალის ჩინი ხელებში დააკავებინა. ვაჟი ადგილზე ცურავდა, მისი თვალსაწიერი მხოლოდ თვალის საჩინარით შემოიფარგლა. მას სიცივისაგან მოძრაობა გაუჭირდა, ტალღებმა გაიტაცეს მოუსავლეთისკენ, საიდანაც ხელის ერთ გადაწვდენაზე იყო სანატრიონი. ზღვა დაწყნარდა, მიხვდა რომ საქმე გააკეთა.
მთელი სხეულით თრთოდა მოცურავე, ხელში მნათობი ეჭირა. ამ მნათობმა დაანახა, რომ სატრფოს მისთვის არ უღალატნია. დღის ნათებამ ნელ-ნელა გააფართოვა სამზერალი და შეხედა ყმაწვილმა, რომ ნაპირი არსად ჩანდა, ან როგორ გაეცურა უკან? მაგრამ იცოდა, რომ ის სანეტარო

ლამპარი ხელში ეკავა და ამით ბედნიერი იყო. მისი გული იდეას ხედავდა და ხვდებოდა, რომ იდეაც უყურებდა მას. შორს იყო, მაგრამ მან საკუთარ თავზე გაიმარჯვა. აღარც ფიქრობდა განაპირებას, ამის ძალა მას აღარ ეყოფოდა და ესეც კარგად იცოდა. საკუთარი ძალების ამოცნობაც ერთგვარი გამარჯვება იყო საკუთარ თავზე. ისევ შეხედა ლამპარს, ისევ იგრძნო თვალის ჩინის ნათება და გაიხარა, იმიტომაც, რომ თავგანწირვა ღირსეული იყო. ვერც ერთი იდეის ხელის მთხოვნელი ასე ლამაზად ვერ გაიმარჯვებდა შეჯიბრებებში.

– იდეისათვის სიკვდილი ღირდაო! – უკანასკნელი მოკრებილი ძალით იყვირა და ისე იყვირა, რომ მთელი მამული ფეხზე დადგა.

ეს განწირული ხმა იდეამაც გაიგონა და ყველაფერს მიხვდა. ცრემლიანი თვალებით იყურებოდა ცისა და დედამიწის გასაყარს მიღმა, იქ, სადაც უძლურია თვალთახედვა, მაგრამ სიყვარულმა სიცოცხლის მიღმა ყურებაც იცის...

და უყურებდა თავის გულის მურაზს,

როგორ ებრძოდა საკუთარ თავს ბედნიერებისათვის,

როგორ დამორჩილდა ბედს გამარჯვებული და ზღვის ფსკერზე დაეშვა,

ხოლო თავისი თვალის ჩინი ლამპარ-მნათობს მისცა იდეასთან დასაბრუნებლად.

უყურებდა ასული სატრფოს და მთელი სახე ერთობ შეეცვალა. ერთგული დარჩა ბოლომდის სწორფრობის.

უყურებდა როგორ წამოიღო ტალღებმა ლამპარი უკან. დუმილი არ იყო, იყო მხოლოდ შემზარავი სიჩუმე, რომელიც არაფერს ამბობდა ისე, როგორც ეს შეეფერება ჭირისუფალთან მიმავალ თანამოზიარეს მწუხარებაში, არაფერი რომ არა აქვს სათქმელი. ლამპარმა გადმოლახა ცის დასალიერის საზღვარი. ნიავი და ტალღები მოაჩქარებდნენ მას იდეასთან, ამბავი რომ ეუწყებინა მისთვის შესაფერისი. არ ჩამქრალიყო თვალის ჩინი მნათობიდან, ისე მიიწევდა ტალ-

ღებში სამზერალის სულდგმულება.

მიცურავდა,

მიცურავდა და სულ ახლოს მიცურდა ნათი იდეასთან,

ხელის ერთ გაწვდენაზე.

აცრემლებული ასული თავისკენ უხმობდა ლამპარს, წაიწია კიდეც ზღვიდან ამოსაღებად, მაგრამ, მოულოდნელად, უკნიდან ვიღაცამ ხელი დასტაცა.

– არ გადავარდეო! – შესძახა, რომ გამოეფხიზლებინა ასული სევდიანი ძილისაგან.

იდეას უნდოდა, რომ ეს მისი სატრფო და სწორფერი ყოფილიყო, უკან მოიხედა, გაწბილდა, მდიდრულად ჩაცმულ-აღკაზმული უცნობი მამაკაცი იდგა მის წინ. თავი ისევ ზღვისკენ მოაბრუნა იდეამ და დაინახა, როგორ ჩაიძირა ზღვაში მისი და მისი სწორფერის თვალის ჩინი.

XXIX

ცეცხლმოკიდებული იდეა

დაუბნელდა თვალთ იდეას, წამიერად ვერაფერს შეხედა. სინათლე რომ დაუბრუნდა თვალებს, ისევ ის უცხო მამაკაცი დაინახა. მას ცხენი გვერდზე მიეგდო და გაოგნებული სახით შესცქეროდა ასულს. მეფური აღნაგობა ჰქონდა, მეფურადაც იდგა მყარად.

მიეფერა და მიუალერსა მიუსაფარს,

ამბავი გამოჰკითხა,

იდეამაც ყველაფერი უამბო,

მიენდო მის კეთილშობილებას. არც შემცდარა, რადგან იგი კაცი იყო და მერე მეფე. შეებრალა იდეა, ისე შეებრალა, რომ შეუყვარდა კიდეც და არათუ ბრძანებით, მოწიწებით სთხოვა ცოლობა.

– ჩემი სიცოცხლე დაგიცავსო, – დაპირდა, – თუკი ინებებ

და ცოლად გამომყვებიო. მამულმა შენ ვერ დაგიცვა სათანადოდ, სწორფერი კი შენი საფერი იყო და არა სწორიო. შევეცდები, შენში გავამთლიანო მამაკაცური ძალა და გონება. თუკი არ ინებებ, ძალას არ დაგატან, მხოლოდ დაგიცავ, რათა ღირსეული და რჩეული გახდეს შენი ქმარი, თუ ესეც შენი ნება იქნებაო. თუ არადა, შენ შენ გზას ნახავ, მე – ჩემსასო, ოღონდ ერთი პირობა მომეცი არა როგორც კაცს, არამედ როგორც მეფეს, წყალში არ გადავარდე და თავი აღარ დაიხრჩო, თორემ ბედად ველარავინ მოგისწრებს და დაიღუპებიო.

იდეას არასოდეს სმენია კაცთაგან ასეთი ნათქვამი, მითუმეტეს – მეფისგან. მიხვდა, მეფე გულმართალი კაცი რომ იყო და ცოლობას უყოყმანოდ დათანხმდა და მან ამ თანხმობით იცოდა, რომ ეს არ იყო ღალატი თავისი სიყვარულის და ისიც იცოდა, რომ მეფემაც იგრძნო ამ „ღალატის" უღალატობა. მართალი თვალებით უყურებდა კაცი ქალს, ამ მზერაში არ იყო აღვირახსნილობა, მასში ის სიყვარული იკითხებოდა, რასაც თავისი სწორფერიდან გრძნობდა ამ ხნის მანძილზე, თანაც მამაკაცური ძალა და ცეცხლი მეტი მოდიოდა მისგან, მეფე იყო, და მიტომ.

მეფემ უთხრა:

– მე აიეტი მქვიაო.

ასულმა მიუგო:

– მე იდეა ვარო!

მორცხვად გაუღიმეს ერთმანეთს და ხელი-ხელს ჩაჰკიდეს. ზღვიდან პირი იქციეს და ცხენისკენ წავიდნენ. ამასობაში მეფეს ამალა წამოეწია.

– ცხენი მიჰგვარეთ დედოფალსაო! – უბრძანა მეფემ მსახურთ.

მართლაც, ჩამოხტა ერთი მხლებელი ცხენიდან და მეფესთან მიიყვანა. აიეტმა ხელი შეაშველა იდეას, თვითონაც შეჯდა თავის ბედაურზე და ის-ის იყო უნდა წასულიყვნენ აია-ქალაქს, რომ მამულის შვილებმა შემოარტყეს ალყა მე-

ფეს და მის ამალას, აღარ მისცეს გზა.

– გზა მიეცით მეფესო! – იყვირა სამეფო დაცვის მოთავემ.

მეფემ ხელით ანიშნა გაჩუმებულიყო და მისცა მამულს სათქმელის თქმის საშუალება. მამულის შვილებმა მამულის სახელით ჰკითხეს:

– რად მიგყავსო ეს ქალიო?

გაეღიმა მეფეს:

– დღეიდან იგი ჩემი ცოლი იქნებაო. მან თავად გადაწყვიტა დამთანხმებოდა. არანაირი იძულება მისთვის თავს არ მომიხვევია, მან არც კი იცოდა, მეფე თუ ვიყავი. მე მეფობრივი ტვირთი მავალდებულებს მამულის წინაშე, ხოლო ადამიანურ ურთიერთობებში მე მხოლოდ კაცი ვარ და ადამიანი. არანაირი უპირატესობა რომელიმე თქვენგანზე ამ შემთხვევაში არ გამაჩნია. მეტსაც გეტყვი, მამულო ჩემო, მე იდეას გავუფრთხილდები ისე, როგორც ეს მას ეკადრება. როგორც მეფე გიფრთხილდება თქვენ, ასევე კაცი გაუფრთხილდება თავის ცოლს. მე მას საშუალებას მივცემ თავისი სწორფერის თვალის ჩინის ჩაქრობის ადგილას მოვიდეს და გულწრფელად იგლოვოს თავისი სატრფო და ერთი ჩვენთაგანი მამულიშვილი. ეს მისი მოვალეობაც იქნება ოჯახის სიწმიდისთვისაც და მამულის სიძლიერისთვისაც.

მამულმა შეისმინა მეფის ნათქვამი. მერე იდეას ჰკითხა, მეფის ნათქვამის გულწრფელობაში დასარწმუნებლად:

– მეფური ძალადობა ხომ არ მოგახვია თავს აიეტმაო?

– არაო, – დაუფიქრებლად უპასუხა იდეამ, – იგი თავაზიანად მომეპყრო. მისთვის იმ წუთებში არ არსებობდა სამეფო, იგი კაცი იყო და ამ კაცმა სულ რაღაც რამდენიმე წუთში იმდენი რამ მოახერხა თავისი დიდბუნებოვნებით, რაც ვერ შესძლო ვერც ერთმა მამულის შვილმა, იქამდე ჩემმა სწორფერმაც. არც ჩემი არჩევანი ყოფილა ანგარებაზე აგებული –

ერთიც იმიტომ, რომ მე არ ვიცოდი, ვინ იდგა ჩემს წინ,

მეორეც იმიტომ, რომ ჩემს მდგომარეობაში ანგარება-ზე არ ფიქრობენ,

მესამეც იმიტომ, რომ მისმა მოკრძალებამ და სიტყვამ შეისისხლხორცა ერთობლივ ჩემი სწორფერი. უკვე აიეტში ვუყურებდი ქმარსაც და სწორფერსაც – იმ დალოცვილ ყმაწვილს... და ეს არ ყოფილა ღალატი

არც ჩემი გრძნობების მიმართ,

არც ჩემი გულის მურაზის მიმართ,

არც საქმრო-რჩეულის მიმართ,

არც მამულის მიმართ და

არც მამულის შვილთა მიმართ. და კაცმა მთლიანად მოიცვა ჩემი გული, დალოცვილი თვალის ჩინი აღმიდგინა ცოცხლად, და მიტომ. თუ ეს არაა ღალატი მამულის შვილთა მიმართ, რატომ უნდა ყოფილიყო ღალატი მამულის მიმართ. მე ჩემი სიყვარული საიდუმლოდ მქონდა მამულისგან შენახული, რადგან მისი გამჟღავნებით აშკარა საფრთხე შეექმნებოდა ჩემ გულის მურაზს მამულის შვილთა მხრიდან,

კიდევაც იმიტომ, რომ ჩემი დასაკუთრების გამო მამულის შვილები ერთმანეთს უნდა შებმოდნენ,

მე კი არ მსურდა, ჩემი ქმარი ყოფილიყო მხოლოდ ღონიერი, იგი გონიერიც უნდა ყოფილიყო ამასთანავე. დიდ ცოდვაში ჩავდგამდი ფეხს მამულის წინაშე, ჩემს გამო რომ მამულის შვილებს ერთმანეთის სისხლი ეღვარათ, საამისოდ კი ნიადაგი მზად იყო. მე კი შევარჩიე ისეთი ქმარი ჩემთვის, რომელიც ჩემს გრძნობებსაც უპასუხებს და მამულს სამარცხვინო სისხლისღვრას აცილებს. ამაში მტკიცედ ვარ დარწმუნებულიო. მამულის მოვალეობა კი ამ შემთხვევაში ისაა, რომ დალოცოს და აკურთხოს ჩვენი ქორწინება. დამარცხებულად თავი არავინ ჩათვალოს, რადგან ორთაბრძოლა ჩემს გამო არ შემდგარა. გამარჯვებული მთელი მამულია, რადგან არავინ დამარცხებულა. ეს ისეთი გამარჯვებაა, როცა ჯიში მტკიცდება სულიერად, იწრთობა მისი ნება არათუ ქალისთვის, არამედ მომავალი ბრძოლებისთვის. ესაა მამუ-

ლის შვილების საფიქრალი. ქალი რაა –

დღეს მე ვარ,
ხვალ სხვა იქნება,
დღეს მე რომ ვარ,
დღესვე სხვაცაა,
ის სხვა ჩემზე ლამაზი და კეთილშობილია,
იმ სხვებსაც უნდათ პატრონი,
სანამ გადამთიელები დაისაკუთრებენ მათ.

აღარაფერი თქვა მამულმა, დაცხრნენ ყალყზე შემდგარი ვაჟები, უნებური ღიმილი გადაეფინა მამულს, მერე კი დალოცა იდეა:

– დამილოცნია და მიკურთხებია შენი გზა და მომავალი მასთან ერთად, ვინც ნებით აგირჩევია, ოღონდ ერთს გკითხავო, – უთხრა მამულმა და ხანმოკლე დუმილის შემდეგ ჰკითხა, – ვინ იყო შენი სწორფერიო?

– იგი არაფრით გამორჩეული ყოფილა არავისგანო, მას თავისი სილამაზე და მომხიბლაობა გააჩნდაო. არც რჩეული იყო და არც გამარჯვებული, არც არავისზე არაფრით იყო აღმატებული. მე იგი სიცოცხლის გამო მიყვარდა და მისი, სიცოცხლის მერე უფრო მეყვარება, რადგან სიცოცხლეს მოკლებული სილამაზე მიმზიდველიაო. ახლა დრო აღარ არის, საკუთარი თავი რამეთი რომ მოვატყუო, ყველაფერი ნათელია, და მიტომო. მთელი სამყაროა გადაფენილი ჩვენს თვალსაწიერში, ცა გვხურავს ქუდად და დედამიწა – ქალამნად, მაგრამ სასუნთქი არაა, ისეთი სიმხურვალე და სიმჭიდროვეა. გაჭედილია ფილტვები ბოლომით არათუ ვინმეს გამო, მხოლოდ დალუპვით გამოწვეული განშორების გამო. ამ სიმჭიდროვისაგან არ ვცდილობ გაქცევას, ეს ჩვენი ცხოვრება იყო აქამომდის და ვგონებ, ამის იქითაც. მწარე დუმილში კბილის კბილზე დაჭერით საფეთქლები უნდა აგვტკივდეს, რათა ამ ტკივილით გაიღვიძოს ყველა სულდგმულში მარადი სიყვარულმა. იგი, ვისაც მეკითხები, მამულო, სიყვარულია, რომელმაც ჩემს მოჯადოებულ ქოხში

დაივანა და ახლაც იქაურობას არ სცილდება – ეს ჩვენ ორთა სურნელია, მე კი მსურდა, ერთხელ მაინც მოვმკვდარიყავი მის მკლავებში. იგი ჩემთვის მზე იყო, რომელიც საკუთარ დაისს მიეგება განთიადისას და ჩემი გრძნობები და თავისი თვალის ჩინი ჩემს უცნობ მხედართმთავარს შეაფრქვიაო.

– მაინც ვინ იყო ასეთი შენი სწორფერიო, – ჩაეკითხა მამული იდეას.

– ვინ იყო და, ვინც დღეს სათვალავიდან გამოგვაკლდაო.

თავი დახარა იდეამ და ცხენი აიეტისკენ დაძრა. მამულმა გულმხურვალედ დალოცა მეფე-პატარძალი და აია-ქალაქს გაისტუმრა.

იდეას თვალსაწიერში გადაიშალა
აიას ოქროს ზღუდენი,
ბაღ-ვენახები,
მეფის დიდებული სასახლე და
მოზეიმე ხალხი.

ბედგაუტეხელი ციხის გოდოლზე კოლხთა საბრძოლო ალმები გადმოფინეს და ქარი მთელს ქვეყანაზე აფრიალებდა ძლევამოსილ ცეცხლ-კარის ალმიონს, როგორც თავისუფალი მგლების მოდგმისა და ჯიშის პირობით ნიშნებს, კოლხური ფესვეულობა რომ იკითხებოდა მათში და იგრძნობოდა მამაცი გულების ცოცხლად ფეთქვა, ბედი მთლიანობდა ერის, და მიტომ. ღვინო შეისვა სათანადო ზომიერებით – სადიდებელით დაილოცეს დამბადებლის დიდება, მეფისა და მამულის დღეგრძელობა თქვეს, ასეთი მხურვალებით რომ უყვარდათ მამულის შვილებს ღმერთში განსახიერებული სიცოცხლის სამსახოვნება.

ნაქორწილევს სამეფო დარბაზიდან საიდუმლო გვირაბით გავიდნენ ცოლ-ქმარი სასახლიდან და გასწიეს ბუნიაობის საწეს-ჩვეულებო მეფის ფარულ დარბაზში, სადაც აიეტი მართავდა ბუნიაობის საგაზაფხულო და საშემოდგომო დღესასწაულებს. ამის შესახებ სასახლეში არავინ

იცოდა. მეფის თანმხლებნი უცნობნი რჩებოდნენ და ამ თანმხლებთათვისაც უცნობი რჩებოდა მამრი. პირველი და უკანასკნელი შემთხვევა იყო, როდესაც აიეტმა საკუთარი ცოლი აზიარა ამ დღესასწაულს. სხვა ქალები რაოდენობრივად სტუმრობდნენ ამ უცნაურ დარბაზს, ხოლო ცოლი ერთი განუმეორებელი და განსაკუთრებული იყო იმ დიდი თავისუფლების ფასად, რასაც ამ დარბაზში ახორციელებდნენ. სამეფო სასახლეში ყურდაცქვეტილ მოახლეთა და თვალებდაფართოებულ ოჯახის წევრთა გარემოცვაში არ სურდა აიეტს იდეასთან განმარტოვება.

ბუნიაობის დარბაზი გრძნობებთან,

სულიერ სამყაროსთან,

სიყვარულთან,

უაღრესად პირად კავშირებთან გულითადობის გამოვლინების საუკეთესო საშუალება იყო.

ეს იცოდა აიეტმა,

მაგრამ ეს არ იცოდა იდეამ.

მან ისიც არ იცოდა, სად მიდიოდნენ და რა მოხდებოდა მათ შორის. მხოლოდ სწორფრობის წარმოსახვის მიხედვით საზღვრავდა ქმართან ურთიერთობას, რადგან მასში არ იყო ჯერ კიდევ გარდაქმნილი ენუმა ელიში, ჯერ კიდევ ის ურყვნელობა იცავდა მის შეგნებას.

მე არ ვიცი, როგორ მოეწყო მეფეს ის დარბაზი, არ ვიცი, სად იყო და როგორ გამოიყურებოდა, რადგან ყველა სულდგმულს აია-ქალაქისას ეკრძალებოდა მასზე ხმის დაცდენა. ვინც მიაგნებდა ამ იდუმალ სასახლეს, სიკვდილი არ ასცდებოდა მეფის ხელიდან, თუნდაც ეს მეფის შვილები ვყოფილიყავით. ერთი კი გადმოცემით ვიცი, რომ ეს სასახლე გასაოცრად წააგავდა მინოსის ლაბირინთს, ხარ-კაცი რომ იყო შიგ ჩამწყვდეული. მაგრამ აიეტის სასახლე მზის ცოცხლად მოძრაობის მაგვარი ნაგებობა იყო, სადაც კედლების მოყვანილობა მზის სხივების ლიცლიცის შესაბამისად მარადი მოძრაობაში გადაწყვეტილიყო. ის ცეცხლ-კარის ქვა-

ალს წააგავდა აიეტის ალმებზე გამოსახულს, ბორჯღალს რომ უწოდებდა მეფე, განტოტვილს ცამდის აზიდული ცხრა-მუხის ტოტებით. თვალწარმტაცი იქნებოდა ეს სასახლე უთუოდ.

არც ერთი დაქალებული ქალწული არ საუბრობდა ბუნიაობის დარბაზში გატარებულ ღამეებზე. არც არავინ იცოდა ამ ქალების ვინაობა, თვითონ ხომ არ იტყოდნენ?! ამ დარბაზს მინოსის ლაბირინთის მკვიდრსავით თავისი მინოტავრი ჰყავდა და ეს მინოტავრი თავად აიეტი იყო.

ჰოდა, ამ ხარ-კაცმა ხელში აიტატა იდეა და ისე მიიყვანა სარეცელთან, რომელიც შემოდგომის ყვავილებით მოფანტა და იდეისთვის ჯერარნახული მშვენიერება დახატა. სრულად მიენდო ქმარს, არანაირი შიში არ ჰქონდა არაფრის, რადგან მინოტავრის ძლიერი მკლავები იცავდა მას. არ ეშინოდა იმიტომაც, რომ მას ეგონა, ყველაფერი სწორფრობის ჩვეულებით ჩაივლიდა, რომ ხელუხლებლობის ამოსავალი წესი დაურღვეველი იქნებოდა. მან არ იცოდა, რომ ცოლ-ქმრობა არღვევდა არსშიც და შინაარსშიც ამ წესს, რომ ენუმა ელიშის საკრალობამ აქამომდის მოაცილა. ამას იქით მთავრდებოდა ის, რაც როდესღაც იყო და ამიერიდან იწყებოდა ის, რაც ოდესღაც იქნებოდა. თვალებით ეალერსებოდნენ ერთმანეთს ცოლ-ქმარი და მამრის გონებაში უკვე იბადებოდა მხეცი, რომელიც დაიუფლებდა თავის საკუთრებას და არ შეებრალებოდა, რადგან ერთადერთ შემთხვევაში არ ებრალებოდა ამ ხარ-კაცს მდედრი, რაოდენ მომხიბლავიც არ უნდა ყოფილიყო იგი...

უმთვარო ღამე იყო მაშინ, ბნელოდა, მაგრამ ჩირაღდნები ანათებდა დარბაზს. სარეცელთან მიიყვანა მინოტავრმა იდეა და სამოსი შემოაცალა. შეხედა როგორც ქმნილებას, რომელსაც არ გააჩნდა არანაირი სხეულებრივი ნაკლი –

ერთმანეთს ავსებდა –

ფეხები თეძოებს,

თეძოები ტანს,

ტანი მკერდს,
მკერდი ყელს,
ყელი ყბას,
ყბა სახეს,
სახე თავს,
თავი თმას...

ხორცი მთელს სხეულზე თანაბარზომიერად განაწილებულიყო. მინოტავრი შეეხო მკერდს, ჩვილი ხორცი მოხვდა ხელს და ესიამოვნა. თვითონაც გაშიშვლდა, სხეულით მიეკრა ქალს, ხურდა და ქალის ნდომა ათრთოლებდა კაცს. იდეა დანებდა და არ დამორჩილდა ხვადურ სიგიჟეს. სარეცელზე დააწვინა ხარ-კაცმა მდედრი, ხელით მოუსინჯა უბიწოება. გაეღიმა, რადგან გაუხარდა, უსაზღვროდ გაუხარდა და ამ სიხარულისგან გადაიხარხარა. დაწოლილი ქალი ველარ ხედავდა კაცურ სამშვენისს, თვალი კი მოკრა და სირცხვილისაგან თვალი აარიდა.

გულისძგერა გაუძლიერდა,
დაიძაბა,
სუნთქვას მოუხშირა,
ცოტაც და
შიში დაიუფლებს იდეას,
რაც არ უნდა ყოფილიყო უცხო მამაკაცთან იყო მარტოდმარტო,
მერე რა, რომ ქმართან.

ეს შიში მის კდემამოსილებას უფრო ალამაზებდა და მინოტავრსაც აღაგზნებდა ისე, რომ გადარეულ ნადირად გადაიქცა.

იდეამ იგრძნო, რაღაც მოხდებოდა, ისეთი, რაც მის ცხოვრებაში არასოდეს მომხდარა და ამის გაფიქრებაზე უფრო დაიძაბა, ამან კი მეტად და მეტად აღაგზნო ქმარი. სახე სახესთან მიუტანა მინოტავრმა მდედრს და მამაკაცური სურნელება შეაფრქვია სახეში,

თითქოსდა უხეში,

თითქოსდა მკაცრი,

მაგრამ საოცრად მიმზიდველი და დამპყრობი. ჯერაუტირებელი თვალები დაუკოცნა აიეტმა იდეას. ცოცხალმა ხორცმა ააყმუვლა ხარ-კაცი და ტუჩებმა ტუჩები მოძებნეს. ეგემრიელა ქალი კაცს, ქალისთვის კი ეს გემო უცხო იყო. ისე კოცნიდა გახელებული მინოტავრი ტუჩებს, გეგონებოდა დახრჩობას უპირებსო ცოლს მეტის გულმოდგინებით.

მერე ყელზე მოეხვია,

მერე ძუძები დაულოშნა,

ველარ მოზომა და უკბინა კიდეც.

ქალს უნებური კვნესა აღმოხდა, კაცი კი არ ჩერდებოდა და აგრძელებდა ამ ნორჩი ძუძუებიდან ქალწულობის გამოწურვას. ცოტა არ იყოს, გაუძალიანდა ქალი, რაიმეთი რომ დაეოკებინა კაცური ვნება. ვერ კი შეძლო, ხვადის ხელები უკვე მის ფეხებს ეფერებოდა და თავისდაუნებურად განზე წევდა. ქალი კვნესოდა, მამაკაცი კი სრული უფლებით იმორჩილებდა მას.

ასეთი რამ იდეასთვის თავის სწორფერს არ გაუკეთებია, სწორფერი იყო, და მიტომ. თანდათან აზლუქუნდა იდეა, რადგან იგრძნო ახურვებული მამაკაცის სულის შემხუთველი სიახლოვე და ათრთოლდა. ისევ ტუჩებს დაეძგერა მინოტავრი და ერთიანი ვარდნით სრულად აღმოჩნდა მამაკაცი ქალში. ტუჩები აიშვა იდეამ და ატირდა მთელი ძალით. ველარ შველოდა საკუთარ თავს. მინოტავრს ველარაფრით აოკებდა:

ვერც ხვეწნა-მუდარა,

ვერც ტკივილისაგან მოკრუნჩხვა,

სრულად იყო დაუფლებული ქალს,

ქალსაც რაღა დარჩენოდა –

წინააღმდეგობა აღარ გაუწევია ხარ-კაცისთვის,

ისიც მთელის ძალით ეუფლებოდა უმწეო მდედრს.

ტიროდა იდეა, ეს უკვე აღარ უნდოდა, მაგრამ ამ დარბაზში მის ნება-სურვილზე არაფერი კეთდებოდა, მხოლოდ

სრული მორჩილება იყო საჭირო ძალის მიმართ. ფეხები უთრთოდა, ერთმანეთზე უნდოდა მიტყუპება, რათა თავი დაეცვა ამით მაინც, ვერ კი ახერხებდა, მის ფეხებშუა მთელი მინოტავრი იყო ჩაწოლილი და ერთიანობაში შეეკრა ვაჟური და ქალური საწყისები და არ ანებებდა თავს. თანდისთანობით ტკივილმა უკლო იდეას, ქალურობის მოუხეშობა სიმამაცემ ისე გაითავისა, რომ სიამეც კი შეიგრძნო იდეამ კაცის, მაგრამ მაინც ტიროდა. ეს ტირილი მთელი ღამის ხიბლი იყო. აღარ თრთოდა, ყველაფრად აყოლოდა თანაბარზომიერ მონაცვლეობით მოძრაობას.

ხან კვნესოდა,

ხანაც ტიროდა,

დაიღალა კიდეც,

სად გაქცეოდა გამხეცებულ ქმარს, არ იცოდა, ვერც კი გაექცეოდა, რომც ნდომოდა, შესტიროდა სახეში, იგი კი ვნებიანად იცინოდა და უფრო მეტად მკვიდრდებოდა ქალში. ქალიც მთელი შიგნეულით გრძნობდა მასში შემოსულ მამაკაცს, უცნაური რამ იყო მისთვის ასეთი აღქმა. გრძნობდა მინელებულ მოძრაობაში მოსალოდნელ აფეთქებას და ისიც მთელი სხეულით ემზადებოდა, გამკლავებოდა ამ გადარევას.

შეამჭიდროვა სხეული,

კუნთები დაძაბა და

ასატირებლადაც მოემზადა.

ქალის ასეთი ცვლილება მინოტავრმაც იგრძნო ქვეშეცნეულად და ახალი ძალ-ღონის მოკრებას შეუდგა. ყველაფერი ეს ზღვას ჰგავდა აღელვებულს, როცა მძლავრი ტალღის აზვირთებისას მთელი ზღვიური სივრცე ერთობ წყნარდება, მაგრამ არ კი უჩანს დასასრული. ამ სიწყნარეში რაღაც დიდი და მძლავრი იბადებოდა, ნელა იკრებდა ძალას,

მატულობდა,

მატულობდა და

ბოლოს გასაოცრად ეხეთქებოდა ნაპირს და წალეკვას

უპირებდა ყველაფერს –

მის წინ დამგარს,

ან აღმდგარს.

ზღვის ეს თვისება კარგად იცოდა იდეამაც და აიეტმაც. ამიტომ კაცი ამ ძალას იხმობდა საკუთარ თავში ქალისგან გადმოცემული ვნებიანი შეშფოთებით გაუცნობიერებლობის წინაშე, ხოლო იდეა ცდილობდა ამ დიდი აღელვების ჟამს ტალღას აჰყოლოდა და მის ზედაპირზე ყოფილიყო და არ დაჯახებოდა პირისპირ, ან არ მოქცეულიყო ქვეშ, მას უნდა გაეზიარებინა, ის აჩქარებული სიშმაგე მთელი თავისი სხეულით შინაგანადაც და გარეგნულადაც. ისე დაიწყო ეს ნელი აჩქარება, ქალმა ვერ გაიგო. კიდევ ერთხელ ალოკა მინოტავრმა დასივებული ძუძუს კერტები. გაუძალიანდა კარს მომდგარ სიგიჟეს და გაისიგრძეგანა ამ ღამის არამიწიერი დამპყრობელობა.

ასე შეიყვარებდა პირველ-კაცი პირველ-ქალს, როცა შეიცნობდა საკუთარ თავს და თანამცხოვრებს,

ასე გამხეცებული წაბილწავდა პირველ-ქალს დედამიწაზე გამოძევებული,

დააცხრებოდა თავის საკუთრებას ისე, თითქოს შეჭმა უნდოდა ქალის,

მაგრამ ისე შეჭამდა,

მთელი ცხოვრება რომ ყოფნოდა შესაჭმელად

და ვერ კი ამოეთავებინა ეს საჭამადი.

ბევრი იტირა იდეამ, მაგრამ მაინც ვერ შეაცოდა თავი ხარ-კაცს, რადგან ამ ტირილით მეტი აღგზნება მოდიოდა, მეტად გრძნობდა ხარ-კაცი თავს უძლეველად, საკუთარ ძალებში რწმუნდებოდა და ყველაზე ფაქიზად იმორჩილებდა თავის მეწყვილეს.

გაოფლიანდა ქალი,

გაოფლიანდა კაცი,

თითქო ნაპირზე დახეთქებული ტალღის შხეფები შეეშხურათო;

აღარ კვნესოდა ქალი,
სიამისაგან ღმუოდა კაცი,
ფაფარაყრილი,
გათანგული დაუკმაყოფილებლობით.

ქალი სიჩუმით გამოხატავდა ტანში დავლილ გამოუთქმელ სიამეს. ნაზი სხეულით შემოეჭდო მოუხეშავ სხეულს და სრულად მიენდო მის ნებას.

აღარ თრთოდა,
აღარც ტიროდა,
სიჩუმით ივსებოდა და
ვაჟური ძალით იჟღინთებოდა ცხოველურ როკვაში.
სიჩქარე ძალას იკრებდა,
მატულობდა და
მატულობდა.

აცახცახდა ეს უძლეველი ხარ-კაცი. თავისი შემართებით აღგზნების უმაღლეს წერტილზე იმყოფებოდა და კიდევ უფრო მაღლა უნდოდა აეტაცნა ვნებას, მაგრამ ძალა აღარ ეყო

აღარც მხეცის და
აღარც კაცის.

როგორც ყველაზე მაღალ მწვერვალზე აფრენილი არწივი გონების დაბინდვამდე შემოფარგლავს სიმაღლის აღმაფრენის მშვენიერებით თავის თვალსაწიერს, ასევე წამიერების ამ გასხივოსნებაში შემოევლო მთელს თავის სამყაროს ეს ხარ-კაცი, და როგორც ამ სიმაღლიდან გადმოშვებული არწივი განიცდის ცხოვრების სიამეს, ასევე ამ აღგზნების განცდის უმაღლესი ნეტარების ჟამს გონების სასიამო დაბინდვით მოეშვა დაძაბულობას და სრულად დაიცალა ქალში. ქალმაც განიცადა ასეთივე დაცლა და ქმრისგან გამოდენილი სიმხურვალე ბოლო წვეთამდე შეითვისა და ყოველგვარი დაძაბულობისაგან მოეშვა.

უმთვარო იყო ეს ღამე. არ წვიმდა, მაგრამ ამინდი აპირებდა შეცვლას. მხოლოდ ჩირაღდნები ალამაზებდა ცოლ-

ქმარს. ახლა უკვე გვერდი-გვერდ იწვნენ აიეტი და იდეა, აღარც მხოლოდ ქმარი იყო უკვე ხარ-კაცი, იგი კოლხეთის მეფე იყო ამიერით. ნამტირალევ-ნაბრძოლი ქალი საკუთარი ქალწულობის სისხლში ამოსვრილიყო და ამ ურყვნელობის შემრყვნელიც დასვრილიყო პირველშეცოდების მადლით. ელვა-ჭექამ ღამეულ ცაზე გაბზარა ერთმანეთს გადაჭდობილ სხეულთა სარკისებური ანარეკლები და ვარსკვლავების მიმობნეულ უჩინარობას შეამსხვრია სიყვარულის გამაოგნებელი ნაყოფით ცად მოარული ფატუმის ეტლი. მორცხვობდა იდეა, რადგან ისეთი შეგრძნება ჰქონდა, თითქოს მთელი ქვეყნიერება მას უყურებდა. გამოცლილი ძალით მიკედლებოდა ქმარს, მის მკლავებში მიწოლილიყო და იმ მწვალებელშივე ეძებდა მფარველს ამ უცნაური შეგრძნებისაგან თავდასახსნელად. ამიტომ მოარიდა აიეტმა თავისი ქორწინების პირველი ღამე სასახლის კარს, მაინც ვერ გაექცა ცოლის წარხოცილი უბიწობისგან გამოწვეული სინდისის წუხილის გამოვლენას, რადგან პირველშეცოდების დანაშაულის ცრუშეგრძნება თრგუნავდა ქალს.

ეფერებოდა ცოლს და აწყნარებდა ჩუმად მტირალს ვნებადამცხრალი ქმარი. იგი აღარ იყო მინოტავრი, რადგან ამის იქით აიეტისთვის მეფობა იყო ხელ-მწიფება და არა აღვირახსნილ ვნებებს აყოლა. თუ იდეა მისი დაპყრობისას ვერ ცნობდა ქმარს – იმ კაცს, რომელიც ეალერსებოდა ზღვის პირას, ახლა ასეთად ქცეულიყო და თითქოს თავისი სიმხეცისა და მიყენებული ტკივილის გამო უბოდიშებდა თავის ლამაზ ცოლს. თვალთაგან ცრემლები ამოუშრო. მინოტავრი ახლა ფაქიზი და გულჩვილი ვაჟი იყო, რომელსაც ისევ მიენდო, ისევ მიეკრა იდეა.

ამ გულჩვილობამ მიყენებული ტკივილები და დასისხლიანებული ჭრილობა დაავიწყა ქალს. მკერდზე დაადო თავი, მაცდურად გაუღიმა და ცრემლგამშრალი თვალები შეანათა ქმარს. ისევ მინოტავრად აქცია იგი, ქალურმა გამოწვევამ გაამართლა, და მიტომ.

წამოხტა,
გაიქცა,
გამოეკიდა,
სად გაექცეოდა...
და იქ წააწვინა ცოლი,
სადაც დაიჭირა.

ამჯერად აღარ უტირია. სწორფრობის დრო გაახსენდა და სიამემ ძარღვებში დაუარა. ასეთი შეგრძნება არ განუცდია მას სწორფერთან. ეს აღმატებული იყო იმ ხელმიუკარებ სიყვარულზეც კი, რადგან ხორციელმა ლტოლვამ დაიუფლა ქალი. არც კაცი რჩებოდა ვალში, ისევ და ისევ მინოტავრი ხდებოდა, და მიტომ. ნამუსი არ წართმეულა ქალის, ნამუსი შეიმოსა კაცით.

გავიდა მცირე ხანი და იდეამ შეამჩნია საკუთარ თავს, რომ იგი მიდგომილ იყო. ახლაღა გაისიგრძეგანა მან მთელი სიცხადით ენუმა ელიშის არსის მოცულობის უკიდეგანობა, რომ თავად იგი იყო ზეცა, რომელსაც ჯერ კიდევ არ ჰქონდა სახელი და უსასრულობის უდაბნოებაში სრულად არსებობდა – მხოლოდ... და მასში ჩაისახა ბირთვი, რომელიც წარმოშობდა სიცოცხლეს. თვითონ იყო ეს ასტრალეთი და მოვიდა მარდუკი[96] – გზარეული ღმერთი და დაეპატრონა ამ უსასრულობას, რადგან დასძლია ქაოსი. ამის მერე განათდა ყველაფერი, სიცოცხლე ჩაისახა კოსმიურ განფენილობაში. მარადი მსვლელობაში აღიქვამდა და შეიგრძნობდა საკუთარი სხეულით ენუმა ელიშის გადამწყვეტ დროს, რომ ფატუმის ეტლი უახლოვდებოდა ისეთი სიჩქარით, რომ ვერაფრით დაიცავდა თავს. სამუდამოდ დაატყვევა მზემ მოძალადე ნიბირუ[97], მზიური ველის შეზღუდულ გარემოში

---

96. **მარდუკი** - ბაბილონური მითოლოგიის მიხედვით უზენაესი ღვთაება, ბაბილონის მფარველი. მან ორთაბრძოლაში დაამარცხა ბოროტი ღმერთი ტიამატი (აქადური წარმოდგენებით იყო მარილოვანი მღელვარე ოკეანე), რომლის სხეულის შიგნეულიდან შეიქმნა სამყარო. ეს იგივეა - ქაოსიდან სამყაროს შექმნა, ან თუნდაც ბიბლიური შესაქმე. სწორედ ორთაბრძოლამდე არსებული მარადი მატერია და მისი შექმნის პროცესია „ენუმა ელიშ“. უფრო მეტიც, მარდუკი არის მხატვრული სახე საყოველთაო შესაქმისა, ტიამატი კი ქაოსის, „განუმზადებელი სამყაროსი“, როგორც ბიბლიაშია მოთხრობილი.

რომ ყველაფერს ანადგურებდა. ვითარდებოდა ბირთვი ასაფეთქებლად, რათა შემდეგ შეკრულ წრედში ჩამწყვდეული ქინი გადმოფრქვეულიყო სიცოცხლის წყაროდ. ეს იყო მიზანი ენუმა ელიშის, რომელიც ცხადლივ განხორციელდა იდეის ცხოვრების მიზანსწრაფულობაში. იგი აღარ იყო მხოლოდ ამბავი, მასში ჩაისახა დაბადების უბრწყინვალესი ჰარმონიული ერთობლიობა მიმზიდველი მოვლენებით.

იდეას არავისთვის გაუმხელია თავისი მდგომარეობა, თვითონაც არ იცოდა, რატომ. ალბათ შეეშინდა გაუცნობიერებელი მომავლის – ის, რასაც უქადდა ცხოვრება; შეეშინდა სასახლისა და მოშურნეების და რაღაც დროით გადაწყვიტა ყველასათვის დაემალა თავისი მიდგომილობა. თვითონაც სხვათა ქალთა ნაამბობი იცოდა და თავის დამახასიათებელ გარეგნულ ნიშნებს ადარებდა და ამით დაასკვნა თავისი ორსულობა.

იზრდებოდა თანდათან ჩაკეტილი სივრცე და სიცოცხლის ამოფრქვევას ლამობდა. მთელი ასტრალეთის უსაზღვროების განფენილობა თვითონ განასახიერა. ეს საიდუმლო როდემდე დაიფარებოდა მის სხეულში, არ იცოდა, ან თუ რით შეეძლო გულწრფელად აეხსნა ქმრისთვის ამ გასაიდუმლოების ჭეშმარიტი მიზეზი, არ ეწერა ენუმა ელიშის ფარგლებში. სამაგიეროდ იდეა გუმანით ხვდებოდა არაკეთილმოსურნეთა მოძალებას, მოწადინებული რომ იყვნენ გაეგოთ სამეფო სარეცელის საიდუმლოება. მეფეს ვერ დაავალებდა, გარკვეულ დრომდე არ გაემხილა არავისთვის ცოლის მდგომარეობა, მისი სიხარული უსაზღვრო იქნებოდა, და მიტომ. თავს ვერ შეიკავებდა და გაამხელდა

97. **ნიბირუ** - მზის სისტემის იდუმალი პლანეტა, რომელიც განასახიერებს მარდუკს ცისქვეშეთში. თანამედროვე ასტრონომებმა მათემატიკური გაანგარიშებით აღმოაჩინეს ეს პლანეტა. ის უჩინარია და ირმის ნახტომის გალაქტიკაში ბუდობს. მის შესახებ პირველ სენსაციურ ცნობებს გვაწვდიდნენ ჯერ კიდევ ძველი აღმოსავლელი ვარსკვლავთმრიცხველები. მასშია მთელი გალაქტიკის მამოძრავებელი ენერგია. მისი გზა, მიმართულება შეუცნობელია, მზისგან ხან უკიდურესად დაშორებულია, ხანაც უკიდურესად ახლოსაა. პლანეტა ნიბირუ სხვადასხვა სახით გაბნეულია მსოფლიო მითოსურ აზროვნებაში და სათანადოდ ჯერ კიდევ არაა შესწავლილი ისევე, როგორც თავად პლანეტაც.

სწორედ იმას, რის გამხელასაც უფრთხოდა მიდგომილი. ამით შესაძლოა საფრთხეც შექმნოდა თვით სიცოცხლეს.

სანამ სასახლეშ არ იცოდა ეს ამბავი, იდეა მშვიდად და უშფოთველად ცხოვრობდა. ყველა ამ სიმშვიდეს უფრთხილდებოდა. მისთვის მთავარი იყო მოლოდინი. გაურკვევლობის წინაშე საშიშროება ჯერ კიდევ წინ ჰქონდა, ამიტომ არ სურდა ზედმეტი და არასაჭირო საფიქრალებით გადაეტვირთა საკუთარი ცხოვრება. მიაგნო კიდეც გასაღებს გამოსავლის ძიებაში და მიაგნო მხოლოდ იმიტომ, რომ სწორფერის ჩაბნელებული თვალის ჩინის ადგილსამყოფელი მოენატრა,

ისე მოენატრა,

რომ მეფეს სთხოვა მამულში გაეშვა,

იქ ილოცებდა ქმრის სადღეგრძელოდ და...

და მერე გაჩუმდა.

გაეღიმა კეთილ მეფეს და ცოლს ნება დართო ზაფხული ზღვის პირად გაეტარებინა, თან დასძინა:

– ზედმეტი მითქმა-მოთქმა რომ არ ატყდეს, ამალაც იახლე თანო.

სახე გაებადრა იდეას, მადლი სწირა ქმარს ესოდენ უსაზღვრო ნდობისთვის.

– მარტო წავალო, მხოლოდ ერთ მოსამსახურეს ვიახლებ თან, ვისაც ჩემი ქმარი ენდობა და სასახლისთვისაც შესაფერისი იქნებაო. ჩემთვის ლოცვაა მთავარი. თეთრი გიორგის ხატში საწირავს გავცემ მამულისა და მეფის სადიდებლად და ჩემი ქმრის ბედნიერებისთვისო.

მართლაც ილოცა მამულისა და მეფისთვის, თავისი ქმრისთვის, მაგრამ გული აღარ მობრუნებია სწორფერზე, მისი თვალის ჩინის ჩასვენების ადგილას მხოლოდ იგლოვა და დაიტირა უდროობა.

ზღვა წყნარი იყო მამულში, საღელავი არა ჰქონდა რა. იდეა ივსებოდა მამულის მადლით – მთის იდუმალმჩენი სიდიადით და ზღვის თვალუწვდენლობით. მამულიც ასეთად

დასახა და სურდა სიცოცხლეში სულ მუდამ ასეთი უკმარისობის შეგრძნება ჰქონოდა. ამ უსასრულობაში ჩაიკარგა სწორ-ფერი – ერთ დროს მისი ცხოვრების შინაარსი და მამოძრავებელი ღერძი.

ყველაფერი გადაფასდა მამულში, რადგან იდეა თავისი არსებობის ახალ სიმაღლეზე იდგა და ემზადებოდა გამხდარიყო დედა. ამის მიღმა ყველაფერი ფერმკრთალდებოდა, თვით მისი განვლილი ცხოვრებაც, მაგრამ ხსოვნა იმ გზადაკარგული ჭაბუკისა მაინც მოსვენებას არ აძლევდა. მის წინაშე თავს ვალდებულად თვლიდა და გასაოცარი ის იყო, რომ არასოდეს აქამომდე არავის წინაშე ასეთი ვალდებული არ ყოფილა. იმ საბედისწერო ღამემდე იყო სიყვარულით თავდავიწყება, ცოლ-ქმრულმა ურთიერთობამ კი წარმოშვა მოვალეობის გრძნობა არამარტო ქმრის, არამედ ყველას და ყველაფრის წინაშე, უპირველესად მომავალი შვილის წინაშე, რათა საღი ყოფილიყო და ჯანმრთელი.

ზღვის პირად როცა მიდიოდა, თან ახლდა თავისი მოახლე, ესაო და, რაიმე ცუდად არ იფიქროს და სასახლეში ისეთი რამ არ თქვას, რასაც ვერ დავადასტურებ და სიმართლე არ იქნებაო, არ ენდობოდა იდეა სასახლის კარს, და მიტომ. ალბათ მართალიც იყო, იმდენი ჯურის უსახო სახე შეკრებილიყო მეფის გარშემო. ამით იდეა ქმარს უფრთხილდებოდა შვილის გამო, თორემ მეფეს ერთი ალმაცერად ნათქვამი სიტყვა გაამხეცებდა, ასეთია მეფეთა ხასიათი და თვისება. ნდობა ნაკლები აქვთ მეფეებს ხალხის, იმ ხალხისაც, ვის სიტყვასაც იჯერებს და ენდობა. ამიტომ მეფეზე მეტად ქმარს უფრთხილდებოდა იდეა.

აიეტიც ენდობოდა თავის ცოლს, ერთმანეთის მიმართ გულწრფელები იყვნენ. ეს იყო, რომ გარკვეულ დრომდე იდეა არ უმხელდა ქმარს თავის მდგომარეობას. მან ისიც იცოდა, და არათუ მხოლოდ იცოდა, დარწმუნებული იყო, როცა ქმარი გაიგებდა მისეულ მიზეზს, მოიწონებდა ასეთი გადაწყვეტილებას და მითუმეტეს სასახლისაგან განრი-

დებას. ჯერ-ჯერობით ვერც მოახლე ატყობდა რაიმე ცვლილებას, არ იყო დამდგარი შესაფერისი ჟამი, და მიტომ. დღეები კი ერთმანეთს ტალღებივით ენაცვლებოდნენ და უახლოვდებოდნენ იდეას.

ერთხელ მზის ჩასვლის მშვენიერებით ივსებდნენ გრძნობებს იდეა და მისი მხლებელი. ზღვიდან თბილი სიო მოჰქროდა, სივრცის უსასრულობაში იკარგებოდა მზე ცისა და მიწის გასაყარზე და თვალის ჩინს გულში უტოვებდა მის მომზირალთ ახალი დღის საწინდრად. ჩადიოდა მზე და საკუთარ დაისს უყურებდა და არავის ემშვიდობებოდა, სიბნელეს მისი ხსოვნა გაანათებდა, და მიტომ. უმზეო ცარიელ სივრცეს ზღვაზე ვერც ერთი მნათობი ვერ ავსებდა, რადგან ღამეში ზღვა ბნელდებოდა, მზიანობისას კი ზღვას თვალის ჩინი ადგება. ერთიანობაში კი

მზეც ლამაზია,

ცაც,

ზღვაც და

ხმელეთიც.

შეღამება მხოლოდ ფიქრია საუკუნო დღე-ღამის ბრუნვაზე და მითუმეტეს ხატოვანებაში გადაზრდილი ფერადოვანი დაბინდვის დაფიფქული ფიქრები, თუ წინ ზღვაა გადაშლილი.

ვნებებიც ფერმკრთალდებოდნენ შეღამებისას, რადგან თვალსაწიერშიც ბინდდებოდა, მაგრამ მოძალებული ვნების ტალღა სხვაფრივ აღმოიფრქვეოდა ადამიანში, გაასკეცებით კი ზღვის ტალღათა ნაზ შხრიალსა და მარილოვანი წყლის სურნელების გარემოცვაში. გონება სწორედ მინოტავრიადას ემიჯნებოდა, სპეტაკი ღამის სიშიშვლეში იღვრებოდა და პირველ შეცოდებას რეცხდა გადარეული ტალღა. სიყვარულის სუნთქვა ზეფიროსით თქორავდა სახეში მეტრფეთ. ჩადიოდა მზე ისეთი დიდებულებით, როგორც ეკადრებოდა მამულს, რათა თავიანთ აღმაფრენაში მამულის შვილებში ფესვად გამდგარიყო ამ მომხიბლავი დასას-

რულის განუმეორებლობა, რომელიც ყოველი საღამოის ჟამს გრძელდებოდა, სანამ მამული იდგა ფეხზე და მამული იდგა იქ, სადაც ოდითგან იდგა. აქ ყველაფერი – ფერიც და უფერობაც შემოქმედის შემოქმედების განუმეორებლობის მადლმოსილებას ამჟღავნებდა.

სად იყო

და სად არა,

მთის გაღმითგან ქურდულად გადმოიპარენ მამულში გადამთიელები, უმწეო, დაუცველ იდეას თავს დაესხნენ და გატაცება დაუპირეს. თავდამსხმელები ბევრნი იყვნენ. იდეა მათ ვერ გაუმკლავდებოდა, ვერც მისი მოახლე, მაშველი კი შორს იყო, ხმასაც ვერ მიაწვდენდნენ, ისე მიიმალებოდნენ ავაზაკები. მამული რისხვად დაატყდებოდა გადამთიეთს, მაგრამ სახელი წაუხდებოდა იდეას. სწორფერს მოუხმო ამიტომ შველად, ყველაზე ახლოს მისი სული ეგულებოდა.

მართლაც ამოვარდა ქარიშხალი,

წარბები შეიყარა ზეცამ,

მზემ დააყოვნა ჩასვლა,

გზა გაუნათა სწორფერს.

ამოვიდა ზღვიდან, ტალღები აქოჩრა ქარად ქცეულმა სულმა, გამოექანა ნაპირისაკენ სწორფერის სახსნელად. გაშავდა ზღვა ბოღმისგან. მოდიოდა სტიქიონის მხედართმთავარი თავისი ამალით ნაპირისაკენ და ჩაესმოდა იდეის ძახილი. ჯერ კიდევ არ გაეტაცნათ გადამთიელებს იგი, ამიტომ ჩქარობდა, გზად გემებს ლეწავდა და ძირავდა უფსკრულში, გადამთიელებს რაღას უზამდა?! ასეთი ძალა თვალის ჩინის ქონებისას არ გააჩნდა, გული კი ისეთივე დაურჩა – სიყვარულივით ბობოქარი.

უსაზღვრო თვალსაწიერში გამოჩნდა იდეა პატარა წერტილივით,

ბნელში განათებულივარსკვლავივით.

სახე არ ჩანდა მისი, მხოლოდ ტრფიალების სურნელმა

გამოარჩია გადამთიელებისაგან. მზემ გზა უჩვენა სწორფერს, ცეცხლს აფრქვევდა, როგორც ხალიბურ სამჭედლოში გავარვარებული ლავა გადაწითლდება არაბუნებრივად, და უფრო მეტად ვიდრე ქურაში გამომწვარი რვალი, რამეთუ იგი მზეა – ცხოველსმყოფელი.

მზე წვავდა,
ქარიშხალი კი ძალას აძლევდა მზიურ სიბრაზეს.

იწვოდნენ ღრუბლები და ამ აალებულ ზეციურ ფარდაგებს მიმართულებას აძლევდა ქარად ქცეული სწორფერი...

და სტყორცნა ცეცხლმოკიდებული ღრუბელი სწორფერმა სწორფერს, თვალსაწიერში მოხვედრილი წერტილოვანი ნათებისა და ტრფიალების სურნელის მიმართულებით. გადამთიელებთან შებრძოლებული იდეა იპოვა ღრუბელმა და მოეხვია, როგორც ამას სიცოცხლეში აკეთებდა ვაჟი. ცეცხლი მოედო იდეას და რომ არ დამწვარიყო მთლიანად, ღრუბელმა თავის თავში დაგროვილი წვიმა აპკურა ქალს. ისიც გაგრილდა ცეცხლისგან გახურებული და ქვად გადაიქცა.

გადამთიელებმა ვერ ზიდეს ქვა,
ან რად უნდოდათ ქვა და
მიატოვეს ზღვის პირად.

ამის შემდეგ სტიქიონი ჩაწყნარდა, მიეფარა მზე ცისა და მიწის შემაერთებელ ბილიკს. ატირდა გაოგნებული იდეის მხლებელი. მას არრა მოწევია რა და როგორ უნდა გაემხილა მეფისთვის თავს დატეხილი უბედურება. ერჩივნა, თვითონ გაქვავებულიყო, ვიდრე მეფის რისხვა დატყდომოდა თავს. ან როგორ უნდა დაემტკიცებინა სასახლისთვის, რომ მას იდეის გაქვავებაში ბრალი არ მიუძღვის. იტირა და ივაგლახა მთელი ღამე, გაქვავებულ იდეას არ მოსცილებია. ქარად ქცეული სწორფერიც დატრიალებდა თავს. ესეც იფიქრა მხლებელმა:

– იქნებ ასეც ჯობდეს, ქალის გატაცება ხომ ვერ შეიძლეს გადამთიელებმა! ქალი მაინც აქ არის, მამულშიო.

XXX
სიყვარულივით ბობოქარი გულები

გამთენიის ხანს მშველელს უხმო. ზღვის პირად შეიკრიბა მთელი მამული და სცადა გაქვავებულის ადგილიდან დაძვრა. საამისოდ ძალა არ ეყო მამულს. ჭირისუფალს უხმეს ბოლოს, რა ვიღონოთო.

დაღონდა მეფე,
ღიმილი აღარ გაკარებია სახეზე,
გაუცინარი ხელმწიფე შეარქვეს ამიტომ.

ორაკულები, მისნები და ჯადოქრები მოიყვანეს, ვერა იღონეს რა. ბოლოს გულს მიაყურადა აიეტმა, გული ფეთქავდა ისე, როგორც ცოცხალი ადამიანისა.

– ქვა ცოცხალია! – წამოიყვირა უცებ გაუცინარმა ხელმწიფემ, – რაღაცას მეუბნება მისი გულიო.

განმარტოვდა ცოლ-ქმარი მეფის ბრძანებით.

– ფეხმძიმედ ვარო, – გაუმხილა იდეამ გაუცინარ ხელმწიფეს.

– ეს როგორო? – ვერ გაიგო აიეტმა, გაბრაზებულიყო, თუ გახარებულიყო ამ სიახლით.

– იმ პირველი ღამის შემდეგ გავნაყოფიერდიო, – ჩასჩურჩულა იდეის გულმა ქმარს.

– რატომ არაფერი მითხარიო? – განაწყენდა ქმარი.

– იმ მიზეზით, რა მიზეზითაც განვმარტოვდით ღამეულ დარბაზში ქორწინების პირველ ღამესო.

– მართალი ყოფილხარ, მაგრამ რატომ არაფერი მიმანიშნეო?

– მინიშნება იყო ჩემი სასახლის დატოვებაო.

– ახლა რით გიშველოთო?

– ჩემი მშობიარობის დრო რომ მოაწევს, ქვის მთლელი მოიყვანე, გამომიტეხეთ მუცელი და ბავშვი მშვიდობიანად ჩაიბარეო. მერე როგორც გსურდეს, ისე ემშობლეო მას.

ერთს გთხოვ, ჩემო მეფევ და ქმარო, არ დაჩაგრო შვილი, ისედაც ობლად მოუწევს გაზრდაო.

– გპირდები. ვეტყვი, როგორი კარგი, კეთილი და ლამაზი იყავი, როგორ დაგაკლდა მისი სიახლოვე და შევაყვარებ შენს თავს, ისე შევაყვარებ, რომ იტყვი – „მის გვერდით რომ ვყოფილიყავი, ისე არ შემიყვარებდაო". ყოველთვის მოვალ და გინახულებ, ყოველთვის შენი სიყვარული წინ გამიძღვება ცხოვრებაში, შენით მომზირალი ყოველთვის მართალი ვიქნები შვილთანაც და მამულთანაცო.

– მე მარადიულად აქ მომიწევს დგომა, როგორც შენი ერთგულების ნიშანი, როგორც ჩემი სწორფერის შესაფერისობა. ყველაფერი ჩაივლის. აღარც შენ იქნები ამ ქვეყნად და აღარც რომელიმე ჩვენეული ნაცნობ-მახლობელი. დავიწყებას მიეცემი შენ, დავიწყებას მიეცემა ჩვენი სიყვარული, მე კი ვიდგები აქ ზღვის ტალღებით გამოფიტული და დაბერებული ჩვენი უჟამო სიყვარულის სადარაჯოზე.

– როცა რაიმე გამიჭირდება, ან მომენატრები, სანამ ცოცხალი ვიქნები, ყოველთვის შენთან მოვალ და შენი უნახაობის მწველ წყურვილს შენთან მოვიკლავ.

– მე ვერ გეტყვი – ნუ დამივიწყებო, დავიწყება ადამიანთა თვისებააო. თუ მინახულებ, გამიხარდებაო, რადგან ჩვენ არ გვეწერა ერთად დიდ ხანს ყოფნაო. მე კი ქვეყნიერების დასასრულამდე მიწერია აქ დგომა და მამულის მშვენიერების მზერით დატანჯვა. გადამღლის და გადამქანცავს აქაურობა და ეს სიტყვაც რბილად და ლამაზად ნათქვამი გამოჩნდება, რადგან ზღვის მარილოვანი ტალღები ბოლომდე ვერ დამადნობს, რათა ერთხელ და სამუდამოდ გავთავისუფლდე ჩემი ხუნდებისაგან და სხვაგან გადავინაცვლო, თუნდაც ერთი ნაბიჯით გადავადგილდე. მამულის შვილები

იცოცხლებენ,

იტუსაღებენ,

გათავისუფლდებიან,

დაიბადებიან და

მოკვდებიან კიდეც,

ისინი მუდმივ მოძრაობაში იქნებიან. მე კი არც სიკვდილი მიწერია და არც მოძრაობა. ამიტომ სანამ იცოცხლებ, ერთხელაც რომ მოხვიდე ჩემთან და მანუგეშო, მადლიერი დაგრჩები სიცოცხლეშიც და სიცოცხლის მერეც.

ვერ გაუძლო აიეტმა იდეის ნათქვამს და უხმოდ დაღვრემილი გაშორდა იქაურობას.

არ გაბოროტებულა მეფე ამ ამბის შემდეგ, პირიქით, ყველას მიმართ მეტ ყურადღებას იჩენდა. სასახლეში უკვირდათ მისი მეფური თვისებების ასეთი ცვლილებები:

– ნუთუ, – ამბობდნენ, – ასეთმა იდუმალებით მოცულმა თავზარდამცემმა ამბავმა მეფე მეტად გააკეთილშობილა? ადრე რომ გაეტაცათ იდეა გადამთიელებს, მაშინ რას იზამდა მისი გულმოწყალებაო?

– იქნებ ასეთი იყო აიეტი და მრისხანე მეფის ნიღაბს ირგებდაო, – ამასაც ამბობდნენ.

– მაშინ რას შეიძლება დავაბრალოთ, მეფე რომ აღარ იცინისო? – ერთმანეთს ეკითხებოდნენ ნაზირ-ვეზირები.

– მწუხარებასო, – ერთხმად პასუხობდნენ ამ კითხვას.

– მაშინ რატომ გახდა ასეთი კეთილი? რატომ არ დასაჯა, თუნდაც გაწკეპლით იდეის მოახლე?

– უბრალოდ, ადრე რაზეც ეცინებოდა, აღარ ეცინებაო.

– იქნებ სულაც აღარ ეცინება არაფერზეო?

– სწორედ ამას ვამბობთო, – უდასტურებდნენ ერთმანეთს სასახლის კარზე, – მეფე შეიცვალა იდეის გაქვავების შემდეგო. კარგი მხრივ თუ ცუდით, ეს უკვე აღარ ვიცითო.

– არადა, როგორი ძნელია, როცა რაიმეზე გეცინება და მეფის შიშით არ უნდა გაიცინოო.

– მერედა, გაიცინეო, – უთხრა ფეხად შემოსწრებულმა აიეტმა თავის ნაზირ-ვეზირებს.

შეცბა უცებ სასახლის კარი, უხერხულად გაუღიმა მეფეს, ღიმილით ელაქუცებოდა პატრონს, თითქოს ეუბნებოდა:

„გვაპატიე, მეტს არრას დავაშავებთ, ოღონდ შენი რის-

ხვა არ დავიმსახუროთო".

მეფემ ყურადღება არ მიაქცია ამ ღიმილს, განურჩეველი მზერით განაგრძო გზა.

– აიო! – დაიდასტურეს ზოგიერთებმა ნათქვამი, მაგრამ რა კუთხით, ეს უკვე აღარ წამოიძახეს. დაუფიქრდნენ და მართლაც ვერ გაიგეს არსი თავიანთი თანხმობის. დაიწყეს თავიდან ყველაფრის მსჯელობა, ისევ აზრუნდში მოხვდნენ და ამის მერე ამ საკითხზე აღარ კამათობდნენ, მაგრამ რა საკითხი იყო ეს საკითხი, არც ეს იცოდნენ. ერთის სიტყვით, კმაყოფილები იყვნენ თავიანთი მყუდრო და უშფოთველი მდგომარეობით, ეს იყო და ეს.

გაუცინარი ხელმწიფე ხშირად დადიოდა ზღვის პირას – იქ, სადაც ქანდაკებადქმნილი ცოლი ეგულებოდა, მიადებდა გულზე ყურს და იდეის გულის ნათქვამს იგებდა. თვითონაც ელაპარაკებოდა,

ხან რას უყვებოდა,

ხან კიდევ რას.

ამ დროს ზღვიდან ამოვარდებოდა ქარიშხალი – ეჭვებში ჩავარდნილი სწორ-ფერი შეებმებოდა მეტოქეს. ისევ აქოჩრიდა ტალღებს და მოაქანებდა ნაპირისაკენ, რათა გადაერეცხა იდეის გაქვავებული შემეცნებიდან ქმარი. გამხეცებული დაემგერებოდა აიეტს, არც იგი რჩებოდა ვალში, უმკლავდებოდა ქარიშხალს და ფარით იფარავდა ტალღებისაგან ცოლს. შავ ღამეში ერკინებოდნენ სული და ხორცი, არ ანებებდნენ ერთმანეთს ქვას... არადა, როგორი დასათმობი იყო იდეა რომელიმე მათგანისთვის.

ზმუილით მოჰქროდა სწორფერი,

ღრიალით უხვდებოდა ქმარი.

ბოლოს, ერთმანეთს რომ მოქანცავდნენ,

გამთენიის ხანს,

ერთი ზღვისკენ გაბრუნდებოდა,

მეორე – აია-ქალაქისაკენ.

ქარი კი მაინც მოუსვენრობდა – მოულოდნელად ესხმო-

და თავს თვით მეფის სამფლობელოს. უცებ შეყრიდა ცაზე ღრუბლებს და როგორც ცხენოსანთა ლაშქარი დაიძვრება მტერთა ციხე-სიმაგრეების შესამუსრად, ისევე მიდიოდა ომით ქარიშხალი აია-ქალაქზე. სტიქიონი შემოუტევდა ზღვისპირეთს, მილეწ-მოლეწავდა იქაურობას, მერე ღრმად შედიოდა ხმელეთზე და ძალა ეკარგებოდა, სანამ აია-ქალაქს მიადგებოდა. ძალადაკარგულ ქარიშხალს ღრუბლები შემოეცლებოდა და მარტო შედიოდა აია-ქალაქში. დაირბენდა ქუჩებს, აქოჩრავდა ხეებს, აამტვერებდა გზებსა და შუკებს, აქა-იქ მიმობნეულ ღრუბლებს მირეკ-მორეკავდა უგანაჩენოდ.

თვითონაც დაიღლებოდა,

ხალხსაც დაღლიდა.

მერე ჩამოჯდებოდა წყაროს პირას, ატირდებოდა, დაასველებდა ქალაქს, ან არ ატირდებოდა და არც არაფერს დაასველებდა და მთელი დღის, ან ღამის ნაქროლი უცებ ჩაწყნარდებოდა, თითქოს იქ არ იყო. მერე ისევ ამოიშრიალებდა და ზღვისკენ გაუჩინარდებოდა.

ასე იძიებდა შურს იდეას სწორფერი აიეტზე. ქალაქში აღარ აშინებდათ გახშირებული სტუმრობა სწორფერისა, რადგან, იცოდნენ, ისიც კეთილი იყო. მიიქროლებდა ბედგაუტეხელი ციხის ზღუდესთან, თაყვანს სცემდა თვით ბედის გაუტეხელობას, აზუზუნდებოდა, ცაში აიჭრებოდა და ისევ ფაზისის ჩქერალებს აათამაშებდა.

ქვენა ქარს

ზენა ქარი შეცვლიდა,

მაგრამ აქაც ასევე უშიშრად ეგებებოდნენ სტუმრად მოსულს, უწყინარი იყო, და მიტომ. ყველამ იცოდა, რომ ქარის სიგიჟე სიყვარულით გამოწვეული ტკივილიდან მოდიოდა. არაფერს აშავებდა ქალაქში ქარი, არავის აზიანებდა, მხოლოდ ჩაიცხრობდა თავის ნაღველს აიაში უთავჟამო სირბილით და დაიცლებოდა ერთბაშად.

ბევრი ასული შენატროდა თურმე, ნეტა ასეთი სატრფო

მყავდეს, ჩემს გამო ქალაქს რომ დაირბენსო. ვაჟები კი ეფიცებოდნენ თავიანთ გულის მურაზებს:

– ისე გვიყვარხარ, რომ შენთვის აია-ქალაქსაც შემოვირბენთო.

ვიღაც იჯერებდა ამ ფიცს,

ვიღაც არა...

და არ იჯერებდნენ იმიტომ, რომ იდეის სწორფერსავით გულადი რაინდი არ ეგულებოდათ, რადგან ქმრები უნდოდათ აიეტსავით ძლიერები და მამაცები. ვიღაც გულჩვილი იტირებდა ამ ამბავზე და თავის გაუმხელელ სევდას ჩააქსოვდა ამ ცრემლებში. ვიღაცას კიდევ ეამაყებოდა, ასეთი კეთილი მეფე რომ ჰყავდა, თორემ ბოროტი მეფე როგორ გააბედვინებდა ქარს მის ქალაქში ქროლას? ვიღაც ბრაზობდა, ქარებმა აგვიკლოო და მეფე ამაზე რას ფიქრობსო, როგორ შეიძლება ამ ზღაპრულ ქალაქში ქარების ქროლაო, საიდან მოდის და სად მიდის, ველარ გაგვიგიაო.

აბუზღუნდებოდა,

აბუზღუნდებოდა

და როცა დაიღლებოდა,

დაწყნარდებოდა,

რადგან არავინ გამოელაპარაკებოდა,

არც გამოექომაგებოდა,

დაიღლებოდა და ჩუმდებოდა თავისით.

სასახლის კარზე ისევ მეფის ლმობიერებაზე საუბრობდნენ.

– ძალიან გაათამამა ჩვენმა გაუცინარმა ხელმწიფემ ეს ქარი და სანამდე მიგვიყვანს, არ ვიცითო.

– უნდა შევკრიბოთ ჯარი და შევებრძოლოთ მტრად მოსულსო.

– ზღუდე რომ არ გვიცავდეს, მიწასთან გაასწორებდა ქარი აია-ქალაქსო.

– სითბო რაა, ისიც ვერ დავიკავეთ ჩვენს ალაგასაო.

– დიდის მომთმენიაო ჩვენი მეფე, ქვის გამო ასე როგორ

გადარია ეს ქარიო, მაგრამ თუ გააბრაზა ქარმა, ქალსაც არ დაინდობს, იმ ქვადქცეულსო.

– მაგრამ რომ არაფერი აბრაზებს ჩვენს მეფესო?

– მაშინ რატომ არ იცინისო?

– გიჟია, ასე რომ იცინოსო?

– მაშინ გამოუდგეს ქარს და გადადენოს ჩვენი ქალაქიდანო.

– გულკეთილი რომააო?

– იქნებ დამეგობრდნენ კიდეცო?!

– იქნებ სტუმრობს კიდეც სასახლეში მეფესო?!

– იქნებ თვითონ მოიწვია ეს მტარვალი აიაშიო?!

– რატომო?

– გულკეთილი რომაა, იმიტომო.

– გულკეთილი თუა, რატომ არ იცინისო?

– არ ეცინებაო.

– გულკეთილებს რომ ყოველთვის ღიმილი დასდევს სახეზეო? – უცებ თვალს მოკრავდნენ დარბაზში შემოსულ მეფეს და სიტყვას შეწყვეტდნენ.

– ო... ჰო, ჰო, ჰო, – გაუღიმებდნენ გაუცინარ ხელმწიფეს, ისიც ჩაიქნევდა ხელს და თავისთვის განმარტოვდებოდა.

იგი აღარ ფიქრობდა ქარზე, რადგან საშიში არ იყო მისი სტუმრობა. მისი საფიქრალი იდეა იყო და თავს ევლებოდა ცოლს.

და, მართლაც, დადგა დრო ჩემი დაბადებისა. გაუცინარმა ხელმწიფემ არ იახლა ქვათა მტეხელი, თვითონ აიღო ხელში ურო და ქვის სატეხი. მივიდა მასთან და გამოტეხა ქვა, რათა შვილი ცოცხლად გამოეყვანა. კვნესოდა ქვა ტკივილისაგან, მეტი და მეტი სითბო და სიმხურვალე მოდიოდა მისგან, რაც უფრო ღრმავდებოდა ქვის სრულ მოცულობაში. სისხლიც მოჟონავდა ალაგ-ალაგ.

ხელის კანკალით ურტყამდა მეფე უროს,
გამხნევდიო, იყო იდეის გულის პასუხი,
ისიც აღრმავებდა ქვაში ქვაბულს...

და, მართლაც, ჯანმრთელად და საღად დავიბადე მე. ხელში ამიტაცა მამამ და დედას დაანახა ჩემი თავი. მან გულისთქმით დამლოცა. ლოცვას ცის ცვარი მოჰყოლია თურმე და მეც ავტირებულვარ და სული ჩამიდგამს. ქვეყნიერების დასანახად მაღლა ავუწევივარ და ცისთვის შეუყვირია მამას:

– იდეისათვის სიცოცხლე ღირდა!

ჩემი პირველი ღამე სამივემ ერთად გავატარეთ დედის წიაღში და ისეთი სითბო იყო, მსგავსი არასოდეს არც მე და არც მამას არ განგვიცდია. ხომ ჩვილი ვიყავი, მაგრამ იმ სითბოსა და ერთად ყოფნის სიხარული დღემდე მომდევს და როცა ვიხსენებ, არ მასვენებს გულნაღვლიანობა. ერთი საათის დაბადებულ ბავშვს, აბა, რა გრძნობა უნდა ჰქონოდა ისეთი, მახსოვრობაში რომ გადასულიყო. მაგრამ შეიძლება ქვეყნად ყველაფერი დამავიწყდეს, აღარ ვიცოდე, ვინა ვარ მე, ამ გრძნობას კი ვერაფერი დამავიწყებს, რადგან ჩვენ – მე, დედა და მამა ერთად ვიყავით და ყველაფერ ამას ის არაადამიანური სითბო ავსებდა, რაც აღარასოდეს განმეორებულა, ასეთი სპეტაკი გონებით ერთად თავი აღარასოდეს მოგვიყრია მე, დედას და მამას, და მიტომ. ასეთი ბედნიერი არც აიეტი იქნებოდა, როგორც იმ ღამეს. იგი აუცილებლად გაიცინებდა და გაიხარებდა, რადგან იდეის გაქვავების შემდეგ მოაკლდა სითბო და სიყვარული და ყველაფერი იმ ერთ ღამეში შეივსო.

ისეთი ბედნიერები ვყოფილვართ სამთავე, რომ საჭმელზე არც კი მიფიქრია თურმე, მშობლებთან სიახლოვის განცხრომაში ვიყავი და საკვებად ამან იკმარა, მაგრამ მეორე დღეს შიმშილმა თავისი თქვა – ავტირებულვარ თურმე და მამაჩემი იძულებული გამხდარა, მეძუძური ქალი ეპოვნა ჩემთვის მამულში.

მართლაც, იპოვა და მასთან მიმიყვანა გასაზრდელად. იმ ოჯახს ყურადღება არ დააკლო, სამეფო პატივით მიიღეს სასახლის კარზეც, მაგრამ მორდუს და მის ოჯახს შინ

ერჩივნათ ჩემი გაზრდა, თან თავიანთი შვილებიც უნდა გაეზარდათ. უფრო მოხელთებულებიც იყვნენ თავიანთ ფაცხაში, ვიდრე სამეფო დარბაზებში იცხოვრებდნენ. ძალა არ დაატანა მამამ და თან წამიყვანა მორდუმ. თავიანთი ხელგარჯილობით ირჩენდნენ თავს და თავიანთ ლუკმას მეც თანაბრად მიყოფდნენ.

გაუცინარი ხელმწიფე ასეთად რჩებოდა და მე იგი მიყვარდა – ჩემი სევდიანი მამა. მიხაროდა მისი ყოველი გამოჩენა. მომინახულებდა თუ არა, სადღაც გაუჩინარდებოდა ყველასგან უჩუმრად. როცა ვერავინ ამჩნევდა მის არყოფნას, ისეთ დროს მოიხელთებდა, ბრუნდებოდა ყოველთვის ცივად და უბრად მიდიოდა სატახტო ქალაქში. გასაკვირი ბევრი რამ იყო მის საქციელში –

ის, რომ რატომ არ მივყავდი შინ;

ის, რომ სად მიდიოდა და რატომ ბრუნდებოდა ასე ნირწამხდარი;

ის, რომ რა ხდებოდა იქ, სადაც მიდიოდა;

ის, რომ რატომ არასდროს არ იღიმოდა.

მე მაშინ ბევრ რამეს ვერ ვხვდებოდი, არ ვიცოდი, და მიტომ. არადა, წადილი მახრჩობდა, ყველაფერი გამეგო. მე ვჩქარობდი, თორემ ყველაფერს თავისი დრო-ჟამი ჰქონდა. როცა არ ვიცოდი ყველაფერი, უფრო მშვიდად ვცხოვრობდი და მიხაროდა სიცოცხლე. სიცოცხლე კი ყოველთვის მიყვარდა და მეტსა და მეტს ვსაზრდოობდი ყოველი დღიდან.

ვიცოდი მამული,

მაგრამ არ ვიცოდი დედული.

ხარბად ვსწავლობდი ცხოვრებას. ვგრძნობდი, ეს დიდხანს არ გაგრძელდებოდა, და მიტომ. ერთ დღეს მოვიდოდა მამა და თან წამიყვანდა და მე ეს მინდოდა, მამა კი ამ დროის დადგომას აჭიანურებდა, ეს კი ვერ გამეგო, თუ რატომ. ბოლოს მაინც გავიგე ყველაფერი. ამის შემდეგ მინდოდა ყველაფერი ისე დარჩენილიყო, როგორც მანამდე იყო, მაგრამ ჩემი ბავშვობის ის ლამაზი მონაკვეთი უიმედოდ დაიმ-

სხვრა.

ერთხელ თანატოლები საღამოს პირს გორაკზე შევიკრიბეთ თამაშის შემდეგ და კოცონი გავაჩაღეთ. უცებ ვიღაცამ ზღვის პირას აღმართულ ქვის ქანდაკისკენ გაიშვირა ხელი და გვიამბო, რაც მშობლებისგან გაეგო. მან არ იცოდა, ვის რას უყვებოდა და თქვა:

– ეს ქვის ქანდაკება თურმე ლამაზი ქალი ყოფილა ოდესღაც. გადამთიელებს მისი გატაცება ნდომიათო. შეევედრა თურმე ეს ქალი, ნუ წამიყვანთო, არ შეუსმენიათ გადამთიელებს. ის–ის იყო, ცხენზე უნდა შეესვათ, რომ გაქვავებულა თურმეო. ქვა ვეღარ უზიდიათ გადამთიელებს და იქვე მიუტოვებიათო.

– მართლაო? – უკითხავთ ბავშვებს.

– ეს რააო, – გაუგრძელებია თხრობა მას, – ამ ქვადქცეულ ქალს ხშირად ღამ–ღამობით აკითხავს ვიღაც კაცი და ესაუბრებაო. ზოგი ამბობს, რომ იგი ერთ–ერთი გადამთიელიაო, ზოგს ჰგონია, რომ იგი ამ კლდე–ქალის სატრფოაო, ზოგი ფიქრობს, რომ იგი მისი ქმარიაო. ერთმა მონადირემ ისიც თქვა, რომ ეს კაცი, რომელიც ყოველთვის აკითხავს კლდე–ქალს, ძალიან წააგავს ჩვენს გაუცინარ ხელმწიფესო. ვიღაც ქურუმმა შიშის ზარი დასცა მამულის შვილებს – ის, ვინც ამ ქვას აკითხავს, ჯადოქარიაო და ფრთხილად იყავით თვალი არ მოგკრათო, თორემ იმ ქალივით გაგაქვავებთო. დაფრთხნენ მამულის შვილნი და ღამ–ღამობით სახლიდან არ გადიოდნენ, ესაო და იმ ჯადოქარს არ გადავეყაროთო.

ყველას შეეშინდა ამ ნაამბობის ჩემს გარდა, ხოლო მე რატომ არ შემეშინდა, ვერ მივხვდი. გულში კი ჩამრჩა ამ კლდე–ქალის ამბავი. შინ რომ დავბრუნდი, მორდუს ვკითხე:

– მამულში თუ იციან, მე გაუცინარი ხელმწიფის შვილი რომ ვარო?

– არავის გაუმხილო ეს ამბავიო, – გამაფრთხილა მორდუმ.

– რატომო? – ჩავეკითხე.

– ვინმემ რაიმე არ დაგიშავოსო.

– მამა რომ დადის ჩემთან, თუ იციან?

– არაო.

– რატომ ეძახიან აიეტს გაუცინარ ხელმწიფესო?

– ალბათ იმიტომ, რომ არ იცინისო, – იოლად დააღწია თავი ჩემს შეკითხვას.

– რატომ არ იცინისო?

უხერხულად გაეღიმა მორდუს:

– ეს მე არ ვიციო...

ვეკითხებოდი და ვეკითხებოდი მორდუს, იქნებ რაიმე ისეთი ეთქვა, რომელიც გონებას გამიხსნიდა. ბოლოს, რომ გადაიღალა ჩემი აბეზარი კითხვებით, დამტუქსა:

– ნუ ეძახი მამას გაუცინარ ხელმწიფესო!

როცა მამა მოვიდა ჩემს სანახავად, ჩვეულებრივ, პურის ჭამის დროს იგი გაუჩინარდა. ყურადღება არავის გაუმახვილებია ამაზე, მე კი გამიკვირდა, როგორ შეიძლება, მეფე გაუჩინარდეს... და იქვე გონებაში ამოტივტივდა კლდე-ქალის ამბავი, რომელსაც ღამ-ღამობით კაცი აკითხავდა, ვილაც მონადირის თქმით, გაუცინარ ხელმწიფეს რომ ჰგავდაო. რადაც არ უნდა დამჯდომოდა, უნდა მენახა ის კლდე-ქალი, სანამ აიეტი იყო გაუჩინარებული. როგორღაც მოვახერხე სახლიდან გაპარვა. გარეთ თავსხმა წვიმა მოდიოდა, აქა-იქ მეხი აზანზარებდა მიწას. მოულოდნელად გაელავდა და გზას მინათებდა. მივედი ისე, რომ იქ მდგომ კაცს არ გაუგონია ჩემი მიახლოვება, წვიმდა, და მიტომ. იგი ქვას ეფერებოდა და რაღაცას ეუბნებოდა. ყურთასმენა დავძაბე და გავიგონე მისი ნათქვამი. ეს მამაჩემის ხმა იყო, ახლა კი შემეშინდა. მისი სახე არ ჩანდა, მაგრამ ვიცოდი, რომ იგი იყო ის კაცი, ქურუმმა რომ თქვა ჯადოქარიაო. მე არ ვიცი, იმ წუთში როგორი თვალები ჰქონდა მამას, მაგრამ ვიცოდი, რომ ტიროდა, რადგან მხრები უთრთოდა. ეს არ იყო სიცივისაგან გამოწვეული თრთოლა, რადგან მას არასოდეს სცი-

ოდა. ყური რომ დავუგდე, გავიგონე, ჩემზე ელაპარაკებოდა კლდე-ქალს. კარგა ხანს ჰქონდა ყური გულთან მიდებული, მერე ეამბორა ნაზად, ისე, როგორც მე მკოცნიდა, კარგა ხნის უნახავი რომ ვყავდი. მერე გამობრუნდა და ჩუმად გაიპარა. მე მივხვდი, რომ ეს კლდე-ქალი ჩემი დედა იყო.

ცრემლები მომერია –

სიხარულისიც,

ტკივილისიც და

სინანულისიც.

– დეეე-დააა! – ვიღრიალე იმ ღამეში, იმ თავსხმაში და მეხის გავარდნასავით გაისმა ჩემი არაადამიანური ძახილი და შევხედე, რომ დედამ თავი ჩემკენ მოაბრუნა. მეგონა ამ ჩემი ღრიალით ქვის სამოსიდან გავათავისუფლებდი მას. გავიქეცი და მოვეხვიე დედას და მის გულთან გულამოსკვნილი ვტიროდი. მამამაც გაიგონა ჩემი ხმა და გაოგნებული მოვარდა ჩვენთან. დიდ ხანს გვიყურა, მერე ხელში ამიტაცა და მითხრა:

– ჩვენი წასვლის დროაო, – და ნელი ნაბიჯით გავშორდით კლდე-ქალს.

არაფერი უკითხავს მამას ჩემთვის, ისე მივყავდი მორდუს სახლისკენ.

– ახლა უკვე ვიცი, რატომ გეძახიან გაუცინარ ხელმწიფეს-მეთქი, – ვუთხარი მამას. იგი არ გაბრაზებულა, მხოლოდ თავზე გადამისვა ხელი და გულში ჩამიხუტა.

– დღეის მერე მეც შენსავით გაუცინარი ვიქნები-მეთქი, – დავპირდი და მეც მივეფერე.

მორდუს სახლში ცოტა ხნით გავჩერდით, ცეცხლზე გავთბით. მორდუმ მისაყვედურა:

– უჩემოდ რატომ წადიო.

მამამ დაამშვიდა აღელვებული მორდუ.

– ჩვენი აქ დარჩენა უკვე შეუძლებელიაო, – უთხრა ბოლოს და ყველაფრისათვის მადლობა გადაუხადა.

– რაც გინდა, ითხოვეო, – დაჰპირდა.

– ერთი სათხოვარი მაქვსო, – უთხრა მორდუმ მამას, – როცა მომენატრება მედეა, ნუ დამიშლი მის ნახვასო.

მამა დაპირდა და ხელი ჩამოართვა. გამოსამშვიდობებლად მეც მოვეხვიე მორდუს, ძიძას და ძიძიშვილებს. იმავე ღამით აია-ქალაქში დავბრუნდით, არავინ შეგვეგება, ისე, ასე გვინდოდა, და მიტომ.

სასახლემ სხვანაირად ლალი გამხადა. ვერ შევუსრულე მამას პირობა, შენსავით გაუცინარი ვიქნებიო, ბავშვი ვიყავი, და მიტომ. ცხოვრებამ ათასფერადი რამე მომგვარა, მეც გულიანად მეცინებოდა, რაზეც უნდა გამეცინა. ჩემგან არავინ ითხოვდა გაუცინარი ვყოფილიყავი, არც მამა. თანდათან მავიწყდებოდა დედა, გულმაც შემაჩვია მის გარეშე ცხოვრებას, თავს მევლებოდნენ და მანებივრებდნენ, მეფერებოდნენ და თავს მაყვარებდნენ სასახლეში. როცა მორდუ მოვიდოდა ჩემს სანახავად, მხოლოდ მაშინ მოიღრუბლებოდა სევდით ჩემი პატარა და ჩვილი გული, მონატრება ერთბაშად ააფეთქებდა სიყვარულის მივიწყებულ გრძნობას.

კიდევ, სიზმრებში როცა ვხედავდი დედას, მაშინაც უგუნებობა მახრჩობდა. ყველაფრიდან დაიფარა მამამ ჩემი ბედნიერი ბავშვობა, მხოლოდ სიზმრებისაგან ვერ დამიცვა, რომლებიც დროდადრო მიფორიაქებდნენ სულს. მორდუც იშვიათად მოდიოდა ჩემთან. ერთადერთი რამ მეკრძალებოდა მთელს ქვეყანაზე – დედის ნახვა, – და ესეც იმიტომ, რომ დაცული ვყოფილიყავი ავი ფიქრებისაგან. ისიც კი მოიფიქრეს ღვთებრივად გამოვეცხადებინე ქურუმებს. ასე ვიზრდებოდი, ყველა თავს მეხვია –

მამა,

მამიდა,

ძმაი,

დაი,

მსახურები...

ყველა, ვინც მინდოდა,

დედის გარდა.

მხოლოდ სიზმრებში არ მტოვებდა დედა და იმ სითბოს მახსენებდა მისი შეხედვა, ჩემი დაბადების პირველ ღამეს რომ განვიცადე. მხოლოდ ერთხელ მოვკარი თვალი მას იმ განშორების შემდეგ და ისიც მაშინ, „არგოში“ რომ ვიჯექი და რომ დავტოვე მამული. თვალი მოვკარი მას, მანაც დამინახა. ერთობ დაბერებული მეჩვენა ქვა. შემებრალა. გულმა იგრძნო მხოლოდ, რაც მითხრა, სხვას არავის გაუგონია ეს:

– დაგელოდები, შვილო, მთელი ცხოვრება დაგელოდებიო. ცხოვრებაც რომ არ მეყოს,

ცხოვრების მერეც დაგელოდებიო,
ცხოვრების იქითაც,
ცხოვრების მიღმაც...
ყოველთვის,
ყოველგან,
ოღონდ არ დაივიწყო –
რომც არავინ გელოდოს, მარტო მე დაგელოდები!

სადაც არ უნდა იყო, ყოველთვის შენთვის ვილოცებო. ყველაფერი რომ დამთავრდეს, ჩემი ქვადქმნილი სხეულიც რომ დაილიოს, მაინც აქ დაგელოდები. არ მომწყინდება შენი ლოდინი, და მიტომ. რომც არ იჩქარო, მე შენთვის ვიქნები აქ. თუ არ დამიბრუნდები, სადაც იქნები, კარგად იყავი იქ. ჩემზე არ იფიქრო, მე ვერსად წავალო. რომ შემეძლოს გადაადგილება, მაინც ფეხს არ მოვიცვლიო. თუ ლოდინში დამიღამდება თვალები, გული დაგელოდება. დედის გული კი ისეთია, ქვამ ვერა უყო რა და დრო რას დააკლებსო...

ასე გამომაცილა დედამ ელადისაკენ. მალე მამა წამოგვეწია და არგონავტებმა ძმაი მომიკლეს, მე კი მაინც აქეთ მოვიჩქაროდი, ბოლოს შვილებიც დამიხოცეს ელადელებმა და მე შენთან შევაფარე თავი. სადაცაა გათენდება უკვე, მე კი ძილი გაგიტეხე, კეთილო მასპინძელო, მაპატიე.

დადუმდა მედეა და დადუმდა ჭიანურიც. უხერხულად იგრძნო პელაზგმა თავი და ჰკითხა მედეას:

– რატომ მიამბე ეს ზღაპარიო.

– მინდოდა გცოდნოდა, ვინ შეიკედლეო. მომიტევე, თუ გუნება-განწყობილება წაგიხდინეო.

– არა, ამისთვის არ მითქვამს, უბრალოდ, მსურდა გამეგო, რა ღირსი ვიყავი, შენ რომ გამიხსენი გულის ნადები.

არაფერი უპასუხა მედეამ, მხოლოდ მდაბლად დაუკრა თავი და ტრაპეზი დატოვა.

– დავისვენოთო, – უთხრა მასპინძელს, – ხვალ სხვანაირად გათენდება, უკეთ, ვიდრე დღესო.

XXXI

ო, ეს მედეა!..

ისე შეხმატკბილდა სტუმარ-მასპინძელი, რომ დროის თვლა არ დაუწყიათ. მაგრამ მათი ეს სიმყუდროვე ერთმა უცნაურმა კაცმა დაარღვია, რომელიც პელაზგის სამყოფელს მოადგა მედეას გამოცხადებიდან არაუადრეს ერთი თვისა და ალბათ უფრო გვიანაც.

მზიანი დღე იყო და, მართლაც, დაუკითხავად შემოვიდა პელაზგის სახლში ის ერთი კაცი და რაღაცას ეძებდა. გაიკვირვა პელაზგმა:

– რას ეძებ და რა დაგკარგვია, ასე გულმოდგინედ რომ დაწრიალებ ჩემს სახლშიო.

– ქალს ვეძებ, ქალსო! – ისე სასაცილოდ უთხრა ამ კაცმა, რომ უნებლიედ გაეცინა მასპინძელს და ხუმრობის ხასიათზე დადგა.

– რად გინდა ქალიო? – ჩაეკითხა მაინც, ყოველი შემთხვევისთვის.

– როგორ თუ რად მინდა, უნდა დავიჭირო და მივგვარო ჩვენს ტირანს. ძალიან საშიში ქალია ეს ქალიო, თავის გზაზე რაც კი ნახა, ყველაფერი გაანადგურაო.

– შემთხვევით მე ხომ არ მეძებო? – ჩაერთო ქალის ძებ-

ნაში მედეა.

– არა, შენ არ გეძებ, ჩვენ მედეას დავეძებთ, კოლხია წარმოშობით. ელადაში შემოიპარა ჩვენს გასაწყვეტადო.

– რომ დაეძებ, თუ იცნობ სახეზე მაგ ქალსო? – ჰკითხა პელაზგმა და მედეას გადახედა.

ფერი ეცვალა სახეზე მედეას, ათასნაირმა ფიქრმა გაუელვა თავში. ამ უცნაურმა კაცმა ახლაღა შეამჩნია ქალი სახლში და მიუბრუნდა ისეთივე საქმიანი იერით, როგორადაც შემოვიდა.

– ჰო, მართლა, შენ თვითონ ვინა ხარო? – მიუახლოვდა ისე, თითქოს, ეს-ესაა, ამოიცნო საქვეყნო დამნაშავეო.

– მე? მე... – დაიბნა მედეა, თავისდაუნებურად უნდოდა ეთქვა სახელი, მაგრამ...

– ჩემი ცოლია, მაგ ქალს თავი დაანებეო, – ჩაერთო საუბარში პელაზგი.

– ჰო, შენი ცოლი თუა, მაშინ რა საქმე მაქვს მასთანო.

– მეც ამას გეკითხები სწორედო, – საყვედურის კილოთი უთხრა პელაზგმა სტუმარს. მერე კი სასხვათაშორისოდ ჩაეკითხა, – რატომ დაეძებ მედეას, რა დაგიშავათ ასეთიო. დაჯექი, მოისვენე, ჩვენთან ერთად ისადილე და გვიამბე, რა ხდება ქვეყნიერებაზე. ჩვენ აქ მოკლებულნი ვართ ახალ ამბებსო.

დაიცხრო ამ კაცმა აფორიაქება.

– მართალი ხარო, – უთხრა, – ვერსად ვერ გაგვექცევა მედეა. სულ ერთია, მაინც ვიპოვით და სიკვდილით დავსჯითო.

ღრმად ამოიოხრა, სამფერხადზე[98] დაჯდა და ჩამოისვენა. წყალი მოითხოვა სულის მოსათქმელად, მედეამ მიართვა წყალი.

– ახლა დამშვიდდი და დალაგებულად გვითხარი, რა ბრალი მიუძღვის მედეას თქვენს წინაშეო, – ჰკითხა პელაზგმა და სმენად იქცა, თან მედეას შეხედა.

მედეამ კი გაიფიქრა, – არ გამცეს პელაზგმა ამ გადა-

---

98. **სამფერხადი** - იგივეა, რაც სამფეხა სკამი.

რეულ კაცთან, ვინძლო, დაუჯეროს მის ათასგვარ სისულელეს. მე კი, საკუთარი თავის მჯერა, მაგრამ პელაზგი მე მერწმუნება, თუ ამ კაცს, რა ვიცი.

ყოველი შემთხვევისათვის მედეამ თავისი ხრმალი მისაგნებ ადგილას დადო, გარეთ თეთრონს გახედა და ისევ შინ შემობრუნდა. მედეას აფორიაქება პელაზგმაც შეამჩნია და გაუღიმა ქალს. მის ღიმილში მუხთლობა ვერ ამოიკითხა ვერც ერთმა სტუმარმა.

სამაგიეროდ, პელაზგი დააფიქრა ამ მდგომარეობამ, – თუ მედეა მართლაც ისეთი ბოროტმოქმედია, შეიძლება არც მე დამინდოს და სიცოცხლეს გამომასალმოს, ხოლო თუ იეჭვა ამ კაცმა, რომ მე მედეას ვმფარველობ, შეიძლება მისი ხელიდანაც მოვკვდე. საფიქრალი და საორჭოფო ორთავეს გაუჩინა გზად შემოსწრებულმა, თვითონ კი ვერაფერს ხვდებოდა, თუ რა ქარბუქი დაატრიალა „ცოლქმრის" ფიქრებში. იგი არხეინად იჯდა და ღვინის მირთმევას ელოდა. მედეაც შეუდგა სუფრის გაწყობას, მოუხეშავად კი გამოსდიოდა, არ იყო ჩვეული, და მიტომ. ეს ამ უცხო კაცის თვალს არ გამოპარვია და იჭვნეულად შეხედა ქალს. პელაზგმა ყურადღება გადაატანინა ბოროტმოქმედზე და ისევ ჩამოუგდო სიტყვა იმ კოლხზე და არა თავის სტუმარზე, რომელსაც დაჟინებით შესცქეროდა ელადელი.

– რაო, მაინც რა დააშავა მედეამ? – ჩაეკითხა მასპინძელი, – მაგ ქალს თავი დაანებე და აქეთ შემომხედეო.

– ჰო, – შეუდგა თავისი სამდურავის გამოთქმას, – ყველაფერში მედეაა დამნაშავე, რაც ჩვენ გადაგვხდა თავს, მხოლოდ და მხოლოდ მედეა და არავინ სხვა.

– რატომ, რა დააშავა ასეთიო? – იკითხა პელაზგმა.

– როგორ თუ რა დააშავაო, – ძალ-ღონე მოიკრიბა კაცმა, – აი, მაგალითად, ჩვენი მეფე და მისი შვილი მოკლა სასტიკად და გაიხარა კიდეც ამით, რადგან თურმე მედეას ქმარს ჰყვარობდა მეფის ასულიო. მედეამ კი შური იძია მასზე და მამამისზე. აქედან დაიწყო კორინთოელთა უბედურება. იმ

მეფემ კიდევ შვილები დაუხოცა...
– სიკვდილამდე, თუ სიკვდილის შემდეგ? – გაიკვირვა ვითომ პელაზგმა.
– სიკვდილის შემდეგ იქნებოდა ეს უთუოდ, თორემ სიკვდილამდე არაფერი ჰქონდათ მეფეს და მედეას გასაყოფიო.
– გამოდის, მკვდარ მეფეს მოუკლავს მედეას შვილებიო... – დაასკვნა პელაზგმა.
– ჰოდა, შენ გჯერა მაგ შენი ნათქვამის? – ჰკითხა ოთახში ახლად შემოსულმა მედეამ.
– მეც რომ არ მჯერა, ამიტომაა სწორედ მედეას ბრალიო!
– ოოო, – შეიცხადა კაცის გამოსაჯავრებლად პელაზგმა, – მართალი ყოფილა მედეა, თუ ეს ისეა, როგორც შენ მომიყევი. ასეთ შემთხვევაში, თუ მედეა თქვენ მაინც ჩაგივარდათ ხელში და თქვენ იგი მოაკვდინეთ ასეთი უსამართლო დადანაშაულების გამო, მე იგი შემებრალება და ყველგან ვიტყვი, რომ მედეას სისხლი უდანაშაულოაო!
– ეს რატომ? – გაცეცხლდა კაცი.
– მოდი, წყნარად, ზედმეტი მღელვარებისა და განცდის გარეშე განვსაჯოთ, – მცირეოდენი პაუზის შემდეგ განაგრძო პელაზგმა, – შენ ხომ თქვი, რომ მედეას ქმარს ყვარობდა თქვენი მეფის შვილიო?!
– კი, ვთქვიო, – დაადასტურა ნათქვამი კაცმა.
– ისიც ხომ თქვი, რომ მედეამ მამა-შვილი მოკლაო.
– ნამდვილად ასეა, – ცოტა არ იყოს დაფრთხა კაცი და დაძაბა ყურადღება, ამ უცნაურმა ცოლ-ქმარმა მედეას საქები არ მათქმევინოს რამეო.
– მაშინ რა გამოდის?!
– რა გამოდის, მითხარი, თორემ მოუთმენლობისაგან გადავირევი.
– რა გამოდის და, არაფერი.
– როგორ თუ არაფერი? – ისე თქვა, თითქოს თავისივე ნათქვამიც მოელანდა, არათუ მასპინძლის.
– ისეთი არაფერი, – შეარბილა ნათქვამი პელაზგმა, –

აი, დააკვირდი: რას წარმოადგენს მედეასთვის მეფის ასული?

– ჰე, ჰე, ჰე!.. – გაიბადრა კაცი, ამას რას მეკითხებაო, – რას წარმოადგენს და... – ცოტა ფიქრის შემდეგ დაბეჯითებით უპასუხა, – მეტოქეს, სხვას რას უნდა წარმოადგენდეს!

– მართალი ხარ, კაცო, – უპასუხა პელაზგმა და ამ კაცმაც შვებით ამოისუნთქა, ეს რა კარგად ვთქვიო, – ახლა ესეც მითხარი, – გააგრძელა და კაცი ისევ დაიძაბა ახალი შემოტევის მოსაგერიებლად, – შესაძლებლობის შემთხვევაში შენს მეტოქეს რას უზამდიო?

– კითხვა ვერ გავიგეო... – დაიბნა კაცი.

– მაშინ ასე ვთქვათ, მიგაჩნია თუ არა შენ მედეა შენს მეტოქედ?

– კი, მეტოქეცაა და ყველა ელადელის მტერიცო, – უპასუხა კაცმა.

– რატომ ეძებ ამ შენს მტერსა და მეტოქესო?

– ჩვენ იგი უნდა გავანადგუროთო! – ზეაღმატებული ტონით უპასუხა კაცმა.

– ჩვენ კი არა, შენ რას უზამ შენს მეტოქეს და მტერს?

ცოტა არ იყოს, იჭვნეულად შეხედა კაცმა პელაზგს – „ეს კაცი გიჟი ხომ არ არისო?“ – ამ მოსაზრებით. ეს ფიქრიც მთელმა მისმა სახემ იმეტყველა.

– გავანადგურებ, – მთელი ძალა და ზიზღი ჩაატია ამ სიტყვაში კაცმა.

– ამას ხომ ყველაფერს შენ ამბობ და არა ვინმე სხვაო?

– კი, მე ვამბობო.

– ესე იგი, შენც მიგაჩნია მედეა უდანაშაულოდ?

– ეს როგორო! – წამოხტა გაცხარებული კაცი, არ ელოდა, ასე თუ ეტყოდა ეს უნდობი მასპინძელი. ადრეც აწვნევინეს თავისი ნათქვამის გემო მწარედ და ყველანაირად ცდილობდა ახლა მაინც ყოფილიყო ფრთხილად სიტყვასთან, ვერ კი შეიძლო. სიბრაზისაგან სახეზე ფერი ეცვალა.

– როგორ და, მშვენივრად თქვი, რომ მედეა და ის ქალი მეტოქეები იყვნენო, შენ კიდევ შენს მეტოქეებს ყოველ-

თვის სიკვდილით უმასპინძლდები. მაშ, რატომ არ უნდა გაეკეთებინა მედეასაც იგივე?!

დაიბნა კაცი, რა ეპასუხა არ იცოდა. აზრის მოსაკრებად დუმილი ამჯობინა, პელაზგმა კი განაგრძო თავისი მოსაზრების გამოთქმა:

– ადამიანთა მოდგმა ყოველთვის უსწორდებოდა თავის მტრებსა და მეტოქეებს, ერთს რომ მეორის ადგილი არ დაეკავებინა, ან ერთს რომ მეორის ადგილი დაეკავებინა. ვითომ იმ თქვენი მეფის შვილი, რომ გაიმყარებდა თავის მდგომარეობას, არ მოკლავდა მედეას და მის შვილებს ზედ არ მიაყოლებდა?! თუ გულჩვილი იყვნენ ის თქვენი სანაქებო მამა-შვილი?! რადგან მოკლა, ესე იგი დაასწრო, თორემ მას მოკლავდნენ. თუ არ მოკლა, ესე იგი სხვამ მოკლა და მედეას დააბრალეს. მერე კიდევ, თუ მიხვდები, იგი ამ მკვლელობით რას იცავდა?

თავისი დუმილი ახლა პელაზგმა შეუერთა კაცის დუმილს იმ იმედით, რომ პასუხს მიიღებდა თავისი სათქმელისთვის შესაფერისს, მიიღო კიდეც:

– ოჯახს, – უპასუხა კაცმა.

– მაშინ რა გამოდის, კაცო, შენი ნათქვამით, მის მიერ ჩადენილი საქციელი სამართლიანი იყო, რადგან მედეა საკუთარი ოჯახის მთლიანობას იცავდა. სხვას არ მივარდნია და არ წაურთმევია იმ სხვისთვის ქმარი. თავდამსხმელია ყოველთვის დამნაშავე და სხვა დანაშაულის გამომწვევი და არა თავდამცველი. უარესი ცოდვა და დანაშაული თქვენზე იქნება, თუ მედეას ეს მკვლელობა არ ჩაუდენია და ეს მას დააბრალეთ.

ისევ დუმილი ჩამოწვა ოთახში, მაგრამ ამჯერად არანაირი მოსაზრების გამოსახმობად, მხოლოდ სინდისის ქენჯნის გასაღვიძებლად და შემდეგ გასაღვივებლად.

– ადამიანები ერთმანეთს კლავენ, ადამიანები ერთმანეთს ჭამენ ისე, როგორც ქათამს ვკლავთ და მერე ვჭამთო, – განაგრძო ხმამაღლა ფიქრი პელაზგმა, – არც მედეაა

გამონაკლისი, რადგან ისიც ადამიანია, არც შენ ხარ მედეაზე უკეთესი, რადგან კაცის მოკვლა მოგიწადინებია. იბადებიან ადამიანები იმის ფასად, რომ კვდებიან სხვები, შენდება ქალაქები იმის ფასად, რომ ინგრევა სხვა ქალაქები. ცხოვრების წესია ასეთი და ალბათ კაცობრიობის შეგნება არასოდეს მივა ისეთ მოსაზრებამდე, რომ ადამიანთა მოკვდინება ჩაითვალოს სირცხვილად და ცოდვად. ასეთი რამ შეიძლება ვიღაცამ, ან ვიღაცეებმა ყასიდად თქვან, თორემ სინამდვილეში კი მტერი მტერს აუცილებლად მოკლავს და ეს ჩაითვლება სასარგებლო ქმედებად, თუმცაღა არ განსჯიან მას, რადგან მოგებული იქნება და არა გამარჯვებული. ესეც იმიტომ, რომ ამ მოგებულსაც ელოდება სიკვდილი ვიღაცის ხელით. ბევრი ფიქრობს და ოცნებობს მემატიანეში შესვლაზე. მეფეებისთვის გზა ხსნილია, როგორი უღირსიც არ უნდა იყოს იგი. მეფეს ისევ მეფე შეეცილება, ან მისი მემკვიდრე. ეს კიდევ არაფერი, კაცობრიობა ამას აიტანს; აი, ნაზირ-ვეზირები რომ მემატიანეში სხვისი ადგილის მითვისებით ამ ადგილის თავისად გამოცხადებას, თუნდაც მართლა თავისი სავეზირო ადგილის დამკვიდრებას შეეცდებიან, ესაო-და, თუ არა ვეზირი, მეფე უძლური და უფხო იქნებაო, ქვეყნიერებაც მაშინ დაინგრევა. მაშინ რა მოსატანი იქნება ეჭვიანობის გამო ქალი თუ ქალს მოკლავს, სირცხვილიც კია ამაზე სიტყვის დაცდენაცო, – თქვა და ამოიოხრა. მერე ისევ კაცს მიუბრუნდა და ჰკითხა, – კიდევ რა დააშავა მედეამ, მისი განადგურება რომ გინდათო?

– რაც ვთქვი და რაც არ მითქვამს, ყველაფერში მედეაა დამნაშავეო, – იხტიბარი არ გაიტეხა კაცმა, – ივიტე მედეამ მოაკვლევინა ჰერაკლეს, ანკეოსი მედეამ შეაჭმევინა ტახს, თვითონ ჰერაკლეც მედეამ მოკლა – ისეთივე ტანისამოსი გაუგზავნა, როგორიც კრეონტის ასულს; იაზონი რომ იაზონია, ისიც მედეამ მოკლაო, მძინარეს მიეპარა და „არგოს" ანძა ჩაარტყა თავშიო. არ კმარა? ამ დანაშაულობებზე რაღას მეტყვიო?! – ნიშნის მოგებით იკითხა კაცმა.

– შეაჭმევინა, თუ აჭამაო? – დამცინავად ჩაეღიმა პელაზგს და მედეას შეხედა, რომელიც უკვე მოსაუბრეების გვერდით იჯდა და ადუღებულ წყალში რაღაც ხმელ ბალახებს ყრიდა და ურევდა.

– შენ მართალი ხარ. ალბათ, უფრო თვითონ აჭმევდაო, – სურათის დასამძიმებლად შეაგება სიტყვა კაცმა.

– თვითონ უდებდა პირში პატარა ბავშვივით, არა?! – დააზუსტებინა ნათქვამის შინაარსი პელაზგმა კაცს.

– მართალი ხარ, თვითონ საკუთარი ხელით აჭმევდა. ჩემი თვალით ვნახეო.

– მახვილი თვალი გქონიაო, – შეაქო პელაზგმა, – მაგრამ რატომ მაშინვე არ დაიჭირე და არ მიჰგვარე იგი შენს ტირანს?

ვერაფერი უპასუხა კაცმა, ესღა დარჩენოდა, სირცხვილისაგან გაწითლებულიყო და ხმა გაეკმინდა.

მედეამ კი ამასობაში ცხელი წყალი მოსვა. გასაოცარი ტკბილსურნელება დააყენა ბალახეულმა ნაყენმა, კაცების ყურადღება მიიქცია, ისეთი. ორივემ გაუღიმა გვერდით დამჯდარ ქალს. მანაც ეს სასმელი მიაწოდა პელაზგსაც და კაცსაც.

– ის როგორ თქვი, „არგოს" ანძა ჩაარტყა თავშიო?! – ჩაეკითხა მედეა.

– ჰო, მიეპარა და ჩაარტყაო, – გააგრძელა კაცმა, – ასე იყო თუ ისე...

– გაჩუმდი! – შეაწყვეტინა არხეინი ლაპარაკი მედეამ, – ცოტა ხნით გაჩუმდიო!.. – მკაცრი კილოთი უთხრა ქალმა და ორივე მამაკაცმა შეამჩნია, როგორ აილეწა სახეზე მედეა.

იგი აღარ უყურებდა კაცებს. ხელები აუკანკალდა. თავის ტკივილს რომ გაქცეოდა, საფეთქლებზე მაგრად მიიჭირა ცერა თითები და თავისთვის რაღაცას ბუტბუტებდა, დანარჩენი თითები თვალებზე ჩამოიფარა, რათა არ დაენახათ ცრემლი მის თვალებზე. ახლაღა მიხვდა მედეა, თუ როგორ შეუმჩნევლად, თავისდაუნებურად შეყვარებია იაზონი.

როგორ ერთბაშად დაირღვა მისი მშვიდობა,

როგორ ერთბაშად დამთავრდა მთელი ელადა მისთვის.
რა დიდი ძალა ჰქონია თურმე ცოლ-ქმრობას,
როგორ უხილავად ხდები ცოლი ქმარზე დამოკიდებული და ქმარი ცოლზე დამოკიდებული.
როგორი უცნაური შეგრძნებაა, როცა საკუთარ თავს არ უტყდები იმაში, რაც ყველაზე კარგად იცი –
თუ როგორ შეეჩვიე ქმარს,
როგორ მოგწონს მისი ყოველი
მიმოხვრა,
საუბარი,
საქციელი,
ადრე რომ გძაგდა და გეზიზღებოდა მთელი არსებით, ახლა კი, როცა მოკვდა და მარტო დარჩი მთელს სამყაროსთან, მიხვდი:
როგორ გაკლია მისი სიცოცხლე, თუნდაც შენს გვერდით არ ყოფილიყო.
შვილების სიკვდილის სიმწარესთან იაზონის სიკვდილი, მართალია, არაფერია, მაგრამ სულის სიღრმეში მხოლოდ მან დაანგრია ყველაფერი ის, რისთვისაც გაწირა მამულის შვილმა მამული. გაუფასურდა მიამიტური თამაში გრძნობებზე, რომელმაც თავისი წილი ტკივილი დატოვა და გააწვალა შეგნება. დიდი ნაწილი მედეასი იაზონთან ერთად მოკვდა. ის ღალატიც შეჭამა სიკვდილმა და დარჩა მხოლოდღა ხსოვნა და ესეც ამ წუთებში მერე კი ამ გლოვასაც უკანმოუხედავად წაიღებდა დრო დასავიწყარში. მედეა ასე აღარ იფიქრებდა იაზონზე სხვა დროს, როგორც ახლა, დაჭრილი გრძნობები გალიზიანდა, და მიტომ. ეს იარები შეხორცდება და იაზონი მედეასთვის ისეთსავე საძულველ მამაკაცად დარჩება, როგორც იყო ამ წუთამდე, რადგან ეს წუთი მედეას სისუსტის გამოვლენის წუთია და ეს მას ეპატიება.
– რა დაემართა შენს ცოლს? – გაკვირვებით იკითხა კაცმა, – მგონი, ტირისო...
– შენ ეს მითხარიო, – ჩამოუგდო საუბარი ისევ ბოროტ-

მოქმედზე, რათა კაცს ყურადღება გადაეტანა მედეადან მედეაზე, – კიდევ დააშავა რამე იმ კოლხმაო?

– როგორ არაო, – განაგრძო კაცმა, – შვილების სიკვდილის მერე წასულა თურმე ათენს, თავისი დრაკონებით აფრენილა ცაში, და ისე...

თავისი ფიქრებისაგან უცებ გამოერკვა მედეა და თავისთვის ხმამაღლა ჩაილაპარაკა:

– უკვე აღარაფერი მესაქმება ელადაშიო... კიდეც მინდა გავეცალო აქაურობას და კიდეც არა... მაგრამ რომ გავიქცე, სად გავიქცე, ან რომ დავრჩე, სად დავრჩე, ვისთან, ვისთვის ან რისთვის? ყოველი ღირებული ჩამოჩეცხა იაზონის სიკვდილმა ელადას ჩემს თვალშიო... – ლაპარაკობდა მედეა და ვერ გრძნობდა, რომ მას უსმენდა ორი კაცი, რომელთაგან ერთისთვის გასაგები იყო თავისი სტუმრის ასეთი ქმედება, მეორე კი პირდაღებული და გაფართოვებული თვალებით უსმენდა პელაზგის „ცოლს“ და ვერაფერს მიმხვდარიყო. ჰკითხა კიდეც „ქმარს“:

– შენი ცოლი ასე რატომ გლოვობს იაზონს, ან ჩვენს სუფრასთან რატომ ზის და რატომ გვიგდებს ყურს, რასაც ვლაპარაკობთო? – მერე კი დაასკვნა, – ესეც მედეას ბრალი იქნება უთუოდო, – გააქნია თავი და მასპინძელს შეაცქერდა.

– ჰო, ჰო, – მოიკატუნა თავი პელაზგმა, – მედეას ბრალი იქნება, ასე რომ მოაჯადოვა, – მერე შეწყვეტილ საუბარს მიუბრუნა, – რაო, რას ამბობდი, ათენში წავიდა დრაკონებითო?

– ვინაო? – გონს მოეგო მედეა და ისეთი იერით შეხედა კაცს, რომ კვალიც აღარ დარჩენოდა ნაგლოვის.

– ვინ და – მედეაო.

– რატომო? – ერთხმად იკითხა „ცოლ-ქმარმა“.

– ათენის მეფეს შეურთავს ცოლად და მერე მისი შვილის მოკვლაც მოუწადინებია, მოხუცი ეგეოსის ტახტი რომ ჩაეგდო ხელთ. მამას შვილი უცვნია და აღარ მოუკლავსო და მედეა კი გაუძევებია სასახლიდანო.

დუმილი ჩამოწვა უხერხულობის ამ ამბის თხრობის შემდეგ.

– შენ ვინ გიამბო ეს ამბავიო? – ჰკითხა პელაზგმა.

– კორინთოში ერთ გეტერას დასიზმრებია თურმე და იმას უამბნია სხვისთვის, იმ სხვას კიდევ სხვისთვის და ასე მოაღწია ჩემამდე ამ ამბავმაო.

– მეც ვიცი ეს ამბავი, ოღონდ მედეას გარეშეო.

– შენ ვინღა გიამბოო? – ჰკითხა კაცმა პელაზგს.

– ჩემს ბაბუას მამაჩემისთვის უამბნია, მამაჩემს კიდევ ჩემთვის.

– ეს როგორო? – გაიკვირვა კაცმა.

– როგორც შენ გვიამბობ, ისეო, – განუმარტა პელაზგმა, – ერთიც ეს მითხარიო, – დაამატა შემდეგ, – თუ იცი, როგორ არიან ეგეოსი და მისი შვილი მედეას წასვლის შემდეგ?

– ბედნიერად ცხოვრობენ ერთადო.

– სად? ათენში თუ ჰადესშიო? – ჩაეკითხა უკვე ღიმილმორეულმა პელაზგმა.

– ათენშიო, – დაუფიქრებლად უპასუხა კაცმა.

– შენ თუ იცი, – დააზუსტა ეს ამბავი პელაზგმა, – თეზევსმა რომ უკვე მოკლა მინოტავრიო?

– ვიციო, – დაეთანხმა კაცი.

– ისიც თუ იცი, რომ ეგეოსი ზღვაში დაიხრჩო იმ შვილის დარდითო?

– მართლაო? აი, ხომ გეუბნებოდი, ყველა უბედურებაში მედეას ხელი ურევია და მედეაა დამნაშავე ყველაფერშიო.

– როგორ თუ მედეაო, ეს მაშინ მოხდა, როცა მედეა ან ბავშვი იყო, ან საერთოდ არ იყო დაბადებულიო.

– მეც იმას ვამბობ, იმიტომაცაა მედეას ბრალი, რომ ტყუილ-მართალი ერთმანეთში აირია და ეგეოსის ამბავი გაცილებით ადრინდელიაო, თორემ გზა-კვალს ვინ არევდა ამ ამბისას, თუ არა ეს გრძნეული ქალიო. გვიან დაიბადა და მისი ბრალიც ესააო, თორემ ხომ გამართლდებოდა გეტერას ნათქვამიო.

– მერე, კიდევო, – დაუმატა ნათქვამს პელაზგმა, – ცუდად უთქვამს იმ გეტერას ყველაფერი. უშვილო იყო ეგეოს

მეფე და დელფოს ორაკულის უცნაური ნათქვამის დასაზუსტელად წასულს ღამით ქალი შეუწვინეს და შვილიც ეყოლათო. იმასაც ამბობენ, უკვე მიდგომილი იყო ქალიო და მხოლოდ ნამუსის გასაწმენდად მიუწვინეს გადამთვრალ ბერიკაცსო. მედეა როგორღა მოახერხებდა მამაშვილს შორის ჩადგომას და, მითუმეტეს, შვილებმოკლული დედა.

– ყველაფერში მედეაა დამნაშავე, ყველაფერში! ეგეოსს რომ შვილი არ ჰყავდა, ესეც მისი ბრალია, თეზევსი რომ გაჩნდა ჰაერიდან, ამაშიც მიუძღვის ბრალი, თორემ თეზევსს მამაც ეყოლებოდა გვერდით და დედაც, აბა თვითონ თუ შესძლო შვილის გაჩენა ეგეოსისგან, სხვას რატომ არ შეაძლებინა იგივე?

– როგორ თუ შვილი!

– ჰო, ასე ამბობს ჩვენი გეტერა, შვილი შეეძინა მედეასგანო.

– ამასაც გეტყვიო, – დასძინა პელაზგმა, – თვით მეფის ორმოცდაათმა ძმისწულმა შეატყუა ასევე ფეხმძიმე ქალი ბიძას. მერე იყო და, თვითმარქვია ტახტის მემკვიდრეებს შორის ატყდა ომი და ამ ომში თეზევსმა გაიმარჯვაო.

– ჰოდა, მედეას ბრალი ყოფილა ესეც, – ისევ იგივე დაასკვნა კაცმა, – ეს იმიტომ, რომ თვითონ არ იყო იმ ფეხმძიმე ქალის ადგილას, ან თვითონ არ იყო ის ფეხმძიმე ქალი, თორემ ხომ აეწყობოდა ეს ამბავი ისე, როგორც სჭირდებათ...

– ვის სჭირდება? – ჩაეკითხა პელაზგი.

დაიბნა კაცი, რაღა ეთქვა არ იცოდა და ერთი რამ მოიფიქრა საუცბათოდ:

– საქმესო!.. – დაბეჯითებით თქვა და ელოდა მასპინძელის მოსაზრებას.

უცებ გარედან თეთრონის ჭიხვინი შემოესმათ, ისე აჭიხვინდა, ადამიანის სიცილს ჰგავდა. კაცი შეცბა.

– რა არის ესო? – იკითხა.

პელაზგმაც დაუგდო ყური. ისევ აჭიხვინდა თეთრონი.

სახეზე ღიმილი გადაეფინა მასპინძელს.

– რა გაცინებსო? – ჰკითხა კაცმა.

– ეს მე არ ვარო, – უპასუხა, – ეს მედეას დრაკონი იცინისო.

– მედეასიო? სადაა მედეა, ახლავე უნდა შევიპყრო და მივგვარო კორინთოს მამებს.

– ნუ ჩქარობ მედეას შეპყრობასო, – დაამშვიდა პელაზგმა, – შენ თუ დარწმუნდი, რომ ის, რაც იცინოდა, დრაკონია, გამოდის, მე ეგეოს მეფე ვყოფილვარო.

– როგორ თუ ეგეოსი! ეგეოსი ხომ ზღვაში დაიხრჩო და იმ ზღვას ეგეოსის სახელი უწოდეს. შენ როგორღა იქნები ეგეოსიო?

– მეც ამას ვკითხულობ და პასუხი ვერ გამიციაო.

– აი, ხომ გეუბნებოდი, ყველაფერი მედეას ბრალია, შენ კი არ მიჯერებდიო. ეს ის მედეაა, რომელმაც საკუთარი შვილები დახოცა. მერე კორინთოს მამებს დააბრალა, მერე კორინთოელებმა სინანულის გამო საკურთხეველი ააგეს და თავიანთ პირმშოებს სწირავდნენ იმ უმწიკვლო ბავშვების სისხლის გამოსასყიდად, თურმე ყველაფერი სიყალბე გამოდგა და ეს კორინთოელი ბიჭები არაფრის გამო შეეწირნენ ამ ჯადოქარს. რომ გაიგეს გეტერას ნაამბობი, ტაძარი დაანგრიეს და ქურუმი, რომელიც ბავშვებს კლავდა, შიგ მიაყოლეს. ეს ქურუმიც შეცდომაში შეიყვანა მედეამ, ის ქურუმიც კი შეიწირა მისმა ბოროტულმა განზრახვებმაო.

– მე კორინთოსთვის არაფერი მითხოვია, მითუმეტეს – ბავშვების დახოცვაო, – ჩაერთო საუბარში მედეა, რომელიც ეს-ეს იყო შემოვიდა ოთახში.

პელაზგმა გაიფიქრა, როგორ ვერ შევამჩნიე, როდის გავიდა მედეა ოთახიდანო. მას ორნამენტებით მოჭედილი მაღალყელიანი სურა ეჭირა ხელში და კაცს თავზე დასდგომოდა. ამ კაცმა კი გაიფიქრა, რატომ იმართლებს თავს მასპინძლის ცოლიო, ან ეს ეგეოსთან შედარება რატომ დასჭირდათო. რაღაც ამ სახლში რიგზე ვერაა, ვიღაცა რაღა-

ცას მალავს და აუცილებლად უნდა გავიგოთ, მითუმეტეს გულმოდგინედ იცავს ეს კაცი ამ ბოროტმოქმედ მედეასო.

– ესე იგი, შენ ამბობ, რომ მედეამ თავისი შვილები თვითონ დახოცაო?

– არა, მე კი არ ვამბობ, ქალაქის მამები ამბობენო, – დააზუსტა კაცმა.

– და მერე შენ ეს გჯერა?

– ქალაქის მამები აბა ტყუილს ხომ არ იტყოდნენო...

პელაზგი მიხვდა, რომ მედეა რაღაცას აპირებდა და შინაგანად დაიძაბა, თავდაცვისათვის მოემზადა ყოველი შემთხვევისთვის.

– აბა ახლა შენ მე მითხარი, ვისი ბრალი იქნება ის, რაც შენ ახლა დაგემართება – ჩემი თუ მედეასიო?

ახედა კაცმა ქალს, რომელიც თავზე წამოსდგომოდა. ხელში სურა ეჭირა, რომლიდანაც მდუღარე წყლის ოხშივარი ამოდიოდა. კაცმა გაფიქრებაც კი ვერ მოასწრო, რომ მდუღარე თავზე დაასხა. უცებ ვერ მიხვდა, რა მოხდა, დამწვრობის ტკივილმა გამოაფხიზლა და აბღავლდა კაცი, მედეა კი ნელ-ნელა ცლიდა სურას მის თავზე და უშფოთველად უყურებდა, როგორ ფართხალებდა გაოგნებული სტუმარი და არაადამიანური ხმით ბღაოდა, მერე ხმა ჩაეხლიჩა და ღნავილს მოჰყვა. დაიცალა თუ არა მდუღარე ამ კაცის თავზე, მედეამ სურა მოისროლა გვერდზე და წინ დაუჯდა კაცს.

– ახლა მითხარი, ვინაა ამაში დამნაშავე, მედეა თუ მე?

– მედეა რა შუაშია, შენ დამასხი წყალი და პასუხიც შენ უნდა აგოო!

– მე თვითონა ვარ მედეაო! – დაიყვირა ქალმა, წამოხტა, თავის მახვილს წამოავლო ხელი და კაცს მოუქნია.

მახვილმა კაცის კისერი ისე გაიარა, როგორც სიცარიელემ. კაცი ტკივილებისგან იმანჭებოდა, მაგრამ მოქნეული ხრმალი მაინც შეამჩნია, ვერა იღონა რა. შიშმა ყველანაირი დამწვრობა დაავიწყა. გვიან მოეგო გონს, როცა მიხვდა,

რომ თავი მხრებზე ება, მაშინ, როცა ბუნების ყველა წესისა და რიგის მიხედვით სატევარს უნდა გადაესხეპა ის. შეეშინდა ქალის, მახვილის, მასპინძლის. მიხვდა, რომ მის წინ მართლაც მედეა იდგა. დაბნეული წამოხტა და გაქცევა სცადა. ხან ამ კუთხეს მიეტაკა, ხან იმას, ძლივს გააღწია კარში და არაადამიანური ხმით ყვიროდა:

– ყველაფერი მედეას ბრალია, რაც აქ მოხდაო!

არავინ გაჰყოლია უკან, როგორც ეს სტუმართმოყვარეობის წესია.

– არ ვიცოდი, თუ ვერ მოვკლავდი ამ კაცს ჩემი მახვილითო, – უთხრა მედეამ პელაზგს, – მაპატიე, მე მალე წავალ შენი სამყოფელიდანო.

XXXII

ყთავჟამობის ნაშთი

დიდხანს ჩაესმოდა მედეას გაბოროტებული კაცის ღრიალი:

„ყველაფერი მედეას ბრალია!“

მიდიოდა და გაჰყვიროდა, კორინთოშიც კი იქნებოდა ჩასული და მაინც ღრიალებდა დამწვარ-დაფუფქული. ისე ღრიალებდა, რომ ცასა და ქვეყანას იკლებდა მისი მოთქმა, აუტანელი ტკივილისაგან რომ იყო დაბადებული. ქალაქიდან ქალაქამდე როგორ გააგონებდა კაცი კაცს თავის გულისნადებს, თუ არა გასაოცარი თავლაფის დასხმა და უფრო ნაკლები დამწვრობა. ვერ შეედრებოდა დამწვრობისაგან მიყენებული სალმობა იმ შეურაცხყოფას, მედეამ რომ მიაყენა მას. სწორედ ამას ვერ იტანდა იგი და ეს აბლავლებდა ასე-რიგად და ამ ბლავილში იქარვებდა გულში მობჯენილ შურის-გების ბოღმას.

– არ ვიცოდიო, – თავს იმართლებდა და ანუგეშებდა შერყეულ თავმოყვარეობას, ტკივილი და დამწვრობა რას

მიქვიან ამ დროს.

ეს კაცი გაჰყვიროდა ქალაქიდან ქალაქში და ქალაქიდან ქალაქს გადასწვდებოდა მისი ხმა, მაგრამ ზოგიერთმა ქალაქმა საერთოდ არ იცოდა, ვინ იყო მედეა და რა ბრალს სდებდნენ მას,

ან თავად ეს კაცი,

ან სულაც ქალაქი;

და რატომ ყვიროდა იგი ასე თავგამეტებით,

არადა, არ ტკიოდა ვიღაცას ამ კაცის დამწვრობა და ყურსაც არ უგდებდა ამიტომ.

რომ არ გაჩერდა,

იმ ვიღაცამ,

ან კიდევ სულ სხვა ვიღაცამ

ერთი გემოზე შეუკურთხა და განზე გადგა. ვიღაცას კიდევ შეებრალა ეს კაცი და მასთან ერთად დაიწყო ყვირილი, მაგრამ არ იცოდა, რას ყვიროდა და რატომ ყვიროდა. მედეას მტრების მთავარ ქალაქში ყველასთვის გასაგები იყო დამდუღრული კაცის ვაი-ვიში და მზად იყვნენ მშვიდობა დაეცვათ თავიანთ ქალაქში მედეას განადგურებით.

ისინი ქვებს ისროდნენ,

ლაფს ისროდნენ,

ერთმანეთს ისროდნენ

და გაიძახოდნენ – „მედეას ბრალია ყველაფერიო!“

მედეას არ ხვდებოდა ეს ნასროლი, ძალიან შორს იყო, და მიტომ. სამაგიეროდ სხვას ხვდებოდა და ეს სხვა ყველაფერს ხვდებოდა და ემუქრებოდა მედეას მტრების ქალაქს, არათუ მედეას გამო, მხოლოდ საკუთარი თავის შიშის გამო.

პარიზი[99] გაგიჟდა

99. **პარიზი** - აქაც ერთი ასოს პრინციპით წარმოვადგინე ეს სიტყვა: პარისი - პარიზი. პარისი ტროას უფლისწული იყო, რომლის მიზეზითაც დაიწყო ტროას საბედისწერო ომი, რადგან მან სპარტის მეფის ტინდარეოსის ასული და მენელაოსის ცოლი გაიტაცა. შეურაცხყოფილი მეუღლე ომით წავიდა ტროაზე და ეს ომი ტროასთვის და ტროელთათვის საბედისწერო აღმოჩნდა. ამ კონტექსტში რომანში არათუ მხოლოდ ტროელ უფლისწულზეა საუბარი, არამედ თვით პარიზზე, საფრანგეთის მინიშნებაზე, რომელმაც რუსეთ-საქართველოს ომის დროს შუამავლის როლი შეასრულა. ამ შემთხვევაში ალეგორიაცაა და პაროდიაც.

– რას ამბობთ, რომ ამბობთ ერთმანეთშიო! რა მედეა, რის მედეა! მე მოვტაცე ქმარს ცოლი, საყვარელი ვიყავი მისი, და მიტომ. თუ ძალა გერჩით, მე მეომეთო!

მიიხედ-მოიხედა ქმარმა,
ცოლი შინ არ დახვდა,
სარეცელი გაციებული დახვდა,
საქმეებიც არეულ-დარეული დახვდა.

გამხეცდა კაცი, იხმო თვისტომნი და ომით წავიდა ტროაზე ცოლის დასაბრუნებლად და თავისი ძალაუფლების დასამკვიდრებლად.

იომეს,
იომეს,
ბევრი იომეს, თუ
ცოტა იომეს,
პარიზმა აქილევსი[100] მოკლა,
აგამემნონმა[101] ტროა დაანგრია.

ის დამდუღრული კაცი კი მაინც გაჰყვიროდა:

– ყველაფერი მედეას ბრალია, რაც მოხდა და რა ზღვა სისხლიც დაიღვარაო!.. ვიღაცამ უთხრა:

– აღარ მოგიშუშდა დანამწვავიო?

– რა მომირჩენდაო?! მე მხოლოდ მედეას სისხლი თუ მომარჩენს, რა გინდოდათ ტროაშიო...

– იყვირე, იყვირეო. ქვეყანას მაგ შენი ყვირილით არაფერი დააკლდებაო, შენ კიდევ შენი გულის დარდებს გაიქარვებო, – ეუბნებოდნენ მეზობლები.

ეს კაცი კი მაინც არცხრებოდა და თავისას გაიძახოდა.

უსმინეს,
უსმინეს.

---

100. **აქილევსი** - ტროას ომის ერთ-ერთი გმირი - აქაველთა მხრიდან, რომელიც ბოლოს სასიკვდილოდ განგმირა პარისმა ქუსლში, რადგან სხეულის სხვა ნაწილები მოუწყლავი ჰქონდა და არ კვდებოდა. აქედანაა იდიომა „აქილევსის ქუსლი“, ანუ ყველაზე სუსტი, დაუცველი ადგილი.

101. **აგამემნონი** - ტროას ომის ერთ-ერთი მხედართმთავარი აქაველთა მხრიდან, მიკენის მეფე, მენელაოსის ძმა და პელოპის შვილიშვილი. იგი პატივმოყვარე, ხარბი და უსამართლო პერსონაჟია. ტროაზე გამარჯვებული ამპარტავნებამ შეიპყრო და დიდების მწვერვალზე მყოფი ღალატის მსხვერპლი გახდა.

ბევრი უსმინეს, თუ

ცოტა უსმინეს,

ბოლოს მოწყინდათ ამ კაცის ყვირილის მოსმენა, მითუმეტეს მაშინ, როცა მედეას სახელი, ასე თუ ისე, დავიწყებას მიეცა და გადაწყვიტეს დაეწყნარებინათ იგი და თვითონაც დაწყნარებულიყვნენ. ადგნენ, შეცვივდნენ ამ კაცის სახლში და იძულებით დააწყნარეს. ეს კაციც დაწყნარდა და მასთან ერთად ყველა მის გარშემო მყოფიც. აღარ იყო ამიერიდან დღე და ღამე მედეას სახელის ხსენება.

ქვეყანაც დაწყნარდა და მეომრებიც დაცხრნენ. ვიღაცას უსაქმურობისაგან თავის გასართობად და დასაღწევად მოენატრა იმ კაცის ყვირილი. მიაკითხა, ნახა და აღარ დახვდა, გული დაწყდა:

– რატომ დააწყნარეთ უჩემოდო, ჩემთვისაც გეკითხათ ჭკუაო, განა ცუდ რამეს გირჩევდითო?

შეუბღვირეს მეზობლებმა და ამ კაცსაც შეეშინდა, მეც არ დამაწყნარონო დროზე ადრეო... და გაჩუმდა.

გაჩუმდა და სხვა გასართობი გამოძებნა, სხვას რომ არ შეუშლიდა ხელს და თვითონაც მშვიდად იქნებოდა, ისეთი. ასე მშვიდად დაღამდა მაშინ.

იმ ღამით მედეას სიზმარში ჩაჰყვა იმ კაცის სახე, დამწვრობისაგან აალებული რომ იყო და სიბრაზისაგან აჭარხლებული. ეჩხუბებოდა მას და ყველაფერს აბრალებდა, თუ რაიმე მომხდარა ქვეყნიერებაზე ცუდი და სამომავლოდაც მოხდებოდა. ემუქრებოდა კიდეც, დაგიჭერ და პასუხს გაგებინებ კორინთოს კანონისა და დემოსის წინაშეო. ხოლო როცა მედეა ეუბნებოდა:

– დამიჭირეო, –

ეშინოდა და დამფრთხალი განზე-განზე გარბოდა და თან იძახდა:

– რაღაცას მიმავნებლებ და შენი ბრალი იქნება ყველაფერიო.

– არაო, – პასუხობდა მედეა, – არაფერს დაგიშავებ,

ოღონდ ეს მითხარი, რა არის ჩემი ბრალიო.

ატირდა კაცი შიშისაგან და უთხრა:

– შენი რომ მეშინოდა და დამაშინეს შენი სახელით, ესაა შენი ბრალიო, – ზლუქუნებდა და ზლუქუნებდა პატარა ბავშვივით.

– რა გატირებსო? – ჰკითხა მედეამ.

– იციო?! – შესჩივლა კაცმა, – შენს გამო დამაწყნარეს და როგორ არ ვიტიროო. შენი ბრალია ყველაფერიო, – აბუზღუნდა ქვითინით ბოლოს.

მივიდა მედეა ამ კაცთან ახლოს და მოეფერა, გულში ჩაიკრა საბრალო.

– შენც ხომ არ დამაწყნარებო, – შესტირა კაცმა.

– არაო, – დაპირდა მედეა, – მე შენ არ დაგაწყნარებო, რაც გინდა ის დამაბრალე, რამდენიც გინდა, იმდენი იტირე, ოღონდ ეს იცოდე, კაცო, რომ მე არც შენთან და არც ელადელებთან ბრალი არაფერში არ მიმიძღვისო. იტირე, კაცო, იტირე, ამოისკვენი გულიო. ნურც დაწყნარდები, რადგან ეს ქვეყანა სიგიჟეა და ნურც შენ ჩამორჩები მის აღვირახსნილობას, თორემ დაგაწყნარებენ საბოლოოდ და აღარ იქნები საამქვეყნიოსო. სიცოცხლის მერე რაც ხდება, ეს ერთიანი გზაა სიცოცხლიდან გამომდინარე. აი, სიცოცხლის მიღმა უნდა გახვიდე, კაცო, და იქ ვეღარავინ ვერც დაგიშლის და ვერც დაგაძალებს დაწყნარებას, რადგან იმ სიცოცხლის მიღმა რაა, არავინ იცის და შენც არავინ განგსჯის

არც ჩემს გამო,

არც შენს გამო,

არც ვიღაცის გამო,

არც სხვის გამო,

არც არავის გამო.

იქ შენ იქნები სიცოცხლის მიღმა გასული და არა სიცოცხლის მერე სამყაროში გადასული. არც არავინ დაგძრახავს და არც არავინ დაგცინებსო, – უთხრა მედეამ.

ახლა მედეასდა მოულოდნელად ამ კაცს აუტყდა არა-

ადამიანური ხარხარი.
იცინის,
იცინის
და ამბობს:
– რა სასაცილოა ჩემი ბრალდება, რა დამაწყნარებს ახლა მეო, რატომაა ასე სასაცილო მედეას დანაშაული სამყაროს წინაშეო, – იცინის და იმეორებს, – სამყაროს!.. რა ვთქვი ეს – მედეას ბრალი და სამყარო!..
ახლაღა მიხვდა მედეა, რომ ეს კაცი სიცოცხლის მიღმა მართლაც გასულიყო. იგი იცინოდა და გაიძახოდა:
– რა სასაცილოდ დამაწყნარეს!.. მაგრამ მედეას ჰკითხეთ, თუ დავწყნარდით. ცხოვრება ადამიანთა სიცარიელეა და მიზნად ვისახავთ ამ სიცარიელის შევსებას რითმე. მივდივართ, და რაც უფრო მივდივართ, მით უფრო ვივსებით ამ სიცარიელით და ჩვენვე ვხდებით ჩვენივე მიზნის უსასრულო განფენილობა, ანუ ვუახლოვდებით მიზანს – სიცარიელეს.
სასაცილო არაა ეს?!
ამბობს და იცინის, მედეას კი შეებრალა კაცი, გული ეტკინა მისი სიმართლის მწარე ჭეშმარიტებაზე და გაეცალა კაცს, რომელიც ხან იცინოდა და ხან ტიროდა, ორთავე შემთხვევაში დამნაშავედ რომ მედეა მიაჩნდა, –
რისი,
ვისი,
რისთვის,
ვისთვის, –
თვითონაც არ იცოდა, რადგან სიცარიელით შეივსო სიცოცხლის მიღმა. მიდიოდა და არ უნდოდა წასვლა, მიდიოდა და ეჩქარებოდა, რა ექნა არ იცოდა.
ამ გაორჭოფებამ ერთობ გააწვალა,
ერთობ შეაწუხა,
ერთობ დაღალა...
და გაფრენა გადაწყვიტა.
აიკვიატა ეს აზრი, შორიდან კი იმ კაცის სიცილი მოის-

მოდა და გაურკვევლად ისმოდა მისი ბრალდებების გამო გაუაზრებელი სინანული, დაწყნარებული იყო, და მიტომ. პელაზგის ნაამბობი გაახსენდა აქ, ცხადში რომ უამბო სტუმარს ფრთაშესხმული მამა-შვილის შესახებ. იკაროსი მოისურვა – ბედგატეხილი ჭაბუკის ხილვა და მისი უიღბლო გაფრენა უნდოდა მას დაეგვირგვინებინა თავაწყვეტილი თავდავიწყებით.

ეძება, მართლაც ბევრგან ეძება იკაროსი მედეამ –

ზღვაშიც,

მიწაშიც,

გამოქვაბულებშიც.

როგორც იქნა, იპოვა ფრთადამწვარი ყმაწვილი და სთხოვა ფრთები. იკაროსი ვერ შეელია თავისი სევდიანი გაფრენის სახსოვარს. ისევ ითხოვა, არ მოეშვა დაღუპულს, მასაც უნდოდა მზეში შესვლა, იკაროსისთვის კი ყველაზე ძვირფასი იყო ამ საბედისწერო გაფრენის ყოველი წუთი. ისევ თხოვა მედეამ ფრთები.

– დამწვარია ჩემი ფრთებიო, – უპასუხა იკაროსმა.

– სწორედ შენი ფრთებით მინდა ვძლიო უძლურებასო.

– დაიღუპებიო, – გააფრთხილა იკაროსმა.

– მეტად მე ველარ დავიღუპებიო, – უპასუხა მედეამ.

თვალებში ჩახედა იკაროსმა მედეას და გაფრენის უსაზღვრო სურვილი რომ ამოიკითხა, მისცა თავისი დამწვარი ფრთები. გაიხარა მედეამ. დაენანა მედეას ცაში დაღუპვა იკაროსს, მხოლოდ თავისთვის ემეტებოდა ასეთი აღმაფრენილი დასასრული, და მიტომ. სიკვდილოვან უფსკრულებში ჩაღეწილი ხარბად ადევნებდა თვალს ახალ გაფრენათა თავგადასავლებში დაბრმავებისთვის განწირულს. მედეას კი უხაროდა და დამწვარ ფრთებს საკუთარ სხეულზე ირგებდა. დაცემის ტკივილი ატკივდა ისევ იკაროსს, თავი გაახსენა ძველმა იარებმა, თუ როგორ იწოდა მზეში შესვლის შთაგონება და ენანებოდა ქალი დასაღუპად. არ დაიშალა მედეამ, უნდოდა გაფრენის სილამაზეს ზიარებოდა

და იცოდა, რომ ეს მხოლოდ და მხოლოდ სიზმარი იყო და სხვა არაფერი. ცდილობდა მალე გაფრენილიყო, რათა არ დამთავრებულიყო მისი სიზმრისეული ხილვა და განუხორციელებელ მიზანსწრაფვად არ გადაჰყოლოდა ცხადში თავდავიწყების უკიდეგანობაში გადავარდნის უხილაობა და განუცდელობა.

ჩქარობდა,

ო, როგორ...

ჩქარობდა!

ასე არასოდეს უჩქარია,

არც ცხადში და

არც სიზმარში,

რადგან იცოდა, გაფრენის შესაძლებლობა სხვა დროს აღარ მიეცემოდა.

ხელი შეავლო ფრთებს,

მოეფერა ჭრილობებზე ფრთებს,

ამთლიანებდა საკუთარი სურვილებითა და ფიქრებით ოცნებების ალზე შეჭმულ ფრთებს

და ფრთები შეუხორცდა სხეულზე. ისე ხმარობდა მათ, როგორც კიდურებს. აამოძრავა, მოირგო, მოერგო და გაფრენა დააპირა. წავიდა, გაიქცა, დაღლამდე გარბოდა. კლდის ნაპირამდე მიირბინა. სიმაღლის აღმაფრენიდან ხელის გულივით ჩანდა ცისა და ზღვის ლაჟვარდოვანი სივრცე. მზის სხივები ირეკლებოდა ტალღის ლივლივზე და წინ წაიწია უსასრულობაში გადასახტომად, იზიდავდა გაშლილი სივრცე, და მიტომ.

უცებ ვიღაცამ მხარზე დაადო ხელი და ნახტომის ნეტარების მოლოდინი შეწყვიტა. მოიხედა უკან და პელაზგი დაინახა – საოცრად მიუსაფარი და ეული, მარტოდა მედეა რომ დარჩენოდა ამქვეყნად ჭირისუფლად. შემობრუნდა მედეა მისკენ და უთხრა ის, რაც თვითონაც არ იცოდა და პირველად მხოლოდ ამ სიზმარში გაიგო საკუთარი გულის ნადები:

– მივდივარო.

გული დაწყდა პელაზგს, შეეჩვია თავის სტუმარს, და მიტომ. მიხვდა, რომ მთელი ცხოვრება მოიკიდა ზურგზე და უკანმოუხედავად მიდიოდა, სად, ამას პელაზგისთვის მნიშვნელობა არ ჰქონდა, სხვა რაღა უნდა ექნა მედეას. შესაბრალისი მზერით შეხედა თავის სტუმარს, არც წასვლას ეუბნებოდა და არც არ-წასვლას. საკუთარი მარტოობა ენანებოდა ამ მზერაში და მედეამაც სწორედ ეს ამოიკითხა. დიდხანს უყურეს ერთმანეთს უბრად, მერე პელაზგმა დაარღვია დუმილი და უთხრა:

– მომენატრებიო.

ვერ დაპირდა მედეა, მეც მომენატრებიო, რადგან იცოდა, დრო-ჟამის ორომტრიალში მოხვედრილს აუცილებლად დაავიწყდებოდა თავისი კეთილი მასპინძელი, მის ცხოვრებაში რომ უმნიშვნელოდ გაიელვა მოკლე, მაგრამ ლამაზ მონაკვეთად. ეს კი უთხრა:

– ვიციო.

ისევ დადუმდნენ და მერე ისევ პელაზგმა დაარღვია დუმილი:

– მიყვარხარო.

ახლა კი აღარ იცოდა, რა ეთქვა მედეას,

გახარებოდა, თუ წყენოდა,

ან რატომ უნდა გახარებოდა,

ან რატომ უნდა წყენოდა,

ჯეროვნად მიიღო მან პელაზგის აღსარება და ასე უთხრა:

– მენანები, პელაზგო, მარტოობისთვის. მინდა, რომ ოდესღაც მაინც გაგიღიმოს ბედმა, სიყვარულიც შენი ღირსი იპოვო და ამქვეყნად მარტოსულად არ დარჩეო. მე ვერ გაგიწევ იმას, რასაც შენ მთავაზობ. ამას თავმდაბლობით არ გეუბნებიო.

დიდხანს უყურეს ერთმანეთს და უცებ მედეამ შეამჩნია, რომ პელაზგის სახეში შეცვლა დაიწყო, ყველა მისი ნაკვთი ამოძრავდა, გაახალგაზრდავება დაიწყო სხეულმა,

გადაავიწყდა ფრენა და სიჩქარე, მხოლოდ იმისი გაგების სურვილი ჰქონდა, თუ ვის სახეს მიიღებდა საბოლოოდ ეს ამოძრავებული გარეგნობა. გამოცნობაც სცადა, მაგრამ ამაოდ. რაღაც დროის შემდეგ პირ-სახემ ნელ-ნელა დაიწყო მოძრაობის შენელება და ბოლოს გამოიკვეთა ის სახე, რომელსაც მედეა არასოდეს ელოდა და მითუმეტეს გაფრენის წინ. დაცხრა და დამშვიდდა სახის ნაკვთები. ახლა უკვე მტკიცედ შეეძლო ეთქვა,

რომ მის წინ იაზონი იდგა,

ცოდვამონანიებული და მიუსაფარი იაზონი.

ასე ლამაზად გაქრა პელაზგი მედეას ცხოვრებიდან და წაიღო თავისი გულწრფელი სიყვარული სიბერის კართან ნიაღვარივით მოვარდნილი. გაათვალიერა მედეა იაზონის სახემ, როგორ გაუტეხია წელში ჯავრს, როგორ შევერცხლილა ნაადრევად, როგორ დაღაროდა ნაოჭებისაგან სახე,

მაგრამ ის ახალგაზრდობა,

გაუხარჯავი ახალგაზრდობა თვალებში ჰქონდა ჩაბუდებული.

უყურებდა მედეა იაზონს და ფიქრობდა, რამდენი ხანია არ მინახავსო, ეს კი უთხრა:

– როგორ შეცვლილხარო.

– შენ კიდევ „არგოზე“ რომ მიიღე დაღვრემილი სახე, ისეთი ხარო. ნუთუ ახლაც არ შეგიხორცდა ის ჭრილობაო? განა შვილების სიკვდილმა არაფერი შეცვალა შენშიო?

– ის ტკივილი ყოველთვის განახლებადია ისე, როგორც ამირანის ტყვეობაო. ჩემთვის არ არსებობს ძველი და ახალი, მძიმე და მსუბუქი ტკივილიანი ტვირთი. ტკივილი ყოველთვის ტკივილია და ტვირთიც ყოველთვის ტვირთია განუსაზღვრელად ტევადობისა და სიძველისა. შეგრძნებაც თანაბარზომიერია ჩემთვის.

– რა უნდა გითხრა, აღარ ვიციო, – უთხრა იაზონმა მედეას, – ერთი რამ ცხადიაო, ჩვენი ცხოვრება დამთავრდა. შენ კი აქ იქნები თუ იქ, ჩემთან თუ სხვასთან, იმის იქით,

რაც ჩვენ ვიცხოვრეთ ერთად, ვერ წახვალ. ნაადრევად ჩამოღამდა ჩვენთვისო.

– ბავშვების სიკვდილის მერე, – უპასუხა მედეამ, – ცხოვრებამ ისეთი ჭრელი სილამაზის გარემოცვაში მომაქცია, რომ ვიღაც ჩემს ნაცვლად ყველაფერს დაივიწყებდა და ბუნების ბედნიერებაში გადავარდებოდა, მე კიდევ გამოვიარე ეს ცდუნება და შენამდე მოვედი. შენ კი ჩემი უთავჟამობის ნაშთად ქცეულხარ და ეს ჩემი ბრალი არაა, იქნებ არც შენი ბრალი იყოს.

– მიდიხარ? – დარცხვენით ჰკითხა იაზონმა.

– მივდივარო, – მტკიცედ უპასუხა მედეამ.

– როგორი უბედური ვყოფილვარ, მიდიხარ და მინდა, ჩემთან დარჩე, მე კი უფლება აღარა მაქვს რაიმე დაგიშალო და შენს ცხოვრებაში ჩავერიო.

– ჩვენი შემოდეგი რახანია დამთავრდაო, – შეეპასუხა მედეა, – ფოთლები შემოაცალა ჩვენი გრძნობების ხეს ელადურმა ქარიშხალმა. ჩვენი გაზაფხული აღარ დადგაო და ამაში მე არანაირი ბრალი არ მიმიძღვის,

არც ჩვენი შვილების სიკვდილშიო,

არც შენს სიკვდილშიო,

არც ჩემს მომავალ სიკვდილშიო.

ჩვენდა საუბედუროდ, ერთმანეთის დავიწყება არ გვიწერია და ერთმანეთზე ვიქნებით გადაჯაჭვულნიო. ბევრჯერ მომნატრებიხარ, მაგრამ საკუთარ თავს ვერ ვუტყდებოდი ამაში. შენმა იმიერში გადანაცვლებამ ამიხილა შენზე თვალები და შემებრალე ჩემი დაობლებული ქმარი და ისე მომენატრე, რომ სიცოცხლესაც მივცემდი,

ოღონდ კიდევ ერთხელ,

კიდევ უკანასკნელად მენახე.

ათასი მეძავი რომ გამოგეცვალა, შენ მაინც ბედისწერით ჩემი საკუთრება ხარ და მე შენიო. ერთმანეთს ვეღარ გავექეცით საბოლოოდ. წასვლის წინაც შენ გამომეცხადე გამოსათხოვრად. როცა მოგენატრები, ამ მოგონებებს მი-

მართე და ჩემამდე მოგიყვანენო.

– მართალი ხარო, – უპასუხა იაზონმა, – შენ ხომ ჩემს გულში ჰპოვე თავშესაფარი და სადაც არ უნდა წახვიდე, ჩემი გულიდან მაინც ვერ გაიქცევი. ვერ გაექცევი იმ სინამდვილეს, რაც იყო. მე ბედნიერი ვარ, რომ ოდესღაც შენი სინამდვილე ვიყავი და ჩემი სინამდვილე – შენ. ახლა კი ჩვენს წინ გადაშლილია თვალუწვდენელი ზღვიური სივრცე, რომელიც ერთმანეთს სამუდამოდ დაგვაცილებს. შენ მიიჩქარი ამ უსასრულობაში დასაკარგად და ჩვენი ურთიერთცხოვრება უკანასკნელ წუთებს ითვლის და მიისწრაფის გაჩერებისკენ. დროების სწრაფი დინება გააჩერებს ჩვენს წუთებს და უდროობაში გადაგვაგდებს, რადგან ვერ მოგიფრთხილდი მე შენ და ყველაფერი გავწირე იმისათვის, რომ ცხოვრებას ჩაექროლა ისეთი შინაარსით, როგორადაც არც მე მქონდა ჩაფიქრებული და არც შენ. ჩვენ მარადი ახალგაზრდებად დავრჩით, მე – დაბერებული პირისახით, არადა სიბერემდეც მინდოდა მიღწევა. შენ ერთხელ მითხარი, – „რატომ უნდა მივაღწიოთ ნაოჭების ასაკსო?!“ არ მიგვიღწევია, ნაოჭებმა წაშალა მთლიანად ჩვენი სახისმეტყველება და გააუხეშა მათი სილამაზე. შენც დაგაზიანა ჩემმა უცნაურმა სიყვარულმა – თავის მართლებამ მოგიწია ყველას წინაშე და ეს დასაწყისია შენი ბედისწერის. ამაში ბრალი მე მიმიძღვის, როგორც შენს ქმარს და მერე როგორც მამაკაცს, ვინაც იტვირთა შენი მომავლის მხრებით ზიდვა და შუა გზაში მიგატოვა. მხოლოდ სიცრუით თუ შევმოსავ ჩემს უღირსობას და ღირსებად წარმოვაჩენ. მინდა სულ ვილაპარაკო და ჩემი ლაპარაკის ზღვაში გალივლივო, რომ აღარასოდეს წახვიდე ჩემგან. ვერ კი გიბედავ იმის თქმას, რომ ჩემთან დარჩე, ამისი უფლება მე წავართვი საკუთარ თავს.

– გაჩუმდი, – შეაწყვეტინა მედეამ, – იქნებ არც მე ვიყავი შენთვის სანიმუშო ცოლი. ყველა შენს უკეთურობას გიწონებდი და გისრულებდი უკადრის სურვილებს და ერთხე-

417

ლაც არ გაგაჩერე, ერთხელაც არ მითქვამს შენთვის – „შეჩერდი!“ შენც არ ჩერდებოდი და მეტი და მეტი მოისურვე. მე ამ მეტსაც უნდა დავმორჩილებოდი მაშინ, რახან ასე შორს წავიდა შენი სურვილები. მეფურმა თავმოყვარეობამ მაიძულა საკუთარ ბედთან და უბედობასთან მარტო დამეტოვებინე. ამისი უფლება წავართვი საკუთარ თავს და ამიტომ ვიწვნიე ის უბედურება, რაც დამემართა. როდესაც შენს თავს დაადანაშაულებ, იმ დანაშაულის მიღმა ჩემი დანაშაულიც იმალება და მე მენანება შენი დალუპული ყმაწვილკაცობა. იცოდე, ყველაზე მეტად მეტკინა შენი სიკვდილი და შენს შემდეგ მე ელადაში აღარაფერი დამრჩენია. ელადა ჩემთვის შენთან ერთად მოკვდა, რადგან ის მხოლოდ შენით ცოცხლობდა ჩემთვის, არათუ ჩვენი შვილებით, მხოლოდ შენით

და ამიტომ უნდა წავიდე,

უკანმოუხედავად უნდა წავიდე,

არათუ შენგან,

მხოლოდ ელადიდან

და სად წავალ,

ეს ჯერ არ ვიცი, არცა აქვს ამას გადამწყვეტი მნიშვნელობა. საითაც წამიღებს ჩემი ოცნების ფრთები, იქ წავალ და დავმორჩილდები ბედსა და ბედისწერას. ყველას და ყველაფერს გავექცევი ამ ქვეყნად, მხოლოდ შენგან ვერ შევძელი ვერასოდეს გაქცევა და იქნებ ამითაც ვიყო ბედნიერი, რომ ჩვენ ცოლ-ქმარი ვიყავით ოდესღაც.

მე შენგან შორს წავალ,

რადგან ჩვენ ერთად უკვე ვიყავით,

ამის იქით და

ამის მიღმა ჩვენი ერთად ყოფნა შეუძლებელია

და არც არის საჭირო. აღარ დაგიბრუნდებოდი არც მაშინ, ცოცხალი რომ ყოფილიყავი, რადგან ჩვენი ერთად ყოფნის საფუძველი წაიშალა. აღარც ის გარემოა, რომელშიც ერთმანეთი გვიყვარდა და არც ის ხალხია ჩვენს ირ-

გვლივ, რომლებიც ასე თუ ისე ალამაზებდნენ ჩვენს ურთიერთობას, დრომ შენც წაგშალა და მეც. ახლა ერთმანეთს რასაც ვეტყვით მხოლოდ გამოთხოვებისთვის განკუთვნილი ლამაზი სიტყვები იქნება, მეტი არაფერი და ჩვენ ვეღარ შევცვლით

ვერც აწმყოს და
ვერც მომავალს
ვერც ცხადში და
ვერც სიზმარში.
სადაც არ უნდა წავიდე და
სადაც არ უნდა დარჩე შენ,

როგორადაც არ უნდა დავშორდეთ ერთმანეთს განუსაზღვრელი მანძილით თუ სიკვდილ-სიცოცხლით, სადაც მე მახსენებენ, იქ შენი ხსენებაც იქნება და სადაც შენზე იტყვიან რამეს, იქ ჩემზეც ჩამოაგდებენ სიტყვას. ეს არის ჩვენი ბედისწერა. მშვიდობით... – წაიჩურჩულა უკანასკნელი სიტყვა მედეამ და ყელს მობჯენილი ცრემლები გადაყლაპა.

იაზონი უხმოდ გამოეთხოვა მედეას და უყურებდა, თუ როგორ ეკიდებოდა ცეცხლის ალი ფრთებს და ნელ-ნელა სცილდებოდა მიწას.

მედეა აღარ უყურებდა იაზონს, მხოლოდ გაფრენის მშვენიერებაზე ფიქრობდა. გრძნობდა, თუ როგორ კარგავდა მიწიერ მიზიდულობას და ეთერისეულ სივრცეში შედიოდა. მაღლა და მაღლა იწევდა და მთელი დედამიწა მისი თვალსაწიერის არეში მოხვდა. სიმაღლემ გაიტაცა იმთავითვე და მაღლა აფრენილი არ ჩქარობდა გაფრენას. მან იცოდა, რომ იგი იკაროსი არ იყო, რომ ყველაფერი არც ცხადში ხდებოდა. სიზმარიც შემოესმა მედეას, თუ როგორ ქვითინებდა იგი ძილში, თვალები დაენამა სიზმარში, თითქოს წვიმა წამოსულიაო. სიზმარშივე გაუკვირდა, რატომ ტიროდა ცხადში, მაგრამ ამის გამო ფრენა არ შეუწყვეტია და ძილი განაგრძო. მხოლოდ მან იცოდა, რომ დაფრინავდა. სხვა ვინმეს ვერ წარმოედგინა ცად გაფრენილი მედეა. ეს

სიზმარშიც იცოდა და ცხადშიც, ამიტომ სიხარულის ღიმილი გადაეფინა სახეზე.

XXXIII

მთელი ცხოვრება
მოიკიდა ზურგზე და მიდის...

იმ ღამით ყველას ეძინა, ეძინა მედეასაც. ყველა თავის სიზმარს ხედავდა, უცნაურსაც და ყოფიერსაც, მაგრამ იმ ღამით მედეას გარდა არავინ გაფრენილა, ჩიტებმაც კი შეწყვიტეს ფრენა და ჰაეროვანი სივრცის უსასრულობა მას დაუთმეს. მედეას უხაროდა, რომ ამ ღამით ისეთი იყო, როგორსაც ვერავინ წარმოიდგენდა –

იგი არც ჯადოქარი იყო, რომლის სახელის გაგონებაზე შიშისაგან ძრწოდნენ ელადელი ბავშვები,

არც ქალი, რომლისკენაც მიისწრაფიან გამხეცებული მამლები,

არც დედა, რომელსაც უკლავენ შვილებს,

არც ადამიანი, რომელსაც ათასგვარ სიბინძურეს აბრალებენ,

არც შვილი, გზად რომ გაებნა მამულს და მამას,

არც დაი, რომელმაც გულში ჩაიკლა ძმით შემოსილი სატკივარი...

იგი დაფრინავდა და ეს იყო ყველაფერი მის ცხოვრებაში, ასე ფრთაგაშლილმა რომ გაინავარდა იქ, სადაც არავინ უწყოდა მის ყოფნას, ეს კი სიზმარში იყო შესაძლებელი. არავინ უკრძალავდა არაფერს. არც თვითონ იყო შეზღუდული არაფრით, რადგან მიწიდან აცდენილი ჰქონდა ფეხი და თან იქ იმყოფებოდა, სადაც მხოლოდ ოცნებაში თუ წარმოუსახავს საკუთარი თავი. მთელი თავისი უთავჟამობის სიმძიმე ფრთებქვეშ მოაქცია, როგორც ბუმბული და მაღლა

იწევდა უსასრულობის შესამეცნებლად და შესათვისებლად. მაგრამ გარემომცველობამ, სადაც შეიძლებოდა ფრენა, დაანახა, რომ ცარგვალი არც თუ ისე უსასრულოა. იმის იქით მხოლოდ წონასწორობის დაკარგვის საფრთხე იყო და ვარსკვლავეთში გადავარდნა უგანაჩენოდ. ამისი არ შეშინებია, მხოლოდ იმ ნეტარების დაკარგვა არ უნდოდა, რასაც ფრენისას განიცდიდა. უსასრულობა კი მხოლოდ იქედან იწყებოდა, საიდანაც არ ელოდა. არ გრძნობდა მზეს, მხოლოდ სიმაღლის განსჰეტაკების უცნაურ სიმჩატეს განიცდიდა. აქამომდე ჯერ არც ერთ ცოცხალ არსებას არ აუღწევია ამ ღრუბლებს ზემოთა ციურ შრეებამდე, არც ფრინველებს. რა კარგი არის სიზმარი, რომელიც თავდავიწყებაში გადაგტყორცნის და მთელ ცხად ცხოვრებას დაუმონებს იმ ერთ არარსებულ ხილვას, რომელსაც მხოლოდ ერთხელ იღებს ადამიანი.

და უცებ სიმაღლიდან მოწყდა და ზღვის ჰორიზონტის მიმართულებით დაეშვა. ეს აფრენიდან გაფრენაში გადასვლა იყო. ღრუბლებისკენ დაეშვა მედეა მთელი სისწრაფით, რასაც ფრენით გამოწვეული გაქანება იძლეოდა. თეთრი ღრუბლების ქულაში გაეხვია, თითქოს დაცურავდა მათში. საპირისპირო მიმართულებით წინდახვედრილი ქარი ანებივრებდა მის უკიდეგანო გაქანებას. გაშლილი ლურჯი ზღვა და შორს ზღვისა და ცის გასაყარ ზოლზე მიმზიდველად იტყუებდა თავისთან დღით განათებული დასაკარგავი. დაბლა დაეშვა, ტალღების სისწორეზე და ლივლივით მოცეკვავე ტალღებს გაეთამაშა. მზის სხივები ასხლეტით ირეკლებოდნენ ზღვიურ ზედაპირზე და ოქროვანი ბრჭყვიალების ლამაზ მოჩვენებებს ტოვებდა თითოეულ ათამაშებულ ტალღაზე. სრული სიცარიელე მეფობდა მედეას სიზმარში. მიჭქროდა უსასრულო სიცარიელეში და აშრიალებული ზღვის ჩუმი ხმა მეგზურად დადევნებოდა. ამ მომქანცველმა ერთფეროვნებამ ერთობ დაღალა მისი გაფრენილი ოცნება. ნუგეშად ზღვის სიღრმიდან დელფინებმა ამოცუ-

რეს. გაიხარა მედეამ, ზღვას მადლი შესწირა და დელფინებთან ერთად გაფრინდა ჰორიზონტის მარადი მიზიდულობისაკენ –

მედეა ეთერით,
დელფინები ზღვით.

ეს მომხიბლავი ფრენა ევროპისა და ღვთაებრივი ხარის მაცდუნებელ გაქცევას ჰგავდა[102], იმათაც ეგებებოდნენ ზღვის მკვიდრნი და ზღვით გადაკვეთილი თავდავიწყება მინოსის დაბადებით დაგვირგვინდა. თუ იქ ხარი მიაცურებდა გატაცებულ ქალს, აქ ქალი თავის-თავად მიფრინავდა თავისთავადობაში, რადგან ეს მას ასე უნდოდა. ევროპასაც უნდოდა ისე და მიიღო თავისი საწადელი. აქ სხვა გაქანება იყო და სხვა მისწრაფება, რადგან ეს საკუთარი თავისაგან გაქცევა იყო მხოლოდ. ევროპა კი საკუთარი თავისაკენ გაიქცა თვითდამკვიდრებისათვის.

მიიწევდა მედეა ზღვის ციალებთან ფრენით და თბილი ნიავი ეალერსებოდა სახეზე. ჰაეროვანი სიმსუბუქე გამბედაობას მატებდა მისი ნების გამოვლენას და მომეტებული ჟინით მიიწევდა იქ, სადაც დასაწყისი და დასასრული ერთმანეთში გადაჯაჭვულან. რაც უფრო შედიოდა ზღვიური ლაბირინთების სიღრმეში, მით უფრო მეტი იყო მშვენიერების შეგრძნების ნეტარება, რადგან მედეა მარტო იყო ამ სტიქიაში და ყველაფერი, რასაც უყურებდა და ხედავდა, მხოლოდ მისი და მისი განუმეორებელი წარმოსახვის ნაყოფი იყო. მზე არ ჩადიოდა ზღვაში, ის მხოლოდ ზენიტში იმყოფებოდა, ასე სურდა მედეას, და მიტომ... სხივმფენი მზეც ღამის წყვდიადს უნათებდა მის სიცხადეს, ესეც იმი-

102. **ევროპისა და ღვთაებრივი ხარის მაცდუნებელ გაქცევას ჰგავდა** - ამ შემთხვევაშიც ერთი ასოს ჩანაცვლების პრინციპით ევროპე გარდაისახა ევროპად. ევროპე ფინიკიის მეფის აგენორის ერთადერთი ქალიშვილი იყო. მას თავის მეგობრებთან ერთად ზღვის პირას უყვარდა სეირნობა. ერთ-ერთი ასეთი გართობის დროს მან ლამაზ ხარს მოჰკრა თვალი, რომლის ტყავი ოქროთი ბრწყინავდა. სინამდვილეში ეს ზევსი იყო. ევროპე ხარზე შეჯდა, ხარმაც იხელთა დრო და ზღვაში შეაცურა და ასე გაიტაცა მშვენიერი ევროპე. ამ ფრაზაში და შემდგომშიც მინიშნებაა თანამედროვე ევროპის ინდიფერენტულ ბუნებაზე და რა შედეგებამდე მიიყვანა თვით ევროპაც კი გარემოებისადმი ასეთმა დამოკიდებულებამ სხვადასხვა ეპოქაში.

ტომ, რომ ბნელი და გრძელი ღამე გადაიარა დედამ შვილების სიკვდილთან ერთად. ამ სიზმარში არ იყო სიბნელე, ჩრდილიც კი არაფერს ჰქონდა, მხოლოდ ფერადოვნების გასაოცარი ხილვები ჰყოფდა ერთმანეთისგან ყველაფერსა და ყველა ფერს, ფერებში ფერ-შეცვლილ ხაზებს. ეს იყო უხმო სიმღერებში ამეტყველებული სტიქიის დღესასწაული, სივრცის უსაზღვრო განფენილობა და სხვა არაფერი.

მიფრინავს,

მიფრინავს

და მიჰყვებიან ზღვა-ზღვა ხტომა-თამაშით დელფინები.

და უცებ შორიდან კუნძული ამოიზიდა – ეს ის, სადაც თავისი ფეერიული სიხარული გაანამდვილა ევროპამ და რაც საკუთარი კეთილდღეობის იდილიურ ტყვეობაში გამოიკეტა.

მიუახლოვდა კუნძულს. სანაპიროზე არავინ ჩანდა, არც რა ქალაქი იყო სიახლოვეს, არც თუ ქალაქისაგან შემორჩენილი ნანგრევები. სულიერი არავინ გამოქომაგებია მოფრენილს. კუნძულის სიღრმეში შეფრინდა. მაღალი მთები აღიზიდა მის წინაშე. მზე გამუდმებით ზენიტში გაჩერებულიყო და არ აპირებდა დასალიერისკენ გადახრას. თითქოს დრო გაჩერებულიყო მთელს ამ სიზმარში და ეჭვი შეეპარა მედეას,

იყო თუ არა ეს სიზმარი,

ან თუ ხილვა,

და ისიც მხოლოდ მისთვის,

მთელი სამყარო რომ თავისთავად შეიქმნებოდა და ფრთებში დაუმძიმდებოდა ქვეყნიერების უცნაური სიმჩატე, თუ ამჩატება, რადგან ყველგან მარტო იყო. ერთია რომ, დელფინებმა მხოლოდ შეუმსუბუქეს, და არ დაუმჩატეს წინსწრაფვა.

ნისლით არ შემოსილიყო მთები და მედეა განიცდიდა აღმაფრენის დიდბუნებოვან შეგრძნებას. აწ უკვე განცდილი სიმაღლისაკენ სწრაფვა მეტ მიზიდულობას ბადებდა და,

მითუმეტეს, თუ მწვერვალების სიახლოვეშ სხეულის გაგიჟებაში გადაინაცვლა, ხელმისაწვდომი რომაა მწვერვალებთან სიახლოვე.

თვალწარმტაცი ხეობები გადაიშალა. კლდეებიდან გადმოშვებული ჩანჩქერები მზის სხივებთან თამაშ-თამაშით შვიდფეროვანი ბრჭყვიალით ეცემოდა კლდეებზე და ნაპრალებს აჩენდა. ქვები მოლიპულიყო წყალვარდნის ადგილებზე და ლამაზი ქანდაკებებივით გამოყოფოდნენ კლდის ერთიანობას. მთიდან მთაზე მიფრინავდა მედეა და სიმაღლეებს ეუფლებოდა და თან შინაგანი სიმყარეც იწევდა მასთან ერთად გონების წვერზე. უცნაური შეგრძნება ყოფილა მთასთან სიახლოვე და ეს მედეამ ახლა, ამ სიზმარში შეამჩნია. სულ მაღლა და მაღლა მიჰყვებოდა მთებს და ამ სიდიადის ტყვეობაში ხვდებოდა. იყო ადგილები, სადაც მთა მთას ეფარებოდა და იქ მზის სხივი ვერ აღწევდა და გასაოცარი ღრმულები გაკეთებულიყო, სადაც ხეობებში სიცივე და მთის სუსხი ტრიალებდა ისე, რომ მზიური სითბო ვერც ქარით აღწევდა და ვერც სიცხის სრულმომცველობით. იმ ხეობაში მუდამ უცვლელი სიცივე იყო... და მედეა ჩაფრინდა ამ ხეობაში და პირველქმნილობის შემორჩენილი არომატი შეიგრძნო. მერე ისევ აფრინდა მწვერვალებისაკენ,

ისე მაღლა,

ისე მაღლა, რომ ალპიურ ველებს მიაღწია.

თოვლმა იჭარბა და მზეზე ბრჭყვიალებდა მისი კრისტალური სისპეტაკე. სიმაღლეც მეტად მახვილი დახრით წარიმართა და მედეა უკვე მთის პიკზე აფრენილიყო. დაჯდა ყველაზე მაღალი მთის წვერზე და უყურებდა ქვეყნიერებას. საკუთარ თავში ზეკაცური ძალა შეიგრძნო, რადგან არც უსაყრდენო ფრენა და არც მიწაზე სიარული ადამიანს იმ ბუმბერაზ ძალას არ აძლევს, რასაც მთის გულზვიადობა ანიჭებს. დათოვლილი მთების მწვერვალები ხელის გაწვდენაზე იყო მედეადან და ერთი სისწორის სიბრტყეზე იმყოფებოდნენ. ცის სილაჟვარდე გონებას წმენდდა. ფიქრში

აღარ იყო არც გარდასული სიავე და არც მომავალი სირთულე, იყო მხოლოდ მარადი შუადღე აწმყოში გარინდული. თეთრი ღრუბლები ოცნებასავით შეჯგუფულიყო მედეას თავს ზემოთ და თამაში მოუნდა მედეას. მზე აქათქათებდა მთების ფერდობებზე დაფენილ თოვლს და უსასრულო სივრცეში იზიდავდა მზერას, რადგან სიმაღლიდან უსასრულობაში გადაფრენა მთით მინიჭებული ძალაა. ამ ძალასთან თვით სიზმარიც უძლურია. ეს უნდა შეიგრძნო, რომ ძალა ძლიერებაში გადაზარდო.

უნისლო განფენილობას უმზერდა მედეა და მთიდან მთაზე დაფრინავდა. უხაროდა, მხოლოდ ახლა უხაროდა სიმარტოვე. მთის დამრეც ფერდებს მიჰყვებოდა და მერე ჰაერში იჭრებოდა.

აქ არ იყო არანაირი ტახტი ზევსისა,

აქ არ იყო გაქვავებული ელადელი ღმერთების სავანე.

ისინი გონიერი ადამიანების მოფიქრებულნი იყვნენ, ადამიანებისა, რომლებიც მთასთან ზიარებულ იყვნენ. ღმერთი უფრო მაღლა და უფრო მაღალ სრულყოფილებაში სუფევდა. ეს იცოდა მედეამ, მაგრამ ამ წუთმა მისი ცოდნა სინამდვილით განამტკიცა. ამ უსაზღვრო სიხარულში დამბადებელი ადიდა იქედან,

საიდანაც ყველაზე კარგად,

ყველაზე მკაფიოდ,

ყველაზე უშუალოდ გაიგონებდა დამბადებელი ამ ლოცვას.

ცოტანი არიან ისეთი ადამიანები, თავიანთ სიხარულში რომ ღმერთი ახსენდებათ და მადლს სწირავენ უფალს ამ სიხარულისთვის. მედეამ არ იცოდა უფალი, მაგრამ უფალმა იცოდა მედეა, იგი ახლოს იყო ღმერთთან, და მიტომ.

ღვთაებრივი მადლი ჩასახლებულიყო

მედეას სულში,

რომელსაც ეყო ძალა გარდაუვალ განშორებას შერიგებოდა,

ასე-რიგად რომ უფრთხოდა;
რომელსაც ეყო ძალა იმ ტკივილებს შერიგებოდა,
ასე-რიგად რომ ტანჯავდა.

ტკივილები გამქრალიყო. სიყვარული სხვაგვარი ჩასახლებულიყო მასში. აღარ ეშინოდა მომავლის, რადგან სრულ სინათლეში იდგა.

სად იყო ხმაური...

ეს გაგება აღარ არსებობდა მისთვის, რადგან სიმშვიდეში განისვენებდა. ამ მთებში ბოროტება ვერ ამოაღწევდა, ამიტომ აღარ ფიქრობდა ადამიანურ ბოროტებებზე, ვერც ჭინკები თრგუნავდნენ. მას ფრთები ჰქონდა და მთელი თავისი ცხოვრება ახლა და მითუმეტეს აქ დამჩატდა ერთი ბუმბულის სიმძიმემდე. მთის ჰავამ სხვანაირი გახადა და ძილშიც შეიგრძნობდა ამ თავისებურებას და ფიქრობდა, ყველაფერი ეს ცხადი იყო, თუ სიზმარი?

მთის მწვერვალებიდან ჩიტის ბუდისოდენად გამოჩნდა ქალაქი. ამ ხელთუქმნელი სამყაროს წიაღიდან ადამიანისეულმა ქმნილებამ მიიზიდა ადამიანი ცხოველი წადილით...

და დაეშვა...

დაშვებამ ენით უთქმელი სიამე მოჰგვარა, ისეთი სიამე, რომ ერთბაშად აუცახცახა მთელი სხეული. ეშვებოდა და იმ დიდებული ხელთუქმნელობის ხსოვნა აჩრდილად დასდევდა და ვაკეზე დაფრენილმა სრულად შეიგრძნო
ის, სადაც იყო და
ის, რაც იყო.

ჩამოფრინდა და დაშვების გასაოცარი სილაღე წინ მიუძღოდა მთელი სისწრაფით, რათა შეეფარდებინა მთელი დანარჩენი სამყარო მთის მითიურ სავანესთან, სადაც იგი მარტო იყო და არ გრძნობდა იქ ადამიანს. დაშვებამ გააქრო სიმარტოვის მირაჟი და განავრცო მთელს განფენილ სივრცეზე ის გოლიათური განმარტოვება, რაც დაეუფლა მთის მწვერვალებზე თოვლის, მზის სხივებისა და სიმაღლის უსასრულობის ბრჭყვიალებაში წარმოშობილი. ახლა ერთობ

დაცხრა სულის სიდიადე ადამიანურ ნაქმნში. ისევ იზიდავდნენ მთები, როგორც მაცდუნებელი სიამოვნება. მედეა კი ქალაქში იყო შეფრენილი, მინოსის ზღაპრულ ქალაქში.

გადაუფრინა მიკენის ქუჩებს. თვალწარმტაცი იყო ქალაქი, სადაც თავისი იდილია ზმანებათა ქუჩაბანდებში ჩაკარგა ევროპამ და ეს იდილია, თავის სახელმწიფოზე განავრცო მინოსმა. ჰაეროვანი სივრცის სიმაღლიდან უყურებდა ქალაქს და ყველაზე მეტად რომელი ადგილებიც მოეწონებოდა, იქ ჩაფრინდებოდა. მზე კი მხოლოდ ახლა გადაიხარა დასალიერისკენ ისევე, როგორც ამ ქალაქის დიდებულება. უკაცურობა კლავდა ქალაქის მშვენიერებას. დაწყევლილი ადამიანებივით გარინდულიყო პოროსის მარმარილოში ჩამოსხმული გასაოცარი ხელოვნებით შესრულებული ძეგლები. ალვის ხეები ცამდე იზიდებოდნენ და მათ სიცოცხლეშიც ადამიანთა სულის აჩრდილები იმზირებოდნენ. დუმდა ქალაქი და მკვდარი სუნთქვასავით დაჰქროდა სიო ამ უკაცურობაში.

მედეას ეუცხოვა
ქალაქი,
მისი ქუჩები,
სახლები.

მშობლიური არაფერი იყო მასში, რაც ასე-რიგად უნდოდა ეხილა. ეძინა ქვაში ჩასმულ ქალაქს მარადი ძილით და მედეას ეწადა მისი გაღვიძება. ვერც მზემ გააცოცხლა მისი სიკვდილი. თანდათან მტვერი ფარავდა სვეტებს და სასახლეების მთავარ მხარეს, სილამაზეს რომ ქმნიდა ამ ქალაქისას.

ფატუმი ეტლით დაჰქროდა ამ ქალაქში. უსახურობა ყველაფერს დავიწყებაში ძირავდა, ყველაზე ლამაზ კუთხე-კუნჭულსაც კი, რომლის დავიწყებაც ასე-ოდენ შეუძლებელი იყო, თუ ოდესმე ნახავდი მას.

მედეა ამ ქალაქში იყო,
სიზმრის გადაგრძელება იყო

ეს,

და მიტომ.

ჩაუფრინა კნოსოსის სასახლეს, დაატყვევა მისმა ბრწყინვალებამ უფრორე მეტად, ვიდრე მწვერვალების მიმზიდველობამ. რალაც ნაცნობი და მახლობელი ამოიკითხა ამ სასახლეში, –

„ეს ალბათ იმიტომ, რომაო, – გაიფიქრა სიზმარში, – მშობლიური აიას სასახლე წარმომესახა ისეთი დიდებულებით, როგორიც მახსოვდა და ამად მივიჩნიე, სიზმარი რომ იყო, მიტომო".

ფრონტონებზე სასახლეს დატანებული ჰქონდა კოლხური ჭედვის ორნამენტები და ის წრედ შემორტყმოდა მთელს სასახლეს. ვაზის ლერწები ჩახლართულიყო ქვიურ ჩუქურთმაში. კარნიზებზე გამოკვეთილი იყო ასო-მთავრულის მაგვარი რალაც წარწერა. ეცადა მედეამ ამოკითხვა, მაგრამ დავიწყებოდა კოლხური დამწერლობა. ეს კი იცოდა, რომ ამ წარწერებში მინოსზე იქნებოდა რალაც მოთხრობილი, იქნებ თვით მინოსის ნაფიქრალი ამოკვეთილიყო სულაც. ფრიზი, როგორც ყველა ელადური ტაძარი, დამშვენებულიყო გორელიეფებით, სადაც გამოესახათ სხვადასხვა ღმერთები და მათი ყოფითი, თუ საქვეყნო საქმიანობანი. არქიტრავი სამი ტალღური იარუსით აბოლოვებდა სასახლის წინა მხრის ანტაბლემენტს. შემდეგ რამდენიმე რიგად კოლონები ჩამწკრივებულიყო იონიური კაპიტელით. ბაზისი კიბეებზე იდგა. სადაც სახურავის დახრის კუთხე იწყებოდა, იმ ჩაყოლებაზე და მის პარალელზე კედლები აღემართათ, რომლებიც დამშვენებულიყვნენ დახურული აივნებითა და ოვალური სარკმლებით. სასახლის შესასვლელი მოზაიკით მოერთოთ, სადაც გამოხატულიყო მინოტავრის დიდებულება.

ჩამავალი მზის სევდიანი გამონაშუქი ანათებდა კნოსოსის აღმოსავლეთ კედელს და ისეთი არაბუნებრივი კაშკაშით ბრწყინავდა, რომ აშკარად იგრძნობოდა ამ ნათებაში

მარადისობაში ჩამავალი დიდების უკანასკნელი ხილვა. ცასთან შესისხლხორცებული სასახლის ხაზთა ხელოვნება ეთხოვებოდა სამყაროს უსაზღვრო განფენილობას. მთელი თავისი ამაყი წყობით მოლანდებათა ლაბირინთებში იკარგებოდა და წითელი მზის გამონაშუქი ადასტურებდა თვალსაწიერიდან წასვლას.

მედეამ ლაბირინთსაც გადაუფრინა, შემაძრწუნებელი შემზარაობის მახსოვრობად აზიდულ ლაბირინთის დახავსებულ კედლებს. სანამ სიცოცხლე დუღდა მიკენში, კნოსოსის სასახლესა და უპირატესად ლაბირინთში სიკვდილის სიახლოვეს ვერ გრძნობდნენ. ახლა იმ პელაზგივით ნელა კვდებოდა, რომელიც მედეამ ცხადში დატოვა. აღარ იდგა სურნელი სიცოცხლის ამ წყვდიად ლაბირინთში. მიდიოდა და მიიკარგებოდა დერეფნებში ცაგადახსნილი აბრუნდი ადამიანური ნამოქმედარისა, საკუთარი შემოქმედების ამ ხვეულ-ხლართების სისასტიკეს რომ გაურბოდა ყოველივე ამის შემოქმედი.

ყველაფერს მტვერი დაედო და
ყველაფერს მტვერის სუნი ასდიოდა,
მტერი შემოსულა მიკენში, და მიტომ.

აღარ ყვაოდა ყვავილები კნოსოსის ბაღში. მხოლოდღა ლაბირინთის დაძლევის დასტურად დაქსელილიყო მისი დარბაზები ბაწრით. სისხლი შემხმარიყო კედლებზე და ტკივილი ჩაკირულიყო ნაშენებ ქვებში, ტკივილი სიკვდილისა და გაუდაბურების.

ზოგი ძეგლი თავპირდამტვრეული იკარგებოდა თავის სამარხში,

ზოგს ხელი მომტვრეოდა,
ზოგს ფეხი.

მედეას ის დაკარგული სრულქმნილება იზიდავდა, რომელიც აღარასოდეს განმეორდებოდა და ძლიერ დაალონა დაღუპული ქალაქის ხილვამ, დაუმძიმდა გული. ისე დამთრგუნველი იყო ეს განწყობილება, რომ ლამის გამოეღვიძა

მედეას.

სწრაფად გაეცალა მიკენს და მთელს კუნძულს. ისევ გადაევლო ზღვას და ახლა სხვა ნაპირს მიადგა. თანდათან იგრძნო, თუ როგორ ეცლებოდა ძალა. ეთერმა ვეღარ ზიდა, იმდენად დამძიმდა ფიქრებისაგან. მიწამ თავისკენ მიიზიდა მფრინავის სიზმარეული ხილვა.

მედეას დანარცხების ტკივილის შეეშინდა. დაენარცხა, მაგრამ არაფერი ტკენია, სიზმარი იყო ეს ხილვა, და მიტომ. გამოეღვიძა, მაგრამ არ უნდოდა გამოღვიძება. გული დაწყდა ამ გასაოცარი სიზმრის დამთავრების გამო.

XXXIV

მე მოვიგე ცრთა!

მედეა ტრიალ მინდორში იდგა, ხელში საირხეს ხრმალი ეჭირა. თეთრონი სად იყო, აღარ იცოდა. საღამოის პირით შებურვილიყო გადაფენილი სივრცე და ღრუბელიც ნაცრისფრად მოქუფრულიყო.

საიდან მოხვდა მედეა აქ, აღარ ახსოვდა,

სამაგიეროდ კარგად ახსოვდა სიზმარი

და იფიქრა, ალბათ სიზმარმა აქამომდე მომიყვანა თავისი ჰაეროვნებითო.

გახსენება არ სჭირდებოდა,

ყველაფერი ზედმიწევნით ახსოვდა,

მხოლოდ სიცხადე არ იცოდა რა იყო, ამ ზმანებათა მიღმა დატრიალებული.

ან რა უნდოდა აქ,

ან სად იმყოფებოდა,

ან სად მიდიოდა.

სიზმარს ეს სიცხადე უფრო ჰგავდა, ვიდრე ის დანასიზმრები. დაბრუნება უნდოდა იმ სილამაზის წიაღში, როგორ

– ეს არ იცოდა მხოლოდ.

სად იყო ის კაცი, მოკვლით რომ ემუქრებოდა და ყველაფერს რომ მხოლოდ მას აბრალებდა, მერე რომ დააწყნარეს და ასე შემდეგ...

ან სად იყო მისი კეთილი მასპინძელი, ასე-რიგად რომ შეუყვარდა ყველასაგან განდევნილი მიუსაფარი ქალი და შეიფარა, ამით კი საკუთარი თავი სასიკვდილო საფრთხეში ჩააგდო, უკანასკნელ პელაზგს რომ უწოდებდა საკუთარ თავს.

ან ის მჭადის ყანა რა იქნა, იქნებ გადაწვა უკეთურმა და ამით იმია შური მედეას შეფარვისათვის.

რატომ არ ისმის ჩანგურისა და ჭიანურის ხმები, ნუთუ ისინიც დალეწეს მედეას სიყმაწვილის დარად. ეს ის ადგილი არ არის, სადაც დაძინებამდე იმყოფებოდა, სულ სხვა გარემოში მოხვდა. ადრე ზღვის ხმაური თუ ერთი მხრიდან ესმოდა, ახლა მეორე მხრიდან ესმის. ნუთუ დაუბრკოლებლად გადალახა ზღვა იმ ეგეოსისა, რომლის ცოლობასაც აბრალებდა ის უცნაური კაცი.

გაეღიმა ამ განაფიქრზე მედეას. თუ მან დატოვა ელადის სანაპიროები, ხრმალი ვინ მისცა ხელში და თუ ხრმალი ჰქონდა, სად დაიკარგა თეთრონი?!

იქნებ საჩუქრად დაუტოვა პელაზგს,
ან იქნებ ვინმემ მოპარა,
ან სულაც მოკვდა გზაში,
თუ სახლში,

ამას უკვე აღარ ჰქონდა მნიშვნელობა, რადგან ცხენი მის გვერდით აღარ იყო, არადა უცხენოდ როგორ გაევლო ეს გადაშლილი ტრამალი.

იაზონი მოკვდაო, – ის უცნაური კაცი ამბობდა. ყველაფერი სიზმარში მოხდა? მაშინ რაღაა ცხადი, რომელიც ვეღარ გამირჩევია სიზმრისაგან. იქნებ არც კი მომკვდარა იაზონი. თუ არ მომკვდარა, მაშინ რაღატომ დავტოვე ელადა? იქნებ იმიტომ მოიფიქრეს იაზონის სიკვდილი, ჩემს იქ დარჩენას აზრი რომ დაკარგოდა. კი მაგრამ, საიდან იცოდნენ

ჩემი ფიქრების ასეთი იდუმალი წვრილმანები? ალბათ სიზმარში ამოიკითხეს. იქნებ ელადაში ვარ ახლაც და არ დამიტოვებია ეს ქვეყანა? სიზმარი აბა რატომ ამბობდა სულ სხვას?

– ო, კიდევ ეს სიზმარი და სიზმარიო, – დაიჩივლა მედეამ.

საკუთარ სხეულს შეხედა, აღარ ემოსა გველის პერანგი, ასე რომ განაცვიფრა ის უცნაური კაცი, არც სიზმარში გადაჰყოლია ის სამოსი. მას კი ემოსა ის, რითაც წამოვიდა კოლხეთიდან. ტანზე აღარ სციოდა, რადგან სხეული აღარ ჰქონდა ალაგ-ალაგ მოშიშვლებული, როგორც გველის პერანგში, ქარი კი სუსხიანი უბერავდა ამ ტრამალებში. პასუხის გაცემას აღარ ჰქონდა აზრი, რადგან არ იცოდა,

რა იყო ყველაფერი ის და
რა არის ყველაფერი ეს.

პასუხები სიცხადე-მოჩვენების ზღვარზე იდო,

არ იცოდა, სად უნდა გავლებულიყო ეს ზღვარი. ნუთუ ეს მანძილი მან უკვე გამოიარა –

დასაკარგავი დაკარგა და
საპოვნი იპოვა.

ახლა დარწმუნდა სიზმრისა და ცხადის თანაფარდობაში, რა იყო ორივე ხილვაში მსგავსი და ერთნაირი – მედეა აღარ იმყოფებოდა ელადაში, იგი იქიდან წამოვიდა და იმყოფებოდა სხვაგან... და ახლა უკვე ფიქრობდა, რა იყო ეს „სხვაგან" და ეს მაშინ, როცა პარიზი მკვდარი იყო, ევროპა გადაშენებული, ხოლო პარტიის სამეფო[103] ჯერ არ შექმნილიყო, ატლანტია[104] კი ცისქვეშეთის თაღს ზურგით შედ-

---

103. **პარტიის სამეფო** - ერთი ასოს ჩანაცვლების პრინციპის შედეგად მივიღე ალეგორიაცა და პაროდიაც თანამედროვე და ახლო წარსულის რუსეთზე. ამ ერთმა ასომ გეოგრაფიული და ისტორიული არეალი ისე შეცვალა, რომ ასოციაციით მაინც იგულისხმება პირველწყარო, ანუ პართიის სამეფო, რომელიც არ არსებობდა მედეას ეპოქაში.

104. **ატლანტია** - ამ შემთხვევაში ერთი ასოს დამატების პრინციპით ქვეტექსტით ვიგულისხმე ატლანტიის ოკეანის მიღმა ახალი სამყარო, რომელსაც თანამედროვე ეპოქაში ტიტან ატლანტას მისია აკისრია ქვეყნიერების დასალიერს. შესაძლოა ეს გადაფასება იყოს ამერიკის შეერთებული შტატებისა, მაგრამ საერთო ალეგორიულ ქარგაში საუკეთესოდ ჯდება, მით უფრო მაშინ, როცა მითი და რეალობა ერთმანეთს გასაოცრად ემგვანება და განსაკუთრებით იმ ნაწილში, როცა ჰერაკლე ატყუებს ატლანტას.

გოდა, რომ არ დამხობილიყო სამყარო და ეზიდებოდა თავისი მხრებით, შემწე არ ჰყავდა არავინ, ისე. ეზიდებოდა თავისი ძლიერებით, ვიდრემდე შეძლება ექნებოდა და არ ჩამოიქცეოდა ცარგვალი თავზე.

მოქუფრულიყო ცაი და დღის სინათლეს უჭირდა განათება იმ ალაგისა, სადაც მედეა იმყოფებოდა. ნამწვავის სუნი იდგა ირგვლივ, ქარი სივრცეში ფანტავდა ამ ნამწვავს. ძნელი გასარკვევი იყო –

ცაზე კვამლი იყო,
თუ შავი ღრუბელი,
დარი იყო,
თუ გაავდრებას აპირებდა.

ნაცრის ფერი დასდებოდა გარემოს ისე, როგორც მოწყენილობისას შეფერადებული განწყობილება, ათასფეროვანი რომ ერთ ფერში აღიქმება. არაფრის ხმა არ ისმოდა,

იყო მხოლოდ მდუმარება,
არათუ სიჩუმე,
მხოლოდ უსაშველოდ გაწოლილი მრისხანე მწუხარება,
როცა არანაირი სურვილი არ არის
ლაპარაკის,
ან ხმაურის.

მედეა ახლა გრძნობდა, რომ თურმე ხმაურის ატეხვასაც თავისი პათეტიკური განწყობა ნდომია. აქ კი სრული დუმილი მეფობდა, ისეთი, ტანში რომ გაგზარავს და არათუ შიშისგან, არამედ გაოგნებისგან. არავინ ითხოვდა შველას მაშინ, როცა ცაზე ღრუბლების ნაცვლად კვამლი გაფანტულიყო; კვამლი ცეცხლს მოასწავებს და ცეცხლი თუ ისეთი დიდია, რომ მზე გადაფარა, ეს ადამიანის ავ-კაცობის ნახელავია უთუოდ, მითუმეტეს მაშინ, როცა შველას არავინ ითხოვს. უკაცრიელ ადგილას ცეცხლს ვინ დაანთებდა, ის ადამიანთათვისაა განკუთვნილი და მიიღეს ცეცხლი ადამიანებმა ისე, რომ შემზარავი დუმილი ჩამოწვა. დიდი ცეცხლი ბევრი ადამიანისთვის დაინთებოდა, თორემ ცოტას მცი-

რეც ეყოფოდა. ჰოდა, დიდი ცეცხლი ისე დაინთო, რომ უკვე ხმა აღარავისი ისმოდა, აღარც იმ დამნთებელის. იქნებ შორს იდგა მედეა და ხმა ამიტომ არ ესმოდა არავისი და არაფრისი. ასე განაწყო იგი ამ გარემომ, – თითქოს ის სიზმრისეული ფრთები ახლა, აქ დაეწვა და გადარჩენილი აღარაფერს ამბობდა.

ერთმანეთს შეადარა სიზმარი და სიცხადე,
თუ რა მიანიჭა
ან ერთმა,
ან მეორემ.

ეს სიცხადე ჯერ არ დაწყებულიყო და თავისი პირველი შთაბეჭდილებები თვალნათლივ გამოისახა, –

თუ გამძაფრდებოდა, თორემ
არ გალამაზდებოდა და
არც გაფერმკრთალდებოდა,
ან სულაც გაუფერულდებოდა.

მიწას ოხშივარი ასდიოდა გადათელილი თავმოყვარეობისა და სინდის-ნამუსის.

მიწაც იმასვე გრძნობდა, რასაც მედეა –
არათუ შიშს, ან ზიზღს რაიმეს, ან ვინმეს მიმართ,
არამედ გაოგნებას
და მრისხანედ დუმდა.

მასში არ იყო გულის ფეთქვა და ბუბუნი. ეს იყო სრული გარინდება. იწვოდა ბალახები, რაც უფრო მიიწევდა მედეა წინ. ეს სიმწარე იყო მიწის, ოღონდ სიმწარე არა ტკივილისაგან. ეს უფრო მეტი იყო, უფრო წვადი, ვიდრე ტკივილი და თვით სიმწარე. სიმწვანე გამჟღავნებულიყო შორგ ზიანი მოცულობის სიღრმისეულ გამოსახულებაში. მიდიოდა მედეა და ფიქრობდა ამ ერთფეროვნებაში რა ცვლილება მოხდებოდა ისეთი, რომელმაც საკმაოდ შორ განფენილობაზე იმოქმედა. წარმოსახვით მიხვდა მგზავრი, თუ რა შეიძლებოდა ყოფილიყო ორომტრიალის საწყისში. მიხვდა, რომ აქ მძვინვარებდა ომი. სად იყო ასეთი არაადამიანური ბრძოლა,

ბუნებამაც რომ იცვალა სახე. აზრმა გაუელვა ასეთმა –

ნუთუ ყველაფერი კოლხეთში ხდება და მე მამულის მისადგომებთან ვიმყოფებიო?

მაგრამ ელადა ხომ წინარე ღამით გამოვიარეთ?!

ნუთუ ჩემი თეთრონი იქ დავკარგე, სადაც არ ვიცი, სად ვარ, ან რატომ ვარ? საით მივდივარ ახლა, რაღა დამრჩენია ამ მოოხრებულ მიწაზე ისეთი, რომ ღირდეს ჩემი ლამაზი ზმანების ფასად, მომხიბლავი რომ იყო სულ რაღაც მთელი ერთი ღამის განმავლობაში. ვიდრემდე გავფრინდებოდი,

როგორ ვუყვარდი კაცებს,

როგორ მებრალებოდნენ ისინი,

როგორ მიყვარდა იაზონი და

როგორ გავფრინდი თავდავიწყებაში.

მაშინაც ღამე იყო,

ახლაც ღამეა –

ღამეული დღე, სადაც არ ჩანს დილის სინათლე. აქ ომი იყო, დიდი ომი, მაგრამ ნაომარი არაფერია, გარდა სიცივით დადუმებული ველისა. არც მკვდარი ჩანს და არც ცოცხალი.

მაშ, რაა ომი,

რის მაქნისია ომი, თუ მას არც მკვდარი დარჩა და არც ცოცხალი?!

აი, გამოჩნდა პირველი სურათი ომის საშინელებათა შედეგის –

დალეწილი ფარ-ხმალი,

დაგლეჯილი ალმები,

დაჩეხილი მერნები.

ახლა მედეას თვალწინ გადაიშალა მკვდრების ველი. აღარ ისმოდა დაჭრილების კვნესა. ყველა ერთბაშად მოსრა ომმა. სწორედ ამით იყო გამოწვეული დუმილი, და არა სიჩუმე. არავინ ჩანდა ჭირისუფალი არც გამარჯვებულის და არც დამარცხებულის.

ნუთუ აღარ დატოვა ომმა ამბის გამტანი ამ ქალაქიდან,

ნუთუ ასეთი უმღები იყო ის, არავინ რომ არ დაზოგა –

არც სამალავში ჩამალული,
არც სამზეოზე გამოსული,
არც მეომარი და
არც უომარი;
არც იგი, ვისთვისაც ეს ჯანდაბა სასიცოცხლო მნიშვნელობისა იყო,
ან, ვისაც ეწადა გაქცეოდა ამ თავსხმა სიკვდილს,
ან, ვისთვისაც სულ ერთი იყო ომიც და მშვიდობაც თავისი კეთილდღეობის, ან უბედურების გამო.

მომხვდურიცა და დამხვდურიც ისე აეზილა ომს, რომ ვერ გაიგებდი, ვინ ვინ იყო. არავის არაფერი წაუღია, აღარაფერი იყო წასაღები, და მიტომ. რომც ყოფილიყო, წამღები აღარ დატოვა ომმა, ისე დარია თავისი ხელი ადამიანებს. მთელი სიმდიდრე და ავლა-დიდება ადამიანური გონით შექმნილი მკვდრებს ემოსა და არ ჩანდა ქურდიც კი, რომელიც წაატანდა ხელს საძარცვს არა იმიტომ, რომ წესიერებამ დაიბუდა კაცთა მოდგმაში, არამედ იმიტომ, რომ ომმა აღარც ის ქურდი დაინდო. თუმცაღა, უადამიანოდ ვის რაში სჭირდებოდა სიმდიდრე და მითუმეტეს ისეთი, რომელიც ადამიანთა სიკვდილს ემსახურება. აღარ ფასობდა ოქრო, რადგან განადგურებულიყო შემფასებელი და დამფასებელი ამ ოქროსი. ყველაზე მდიდარი ამ ქალაქში სიკვდილი იყო, რომელიც ომმა გაამეფა. ნუთუ აქ ბავშვი არ ცხოვრობდა,
იქნებ შეშინებულებმა სახლების სხვენს შეაფარეს თავი,
ან ტყეში დაიმალენ?!
მაგრამ სადაა ტყე,
ან ბავშვები,
ან თუნდაც სახლები?

ეს ხომ ქალაქის მისადგომები იყო. მედეამ ეს ვერ გაარჩია, რადგან ერთმანეთს შეაკვდა ქალაქი და ლაშქარი.

– თუ ქალაქში ბავშვი არ ცხოვრობს, მაშინ ის ქალაქი მართლაც აღსაგველი ყოფილა პირისაგან მიწისაო, – ჩაი-

ლაპარაკა მედეამ და გადააბიჯა გვამებს და ასე გაიკვლია გზა.

ნუთუ აქ მოდიოდა დასამკვიდრებლად...

ნუთუ იმისთვის მოიტანა მთელი თავისი ცხოვრება, რომ აქ განმარტოვებულიყო ამ შემაძრწუნებელ სიმდიდრეში.

აქ ცხოვრებას, უმჯობესი იქნებოდა, ელადელების მსხვერპლი გამხდარიყო

ისევე, როგორც ეს ქალაქი,

ისევე, როგორც თავისი შვილები,

ისევე, როგორც ოქროს საწმისის ყველა ქომაგი.

მაშინ რა მნიშვნელობა ჰქონდა აქ იცხოვრებდა,

თუ კორინთოში შვილებთან ერთად მოკლავდნენ,

ან სტადიონზე ჩაქოლავდნენ,

ან ის კაცი მიჰგვრიდა ტყვედ თავის პატრონებს და წამებით მოუსწრაფებდნენ სიცოცხლეს.

ყველა ის, თითოეული მათგანი უფრო ღირსეული სიკვდილი იქნებოდა, ვიდრე ასეთი სანახაობის შემდეგ აქ დამკვიდრება ბევრი იფიქრა, ამ ფიქრში გაასმაგდა ტკივილი მამულზე, ასე-ოდენ რომ დაეთრგუნა მამულის ცნება საკუთარ აზროვნებაში.

ამ ფიქრებში იყო, როცა შორიდან გამოჩნდა ქალაქის შენგრეული ბჭენი. ცადაზიდული გოდოლი ჩამონგრეულიყო რამდენსამე ადგილას, კარიბჭე მიწაზე განრთხმულიყო, სათვალთვალო კოშკურებიდან შავი კვამლი ადიოდა, თითქო დიადი საქვაბის საკვამური ყოფილიყო, საიდანაც სიკვდილი ხრჩოლავდა. აქა-იქ ზღუდენი გაბზარულიყო, რათა საბოლოოდ დაქცეულიყო მისადგომელი ამ ქალაქისა, ნიავსაც რომ შესძლებოდა თავისუფლად შესვლა ნებისმიერი ძლევამოსილების საბოლოოდ დაძლევის ნიშნად. ოდესღაც თვალწარმტაცი დიდებულება ადამიანის გონის ნააზრევისა ადამიანის გონის ნააზრევმავე ფერხთით განირთხა. გამურულ კედლებზე და ნაკედლარ ქვებზე ვერასოდეს ვერშექმნილი ცეცხლის ალფავიტით ეწერა ტროას ომის მატი-

ანე. ქალაქის რომელიღაც დამცველი ხელებაღმართული გადაღობებია თურმე მტერს და ქალაქის შესასვლელი თავისი მკერდით დაუკეტავს. ჰოროლით განგმირული შელესილიყო კედლებს, თავისი სისხლი ჩაეკირა ტროას სიცოცხლისათვის კედლებში. თვალები არ დაუხუჭავს მას და არც ყვირილი შეუწყვეტია სიცოცხლის შემდეგ სიკვდილში.

ai, ეს იყო ტროა.

ვიღაც გაშოტილიყო მიწაზე და ხელები ლაღად გაეშალა. ცას შეჰყურებდა მისი დაღამებული თვალები, ხოლო სახეზე უსაზღვრო ბედნიერება ჩაბეჭდილიყო სამუდამო დამღად, რადგან იხილა და ეღირსა ტროას მიწა. გვერდით ხრმალი ეგდო, იგი კი მისი ამღები აღარ იყო. მასაც გახელილი დარჩენოდა თვალები, რადგან უნდოდა სიცოცხლის შემდეგაც სიკვდილში დამტკბარიყო მონაპოვარით – ზეცით.

ესეც ტროა იყო – მრისხანე და შეუდრეკელი.

ერთგან ორი მებრძოლი ერთმანეთს გადასჭდობოდა სამკვდრო-სასიცოცხლო ბრძოლაში საკუთარი ძლევამოსილების დასამტკიცებლად და სიცოცხლის შემდეგ სიკვდილშიც მარადი ბრძოლაში ჩაკიროდნენ ისე, რომ ვერ დაცილებოდნენ ერთმანეთს.

ai, ამას ერქვა ტროა...

ერთი მეორეს გაურბოდა, მეორე კი იმას მისდევდა ხრმალმოღერილი. ერთის თვალებში შიში იკითხებოდა, მეორეში გამარჯვება და ასეთივე გრძნობით გადავიდნენ სიცოცხლის შემდეგ ყოფაში – სიკვდილში და სიკვდილი ორთავეს სხვადასხვა გზებიდან მოუვიდათ.

სწორედ ამიტომ ერქვა აქაურობას ტროა, გაუთვალისწინებლობით რომ იყო აღსავსე, იმიტომ.

ქალაქის გალავანი გაიარა მედეამ და ფეხი დაადგა ტროას ქუჩებს, სადაც მიმოფანტულიყო ასევე მებრძოლები და მათთან ერთად ქალაქის მშვიდობიანი უიარაღო მოსახლეობა.

ზოგი საკუთარ სახლებში ჩახოცეს,

ზოგი საკუთარი სახლის კედელთან მიასიკვდილეს,
ზოგ გაქცეულს ზურგში
ან დანა ჰქონდა გარჭობილი,
ან ნაჯახი,
ან ისარი,

ან ხრმალი, რათა ვერსად გაქცეულიყო და მარადის დარჩენილიყო ტროას ქუჩებში. ბავშვებზე რომ გაიფიქრა მედეამ, შუა ქალაქში ნახა უთვალავი დახოცილი ბავშვი და ესეც იმიტომ, რომ ტროა მკვდრეთით აღარასოდეს აღმდგარიყო. გარემოსა და გარემოებას ამაშიც ეტყობოდა, რომ იგი ჯერ ელადის საზღვრებს არ იყო გამცდარი. ამ ქალაქის ნახვის შემდეგ ვერავინ იტყოდა, რომ ომში ვინმეა გამარჯვებული. საძირკვლამდე დანგრეული ტროა ვისი გამარჯვების მომასწავებელი უნდა ყოფილიყო?! გამარჯვებულს ხომ მასში უნდა ეცხოვრა, მას თუ არა, მის შთამომავლობას ხომ მაინც. ტროა კი ისე იყო მოქცეული, რომ სიკვდილის მეტი ვერავინ იცხოვრებდა მასში. არ არსებობდა ამ ქალაქში დაჭრილი. მაშ, რაღა იყო დარჩენილი ხელმიუკარები?! იყო კი რაიმე ცოცხალი არსება ამ დაწყევლილ ქალაქში?!

ორი გველი დასრიალებდა მხოლოდ ქალაქში და უხაროდათ ის, რასაც ხედავდნენ და უყურებდნენ. ცხენის ქანდაკებას შემოხვეოდნენ და ცხენის თავზე აცოცდნენ, რათა სიმაღლიდან დამტკბარიყვნენ მიმოფანტული გვამების მზერით. ეს ის გველები იყვნენ, ათენას გამოგზავნილნი, ლაოკოონი[105] და მისი შვილები რომ დაგესლეს, რადგან მისანი აფრთხილებდა ტროელებს, არ მინდობოდნენ აქაველთა საჩუქარს. სწორედ ამ საჩუქრის თავს შემოხვეოდნენ გველები. ყველაზე მაღალი და ხელუხლებელი მთელს ქალაქში ეს ცხენი იყო უკვე, დანარჩენი დაიქცა და დაემხო.

105. **ლაოკოონი** - ტროელი მისანი, რომელმაც ტროას დამცველები გააფრთხილა მოახლოებულ საშიშროებაზე, არ მიეღოთ აქაველთა საჩუქარი. ამის გამო ომის ქალღმერთმა ათენამ გამოუგზავნა ლაოკოონსა და მის შვილებს ორი უზარმაზარი ზღვის გველი და მათთან ბრძოლაში მისანი და მისი შვილები დაიღუპნენ.

ამ ქანდაკებას ტროას ცხენი ერქვა და მაცდურად იღიმოდა ცხენი და ამ ღიმილში მთელი ტროას ბედისწერა ჩახატულიყო, ცდუნება დიდი იყო ქვეყნად, და მიტომ. მედეამ შეხედა ცხენს და თავისი თეთრონი შეიცნო მასში.

– შენ აქ რა გინდაო? – ამოთქვა ძლივს-ძლივს სათქმელი.

ცხენმა კი ჩაიჭიხვინა ირონიულად, მედეას გამოსაჯავრებლად. აღარ შეხედა მედეამ ცხენს, ზურგი შეაქცია და მძიმე გზა განაგრძო სიკვდილის ქალაქში და უნდოდა, მალე გაეღწია აქედან. ხრმალი ჯვრად გადაექცა ხელში და მძიმე სატარებელი გახდა, არ კი განშორებია თავის საზიდარს ამ სანახაობით გაოგნებული ქალი. მიდიოდა და თავისთვის ფიქრობდა –

ელადელები თავიანთ ქალაქებში რომ ღმერთებს ძეგლებს უგებენ და ღმერთების ნაცვლად ადამიანებს სახავენ, რასაც მე ახლა ვუყურებ და ვხედავ,

ესაა ადამიანი,

ესაა ქალაქი,

ესაა ის ძეგლი ადამიანთა გამოსახვით გამდიდრებული.

ამაზე უკეთესის შექმნა ადამიანურ გონს არ შეუძლია, ძეგლიც უტყვი და უგრძნოა და მკვდარიც. ასეთია დიდება –

ადამიან-მეომართა ნაქმნისა და

ადამიან-შემოქმედთა ნაღვაწისა.

ნაღვაწ-ნაგები უნდა დაანგრიოს მებრძოლმა სულმა და თავისეულ შემოქმედებად გარდასახოს ყოველი შექმნილ-აშენებული.

სამლოცველო დაინახა მედეამ ნახევრად დანგრეული, სადაც ათენას ხის ქანდაკება იდგა. ომმა დაამტვრია და გაბზარა ეს ნაღვაწიც, სილამაზე დაუკარგა და მიუსაფარ ძეგლ-ქალად აქცია, რომელიც ოთხთა ქართა გასაყარზე იდგებოდა ამიერით, რადგან თავშესაფარი ჩამონგრეულიყო. კასანდრა[106] იმალებოდა ამ ქანდაკების უკან და ქალ-

106. **კასანდრა** - ტროელი მისანი ასული, რომელმაც დიდი ხნით ადრე იწინასწარმეტყველა ტროას დაღუპვა, მაგრამ მას არ დაუჯერეს.

ღმერთს მფარველობას შესთხოვდა. შიშისაგან თრთოდა ქალწული და ტიროდა, რადგან აღსრულდა მისი სამწუხარო წინასწარმეტყველება, რომელსაც ყური არ ათხოვეს ტროელებმა. გველები მაცდურად სისინებდნენ და ერთმანეთს რაღაცას უამბობდნენ. თრთოდა კასანდრა, მაგრად ჩაეჭიდა ხელი თავისი მფარველი ქალღმერთისათვის.

უცებ ამ მდუმარებაში მედიდური გადახარხარებისა და მოულოდნელი შეკივლების ხმები გაისმა. მედეამ იქით გაიხედა, საიდანაც შემოესმა ეს ხმაური – და შეხედა:

ტროაზე გამარჯვებულ ვიღაც მედიდურ მეომარს თმებით დაეთრია კასანდრა, არ მორიდებია სამლოცველოსი, ისე. გაუხარდა, ასეთი ქორფა ნადავლი რომ შეხვდა ტროადან. მისთვის არ იყო ეს სამლოცველო, არც ქანდაკება იყო ქალღმერთი, მხოლოდ ძეგლი იდგა მის წინ, რომელსაც ანგარიშს არავინ უწევდა არასდროს. ძეგლის წინ საკურთხეველი იდგა და ზედ გადააწვინა კასანდრა. სიკვდილის შეეშინდა ქალწულს, არ უნდოდა სიკვდილი, და მიტომ. მიუახლოვა სახე სახესთან და თვალებში ჩახედა კაცმა ქალს. უკან დაიხია ქალმა, მაგრამ კაცმა ფეხებში წაავლო ხელი და თავისთან ახლოს მიიწია. ახლა კი მიხვდა კასანდრა, რასაც უპირებდა მას გამარჯვებული. აიანტი იყო ეს გამარჯვებული,

ავხორცი,

მრუში.

შესტირა ქალწულმა თავისი პატიოსნება, მაგრამ ამ ტირილით უფრო აღაგზნო ხვადი. შემოახია მას ტანისამოსი და უთხრა:

– თუ მისანი ხარ, აბა, მითხარი, რა დაგემართება ახლაო?!

ეს თქვა თუ არა, მკვეთრი მოძრაობით აწივლა ქალი. მამაკაცის მკლავებში მოქცეულმა შეხედა ქალღმერთს როგორც მხსნელს, ის კი ადგილიდან არ იძვროდა, ერთი კი იყო, რომ სახე შეაბრუნა და ამ უმსგავსობას არ უყურებდა. ამ დროს კი აიანტი ნებივრობდა კასანდრათი და ხითხითებდა.

ქალს ხორცით სავსე ფეხებზე ეფერებოდა, მკერდი მოუშიშვლა და პირით ლოკავდა ძუძუს კერტებს. ოფლი ღვარად დიოდა მოძალადეს და საკუთარ ძლიერებას კასანდრაზე ავლენდა. ისიც გრძნობდა მამაკაცს საკუთარ სხეულში და უსასოდ იკლაკნებოდა, ვერაფერი გააწყო აიანტთან და სრულად დაემორჩილა მის ნებას. ომის სარეცელზე დაწოლილ კასანდრას ფეხები განზე ჰქონდა გადაშლილი და მასზე ვნებიანად მიმჯდარიყო ხვადი და აწვალებდა მას.

ეს იყო მსოფლიო ომის ბედისწერა, სადაც წარმოებდა გამარჯვებულისა და დამარცხებულის ურთიერთშეპირისპირება...

და მთელი სამყარო ეს საკურთხეველი იყო, სადაც ყველაფერი ხდებოდა,

ზედმეტი მხოლოდ ქალღმერთი იყო აქ. ისიც გრძნობდა თავის-თავადობის ზედმეტობას და ესღა მოეხერხებინა, რომ არ ეყურა ამ სისაძაგლისთვის, ვერ კი გასცლოდა იქაურობას.

მსოფლიო ორომტრიალი გრძელდებოდა კარგა ხანს –
ერთს არ უნდოდა,
მეორეს უნდოდა.
ერთის ნება-სურვილი დაითრგუნა
მეორის ძალმომრეობით.
ასე იყო ყოველთვის.

მსოფლიო მზერა კი ამ შებრძოლებას უყურებდა, ჩაყლაპა საკაცობრიო განფენილობამ კასანდრას წართმეული ნამუსი, გულგრილი იყო იგი ადამიანთა კონკრეტული ბედიღბლის მიმართ, და მიტომ. სასოწარკვეთით შესცქეროდა კასანდრა მსოფლიო მზერას, მაგრამ მასში თანაგრძნობა ვერ ამოიკითხა, მხოლოდ ცნობისმოყვარეობა შენიშნა, რომლისთვისაც კასანდრა მხოლოდ რაოდენობის ერთ-ერთი სათვალავი იყო. ქალღმერთის ხის ქანდაკება ტიროდა და არ უყურებდა ცხოვრებას, როგორიც იყო. აიანტს არა რცხვენოდა კასანდრასგან განსხვავებით. ამით ამტკიცებ-

და თავის სრულფასოვნებას ძლიერებაში. კარგა ხნის მერე ზურგზე ამოაბრუნა თავისი ნადავლი და უკნიდან მიაწვა მას. ღონემიხდილი ქალი სრულად დაჰყვა მოძალადის ნებას. წვალობდა, რათა შეგუებოდა თავის უმწეო მდგომარეობას. ვეღარც ტიროდა, აღარ ჰქონდა აზრი ტირილს. არავინ გამოექომაგა მაინც, ვერც ვერავის შეაცოდა თავი, რადგან არავისთვის იყო უცხო მისი სასოწარკვეთა. სიამისაგან ღმუოდა ხვადი მდედრზე გადამჯდარი და უკრძალავდა ქალს ტირილს. თმებში წვდა და წამოწია თავისკენ, როგორც ცხენის აღვირი ჯირითობისას.

მეტად და მეტად შევიდა ქალში,

მეტად და მეტად შეიგრძნო მან ქალი,

ქალმაც გამძაფრებულად შეიგრძნო კაცი,

უკანასკნელად გაიბრძოლა თავისი პატიოსნებისათვის,

წაიტირა,

აიანტი კი მთელი ძალით დაუზოგავად მიაწვა და აღნავლდა წამიერი სიტკბოებისგან, როგორც ზედმეტი ჭამისაგან გადაქანცული მხეცი, რომელსაც კიდევ უნდოდა, მაგრამ აღარ შეეძლო. კასანდრაც გაყუჩდა, რადგან აივსო ხვადით მასში შეღვრილი მამრის ცხელი ჟინისაგან და ელოდა ტანჯვის დასასრულს და ისიც დადგა.

ქალისაგან გათავისუფლებულმა აიანტმა თავისი სიამაყე დაანახა მსოფლიო მზერას და დაიღრიალა:

– მე მოვიგე ტროა! – დაიღრიალა და ტროას სურნელება ღრმად შეისუნთქა.

ნახევრად დანგრეული ტაძრის აკუსტიკამ მაინც გაიტანა ეს ხმა შორს და ექოდ გავრცელდა კაცობრიობაში –

„მე მოოო-ვიიი-გეეე ტროოო-ააა!“

მან მოიგო ტროა.

მედეამ ზიზღით შეხედა მხეცს და თავისი გზა განაგრძო.

თავისთვის ქვითინებდა კასანდრა, დასტიროდა ტროასაც და საკუთარი სისპეტაკის წახდენასაც. არ დააცალა გლოვა აიანტმა, ისევ სწვდა თმებში და თავისთან წაათრია

ტროას ალაფად, რომელიც აგამემნონმა დაისაკუთრა საბოლოოდ.

XXXV

მწყემსი კეთილი

გაეცალა დაღუპულ ქალაქს მედეა და გრძნობიერად ეუბნებოდა კასანდრას, –

„აკი ამბობდი, ქალო, ტროა დაიქცევაო, ათენას ტაძარს პატარა აიანტი შებილწავსო, მაგრამ არ გიგდეს ყური.

შენ საკუთარ თავსა და მამულს ვერ გაექეცი და დაიღუპე, მე კი უკვე მერამდენედ გავურბივარ საკუთარ თავს და ახლაც იქ მივდივარ, სადაც არ ვიცი. შენ ყველაფერი იცოდი და მაინც ვერ გაექეცი შენს თავს. თურმე ესეც ძნელი ყოფილა.

მე თუ დავიღუპე გაქცევით,
შენც ხომ დაიღუპე არგაქცევით.
ვინ შეგაწია
ან სიტყვა,
ან შველა.
მე, უცხოეთში გადახვეწილს, ვინ მანუგეშა,
შენ კი საკუთარ ჭერქვეშ გაგათახსირეს.

რომელი უფრო მძიმე ტვირთია, არ ვიცი, თუმცაღა ტვირთი ყველა სატარებლად მძიმეა და სატკივარიანი. მე მდუღარე ცრემლი ღაწვებს მიწვავდა და ვერ ვგრძნობდი ჩემს სატკივარს, ისე გამიუხეშდა სული. ჩემი ცხოვრება ახლა იმას ჰგავს – ფაეტონის[107] ეტლს, სადავე რომ ველარ დაუ-

107. **ფაეტონი** - მზის ღმერთის ჰელიოსის შვილი. ერთხელ ფაეტონმა თხოვა მამას, მისი ეტლი ერთი დღით ეთხოვებინა. ჰელიოსს დაფიცებული ჰქონდა, ყველაფერი შეესრულებია შვილისთვის და, მართლაც, ათხოვა ეტლი. ფაეტონმა აღვირები ვერ დაუჭირა და ცხენებმა აიწყვიტეს. ეტლმა სულ ახლოს ჩაუქროლა დედამიწას და დედამიწაზე სიცხეები ჩამოწვა, იწვებოდა ტყეები, დაშრა ზღვები, ფაეტონი კი ცხენებს ველარ აჩერებდა. ამის გამო ზევსი იძულებული შეიქმნა მეხი ეტყორცნა ფაეტონისთვის და მოეკლა იგი. მოკლული ძმა დებმა ცხარედ დაიტირეს და ისინი ალვის ხეებად იქცნენ, მათი ცრემლები კი მარგალიტებად.

ჭირა ცეცხლისმფრქვეველ რაშებს და ეტლი გზას ასცდა. სწორედ ესაა ჩემი ცხოვრება ახლა – აღმა-დაღმა დაჰქრის ზეცის უსასრულო სივრცეში ფაეტონის ეტლივით, გადაბუგვას რომ უქადდის ცასა და მიწას, ჩემი გაჩერება მეხის დაცემით რომაა შესაძლებლი მხოლოდ. ალბათ მომაწევს დამბადებელი ამ მეხსაც.

შენი გზაც ასე იწყება და ასე დამთავრდება, ჩემო წაბილწულო კასანდრა. ამ შენს ქალაქში

ზოგს არესი[108] სწყალობდა,

ზოგს კი – ეროსი,

მაგრამ ბედისწერამ ყველანი უკლებლივ მოსრა და უთავბოლო, აღვირახსნილი ხეტიალისგან იხსნა. წამოვა წვიმა და დააამებს ჭრილობებს, გააფერმკრთალებს მის წითელ კაშკაშა ფერს. დააწვიმს აღმოსავლეთ მაღლობზე ტროას სიმაგრეებს, ათენას ტაძარს, გადამწვარ სასახლეებს, დააწვიმს და თავგამოდებით გადარეცხავს ქალაქის ნაკვალევს, ჩვენსას რაღას უზამს მაშინ?! ბუნება არ დაიშურებს ცრემლებს მკვდარი ტროასთვის“.

მედეა მიიკვლევდა გზას და აღარ უნდოდა კასანდრასა და ტროაზე ფიქრი, ნანახი სურათისაგან ისე ჰქონდა დამძიმებული გული. აღარ ტიროდა მედეა, ცრემლები დაშრობოდა, და მიტომ. სამაგიეროდ თავისთვის ჩუმად ტიროდა კასანდრა, რომ არავის გაეგონა მისი მოთქმა და დაენახა მისი ცრემლები, ისე. მედეა ცდილობდა, დავიწყებოდა ის ყველაფერი, რაც ნახა, იმდენი რამ გადახდა თავს, კასანდრა რა მოსატანი იყო მასთან. აღარ სურდა ცუდზე და სიავეზე ეფიქრა, მითუმეტეს სხვისაზე, თავისიც საკმაოდ ბევრი ჰქონდა. მიდიოდა უკანმოუხედავად.

---

108. **არესი** - ომის ღმერთი ძველ საბერძნეთში. ჰერასა და ზევსის ვაჟი. იგი მონაწილეობდა ტროას ომში და ათენასთან ბრძოლაში დამარცხდა. მას უყვარდა სილამაზის ქალღმერთი აფროდიტე. ითვლება მითიური უამრავი გმირის მამად. ზოგიერთის ვარაუდით არესი ამაზონების მამად ითვლება. კოლხეთში აია-ქალაქის გარეუბანში, თუ თვით ქალაქში იყო არესის ჭალა. ქართული მენტალიტეტი ომის ღმერთად არესს არ მიიჩნევს, ეს ბერძნული გააზრებაა, რადგან არსებობდა ომის ღმერთის ჭალა აია-ქალაქში, ის იმთავითვე გაიგივდა არესთან, თუმცაღა შესაძლოა სხვა სახელი რქმეოდა კოლხთათვის ომის ღმერთს, თუნდაც „ვაშა“, როგორც ეს რომანშია.

არ აჯავრებდა ის,
თუ ვინ რას იტყოდა მასზე,
არც ის,
ეჩქარებოდა თუ არა სადმე,
არც ის,
მოელოდნენ თუ არა სადმე,
არც ის,
ახსოვდა თუ არა ვინმეს იგი,
არც ის,
გაიხსენებდა თუ არა მას ვინმე.
მიდიოდა – და მტკიცედ...

იცოდა, რომ არც ამ გადადგმულ ნაბიჯს არ ინანებდა არასდროს, არ უნანია აქამომდე არც ერთი თავისი ნამოქმედარი, როგორი შეცდომითაც არ უნდა ყოფილიყო გაწირობებული. მიდიოდა და ნაბიჯს მოუჩქარა, რათა მალე გაენაპირებინა. იქნებ იმიტომ ჩქარობდა, რომ შეეშინდა გზაში სიბერე არ წამოწეოდა, მეტისმეტი გულმოდგინებით იჩქარა სიბერემ მასთან მოსვლა, და მიტომ. მიდიოდა და ვერც წარმოედგინა, სად მივიდოდა საბოლოოდ. თავისი შვილები მოენატრა, ნეტა ერთხელ მაინც შეევლო თვალი მათთვის. ცაზე აიხედა, იქნებ დაენახა სიშორის უსასრულობაში მოციმციმე შვილების სულები, ცაზე კი თეთრი ღრუბლები მიდიოდნენ, მედეა კი მისდევდა, არ უნდოდა ჩამორჩენოდა მათ. ღრუბლები ფორმებს იცვლიდნენ, მედეა თავიდან ეცნაურებოდა, თავის შვილებად წარმოიდგენდა მათ, და მიტომ.

მედეას გზად შემოაღამდა,
მერე გათენდა,
მერე ისევ შემოაღამდა,
მერე ისევ გათენდა.

ასე გაგრძელდა ქვეყნიერებაში მედეას მგზავრობა. ეცნობოდა ადამიანებს, ტომებს. ათასფერადი გამოჩნდა ერთის შეხედვით ეს ერთფეროვანი სამყარო. ყველას თავისი მიზანი და მისწრაფება ჰქონდა და ამით იკვებებოდა ადამი-

ანურ გაერთიანებათა გონებრივი ერთობლიობა. გაერთო მედეა უცხო და უცნობ ადამიანებთან ურთიერთობით, რომელთა

არც ენა იცოდა,

არც წესი.

ისე გაახალისა ამ სანახაობამ, რომ ვერ შეამჩნია, როგორ მიაღწია მამულის კარამდის.

დაადგა თუ არა ფეხი მამულის მიწას, წუთით შეჩერდა, ქრუანტელმა დაიარა მის სხეულში. ეს ის იყო –

სულის ყივილი,

საირხე რომ ეუბნებოდა წამდაუწუმ. უნებლიედ დაიჩოქა, მიწა ხელით მობლოჭნა, მუჭში შეაგროვა და მაღლა ასწია ზეცამდის. მსუბუქი და ფხვიერი იყო მშობლიური მიწა. მერე თითებიდან ჩამოფშვნა და თავზე გადაიყარა. მომეტებული სიხარულისგან ზეცას შესცინა, რადგან იქ იყო, სადაც ვერავინ წარმოიდგენდა მის ყოფნას. მღელვარების მწველმა ურთოლამ აიტანა თავით ფეხებამდის.

უცებ ტყიდან გამოვარდნილი თმაგაწეწილი ქალი დალანდა, თეთრი კაბა ემოსა მას, კოჭებამდის უწევდა. ვიღაც ეგონა თავდაპირველად, რაღაც ხიფათი თუ შეემთხვაო, ან ჭკვაშეცდენილი თუაო. ესეც კი გაიფიქრა, სინამდვილეა, თუ მოჩვენებაო, მოჩვენებებსა და ხილვებს ჩვეული იყო მედეა, და მიტომ. ბავშვობის დროინდელი მოგონებები ამოტივტივდა.

– ალბათ, მზაკვარი[109] იყოო, – ჩაილაპარაკა თავისთვის, – ალბათ, მგელზეც იჯდა და მისთვის ლაგამი ექნებოდა ამოდებულიო.

მედეამ ქვა აიღო და იქითკენ მოისროლა, საითკენაც გა-

109. **მზაკვარი** - კუდიანი ადამიანები არიან, არც დღე და არც ღამე არ სძინავთ, კაცის გულს ჭამენო, - ახლაც იციან თქმა ჩვენში. ჭეჭეთობა ღამეს (ჭიაკოკონობას), რომელიც აგვისტოს თვეშია, ცეცხლს ანთებენ და ზედ ახტებიან. ამით მზაკვრებს წვავენ. იმ საღამოს მზაკვრები მგლებზე ზიან. ისინი ბავშვებს ჭამენ. ტიტლიკანა ბავშვს დილით, უზმოზე მზეკვრის თვალი არ უნდა მოხვდეს, თორემ უჭმელი გამოვაო. როცა გზას ადგახარ და მზაკვარი, ან არამი კაცი შეგხვდა, უკან უნდა დაბრუნდეო, - ასეთია მოკლედ მზაკვრების შესახებ თქმულებები. ზოგი წესი დღესაც მოქმედებს, მაგრამ სრული დანიშნულება მაინც უცნობია.

იქცა და მიიმალა ეს მოჩვენება.

– მზა კვარს თვალი მოსჭერი, ღმერთოო! – მიაყოლა ქვას თავისი თქმა.

გაეღიმა ამ უცნაურ წესზე, რომელიც ჩვევად ჩამოუყალიბდა ყველა კოლხს. ახლა კი მართლა იგრძნო სამშობლოსთან მიახლოება და მთელ ტანში გააჟრჟოლა ციებასავით, ხან ახურებდა, ხან აცივებდა – ეს გრძნობა იყო მამულის, მასთან სიახლოვის. არასოდეს ეგონა, ასე-რიგად თუ განიცდიდა სამშობლოს. სისხლი თავში მოაწვა. გულში რაღაც გამოუცნობი რამ ხდებოდა, თითქოს ყველა გრძნობა ერთდებოდა, მერე ისევ იშლებოდა და როგორც პატარ-პატარა ჭიანჭველები, ისე იწყებდნენ ფუსფუსს მთელს სხეულში.

რა თქმა უნდა, გრძნობდა მზის სითბოს,

თუმცა უკვე გაცივებულს,

ხედავდა ბუნების სიმწვანეს,

თუმცა ნაცრისფერებში აღქმულს,

ხედავდა მოწმენდილი ცის სილურჯეს,

თუმცა მაინც მოღრუბლულს.

ალბათ, აქეთ მოისწრაფოდა ჩემი სული, – გაიფიქრა მედეამ, რადგან უკვე გრძნობდა თავისი სხეულის სულის ხვაშიადთან სიახლოვეს. სუნთქვა მოუხშირდა და უნდოდა, დაენახა პირველი მამულიშვილი, რომელიც მშობლიურ ენაზე გამოელაპარაკებოდა, მაგრამ იცოდა, რომ დასახლება აქედან შორს იყო. ვერანაირი მზა კვრები ვეღარ აცდენდნენ გზას. თუ აქამომდე ფეხს ითრევდა, ახლა მისი სამშობლო ისე ახლოს იყო და ისეთი მახლობელი, როგორიც არასოდეს ყოფილა. გაუკვირდა, რატომ ასეთი თვალთახედვით არ უმზერდა იგი მამულს. მაგრამ ყველა უბედურებამ უკვე ჩაიარა მამულისთვისაც და მისთვისაც და უკვე უხაროდა სიცოცხლე.

მიდიოდა მედეა და საძოვრებს მიადგა. შავი ყოჩი მიუძღოდა შავ ცხოვარს და ძოვდნენ გადაშლილ მინდორზე. სერზე შავ ნაბადში გახვეული ბავშვი იდგა და დარაჯობდა,

შავი ფაფახი ეხურა თავზე, ხელში სალამური ეჭირა და უკრავდა. ქარის მიმართულებას აყოლებდა და შესაბამისად მიუყენებდა, საჭირო ბგერის დიაპაზონი რომ დაეჭირა. მელოდია სულში ჩამწვდომი იყო, მედეასთვის ნაცნობი ბავშვობიდანვე, ამ სიმღერებში გაიზარდა იგი, და მიტომ. ბგერებს დააკვირდა და სალამურის სახე ამოიკითხა – ის უენო იყო გედის ლულოვანი ძვლისგან დამზადებული. თავ-ბოლო სწორად წაკვეთილი, ამით ბგერათა მყარობას იჭერდა საკრავი. მას სამი მცირე ნახვრეტი ექნებოდა, მთელი სიგრძე – ერთი მტკაველით. ძირითადად ოთხ ბგერას გამოსცემდა, მაგრამ მდგომარეობის შეცვლით და არა გადაბერვით, სხვადასხვა მიმართულებით დახრის შემდეგ დამკვრელი სამ განსხვავებულ ქრომატიულ გამას იღებდა. ამას კი დიდი ცოდნა და ოსტატობა სჭირდებოდა. ეს ბავშვი კი თავისუფლად ფლობდა სალამურს. სერზე შედგა მედეაც და მიესალმა ბავშვს. მანაც გაუღიმა მოსულს.

– შენ ამ ცხვრების მწყემსი ხარო? – ჰკითხა მედეამ.

– არაო. ამ ცხვრებს უფალი მწყემსავს, უფალი ფიქრობს და ზრუნავს მათზე, რაიმე რომ არ მოიწიონ, უფალი მფარველია, და მიტომ. იგი ახლა გზააბნეული ცხვრის საძებნელად წავიდაო, – უპასუხა ბავშვმა.

გაუკვირდა მედეას:

– სხვა ცხვარიც რომ გაექცეს და ცხვრის გარეშე დარჩეს, არ ეშინიაო? გაეღიმა ბავშვს:

– მე დამტოვა ცხვრის საპატრონოდ. მეც ვპატრონობ და ვამრავლებ, რათა ერთი ასად დავახვედრო, თორემ გამიწყრება – მოგეცი და არც შენ გამოიყენე და არც სხვა ასარგებლეო.

– უცნაური კაცი ყოფილა ეს მწყემსი – თვითონ ერთი გზააბნეული ცხვრის გამო გადაიკარგა, შენ კი გამრავლებული უნდა დაახვედროო.

– არა, იგი კეთილი მწყემსია, თავისი სამწყსოსთვის თავდადებული. იმ ერთი გზააბნეული ცხვრის დაბრუნება

ყველაფრად ეღირსო.

– მაშინ მე ვყოფილვარ ეს გ ზააბნეული ცხვარი და გადაეცი კეთილ მწყემსს, რომ მე აქ ვარ და დაუბრუნდეს თავის სამწყსოსო.

გაუხარდა ბავშვს:

– შენ ჩიტი-ჩიორა ხარო, – მიუგო მედეას.

მედეამ გაიკვირვა:

– როგორ თუ ჩიტი-ჩიორაო?

– გაუცინარმა ხელმწიფემ ასე ბრძანა ბედგაუტეხელი ციხის გატეხვის შემდეგ – ეს ზღაპარი თქვით ყოველთვისო, ყველას უამბეთო.

– რა ზღაპარიო, მიამბეო, – რაღაც ინიშნა მედეამ და ტანში გააჟრჟოლა, – ის მეფე არც ახლა იცინისო?

– არა, არც ახლა იცინისო, – უპასუხა ბავშვმა, – უფრო მეტად დაღონდა და ბოლოს ჯავრისაგან ლანდად გადაიქცა, ისევ დადის, კლდე-ქალთან და თავისი იდუმალებით ისევ აშინებს მამულის შვილებსო.

– ზღაპარი მიამბე, თუ შეგიძლიაო, – სთხოვა მედეამ.

– გიამბობო, – დაჰპირდა ბავშვი და ცოტა ხანს ყური დაუგდო ქარის ზუზუნს, მერე კი დაიწყო, – იყო და არა იყო რა. ღვთის უკეთესი რა იქნებოდა. იყო შაშვი მგალობელი, ღმერთი ჩვენი მწყალობელი. ერთ ულრან ტყეში ცხოვრობდა ჩიტი-ჩიორა. მაღალ ხეზე გაეკეთებინა ბუდე და თავის ბარტყებთან ერთად ბედნიერად ცხოვრობდა. ერთხელ ამ ხესთან ჩამოიარა მელაკუდამ, შეამჩნია ჩიტი-ჩიორას ბუდე და შესძახა მას მრისხანე ხმით:

„ჩიტო, ჩიტო, ჩიორაო!“

„რაო, ბატონო მელაო?“ – უპასუხია ჩიტს.

„ერთი ბარტყი გადმომიგდე,
თორემ შავ დღეს დაგაყენებო, – დამუქრებია მელაკუდა,
ცულს მოვიტან ცუნცულასა,
ხელეჩოს და წალდუნასა,
ხესაც მოვჭრი,

ხის ძირსაცა,
შენც შეგჭამ და
შენს შვილსაცაო“.

სახეზე აილეწა მედეა ამ ზღაპრის გაგონებაზე, აღარ იცოდა, რა ეთქვა ბავშვისთვის.

– ეს ყველაფერი გაუცინარმა ხელმწიფემ ბრძანაო? – ნაწყენი კილოთი ჰკითხა ბავშვს.

– მე მეგონა, სხვა რამეს შემეკითხებოდიო, – უპასუხა გაწბილებულმა ნორჩმა დარაჯმა.

დაფიქრდა მედეა, არ უნდოდა ჩიტი-ჩიორას სახეში თავისი თავი ამოეცნო და, მითუმეტეს, ამას ეს ბავშვი მიმხვდარიყო. ამიტომ კითხვა შეცვალა:

– მერე, რა ჰქნა ჩიტმა-ჩიორამაო?

– რა ჰქნა და, – პასუხის მიცემაში შეყოვნდა ბავშვი, ღრმად ამოიოხრა და მერე უპასუხა, – გადაუგდო თავისი ბარტყი მელაკუდასო...

– ეს ზღაპარია, თუ წყევაო?! – ხმას აუწია მედეამ.

– შენ არ თქვი ახლა, რომ გზააბნეული ცხვარი ვარო?! ჰოდა, შედი შენს საცხოვრისში, მაცხოვარი შეგიწყალებს და შეგიწყნარებსო, – მშვიდად და აუღელვებლად უპასუხა ბავშვმა და სალამურზე დაკვრა განაგრძო.

მედეამაც განაგრძო თავისი გზა და შეერია მამულის ცხოვარს თავისი ცხოვრებით საცხოვრებლად. მაცხოვარი კი ჯერ არსად ჩანდა.

მიდიოდა მედეა და ახალ საძოვრებს მიადგა. აქ კი თეთრი ყოჩი მიუძღვოდა თეთრ ცხოვარს და ძოვდნენ გაშლილ მდელოზე. სერზე თეთრ ნაბადში გახვეული ბავშვი იდგა და დარაჯობდა, თეთრი ფაფახი ეხურა თავზე. მასაც ხელში სალამური ეჭირა და ისიც ისევე უკრავდა, როგორც შავნაბდიანი ბავშვი. ძმები გეგონებოდა, ისე ჩამოჰგავდნენ ერთმანეთს, ან არადა ჩოხაგამოცვლილ ერთსა და იმავე ბავშვად ჩათვლიდა დაუკვირვებელი თვალი. მხოლოდ სალამურის ხმაზე განასხვავა მედეამ ბავშვები ერთმანეთისგან.

თეთრნაბდიანი ენიან სალამურზე უკრავდა. ის ერთი მტკაველისა და ერთი თითის დადების სიგრძისა იყო, თავწაკვეთილი ხუთი თვალისგან გამოჭრილი, უკანა მხრიდან კი ერთი თვალით. ენა ლერწმისა ჰქონდა, რომელიც სალამურის მილში იყო ჩასმული, მთლიანი სალამურის მასალაც ლერწმისგან იყო დამზადებული. ენიან სალამურს მეტი ბგერათწყობა ჰქონდა და დიდი დიაპაზონით იყო გამდიდრებულიყო. მასალა სათანადოდ დაემუშავებინა ოსტატს ისე, რომ სრული ტონალობა ძვლის სალამურისა შენარჩუნებული ჰქონდა და ხისმიერი სინაზე დაემატებინა ძვლის სიმაგრისთვის ბგერათა ჟღერადობაში. ესეც ქარის მიმართულების შესაბამისად დახრათა სიზუსტის დაცვის შემდეგ ასევე სამ განსხვავებულ ქრომატიულ გამას იღებდა. ლერწამი გემოვნებით მოეჩუქურთმებინა ოსტატს. ამაშიც მამულის გონიერება იმალებოდა, რადგან სხვა ვერავინ, თუ არა მამულის შვილი, ხლართავდა ჩუქურთმებს ისე, რომ ერთიან მშვენიერებად წარმოქმნილიყო. მივიდა მედეა ბავშვთან და მიესალმა. მანაც შეწყვიტა სალამურზე დაკვრა და მდაბლად დაუკრა თავი მისალმების ნიშნად.

– შენ ვინა ხარო? – ჰკითხა მედეამ.

– ბავშვიო, – ენამოსწრებულად მიუგო პასუხი.

– ამ ცხვრების მწყემსი შენ ხარო?

– არა, მე მხოლოდ მწყემსის მოსვლამდე ვდარაჯობ მის ცხვარსო.

– ვიცი, ვიციო, – წამოიძახა მედეამ, – კეთილი მწყემსი გზააბნეული ცხვრის საძებნელადაა წასული და მის მოსვლამდე შენ დაგტოვა ცხოვართა გასამრავლებლადო.

– არაო, – მიუგო ბავშვმა, – იგი უძღები შვილის დასაბრუნებლად და ჭეშმარიტ გზაზე დასაყენებლად არის წასულიო. წინა საძოვარზე რომ ბავშვი შეგხვდა, იგი ძმაა ჩემი. ზღაპარიც რომ გიამბო გაუცინარი ხელმწიფისაგან განაგონი და კეთილი მწყემსის იგავი, უნდა თქმულიყო.

– ნუთუ ეს სადიდებელია, რაც იმ ზღაპარმა გითხრაო?

– ის ზღაპარი ჩემი და ჩემი ძმის სევდიანი ამბავიაო.

– რა ამბავიო?

– რაც გიამბო ჩემმა ძმამო.

– ეს ასე არ ყოფილა. მე ვიცი თქვენზე უკეთო.

– ეს გაუცინარი ხელმწიფის ბრძანება იყო და მასაც ასევე ჩამოუტანეს ეს ამბავი. იქნებ თვითონ მოიფიქრა ასე და არც არავის უთხრობია მისთვისო.

– მე გეტყვი შენ ამ ზღაპარსო.

– სალამურო ლერწმისაო

და ლერწამო ეწრისაო,

ცის ნაჭერო ზეწრისაო,

ზღაპარ მითხარ ერთ წლისაო... – დაამღერა ბავშვმა სალამურზე. მერე მედეამ ღრმად ამოისუნთქა და თქვა:

– ყველაფერი მართალია, ვიდრემდე ჩიტი-ჩიორა ბარტყს გადაუგდებდა მელაკუდას. სინამდვილეში არ გადაუგდო მას ბარტყები, გაამწარა მელაკუდა თავისი დედობრივი შემართებით. ძალამ და ძალმომრეობამ თავისი ჰქნა. მიიტანა მელაკუდამ დაქადნებისამებრ

ცული და ცუნცულა,

ხელეჩო და წალდუნა,

ხეც მოჭრა და ხის ძირიც და

შვილები შეუჭამა ჩიტ-ჩიორას,

თვითონ კი გაფრენით უშველა თავს და შენამდე მოფრინდა. ეს იყო და ეს მთელი ზღაპარიო.

– შენ ის უძღები შვილი ყოფილხარ, კეთილი მწყემსი რომ დაეძებს. შემოდი ცხოვრებაში და მაცხოვარი შეგიფარებს და შეგიბრალებსო.

– სად შეიძლება მაცხოვრის ნახვა, ან იმ კეთილი მწყემსისო? – ჰკითხა მედეამ.

– მაცხოვარი და კეთილი მწყემსი ერთი და იგივეაო. იგია უფალი, ასე რომ დაეძებდი შორეულ ქვეყანაშიო.

– უფალიო?

და მედეას ის ზმანება გაახსენდა, შვილებს რომ ეთხო-

ვებოდა, ყველაზე გრძელი ღამის დასასრულს, როცა პირველად გაიგონა უფლის შესახებ. დააკვირდა ბავშვს და საკუთარი შვილი ამოიცნო მასში. ბავშვმა გაუღიმა დედას და თვალს მიეფარა. გაქრა ცხვარიც და მედეა მარტო იდგა სერზე. უკან მიბრუნდა იმ შავნაბდიან ბავშვთან. იგი იდგა სერზე და ელოდა მას.

– ვიცოდი, რომ დაბრუნდებოდი, ჩემს ძმას ნახავდი, და მიტომ.

მანაც გაუღიმა დედას და ისიც მიეფარა თვალს, გაქრა ცხვრის ფარაც. მედეა ახლა იმ თეთრნაბდიანი ბავშვის ადგილსამყოფელისაკენ გაიქცა, მაგრამ იქ ბავშვი არ დაუხვდა. მხოლოდ შვინდისფერკვართიანი კაცი დაუხვდა – გასაოცარი სილამაზისა. ჩაუკვირდა მას და მიხვდა, რომ იგი არავის ჰგავდა, მხოლოდ მას ჰგავდა ყველა, მთელი სამყარო. თვალებიდან უსაზღვრო სითბო დიოდა. ვერ გაეგო, იღიმოდა, თუ ტიროდა ეს კაცი. იდგა სერზე და დაჟინებით ჩასჩერებოდა თვალებში მედეას, რომლის მზერასაც ვერ გაუძლო ქალმა, სულში გამჭოლი მზერა ჰქონდა, და მიტომ. კიდეც ეშინოდა და კიდეც რიდი ჰქონდა მისი, რატომ – ვერ აეხსნა. ხრმალი ისევ ჯვრად გადაქცეულიყო და ემჩატა ხელში თავისი საზიდარი. გაუკვირდა მედეას და ჯვარს შეხედა.

– მე შეგიმსუბუქე ეს საზიდარი, აქამომდე რომ მოსულიყავიო, – უთხრა კაცმა მედეას.

ხმაც ისეთი სათნო ჰქონდა, რომ ერთობ დაატყვევა ქალი. ვერც კი გაბედა ეკითხა, თუ ვინ იყო იგი. ვერ გაბედა კი არა, სურვილიც არ გასჩენია ამ კითხვის დასმისა. თვითონვე ჰკითხა მედეას:

– რატომ არ მეკითხები, ვინ ხარ, განა არ გსურს გაიგო ჩემი ვინაობაო?

– ვხვდები, ვინც შეიძლება იყოო, – მიუგო მედეამ.

არაფერი უთხრა კაცმა, მედეამ მიაგო სამაგიეროდ:

– შენ კეთილი მწყემსი ხარო.

– ეს შენ თქვიო, – დაუდასტურა კეთილმა მწყემსმა.

– მე დიდხანს გეძებდიო, – განაგრძო მედეამ.

– ვიციო, – დაუდასტურა მანაც.

– ჩემი შვილების შესახებ მსურდა გამეგო შენგან, რა ბედი ეწია მათ სიცოცხლის შემდეგო.

– რატომ მეკითხებიო?

– შენ ხომ უფალი ხარ. ჰოდა, ჩემი ბავშვები უფლის წიაღში არიანო.

– ესეც შენ თქვიო, – დაადასტურა კეთილმა მწყემსმა მედეას ნათქვამი, – ისინი ჩემს სიხარულში შემოვლენ, როცა ამისი ჟამი მოაწევსო.

– სხვა, რისი თქმა შეგიძლია მათზეო?

ხელი დაადო თავზე უფალმა მედეას. ღვთაებრივი სითბო ჩაიღვარა მედეას თავში უფლისმიერი. მეტის თქმა შვილებზე აღარ იყო საჭირო, ყველაფერი ამ უცნაურმა სითბომ თქვა.

ორი სალამურის ხმა შემოესმა მედეას, ანგელოზებრივი სიამით დამტკბარი. მან იცოდა, რომ ეს ისინი იყვნენ, ვისაც ასე-რიგად დაეძებდა ციურ ვარსკვლავეთში. ცრემლებით აევსო თვალები. იყურებოდა, საიდანაც ეს ხმა მოდიოდა.

– სად არიანო? – იკითხა.

– ჩემს სიხარულშიო, – უპასუხა უფალმა.

– შენ რა გიხარიაო?

– გზააბნეული ცხვარი ვიპოვე და ცხოვრებაში უნდა დავაბრუნოო. ამაზე მეტი სასიხარულო რაა, თუ არა კიდევ ის, რომ უძღები შვილი ვიპოვე და გზა-მართალი ვაპოვნინეო და ისიც ჩემს სიხარულში შემოვა, რადგან ჩემი საზიდარი ზიდაო.

– ეს ხრმალი შენიაო?

– ჩემიაო, – დაუდასტურა უფალმა, – მე გამოვჭედე ის ჩემს სამჭედლოში დაუწვავის ცეცხლით და ავალაპლაპე მისი პირი, ბედი ჩავდე მის სიმკვრივეში, რათა არ გატეხილიყო ბედი არასოდეს. არც გამტყდარა. მხოლოდ მასშია კა-

ცობრივი ხსნა, რადგან ის ბედის გასაღებია და მხოლოდ მართალმა ხელმა უნდა აღასრულოს ჭეშმარიტება. თუ ჭეშმარიტებასა და მამულს არ მოემსახურა ეს ხრმალი, გამოუსადეგარი დაბლაგვებული რვალი იქნება. ვერც ერთი უკეთურება ვერ დაუდგება წინ მის ძლიერებასა და ძლევამოსილებას, რადგან ეს ღვთაებრივი ძალითაა აღჭურვილი. მე ცეცხლოვანი, საუფლო ალფავიტით დავბეჭდე და ცეცხლოვან სიბრძნესთან ერთად ჩემს ნათლულს[110] გამოვატანე ადამიანებთან. მანაც უკლებლივ მიიტანა კაცობრიობაში ეს ცეცხლოვანი მადლმოსილება. ბოლოს გაუცინარ ხელმწიფეს მიემადლა ეს ხრმალი, როგორც ხელმწიფების სრულსახოვანება. მანაც ზიდა თავისი საზიდარი. მერმე საირხეს თავში განსახიერდა მესსიის მახვილი და მან შენამდე მოიტანა მისი გაუტეხელი ძალა და ნება, რათა შენ გეტარებინა, როგორც საკუთარი რწმენითა და თვითშეგნებით საკუთარ თავშივე ამოცნობილი და სისხლ-ძარღვებში გამჯდარი უფლება მამულიშვილობისა, რათა შენშივე აღმართულიყო ცხოველსმყოფლობად მამულის მოვალეობა. ეს ბედის გასაღებია!

ყველა გასაღებს ელოდება თავისი კარი,
რათა გაიღოს.
დააკაკუნე და გაგეღება კარი –
იმიტომ, რომ კარს მიღმა მე ვიქნები ყოველთვის.
ვისაც მოუნდება ჩემს სიხარულში შემოსვლა,
ყველას გავუღებ კარს,

რადგან მე კეთილი მწყემსი ვარ და ვუფრთხილდები ჩემს სამწყსოს, რათა უკეთურმა არ შეჭამოს ჩემი ცხოვარი. შენ ჩემამდე მოიტანე ეს ხრმალი, მე კი ამ ბედის გასაღებს თავის კარს მოვარგებ, რათა იმ კარმაც გაიხაროს გულის კარის გაღებით, ყველაზე მეტად რომ გელოდა ამქვეყნად, იმიტომ. მასში განივთდება მერე ჯვარი პატიოსანი და ცხო-

110. **ჩემს ნათლულს გამოვატანეო,** - ამ ფრაზაში ვგულისხმობ ამირანს, რადგან ამირანი ქართულ ეპოსში ქრისტეს ნათლულად ითვლება.

ველსმყოფელი, ვიდრე მას არ მიაკითხავს ხელ-მწიფე ხელ-მწიფეებით აღჭურვილი და არ ამოიღებს ხრმალს ქარქაშიდან. ეს მეფეც მოვა და დაეპატრონება მესსის მახვილს. სხვა ვერავინ დაძლევს ხრმალსა და ქარქაშს, ერთმანეთს ვერ დააცილებს, ჩაკირული იქნება ხრმალი ქვაში, და მიტომ. იმ გვირგვინმოსილს მე მივცემ ძლიერებას და ძლევამოსილე-ბას. ეს იქნება ნიშანი ჩემ-მიერი მწყემსის მოვლინებისა. ჩემი სიხარულით გაიხარებს ჩემი მოყვასი და მარადი სიხარულს მივანიჭებ მას.

ვისაც ყური ექნება, მოისმენს,
ვისაც თვალი ექნება, დაინახავს,
ვისაც გრძნობა აქვს, იგრძნობს.
მეც დავაკაკუნებ და
მხოლოდ ჩემი მოყვასი გამიღებს კარს,
მომშივდება და დამაპურებს.

მოვალ და შემიცნობენ, რადგან მე მივეცი მათ ბედის გასაღები და გავუღე კარი ჩემს სიხარულში. ჩემი მოსვლით გაუცინარი ხელმწიფე გაიცინებს, რადგან უსაზღვრო სევ-დას გავუქარვებ და ვანუგეშებ. ბედის გასაღები მასაც გაუ-ღებს კარს და შენც.

გზას თუ ასცდი,
მიგაგნებინებ გზას და დაუბრუნდები შენს სავალს.

შეცდომა და შეცოდება მრავალია ქვეყნად, მონანიება და მიტევება მხოლოდ ერთი და ისიც ჩემთან და ჩემით, რადგან მე ვარ უფალი შენი და შენი უფალი კეთილია... მე გიღებ კარს და შემოდი, ჩემს მიერ შეწყნარებულო და ჩემში თავ-შეფარებულო მედეა!

ისევ დაადო თავზე ხელი კეთილმა მწყემსმა. ამჯერად მედეამ მუხლი მოიყარა მის წინაშე და მეორე ხელზე ემ-თხვია.

და უცებ შეხედა, რომ ხელი ნალურსმალი ჰქონდა და ჭრილობიდან სისხლი მოსდიოდა. გულში ჩაიკრა მისი ნაია-რევი ხელი.

– ეს რა დაგმართნიათ! – შეიცხადა და ჭრილობის სისხლისგან გაწმენდა დაიწყო.

არაფერი უპასუხა უფალმა, მხოლოდ მეორე ხელი სახეზე შეახო, ცრემლები მოსწმინდა და უთხრა:

– მე ვარ ყველა სასოწარკვეთილის ნუგეში, ოღონდ ჩემამდე უნდა მოხვიდე, თორემ შენს ტკივილებს არ გავიგებ, რამეთუ გზა მრავალია ამქვეყნად. შინისაკენ მიმავალი გზა ერთადერთია და ის ჩემკენ მოდის. საითაც არ უნდა იყო, სადაც არ უნდა იყოს შენი საცხოვრისი და შენ კი უცხო გარემოში იმყოფებოდე, თუ დაბრუნებას გადაწყვეტ აღმოსავლიდან დასავლეთისკენ, ჩრდილოეთიდან სამხრეთისკენ, თუ პირიქით, ნებისმიერ შემთხვევაში ჭეშმარიტი გზა შინისაკენ ჩემთან მოგიყვანს – იმიტომ, რომ „შინ“ ყველასთვის ყველგან მე ვიმყოფები, მე ვარ ყველას მარადი საწყისი, და მიტომ.

ფეხებზე დახედა მედეამ და იქაც ისეთივე ნალურსმალი იარები ეტყობოდა.

– ეს რა უქნიათ შენთვის, კეთილო მწყემსო, ალბათ გზაში ავაზაკები დაგხვდნენ, შენ კი კომბალი არ გქონდა, თავი რომ დაგეცვა.

– მე ის მწყემსი ვარ, რომელსაც კომბალი არ მჭირდება, ისე ვმწყსავ ჩემს ცხოვარსო.

– აბა, ეს იარები ვინ მოგაყენა, უფალო? – ჰკითხა მედეამ.

– ამ იარების შესახებ შენ ვერრას გაიგებ და ამიტომ არაფერს გეტყვი. ასე სჯობს, ვიდრე გითხრა და არასწორად გაიგო და შეცდომაში შეხვიდე ამის გამოო.

ამის მერე დადუმდა კეთილი მწყემსი, ორივე ხელი თავზე დაადო მედეას და რაღაცას ლოცულობდა ისე, რომ მედეამ ვერ გაარჩია ვერც ერთი სიტყვა, რაც უფალმა წარმოსთქვა. ლოცვის შემდეგ თავისი კვართი გადააფარა და დალოცა. სულიერი შვება იგრძნო მედეამ ამ ლოცვის შემდეგ, წამოდგა და ისევ ჩახედა თვალებში. მერე გულწრფელად უთხრა მაცხოვარს:

– მე თუ ოდესმე რაიმეს ვინატრებდი, ვინატრებდი მხოლოდ იმას, რომ შენ ყოფილიყავ, უფალო, ჩემი ღმერთი და მე მელოცა შენი შემყურე, რადგან დამღალა და სული დამიცარიელა ამდენმა ქვად სახულმა უსულო კერპებმა. შენ კი ცოცხალი ღმერთი ხარ, ადამიანთა შორის მოარული, კეთილი და არა ისეთი გულღრძო და ავხორცი, როგორებიც საღვთო პანთეონებში განსვენებულან. შენსას ძეგლსაც კი არ ვირწმუნებ, რადგან შენ ცოცხალი ღმერთი ხარ ცოცხალთათვის.

შენ სუნთქავ,

დადიხარ,

გტკივა,

ისინი კი, რომ დაამტვრიო, ისევ ცივი სახეებით გაირინდებიან და არაფერს იტყვიან, ქვები არიან, და მიტომ. შენ იარები გაქვს, კეთილო მწყემსო, და სამდურავი არ გამოგითქვამს. შენ, უფალო, ამ უსულო ღმერთებივით არ დამსხვრეულხარ, ჭრილობები შენც ხომ მოგაყენეს! ჩემნაირი კი არა, თავმდაბალი მსურდა ჩემი ღმერთი ყოფილიყო შენსავით, ჩემგან და ჩემნაირებიდან სწორედ თავმდაბლობით გამორჩეული და არა მედიდურობით. მე კი როგორ მინდოდა შენ ყოფილიყავი ჩემი ღმერთი არა მხოლოდ იმიტომ, რომ ლამაზი ხარ (ღმერთი ლამაზი უნდა იყოს თავისთავად), შენ უთქმელად გესმის ჩემი, რადგან ჩემი ტკივილები გტკივა და შენს სიხარულში მიკვალავ გზას. ავხორცი გრძნობებით არ გიყურებ, ამის სურვილს არ მაძლევ. ისინი ხომ ქვები არიან, მაგრამ მაინც ცდილობენ მლოცველის გახრწნას, იმდენად დიდია მათში ცდუნება. არავითარი კეთილშობილება! ჩვენგან რალაცით განსხვავებული ხომ უნდა იყვნენ, თუნდაც ჩვენზე უმჯობესნი. რად მინდა ჩემნაირი, ან ჩემზე უარესი ღმერთი... შენ კი, უფალო, სხვა ხარ, ენით ჯერ-ართქმულით. მე მინდოდა, რომ ჩემი ღმერთი იმიტომაც ყოფილიყავ, რომ შენს წიაღში არიან ჩემი შვილები და შენთან სიახლოვით, მათთანაც ახლოს ვიქნები. ვიცი, რომ იმ გამწა-

რებულ ბავშვობას შენმიერი სიხარულით შეუცვლი. მე ჭირსაც წავუღივარ, ოღონდ ისინი იყვნენ შენთან, მარჯი რომ გაგიმარჯვონ.

ცრემლი დაღვარა მედეამ. უფალმა წამოაყენა და კვართი გადაიწია მკერდზე და მარჯვენა ფერდში ნეკნებს შორის ნახმლევი დაანახა. გაუკვირდა მედეას, ამ ჭრილობის პატრონი უკვე მკვდარი უნდა იყოსო. ხელი მიადო იარას, სისხლი დიოდა აქაც.

– ეს რა დაგმართნიაო! – შეიცხადა მედეამ.

– ერთს გეტყვიო, – უთხრა უფალმა მედეას, – ეგ ხრმალი პატიოსანი და ცხოველსმყოფელი ჯვარია იგივე. მის ქარქაშს ნუ მოძებნი სასახლეებში,

ნურც მოლაშქრეთა რიგებში,

ნურც შეიარაღებულებთან,

ნურც შეუიარაღებლებთან და

ნურც მჭედლებთან.

ის გულშია, ყველაზე მგრძნობიარე გულში. ამას შენ თვითონ მიხვდები, მაგრამ გაგიჭირდება, ხელს ვერ აღმართავ. იცოდე, ეს შენ უნდა გააკეთო, სიცოცხლე რომ მიანიჭო იმ მომლოდინე გულს, რადგან ეს მოყვასთათვის ხრმალი არაა, არამედ სიცოცხლისმიმნიჭებელი ჯვარ-საზიდარია. იქნებ გაიკვირვო კიდეც, კეთილია თუ არა ის მწყემსი, რომელიც შინ შემომიძღვაო?! გარწმუნებ, ამაშია ხსნა, რომელსაც შენ ვერ გაიგებ და არცაა საჭირო მისი ცოდნა და გაგება. დრო მოვა, როცა ეს გულის-კარი გაიღება ამ ბედის გასაღებით.

– მეშინია, უფალო, – უთხრა მედეამ თავისი გულის ნადები, – არ ვიცი, როგორ შემხვდება მამული მე. იქნებ ახლაც გააჩნიათ ჩემდამი სამდურავი. იქნებ ელადელებზე უარეს დღეში ჩამაგდონ?

– ეს შენი მამულია, მედეა, და არა უცხოეთი. შინ აღარ ახსოვთ შენი სახელი, სრულად დაგივიწყეს და გაუცხოვდი მათთვის. ეს შენი თავდავიწყების საზღაურია. აღარ ახსოვ-

ხარ მამულში არავის, გარდა ერთისა, მაგრამ მამულის შვილნი კეთილნი არიან და უყვართ სტუმარი. დააკაკუნებ და გაგიღებენ, როგორც შორეულ მგზავრს. შინაურად და მახლობლად არ აღგიქვამენ, მაგრამ ეცოდინებათ, რომ შენც მათი ჯიშისა და მოდგმისა ხარ. შეგიყვარებენ, როგორც თვისტომს და მშობლიურ ყურადღებას არ მოგაკლებენ. ეს სასჯელად გამოგიტანა მამულმა. უნდა დაითმინო და შეიყვარო შენი სამშობლო ისეთი,

როგორიც არის,

როგორსაც უყვარხარ და სძულხარ,

როგორსაც ახსოვდი და დაავიწყდი,

როგორიც გახსოვდა და აღარ არის.

აზროვნება იცვლება, თორემ გონება იგივე აქვს დარჩენილი. შენი ადგილიც მოიძებნება მის აზროვნებაში, რადგან იქ, როგორც აწმყოს ნაწილი, ისე შეხვალ, ასეთს გაგიცნობენ და შეგიყვარებენ. რომ არ დავიწყებოდი მამულს, იქნებ ის მედეაც ყვარებოდა, როგორიც აქამომდე მოხვედი. ეს სასჯელი მანამ გაგრძელდება, ვიდრემდე ელადელები დამახინჯებულად, მაგრამ მაინც ამბად არ მოუთხრობენ ქვეყნიერებას შენს სევდიან თავგადასავალს. შენთვის დაგვიანდება ყველაფერი ეს... – მრავალმნიშვნელოვნად დადუმდა უფალი.

მედეამ ისევ ცნობისმოყვარეობით ჰკითხა კეთილ მწყემსს:

– შენ, უფალო, მარტო ჩემთან მოსულხარ, თუ სხვებთანაც დადიხარ?

– მე არავისთან დავდივარო, – მიუგო უფალმა, – ჩემთან მოდიან გზააბნეული ცხოვარნი და მე მათ გზას ვუჩვენებ.

ვინც მომიხმობს,

იმასთან მივალ და

თუ მივალ,

მე მას ჩემი სიხარულის თანაზიარად ვაქცევ.

ვინც გონიერია,

იგი ახლაც დაინახავს უფალს და
მისკენ წავა, რადგან იცის, რომ არ დაიღუპება ჩემთან,
სხვაგან კი ყველგან დაიღუპება.

მე ვარ სიცოცხლე, ჩემს მიღმა კი ყველგან სიკვდილია, საითაც არ გაიხედავ, შენს მამულშიც კი. მე მწყემსი ვარ და ისე ვმწყემსავ, კომბალი არ მჭირდება, რადგან ჩემი ძალა და ძლიერება ღონიერებაში კი არა, გონიერებაშია, რაც თვით ამ ღონიერებას წარმოშობს. მე შენთან არ მოვსულვარ, შენ გამოიკვლიე ჩემამდე გზა, რადგან სხვა გზას, რომელსაც დაადექი, ყველგან დაიღუპე. ამიტომ ხარ შენ გზააბნეული ცხოვარი და უძღები შვილი, რომელიც თავის წიაღს დაუბრუნდა. წარმართული გზა წაღმართად შეაბრუნე შენ და წაღმა მოსიარულე უფალთან მივა აუცილებლად. ამიტომ ზიდე შენი ჯვარი-პატიოსანი და ცხოველსმყოფელი. შინ შედი, სადაც არავინ გელოდება ჩემს მეტი, მაგრამ ყველას გაუხარდება არათუ შენი დაბრუნება მხოლოდ, არამედ თვით დაბრუნების მოვლენა. ამ სიხარულს შენ განიცდი პირველად შენს მამულში და სამშობლოს ფასი და გემო უადრეს შენ გეცოდინება ყველაზე მძაფრად შენს მამულში.

XXXVI

თითქოს არც გვქონია ოქროს საწმისი...

არგოს გაუჩინარებისა და აფსირტეს მოკვლის შემდეგ მეფე აიეტი დაღონდა ისე,
როგორც არავინ დამწუხრებულა ქვეყნად.
მან ერთად დაკარგა ყველაფერი –
სიმდიდრე,
სიძლიერე და
შვილები.

ერთი ქალ კიოპელა[111] დარჩა ნუგეშად, შვილი, რომელიც
მამის შეგნებაში მხოლოდ იმიტომ დაიბადა, რომ
ბოლოს გათხოვილიყო,

გაეჩინა შვილები

და მემატიანეში აიეტის შვილად

და მედეას დად მოხსენიებულიყო.

ქალკიოპე მცირედითაც კმაყოფილი იყო ცხოვრების და დამბადებელს ყველანაირ წყალობაზე მადლობას სწირავდა. გაუცინარი ხელმწიფე არანაირ იმედებს არ ამყარებდა მასზე, რადგან ქალკიოპეს არ გააჩნდა ის თვისებები, რაც მედეას ჭარბად ჰქონდა. ღმერთმაც იმას დააკმაყოფილა, რისი მოთხოვნაც ჰქონდა – ეს იყო ზრუნვა უშფოთველად ჩავლილიყო სიცოცხლე

და ის, რასაც აძლევდა სამყარო ყველას ბუნებრივი მოთხოვნილების დასაკმაყოფილებლად,

მეტი არაფერი.

ამიტომ მეფობრივი საყრდენი მოესპო აიეტს მედეასა და აფსირტეს დაკარგვით. მისი ძალა აღარ ჭრიდა, გონება თანდათან ჯავრმა და სიბერემ დააჩლუნგა, არც ზურგი ჰქონდა მყარი. მოუმრავლდა შინაური მტრები და მოქიშპეები. იდეის გაქვავების შემდეგ ყველაზე მძიმე ჟამი ახლა დადგომოდა მას. თუ მაშინ დაძლია ეს სიმარტოვე, ახლა ეს აუტანელი გახდა. მაშინ შვილები ეზრდებოდა, ახლა კი შვილები მოუკვდა. საკუთარ ნაჭუჭში ჩაიკეტა, სამეფო საქმეები თითქმის მიაგდო და ყველა მნიშვნელოვან საკითხს ნაზირ-ვეზირები წყვეტდნენ თავიანთი შეხედულებისამებრ.

ერთადერთი, თუ რაიმე ასულდგმულებდა, საირხე იყო და იცოდა, რომ სანამ ეს უცნაური ცხოველი კოლხეთში იქნებოდა, მამული ფეხზე იდგებოდა. განმარტოვებით ნადირობდა ბედგაუტეხელი ციხის მიდამოებში ისე, რომ მასში არც კი შესულა. იმ დღის მერე, მართალია, საირხე მას არ დაუნახავს, მაგრამ გრძნობდა მის სიახლოვეს, მის ძალას და ამით იმედის ნაპერწკალი ღვიოდა გულში, არავის უმხელ-

111. **ქალკიოპე** - კოლხეთის მეფე აიეტის შვილი, მედეასა და აფსირტეს და და ფრიქსეს მეუღლე, ფრიქსესი, რომელიც ოქროს ვერძზე შემჯდარი ჩამოვიდა კოლხეთში. ზოგიერთი ბერძნული ვერსიით ფრიქსემ ოქროს საწმისში ქალკიოპე გაუცვალა მეფე აიეტს.

და ქურუმის ნათქვამს, და მიტომ. ბოლოს გაუჭირდა გულში ტარება ამ საიდუმლოსი, ლამის გაორება ჩაისახა მასში ფარულისა და ცხადი სინამდვილეებისა.

აიეტს გულთმისანი დაი ჰყავდა, რომელსაც გაანდო ყველაფერი. საიდუმლოს გააზრებამ და ახსნამ მედეამდე მიიყვანა დაი, მამიდა იყო იგი, და მიტომ. გაბრაზდა მეფე, დას გაუწყრა, ერთადერთ მესაიდუმლეს თავისი ცხოვრებისა, რატომ ყველა გზა მედეამდის მიდისო, სხვა შვილიც ხომ მყავსო. მამობრივი ყურადღება და მზრუნველობა ახლა ქალკიოპეზე გადაიტანა, ხელმწიფება ავალებდა ამას და არა მამობრივი გრძნობა. ამას განიცდიდა, მეტად ჩაუკვირდა თავის საქციელს უყურადღებოდ მიტოვებული შვილის მიმართ და ბევრგან საკუთარი უსამართლობა და უმართებულობა ამოიკითხა. ბოლომდე არც ქალკიოპესთან იყო გულწრფელი და ნამდვილი, მხოლოდ მოვალეობის გამო მზრუნველობდა, რათა ტახტს მემკვიდრე გასჩენოდა ღირსეული და სათანადო. მაინც ვერ დაუდო გული ქალიშვილს, იგი მედეას მაგივრობას ვერ სწევდა, და მიტომ. ქალკიოპე კი უზომოდ გახარებული იყო გაუცინარი ხელმწიფის მისდამი კეთილგანწყობით. ისიც კარგად იცოდა, რომ სამეფო ხაზი მხოლოდ მასზე გადიოდა.

მაინც კი ისეთივე უბრალო და სადა დარჩა ურთიერთობებში,

როგორიც მანამდე,

ისეთივე ალალ-მართალი და უბოროტო,

როგორც მაშინ,

როცა არანაირ მეფურ ხელმწიფებაზე ხელი არ მიუწვდებოდა.

გაუჭირდა ამ აზრთან შეგუება, მაგრამ ეს უკვე გარდაუვალი იყო მის ცხოვრებაში. ქალკიოპე აღარ ეკუთვნოდა საკუთარ თავს –

ვერ შეიყვარებდა მას, ვისი შეყვარებაც უნდოდა,

ვერ იტყოდა იმას, რისი თქმაც უნდოდა,

ვერ წავიდოდა იქ, სადაც უნდოდა,
ვერ შეიძულებდა მას, ვისი შეძულებაც...
ერთის სიტყვით, მისი ცხოვრება გადაიქცა იძულებათა ერთიან ხვეულ-ხლართად. ისიც იცოდა, რომ ამდენს იგი ვერ გაუძლებდა, რადგან სათანადოდ არ იყო გაწვრთნილ-გამოზრდილი. ეს მეფემაც საუკეთესოდ იცოდა და ისევ მიაკითხა თავის ერთგულ დას. ისევ ანუგეშა დამ ძმაი. გულის განსაქარვებლად ბალახეული წამლებით უკურნა, სიტყვაც დაურთო მაამებელი.
გატყდა ბედგაუტეხელი ციხე,
ჩამოიშალა მისი კედლები და
ზღუდე შეუნგრია ქარიშხალმა.
ელვა-ჭექამ მეხი დაატეხა თავზე ძვალმაგარას კოშკს და მკვრივად და სიმტკიცით ნაგები სიმაგრე დაამსხვრია. ძლეულ იქნა კოლხთა მოდგმის უძლეველობა,
მარჯი მოეკვეთა გამარჯვებას და
მარცხით დამთავრდა ყველაფერი,
წინაპართა ძვალმა ვერ გაუძლო საყრდენის გამოცლას და სრულად წაიშალა კოლხური მატიანე, დასაბამითგან აქამომდის მოტანილი. მღვიმეებიღა დარჩა ხომლის კლდეებში, იმ მღვიმეებს შეაფარა თავი ბედგაუტეხელი ციხის ქურუმმა – ქუდბედიანმა და საირხემ. ბოლოს ქუდიც წაართვა ქარმა – იდეის სწორფერმა და დასაკარგავში გადაიტაცა. დაიკარგა ქუდბედიანი ქურუმი, საირხეც აღარსად ჩანდა. ყველამ მიატოვა ხომლი –
ღმერთმაც,
კაცმაც და
ცხოველმაც.
ყოველის მხრივ გაუდაბურდა ბედგაუტეხელი ციხისა და ძვალმაგარას გოდოლის ადგილსამყოფელი. ნადირი აღარ ეკარებოდა ამ ადგილებს, ეშინოდა, და მიტომ.
ეშინოდა მამულსაც, რადგან უკეთურობის მომასწავებელი იყო ბედის გატეხვა. ყველაფერ ამას დაერთო მტერ-

თა მოძალება, რადგან მტრებმაც გაიგეს ციხისა და გოდოლის ამბავი, გათამამებულან ამის გამო და შესევიან მამულს, დაუწიოკებიათ მამულის შვილები. მაინც ძლიერი იყო კოლხეთი, მესიის მახვილის იდუმალი ძალა იფარავდა სრული განადგურებისაგან. მტერმაც იბრუნა პირი, ვერ ძლია ძლევაშემოსილს, და მიტომ. მამულმა ნაომარი ჭრილობები მშვიდობაში ცხოვრების გადაგრძელებით მოიშუშა. არავინ ეძებდა მიზეზს, რადგან ყველამ იცოდა, რომ ბედგაუტეხელი ციხის გაუჩინარების გამო გათავხედდა გადამთიელი, ხოლო თუ რატომ გატყდა მამულის ბედი, ეს აიეტმა იცოდა და იცოდა ზედმიწევნით კარგად და არ ამახვილებდა ამის შესახებ მამულის ყურადღებას, მტკივნეული იყო ეს მისთვის, და მიტომ.

ვიღაც აბეზარმა კაცმა ისა თქვა, რომ ოქროს საწმისის გაქრობის ბრალია ყველაფერიო.

აიტაცეს ეს აზრი მეფის გამოსაჯავრებლად, კამათიც დაიწყეს, ვისი და რისი ბრალი იყო გადამთიელთა გათავხედება:

– ოქრის საწმისისა, თუ ბედგაუტეხელი ციხისა?

ერთნი ამბობდნენ:

– სანამ ოქროს საწმისი იყო მამულში, მტერი ვერ ბედავდა ჩვენზე ლაშქრობასო. მეორენი ამბობდნენ:

– სანამ ბედგაუტეხელი ციხე იდგა მყარად, მტერი ვერ ბედავდა ჩვენზე ლაშქრობასო.

ორთავე მოსაზრება მეფის ყურამდე მივიდა, ორთავე მოსაზრება გაუცინარ ხელმწიფეს ლახვარივით ხვდებოდა გულში. არც ერთმა მათგანმა არ იცოდა, რომ თუ ბედგაუტეხელ ციხეს დააბრალებდნენ ომს, ამის უკან პირადად მეფე იდგა თავისი ხრმლით. აიეტის მოწინააღმდეგენი კი ოქროს საწმისს აბრალებდნენ ომს, სურდათ, რომ საბოლოოდ ყველაფერი მაინც მეფის სისუსტესა და უგუნურებას დაბრალებოდა. აიეტის თავგამოდებულ ქომაგებს ბედგაუტეხელი ციხით სურდათ აეხსნათ ომი და არ იცოდნენ, რაო-

დენ ავნებდნენ ამით მეფეს. ვიღაცამ უადგილოდ წამოიყვირა:

– ორივეს ბრალია, რაც მოხდაო.

ისევ დაიწყეს სჯა-ბაასი,

ისევ დაამტვრიეს თავ-პირი ერთმანეთს,

არა, მე ვარ მართალი და

არა – მეო.

ვიღაცამ ისიც თქვა:

– მხოლოდ გადამთიელები არიან ბრალში და ჩვენ საამისოდ მზად არ ვიყავითო.

– როგორ თუ მზად არ ვიყავითო, აბა, მე სად ვიყავიო?

– შენ კი არა, მეო!

– არა მეო...

– მეეე, მეეეო, – აკიკინდნენ ადამიანები.

შეწუხდა გაუცინარი ხელმწიფე შინაამლილობით და ამდენი ხნის შემდეგ გაეცინა.

– რატომ იცინის გაუცინარი ხელმწიფეო? – იკითხა ერთმა.

– შენს სისულელეზეო, – უპასუხა მეორემ.

– როგორ თუ ჩემს სისულელეზეო, – გაიოცა პირველმა, – თუ კარგია, შენს სისულელეებზე გაიცინა, რაღა ჩემსაზეო, – და ერთმანეთს წამოაძახეს თავ-თავიანთი სისულელეები.

კაცი აღარ დარჩა მამულში, რომ მასზე ძვირი არ ეთქვათ,

ან მას არ ეთქვა რაიმე ძვირი ვინმეზე.

მოსაწყენი გახდა მამულში ცხოვრება ამის გამო, ბოლოს ისევ მეფემ ჩააცხრო კაცთა მღელვარება.

სასახლის ქონგურებიდან დასცეს ბუკს და გააყრუა ქვეყანა იმიტომ, რომ ყველა გაჩუმებულიყო. ბუკმა მეფის ბრძანება მიიტანა ხალხამდე, რათა დამშვიდებულიყო ყველა მამულის შვილი... და გამაყრუებლად შეძრა ქვეყანა ამ თუნუქისა და ხის ერთობლივ მილ-ძაბრიდან ამოსულმა ჰაერმა, რომელმაც მეფის მრისხანე ნააზრევი განავრცო და

გაფანტა მამულის ერთი უკიდურესობიდან მეორემდე. მეფე ბრძანებდა და მან იცოდა სასყიდელი და მამობრივი სიმძიმე ხელ-მწიფებით ნაკარნახევი ნებისა:

– დავივიწყოთ ყველაფერი და ვიცხოვროთ ისე, თითქოს არც კი გვქონია ოქროს საწმისი! უპირველეს ყოვლისა, დავიწყებას უნდა მიეცეს მედეას სახელი. ერის მეხსიერებიდან უნდა წაიშალოს არათუ მხოლოდ მედეა, არამედ მეც, რადგან მეც მიმიძღვის წვლილი მედეას სიცოცხლეში და როცა ჩემი ხსენება შეწყდება, იქ მედეა თავისთავად დავიწყებული იქნება და ეს მხოლოდ იმიტომ, რომ ყოველ ღალატს ერმა სათანადო პასუხი უნდა გასცეს. ვიღაცამ შეიძლება იფიქროს, ეს რა სასჯელიაო. ამაზე სასტიკ პასუხს მამული ვერც ერთ მის უარმყოფელს ვერ გასცემს. ყველას სურს ერის მახსოვრობაში დარჩეს, ასეთთათვის კი მამულის გონებაში ადგილი არ უნდა იყოს, არც ჩემი – მისი მშობლისა. ჩვენ უნდა შევქმნათ ახალი ოქროს საწმისი, რომელსაც ვერასოდეს ვერავინ გაიტაცებს და მანამ დარჩება ჩვენს წიაღში, ვიდრემდე ქვეყნიერების ზურგზე იარსებებს კოლხთა მოდგმა, ან ვიდრემდე იარსებებს თვით დედამიწა. ყველა ჯურის მომხვდური წაეტანება ახალ ოქროს საწმისს და ზედვე წაიტეხს კისერს, რადგან წყევად დამიტოვებია – როგორადაც არ უნდა ვესხმოდეთ ერთმანეთს თავს, ვერ უნდა მოახერხოს ვერც ერთმა ღალატმა ჩვენს გონებაში ნიშად ჩაჭდობილი სულიერი სიმდიდრის წართმევა, რადგან ეს საზიდარია მამულის და დაბადებითვე უნდა აზიდვინოს მამულმა მამულის შვილებს მამულიშვილობა, თუნდაც როგორც სატკივარი და დამღა. იმ მოღალატეებსაც ჰქონდეთ ეს სიბრძნე ისე, რომ ვერ მოახერხონ პატრონად აღქმული მტრებისთვის ამ საგანძურის გადაცემა, ამ მეხსიერებით მომკვდარიყვნენ, სადაც კი ფეხს დადგამენ. გონის აზროვნება უნდა იყოს სუფთა ყოველი უკეთურებისაგან. ჩემგან და ჩემი შვილიდან დავიწყოთ ყველაფერი, რათა სხვამ ის არ თქვას, მეფემ პირ-უკუ იწყო ლაპარაკიო.

არც ერთი ნივთი არ უნდა შემორჩეს თვალსაწიერს,
რომელიც მედეას მოგაგონებთ,
არც ერთი მოსაგონარი სიტყვა არ უნდა ითქვას მის შესახებ.
დაე, უცხოეთში თქვან, რაც მოესურვებათ,
ჩვენ არც კარგი ვთქვათ,
არც ცუდი,
საერთოდ არაფერი ვთქვათ
იმიტომ კი არა, რომ არ გვაქვს სათქმელი,
არამედ იმიტომ, რომ არ გვსურს მასზე რაიმეს თქმა.
ყველას მიმართ გულმოწყალენი უნდა ვიყოთ, თვით მედეას მიმართაც, მაგრამ რაც დასავიწყებელია, ის უნდა დავივიწყოთ, რადაც არ უნდა დაგვიჯდეს, ჩვენსავე სასიკეთოდ...
ეს იმიტომ არა, რომ აღარ გაგვაჩნია ოქროს საწმისი...
ეს იმიტომ არა, რომ ჩამოიშალა ბედგაუტეხელი ციხე...
მხოლოდ იმიტომ, რომ მან ჩვენ გვიღალატა
იმით, რომ მამული დატოვა მტრებთან ერთად,
ქურდებთან ერთად.
ზღაპრად თქვით ჩიტი-ჩიორა, რომელმაც საკუთარი ბარტყები გადაუყარა მელა-კუდას შესაჭმელად. ამ სასტიკმა ამბავმა ბავშვობიდანვე უნდა გაიდგას ფესვი ყველა მამულის შვილში, უნდა გაუხეშდეს სული, რათა ხელის აუკანკალებლად აღმოვფხვრათ ჩვენში ყოველგვარი უკეთურობა. ამ ზღაპრით მთელმა მოდგმამ უნდა ისწავლოს შეუბრალებლობა, რათა ცხოვრების სიავემ არ გადაშალოს მთელი მამული. არც არავინ უნდა იცოდეს, ვინ არის ჩიტი-ჩიორა და რატომ, ან რისთვის ემორჩილება მელაკუდას ნებას.
სხვამ თქვას
სხვაგან
სხვანაირად,
ჩვენ ერთხმად დავდუმდეთ,
მრისხანე დუმილით დავდუმდეთ,

თითქოს სულაც არ გვქონია ოქროს საწმისი!

ისე უნდა დავივიწყოთ ყველაფერი, რომ ტკივილითაც არ გვეტკინოს სულის სიღრმეში მახსოვრობის პატარა ამოფეთქება. ახლა გაგვიჭირდება და მხოლოდ ჩვენ გაგვიჭირდება, თორემ მომავალი თაობა სრულად გათავისუფლდება ამ დაავადებული მეხსიერებისაგან. არ ემახსოვრებათ კი არა, არ ეცოდინებათ და სწორედ არცოდნამდე მისვლის სიბრძნეა ახალი ოქროს საწმისი მთელი თავისი დიდებულებით, ისეთი მდიდარი, როგორიც არ ყოფილა გატაცებული ვერძი. დავიწყება ადამიანის პირადი ნებაა, მაგრამ ამ შემთხვევაში, როცა საქმე ჩემს შვილს ეხება, მე მკაცრად ვბრძანებ და ის უნდა შეასრულოს ყველამ ჩემის ჩათვლით, სულ ერთია, გიყვარდათ, თუ გძულდათ მედეა, ეს თქვენი საქმეა ახლაც და მერეც, მაგრამ სამეფო კეთილდღეობა მოითხოვს ამას ასე.

მთელის ხმით გამაყრუებლად გაჰყვიროდა ბუკი მეფის ბრძანებას, არც შეყოყმანებულა და ხმაც არ ჩახლეჩია, ისე. თვით მეფეც ასე გულმოდგინედ ვერ გამოაცხადებდა თავის მეფურ ნებას, როგორც ეს საყვირმა გადაიყვირა მთელ ქვეყანაში.

უფრო მკაცრად,
უფრო შემაძრწუნებლობითა და
უფრო უგულოდ
ვერავინ იტყოდა ამას,

რადგან ნებისმიერი ადამიანი, როგორი ხეპრეც არ უნდა ყოფილიყო იგი, მაინც ადამიანია და არა იარაღი, რომლითაც ამცნობენ ვიღაცას რაღაცას. ადამიანი ამ სამეფო ნებას ვერ წარმოსთქვამდა, როგორც „რაღაცას". ვერც კი მიანდო აიეტმა თავისი ბრძანების წაკითხვა ვერც ერთ ვეზირს, ადამიანურ ძალას აღემატებოდა ამისი უგრძნობლად წაკითხვა. არადა, კოლხეთი ითხოვდა, ხმის აუკანკალებლად წაკითხულიყო ის. გულს მოეშვა გაუცინარ ხელმწიფეს, თითქოს გულიდან დიდი ლოდი გადაიგდოო.

დაის ჰკითხა რჩევა, მოიწონებდა თუ არა მის გადაწყვეტილებას. დასევდიანდა დაი, ძლიერ უყვარდა მამიდას ბავშვები, მან გამოზარდა შვილებსავით, და მიტომ. ისიც იცოდა, რა თავზარიც დაატყდა მედეას სიყვარულის გამო. მეტისმეტად სასტიკი ეჩვენა მამულის ნება. ვერ გაიმეტა მამიდამ პატარა მედეა დასავიწყებლად, ეს მის ძალებს აღემატებოდა. ყოველივეს დათმობდა იგი ამქვეყნად, მედეას სიყვარულის გარდა. მან შეასწავლა ყველაფერი, რაც იცოდა, მთელი თავისი ყმაწვილქალობა შეალია ძმისწულს, გამორჩეულად უყვარდა მედეა, და მიტომ. თან უფრო მახლობელი გახდა, სიშორის მიუხედავად, ბედგატეხილი კოლხი ასული, ვიდრე მისი კოლხეთში ყოფნისას, იცოდა ელადური ამბები, და მიტომ. გადაჭრით უთხრა უარი ძმასა და მეფეს ამ ბრძანების შესრულებაზე. გაბრაზდა ძმაი დაზე:

– შენ თუ არ ასრულებ ჩემს ნებას, სხვა ვინ შეასრულებსო?!

– მე სხვა არ ვიცი ჩემი მედეას სიყვარულისას. სხვამ რაც უნდა, ისა ჰქნას, მე კი ის ვიცი, რომ ჩემგან შეუსრულებელს ითხოვო.

– მაშ, ჩემი სიყვარული აღარ გაქვსო?

– შენ კიდევ სხვა ტკივილი ხარ ჩემი გულისთვისო.

– მაშ, ეს მაინც მასწავლე, ხალხს როგორ დავავიწყო მედეაო.

– შენ ამაზე ნუ იჯავრებო, – შეეპასუხა დაი ძმას, – მაგ შენი ბრძანების გარეშეც დაივიწყებენ მედეას, ზედმეტი წვალება არ დაგჭირდება, ისე. ეს მაინც შენი გულის მოსაოხებლად მოიფიქრე, თორემ ხალხს მედეა რახანია აღარ ახსოვს. შენ ოღონდ სხვას ნურას მოსთხოვ ხალხს, თორემ დავიწყებას როგორ დაგამადლიან,

თუნდაც შენსას და

თუნდაც სხვისასო.

როგორადაც არ უნდა გამოიჩინო თავი ქვეყნის წინაშე, ბრძანებების გარეშეც დაგივიწყებენ, ადამიანთა მოდგმის

თვისებაა უმადურობა და დაუნახაობა, და მიტომ, თორემ დამბადებელმა ყველა ადამიანში ჩადო მახსოვრობის ნიჭი.

კაცს ის თუ უნდა ახსოვდეს,
რა დაივიწყოს,
ვითომ ის რატომ უნდა დაივიწყოს,
რა უნდა დაივიწყოს?!.

ესეც იმიტომ ხდება, რომ მას თვითონ უნდა და სჭირდება დავიწყება, რათა ზედმეტი საფიქრალისგან გაითავისუფლოს გონება. ამიტომ მეტისმეტად ზედმეტად გაისარჯე, ჩემო მეფევ და ძმაო! ვერც ამ შენი განზრახვის დიდბუნებოვნებას ჩასწვდება შენი მამული, არ დაიწყებენ იმის განსჯას, თუ რატომ ყველაფერი ეს ასე...

მე შენი გულისტკივილიც მტკივა, რადგან
შენი სისხლი უფრო ახლოა ჩემთან,
ვიდრე მედეასი.

შენ იდეა გიყვარდა და მისი სიყვარული მედეაზე გადმოიტანე არაადამიანური სიმძაფრით. ვიცი, რომ ახლაც დადიხარ იმ კლდე-ქალთან და შენს დარდებს იქარვებ მასთან. ეს კარგია. ბოლოს და ბოლოს, შენი უკანასკნელი ნავსაყუდარი ხომ უნდა იპოვო ოდესმე –

გინდა კლდეში,
გინდაც ღრეშიო.

იდეის გახსენებამ თრთოლა მოჰგვარა აიეტს. როგორ უნდა ეთქვა მისთვის ასეთი ბრძანება, ან რისთვის ეთქვა, ნუთუ ჰქონდა მასზე ისეთი ზეგავლენა, რომ შვილი დავიწყებოდა დედას. მაინც უნდა წასულიყო და ეამბა ყველაფერი.

წავიდა.
მივიდა.
უამბო.
არაფერი უპასუხა ქვამ,
აიეტი კი ელოდა მისგან გამოძახილს.
ატირდა ქვა,
ცრემლად დაიღვარა იდეა.

აღარ იცოდა მეფემ, რა ექნა, ეს კი იფიქრა, დედას არ დავუშლი შვილის ლოდინს, კლდე მაინც არაფერს იტყვის, ვერც ვერავინ გაიგონებს მის გულის თქმას. ამქვეყნად მხოლოდ მე დავრჩი, ვინც ისმენს და იგებს მის გულის პასუხს, მედეა კი შინ დამბრუნებელი აღარაა.

ამას ფიქრობდა აიეტი, როცა მის წინაშე წარსდგა მოხუცი მორდუ მედეასი.

– ვერც მე მაიძულებ მედეას დავიწყებას, ჩემო ხელმწიფეო.

უკან მოიხედა და ძლივს შეიცნო იმ მოხუც კაცში მედეას გამზრდელი, ისე დაბერებულიყო.

– ძნელია მედეას დავიწყებაო, – მცირე ხნის დუმილის შემდეგ დაუზუსტა ნათქვამი.

დაჟინებით ჩააჩერდა მამა მორდუს. თვალები აემღვრა მის დანახვაზე, არ მოელოდა, და მიტომ. არ მოელოდა იმიტომ, რომ აღარ ახსოვდა.

– მართალი ხარო, – უპასუხა მამამ, – მისი დავიწყება ძნელია, მაგრამ არა შეუძლებელი.

– შეიძლება, შეუძლებელი მართლაც არ იყოს, – უპასუხა მეფის პასუხს მორდუმ, – მაგრამ ჩემი სურვილისა და მოვალეობის დათრგუნვა კი მართლაც შეუძლებლად მიმაჩნიაო.

– მოხუცო, – მიმართა მამამ, – შენ, კი, კეთილშობილი კაცი ხარ და უსაზღვროდ გიყვარს შენი გაზრდილი, მაგრამ სხვა გზას არ მიტოვებ, უნდა დაგსაჯო სამაგალითოდ. არა იმიტომ, რომ ჩემს სიტყვას ეწინააღმდეგები, ან მედეას დავიწყება არ გსურს. მხოლოდ იმიტომ, რომ ცუდ აღმზრდელად გამოგაცხადებ.

– რატომ ცდილობ, მეფეო, მრისხანე ხელმწიფის ნიღაბი მოირგო სახეზე? შენც ხომ იცი, რომ ამის უკან დიდი ტანჯვა იმალება. გამენდე და იქნებ შემოგიდგე მეც ამ შენს სულის ფორიაქში და რითმე დაგიამო ეს ტკივილი. თუკი ჩემი მოკვდინება განგიზრახავს და ეს შენი მეფური საქმის სასიკეთოდ აღსრულდება, მედეას სახელისათვის მე მზად ვარ,

ეს მსხვერპლი უხმოდ გაჰილო.

– შენი მოკვდინებით ერი დარწმუნდება იმაში, რომ მედეა ცუდად აღზრდილია და არ გაუჭირდება მისი დავიწყება.

– რისთვის გჭირდება შენ, მედეას მამას, ასეთი შვილის სახების შექმნა, რომ ყველამ უნდა დაივიწყოს იგი. იქნებ რაღაცის გეშინია, აქ, კლდე-ქალის გვერდით გეკითხები და მიპასუხეთ.

– მედეა დაბრუნდება, – ჩუმად თქვა აიეტმა ისე, რომ ძლივს გაეგონა, ან საერთოდ არ გაეგონა მისი აღსარება. თვალებით არავის უყურებდა, არც სივრცეს, ასეთი შთაბეჭდილება დატოვა მეფემ მორდუზე, – მან უნდა იგრძნოს ერის გულისპასუხი – ასეთი სასტიკი და დაუნდობელი. მე ვიცი, რომ იგი აუცილებლად დაბრუნდება, მშობლის გულის-თქმა მკარნახობს ამას, და მიტომ ვიცი.

– ისიც ხომ იცით, – შეაგება სიტყვა მორდუმ, – რომ ხალხს არ სჭირდება შენი ბრძანებები, ისე დაივიწყებენ ყველას, ან იქნებ ამ ბრძანებით მამულს აიძულებ, რომ არასოდეს დაივიწყოს მედეა შენი ბრძანების საწინააღმდეგოდ.

– შენც სწორედ ამიტომ უნდა დაგსაჯოთ, – გამოუტყდა აიეტი მოხუცს.

– ერთს გკითხავ და არ მიპასუხო ამ კითხვაზე. თუ მაინცა და მაინც, კლდე-ქალს გაანდე შენი პასუხით.

თანხმობის ნიშნად თავი დაუქნია მეფემ მორდუს.

– შენ თვითონ თუ აღასრულებ შენსავე ბრძანებასთ?

სევდიანი ღიმილით შეხედა მეფემ და ეს იყო მისი პასუხი. ამ მზერამ იმდენად იმოქმედა მორდუზე, რომ ხმამაღლა ათქმევინა გაუცინარი ხელმწიფისთვის:

– ნეტა, სულაც არ მეკითხა შენთვის არაფერით. მებრალები, მეფეო, – უთხრა, – ამ შენი უსაზღვრო დარდით რომ დადიხარ და შემხიდებელი არავინა გყავს. ერთსა გთხოვთ, – შეჰკადრა სიტყვა ბოლოს, – კადნიერებად ნუ ჩამითვლი, მაგრამ სასტიკ ჯალათებს არ მიჰგვარო ჩემი თავი. შენ თვი-

თონ დამავიწყე მედეა და მე ამით ბედნიერი ვიქნები. თუ ფხიზელი სითამამე არ გეყოფა, მთვრალ სითამამეს მიანდე ეგ საქმე და ყველაფერი ბუნებრივად გამოვა და თამაში არ დაგჭირდებათ.

საიდანაც მამულს ზღვის სანაპირო ზოლი ერტყმოდა, იქიდან უამრავი ხალხის ფუსფუსი მოისმოდა. ერთად შედგა ხალხი მეფის დაძახილზე, ერთმანეთში ირეოდა დიდპატარა. მორდუმ შორიდანვე იგრძნო მისკენ მომავალი სიზმარეული შეგრძნებებით აღსავსე გაუცინარი ხელმწიფე. სხეული დაუწვა ჯალათის გამჭოლმა მზერამ. იგი უმზერდა არა როგორც სამართლის აღმსრულებელი, არამედ დათრგუნული მეფედ ყოფილი ბუმბერაზი, თითქოსდა საკუთარი თავის დასასჯელად მიდისო. მორდუმ გამოხედვის გულწრფელობიდან გამომდინარე სამზერალის თბილი შუქით უთანაგრძნო აიეტის სიმთვრალით ახურვებულ გრძნობებსა და აღრეულ ცივ თვალებს. მეფემ შორიდანვე იგრძნო მზერის ეს იდუმალი ძალა და მეტად წაეკიდა ბახუსი,

რათა დაეთრგუნა საკუთარ თავში სიბრალული,

რათა ყოფილიყო ულმობელი,

რათა მართლად წარმოეჩინა თავი პირველყოვლისა იმათთან, ვინც არ აპირებდა მედეას დავიწყებას, ხოლო ზვარაკი მამულს რგებოდა მარადი სიცოცხლის საკურთხეველზე. ღრუბლებიც შეიყარა ერთად, თითქოს ისინიც აპირებდნენ მედეას დავიწყებას და ცრემლი დაღვარეს წვიმის სანაცვლოდ. აიეტი მორდუს წინ იდგა. დაუჩოქა მორდუმ მეფეს, დამორჩილდა რა მის სამეფო ნებას. თვალი თვალში გაუყარეს ერთმანეთს. ჩამობნელებულ დილას ვერავინ გაარკვია, რას ეუბნებოდა მოხუცების თვალები ერთმანეთს. მეფემ თავზე დაადო ხელი მორდუს. ვერ გაიგო, რა ემართებოდა, რატომ არ ემარჯვებოდა მარჯვენა მარჯვით გამარჯვებისთვის. მორდუს მოთენთილობა დაეუფლა, თითქოს შეეშინდა კიდეც სიკვდილის, მაგრამ სხეულში შინაგანი ძალით იღვრებოდა ნეტარება იმისა, რომ მან აღზარდა

მედეა და რომ არ აპირებდა მის დავიწყებას... და ეუფლებოდა კაცური და მამობრივი სიამაყით ნეტარებას – სიკვდილისწინა ცისიერი აღმაფრენით. მეფეს სხეული ერთიანად უთრთოდა და ხელი უკანკალებდა.

– დამავიწყე, მეფევ, მედეაო, – მიმართა მორდუმ ჯალათად გამხდარ მეფეს, – მხოლოდ შენ გაქვს უფლება, დამავიწყო ჩემი გაზრდილიო.

– დაგავიწყებო, – დაჰპირდა მეფე.

მორდუმ მორჩილად დაუდო თავი მორზე და უმალ შეუცნობელი შეიცნო. გაცივდა თვალებში მეტყველება. მორდუს სისხლით მოსვრილმა აიეტმა იგრძნო, თუ როგორ უმტკივნეულოდ დაავიწყა გამზრდელს გაზრდილი, როგორ შევიდა მოხუცი გაურკვეველ განზომილებაში. შეიფარა მყუდრო სავანემ განდევნილი გაუცნობიერებლობის ჟამს.

აიეტი უკან გამობრუნდა და ისევ იმ გზით წავიდა, საიდანაც მოსულიყო. მორდუ უტყვად დამხობილიყო ეშაფოტზე და შორს მიმავალ მეფეს უყურებდა სიკვდილით განათებული თვალებით. წვიმდა და არეულიყო კონტურთა ხაზები, თმები დაუსველდა მოკვეთილ თავს, სამაგიეროდ სისხლისაგან გადაირეცხა ტანი.

აღარ ნათობდა მზე, მორდუ კი შარავანდედს ხედავდა ღია თვალებით, რომლებიც ცეცხლისებურად აღარ მოძრაობდა, ასე ძლიერ რომ უყვარდა მედეას ეს თვალები.

დაავიწყდა მორდუს მედეა,
რადგან მკვდრებს აღარ შესწევთ მახსოვრობის უნარი,
საკუთარი თავიც კი აღარ ახსოვთ, და მიტომ.
არ ფიქრობდა აღარაფერს,
რადგან მკვდრებს არაფრის ფიქრის სურვილი არა აქვთ,
არც საკუთარ თავზე.

მისთვის დაცარიელდა სააქაო, სრული განტვირთვა ჰპოვა სულმა, რადგან იგი გულთან აღარაფრით აღარ იყო დაკავშირებული, ხოლო გათავისუფლებული გული გაქვავებულიყო. მაინც შეიძლო მორდუმ

არათუ მხოლოდ მედეას,

ყველას დავიწყება,

უკლებლივ ყველასი.

ეს კი აღარ ეტეოდა აიეტის ბრძანებაში. უკიდურესობამდე რომ უყვარდა მორდუს მედეა, იმიტომ დაივიწყა უკიდურესად ყველა მედეას გამო. არანაირი სინანული არ გაუვლია გულში. ყველაფერი ერთად დაძლია, რადგან სამყაროს მახსოვრობისგან ვერ გამოაცალკევა თავისი გაზრდილი, გულმა არ მისცა ამის უფლება, და მიტომ.

– სიყვარულიც ასეთი უნდაო, – გაიფიქრა გზაში მიმავალმა აიეტმა და სადღაც გადაიკარგა.

ვიღაც ამქვეყანას არ იყო და სულაც არ იცოდა მედეას ვინაობა და მეზობელს ჰკითხა:

– ვინაა მედეა, ან რატომ უნდა დავივიწყო ის, რაც არ ვიციო.

გაუკვირდა მეზობელს და

რაც იცოდა,

რაც სმენოდა და

რაც არ იცოდა,

მაგრამ თვითონ მოიგონა,

თუ გამოიგონა,

ყველაფერი უამბო იმას,

ვინც არაფერი იცოდა,

თანაც დასძინა:

– დროა, ყველაფერი დავივიწყოთო.

გაუკვირდა ამ ვიღაცას:

– ეს რა გავიგე! აუცილებლად შემახსოვრება, რომ ეს ამბავი უნდა დავივიწყო. ამასაც დავიმახსოვრებ, მედეას თავგადასავალს, ხომ უნდა მახსოვდეს ის ამბავი, რაც უნდა დავივიწყოო.

– არ უნდა გახსოვდესო, – დაჟინებით მოითხოვდა მეზობელი მეზობლისგან, – იქამდე ისიც კი უნდა დაივიწყო, ვინც გიამბო მედეას ამბავიო.

უფრო მეტად გაიკვირვა იმ კაცმა, ვინც არაფერი იცოდა საამქვეყნიო:

– ეს როგორ ავხსნათ: სანამ არაფერი ვიცოდი მედეაზე, წყნარად ვცხოვრობდი და როცა გავიგე ამ ბრძანების წყალობით ყველაფერი, ახლა ითხოვენ ისე იცხოვრე, როგორც ბრძანებამდე ცხოვრობდიო? მაშინ რატომ მაიძულეს ბრძანების მოსმენა, მე ხომ ისედაც არაფერი ვიცოდიო.

– ეს მე არ ვიცი, – შეეპასუხა მეზობელი, – რა იცოდი და რა არაო, მაგრამ თავს საფრთხეში ნუ ჩაიგდებ და მეც ნუ გამწირავ. მე ყველაფერი დამავიწყდა შიშისგანო.

– თუ ასე იოლია დავიწყება, – თქვა ისევ არაამქვეყნიურმა, – ყველაფერი ვუარყოთ, თუ ვინმე რაიმეს შეგვეკითხება. მეხსიერებიდან ხომ მარწუხებით ვერ ამოგვგლეჯენ ვერც ცოდნას და ვერც არცოდნასო.

– სიზმარში თუ წამოგცდა და გაგიგეს, მაშინ კარგ დღეს არ დაგაყენებენო.

– ჰე, ჰე, – ჩაეღიმა არაამქვეყნიურს, – ჩვენში სიზმრებსაც უთვალთვალებენო?!

– აბა, რა გგონიაო, – დაუდასტურა მეზობელმა, – ბოდვებში ადამიანი ყოველთვის გონებით გამოსულ ნაყოფს ახმიანებსო.

– მაგრად ჩავრაზავ კარსაო, – თავი დაიიმედა არაამქვეყნიურმა, – პირში ბურთს ჩავიჩრი და ვეღარ ვილაპარაკებ ვეღარც ძილშიო.

– აი, ეს სწორი გადაწყვეტილებააო, – მოუწონა ნათქვამი მეზობელმა.

– თან ხელებს შევიბორკავო, – გააგრძელა შექებით გამხნევებულმა არაამქვეყნიურმა თავისი ვარაუდების გამოთქმა, – თუკი ძილში ხელი ბურთისკენ წავა, ხელს ვერ ავამოძრავებ. მერე ვის მოუსმენენ, რას გაიგონებენ და რას გაიგებენ?!

გაეცინა მეზობელს.

– თუ ასეა, ბარემ საპყრობილესა და სატუსაღოში გაა-

თიე ღამე, რაღად გინდა სახლი და კარიო.

ღრმად ამოისუნთქა არაამქვეყნიურმა.

– მაინც შევიძლებ ამ ამბის ისე დავიწყებას, სიზმარშიც რომ არ გამახსენდესო, არც პირს ავიკრავ და არც ხელებს დავიბამ, ისეო. რაღაა მედეა ისეთი, ჩემი სიცოცხლის ფასად რომ ღირდესო.

მთელს მამულში არავინ იცოდა, რომ ამ ბრძანების შეუსრულებლობისთვის აღარავინ არავის დასჯიდა. ადამიანები კი მთელი გულმოდგინებით ასრულებდნენ ამ ბრძანებას. ქვეყნიერების არსებობის მანძილზე არც ერთი მეფისნება ისე ზედმიწევნით არ შესრულებულა, როგორც ეს მოხდა. ამოიშანთა კოლხური ცნობიერებიდან მედეას სახელი, დავიწყებას მიეცა თვით აიეტიც.

სასახლის კარზე აღარ მსჯელობდნენ აკრძალული თემებით, ყველას საკუთარი ლანდისა შეეშინდა, რადგან იცოდნენ რომ ლანდები და მოლანდებები ერთმანეთში ლაპარაკობდნენ და ისეთი რამ ითქმებოდა, ლანდი რომ მოლანდებად გადაიქცეოდა ბოლოს. არადა, არავის სურდა დროზე ადრე მოჩვენებად ქცეულიყო. ქარაგმებით ლაპარაკობდნენ და ამით იქარვებდნენ აკრძალულისადმი ლტოლვის სურვილს. ბოლოს თვითონვე განაგებდნენ აკრძალულის აუცილებელ შესრულებას. ამან ერთგვარი ეტიკეტი შექმნა სამეფო კარზე – ქარაგმებით ლაპარაკის საჭიროებისა, რათა ვერავის გაეგო, რისი თქმა უნდოდა მომხსენებელს, არც თვითონ იცოდა ნათქვამის მნიშვნელობა, მაგრამ კმაყოფილი რჩებოდა იმით, რომ ვერავინ ვერაფერს იგებდა. იქამდე, ერთმანეთს ეჯიბრებოდნენ გაუგებრობათა თქმაში და ვინც განსაკუთრებულად გაუგებრად ილაპარაკებდა, იმას ვეზირად ხდიდნენ, ძველ ვეზირებს კი აძევებდნენ სასახლის კარიდან იმ აზრით, რომ შორეულ ქვეყნებში უშვებდნენ განსანათლებლად. ისინიც სწავლააკვიატებულნი მოუშვებდნენ პირს და რასაც ამდენ ხანს ქარაგმებით ლაპარაკობდნენ, ყველაფერს ადამიანთათვის გასაგე-

ბად ყვებოდნენ. იქეთ მიუქცევდნენ სიტყვას, საითაც სურდათ. სასახლეში დარჩენილ ვეზირებზე სასაცილო არაკებს ყვებოდნენ. მეტისმეტად არ აჭარბებდნენ, ესაო-და დავიწყებული არ გავიხსენოო. ხალხიც უსმენდა ამ არაკებს და ერთობოდა ახალი ომის მოლოდინში.

სასახლის კარმაც ახალი გასართობი იპოვა – ვეზირებს ანაცვლებდნენ ერთი ადგილიდან მეორეზე. ისინიც ადგილის შესაფერისი ქარაგმებით მეტყველებდნენ, მთავარი იყო, რომ გარემო პირობები არ შეშლოდათ. ამის მიხედვით განასხვავებდნენ ბეჯითსა და დოყლაპია ვეზირებს. იყვნენ ისეთებიც, რომლებიც, სადაც არ უნდა ყოფილიყვნენ, მაინც დოყლაპიებად რჩებოდნენ, ამიტომ მათთვის ადგილმონაცვლეობას აზრი არ ჰქონდა და ისევ იმ ვეზირებად რჩებოდნენ, რადაც იყვნენ. თანდათან სახე იცვალა მეფის ბრძანებამ – არათუ შინაარსით, არამედ თვით აზრით, ანუ დავიწყება დავიწყებადვე დარჩა შესასრულებლად, მაგრამ დაავიწყდათ ის, თუ რა უნდა დავიწყნოდათ და იძულებული ხდებოდნენ, დავიწყებოდათ ყველაფერი, რისი დავიწყებაც შეიძლებოდა. თვით დავიწყებას დაეკარგა თავისი დანიშნულება, იმდენად გაუფასურდა პირველყოვლისა სასახლის კარზე და შემდეგ ხალხშიც ეს ცნება. მედეაზე რომ ჩამოგეგდო საუბარი, ისე აღიქვამდნენ ამას, თითქოს ვიღაც გადამთიელზე საუბრობდი, შიშსაც კი აღარ გრძნობდნენ დასჯისას. შიში გულგრილობამ შეცვალა.

ამდენი აკრძალვა,
ამდენი დასმენა,
ამდენი ქარაგმა,
ამდენი დავიწყება,
ამდენი შიში

გადაიზარდა ერთ დიდ გულგრილობაში და ის დაფუძნდა ყველა მამულის შვილში. მედეა საშიში კი აღარ გახდა ხალხისთვის, არამედ სრულიად უცხო, რომლის შესახებაც არაფერი იციან და, რაც მთავარია, არც უნდათ არაფრის

ცოდნა, სწორედ რომ გულგრილობის გამო. სულ მალე მამულში აღარ დარჩა კაცი, რომელიც იტყოდა, მე ვიცნობდი მედეასო, შიშის გამო კი არა, ან დავიწყების ბრძანების აღსრულების წადილით, არამედ მხოლოდ იმიტომ, რომ მედეა გაუცხოვდა მათთვის. არავის ებრალებოდა იგი, არც ტკიოდა მისი სატკივარი, მიუხედავად იმისა, რომ მეფის ბრძანებამდე ბევრს ახსოვდა და უყვარდა კიდეც.

დავიწყება

დავიწყებაა,

მაგრამ გაუცხოების გამო ერში დაავადებად ჩამოყალიბდა გულგრილობა მოყვასის მიმართ. ეს უკვე მედეას ფარგლებს გასცდა და საშიში გახდა მამულის არსებობისათვის.

წამოიზარდა ახალი თაობა, რომლისთვისაც თვით ეს ბრძანება იყო გაუცხოებით ნასაზრდოები. ვეღარ გაიგო ახალგაზრდობამ მეფური ნების საჭიროების აუცილებლობა, ვერც საშიშროებას ჩასწვდა მისას, რადგან საფუძველი არ არსებობდა შიშის. თვით შიშმაც დაჰკარგა თავისი ზემოქმედების ძალა. გაუფასურდა ყველაფერი ღირებული, რაც სამშობლოს გააჩნდა და ახალგაზრდული შემართება უშინაარსოდ გაიფანტა. ვეღარც ის გაიგეს ყმაწვილებმა, თუ რისი და რატომ ეშინოდათ მათ მამებს. უაზრობად ჩათვალეს თვითგადარჩენისათვის გაწეული მამათა ნაღვაწი, რადგან ჯეროვნად ვერ შეაფასეს ის საფრთხე, რაც შეიძლებოდა თავს დატყდომოდათ იმ დროებაში. თვით დროებამაც იცვალა ფერი და ყველა ადრინდელი ღირებულება გადააფასა. ამიტომ შვილს ახალი საფიქრალ-საზრუნავი გაუჩნდა და შესაბამისად დაავიწყდა მამისეული მონაპოვარი.

მშობლისათვის თუ მედეა მხოლოდ გაუცხოება იყო,

შვილისთვის იგი ერთი სრული სიცარიელე იყო,

რომც სცოდნოდა და დამახსოვრებოდა მამის მონათხრობი, მაინც.

აიეტი ამისკენ არ მიისწრაფოდა და ვერავინ წარმოიდგენდა ამ საბედისწერო ბრძანების სავალალო შედეგს. შვილისთვის ყველაფრის დავიწყება უფრო იოლი და ხელსაყრელი გამოდგა, ვიდრე მშობლისთვის, რადგან იგი ივიწყებდა ყველაფერს, რაც მას არ გადახდენია თავს. ადვილად შეელია მამის ცხოვრებას, გონების ზედმეტად გადატვირთვა არ უცდია, და მიტომ. არათუ მამისას, საკუთარ სავალსაც ზერელედ უყურა და მიუდგა, უყურადღებო გახდა შვილი, და მიტომ. უნდოდათ დაეჯერებინათ უდარდელი ცხოვრების.

ვინც ვერ დაიჯერა,
გაბოროტდა,
რადგან თავისი არ გააჩნდა,
სხვისი კი დავიწყებული ჰქონდა.

გული დაუცარიელდათ და სული გაუცივდათ ასეთებს. ხოლო ვინც დაიჯერა უდარდელი ცხოვრების, მათთვის თვით ცხოვრება დაცარიელდა და არსებობისთვის ცხოველი სწრაფვა გაცივდა. საკუთარი გამოგონილის მარწუხებში მოექცა ახალგაზრდობა და ფასი დაეკარგა მშობლის სიტყვას.

XXXVII

ყველაფერი წარსულის გარეშე

ფართოდ გადაშლილ ზღვის ზედაპირზე მონაბერი ქარი გულს აჩქროლებდა და მოჰქონდა ნესტიანი მარილშეზავებული ჰაერი. ტალღების რწევამ ადვილად მოადუნა მედეას თვალები. იგი ნაპირთან იდგა და გასცქეროდა უნაპირობას. მის თვალწინ კოლხეთის თვალწარმტაცი ბუნება გადაიშალა – ბავშვობითვე ნაცნობი და მახლობელი ალაგები, მშობლიური სავანე.

გულმა უჩვეულოდ დაიწყო ძგერა,
მუხლები აუკანკალდა,
სუნთქვა მოუხშირდა.
ასე არასდროს არაფერს განიცდიდა, როგორც ახლა –
სამშობლო მიატოვა,
ძმაი და შვილები თვალწინ დაუხოცეს,
ყოველთვის კი სიმწარისა და შურისძიების გრძნობა რჩებოდა.

ახლა კი მუხლები ეკვეთებოდა და ადგილიდან ველარ იძროდა. არ ეგონა, ასე თუ განიცდიდა სამშობლოს სიახლოვეს და ეს განცდა გონების დაკარგვამდე აწუხებდა. სასიამოვნოც იყო და მტკივნეულიც აუტანლობამდე. ფეხი დაადგა კოლხეთის მიწას თუ არა, ასე მოეჩვენა, თითქოს ერბილა მიწა, ან ჰაერში აფრინდა გადაჭარბებული სიხარულისგან.

განსაკუთრებულს მოელოდა მედეა,
განსაკუთრებულად შეცვლილს ყველაფერს,
მაგრამ იგივე სურათის ნახვამ ბავშვობის სიტკბოებაში გადაისროლა, სადაც
ეს ყველაფერი იყო
და ამასთან ერთად
ყველა იყო და
არ იყო მარტოობა,
იყო დაუსრულებელი სიხარული.

ახლა კი თვალსაწიერში გაშლილიყო შორეულ სივრცეებში ჩაკარგული ზღვა და უფრო ახლოს დაბუდებული ხმელეთი:
გოროზად წამომართული მთები,
ბარში გადაშლილი ბაღები,
პატარ-პატარა სახლები,
სახლებზე საკვამურები,
საკვამურებიდან სიცოცხლის სუნთქვასავით ამომავალი კვამლი, რომელიც

ფიჭვის,

ნაძვის,

ან წიფლის სურნელს აყენებდა.

ახლა,

დღეს

ჩამოჟამებულიყო ბუნება. არ წვიმდა, მაგრამ გაწვიმებას აპირებდა.

გზას დაადგა მედეა, მამულში შემავალ გზას. მიიჩქაროდა გზაზე, რადგან უნდოდა ვინმე სულიერი ენახა და გამოლაპარაკებოდა მშობლიურად, ასე დანატრული რომ იყო კოლხურ საუბარს, ვიღაც გამოელაპარაკებოდა და იქნებ შეეცნო კიდეც. იმ ვიღაცას გაუხარდებოდა, მედეა დაბრუნდაო, მიახარებდა მამულს. მამულიც აღფრთოვანებული შეეგებებოდა მას – მონატრებულ შვილს, მიეფერებოდა და გულში ჩაიკრავდა. ერთად მოიყრიდნენ მამულის შვილები თავს და გაიხარებდნენ.

მიიჩქაროდა მედეა გზაზე და თანდათან, შიგადაშიგ ეს გზა ეუცხოვა –

ადრე თუ მარჯვნივ უხვევდა რომელიღაც მონაკვეთში,

ახლა გზისგასაყარი გაჩნდა.

არ იცოდა, საით წასულიყო, რომელ გზას დადგომოდა –

მარჯვენას,

მარცხენას,

თუ პირდაპირ ევლო.

მან ისიც არ იცოდა, სადაც არ უნდა წასულიყო, მას აღარავინ ელოდა. დადიოდა მამულში და ველარ ცნობდა მის ვერც ერთ მონაკვეთს. ასე იფიქრა ალბათ, გავცდი მამულსო, ან არადა ავცდიო.

წვიმა წამოვიდა მამულში. შარა-გზაზე წუმპეები იდგა. იქედანაც მოჩანდა სამშობლოს ამღვრეული ზეცა. სიცივე იგრძნო და უჩვეულოდ ეტკინა სხეულში სიცივის შეგრძნება. მალე ზამთარი დადგებოდა, ან იდგა უკვე. ესეც არ იცოდა მედეამ, რადგან დროის სათვალავი არეოდა. ქარი ძვალ-

რბილში ატანდა. წვიმა უფრო და უფრო მატულობდა. მედეას თავშესაფარი უნდა ეპოვნა. ყველა შებუდრულიყო თავთავიანთ სახლებში. ზღვის ტალღების ბობოქრობა შემოესმა შორიდან და ამით მიხვდა, რომ იგი სამშობლოს სიღრმეში შედიოდა.

სიბნელე შეეპარა საღამოს,

სიბნელეს თითქოსდა ანათებდა აქა-იქ წამოყრილი თოვლის ფანტელი.

აღფრთოვანების თრთოლა სიცივის ცახცახმა შეცვალა. გარეთ ჯერ არავინ ჩანდა, გზა რომ ესწავლებინა შინისაკენ, არადა მედეა უკვე შინ იყო, სადაც კი არ გააღებდა კარს, სტუმრად მიიღებდნენ და თავაზიანად გაუმასპინძლდებოდნენ. ახლა მედეას საფიქრალი ის იყო, რომ მალე გამოჩენილიყო ადამიანთა სადგომი. ერთ წყებას ააცდინა ჩამოწოლილმა საავდრო ნისლმა და გაიტყუა მამულის შვილთა საცხოვრისთაგან დაბნელებულ გარემოში. სურნელი იდგა თოვლის. აღარ სციოდა მედეას, რადგან უცებ ჩამოთბა და წვიმა მსხვილ-მსხვილ თოვლად გადაიქცა. დროის უმოკლეს მონაკვეთში თოვლი დაედო მიწას და მედეას ფეხებში ჭრაჭუნობდა. მშრალად თოვდა, ასე თუ ითოვებდა მთელი ღამით, მედეა გზას ვეღარ გაიკვლევდა. არადა, რა შორი გზა გაიარა, შინ რომ მოსულიყო უვნებლად. ახლა მამულში იმყოფებოდა, მაგრამ გზა შინისაკენ დაუგრძელდა უსაშველობამდე. იწყინა კიდეც, ასეთ შეხვედრას არ ელოდა. მედეა ხომ თვით მედეას მიღმა იდგა და საკუთარ თავს აჯობა ამით. ახლა კი რა, მამულის შარა-გზებზე უპატრონოდ უნდა გაყინულიყო ასეთი დიადი პატრონის ამარა?! მაგრამ აღარ სცივა, მასში სითბო ჩაღვარა თოვლმა. ლამაზია მამული, თეთრად გადაპენტილი მისი მინდორ-ველები და ტყეღრეები.

გაახსენდა, ბავშვობაში ზეგნებიდან როგორ გადასცქეროდა კალანდობის[112] ღრეობას, როგორ დაიარებოდა მეფეხურად კარდაკარ მთვრალი ბახუსი და მხიარულობდა მა-

მული. ახლა კი სრული მდუმარება სუფევდა. ნადირიც კი არ გამოსულა სამოვარზე. ასე ეგონა, კოლხეთში ცხოვრებამ ჩაიარა, და ისიც მედეას მიღმაო.

რაც უფრო ღამდებოდა, მით უფრო უჭირდა გზის გაკვლევა და მეტად ფორიაქობდა. ერთ ღამეში ასეთი თოვლი რომ მოვა, ზამთარი ხომ წინაა, თითქოს მთელი თავისი ხვავრიელობა ახლა, ამ ერთ ღამეში გადმოაბერტყა მამულს ზამთარმა. აღარ სციოდა მედეას, რადგან ქარი აღარ ჰქროდა, მხოლოდ ნისლი და სიბნელე ემოსა ღამეს და ის არ იყო – ის წყეული ელადური ღამე. აქ თოვლის პირველმა ფენამ დაფარა და გაყინა შიში, სამაგიეროდ იყო მარტოობა, რომელსაც არ მოელოდა მედეა, იქ კი ყველაფერი პირიქით იყო. არ უნდოდა იმ ღამის გახსენება, უბრალოდ მამულის სძლისპირულმა გაახსენა ის არგასახსენებელი.

ანაზდად ბავშვებს დაუწყო ძებნა ჰაეროვან სივრცეში, ვერ იპოვა. მოენატრა თავისი შვილები აქ, ამ თბილ მიწაზე, სადაც ხელს არავინ ახლებდა.

– ნეტა, სად არიან მამულის შვილებიო! – ამოიოხრა მედეამ, – ხის მოსაჭრელადაც არავინ გამოსულა შინიდან. ისე ყვარებიათ მშობლიური კერა კოლხებს, რომ არავის სურს გამოეგებოს შინ დაბრუნებულ მედეასო?!

არადა, დანატრული იყო ყურადღებას,

ადამიანურ,

მამულიშვილურ ყურადღებას.

დაჯდებოდა მასთან და თავის გულის ხვაშიადს გადაუხსნიდა, ისიც თავისას ეტყოდა შორიდან მოსულს, თბილ კერიაში შეიპატიჟებდა ზამთრის და ცხოვრებისაგან გაციებულს. ვერ გაიგეს მისი დაბრუნება. სამახარობლოდაც არავინ გამოუგზავნია წინდაწინ. ღამეს და თოვლს დააბრალა მამულის გულგრილობა. ყველაფერი კი სრული კანონზომი-

112. **კალანდობა** - ენათესავება ლათინურ სიტყვას კალენდა, რაც წლიური ბრუნვის აღრიცხვას აღნიშნავს, ანუ კალენდარს. კალანდა ამ წლიური ბრუნვის ათვლის წერტილია. ახალი წლის დღესასწაულს აღნიშნავს კალანდობა და ის სხვადასხვა სახის ტრადიციით არის გავრცელებული საქართველოს სხვადასხვა კუთხეში.

ერებით ხდებოდა – ისე, როგორც მამულში იყო მიღებული, ბუნებამაც შესაბამისად შეაფერადა გარემო. მედეას კი მოჰქონდა მესსიის მახვილი და განვლილი ცხოვრების ტვირთი გასატვირთავად, ტვირთს თავისი მძიმე მამულიშვილური საზიდარი დაუმატა მამულმა. სიცივისაგან დამზრალ ხეებს შესძახა:

– მედეა დაბრუნდაო! – და ეს იმიტომ, რომ მამულის გულის ძგერამდე მიეწვდინა თავისი ხმა. ექოშ მოუსავლეთში წაიღო ეს ამბავი ჩუმი გუგუნით და ტყეებს შეატყობინა. გაუკვირდა მედეას, აქ ექოს რა უნდაო, მაგრამ ტალღოვან ამოფრქვევაში გახარებული სამშობლო იცნო, რომელსაც გაეღვიძა და ხეებზე ტოტები დაფერთხა, ამაზე მეტი ყურადღება აღარ გამოუხატავს. გული დაწყდა მგზავრს, რა ვერ მაპატიეს ისეთი, რაც უარესი თავს არ გადამხდაო. ღამეს დააბრალა ყველაფერი. თოვლი კი მსხვილ-მსხვილ ფანტელებად ცვიოდა ციდან.

უკან მოიხედა მედეამ და შეამჩნია, რომ ნაკვალევი თოვლს წაეშალა, მხოლოდ ოდნავღა ჩანდა მისი კონტურები, ისე მალი-მალ შეავსო თოვლმა ისინი.

– ისე გამქრალა ჩემი ნაკვალევი, რომ გზის მახსოვრობას აღარ შერჩა, რაც მე დავტოვეო. იქნებ არც არაფერი დამიტოვებია და რას ვითხოვო.

თოვლი კი არათუ ნაკვალევს, თვით გზასაც ფარავდა. უყურებდა გარემოს და ამ ღამეში ეუცხოვა თავისი მამული და მასში ეძებდა იმ პატარა მონაკვეთს, რაც მარადიულია და ცვლილებებს არ დაექვემდებარა.

სახლს, ერთი თუ იდგა,
ახლა ათი ამოუდგა გვერდით;
ხე, აშოლტილი რომ იდგა,
ახლა ჩამომხმარა;
გორაკი, მოტიტვლებული თუ იყო,
ახლა ციხე-კოშკი აუგიათ ზედ;
მდინარის კალაპოტი, სწორად თუ მიდიოდა,

ახლა განზე უხვევდა და კუნძულები წარმოუქმნია.

როგორ უნდოდა, მისი ნაკვალევი დარჩენოდა მამულს. ფეხს მაგრად აჭერდა მიწას, რათა თოვლს არ წაეშალა ნაფეხურები. ახლა მიხვდა მედეა, როგორი მსუბუქი ყოფილა, სამშობლოს გულამდე რომ ვერ ჩაიტანა თავისი კვალი. ცოტა ხანს შეჩერდა, მიეალერსა თოვლს, როგორც ბავშვობისას. აფსირტე გაახსენდა, როგორ ეცემოდა თოვლში და მერე ტიროდა. ცრემლები მოერია იმიტომ, რომ იგი მამულში იყო და ის მამული ენატრებოდა, რომელიც დატოვა.

განახლებული მამული ვერ მოიმხრო და

ვერც მოემხრო მას.

გაუჭირდა... რაღაც მაინც დარჩენილიყო ისეთი – ხელუხლებელი. იმის მეშვეობით შინ დაბრუნებულად დაიგულვებდა თავს.

ისევ განაგრძო გზა,

ისევ დაფარა ნაკვალევი თოვლმა.

ღამემ თვალსაწიერი შეზღუდა, რათა მზერა ერთი მიმართულებით წარმართულიყო და ის ეპოვნა, რასაც ეძებდა. ხრმალი ლაპლაპებდა თოვლზე და მგზავრს ღამეულ უკუნს უნათებდა, როგორც დანთილი სანთელი. იმდენჯერ უჩვენა თავისი ღვთაებრივი ძალა, რომ აღარ უკვირდა მედეას ამ სატევარის სასწაულებრივი გამოვლინებანი. მან თავისი უკანასკნელი ნავსაყუდარი იპოვა.

მიდიოდა უკვე წარსულის გარეშე,

წარსულს ათოვდა და

დავიწყებაში მიდიოდა,

მომავალსაც ათოვდა,

მაგრამ მესიის მახვილი უკვალავდა გზას ამ ნისლსა და ღამეში.

ეძინა მამულს და, ალბათ, ტკბილ სიზმრებს ხედავდა. ამ ტკბილ სიზმრებში ალბათ მედეას ადგილი არ იყო. მხოლოდ უცხო ქალი ესიზმრებოდა მამულს, რომლის ვინაობასაც ვერ იხსენებდა, ათოვდა იმ მეხსიერებას, და მიტომ.

ვიდრემდე ღამე იყო, გარემოს მომხიბლაობას ვერ აღიქვამდა მთელი სიგრძე-სიგანით, მხოლოდღა სატევარით განათებულ სავალ გზას უყურებდა და თოვლის სისპეტაკითა და ტრიალ-თამაშით იხიბლებოდა.

ასე წარმოისახა ამ ღამეში:

თითქოს იგი ასტრალეთის უსასრულობაში დაცურავს და მის გარშემო ვარსკვლავები იფანტება. ვარსკვლავების გაფიქრებაზე ისევ თავისი შვილები გაახსენდა და თითოეულ ფანტელში ეძებდა მკვდარი ბავშვების გამოსახულებას. დაელაპარაკა თოვლის ფანტელებს. მათ ზღაპრული წკარუნი დაიწყეს, უხაროდათ რა კოსმიური წიაღსვლა. მედეას გულს ეამა ეს ხმა, გაბრჭყვიალდნენ კიდეც ლაპლაპა ხრმლის სხივქვეშ. უკვე იცოდა ფასი იმ დიადი თავშეუკავებელი სიგიჟისა, რომლისთვისაც ზღო საფასური დღეის სიღამით... და სიგიჟის სიამე ისეთი დამატკბობელი იყო და მისი მსვლელობა თავისი დასასრულით ისეთი მწუხარე, რომ ალბათ აღარ გაივლიდა ამ მაცდუნებელ გზას თავიდან. არც ისე ულიმღამოდ იცხოვრებდა მამულში, რომ მისი ნაკვალევი წაშლილიყო. ერთი შვებაღა დარჩენოდა, – ეს ის, რომ იგი ამთავრებდა თავისი გზის წრე-ბრუნვას და მოისვენებდა ერთხელ და სამუდამოდ თავისი წრეგადასული სიგიჟისაგან. მიდიოდა და გზაში თოვდა.

ეძინა მამულს თოვლით გადაპენტილსა და გადაქუთქუთებულს. ნისლის ბურანი სიზმრისეული მეხსიერებით მოსავდა მის მშვიდ სუნთქვას, ამ სუნთქვაში რომ იკითხებოდა მთელი ბუნება მამულის.

არ ეძინათ მამულში –
ფუსფუსებდნენ,
ემზადებოდნენ,
მიდი-მოდიოდნენ.
კალანდა თენდებოდა და
ზოგი ბედისკვერს[113] აცხობდა,
ზოგი მფერხავს[114] ელოდა,

ზოგი კლოვიარედ მიდიოდა,
ზოგიც კიდევ ფეხის დასაპწნელს[115] ამზადებდა.
ეძინა მამულს,
მაგრამ არ ეძინათ მამულის შვილებს,
კალანდა თენდებოდა, და მიტომ.

ეს არ იცოდა მედეამ და დადიოდა გზა-კვალარეული და ამ დროს მისდა მოულოდნელად გზაში მიმავალი შეამჩნია.

გაუხარდა,
ნაბიჯს მოუჩქარა,
იფიქრა,

გამოველაპარაკები და მშობლიურ ენაზე გამომეპასუხებაო. დაძახება უნდოდა, მაგრამ გაუჭირდა, ენა ვერ მოიბრუნა პირში.

ხომ არ დამავიწყდა მშობლიური მეტყველებაო? ვაი, თუ მართლა დამავიწყდაო, ჩემსას ვერრას გავაგებინებ და თავისას ვერრას გამაგებინებს ჩემი მამულიო.

ძალა მოიკრიბა და დაუძახა მგზავრს. ოჰო, შერჩენია მახსოვრობაში კოლხური მეტყველება, ოღონდ ესაა, რომ სიტყვის მოქცევა ელადურ ყაიდაზე გადასულა. გამოეხმაურა მგზავრი. როგორ სასიამოვნოდ თქვა სიტყვა, ძარღვიანი სიტყვა, ასე-რიგად რომ ენატრებოდა მისი სიმტკიცის ჟღერადობა მამულს მიღმა. შეჩერდა მგზავრი. მედეა წამოეწია, ქალი ყოფილა, სულ ნორჩი, ბავშვობიდან ყმაწვილობაში ესესაა რომ გადააბიჯა. გაუხარდა მედეას, ისევ გამოელაპა-

113. **ბედისკვერი** - კალანდობის დღესასწაულზე კვერების გამოცხობა წესადაა შემოღებული ჩვენში. ამ კვერებს საქართველოს სხვადასხვა კუთხეში სხვადასხვანაირად მოიხსენიებენ, ასე მაგალითად: ღომლის დედა, ჭერჩი ჭყეტია, ნაცრის დედა, ორი ყორბოული. ბედისკვერის გამოცხობის ღამეს ყორბოულობა ღამეს ეძახიან. ყორბოულს ჯვარს უსვამენ. ბავშვებისთვის ყორბოული ბედისკვერია.

114. **მფერხავი** - იგივეა, რაც მეფეხური. მეფეხური კი კალანდობის ღამეს კეთილი ფეხით ოჯახში სტუმრად მოსული კაცია, რომელიც სიკეთესა და ყოველივე კარგს დააბედებს ოჯახს. სამეფეხუროდ წასვლას ფერხვა ეწოდება. საქართველოს ზოგიერთ კუთხეში მეფეხურს კლოვიარეს (ანუ „კვლავ ვიარე“-ს) უწოდებენ. დანიშნულება მფერხავსა და კლოვიარეს შორის ერთნაირია.

115. **ფეხის დასაპწნელი** - საკალანდედ გამზადებული ოჯახი მფერხავისთვის (კლოვიარესთვის) სუფრიდან კალათში აწყობს სხვადასხვა საჭმელ-სასმელს და ამას ფეხის დასაპწნელს უწოდებენ, ე.ი. საპატივცემულოს. მფერხავის (კლოვიარეს) სტუმრობა ბედობის დღეს ეწყობა, აღმოსავლეთ საქართველოში ამ დღეს ფეხის დაპწნის დღესასწაულს უწოდებენ და იმართება ახალწლის (კალანდობის) მეორე დღეს.

რაკა. თავაზიანად პასუხობდა ასული. სახელიც ჰკითხა.

– მედეა მქვიაო, – უპასუხა ასულმა, – მამამ დამარქვაო.

გულისცემა მოუხშირდა მედეას, არ ეგონა, მამულში პირველშემხვედრს თუ მედეა ერქმეოდა. გამომცდელად ჰკითხა მედეამ:

– რატომ გიწოდეს ეს სახელიო?

– არ ვიციო, – მიუგო ასულმა, – მამა ამის შესახებ არ საუბრობს, როცა ვკითხე, ასე მითხრა, დამავიწყდაო.

– რატომო? – გაიკვირვა მედეამ.

– არც ეს ვიციო.

ასულმა ხრმალს შეხედა, ცოტა არ იყოს შეკრთა. ეს მედეამაც შეამჩნია.

– ამორძალო, არ წამიყვანო ქალთა სახელმწიფოში, მეშინიაო.

– მე ამორძალი არა ვარო. ამ ხრმლის ნუ შეგეშინდება. არავის არაფერს ავნებს მამულშიო.

გაუღიმა მედეამ ასულს, თვალებში ჩახედა და მოხიბლა მისმა კოლხურმა გამოხედვამ, კდემამოსილებით სავსე რომ იყო.

– შენ ისეთი კარგი ხარ, ქალების სახელმწიფოსთვის არ ივარგებო. შენი ხიბლი აქ, მამულშიაო.

– ცა[116], შენი საუბრის კილო აქაური არ უნდა იყოს. უთუოდ უცხოელი იქნები. შორი გზა გექნება გამოვლილი და დაიღლებოდი გზაშიო.

– სწორად შეგინიშნავსო, – უპასუხა მედეამ, – ათიოდე წელი იქნება, რაც კოლხეთი დავტოვე და ახლა შინ ვბრუნდებიო.

თვალები გაუბრწყინდა ბავშვს.

– რა კარგიაოოო!.. ამ ღამეში და ასეთ ამინდში გზა აგერევა. ჩვენსას მობრძანდი, აქვე ვცხოვრობ, ღამე გაათიე, დაისვენე. სითბოს არ მოგაკლებთ და მზრუნველობას. სა-

116. **ცა** (ცაი, ცაო, ცავ) - გურიაში დღემდე ამ სიტყვებით მიმართავენ ქალებს. ნიშანდობლივი ფაქტია, რომ მხოლოდ ჩვენშია შემორჩენილი სიბრძნე „ენუმა ელიშის“, რომელიც ადამიანურ ურთიერთობებამდეა დაყვანილი.

კადრისად გაგიმასპინძლდებით, მითუმეტეს დღეს კალანდა თენდებაო. ადგილის დედას წყალობა გამოვართვი. სამლოცველოში ჩემი ბედისკვერი დავტოვე წყალობის სანაცვლოდო. ვიღაც აიღებს და დალოცავს ჩემს ბედს. მე კი გზად რომ მოვდიოდი, მფერხავი ვაჟები შემხვდნენ, ფერხვაში რომ მიდიოდნენ. პირველი თოვლი მომილოცეს და თოვლის გუნდა მესროლეს. გუნდა ამცდა და კოკა კი გამიტეხესო. ახლა კლოვიარეს გარეშე როგორღა დავბრუნდე შინ. იქნებ გვეწვიო მეფეხურად. გაგვიხარდება, თუ გვეწვევი, უცხოელოო და პატივს დაგვდებ, შენი სტუმრობით კერიას გაგვიხარებო.

– დაილოცოს, მამულო, შენი გონი, აზრი და ქველობა, ამ ასულში რომ განახორციელე მთელი შენი დიდებულებაო, – თქვა მედეამ.

გაუღიმა კიდევ ერთხელ მედეამ მედეას და შემოთავაზება სიამოვნებით მიიღო.

კარში შესულმა მედეამ მშვიდობა თქვა და მასპინძლებს თავი დაუკრა. ყმაწვილმა მედეამ დედ-მამას მიახარა:

– წყაროზე ვიყავიო, კოკა მედო მხარზეო. ვაჟებმა პირველი თოვლის გუნდა მესროლეს და კოკა კი გატეხესო. დაღონებული ვბრუნდებოდი შინ და უცხო ცაი შემომხვდა გზაშიო. საუბარში შევატყვე, უცხოელი უნდა იყოსო, მაგრამ კოლხური ენა ზედმიწევნით იცისო. კოლხთა მოდგმისა იქნებაო. გზად მოდიოდა და შევთავაზე ჩვენსას გაეთია ღამეო. თქვენც თუ არ მიწყენთ, სტუმრად მომიყვანია იგი შინო.

გაიხარა ასულის მამამ.

– მობრძანდი, ცაო, – შემოიპატიჟა მამამ მედეა.

დედაც მიესალმა მფერხავს და სიხარულით შეუძღვა შუა ცეცხლთან. მამამ ხრმალი ჩამოართვა და კუთხეში მიდო. ნაკვერჩხლებად გაფანტული მუგუზალი ისევ ცეცხლად აეგიზგიზა.

ამბავი ჰკითხეს:

– საიდან მობრძანებულხარ და საით მიბრძანდებით.

თვალებში ჩააკვირდა მასპინძელს მედეა, უნდოდა ამოეცნო გულისპასუხი თავის საჯკივარზე. კარგა ხანს დუმდა. კაცს გაუკვირდა სტუმრის ასეთი დაჟინებული მზერა, უნდოდა ეკითხა, ვინ ხარ და რატომ მიყურებ ასეო. ამას მიხვდა სტუმარი და დინჯად, თითქოს აქაც არაფერიაო, უთხრა:

– მე მედეა ვარო.

ბავშვმა ეს იმთავითვე აიტაცა, რადგან მამულში მის მეტს მედეა არავის ერქვა და ახლა გამოჩნდა ქალი, რომელსაც სწორედ ასეთივე სახელი ერქვა. გაუხარდა და თვალებმაც არ დამალეს ეს სიხარული.

– რა კარგიაოოო! – თქვა გახარებულმა მამამ, – ჩვენს შვილსაც სწორედ ეს სახელი ჰქვია და რატომ ჰქვია, აღარ მახსოვსო.

ერთბაშად ჩაქრა მედეას ცეცხლოვანი თვალები და ამაღამდელ კოლხურ ზღვასავით აიმღვრა.

გაუმასპინძლდნენ საკადრისად თავიანთი შვილის თანამოსახელეს. სითბო მოჰგვარეს, აგრძნობინეს, რომ იგი მამულში იყო,

ახალ მამულში,

სადაც მზად იყვნენ, სულითა და გულით კარი გაეღოთ მისთვის და ამავ დროს არ სცოდნოდათ, ვის გაუღეს კარი. ერთი აზრი ტანჯავდა მედეას:

რომ სცოდნოდა ამ ოჯახს მედეა,

როგორც აიეტის შვილი,

აფსირტეს დაი და

იაზონის ცოლი,

გაუჭირდებოდა თავისი შვილისთვის მედეას დარქმევა,

ან მისი გულითადი მასპინძლობა?!

ო, როგორ ელოდა მედეა მასპინძლის გაოცების ხილვას, როცა შეეკითხებოდა დაბნეული და ვერ მოახერხებდა სიტყვის სიტყვაზე გადაბმას:

– შენ – მედეა?... ის მედეა?... მერე იქ?... ეს როგორ?...

გაუხარდებოდა, როგორც უხაროდა შინ დაბრუნება. ახლა კი, რა გამოდის, კაცმა არ იცის, თავის შვილს მედეა რატომ დაარქვა. ნეტამც არ ენახა ეს ბავშვი, რადგან მედეას მედეას მიღმა აიეტის ბოროტი ხუმრობის ხითხითი ესმოდა. აღარ დაელოდა დღის გათენებას, თავის სატევარს დასტაცა ხელი და გავარდა გარეთ.

გარბოდა,

ო, როგორ გარბოდა გამწარებული.

აღარც თოვლს უყურებდა,

აღარც ღამეს,

ხმამაღლა ტიროდა მედეა, აღარ რცხვენოდა თავისი ცრემლების. არც ის იცოდა, გაიგეს თუ არა მასპინძლებმა მისი იდუმალი გამოქცევა სახლიდან. მამულს აღარ ახსოვდა მედეა, ამაში ღრმად დარწმუნდა. ისევ აიცრუა გული სამშობლოზე. გარბოდა და არ ესმოდა, როგორ ბორგავდა ზღვის ტალღები. ნელ-ნელა გადიოდა ღამე და მედეას ძალა ეცლებოდა სირბილისაგან. ფეხებმა ცივი წყალი იგრძნო, შეცივდა, მაგრამ მაინც განაგრძობდა სირბილს. ეს პატივის აყრა არ იყო, ეს იყო შეურაცხყოფა, არავის პატიობს ღალატს მამული, და მიტომ. აღარ უნდოდა აია-ქალაქის ნახვა, აღარ უნდოდა თვით სამშობლოში გაჩერება, სადღაც უნდოდა გადაკარგვა.

მოულოდნელად დედის ხმა შემოესმა მედეას. ამას კი აღარ ელოდა. ამან ყველანაირ მოლოდინს გადააჭარბა.

მამულში მას ელოდა დედა...

და რატომ არ გაახსენდა მას დედა?

საკუთარ თავს გაუჯავრდა,

რატომ დაადარდიანა დედა, მისი ცხოვრების ერთადერთი და უკანასკნელი ჭირისუფალი.

– სადა ხარ, დედაო!.. – დაიყვირა მედეამ.

ტალღებმა მისცეს მიმართულება. გაიქცა დედისკენ, მთელი ძალით და მთელი სიყვარულით. სატევარი აღმართა და ნახტომში დაუმიზნა დედის გულს ბედის გასაღები და

შიგ გულში ჩაასო ვადამდე. თვითონ კი ჩაემხო დედის კალთაში, ჩაეხუტა მას და აქვითინდა.

ეფერებოდა მედეა ამდენი ხნის უნახავ დედას. დედის გულსაც ეამა მესიის მახვილი, რადგან მის სულშიც გაიარა მახვილმა წინდაწინ და ეს უფლის ნიშანი იყო ღვთივკურთხეული ერისთვის მოცემული – დიდი დედის განსხეულებასა და ტანჯვაზე ღვთაებრივი შვილის გამო, და რომ მარადქალწული ადგილის დედად მოევლინებოდა მამულს. სატევარი ჯვრად გარდაიქცა, ვაზის ჯვრად, რასაც სდიოდა ღვთიური მირონი უფლის სისხლით მოწოდებული და რითაც საზრდოობდა მამული.

გაუხარდა დედას შვილის ნახვა და
შვილს დედის ნახვა.
ატირდა ქვა და
დილა გათენდა.

შეიყვარა მედეამ მამული ისეთი, როგორიც იყო, რადგან მამულმაც შეიყვარა იგი ისეთი, როგორიც დაბრუნდა, იმის იქით რა იყო, სამშობლოს სამუდამოდ დაავიწყდა.

დედამ დაანახა მედეას მამულის გული:

იმ ღამეს მასპინძელი ჩირაღდნით დაეძებდა თავისი ოჯახის მეფეხურს. მამული შეუძრავს თურმე და ყვიროდნენ მამულის შვილები:

– სადა ხარ, მედეაო?!

ბოლოს ზღვის სანაპიროსთან იპოვეს კლდე-ქალთან ჩახუტებული.

ცრემლიანი თვალებით შეხედა მედეამ მამულს და გაუღიმა.

2009 წელი,
ნიუ ჯერსი, აშშ

მანუჩარ კაჭახიძე
MANUCHAR KATCHAKHIDZE

Medea
ქართულ ენაზე
მედეა

ხელმოწერილია დასაბეჭდად 23.05.2012
პირობითი ნაბეჭდი თაბახი 31,5
ქაღალდის ფორმატი 60X90
ბეჭდვა ოფსეტური
ფასი - სახელშეკრულებო

ტექსტი აწყობილია შრიფტის -
„გორდა" ციცერო კეგლით, რომ-
ლის ავტორია ალექსანდრე მედვე-
დევი, ხოლო მისი კომპიუტერული
კლონი მოამზადეს ალექსანდრე და
თემურ იმნაიშვილებმა.

კონტაქტი ავტორთან:
www.mamuli.com, +1-347-724-0770

www.ingramcontent.com/pod-product-compliance
Lightning Source LLC
Chambersburg PA
CBHW071400090426
42737CB00011B/1301